D1657824

Dieter Lenz
Claudia Meyer
Jürgen Ratayczak
Thomas Ressel
René Rudolf

Die Praxis der Jugend- und Auszubildendenvertretung
von A bis Z

Das Handwörterbuch für die JAV-Arbeit

Dieter Lenz
Claudia Meyer
Jürgen Ratayczak
Thomas Ressel
René Rudolf

Die Praxis der Jugend- und Auszubildendenvertretung von A bis Z

Das Handwörterbuch für die JAV-Arbeit

6., überarbeitete Auflage

Die Formulare, Musterschreiben und Rechtstexte sind auf der beiliegenden CD-ROM enthalten und können individuell bearbeitet werden.

Systemvoraussetzungen: siehe CD-ROM

Bibliografische Information Der Deutschen Nationalbibliothek
Die Deutsche Nationalbibliothek verzeichnet diese Publikation in der Deutschen Nationalbibliografie; detaillierte bibliografische Daten sind im Internet über *http://dnb.d-nb.de* abrufbar.

6., überarbeitete Auflage 2011
© 1999 by Bund-Verlag GmbH, Frankfurt am Main
Herstellung: Madlen Richter
Umschlag: Neil McBeath, Stuttgart
Satz und CD-ROM-Entwicklung: Dörlemann Satz, Lemförde
CD-ROM-Vervielfältigung: optimal media production GmbH, Röbel
Druck: Druckerei C.H. Beck, Nördlingen
Printed in Germany 2011
ISBN 978–3-7663–6007–6

Alle Rechte vorbehalten,
insbesondere die des öffentlichen Vortrags,
der Rundfunksendung
und der Fernsehausstrahlung,
der fotomechanischen Wiedergabe,
auch einzelner Teile.

www.bund-verlag.de

Vorwort

Die besonderen Belange der jugendlichen Arbeitnehmer sowie der Auszubildenden werden in den Betrieben und Verwaltungen durch die gewählten Jugend- und Auszubildendenvertretungen wahrgenommen. Mit der 6. Auflage des aktualisierten Handwörterbuches wird den Jugend- und Auszubildendenvertretern eine Übersicht gegeben, die zum einen eine erste Orientierung an Hand von Stichworten ermöglicht, darüber hinaus aber auch zahlreiche Anmerkungen, Beispiele sowie Mustertexte für die tägliche Arbeit anbietet. Neben den Arbeitsgrundlagen der Jugend- und Auszubildendenvertretung, wie sie im Betriebsverfassungsgesetz, aber auch durch die Rechtsprechung des Bundesarbeitsgericht bestimmt werden, sind ebenso die Bereiche des Berufsbildungsgesetzes, des Jugendarbeitsschutzgesetzes sowie andere für die jugendlichen Arbeitnehmerinnen und Arbeitnehmer sowie Auszubildenden relevanten Bereiche mit aufgenommen. Ausgehend von Stichworten wird in die jeweiligen Themen eingeführt und vielfältigste Lösungsmöglichkeiten an die Hand gegeben. Das Anliegen der Verfasser ist es dabei, die verschiedensten Bereiche anschaulich und für die tägliche Praxis nutzbar zu machen.

Mit der vorliegenden Auflage sind neue Stichwörter aufgenommen worden. So z. B. das Stichwort »Ausbildungsreport«, »Ferienjobs« sowie »Deutscher Qualifikationsrahmen«.

Trotz wirtschaftlicher Aufwärtsentwicklung nach der schweren Krise ist das Thema Ausbildung nach wie vor skandalgeprägt. Im Vordergrund der täglichen Arbeit steht gerade das Einsetzen für eine qualifizierte Berufsausbildung und das Verhindern von Schmalspurberufen.

Das Buch wendet sich vorrangig an die Praktiker in den Jugend- und Auszubildendenvertretungen, den Betriebsräten und den Gewerkschaften. Daneben bietet es aber auch allen anderen Interessierten die Möglichkeit, sich umfassend über die Arbeit der Jugend- und Auszubildendenvertretungen zu informieren.

Die Verfasser sind für Anregungen und kritische Anmerkungen jederzeit dankbar. Insbesondere werden Hinweise aus der betrieblichen Praxis gerne entgegengenommen.

Die Verfasser, August 2010

Inhaltsverzeichnis

Vorwort 5
Abkürzungsverzeichnis 13

Abmahnung (Lenz) 15
Akkordarbeit/Akkordlohn (Lenz) 19
Änderungskündigung (Lenz) 22
Anrechnung von Berufsschulzeiten auf die Arbeitszeit (Ressel) 25
Arbeitgeber (Ratayczak) 29
Arbeitnehmerbegriff (Lenz) 32
Arbeitnehmererfindung (Lenz) 34
Arbeitnehmerhaftung (Lenz) 37
Arbeitsgericht/Arbeitsgerichtsbarkeit (Lenz) 40
Arbeitskleidung (Meyer) 42
Arbeitsordnung (Lenz) 44
Arbeitsstättenverordnung (Lenz) 47
Arbeitsunfähigkeit (Lenz) 49
Arbeitsunfähigkeitsbescheinigung (Lenz) 50
Arbeitsverhinderung (Lenz) 52
Arbeitszeit/Ausbildungszeit (Rudolf) 54
Arbeitszeitgesetz (Lenz) 56
Arztbesuch (Rudolf) 58
Aufsichtsbehörde nach dem Jugendarbeitsschutzgesetz (Lenz) 59
Ausbilder/Ausbildereignungsverordnung (Ressel) ... 61
Ausbildungsbegleitende Hilfen (Rudolf) 64
Ausbildungsberufe (Ressel) 65
Ausbildungsfremde Tätigkeiten (Ressel) 68
Ausbildungskosten, Rückzahlung von (Lenz) 70
Ausbildungsmittel (Ressel) 72
Ausbildungsordnung (Ressel) 74
Ausbildungsplan (Ressel) 93
Ausbildungsplatzsituation (Rudolf) 97
Ausbildungsreport (Rudolf) 98
Ausbildungsvergütung (Rudolf) 99

Ausbildungsvertragsmuster (Ressel) ... 113
Ausländerfeindliches/rassistisches Verhalten (Lenz) ... 127
Ausländische Arbeitnehmer/Migranten (Ratayczak) ... 129
Ausschüsse für Berufsbildung (Ressel) ... 138
Außerbetriebliche und überbetriebliche Ausbildung (Meyer/Ressel) .. 141
Aussetzen von Beschlüssen des Betriebsrats (Ratayczak) ... 146
Auswahlverfahren/Auswahlrichtlinien/Einstellungstests (Ressel) ... 148

Beendigung des Ausbildungsverhältnisses (Lenz) ... 152
Befristeter Arbeitsvertrag (Ratayczak) ... 154
Berichtshefte (Rudolf) ... 164
Berufsausbildungsverhältnis (Lenz) ... 170
Berufsbildung (Ressel) ... 172
Berufsbildungsgesetz (Ressel) ... 174
Berufsgenossenschaften (Lenz) ... 177
Berufsgrundbildungsjahr (Rudolf) ... 179
Berufsschule (Rudolf) ... 187
Berufsschulpflicht (Rudolf) ... 189
Beschäftigungsverbote und -beschränkungen (Lenz) ... 190
Beschwerderecht (Ratayczak) ... 192
Betriebliche Sozialleistungen (Lenz) ... 195
Betriebsbegehung (Ressel) ... 196
Betriebsbegriff (Ratayczak) ... 198
Betriebsbußen (Lenz) ... 201
Betriebspraktikum (Meyer) ... 202
Betriebsrat (Ratayczak) ... 206
Betriebsübergang – Arbeitgeberwechsel (Lenz) ... 211
Betriebsvereinbarung (Ratayczak) ... 213
Betriebsverfassungsgesetz (Ratayczak) ... 219
Betriebsversammlung (Ratayczak) ... 220
Beurteilungsverfahren (Ressel) ... 224
Bildungsurlaub (Ressel) ... 232
Blockunterricht (Lenz) ... 236
Bußgeldvorschriften/Strafvorschriften (Lenz) ... 238

Datenschutz (Lenz) ... 239
Deutscher Qualifikationsrahmen (Ressel) (DQR) ... 241
Drogentests (Ressel) ... 243
Duales Ausbildungssystem (Ressel) ... 246

Einfachberufe/Schmalspurausbildung (Ressel) 249
Einigungsstelle (Ratayczak). 252
Einstiegsqualifizierungen für Jugendliche – EQJ (Rudolf). 256
Europäische Kernberufe (Ressel). 259
Europäischer Qualifikationsrahmen (Ressel). 261
Fahrtkosten (Ressel) 264
Familienbetrieb, -haushalt (Lenz) 266
Ferienjobs (Rudolf) 267
Freistellung (Ressel) 268
Fristlose Kündigung (Lenz). 271

Gefährliche Arbeiten (Lenz). 274
Gesamtjugend- und Auszubildendenvertretung (Rudolf). 276
Geschäftsordnung (Rudolf). 280
Gesundheitliche Betreuung Jugendlicher (Rudolf). 285
Gewerbeaufsicht (Lenz). 287
Gewerkschaften (Ratayczak) 288
Gleichbehandlung (Ratayczak) 292
Gleichberechtigung (Ratayczak) 295
Gleitende Arbeitszeit (Lenz) 301

Handwerkskammern/Handwerksinnungen (Lenz) 303
Heimarbeiter/Telearbeiter (Lenz) 305

Industrie- und Handelskammer (IHK) (Lenz) 307
Initiativrechte/Beteiligungsrechte/Gestaltungsrechte – JAV und
Betriebsrat (Ratayczak). 308
IT-Weiterbildungssystem (Ressel) 314

Jugendarbeitsschutzausschüsse (Rudolf) 319
Jugendarbeitsschutzgesetz (Rudolf) 320
Jugend- und Auszubildendenversammlung (Rudolf) 323
Jugend- und Auszubildendenvertretung (Rudolf) 329

Kinderarbeit (Rudolf) 333
Kinderarbeitsschutzverordnung (Lenz). 335
Konzern-Jugend- und Auszubildendenvertretung (Meyer). 337
Kündigung (Lenz) 340
Kündigung des Ausbildungsverhältnisses (Lenz) 343

Kündigungsfristen (Lenz) 344
Kündigungsschutz (Lenz) 346
Kündigungsschutzprozess (Lenz) 348

Literatur (Ratayczak) 352

Mindestalter für Beschäftigung (Lenz) 354
Mitbestimmungsrechte – JAV und Betriebsrat (Ratayczak) 356
Mobbing (Lenz) 363
Modulausbildung (Ressel) 366
Mutterschutz (Rudolf) 368

Nachtarbeit/Nachtruhe (Rudolf) 370
Nachweisgesetz (Lenz) 372

Personalakte (Ratayczak) 374
Personalrat (Ratayczak) 378
Personalvertretungsrecht (Ratayczak) 385
Pflichten des Ausbildenden (Ressel) 390
Pflichten des Auszubildenden (Ressel) 392
Praktikum (Meyer) 393
Probezeit in der Berufsausbildung (Ressel) 397
Prozessorientierte Ausbildung (Ressel) 398
Prüfung (Ressel) 401

Rauchen am Arbeitsplatz/Alkoholverbot (Lenz) 404
Ruhepausen (Rudolf) 406

Samstagsarbeit/Sonntagsarbeit/Feiertagsarbeit (Rudolf) 408
Schichtarbeit (Rudolf) 410
Schülervertretung (Rudolf) 411
Schutzvorschriften/Schutz der JAV-Mitglieder (Lenz) 413
Schwerbehinderte Menschen (Ratayczak) 417
Schwerbehindertenvertretung (Ratayczak) 422
Sexuelle Belästigung (Lenz) 428
Sitzungen der Jugend- und Auszubildendenvertretung (Rudolf) 430
Sprechstunden (Rudolf) 432
Strafvorschriften (Lenz) 433
Streikrecht für Auszubildende (Ressel) 436
Streitigkeiten zwischen Auszubildenden und Ausbilder (Lenz) 439
Stufenausbildung/Anrechnungsmodell (Ressel) 440

Tarifautonomie/Koalitionsfreiheit (Lenz) 442
Tarifvertrag (Lenz) 443
Teilzeitarbeit nach Beendigung der Ausbildung (Ressel) 444
Telefongespräche, E-Mail, Internet – private Nutzung (Lenz) 446
Übernahme in ein unbefristetes Arbeitsverhältnis (Ressel) 447
Umlagefinanzierung (Ressel) 451
Umweltschutz in der Berufsausbildung (Ressel) 454
Unternehmensmitbestimmung (Ratayczak) 457
Urlaub (Lenz) 461

Verbesserungsvorschlag (Lenz) 464
Verbundausbildung (Ressel) 472
Verkürzung der Ausbildung (Ressel) 475
Volljährigkeit, Berufsausbildungsverhältnis und Berufsschulunterricht (Rudolf) 476

Wahl der JAV (Meyer) 478
Wehrpflicht (Rudolf) 486
Weiterbildung (Ressel) 490

Zeugnis (Lenz) 499
Zivildienst (Rudolf) 501

Stichwortverzeichnis 503

Abkürzungsverzeichnis

Abs.	Absatz
AEVO	Ausbilder-Eignungsverordnung
AFG	Arbeitsförderungsgesetz
AG	Aktiengesellschaft
AGG	Allgemeines Gleichbehandlungsgesetz
AiB	Arbeitsrecht im Betrieb (Zeitschrift)
APO	Arbeitsprozessorientiertes Lernen
ArbGG	Arbeitsgerichtsgesetz
ArbNErfG	Arbeitnehmererfindungsgesetz
ArbSchG	Arbeitsschutzgesetz
AuR	Arbeit und Recht (Zeitschrift)
BA	Bundesanstalt für Arbeit
BAG	Bundesarbeitsgericht
BAT	Bundes-Angestelltentarifvertrag
BBiG	Berufsbildungsgesetz
BDSG	Bundesdatenschutzgesetz
BerASichG	Berufsausbildungssicherungsge setz
BerBiFG	Berufsbildungsförderungsgesetz
BetrVG	Betriebsverfassungsgesetz
BGB	Bürgerliches Gesetzbuch
BGBl	Bundesgesetzblatt
BGS	Berufsgrundschuljahr
BPersVG	Bundespersonalvertretungsgesetz
BR	Betriebsrat
BVerfG	Bundesverfassungsgericht
BVJ	Berufsvorbereitungsjahr
DGB	Deutscher Gewerkschaftsbund
DKKW	Däubler/Kittner/Klebe/Wedde (Hrsg.), Betriebsverfassungsgesetz mit Wahlordnung, Kommentar für die Praxis, 12. Auflage 2010
DrittelbG	Drittelbeteiligungsgesetz
DQR	Deutscher Qualifikationsrahmen
EFZG	Entgeltfortzahlungsgesetz

EQR	Europäischer Qualifikationsrahmen
FESTL	Fitting u. a., Betriebsverfassungsgesetz, Handkommentar, 22. Auflage 2004
GBR	Gesamtbetriebsrat
GewO	Gewerbeordnung
GG	Grundgesetz
GJAV	Gesamtjugend- und Auszubildendenvertretung
HAG	Heimarbeitsgesetz
HwO, HandwO	Handwerksordnung
i. d. F.	in der Fassung
IHK	Industrie- und Handelskammer
JArbSchG	Jugendarbeitsschutzgesetz
JAV	Jugend- und Auszubildendenvertretung
KBR	Konzernbetriebsrat
KDVG	Kriegsdienstverweigerungsgesetz
KG	Kommanditgesellschaft
KJAV	Konzern-Jugend- und Auszubildendenvertretung
KSchG	Kündigungsschutzgesetz
LAG	Landesarbeitsgericht
MitbG	Gesetz über die Mitbestimmung der Arbeitnehmer
MuSchG	Mutterschutzgesetz
NZA-RR	NZA-Rechtsprechungs-Report Arbeitsrecht (Fachzeitschrift)
OHG	Offene Handelsgesellschaft
RVO	Reichsversicherungsordnung
SchwbG	Schwerbehindertengesetz
SchwbVertr.	Schwerbehindertenvertretung
SE	Europäische Aktiengesellschaft (»Societas Europaea«)
SGB	Sozialgesetzbuch
SGB IX	Sozialgesetzbuch Neuntes Buch – Rehabilitation und Teilhabe behinderter Menschen
SMV	Schülermitvertretung
SV	Schülervertretung
TRAS	Technische Regeln für Anlagensicherheit
TzBfG	Gesetz über Teilzeitarbeit und befristete Arbeitsverträge (Teilzeit- und Befristungsgesetz)
WO	Erste Verordnung zur Durchführung des Betriebsverfassungsgesetzes (Wahlordnung – WO)
Wohlgemuth	Wohlgemuth, Berufsbildungsgesetz, Kommentar für die Praxis, 3. Auflage 2004
WPflG	Wehrpflichtgesetz

ABMAHNUNG

Grundlagen

Die Abmahnung ist eine mündliche oder schriftliche Erklärung des Arbeitgebers oder eines gegenüber dem Arbeitnehmer Weisungsberechtigten, der dazu vom Arbeitgeber bevollmächtigt ist, mit dem dieser ein **Verhalten** als **Pflichtverletzung rügt**. Sie unterscheidet sich von einer allgemeinen Rüge dadurch, dass sie sich an dem folgenden Schema orientiert:
1. Die Abmahnung muss die **Beschreibung des gerügten Verhaltens** enthalten, etwa die Verletzung der Arbeitspflicht oder von Nebenpflichten aus dem Arbeitsvertrag wie Zuspätkommen zur Arbeit, unentschuldigtes Fehlen, Verstoß gegen Arbeitsanweisungen, verbotener Alkoholgenuss, verbotenes privates Telefonieren oder verbotener privater E-Mail-Versand am Arbeitsplatz.
2. Die Abmahnung muss die **Aufforderung** enthalten, das gerügte Verhalten zu ändern.
3. Die Abmahnung muss die **Androhung** der Kündigung im Wiederholungsfall enthalten.

Es ist nicht erforderlich, dass die Abmahnung schriftlich erfolgt. Dies ist allerdings allgemein üblich, um die Abmahnung beweisen zu können.

Die Abmahnung ist nach Auffassung des Bundesarbeitsgerichts im Regelfall **Voraussetzung für eine spätere verhaltensbedingte Kündigung** (BAG v. 18.1.1980, EzA § 1 KschG Verhaltensbedingte Kündigung Nr. 7). Nur in besonders schweren Fällen ist eine Abmahnung entbehrlich, etwa wenn die Vertrauensgrundlage zerstört (z.B. Diebstahl), der Betriebsfrieden nachhaltig gestört ist (tätlicher Angriff auf Arbeitskollegen) oder der Pflichtverstoß so krass ist, dass die Fortsetzung des Arbeitsverhältnisses nicht in Betracht kommt (Trunkenheitsfahrt mit Linienbus).

Die Abmahnung kann mitbestimmungsfrei ohne Beteiligung des Betriebs- oder Personalrats oder der Jugendvertretung ausgesprochen werden.

Abmahnungen werden üblicherweise zu den **Personalakten** genommen. Die Warnfunktion einer Abmahnung ist zeitlich begrenzt, es gibt aber keine starre Frist, wann die Abmahnung ihre Wirkung verliert, das richtet sich vielmehr nach den Umständen des Einzelfalls, als ein Anhaltspunkt mag ein

Zeitraum von ein bis zwei Jahren gelten. Nach Ablauf dieser Zeit hat die Abmahnung, auch wenn sie nicht aus der Personalakte entfernt wurde, **ihre Wirkung als Voraussetzung für** eine spätere **Kündigung verloren.**

Ein Ausbildungsverhältnis, das nach Ablauf der Probezeit nur noch außerordentlich gekündigt werden kann, kann ebenfalls ohne vorherige Abmahnung bei schwerwiegender Pflichtverletzung gekündigt werden. Das Bundesarbeitsgericht hat eine solche schwerwiegende Pflichtverletzung bei **ausländerfeindlichem rassistischem Verhalten** eines Jugendlichen anerkannt (vgl. dort).

Soll eine Kündigung nach vorheriger Abmahnung wegen wiederholten Verstoßes ausgesprochen werden, muss sich die **Abmahnung auf den Verstoß** bezogen haben, **auf den die Kündigung gestützt** werden soll. Eine Kündigung wegen der Weigerung, eine Arbeitsanweisung zu befolgen, kann nicht auf eine z. B. vorangegangene Abmahnung wegen wiederholten Zuspätkommens gestützt werden und umgekehrt.

Beispiel:
Sehr geehrte/r Frau/Herr ...,
bereits in der Vergangenheit sind Sie mehrfach zu spät gekommen. Sie sind nun wieder am ... ohne Angabe von Gründen um ... Stunden verspätet zur Arbeit gekommen. Damit haben Sie erneut gegen Ihre arbeitsvertraglichen Pflichten verstoßen.
Wir ersuchen Sie nachdrücklich, künftig Ihren Pflichten aus dem Arbeitsvertrag in vollem Umfang nachzukommen. Für den Wiederholungsfall müssen wir Ihnen androhen, das Arbeitsverhältnis zu kündigen.
Eine Durchschrift dieser Abmahnung wird zu den Personalakten genommen.

Mit freundlichen Grüßen
(Arbeitgeber)

Bedeutung für den Betriebsrat/die JAV

Die Abmahnung berührt grundsätzlich nur das Verhältnis zwischen Arbeitgeber und Arbeitnehmer. Daraus folgt nach Auffassung des Bundesarbeitsgerichts, dass die Abmahnung als solche nicht mitbestimmungspflichtig ist. Etwas anderes gilt nur im Bereich förmlicher **Betriebsbußen** (siehe dort). In jedem Fall sollte der Betriebsrat darauf dringen, dass er jedenfalls über ausgesprochene Abmahnungen informiert wird (§ 80 Abs. 2 BetrVG).

In **Arbeitsordnungen** wird allerdings in aller Regel auch die Frage von Abmahnungen angesprochen. Dort wird nämlich geregelt, dass Abmahnungen je nach Schwere des Vorwurfs nach Ablauf einer bestimmten Zeit und/oder wenn keine erneute Abmahnung hinzukommt wieder aus der Personalakte entfernt werden.

> **Beispiel für eine Regelung der Abmahnung in einer Arbeitsordnung:**
> Abmahnungen werden in die Personalakte aufgenommen. Die Abmahnungen werden nach Ablauf von einem Jahr bei leichten Verstößen und nach Ablauf von zwei Jahren bei schweren Verstößen aus der Personalakte entfernt und vernichtet, wenn nicht innerhalb dieser Frist eine erneute Abmahnung hinzutritt. In diesem Fall werden sie erst nach einem weiteren abmahnungsfreien Zeitraum aus der Personalakte entfernt.

Bedeutung für die Beschäftigten

Abmahnungen müssen bei Arbeitnehmern die »Warnglocken« klingeln lassen, jedenfalls sollte die **Warnfunktion** der Abmahnung sehr ernst genommen werden. Manche Arbeitgeber bereiten nämlich Kündigungen »systematisch« mit Abmahnungen vor. Davor sind auch Auszubildende nicht gefeit, obwohl eine Kündigung (s. dort) nach § 22 BBiG nur aus wichtigem Grund möglich ist, wenn die Probezeit abgelaufen ist.

Rechtsmittel gegen eine Abmahnung: Ist eine Abmahnung nicht oder nicht in vollem Umfang berechtigt, kann der Arbeitnehmer ihre **Entfernung aus der Personalakte** verlangen. Er kann zunächst aber auch eine **Gegendarstellung** zum Inhalt des Abmahnungsschreibens zur Personalakte geben. In Betrieben, die einen Betriebsrat gewählt haben, ergibt sich dieses Recht aus § 83 Abs. 2 BetrVG. Dort heißt es, »Erklärungen des Arbeitnehmers zum Inhalt der Personalakte sind dieser auf sein Verlangen beizufügen«. Das gleiche Recht ergibt sich in betriebsratslosen Betrieben aus allgemeinen Grundsätzen des Arbeitsvertragsrechts.

Der Arbeitnehmer kann aber auch, wenn er eine Abmahnung für nicht gerechtfertigt erachtet, notfalls ihre Entfernung aus der Personalakte in einem **arbeitsgerichtlichen Verfahren** durchzusetzen versuchen. Das Arbeitsgericht hat dann in diesem Verfahren zu prüfen, ob und in welchem Umfang die Abmahnung gerechtfertigt war.

Auch wenn der Weg zum Arbeitsgericht, um über die Berechtigung einer Abmahnung zu streiten, nur in seltenen Fällen beschritten wird, sollte jedenfalls die **eigene Darstellung des gerügten Sachverhalts** zur Personalakte gegeben werden. Eine solche Gegendarstellung würde nämlich später, wenn es zur Kündigung des Arbeitsverhältnisses kommen sollte, im Rahmen des Kündigungsschutzverfahrens berücksichtigt werden müssen und könnte die ursprüngliche Abmahnung als Voraussetzung für die Kündigung erschüttern.

Insbesondere bei einem schweren Vorwurf empfiehlt es sich – abgesehen davon, das gerügte Verhalten abzustellen – den Betriebsrat einzuschalten und ihn über den Vorwurf und den Inhalt der Abmahnung zu informieren. Dieser gewinnt so einen Überblick darüber, ob möglicherweise durch andere Maßnahmen den Ursachen für die Abmahnung begegnet werden kann. Insoweit hat der Betriebsrat nach §§ 84, 85 BetrVG die Möglichkeit, den Arbeitnehmer bei seiner »Beschwerde« gegen den Inhalt der Abmahnung zu unterstützen. Dieser Weg ist im Normalfall einfacher als etwa in einem gerichtlichen Verfahren auf Entfernung der Abmahnung aus der Personalakte zu klagen.

Akkordarbeit/Akkordlohn

Grundlagen

Im Normalfall richtet sich die **Vergütung** nach der **arbeitsvertraglichen Vereinbarung** oder nach einem **Lohntarifvertrag** und nach der jeweiligen Lohngruppe, in die man aufgrund seiner Tätigkeit eingeordnet wird. Es spielt dann keine Rolle für die Höhe der Vergütung, ob man viel arbeitet oder weniger. Davon zu unterscheiden sind **Formen des Leistungslohnes**, bei denen die Vergütung auch vom Umfang der Leistung abhängt.

Akkordarbeit und **Akkordlohn** sind Begriffe für eine **leistungsabhängige Vergütung** bzw. »**Leistungsvergütung**«, womit sämtliche Vergütungsformen angesprochen sind, bei denen die Lohnhöhe in irgendeiner Weise vom Arbeitsergebnis abhängig ist.

Die Leistung selbst kann bei Akkordarbeit durch Messen oder Zählen oder bei einer Leistungsbewertung nach anderen differenzierten Kriterien erfasst werden.

Mit Akkordarbeit wird also eine Tätigkeit bezeichnet, bei der die Vergütung, der Akkordlohn, leistungsabhängig **nach dem Arbeitsergebnis** und **nicht nach der Arbeitszeit** bemessen wird.

In welcher Form die Arbeit zu leisten ist und wie sie entlohnt wird, richtet sich nach dem **Arbeitsvertrag**. Ist Akkordarbeit nicht vereinbart, kann sie auch nicht etwa über das Direktionsrecht des Arbeitgebers einseitig angeordnet werden.

Üblicherweise richten sich daher Art, Umfang und Vergütung der Akkordarbeit nach Tarifvertrag oder Betriebsvereinbarung i.V.m. dem Arbeitsvertrag.

Da Akkordarbeit wegen des Interesses der Arbeitnehmer, einen möglichst hohen Akkordlohn zu erzielen, in der Regel mit besonderen gesundheitlichen Gefahren verbunden ist, ist die Akkordtätigkeit für bestimmte Arbeitnehmergruppen eingeschränkt oder verboten.

So dürfen **werdende Mütter** gemäß § 4 Abs. 3 Nr. 1 MuSchG nicht in Akkordarbeit bzw. mit Tätigkeiten beschäftigt werden, bei denen das Arbeitstempo die Höhe des Entgelts bestimmt. Ausnahmen kann nur die Aufsichtsbehörde zulassen.

Insbesondere dürfen auch **Jugendliche** nach § 23 JArbSchG nicht beschäftigt werden:
1. mit Akkordarbeit und sonstigen Arbeiten, bei denen durch ein gesteigertes Arbeitstempo ein höheres Entgelt erzielt werden kann,
2. in einer Arbeitsgruppe mit erwachsenen Arbeitnehmern, die mit Arbeiten nach Nr. 1 beschäftigt werden,
3. mit Arbeiten, bei denen ihr Arbeitstempo nicht nur gelegentlich vorgeschrieben, vorgegeben oder auf andere Weise erzwungen wird.

Von diesem grundsätzlichen Akkordarbeitsverbot für Jugendliche macht § 23 Abs. 2 JArbSchG eine **Ausnahme**. Die Beschäftigung nach den vorstehenden Nummern 1 bis 3 ist für Jugendliche erlaubt, »soweit dies zur **Erreichung ihres Ausbildungszieles erforderlich** ist« oder »wenn sie eine Berufsausbildung für diese Beschäftigung abgeschlossen haben« und ihr Schutz durch die Aufsicht eines Fachkundigen gewährleistet ist.

Formen der Akkordarbeit:

- *Stückakkord:*
  Hier wird auf die Zahl der hergestellten Arbeitsgegenstände pro Zeiteinheit abgestellt.
- *Gewichtakkord:*
  Hier wird das Gewicht der bearbeiteten Menge der Vergütung zugrunde gelegt.
- *Flächenakkord:*
  Hier ist die bearbeitete Fläche für die Entlohnung maßgeblich, z. B. Putzkolonne.

Daneben muss noch der **Geldfaktor** bestimmt werden. Wird z. B. beim Stückakkord für die Bearbeitung eines Kleiderbügels 0,80 EUR angesetzt und werden 100 Kleiderbügel bearbeitet, beträgt die Vergütung 80,00 EUR. Entsprechendes gilt für Gewicht- oder Flächenakkord.

Häufig findet auch der **»Zeitakkord«** Anwendung, bei dem für eine bestimmte Arbeitsleistung eine festgelegte Zeit als Berechnungsfaktor vorgesehen ist. Die Vorgabezeit muss dann mit einem Geldfaktor multipliziert werden. Beträgt der Geldfaktor für eine Stunde 12,00 EUR und die Vorgabezeit sechs Minuten, müssten bei Normalleistung in einer Stunde zehn Stücke bearbeitet bzw. hergestellt werden. Bei einer höheren Stückzahl erfolgt dann eine entsprechend höhere Vergütung.

Eine andere Form des Leistungslohnes ist der **Prämienlohn**, bei dem je nach Interesse des Arbeitgebers bzw. des Betriebs Prämien für bestimmte Arbeitsergebnisse gezahlt werden. Dabei kann es sich um Anreize für eine

Erhöhung der Produktion, aber auch für eine Verringerung der Fehlerquote oder für die Erzielung von Einsparungen handeln.

Bedeutung für den Betriebsrat/die JAV

Nach § 87 Abs. 1 Nr. 11 BetrVG hat der **Betriebsrat mitzubestimmen** über »Festsetzung der Akkord- und Prämiensätze und vergleichbarer leistungsbezogener Entgelte einschließlich der Geldfaktoren«. Der gesamte Bereich der Leistungsentlohnung unterliegt somit dem **Mitbestimmungsrecht des Betriebsrats**. Das Mitbestimmungsrecht erstreckt sich auf die **Festsetzung aller Bezugsgrößen** bei den Akkordsätzen, die für die Ermittlung und Berechnung des Akkordlohns von Bedeutung sind. Sie umfasst auch die Festsetzung und Änderung der sogenannten **Vorgabezeiten**. Auch bei der **Festsetzung der Prämiensätze** erstreckt sich das Mitbestimmungsrecht auf die Festlegung aller Bezugsgrößen.

Im Übrigen gilt für Jugendliche nach § 23 JArbSchG das grundsätzliche **Verbot der Tätigkeit in Akkord- und Leistungsentlohnung** (siehe oben).

Bedeutung für die Beschäftigten

Zwar kann bei Akkordarbeit und Akkordentlohnung der Arbeitnehmer durch besondere Anstrengungen, Fleiß und Geschick eine höhere Vergütung erzielen als beim Zeitlohn. Auf der anderen Seite entsteht ein höherer Leistungsdruck, die **Gefahr der Selbstausbeutung** und einer **erhöhten Gesundheitsgefährdung**, weshalb für Jugendliche solche Tätigkeiten auch verboten sind, wie § 23 JArbSchG bestimmt (zu Ausnahmen s. oben).

ÄNDERUNGSKÜNDIGUNG

Grundlagen

Will der Arbeitgeber die Arbeitsbedingungen verändern, so kann er dies innerhalb der durch den Arbeitsvertrag abgesteckten Grenzen durch einfache Anweisung, wobei die Mitbestimmungsrechte des Betriebsrats zu beachten sind. Werden aber die Grenzen, die der Arbeitsvertrag setzt überschritten, und kommt es nicht zu einer einvernehmlichen Regelung, so bleibt dem Arbeitgeber nur das Mittel der Änderungskündigung.

> **Beispiel:**
> Ist der Arbeitnehmer laut Arbeitsvertrag für die »Regionaldirektion West« eingestellt, so kann der Arbeitgeber ihn durch einfache Weisung an jeden Ort innerhalb der Regionaldirektion West einsetzen, gegebenenfalls muss er den Betriebsrat zu einer Versetzung anhören. Ein Einsatz außerhalb der Regionaldirektion West ist dagegen aufgrund des Arbeitsvertrages nicht möglich, sondern erfordert eine Änderungskündigung.

Eine Änderungskündigung ist stets erforderlich, wenn die Hauptpflichten des Arbeitsvertrages verändert werden sollen, das heißt, wenn der Arbeitgeber weniger Geld zahlen will oder aber eine längere Wochenarbeitszeit durchsetzen will. In aller Regel handelt es sich um Verschlechterungen zu Lasten des Arbeitnehmers. Bei Verbesserungen (der Arbeitnehmer wird befördert, er soll mehr Verantwortung und eine höhere Bezahlung bekommen) wird das Einverständnis des Arbeitnehmers ausdrücklich erklärt oder aber anzunehmen sein, insbesondere, wenn er die Stelle tatsächlich antritt. Auch hier sind Ausnahmen denkbar, etwa weil der Arbeitnehmer aufgrund der höheren Verantwortung befürchtet, überfordert zu sein.

Mit der Änderungskündigung kündigt der Arbeitgeber das Arbeitsverhältnis und unterbreitet zugleich das Angebot, es zu veränderten Bedingungen fortzusetzen.

Es gelten die gleichen formellen Voraussetzungen für eine (Voll-) Kündigung, die auf eine Beendigung des Arbeitsvertrages abzielt. In beiden Fällen liegt eine einseitige Erklärung vor, die schriftlich erfolgen und dem Arbeitnehmer zugehen muss.

Es sind auch bei der Änderungskündigung die Kündigungsfristen nach § 622 BGB einzuhalten, wenn nicht ausnahmsweise ein wichtiger Grund für eine fristlose Kündigung vorliegt.

Die besonderen Kündigungsschutzregeln gelten nicht nur für die Beendigungskündigung, sondern auch für die Änderungskündigung, etwa im Rahmen des Berufsausbildungsverhältnisses nach § 22 BBiG, im Mutterschutz nach § 9 MuSchG, für Mandatsträger in der Betriebverfassung nach § 15 KSchG usw.

Das Kündigungsschutzgesetz ist uneingeschränkt anwendbar, wie sich ausdrücklich aus § 2 KSchG ergibt. Der Betriebsrat ist vor jeder Änderungskündigung nach § 102 BetrVG zu hören.

Nach § 2 KSchG hat der **Arbeitnehmer** mehrere **Möglichkeiten**, auf eine Änderungskündigung **zu reagieren:**
- er kann das geänderte Vertragsangebot ohne Vorbehalt annehmen mit der Folge, dass die Vertragsänderung wirksam wird. In der Regel wird dann der Arbeitnehmer zu schlechteren Arbeitsbedingungen beschäftigt sein, denn für Verbesserungen seines Arbeitsvertrages hätte es ja keiner Änderungskündigung des Arbeitgebers bedurft;
- er kann das Vertragsangebot unter **Vorbehalt der sozialen Rechtfertigung** der Änderung annehmen und muss dann **innerhalb von drei Wochen** durch eine **Kündigungsschutzklage** geltend machen, dass die geänderten Vertragsbedingungen sozial nicht gerechtfertigt sind. Je nach Entscheidung des Arbeitsgerichts in diesem Verfahren muss er dann zu den alten oder zu den neuen Arbeitsbedingungen weiterbeschäftigt werden. Versäumt der Arbeitnehmer die **3-Wochen-Frist** zur Einlegung der Kündigungsschutzklage, gilt die Vertragsänderung als vereinbart. Er muss dann die neuen Regelungen hinnehmen, ohne dass das Arbeitsgericht die Rechtfertigung der Vertragsänderung überprüft hat;
- er kann schließlich das Änderungsangebot ablehnen. Nach **Ablauf der Kündigungsfrist** wäre dann das **Arbeitsverhältnis insgesamt beendet**, wenn nicht innerhalb von drei Wochen eine **Kündigungsschutzklage** erhoben wird, die der Arbeitnehmer »gewinnt«, also vom Arbeitsgericht die Änderung für sozial nicht gerechtfertigt erklärt wird.

Beispiele:
Sehr geehrter Herr V.,
Sie waren bisher in Lohngruppe V als ... beschäftigt.
Hiermit kündigen wir das Arbeitsverhältnis zum nächstmöglichen Termin und bieten Ihnen gleichzeitig eine Beschäftigung in Lohngruppe IV als ... an.
Oder: Ihre Arbeitszeit betrug bislang 38 Stunden. Wegen Rückgang der Produktion kündigen wir dieses Arbeitsverhältnis und bieten Ihnen gleichzeitig zu ansonsten unveränderten Arbeitsbedingungen eine Beschäftigung mit einer wöchentlichen Arbeitszeit von 24 Stunden und entsprechend reduziertem Gehalt an.
Oder: Sie waren bisher ausschließlich bei uns in der Tagschicht beschäftigt. Wir kündigen dieses Arbeitsverhältnis und bieten Ihnen gleichzeitig an, das Arbeitsverhältnis in Wechselschichtarbeit fortzusetzen.

Bedeutung für den Betriebsrat/die JAV

Die Änderungskündigung ist zunächst eine normale Kündigung. Dies bedeutet, dass in Betriebsratsbetrieben die **Mitbestimmungsrechte des Betriebsrats** etwa nach § 102 BetrVG zu beachten sind. Der Betriebsrat ist vor jeder Kündigung zu hören. Er kann der beabsichtigten Änderungskündigung widersprechen. Wenn er der beabsichtigten Änderungskündigung unter einer der in § 102 Abs. 3 BetrVG aufgeführten Gründe widerspricht und bei erfolgter Kündigung der Arbeitnehmer eine Änderungskündigungsschutzklage erhebt, ist der Arbeitnehmer bis zum rechtskräftigen Ausgang des Verfahrens **zu unveränderten Arbeitsbedingungen** weiterzubeschäftigen. Nach sogenannter herrschender Meinung gilt das nicht, wenn der Arbeitnehmer die geänderten Arbeitsbedingungen unter Vorbehalt angenommen hat. Allerdings wird in diesen Fällen häufig zugleich eine Versetzung vorliegen, zu der der Arbeitgeber wiederum die Zustimmung des Betriebsrats benötigt.

Bedeutung für die Beschäftigten

Nach erfolgter Änderungskündigung durch den Arbeitgeber **muss der Arbeitnehmer reagieren**. Er kann, wie oben dargelegt, die Änderung der Arbeitsbedingungen annehmen; er kann sie **unter Vorbehalt annehmen** und muss dann **binnen drei Wochen** seit Zugang der Kündigung eine **Änderungskündigungsschutzklage** erheben. Dies ist für den Arbeitsnehmer dann der sinnvollste Weg, wenn er mit der angebotenen Änderung der Arbeitsbedingungen nicht einverstanden ist, gleichwohl aber notfalls auch zu den geänderten Arbeitsbedingungen weiter arbeiten will. Das Gericht prüft nämlich dann im Rahmen des Kündigungsschutzprozesses lediglich, ob der Arbeitnehmer die Änderungen der Arbeitsbedingungen hinnehmen muss oder nicht. Er kann schließlich die Änderung insgesamt ablehnen. Dann endet das Arbeitsverhältnis nach Ablauf der Kündigungsfrist, wenn nicht erfolgreich durch den Arbeitnehmer eine **Kündigungsschutzklage** durchgeführt wird.

Wichtig für die Einlegung einer Kündigungsschutzklage ist die Einhaltung der Dreiwochenfrist. Die Frist läuft **ab Zugang der Kündigung** und zwar auch dann, wenn die **Wirkung der Änderung** erst viel später, z. B. erst nach drei Monaten oder »zu Beginn des nächsten Halbjahres« einsetzen soll.

Anrechnung von Berufsschulzeiten auf die Arbeitszeit

Grundlagen

Die wöchentliche Arbeitszeit ist in Tarifverträgen geregelt. Besteht kein Tarifvertrag, gilt das Arbeitszeitgesetz.

Im Betrieb vereinbaren Arbeitgeber und Betriebsrat die genaue Lage und Verteilung der Arbeitszeit. Der Betriebsrat hat hier ein Mitbestimmungsrecht nach § 87 Abs. 1 Nrn. 2 und 3 BetrVG.

Laut § 11 Abs. 1 Nr. 4 i.V.m. Abs. 2 Berufsbildungsgesetz muss in dem Ausbildungsvertrag die Dauer der regelmäßigen täglichen Ausbildungszeit aufgenommen werden. Die tarifliche bzw. im Ausbildungsvertrag geregelte tägliche Arbeitszeit gilt auch am Berufsschultag, unabhängig davon, für welchen Zeitraum der Auszubildende an diesem Tag für den Besuch der Berufsschule freigestellt wurde.

Der Auszubildende ist zum Besuch der Berufsschule laut § 15 BBiG freizustellen. Zum Umfang der Freistellung gehören Wegezeiten, Pausen sowie die erforderlichen Zeiten zum Waschen und Umkleiden. Ebenso umfasst die Freistellung auch Lücken, die im Ablauf des Berufsschulunterrichts auftreten können (Wohlgemuth, Lakies, Malottke, Pieper, Proyer BBiG, § 15 Rn. 11), da diese Zeiten in unmittelbarem Zusammenhang mit der Freistellung zum Besuch der Berufsschule stehen. Im Anschluss an die Freistellung muss der über 18-jährige Auszubildende in den Betrieb zurück, wenn eine Beschäftigung als zumutbar erscheint. Der Arbeitgeber muss dabei den Grundsatz der Verhältnismäßigkeit wahren (§ 242 BGB). Ihm obliegt auch eine Fürsorgepflicht gegenüber Auszubildenden. Nicht zumutbar bzw. verhältnismäßig wäre beispielsweise eine verbleibende Restausbildungszeit, die kürzer ist als die Wegstrecke zwischen Berufsschule und Betrieb. An Berufsschultagen gilt die zwischen Betriebsrat und Arbeitgeber vereinbarte Arbeitszeit.

Neben der Regelung in § 15 BBiG besteht eine weitere in § 9 Jugendarbeitsschutzgesetz (JArbSchG). Danach dürfen Jugendliche unter 18 Jahren nicht im Betrieb beschäftigt werden, wenn der Unterricht vor 9.00 Uhr beginnt und an Berufsschultagen mit mehr als fünf Unterrichtsstunden (mindestens je 45 Minuten). Diese Regelung gilt für einen Berufsschultag in der Woche. Für die über 18-jährigen Auszubildenden gilt lediglich die Regelung, dass eine Beschäftigung vor Unterrichtsbeginn (wenn der Unterricht vor 9.00 Uhr beginnt) nicht erfolgen darf.

Von Arbeitgebern wird oftmals, mit dem Ziel, die betriebliche Anwesenheitszeit der Auszubildenden über die vereinbarte Ausbildungszeit hinaus zu erreichen, fälschlicherweise behauptet, dass die Berufsschulzeiten auf die gesetzliche Arbeitszeit anzurechnen sind. Sie beziehen sich dabei auf die Entscheidung des Bundesarbeitsgerichts (BAG) v. 27.5.1992 – 5 AZR 252/91. In dieser Entscheidung hat das BAG festgestellt, dass sich die **vor der Änderung vom 1.3.1997** im Jugendarbeitsschutzgesetz festgeschriebene Anrechnung von acht Stunden bei mindestens fünf Unterrichtsstunden auf die 40-Stunden-Woche bezieht. Bezugnehmend auf die Tarifautonomie und das Bestehen einer tariflichen Regelungslücke hat das BAG keine Aussagen zu einer tariflichen Arbeitszeit gemacht. Es hat lediglich klargestellt, dass bei Fehlen einer betrieblichen oder tariflichen Regelung eine Anrechnung auf die gesetzliche Arbeitszeit zu erfolgen hat.

Bedeutung für den Betriebsrat/die JAV

Grundsätzlich gilt, dass Auszubildende zum Besuch der Berufsschule gemäß § 15 BBiG freizustellen sind.

Für alle Auszubildenden, unabhängig vom Alter, sind die für sie gültigen Tarifverträge anzuwenden, so beispielsweise die Tarifverträge, in denen die Arbeitszeit für Auszubildende geregelt ist. Die dort vereinbarte Wochenarbeitszeit darf nicht überschritten werden. In diesem Zusammenhang ist auch darauf zu achten, dass in den Ausbildungsverträgen die tarifliche Arbeitszeit verankert wird. Weiter sind solche Tarifverträge zu berücksichtigen, in denen geregelt ist, dass eine Rückkehrpflicht nach der Berufsschule nur dann besteht, wenn eine Restausbildungszeit von mindestens 1,5 bzw. 2 Stunden verbleibt.

Nach § 87 Abs. 1 Nrn. 2 und 3 BetrVG hat der Betriebsrat ein Mitbestimmungsrecht über die genaue Lage und Verteilung der Arbeitszeit. Somit ist sowohl die Verteilung der Arbeitszeit als auch eine etwaige Änderung vonseiten des Betriebsrats mitbestimmungspflichtig und bedarf gegebenenfalls des Spruchs einer Einigungsstelle. Der Betriebsrat sollte in diesem Zusammenhang darauf achten, dass die Arbeitszeit gleichmäßig auf fünf Tage in der Woche verteilt wird. Das Wochenende muss dabei arbeitsfrei bleiben.

Für die betriebliche Praxis ist grundsätzlich zu empfehlen, sich auf die Freistellung gemäß § 15 BBiG zu beziehen und die Mitbestimmungsrechte

nach § 87 Abs. 1 Nrn. 2 und 3 BetrVG voll auszuschöpfen. Eine Debatte um die Anrechnung der Arbeitszeit ist nicht erforderlich.
Gestützt wird diese Vorgehensweise durch den BAG-Beschluss v. 26.3.2001 – 5 AZR 413/99:
1. Nach § 7 Satz 1 BBiG (entspricht im neuen BBiG § 15 Satz 1) ist der Auszubildende für die Teilnahme am Berufsschulunterricht und an Prüfungen freizustellen. Gem. § 12 Abs. 1 Nr. 1 BBiG (entspricht im neuen BBiG § 19 Abs. 1 Nr. 1) ist die Vergütung dem Auszubildenden auch für die Zeit der Freistellung fortzuzahlen. Hieraus folgt bei Überschneidungen von Zeiten des Besuchs der Berufsschule und betrieblicher Ausbildung, dass der Besuch des Berufsschulunterrichts der betrieblichen Ausbildung vorgeht. Dies bedeutet zugleich die Ersetzung der Ausbildungspflicht, so dass eine Nachholung der so ausfallenden betrieblichen Ausbildungszeiten von Gesetzes wegen ausgeschlossen ist.
2. Die Freistellung von der betrieblichen Ausbildung umfasst notwendigerweise auch die Zeiträume, in denen der Auszubildende zwar nicht am Berufsschulunterricht teilnehmen muss, aber wegen des Schulbesuchs aus tatsächlichen Gründen gehindert ist, im Ausbildungsbetrieb an der betrieblichen Ausbildung teilzunehmen. Dies betrifft insbesondere die Zeiten des notwendigen Verbleibs an der Berufsschule während der unterrichtsfreien Zeit und die notwendigen Wegezeiten zwischen Berufsschule und Ausbildungsbetrieb.
3. Seit dem Außerkrafttreten von § 9 Abs. 4 JArbSchG zum 1.3.1997 fehlt es an einer Anrechnungsregelung, so dass die Summe der Berufsschulzeiten und der betrieblichen Ausbildungszeiten kalenderwöchentlich größer als die regelmäßige tarifliche wöchentliche Ausbildungszeit sein kann.

Bedeutung für Auszubildende

Auszubildende sollten grundsätzlich darauf achten, dass im Sinne der hier beschriebenen rechtlichen Grundlagen und Empfehlungen für die Praxis auf die Einhaltung und Anwendung der bestehenden Gesetze, Tarifverträge und des Ausbildungsvertrages geachtet wird. Insbesondere ist zu prüfen, ob im Ausbildungsvertrag die tarifliche Arbeitszeit aufgenommen ist. Damit besteht auch ein Anspruch auf Einhaltung dieser Arbeitszeit, wenn der gültige Tarifvertrag mit entsprechender Arbeitszeitregelung den Personenkreis der Auszubildenden nicht einschließt.

Anrechnung von Berufsschulzeiten auf die Arbeitszeit

Beispiele:
In den Beispielen wird die 35-Stunden-Woche zur Grundlage genommen. Das Prinzip ist jedoch ebenso bei längeren tariflichen Wochenarbeitszeiten anzuwenden.

Beispiel 1:
Tägliche Ausbildungszeit:	8.00 Uhr bis 15.30 Uhr (inkl. Pause 30 Minuten)	7 Stunden
Berufsschule:	8.00 Uhr bis 14.00 Uhr	6 Stunden
Wegezeit zum Betrieb und Umkleidezeitraum:		½ Stunde
Restausbildungszeit: 14.30 Uhr bis 15.30 Uhr		1 Stunde

Der über 18-jährige Auszubildende muss für eine Stunde in den Betrieb zurückkehren.

Beispiel 2:
Tägliche Ausbildungszeit:	7.00 Uhr bis 14.30 Uhr (inkl. Pause 30 Minuten)	7 Stunden
Berufsschule:	8.00 Uhr bis 14.00 Uhr	6 Stunden
Wegezeit zum Betrieb und Umkleidezeitraum:		½ Stunde
Restausbildungszeit:		keine

Auch der über 18-jährige Auszubildende braucht nicht in den Betrieb zurückzukehren. Eine Beschäftigung vor dem Berufsschulunterricht ist nicht möglich, da er vor 9.00 Uhr beginnt. Er muss auch keine Zeit an den anderen Tagen nacharbeiten.

Beispiel 3:
Tägliche Ausbildungszeit:	9.00 Uhr bis 16.30 Uhr (inkl. Pause 30 Minuten)	7 Stunden
Berufsschule:	8.00 Uhr bis 14.00 Uhr	6 Stunden
Wegezeit zum Betrieb und Umkleidezeitraum:		½ Stunde
Restausbildungszeit: 14.30 Uhr bis 16.30 Uhr		2 Stunden

Der über 18-jährige Auszubildende muss für zwei Stunden in den Betrieb zurückkehren, wenn im Tarifvertrag keine Anrechnungsregelung für die Berufsschulzeiten getroffen wurde. An diesem Tag wird zwar die gesetzlich vorgeschriebene werktägliche Höchstarbeitszeit von acht Stunden überschritten, die dann im Ausgleichszeitraum wieder ausgeglichen werden muss.

Beispiel 4:
Gleitzeitrahmen:	7.30 Uhr bis 16.00 Uhr (inkl. Pause 30 Minuten)	8 bzw.
Kernarbeitszeit:	8.00 Uhr bis 15.30 Uhr	7 Stunden
Berufsschule:	8.00 Uhr bis 14.00 Uhr	6 Stunden
Wegezeit zum Betrieb und Umkleidezeitraum:		½ Stunde
Restausbildungszeit: 14.30 Uhr bis 15.30 Uhr bzw. 16.00 Uhr		max. 1½ Stunden

In diesem Beispiel wird der Berufsschultag wie ein Arbeitstag auf dem Gleitzeitkonto geführt. Es wird eine Anwesenheit ab 8.00 Uhr auf dem Gleitzeitkonto gewertet. Da die Kernarbeitszeit bis 15.30 Uhr geht, muss der über 18-jährige Auszubildende für mindestens eine Stunde in den Betrieb zurück. Er kann aber auch bis 16.00 Uhr bleiben, dann erhält er eine Gleitzeitgutschrift von 30 Minuten.

Arbeitgeber

Begriff

Im arbeitsrechtlichen Sinne ist Arbeitgeber jeder, der einen anderen als Arbeitnehmer beschäftigt.

Der Begriff des Arbeitgebers i.S. von § 1 Jugendarbeitsschutzgesetz geht weiter und umfasst jede Person, die ein Kind oder einen Jugendlichen beschäftigt, da das Gesetz nicht nur Arbeitsverhältnisse, sondern jede Form der abhängigen Beschäftigung erfasst.

Das Begriffspaar »Arbeitgeber« und »Arbeitnehmer« dient dabei der Verschleierung der tatsächlichen Begebenheiten. Der »Arbeitnehmer« ist es, der seine Arbeitskraft verkauft, also »gibt«, während der »Arbeitgeber« die Arbeitskraft für sich nutzt, also »nimmt«.

Das BetrVG versteht den Arbeitgeber grundsätzlich als Organ der Betriebsverfassung. Hier steht der Arbeitgeber als Inhaber eines Betriebes im Vordergrund, da Rechte und Pflichten des Arbeitgebers aus dem Betriebsverfassungsrecht für bzw. gegen den jeweiligen Inhaber des Betriebes gelten, wobei der betriebsverfassungsrechtliche Begriff des Arbeitgebers mit dem des Unternehmens identisch ist.

Das Arbeitsrecht kennt zwei Typen von Arbeitgebern, die Träger von Rechten und Pflichten sein können. Dieses sind die natürlichen und die juristischen Personen.

Nach unserem Rechtssystem sind alle lebend geborenen Menschen natürliche Personen. In dieser Eigenschaft können sie auch Arbeitgeber sein.

Von juristischen Personen spricht man dann, wenn ein Zusammenschluss von natürlichen Personen vorliegt, der durch Vertrag, Satzung oder Gesetz erfolgt.

Arbeitgeber ist somit:
- der Einzelunternehmer, der z.B. als Buchhändler seine Geschäfte führt und mindestens einen Arbeitnehmer beschäftigt (= natürliche Person);
- eine Gesellschaft bürgerlichen Rechts, eine OHG oder eine KG, mittels deren Personen ein Handelsgewerbe unter einer gemeinschaftlichen Firma betrieben wird (= Zusammenschluss mehrerer natürlicher Personen/Gesamthandsgemeinschaft);

- eine AG, eine Gesellschaft mit beschränkter Haftung, eine eingetragene Genossenschaft oder ein eingetragener Verein (= juristische Person).

Das Gesetz gibt keine Definition des Begriffs Arbeitgeber, sondern setzt den Begriff als bekannt voraus.

Bedeutung für den Betriebsrat/die JAV

Das Betriebsverfassungsgesetz versteht den Arbeitgeber hauptsächlich als Organ der Betriebsverfassung. Der Arbeitgeber wird hier als Inhaber des Betriebes gesehen, da Rechte und Pflichten des Arbeitgebers aus dem Betriebsverfassungsrecht für bzw. gegen den jeweiligen Inhaber des Betriebes bestehen. Da neben der arbeitsrechtlichen Leitungsmacht auch die unternehmerische Funktion durch das Betriebsverfassungsgesetz erfasst wird, ist der betriebsverfassungsrechtliche Begriff des Arbeitgebers mit dem des Unternehmens identisch.

Demzufolge ist Arbeitgeber bei einer natürlichen Person derjenige, der Inhaber des Betriebes ist.

Bei einer juristischen Person ist diese auch selbst Arbeitgeber. Im Falle einer GmbH ist also entsprechend die GmbH Arbeitgeber. Die juristischen Personen handeln durch ihre Organe, z. B. durch den Vorstand einer Aktiengesellschaft oder die Geschäftsführung einer GmbH.

Als Organ der Betriebsverfassung ist der Arbeitgeber sozialer und wirtschaftlicher Gegenspieler insbesondere des Betriebsrats und der JAV. Er hat bestimmte Rechte und Pflichten nach dem BetrVG, z. B. den Kosten- und Sachaufwand des Betriebsrats und der JAV zu tragen. Des Weiteren trifft ihn eine umfassende Unterrichtungs- und Beratungspflicht, wie sie sich z. B. aus §§ 80 Abs. 2, 90, 111 BetrVG ergibt. Durch organisatorische und finanzielle Voraussetzungen hat der Arbeitgeber dafür Sorge zu tragen, dass die Betriebsrats- und JAV-Tätigkeit reibungslos ablaufen kann. Zusammen mit dem Betriebsrat schafft der Arbeitgeber generelle Regelungen grundsätzlich in der Form von Betriebsvereinbarungen, die die betriebliche und betriebsverfassungsrechtliche Ordnung sowie die Gestaltung der individuellen Rechtsbeziehungen zwischen dem Arbeitgeber und den ArbeitnehmerInnen beinhalten.

Das Betriebsverfassungsgesetz erfasst daneben aber auch den Arbeitgeber als Vertragspartei der Arbeitnehmer insoweit, als dass sich die Betriebsratstätigkeit oder die JAV-Tätigkeit auf den Inhalt des Einzelarbeitsvertrages auswirkt. Dieses ist der Fall, wenn es um die Entgeltfortzahlung bei der Freistellung von BR- bzw. JAV-Mitgliedern nach den §§ 37, 38 BetrVG geht.

Bedeutung für die Beschäftigten

Der Arbeitgeber ist Partei des Arbeitsvertrages. Seine Rechte und Pflichten gegenüber dem Arbeitnehmer ergeben sich somit zunächst einmal aus diesem Vertrag (Vereinbarung von Arbeitspflicht und Entgeltzahlungspflicht). Der Arbeitsvertrag kann dabei sowohl mündlich als auch schriftlich vereinbart worden sein. Ein mündlich vereinbarter Arbeitsvertrag ist aber unwirksam, wenn die Schriftform nach Gesetz, Tarifvertrag oder Betriebsvereinbarung vorgesehen ist.

Spätestens einen Monat nach dem vereinbarten Beginn des Arbeitsverhältnisses hat der Arbeitgeber die wesentlichen Vertragsbedingungen schriftlich zu fassen, zu unterzeichnen und dem Arbeitnehmer auszuhändigen. Dieses regelt das Nachweisgesetz.

Aus diesem Arbeitsvertrag i. V. m. § 611 BGB ergibt sich die Verpflichtung zur Arbeit, die letztlich durch Weisungen, durch das »Direktionsrecht« des Arbeitgebers ausgeführt wird. Der Arbeitgeber hat danach das Recht, im Rahmen des Arbeitsvertrages sowie unter Beachtung
- der Gesetze und Verordnungen,
- der Tarifverträge,
- der Betriebsvereinbarungen,
- der allgemeinen Arbeitsbedingungen,
- der betrieblichen Übung

von sich aus jede ihm zweckmäßig erscheinende Anordnung zur Erfüllung der Arbeitspflicht zu treffen. Dieses kann dabei sowohl durch Einzelanweisungen als auch durch allgemeine Anordnungen erfolgen. Diese ist aber dann unwirksam, wenn sie nicht gem. § 315 Abs. 3 BGB der »Billigkeit« entspricht.

Arbeitnehmerbegriff

Für die Anwendung des Arbeitsrechts ist der Arbeitnehmerbegriff von besonderer Bedeutung. An ihn knüpfen vor allem viele **Arbeitnehmerschutzgesetze** an. Aber auch für das kollektive Arbeitsrecht ist er bedeutsam, wenn etwa § 1 des Betriebsverfassungsgesetzes (BetrVG) bestimmt: »*In Betrieben mit in der Regel mindestens fünf ständigen wahlberechtigten Arbeitnehmern, von denen drei wählbar sind, werden Betriebsräte gewählt*«.

Es gibt **keine einheitliche gesetzliche Definition** des Arbeitnehmerbegriffs. **Arbeitnehmer** sind die aufgrund privatrechtlichen Vertrages im Dienst eines anderen zur Arbeit verpflichteten Personen.

Schwierigkeiten ergeben sich bei der **Abgrenzung** des Arbeitnehmers zu **selbstständig tätigen Personen**, etwa freien Mitarbeitern. Hier kommt es auf den Einzelfall an, nämlich auf den Grad der persönlichen Abhängigkeit, in der sich der zur Dienstleistung Verpflichtete gegenüber dem Berechtigten befindet. Arbeitnehmer ist, wer seine Dienstleistung im Rahmen einer von seinem Vertragspartner bestimmten Arbeitsorganisation erbringt. Die Eingliederung zeigt sich z. B. durch ein umfassendes Weisungsrecht, etwa über Inhalt, Durchführung, Zeit, Dauer und Ort der Tätigkeit. Die tatsächlichen Umstände sind maßgebend und nicht die Bezeichnung des Vertragsverhältnisses durch die Parteien (vgl. BAG, Urteil v. 6. 5. 1998 – 5 AZR 247/97).

Der Deutsche Gewerkschaftsbund hat folgende Definition vorgeschlagen: »Arbeitnehmerinnen und Arbeitnehmer sind Beschäftigte, die unselbstständige Arbeit für einen anderen verrichten oder deren Arbeitsverpflichtungen sich aus Weisungen oder vertraglichen Vorgaben ergeben. Eine Selbstbestimmung in Art und Ausführung der Arbeit sowie der Arbeitszeitgestaltung steht der Arbeitnehmereigenschaft nicht entgegen. Dies gilt insbesondere, wenn sie zwar Zeit und Art der Ausführung ihrer Arbeit im wesentlichen selbstständig bestimmen, nach der sozialen Stellung jedoch schutzbedürftig und/oder wirtschaftlich vom anderen Teil abhängig sind« (vgl. AuR 1992, 267).

Selbst die Rechtsprechung hat bisher keine umfassende Abgrenzung liefern können, sondern behandelt nur jeweils Einzelfälle, dies allerdings in erheblicher Zahl. Entscheidungen zum Franchisenehmer, zum Zeitschriftenzusteller, zum Kommissionär, zum Frachtführer, zum Sportreporter, zum Kameraassistent und zum Rundfunkgebührenbeauftragten aus den letzten Jahren zeigen nur, wie ausgedehnt das Problem ist.

Im Übrigen finden sich in **unterschiedlichen Gesetzen** verschiedene Festlegungen. So sind nach § 5 ArbGG Arbeitnehmer **Arbeiter, Angestellte** und die zur **Berufsausbildung Beschäftigten**. Als Arbeitnehmer gelten aber auch die in Heimarbeit Beschäftigten und die ihnen Gleichgestellten sowie sonstige Personen, die wegen ihrer wirtschaftlichen Unselbstständigkeit als **arbeitnehmerähnliche Personen** anzusehen sind. Ebenfalls in § 5 ArbGG erfolgt die Festlegung, dass nicht als Arbeitnehmer in Betrieben einer juristischen Person die Personen gelten, »die kraft Gesetzes, Satzung oder Gesellschaftsvertrages allein oder als Mitglieder des Vertretungsorgans zur **Vertretung der juristischen Person** oder der Personengesamtheit berufen sind«.

Auch das **Betriebsverfassungsgesetz** i.d.F. vom 10.12.2001 enthält in § 5 vergleichbare Festlegungen, erweitert den Katalog derjenigen Personen jedoch, die nicht als Arbeitnehmer im Sinne des Betriebsverfassungsgesetzes gelten, etwa auf Personen, deren Beschäftigung nicht in erster Linie ihrem Erwerb dient, sondern vorwiegend durch **Beweggründe karitativer oder religiöser Art** bestimmt ist. **Leitende Angestellte** gelten im Rahmen der Betriebsverfassung nach § 5 Abs. 3 BetrVG nicht als Arbeitnehmer, während sie es im übrigen Arbeitsrecht grundsätzlich sind.

Keine Arbeitnehmer sind **Richter, Beamte und Soldaten** (§ 5 Abs. 2 ArbGG, und zwar unabhängig davon, ob sie Beamte auf Lebenszeit, nur auf Zeit oder auf Widerruf sind).

Die Einordnung eines Beschäftigten als Arbeitnehmer hat erhebliche praktische Auswirkungen, da die **Schutznormen des Arbeits- und Sozialrechts** grundsätzlich nur für Arbeitnehmer gelten, also insbesondere das **Kündigungsschutzgesetz**, das **Entgeltfortzahlungsgesetz**, das **Arbeitszeitgesetz**, das **Bundesurlaubsgesetz**, aber auch das **Betriebsverfassungs- und das Tarifvertragsgesetz**. Auch die **Versicherungspflicht** für die Kranken-, Renten- und Arbeitslosenversicherung knüpft an das bestehende Arbeitsverhältnis an.

Arbeitnehmererfindung

Grundlagen

Grundsätzlich gehört das **Ergebnis der Arbeit** eines Arbeitnehmers dem Arbeitgeber. Dieser erwirbt das Eigentum am Arbeitsergebnis. Der Arbeitnehmer erhält dafür das Arbeitsentgelt.

Davon gibt es eine Ausnahme, wenn es sich bei dem Arbeitsergebnis um eine **Arbeitnehmererfindung** handelt, die unter die Bestimmungen des **Arbeitnehmererfindungsgesetzes** fällt.

Das Arbeitnehmererfindungsgesetz vom 25.7.1957, zuletzt geändert durch Gesetz vom 18.1.2002 (BGBl. I S. 414), regelt die Behandlung von Arbeitnehmererfindungen. Dies sind solche Arbeitsergebnisse eines Arbeitnehmers, die während der Dauer des Arbeitsverhältnisses gemacht werden und **patent- oder gebrauchsmusterfähige Erfindungen** darstellen, die entweder maßgeblich auf Erfahrungen oder Arbeiten des Betriebs beruhen oder aus der dem Arbeitnehmer im Betrieb obliegenden Tätigkeit entstanden sind.

Solche Arbeitnehmer- oder **Diensterfindungen** hat der Arbeitnehmer dem Arbeitgeber schriftlich zu melden. Der Arbeitgeber hat dann zu entscheiden, ob er die Erfindung beschränkt oder unbeschränkt in Anspruch nehmen will. Bei **unbeschränkter Inanspruchnahme** wird der Arbeitgeber Eigentümer der Erfindung. Er muss sie zum Patent oder Gebrauchsmuster anmelden und muss für die Verwertung der Diensterfindung dem Arbeitnehmererfinder eine Vergütung zahlen. Bei der beschränkten Inanspruchnahme erhält er ein nicht ausschließliches Benutzungsrecht der Diensterfindung.

Bedeutung für Arbeitnehmer/Auszubildende

Hat ein Arbeitgeber eine Diensterfindung unbeschränkt in Anspruch genommen, muss er eine angemessene Vergütung zahlen. Die Höhe der Vergütung richtet sich nach **Richtlinien** des Bundesministeriums für Arbeit und Sozialordnung für die Vergütung von Arbeitnehmererfindungen. Ihre Höhe richtet sich nach dem Wert der Erfindung und dem Anteil des Betriebs am Zustandekommen der Erfindung einerseits bzw. dem Nutzen der Erfindung für den Betrieb andererseits und dem Anteil des Arbeitnehmers am Zustandekommen der Erfindung und nach der Stellung des Arbeitnehmers im Betrieb. Auch **Auszubildende** sind Arbeitnehmer i.S. des Gesetzes und können Erfindungen machen und haben unter den gesetzlichen Voraussetzungen Anspruch auf volle Vergütung einer genutzten Diensterfindung.

Im Übrigen muss der Arbeitgeber eine unbeschränkt **in Anspruch genommene Erfindung auf seine Kosten** zum Patent oder Gebrauchsmuster anmelden und die Erfindung verwerten.

> **Beispiel:**
> Es wird angenommen, dass eine Erfindung gemacht wird, für die ein Arbeitgeber einen Lizenzsatz von 3 % zahlen müsste. Mit der Erfindung macht er einen Umsatz von 200 000,00 EUR. Der Anteilsfaktor, nämlich der Anteil des Arbeitnehmers am Zustandekommen der Erfindung, richtet sich nach der Stellung der Aufgabe, nach der Lösung der Aufgabe und nach den Aufgaben und der Stellung des Arbeitnehmers im Betrieb.
> Der Anteil des Arbeitnehmers am Zustandekommen der Diensterfindung ist umso größer, je größer seine Initiative bei der Aufgabenstellung ist. Wenn der Arbeitgeber ihm die Aufgabe gestellt und dabei unmittelbar den Lösungsweg angegeben hat, gibt es einen Punkt. Hat der Arbeitnehmer sich die Aufgabe selbst außerhalb seines Aufgabenbereichs gestellt, gibt es sechs Punkte. Dazwischen liegen die Abstufungen 2 bis 5.
> Bei der Lösung der Aufgabe gibt es Wertzahlen von 1 bis 6, die sich danach richten, ob die Lösung mithilfe der dem Erfinder beruflich geläufigen Überlegungen gefunden wurde, ob sie aufgrund betrieblicher Arbeiten oder Kenntnisse gefunden wurde und/oder ob der Betrieb den Erfinder mit technischen Hilfsmitteln unterstützt hat.
> Liegen bei einer Erfindung alle diese Merkmale vor, erhält die Erfindung für die Lösung der Aufgabe die Wertzahl 1, liegt keines dieser Merkmale vor, erhält sie die Wertzahl 6.
> Schließlich sind die Aufgaben und Stellung des Arbeitnehmers im Betrieb zu bestimmen. Hier gibt es acht Gruppen, beginnend mit ungelernten Arbeitern, angelernten Arbeitern oder Auszubildenden. Dann gibt es die Wertzahl 8 bis hinauf zum Leiter der gesamten Forschungsabteilung eines Unternehmens bzw. zum technischen Leiter größerer Betriebe mit der Wertzahl 1.
> Wenn im Beispiel ein Anteilsfaktor von
> a) 2 Punkte,   b) 1 Punkt,   c) 5 Punkte
> unterstellt wird, muss aus der nachstehenden Tabelle aus der Wertzahl 8 der Prozentsatz A mit 15 % angenommen werden. Die Jahresvergütung beträgt danach: Umsatz 200 000,00 EUR × 3 : 100 × 15 : 100 = 900,00 EUR.
> Die Vergütung ist jährlich anhand des jeweiligen Umsatzes neu zu berechnen und zu zahlen.

Tabelle

a+b+c	=	3	4	5	6	7	8	9	10	11	12	13	14	15	16	17	18	19	(20)
A	=	2	4	7	10	13	15	18	21	25	32	39	47	55	63	72	81	90	(100)

In dieser Tabelle bedeuten:
a = Wertzahlen, die sich aus der Stellung der Aufgabe ergeben,
b = Wertzahlen, die sich aus der Lösung der Aufgabe ergeben,
c = Wertzahlen, die sich aus Aufgaben und Stellung im Betrieb ergeben,
A = Anteilsfaktor (Anteil des Arbeitnehmers am Erfindungswert in Prozenten).
Die Summe, die sich aus den Wertzahlen a, b und c ergibt, braucht keine ganze Zahl zu sein. Sind als Wertzahlen Zwischenwerte (z.B. 3,5) gebildet worden, so ist als Anteilsfaktor eine Zahl zu ermitteln, die entsprechend zwischen der angegebenen Zahl liegt. Die Zahlen 20 und 100 sind in Klammern gesetzt, weil zumindest in diesem Fall eine freie Erfindung vorliegt.

Bedeutung für den Betriebsrat/die JAV

Insbesondere in Großbetrieben, bei denen auch das **Verbesserungsvorschlagswesen** (s. dort) in einer Betriebsvereinbarung geregelt ist, gibt es häufig Regelungen über die Behandlung von Arbeitnehmererfindungen, nämlich über die Form der Meldung der Erfindung durch den Arbeitnehmer oder Auszubildenden und über die zuständigen Stellen. Oft wird auch vereinbart, dass Erfindungen zunächst im Rahmen des Verbesserungsvorschlagswesens vergütet werden, wobei eine Anrechnung einer später zu zahlenden Erfindervergütung auf die Vergütung als Verbesserungsvorschlag erfolgt. Im Übrigen sind etwa **80 % aller beim Deutschen Patentamt angemeldeten Erfindungen, Diensterfindungen von Arbeitnehmern.**

Bei **freien Erfindungen**, die nicht auf Erfahrungen oder Arbeiten des Betriebs beruhen und nicht mit der betrieblichen Tätigkeit in Verbindung gebracht werden können, ist ein Arbeitnehmer in den Verwertungsrechten nicht beschränkt. Lediglich dann, wenn die Erfindung in den **Arbeitsbereich des Betriebs** des Arbeitgebers fällt, muss er dem Arbeitgeber ein nicht ausschließliches Recht zur Benutzung der Erfindung zu angemessenen Bedingungen anbieten.

Arbeitnehmerhaftung

Grundlagen

Die Arbeitnehmerhaftung hat erhebliche praktische Bedeutung, da Arbeitnehmer im modernen Arbeitsleben erhebliche Verantwortung tragen und mit Arbeitsmitteln umgehen müssen, die einen hohen Wert darstellen. Die Rechtsgrundlagen für die Haftung in einem Vertragsverhältnis finden sich im Bürgerlichen Gesetzbuch, nämlich § 276 BGB. Danach hat man im Vertragsverhältnis für jedes Verschulden, Vorsatz und Fahrlässigkeit zu haften. Die Besonderheit der Arbeitnehmerhaftung liegt darin, dass der Arbeitnehmer erhebliche Haftungsrisiken im Interesse des Arbeitgebers auf sich nimmt, ohne dass er hierfür etwa im Arbeitsentgelt einen entsprechenden Ausgleich erhielte. Deshalb wendet die Arbeitsgerichtsbarkeit einen anderen Haftungsmaßstab an.

Arbeitnehmer, also auch Jugendliche oder Ausbildende, haften:
- bei vorsätzlicher Schadensverursachung stets,
- bei leichtester Fahrlässigkeit nicht,
- bei mittlerer Fahrlässigkeit je nach den Umständen des Einzelfalls.

Im Bereich der **mittleren Fahrlässigkeit** sind das Verschulden des Arbeitnehmers und das Betriebsrisiko gegeneinander abzuwägen. In der Regel wird der Schaden geteilt, wobei die **Quote nach Billigkeits- und Zumutbarkeitsgesichtspunkte**n zu bestimmen ist. Hierbei spielt das Schadensrisiko der Tätigkeit ebenso eine Rolle wie die Schadenshöhe, ein vom Arbeitgeber einkalkuliertes oder versicherungsmäßig abgedecktes Risiko, die berufliche Stellung des Arbeitnehmers (insbesondere Berufsanfänger oder Anlernkraft) und die Höhe des Arbeitsentgeltes.

Aber auch die persönlichen Verhältnisse des Arbeitnehmers, wie etwa die Dauer seiner Betriebszugehörigkeit und sein bisheriges Verhalten sowie seine familiären Unterhaltsverpflichtungen spielen eine Rolle. Es ist ferner zu vermeiden, dass die Durchsetzung des Schadensersatzanspruches zu Existenzbedrohung führt.

Bei **Kraftfahrzeugschäden** am Fahrzeug des Arbeitgebers ist inzwischen von der Rechtsprechung anerkannt, dass sich der Schaden nur auf die Selbstbeteiligung bei einer dem Arbeitgeber zumutbaren Vollkaskoversicherung beschränkt. Ob der Arbeitgeber eine solche Versicherung tatsächlich abschließt, bleibt ihm überlassen und hat auf den zu ersetzenden Schaden dann keinen Einfluss mehr.

Beispiele für grobe Fahrlässigkeit: Motorschaden infolge unterlassener Ölstandskontrolle bei einem LKW-Fahrer; Alkohol am Steuer aber auch bereits das Fahren bei Rotlicht.

Das Mitverschulden des Arbeitgebers ist nach § 254 BGB zu berücksichtigen. Beispiel: Setzt ein Arbeitgeber einen Arbeitnehmer als Fahrer ein, von dem er weiß, dass er keinen Führerschein besitzt, kann der Arbeitnehmer nach einem Verkehrsunfall verlangen, von Ansprüchen Dritter freigestellt zu werden. Das gilt selbst dann, wenn der Unfall selbst grob fahrlässig herbeigeführt wurde. Das Bundesarbeitsgericht hat in einem solchen Fall ein überwiegendes Verschulden des Arbeitgebers angenommen (BAG v. 23.6.1988, AiB 1989, 92).

Verursacht ein Arbeitnehmer einen **Personenschaden an einem Arbeitskollegen (Arbeitsunfall)** so haftet er dem Arbeitskollegen gegenüber nicht auf Schadenersatz. Es gibt vielmehr einen Anspruch aus der gesetzlichen Unfallversicherung nach §§ 105 ff. SGB VII.

Bei **Sachschäden** dagegen besteht die Haftung gegenüber dem Arbeitskollegen in vollem Umfang. Die dem Arbeitgeber gegenüber bestehende Haftungserleichterung kommt im Verhältnis der Arbeitskollegen zueinander nicht in Betracht. Wohl kann der schädigende Arbeitnehmer je nach den Umständen des Einzelfalles vom Arbeitgeber verlangen, von der Haftung freigestellt zu werden.

Bedeutung für Auszubildende

Nach § 10 Abs. 2 BBiG sind auf den Berufsausbildungsvertrag die für den Arbeitsvertrag geltenden Rechtsvorschriften und Rechtsgrundsätze anzuwenden, soweit sich aus dem Wesen und Zweck des Berufsausbildungsvertrages nichts anderes ergibt. Das Bundesarbeitsgericht hat klargestellt, dass im Ausbildungsverhältnis keine anderen Haftungsgrundsätze gelten als im Arbeitsverhältnis (BAG v. 18.4.2002, AiB 2003, 316 mit Anm. Schwab).

Bei Schadenersatzansprüchen aus Vertragsverhältnissen wurde mit Wirkung ab 1. Januar 2005 die Beweislastregel erheblich zum Nachteil des Schädigers verändert. Zugleich wurde aber durch § 619a BGB klargestellt, dass es für den Bereich des Arbeitsrechts bei der bisherigen Beweislastverteilung bleibt, die der Arbeitgeber in vollem Umfange für Schäden trägt, die vom Arbeitnehmer verursacht worden sind. Das gilt allerdings dann nicht, wenn der Arbeitnehmer die Aufklärung eines Unfalls durch eine vorsätzlich falsche Schilderung des Unfallgeschehens vereitelt hat (LAG Mecklenburg-Vorpommern v. 11.1.2006 – 2 Sa 397/05).

Ein besonderes Problem des Schadenersatzes im Arbeitsverhältnis stellt die sogenannte **Mankohaftung** dar. Es geht hierbei um die Frage, unter welchen Voraussetzungen der Arbeitnehmer für den Schaden einzutreten hat, den der Arbeitgeber durch einen Fehlbestand in einer von dem Arbeitnehmer geführten Kasse oder einem Warenbestand erleidet. Diese Mankohaftung spielt in der täglichen Praxis eine große Rolle. In einer noch heute maßgeblichen Grundsatzentscheidung hat das Bundesarbeitsgericht im Jahre 1998 die Grundsätze der Mankohaftung bestimmt (BAG v. 17.9.1998, NZA 1999 141). Danach gelten im Bereich der Mankohaftung in vollem Umfang die Grundsätze über die beschränkte Arbeitnehmerhaftung. Der Arbeitgeber trägt die volle Beweislast für ein Verschulden des Arbeitnehmers und zwar auch bei solchen Arbeitnehmern, die selbstständig über den Geld- oder Warenbestand verfügen.

Die Arbeitgeber haben sich häufig in der Vergangenheit im Arbeitsvertrag sogenannte Mankoabreden unterschreiben lassen, die die Rechtslage insbesondere im Bereich der Beweislast zu ihren Gunsten verschieben sollten. Spätestens seit dem Jahre 2003 unterliegen jedoch auch Arbeitsverträge der AGB-Kontrolle.

Nach der derzeitigen Rechtslage sind Mankoabreden unwirksam, die gegen die Grundsätze der beschränkten Arbeitnehmerhaftung verstoßen, wenn nicht zugleich ein gleichwertiger Ausgleich (Mankogeld) geleistet wird. Soll der Arbeitnehmer nach dem Arbeitsvertrag verschuldensunabhängig den Kassenbestand trotz eines eventuell tatsächlich vorhandenen Mankos in voller Höhe an den Arbeitgeber zahlen müssen, so gilt dies nur bis zur Höhe eines gezahlten Mankogeldes. Vorformulierte Klauseln in Arbeitsverträgen, die diese Grundsätze nicht beachten, sind insgesamt unwirksam, sie werden nicht etwa angepasst.

Bedeutung für die Beschäftigten

Durch die Grundsätze der Arbeitnehmerhaftung besteht im Arbeitsverhältnis ein relativer Schutz des Arbeitnehmers vor Schadenersatzansprüchen.

Dies gilt allerdings nur bis zur mittleren Fahrlässigkeit. Wer sich im Arbeitsleben grob fahrlässig verhält oder gar den Arbeitgeber vorsätzlich schädigt, haftet in aller Regel voll.

Arbeitsgericht/ Arbeitsgerichtsbarkeit

Grundlagen

Streitigkeiten zwischen Arbeitgebern und Arbeitnehmern oder Auszubildenden aus dem Arbeits- oder Ausbildungsverhältnis fallen in die **Zuständigkeit der Arbeitsgerichtsbarkeit.**

Die **Arbeitsgerichtsbarkeit** ist ein besonderer Gerichtszweig für arbeitsrechtliche Streitigkeiten nach den Bestimmungen des **Arbeitsgerichtsgesetzes.** Sie ist dreistufig aufgebaut. Alle arbeitsrechtlichen Streitigkeiten werden in der ersten Instanz zunächst vor dem örtlich zuständigen **Arbeitsgericht** verhandelt. Die zweite Instanz bildet das **Landesarbeitsgericht** und die dritte, die so genannte Revisionsinstanz, das **Bundesarbeitsgericht.**

Sowohl die Kammern beim Arbeitsgericht als auch beim Landesarbeitsgericht sind jeweils mit einem **Berufsrichter** und je einem **ehrenamtlichen Richter** aus Kreisen der Arbeitgeber und der Arbeitnehmer besetzt. Beim Bundesarbeitsgericht ist jeder Senat mit **drei Berufsrichtern** und je einem **ehrenamtlichen Richter** von Arbeitgeber- und Arbeitnehmerseite besetzt.

Das Arbeitsgerichtsgesetz unterscheidet **Urteilsverfahren** und **Beschlussverfahren.** Im Urteilsverfahren werden etwa **Streitigkeiten** zwischen Arbeitnehmern und Arbeitgebern aus **dem Arbeitsverhältnis**, über das Bestehen oder Nichtbestehen eines Arbeitsverhältnisses, aus unerlaubten Handlungen im Zusammenhang mit dem Arbeitsverhältnis oder auch Fragen über Zeugnis- und Arbeitspapiere entschieden. In Beschlussverfahren sind die Arbeitsgerichte z. B. zuständig für Angelegenheiten aus dem **Betriebsverfassungsgesetz** oder aus den **Mitbestimmungsgesetzen.**

Streitigkeiten zwischen Auszubildenden und Ausbilder siehe dort.

In der ersten Instanz vor dem Arbeitsgericht kann sich jeder Arbeitnehmer oder Auszubildende selbst vertreten. Da jedoch die Formalien eines gerichtlichen Verfahrens beachtet werden müssen und überdies der Arbeitgeber in der Regel sich kompetent vertreten lässt, empfiehlt sich auch für den Arbeitnehmer eine rechtskundige Vertretung durch einen Anwalt oder den gewerkschaftlichen Rechtsschutz. Die Kosten eines Anwalts lassen sich durch eine Rechtsschutzversicherung abdecken. Für Mitglieder ist der gewerkschaftliche Rechtschutz kostenlos.

Anders als in anderen Gerichtszweigen besteht im Urteilsverfahren des ersten Rechtszuges kein Anspruch der obsiegenden Partei auf **Erstattung der Kosten** für die Hinzuziehung eines Prozessbevollmächtigten. Das heißt, auch wer seinen Arbeitsgerichtsprozess gewinnt, muss, wenn er z. B. einen Rechtsanwalt eingeschaltet hat, dessen Kosten selbst tragen. Eine Kostenerstattungspflicht der unterlegenen Partei besteht erst beim Landesarbeitsgericht und beim Bundesarbeitsgericht. Für **Gewerkschaftsmitglieder** gilt, dass **alle Kosten** jeder Instanz, unabhängig vom Ausgang des Verfahrens, von der jeweiligen Mitgliedsgewerkschaft nach entsprechender Rechtsschutzgewährung übernommen werden.

Bedeutung für Arbeitnehmer/Auszubildende

Die Bedeutung des arbeitsgerichtlichen Verfahrens spiegelt sich in der Zahl der Klagen wider, die gegenwärtig etwa rd. **470 000 Verfahren** jährlich (2006) allein **bei den Arbeitsgerichten** umfassen. Hinzu kommen mehr als 20 000 Berufungsverfahren bei den Landesarbeitsgerichten und über 1100 Revisionsverfahren beim Bundesarbeitsgericht. Der weitaus überwiegende Teil der Klagen wird von Arbeitnehmern anhängig gemacht, hiervon wiederum machen die **Kündigungsschutzverfahren** (vor Streitigkeiten wegen Arbeitsentgelt) den weitaus größten Teil aus.

Arbeitskleidung

Grundlagen

Arbeitskleidung gehört nicht zu den → **Arbeitsmitteln**, die der Arbeitgeber den Auszubildenden im Rahmen der Berufsausbildung zur Verfügung stellen muss. Der Arbeitgeber kann laut Rechtsprechung des BAG von den Beschäftigten eine Kleidung verlangen, die der Art der Tätigkeit, den Kundenerwartungen und dem Niveau der angebotenen Leistungen des Unternehmens entspricht. Die Kosten für Arbeitskleidung deshalb auch vom Auszubildenden selbst zu tragen.

Allerdings ist der Arbeitgeber nach § 619 BGB verpflichtet, Schutzmaßnahmen gegen Gefahren für Leben und Gesundheit der Arbeitnehmer zu treffen. Der Arbeitgeber muss deshalb die im Rahmen des Arbeits- und Gesundheitsschutzes notwendige Schutzbekleidung zur Verfügung stellen, die aufgrund von Unfallverhütungsvorschriften, dem Arbeitsschutzgesetz, dem → **Jugendarbeitsschutzgesetz** und sonstigen Bestimmungen zum Schutze des einzelnen Mitarbeiters zu tragen ist (z. B. Handschuhe und Schürze bei Schweißarbeiten, Schutzhelme auf Baustellen, Schutzbrille bei Schleifarbeiten, Sicherheitsschuhe, Lärmschutz etc.). Die Kosten hierfür sind allein vom Arbeitgeber zu tragen.

Entstehen Kosten für die Reinigung von Arbeitskleidung, deren Tragen aus hygienischen Gründen vorgeschrieben ist, hat der Arbeitgeber diese ebenfalls zu tragen.

Soweit eine einheitliche Arbeitskleidung nicht vorgeschrieben oder unumgänglich ist, z. B. Uniform bei Sicherheitspersonal, sondern nur vom Arbeitgeber als einheitliches Erscheinungsbild gewünscht wird, z. B. Kleidungsstücke mit Logo, hat der Betriebsrat nach § 87 Abs. 1 Nr. 1 BetrVG mitzubestimmen. Im Rahmen einer dann abzuschließenden Betriebsvereinbarung ist auch eine Regelung über die Kosten zu treffen. Hierbei ist auf folgendes zu achten:

Verursacht die Regelung zusätzliche betriebliche Kosten, so hat diese, wie alle Betriebskosten, grundsätzlich der Arbeitgeber zu tragen. Auch eine Kostenbeteiligung der Beschäftigten ist unzulässig. Kann der Auszubildende die Kleidung auch in der Freizeit sinnvoll tragen, kann er an den Kosten beteiligt werden. Voraussetzung ist jedoch, dass der Auszubildende einen Gebrauchsvorteil durch das Tragen der Kleidung in seiner Freizeit erlangt und die Kostenbeteiligung nicht unverhältnismäßig zur Ausbildungsvergütung ist.

Des Weiteren kann sich ein Anspruch auf Kostenübernahme bzw. Lohn- oder Gehaltszuschläge aus einem für den Betrieb geltenden **Tarifvertrag** ergeben. Dies ist beispielsweise dann der Fall, wenn die Arbeit die eigene Arbeitskleidung des Arbeitnehmers außergewöhnlich beschmutzt oder in Mitleidenschaft zieht.

Unter bestimmten Voraussetzungen gewährt das Arbeitsamt im Rahmen der Berufsausbildungsbeihilfe (§ 59 SGB III) während einer beruflichen Ausbildung oder einer berufsvorbereitenden Maßnahme einen Zuschuss zur Arbeitskleidung. Der Antrag ist vom Auszubildenden bei der Agentur für Arbeit zu stellen.

Bedeutung für den Betriebsrat/die JAV

Die Überwachung geltender Gesetze, Verordnungen, Unfallverhütungsvorschriften, Tarifverträge und Betriebsvereinbarungen gehört zu den originären Aufgaben der JAV (§ 70 Abs. 1 Nr. 2 BetrVG). In diesem Zusammenhang spielt der Arbeits- und Gesundheitsschutz eine erhebliche Rolle, vor allem für die jugendlichen Arbeitnehmer.

Aber auch dann, wenn die Arbeitskleidung nicht im Zusammenhang mit dem Arbeitsschutz steht, kann die JAV aktiv werden. Im Rahmen ihres Antragsrechts kann sie beim Betriebsrat darauf hinwirken, eine Betriebsvereinbarung zur Kostenübernahme für Arbeitskleidung mit dem Arbeitgeber zu verhandeln.

Arbeitsordnung

Grundlagen

Aus dem zwischen Arbeitgeber und Arbeitnehmer abgeschlossenen **Arbeitsvertrag** ergeben sich zunächst die wechselseitigen **Rechte und Pflichten** aus diesem Arbeitsverhältnis.

Im Einzelnen wird die **Arbeitspflicht** als Hauptpflicht des Arbeitnehmers durch das sogenannte **Direktionsrecht des Arbeitgebers** konkretisiert.

Insbesondere in **Großbetrieben** erfolgt jedoch eine weitere Konkretisierung der verschiedensten Pflichten durch eine **Arbeits-/Betriebsordnung**, in der die unterschiedlichsten Bereiche für die Arbeitnehmer und Auszubildenden des Betriebes geregelt werden können.

Die **Regelungsbereiche** betreffen etwa Fragen der Arbeitszeit und der Arbeitsverhinderung (Krankheit, Arztbesuch, persönliche Verhinderung aus sonstigen Gründen), Fragen der Entgeltzahlung (Zeit, Ort und Art) oder des Urlaubs, Verschwiegenheitspflichten, Gestattung von Nebentätigkeiten sowie Fragen über die Ordnung und das Verhalten des Arbeitnehmers im Betrieb, aber auch – gelegentlich → **Betriebsbußenregelungen** oder Alkohol- und Rauchverbote oder private Internetnutzung, E-Mail-Versand oder privates Telefonieren.

Bedeutung für den Betriebsrat/die JAV

Arbeitsordnungen werden üblicherweise zwischen Betriebsrat und Arbeitgeber vereinbart. Nach § 87 Abs. 1 Nr. 1 BetrVG hat nämlich der Betriebsrat ein **erzwingbares Mitbestimmungsrecht** zur Regelung der Fragen der Ordnung des Betriebs und des Verhaltens der Arbeitnehmer im Betrieb. Häufig sind auch weitere Tatbestände der Mitbestimmung in sozialen Angelegenheiten nach § 87 Abs. 1 BetrVG umfasst, so bei unseren obigen Beispielen Zahlung des Arbeitsentgelts (Nr. 4) und Grundsätze der Urlaubsplanung (Nr. 5). Diese Bereiche »Ordnung« und »Verhalten« lassen sich nicht eindeutig trennen, umfassen aber insgesamt wesentliche Bereiche, die etwa in betriebsratslosen Betrieben allein unter das Direktionsrecht des Arbeitgebers fallen.

> **Beispiele:**
> Kontrollmaßnahmen, etwa über An- und Abwesenheitskontrollen, Alkohol- und Rauchverbote, Benutzung von Wasch- und Umkleideräumen oder die Benutzung von Park- und Abstellmöglichkeiten, das Tragen von Schutzkleidung oder die Benutzung betrieblicher Telefonanlagen für private Zwecke oder private Internetnutzung.

Arbeitsordnungen enthalten vielfach auch allgemeine Regelungen über die Weiterzahlung der Vergütung bei persönlicher Arbeitsverhinderung.

> **Beispiel:**
> Freistellung von der Arbeit aus besonderen Anlässen
> 1. Anspruch auf Arbeitsbefreiung unter Fortzahlung des Arbeitsentgelts besteht gemäß § 616 BGB bei
>   a) Wohnungswechsel der bzw. des Beschäftigten
>   ohne eigenen Hausstand   1 Arbeitstag
>   mit eigenem Hausstand, aber am Ort   2 Arbeitstage
>   mit eigenem Hausstand und Ortswechsel   3 Arbeitstage
>   b) Eheschließung der bzw. des Beschäftigten   3 Arbeitstage
>   c) Konfirmation, Erstkommunion, Jugendweihe sowie vergleichbaren
>   feierlichen Anlässen anderer Weltanschauungen, Eheschließung
>   von Kindern oder eines unmittelbaren Familienangehörigen je   1 Arbeitstag
>   d) der silbernen oder goldenen Hochzeit der bzw. des Beschäftigten,
>   der Eltern oder der Schwiegereltern je   1 Arbeitstag
>   e) Niederkunft der Ehefrau bzw. der Partnerin einer eheähnlichen
>   Lebensgemeinschaft für den Vater des Kindes   2 Arbeitstage
>   f) dem Tod der Ehefrau bzw. des Ehemannes/der Partnerin bzw.
>   des Partners einer eheähnlichen Lebensgemeinschaft oder eines
>   Kindes je   5 Arbeitstage
>   g) dem Tod von Eltern, Schwiegereltern je   3 Arbeitstage
>   h) dem Tod von Großeltern, Geschwistern je   2 Arbeitstage
> 2. Anspruch auf Arbeitsbefreiung im Sinne dieses Absatzes 1 besteht auch, wenn es nach ärztlichem Zeugnis erforderlich ist, dass der bzw. die Beschäftigte zur Beaufsichtigung, Betreuung oder Pflege eines erkrankten Kindes im Alter zwischen dem vollendeten 12. und 15. Lebensjahr der Arbeit fernbleibt, eine andere im Haushalt lebende Person das Kind nicht beaufsichtigen, betreuen oder pflegen kann und ein Anspruch auf Krankengeld wegen Überschreitens der Altersgrenze des Kindes nicht besteht. Der Anspruch auf Arbeitsbefreiung besteht in jedem Kalenderjahr längstens für fünf Arbeitstage, für Alleinerziehende längstens für zehn Arbeitstage. Er besteht für Beschäftigte insgesamt für nicht mehr als 15 Arbeitstage, für Alleinerziehende für nicht mehr als 30 Arbeitstage.

Soweit Betriebsrat und Arbeitgeber diese Fragen in einer Betriebsordnung geregelt haben, wird das Direktionsrecht des Arbeitgebers durch diese Regelungen begrenzt.

Bedeutung für Arbeitnehmer/Auszubildende

Soweit der Betriebsrat im Rahmen der Vereinbarung einer Arbeitsordnung mit dem Arbeitgeber auch Fragen regelt, die jugendliche Beschäftigte des Betriebes betreffen, ist hier auch die Jugend- und Auszubildendenvertretung mit einzubeziehen.

Arbeitsstättenverordnung

Grundlagen

Eine wichtige Aufgabe des Betriebsrates und – sofern jugendliche Arbeitnehmer oder Auszubildende betroffen sind – auch der JAV ist die Überwachung des **Arbeitsschutzes** (§ 70 Abs. 1 Nr. 2 BetrVG). Die einzelnen Vorgaben des Arbeitsschutzes sind in der Arbeitsstättenverordnung (ArbStättV) geregelt und daneben in dem nach wie vor völlig selbständigen System der **Unfallverhütungsvorschriften der Berufsgenossenschaften**. Weitergehende Regelungen enthalten die Bauvorschriften der Bundesländer sowie weitere gesetzliche Regelungen, etwa § 2 MuSchG. Zu beachten ist ferner die Betriebssicherheitsverordnung vom 27. September 2002 (BetrSichV), mit der eine Vielzahl von EG-Richtlinien umgesetzt worden ist (z. B. Acetylen-Verordnung, DruckgasVerordnung usw.). Wichtige Regelungen enthält auch das Arbeitssicherheitsgesetz, in dem der Arbeitgeber verpflichtet wird, Betriebsärzte, Sicherheitsingenieure und andere Fachkräfte für Arbeitssicherheit zu bestellen.

Eine übersichtlichere und auch einheitliche Regelung des Arbeitsschutzes wäre zu begrüßen, alle entsprechenden Bemühungen sind jedoch bis heute ohne Ergebnis geblieben. Die Arbeitsstättenverordnung verweist auf die besonderen Belange bei der Beschäftigung Behinderter (§ 3 Abs. 2 ArbStättV). Sie verpflichtet den Arbeitgeber zur Reinigung von Arbeitsstätten, die den hygienischen Erfordernissen genügen müssen (§ 4 Abs. 2 ArbStättV).

Nach der wesentlichen Regelung des § 3 Abs. 1 ArbStättV wird der **Arbeitgeber in die Verantwortung** genommen. Er hat dafür zu sorgen, dass die Arbeitsstätten nach den Regelungen der ArbStättV einschließlich ihres Anhangs so eingerichtet und betrieben werden, dass hiervon keine Gefahr für die Sicherheit und Gesundheit der Beschäftigten ausgeht. Hierbei hat der Arbeitgeber die vom Arbeitsministerium bekanntgemachten Regeln für Arbeitsstätten (**TRAS**) zu berücksichtigen. Diese haben die bisher geltende Arbeitsstättenrichtlinie abgelöst bzw. werden dies künftig noch tun.

Die in der Praxis für alle Betriebe gleichermaßen bedeutendste Regelung der ArbStättV ist der **Nichtraucherschutz** in § 5.

Bedeutung für den Betriebsrat/die JAV

Soweit bei den Arbeitnehmervertretungen Zweifel bestehen, ob die Arbeitsstätte, also die Arbeitsräume selbst aber auch die sanitären Anlagen und Pausenräume, den Mindeststandards entsprechen, kann dies anhand der jeweils gültigen technischen Regeln für Arbeitsstätten bzw. Arbeitsstättenrichtlinie nachgeprüft und nachgemessen werden. Die Arbeitsstättenverordnung im Zusammenhang mit den genannten detaillierten Regelungen bildet den gesetzlichen Mindeststandard, dem der Arbeitgeber verpflichtet ist.

Darüber hinaus besteht ein umfassendes Mitbestimmungsrecht nach § 87 Abs. 1 Nr. 7 BetrVG zur Ausweitung, d.h. zur Schaffung zusätzlicher Regelungen über die Verhütung von Arbeitsunfällen und Berufskrankheiten sowie über den Gesundheitsschutz im Rahmen der gesetzlichen Vorschriften und der Unfallverhütungsvorschriften.

Arbeitsunfähigkeit

Grundlagen

Wenn ein Arbeitnehmer aus gesundheitlichen Gründen nicht in der Lage ist, seine vertraglich vereinbarte Arbeitsleistung zu erbringen, etwa weil er krank ist, spricht man von **Arbeitsunfähigkeit**. Das **Entgeltfortzahlungsgesetz (EFZG)** regelt für diesen Fall Umfang und Dauer des Lohnfortzahlungsanspruchs des erkrankten Arbeitnehmers.
Bei unverschuldeter Arbeitsunfähigkeit infolge Krankheit haben Arbeiter, Angestellte und zu ihrer Berufsausbildung Beschäftigte nach § 3 EFZG einen gesetzlichen Anspruch auf Weiterzahlung des Entgelts. Es gilt das Lohnausfallprinzip, d. h. es ist das Entgelt fortzuzahlen, das konkret in der ausgefallenen Zeit erzielt worden wäre. Dies umfasst grundsätzlich auch alle Zulagen, allerdings keine Überstundenzuschläge und keinen Ersatz für konkrete Aufwendungen. Voraussetzung ist nach § 3 Abs. 3 EFZG, dass das Arbeits- oder Ausbildungsverhältnis bereits vier Wochen ununterbrochen bestanden hat. Der Anspruch besteht für dieselbe Krankheit maximal sechs Wochen, danach besteht Anspruch auf Krankengeld der gesetzlichen Krankenversicherung. Tarifverträge enthalten vereinzelt längere Entgeltfortzahlungszeiträume.
Das Entgelt wird vom ersten Tag an in voller Höhe gezahlt.
Der erkrankte Arbeitnehmer muss, wenn die Arbeitsunfähigkeit länger als drei Tage dauert, diese durch Bescheinigung eines Arztes nachweisen (**Arbeitsunfähigkeitsbescheinigung**).
Die Arbeitsunfähigkeit muss **unverschuldet** sein. Von einem Verschulden, mit der Folge, dass die Entgeltfortzahlung entfällt, spricht man jedoch nur dann, wenn der Arbeitnehmer die Krankheit durch einen **groben Verstoß** herbeigeführt hat. Dabei muss es sich aber um ein völlig unverständliches Verhalten handeln. So führen etwa Sportverletzungen auch bei **gefährlichen Sportarten** und daraus herrührende Verletzungen in aller Regel **nicht zu einer verschuldeten Arbeitsunfähigkeit**.

Arbeitsunfähigkeitsbescheinigung

Grundlagen

Nach § 5 EFZG hat ein Arbeitnehmer oder Auszubildender dem Arbeitgeber eine Arbeitsunfähigkeit und deren voraussichtliche Dauer unverzüglich, d.h. ohne schuldhaftes Zögern, anzuzeigen. Dies ist die sogenannte **Anzeigepflicht**.

Dauert die Arbeitsunfähigkeit länger als drei Kalendertage, hat der Arbeitnehmer eine **ärztliche Bescheinigung** über das Bestehen der Arbeitsunfähigkeit sowie deren voraussichtliche Dauer, also die sogenannte **Arbeitsunfähigkeitsbescheinigung**, spätestens am darauf folgenden Arbeitstag vorzulegen (**Nachweispflicht**).

Der Arbeitgeber ist berechtigt, die Vorlage der ärztlichen Bescheinigung früher, z.B. bereits **vom ersten Tag** der Arbeitsunfähigkeit an zu verlangen.

Will der Arbeitgeber von dieser gesetzlichen Befugnis Gebrauch machen, so hat er das Mitbestimmungsrecht des Betriebsrats nach § 87 Abs. 1 Nr. 1 BetrVG zu beachten (BAG v. 25.1.2000, AiB Telegramm 2000, 8).

Bedeutung für die Beschäftigten

Solange der erkrankte Arbeitnehmer die Arbeitsunfähigkeitsbescheinigung nicht vorgelegt hat, obwohl er sie vorlegen musste, kann der Arbeitgeber die **Fortzahlung des Arbeitsentgelts** gemäß § 7 EFZG verweigern. Wird die Bescheinigung später nachgereicht und umfasst sie den gesamten Zeitraum der Erkrankung, ist das **einbehaltene Entgelt** nachzuzahlen.

Bei **Erkrankungen im Ausland** ist der Arbeitnehmer verpflichtet, die Arbeitsunfähigkeit in der schnellstmöglichen Art der Übermittlung dem Arbeitgeber bekannt zu geben, also per Fax oder Telefon. Die **Kosten** hierfür hat der **Arbeitgeber** zu erstatten. Entsprechendes gilt bei Mitgliedern einer gesetzlichen Krankenkasse, die diese zu informieren haben.

Bei Zweifeln an der Arbeitsunfähigkeit kann der Arbeitgeber oder die Krankenkasse eine gutachtliche Stellungnahme des **Medizinischen Dienstes** der Krankenversicherung einholen. Auch hierbei kommt ein Mitbestimmungsrecht des Betriebsrats nach § 87 Abs. 1 Nr. 1 BetrVG in Betracht.

Beispiele für Regelungen in einer Arbeitsordnung:

Arbeitsverhinderung/Arbeitsunfähigkeit
1. Bei Arbeitsverhinderung hat die bzw. der Beschäftigte unverzüglich Ursache und vermutliche Dauer der Verhinderung mitzuteilen.
2. Bei Arbeitsverhinderung durch Krankheit hat die bzw. der Beschäftigte auf Verlangen und Kosten des Arbeitgebers eine ärztliche Arbeitsunfähigkeitsbescheinigung vorzulegen.

Entgeltfortzahlung im Krankheitsfall und Beihilfe
1. Bei Arbeitsunfähigkeit infolge Krankheit oder bei der Teilnahme an Maßnahmen der medizinischen Rehabilitation in stationären Einrichtungen wird das Arbeitsentgelt bis zu sechs Wochen weitergezahlt.
2. Vom Beginn der siebten Woche an erhalten Beschäftigte mit einer Gesamtbeschäftigungszeit von mindestens
   - 5 Jahren für die Dauer von 13 Wochen,
   - 10 Jahren für die Dauer von 26 Wochen,
   - 15 Jahren für die Dauer von 39 Wochen,

   nicht jedoch über das Ende des Arbeitsverhältnisses hinaus, als Beihilfe einen Zuschuss zum Krankengeld bzw. Übergangsgeld. Der Zuschuss wird in Höhe des Unterschiedsbetrages zwischen der jeweils erhaltenen Leistung des Sozialversicherungsträgers und dem bisherigen Nettoentgelt gezahlt. Unter Nettoentgelt ist das um die gesetzlichen Abzüge geminderte Bruttoarbeitsentgelt vor Beginn der Arbeitsunfähigkeit, unter Krankengeld der Zahlbetrag der Krankenkasse nach Abzug der gesetzlichen Sozialversicherungsbeiträge zu verstehen.

Arbeitsverhinderung

Grundlagen

Der im Arbeitsverhältnis geltende Grundsatz **»ohne Arbeit kein Lohn«** wird nicht nur bei **Arbeitsverhinderung** wegen **Krankheit** oder **Urlaub** durchbrochen, sondern auch bei vielen anderen Fällen der **Arbeitsverhinderung aus persönlichen Gründen.** Rechtsgrundlage ist § 616 BGB, der bestimmt, dass ein Arbeitnehmer den Vergütungsanspruch auch dann behält, wenn er für eine verhältnismäßig nicht erhebliche Zeit durch einen in seiner Person liegenden Grund ohne sein Verschulden an der Erbringung der Arbeitsleistung verhindert ist.

Arbeitgeber und Arbeitnehmer können jedoch von dem gesetzlichen Grundmodell abweichende Regelungen treffen. Auch für den Arbeitnehmer nachteilige Regelungen sind zulässig. In vielen **Tarifverträgen, Betriebsvereinbarungen** oder Arbeitsverträgen bzw. **Arbeitsordnungen** wird häufig im Einzelfall konkret geregelt, unter welchen Voraussetzungen bei einer persönlichen Arbeitsverhinderung der Arbeitgeber den Lohn oder das Entgelt fortzahlt.

> **Beispiele:**
> familiäre Anlässe, Hochzeiten, Beerdigungen naher Anverwandter, Geburt eines Kindes, goldene Hochzeit der Eltern, aber auch → **Arztbesuche**, soweit sie nicht außerhalb der Arbeitszeit möglich sind, Erkrankung eines Kindes, wenn anderweitige Betreuung nicht möglich ist.

Fahrverbote wegen Glatteis oder der Zusammenbruch des öffentlichen Verkehrs sind nach der Rechtsprechung des Bundesarbeitsgerichts Arbeitsverhinderungen, die nicht »in der Person des Arbeitnehmers begründet sind« und führen nicht zu einem Lohnfortzahlungsanspruch.

Allgemeine Voraussetzung für den Lohnfortzahlungsanspruch ist ferner, dass die Verhinderung nicht nur aufgrund eines in der Person des Arbeitnehmers liegenden Grundes gegeben sein muss, sondern die Verhinderung muss auch **unverschuldet** sein und es darf sich nur um eine **»verhältnismäßig nicht erhebliche Zeit«** handeln. Hier ist auf alle Umstände des Einzelfalles abzustellen. Die nachstehend wiedergegebenen **tarifvertraglichen Beispiele** einer solchen Regelung können Anhaltspunkte geben.

Beispiel:
(aus MTV Groß- und Außenhandel NRW vom 9.7.1997): § 12
Bezahlte Freistellung von der Arbeit
1. In unmittelbarem Zusammenhang mit den nachstehenden Ereignissen ist dem Arbeitnehmer ohne Anrechnung auf den Urlaub unter Fortzahlung des Entgeltes Freizeit zu gewähren:
    a) bei eigener Eheschließung — 2 Werktage
    b) bei Niederkunft der Ehefrau — 2 Werktage
    c) bei Eheschließung von Eltern, Kindern und Geschwistern — 1 Werktag
    d) bei eigener Silberhochzeit und zur Teilnahme an goldener Hochzeit und weiteren Hochzeiten der Eltern, Schwiegereltern und Großeltern — 1 Werktag
    e) beim Tod des Ehegatten — 3 Werktage
    f) beim Tod von Eltern und Kindern — 2 Werktage
    g) beim Tod von Geschwistern, Großeltern, Enkeln, Schwiegereltern und Stiefeltern — 1 Werktag
       soweit in häuslicher Gemeinschaft — 2 Werktage
    h) bei Wohnungsumzug/Erstbezug, sofern das Arbeitsverhältnis nicht vom Arbeitnehmer gekündigt worden ist, innerhalb eines Kalenderjahres — 2 Werktage
    i) bei Wohnungsumzug auf Wunsch des Arbeitgebers nach Vereinbarung
    j) bei Erfüllung gesetzlich auferlegter Pflichten aus öffentlichen Ehrenämtern für die ausfallende Arbeitszeit. (Soweit ein Erstattungsanspruch besteht, entfällt in dieser Höhe der Anspruch auf den regelmäßigen Arbeitsverdienst oder geht auf Wunsch des Arbeitnehmers auf den Arbeitgeber über.)
    k) Tarifkommissionsmitgliedern zur Vorbereitung und zur Teilnahme an gemeinsamen Tarifverhandlungen; außerdem gewählte Mandatsträger der vertragschließenden Gewerkschaften höchstens bis zu 5 Tagen im Jahr zur Teilnahme an Sitzungen in Gewerkschaftsangelegenheiten.
    Mit § 12 Nr. 1a) bis k) sind die in Anwendung des § 616 BGB möglichen Fälle abschließend festgelegt.
2. Entgeltansprüche aus § 12 Nr. 1a), c), h), i) bestehen nicht für Aushilfen und Beschäftigte während der Probezeit innerhalb der ersten vier Wochen; die Freistellung ist jedoch zu gewähren.
3. Während der Kündigungsfrist sowie vor Ablauf eines auf bestimmte Zeit eingegangenen Arbeitsverhältnisses ist dem Arbeitnehmer auf Verlangen angemessene bezahlte Freizeit zur Bewerbung um eine neue Arbeitsstelle zu gewähren.
4. Der Anspruch auf bezahlte Freizeit entfällt, wenn der Arbeitnehmer durch Arbeitsunfähigkeit, Kur, Urlaub oder andere Gründe ohnehin an der Erbringung der Dienstleistung gehindert ist.

Arbeitszeit/Ausbildungszeit

Grundlagen

Die **tägliche Arbeitszeit** wird in § 4 Abs. 1 JArbSchG definiert als »die Zeit vom Beginn bis zum Ende der täglichen Beschäftigung ohne die Ruhepausen«. Damit zählt auch die Zeit des Wartens auf Arbeit am Arbeitsplatz oder Bereitschaftsdienst mit zum Begriff der Arbeits- bzw. Ausbildungszeit.
Nur die **Ruhepausen**, nämlich Arbeitsunterbrechungen von mindestens 15 Minuten, wie § 11 JArbSchG bestimmt, zählen nicht zur Arbeitszeit. Kürzere Arbeitsunterbrechungen, wie sie häufig tarifvertraglich vereinbart sind, gelten als Arbeitszeit.

Im Rahmen eines Berufsausbildungsverhältnisses zählt zur Arbeitszeit die **Ausbildungszeit**, in der der Ausbildende dem Auszubildenden die Kenntnisse und Fertigkeiten vermittelt, die zur Erreichung des vereinbarten Ausbildungszieles erforderlich sind, also etwa auch der betriebliche theoretische Unterricht, wenn dieser obligatorisch ist.

Die **Teilnahme am Berufsschulunterricht** ist keine Arbeitszeit; sie wird jedoch nach § 9 JArbSchG auf die Arbeitszeit angerechnet.

Neben dem Begriff der Arbeitszeit kennt das Jugendarbeitsschutzgesetz in § 4 auch die **Schichtzeit**, nämlich die tägliche Arbeitszeit unter Hinzurechnung der Ruhepausen. Die Schichtzeit ist bedeutsam für die Tätigkeit im Bergbau unter Tage. Hier gilt nach § 4 Abs. 3 JArbSchG die Schichtzeit als Arbeitszeit. Sie wird gerechnet vom Betreten des Förderkorbes bei der Einfahrt bis zum Verlassen des Förderkorbes bei der Ausfahrt.

Für die Berechnung der **wöchentlichen Arbeitszeit** ist als Woche die Zeit von Montag bis einschließlich Sonntag zugrunde zu legen. Die Arbeitszeit, die an einem Werktag infolge eines gesetzlichen Feiertags ausfällt, wird auf die wöchentliche Arbeitszeit angerechnet, wie § 4 Abs. 4 JArbSchG bestimmt.

Wird ein Jugendlicher von mehreren Arbeitgebern beschäftigt, so werden die Arbeits- und Schichtzeiten sowie die Arbeitstage zusammengerechnet (vgl. § 4 Abs. 5 JArbSchG).

Bedeutung für Betriebsräte und JAV

Auch wenn die Dauer der Arbeits- oder Ausbildungszeit im Tarifvertrag oder im Arbeits- oder Ausbildungsvertrag geregelt wird, so besteht doch nach § 87 Abs. 1 Nr. 2 BetrVG ein zwingendes **Mitbestimmungsrecht** des Betriebsrats sowohl **über Beginn und Ende der täglichen Arbeitszeit** einschließlich der Pausen sowie über die **Verteilung der Arbeitszeit** auf die einzelnen Wochentage bzw. nach § 87 Abs. 1 Nr. 3 auch über die vorübergehende Verkürzung oder Verlängerung der betriebsüblichen Arbeitszeit, also über die Frage der Ableistung von Überstunden oder die Vereinbarung von Kurzarbeit. Es handelt sich dabei um ein erzwingbares Mitbestimmungsrecht mit der Folge, dass dann, wenn Arbeitnehmer und Betriebsrat sich nicht einigen, die **Entscheidung einer Einigungsstelle** herbeigeführt werden kann.

Die Arbeitszeit bei Auszubildenden sollte möglichst immer als Ausbildungszeit betitelt werden. Die Ausbildung steht im Vordergrund, nicht die Arbeit.

Arbeitszeitgesetz

Um die **Sicherheit** und den **Gesundheitsschutz** der Arbeitnehmer bei der Arbeitszeitgestaltung zu gewährleisten, sieht das Arbeitszeitgesetz Begrenzungen der **täglichen und wöchentlichen Arbeitszeit** vor und regelt Beschränkungen der Nacht- und Schichtarbeit, aber auch der Sonn- und Feiertagsarbeit.

Es handelt sich um ein **Schutzgesetz,** das Bußgeldvorschriften und Strafbestimmungen enthält, wenn Arbeitgeber zuungunsten der Arbeitnehmer vorsätzlich oder fahrlässig gegen die Bestimmungen des Gesetzes verstoßen.

Arbeitszeit ist nach § 2 die Zeit vom **Beginn bis zum Ende der Arbeit ohne die Ruhepausen.** Sie beginnt grundsätzlich mit Betreten und Verlassen des Betriebes, wenn nicht tarifliche oder betriebliche Regelungen etwas anderes bestimmen.

Nachtzeit ist die Zeit von 23.00–6.00 Uhr bzw. in Bäckereien und Konditoreien die Zeit von 22.00–5.00 Uhr.

Die werktägliche Arbeitszeit der Arbeitnehmer darf acht Stunden nicht überschreiten, wie § 3 ArbZG bestimmt. Diese Regel wird schon in Satz 2 des § 3 durchbrochen, wonach die Arbeitszeit auf bis zu zehn Stunden täglich verlängert werden kann, wenn innerhalb von sechs Kalendermonaten im Durchschnitt acht Stunden werktäglich gearbeitet wird. Dabei wird auf die Werktage der Woche abgestellt, nämlich auf die Tage Montag bis einschließlich Samstag. Die in der Praxis geläufige 5-Tage-Woche wird vom Gesetz ignoriert. Weitere Ausnahmen sind durch Tarifverträge, aber auch für Notfälle und/oder nach Genehmigung von Ausnahmen durch die Aufsichtsbehörde zulässig.

Was die **Überstunden** anbetrifft, so ist im jetzigen Gesetz die frühere Regelung der Arbeitszeitordnung **abgeschafft worden,** wonach bereits für die erste Überstunde – dies war wegen des Bezuges auf die 6-Tage-Woche und den 8-Stunden-Tag die 49. Stunde – ein gesetzlicher Zuschlag von 25 % zu zahlen war. **Überstundenregelungen,** die eine höhere Vergütung vorsehen, finden sich allerdings durchweg noch in **Tarifverträgen.**

Auch wenn das Arbeitszeitgesetz besondere **Schutzregelungen für Sonn- und Feiertagsruhe** vorsieht, ist der Grundsatz des § 9 Abs. 1 »Arbeitnehmer dürfen an Sonn- und gesetzlichen Feiertagen von 0.00–24.00 Uhr nicht beschäftigt werden« nur schöner Schein. Überall dort, wo Sonn- und Feiertagsbeschäftigung notwendig ist, aber auch dort, wo sie notwendig erscheint, regelt das Gesetz umfängliche **Ausnahmen vom Arbeitsverbot** an Sonn- und Feiertagen. Dies gilt nicht nur für Polizei und Feuerwehr, für Krankenhäuser oder Hotels und Gaststätten oder in Verkehrsbetrieben oder in der Landwirtschaft bzw. bei der Tierhaltung, sondern auch bei Messen, Ausstellungen und Märkten oder bei durchgängiger Produktion oder wenn die Aufsichtsbehörden entsprechende Ausnahmen zulassen.

Bundeseinheitliche Feiertage sind Neujahr, Karfreitag, Ostermontag, 1. Mai, Christi Himmelfahrt, Pfingstmontag, 3. Oktober sowie 1. und 2. Weihnachtsfeiertag. Daneben gibt es weitere Feiertage, die von Bundesland zu Bundesland, teilweise auch von Region zu Region unterschiedlich gehandhabt werden: Heilige Drei Könige, Fronleichnam, Mariä Himmelfahrt, Reformationstag, Allerheiligen, Buß- und Bettag.

Literaturhinweis
Buschmann/Ulber, »Arbeitszeitgesetz«, 5. Auflage 2007

Arztbesuch

Zur **Arbeitsverhinderung aus persönlichen Gründen** (s. dort), bei der nach § 616 BGB der Arbeitnehmer seinen Entgeltfortzahlungsanspruch behält, gehört auch die **Arbeitsverhinderung wegen eines Arztbesuches**, wenn keine Arbeitsunfähigkeit wegen Erkrankung vorliegt. Voraussetzung ist, dass der Arztbesuch nicht außerhalb der Arbeitszeit, etwa im Rahmen einer **Gleitzeitregelung**, erfolgen kann.

> **Beispiel:**
> akute Zahnschmerzen, die die sofortige Aufsuchung eines Zahnarztes notwendig machen; der Arzt hat einen Termin vorgegeben und ein Termin außerhalb der Arbeitszeit ist nicht verfügbar.

In solchen Fällen bleibt der Lohnfortzahlungsanspruch des Arbeitnehmers bestehen.

Besonderheiten für Auszubildende

Für **Jugendliche** gelten besondere Bestimmungen hinsichtlich der **ärztlichen Untersuchung nach §§ 32ff. JArbSchG**. Hier bestimmt § 43 JArbGSch, dass der Arbeitgeber den Jugendlichen für die Durchführung der ärztlichen Untersuchung freizustellen hat und dass ein Entgeltausfall hierdurch nicht eintreten darf. Dies ist eine zwingende gesetzliche Regelung, die § 616 BGB vorgeht und also auch Anwendung findet, wenn für andere erwachsene Arbeitnehmer z.B. Fragen des Arztbesuches besonders geregelt sind.

Aufsichtsbehörde nach dem Jugendarbeitsschutzgesetz

Grundlagen

Die Aufsicht über die Ausführung des Jugendarbeitsschutzgesetzes und der aufgrund des Gesetzes erlassenen Rechtsverordnungen obliegt nach § 51 JArbSchG der nach Landesrecht zuständigen Behörde als Aufsichtsbehörde. Nach den von den Bundesländern getroffenen Zuständigkeitsregelungen sind die **örtlichen Gewerbeaufsichtsämter** als zuständige Aufsichtsbehörden benannt. Für die Beschäftigung im Bergbau ist das örtliche **Bergamt** zuständig.

Die Aufsichtsbehörden sind im Rahmen des Opportunitätsprinzips verpflichtet, die ordnungsgemäße Einhaltung der Bestimmungen des Jugendarbeitsschutzgesetzes in allen Verwaltungen und allen Betrieben zu überwachen. Sie haben nach pflichtgemäßem Ermessen zu entscheiden, welche Betriebe sie verstärkt prüfen, d. h. zum Beispiel Begehungen durchführen oder Auskünfte nach § 50 einholen.

Bei Anzeigen und Beschwerden haben sie immer einzugreifen. Ihr Ermessen ist insoweit eingeschränkt.

Hinweise über Verstöße hat die Aufsichtsbehörde vertraulich zu behandeln. Sie darf dem Arbeitgeber z. B. keine Namen von »Informanten« nennen. Die Behörde muss sorgfältig mit solchen Informationen umgehen, da sie praktisch keine Möglichkeit hat, z. B. Jugendliche wirksam vor Repressalien zu schützen.

Die Beauftragten der Aufsichtsbehörde sind berechtigt, die Arbeitsstätten während der üblichen Betriebs- und Arbeitszeit zu betreten und zu besichtigen. Der Arbeitgeber muss das Betreten und Besichtigen der Arbeitsstätte gestatten.

Die Betriebsbesichtigung kann ohne Voranmeldung, also überraschend, durchgeführt werden. Dies entspricht dem Sinn und Zweck der Betriebsbesichtigung, nämlich eventuelle Verstöße festzustellen.

Bedeutung für den Betriebsrat/die JAV

Nach § 89 Abs. 2 BetrVG müssen Arbeitgeber und Aufsichtsbehörde bei der Besichtigung des Betriebes Betriebs- bzw. Personalräte hinzuziehen.
Nach § 70 Abs. 1 Nr. 2 BetrVG hat die JAV darüber zu wachen, dass die zugunsten der jugendlichen Arbeitnehmer geltenden Gesetze, Verordnungen, Unfallverhütungsvorschriften, insbesondere also auch das Jugendarbeitsschutzgesetz, eingehalten werden. Zur Erfüllung dieser Aufgabe ist der Betriebsrat nach § 70 Abs. 2 BetrVG verpflichtet, die JAV rechtzeitig und umfassend zu unterrichten. Daher wird die Aufsichtsbehörde grundsätzlich nicht nur den Betriebsrat, sondern auch die JAV bzw. die von der JAV beauftragten Mitglieder bei der Untersuchung hinzuzuziehen haben.

Ausbilder/ Ausbildereignungsverordnung

Grundlagen

Der Ausbilder wird vom Ausbildenden mit der Durchführung der Berufsausbildung beauftragt, falls der Ausbildende nicht selbst die Ausbildung durchführt (§ 14 Abs. 1 Nr. 2 BBiG). Er hat dem Auszubildenden die zur Erreichung des Ausbildungszieles notwendigen praktischen und theoretischen Kenntnisse zu vermitteln und muss nach § 28 Abs. 1 BBiG **persönlich und fachlich** dazu **geeignet** sein.

§ 29 BBiG gibt Aufschluss darüber, wer **nicht persönlich geeignet** ist. Hierbei sei insbesondere auf eine Vorschrift des →**Jugendarbeitsschutzgesetzes** (§ 25 JArbSchG) verwiesen, nach der bestimmte Personen (z. B. Straftäter) Kinder und Jugendliche nicht beschäftigen dürfen.

Fachlich geeignet ist nach § 30 Abs. 1 BBiG, wer die beruflichen sowie die berufs- und arbeitspädagogischen Fertigkeiten, Kenntnisse und Fähigkeiten besitzt, die für die Vermittlung der Ausbildungsinhalte erforderlich sind.

§ 30 Abs. 2 BBiG beschreibt genauer, wer die erforderlichen beruflichen Fertigkeiten, Kenntnisse und Fähigkeiten besitzt, nämlich wer:
1. die Abschlussprüfung in einer dem Ausbildungsberuf entsprechenden Fachrichtung bestanden hat,
2. eine anerkannte Prüfung an einer Ausbildungsstätte oder vor einer Prüfungsbehörde oder eine Abschlussprüfung an einer staatlichen oder staatlich anerkannten Schule in einer dem Ausbildungsberuf entsprechenden Fachrichtung bestanden hat, oder
3. eine Abschlussprüfung an einer deutschen Hochschule in einer dem Ausbildungsberuf entsprechenden Fachrichtung bestanden hat,

und eine angemessene Zeit in seinem Beruf praktisch tätig gewesen ist.

Die Absätze 3 bis 5 des § 30 BBiG sind »Kann-Bestimmungen«. Das Bundesministerium für Wirtschaft und Arbeit oder das sonst zuständige Fachministerium kann im Einvernehmen mit dem Bundesministerium für Bildung und Forschung nach Anhörung des Hauptausschusses des Bundesinstituts für Berufsbildung durch Rechtsverordnung (dazu gehört auch die Ausbilder-Eignungsverordnung AEVO), die nicht der Zustimmung des Bundesrates bedarf, bestimmen, welche Prüfungen für welche Ausbildungsberufe anerkannt werden, welche Ausnahmen von Absatz 2 zugelassen werden und dass der Erwerb berufs- und arbeitspädagogischer Fertigkeiten, Kenntnisse und Fähigkeiten gesondert nachzuweisen ist.

§ 30 Abs. 6 sieht vor, dass die nach Landesrecht zuständige Behörde auch Personen, die die Voraussetzungen der Absätze 2, 4 oder 5 nicht erfüllen, die fachliche Eignung nach Anhörung der zuständigen Stelle widerruflich zuerkennen kann.

Für den Nachweis der berufs- und arbeitspädagogischen Eignung gibt es die Ausbildereignungsverordnung (AEVO). Alle mit der Ausbildung betrauten Personen, also auch die mit der Ausbildung beauftragten in den Versetzungsstellen, sollten über einen solchen Nachweis verfügen. Die AEVO umfasst die Kompetenz zum selbstständigen Planen, Durchführen und Kontrollieren der Berufsausbildung in den Handlungsfeldern:
1. Ausbildungsvoraussetzungen prüfen und Ausbildung planen,
2. Ausbildung vorbereiten und bei der Einstellung von Auszubildenden mitwirken,
3. Ausbildung durchführen und
4. Ausbildung abschließen.

Ausbildungspersonal sollte sich ständig weiterbilden, beispielsweise durch Fachliteratur oder den Besuch von Fachtagungen. Für Ausbilder/innen gibt es auch ein berufliches Weiterbildungssystem. Aufbauend auf die AEVO folgt die zweite Qualifizierungsstufe »Geprüfte/r Aus- und Weiterbildungspädagoge/in« und darauf aufbauend die dritte Stufe »Geprüfte/r Berufspädagoge/in«. Informationen gibt es unter: http://www.berufspaedagogen.net/.

Bedeutung für den Betriebsrat/die JAV

Nach § 98 BetrVG hat der Betriebsrat bei der Durchführung betrieblicher Bildungsmaßnahmen ein Mitbestimmungsrecht. So kann der Betriebsrat nach § 98 Abs. 2 BetrVG der Bestellung eines Ausbilders widersprechen oder auch seine Abberufung verlangen, wenn er die persönliche oder fachliche, insbesondere auch die berufs- und arbeitspädagogische Eignung nicht besitzt oder seine Aufgaben vernachlässigt.

Der Betriebsrat sollte darauf achten, dass mit der Ausbildung Beauftragte eine erfolgreiche Teilnahme an der Ausbildereignungsprüfung nachweisen. In der Ausbilder-Eignungsverordnung (AEVO) sind die Prüfungsanforderungen formuliert. Kurse bei örtlichen Bildungsanbietern oder Online bereiten auf die Prüfung vor. Die Prüfung wird bei den Kammern abgenommen. Mit einer erfolgreichen AEVO-Prüfung wird der Erwerb berufs- und arbeitspädagogischer Fertigkeiten, Kenntnisse und Fähigkeiten nachgewiesen.

Der Betriebsrat sollte aber auch auf die ständige Weiterbildung des Ausbildungspersonals achten und die erforderlichen Informationen vom Arbeitgeber anfordern. Er kann verlangen, dass der Arbeitgeber die Berufsbildungsbedarfe des Ausbildungspersonals ermittelt und Vorschläge hierzu machen. Dem Ausbildungspersonal ist genauso wie allen anderen Beschäftigten eine Teilnahme an Berufsbildungsmaßnahmen zu ermöglichen.

Ausbildungsbegleitende Hilfen

Grundlagen

Förderungsbedürftige Jugendliche in einer Ausbildung bzw. einer Einstiegsqualifizierung können im Rahmen ausbildungsbegleitender Hilfen mit sozialpädagogischer Begleitung und Stützunterricht gefördert werden. Ausbildungsbegleitende Hilfen (abH) beinhalten individuell zugeschnittene Lernunterstützung sowie sozialpädagogische Betreuung.
Neben der Zielgruppe der lernbeeinträchtigten und sozial benachteiligten Auszubildenden können auch Auszubildende gefördert werden, deren Ausbildung ohne eine Förderung mit abH zu scheitern droht.

Die ausbildungsbegleitenden Hilfen (abH) zielen darauf ab, Jugendlichen, die besonderer Hilfen bedürfen, durch Förderung des Erlernens von Fachtheorie, Stützunterricht zum Abbau von Sprach- und Bildungsdefiziten sowie durch sozialpädagogische Begleitung, die Aufnahme, Fortsetzung sowie den erfolgreichen Abschluss einer erstmaligen betrieblichen Berufsausbildung in anerkannten Ausbildungsberufen zu ermöglichen.

Ausbildungsbegleitende Hilfen gehen über betriebs- und ausbildungsübliche Inhalte hinaus.

Für die Durchführung erhalten die Bildungsträger die erforderlichen Maßnahmekosten. Sofern abH während der üblichen betrieblichen Arbeitszeit durchgeführt wird, kann dem Betrieb ein Zuschuss zu der anteiligen Ausbildungsvergütung gewährt werden.

Ausbildungsbegleitende Hilfen, das heißt:
- zusätzlicher Förderunterricht in kleinen Gruppen oder im Einzelunterricht;
- den Stoff der durcharbeiten, Fragen genau besprechen, Aufgaben trainieren;
- sich auf Prüfungen gezielt vorbereiten;
- Probleme gemeinsam angehen, Lösungen finden.

Die abH werden von Bildungsträgern bereitgestellt.

Ausbildungsberufe

Grundlagen

Die **Anerkennung von Ausbildungsberufen** erfolgt gemäß § 4 BBiG nach einer **Ausbildungsordnung** gemäß § 5 BBiG, die Grundlage für eine geordnete und einheitliche Berufsausbildung ist. Die Ausbildungsordnung hat die Bezeichnung des Ausbildungsberufes, die Ausbildungsdauer und die Fertigkeiten und Kenntnisse, die Gegenstand der Berufsausbildung sind, ebenso festzulegen, wie eine Anleitung zur sachlichen und zeitlichen Gliederung der Fertigkeiten und Kenntnisse, nämlich den Ausbildungsrahmenplan und die Prüfungsanforderungen.

Nach § 34 BBiG hat die **zuständige Stelle** für anerkannte Ausbildungsberufe ein **Verzeichnis der Berufsausbildungsverhältnisse** einzurichten und zu führen, in das der wesentliche Inhalt des Berufsausbildungsvertrages einzutragen ist.

Bedeutung für den Betriebsrat/die JAV

Die Arbeitgeber haben zuletzt vermehrt zweijährige Schmalspurausbildungsberufe gegen die Einwände der Gewerkschaften geschaffen. Die Gewerkschaften sprechen sich für eine qualifizierte, mindestens dreijährige Berufsausbildung aus. Damit wird die Beschäftigungsfähigkeit der Ausgebildeten gesichert, ihnen die Möglichkeit einer beruflichen Entwicklung gegeben und letztlich auch ein ausreichendes Einkommen ermöglicht. Für gering Qualifizierte sind diese Entwicklungsperspektiven wesentlich schlechter. Betriebsräte sollten deshalb darauf achten, dass in qualifizierten, mindestens dreijährigen Ausbildungsberufen ausgebildet wird. Bei der Entscheidung, in welchen Ausbildungsberufen ausgebildet wird, hat der Betriebsrat ein Unterrichtungs- und Beratungsrecht nach § 92 BetrVG. Der Arbeitgeber hat den Betriebsrat über geplante Ausbildungsberufe und Einstellzahlen von Auszubildenden zu unterrichten und mit ihm zu beraten. Eine Mitbestimmung besteht jedoch nicht. Dennoch sollten Argumente für eine qualifizierte mindestens dreijährige Ausbildung (z. B. qualifizierte Fachkräfte für innovative Produktion, Beschäftigungsfähigkeit Ausgebildeter, Anschlussfähigkeit an Weiterbildung) eingebracht werden. Zur Förderung von schwächeren Jugendlichen sollten Fördermaßnahmen vorgeschlagen werden (Ausbildungsbegleitende Hilfen, Berufsvorbereitung).

Einleitung zum Verzeichnis der anerkannten Ausbildungsberufe nach §§ 25, 31 BBiG 1969

Die staatlich anerkannten Ausbildungsberufe und die für sie vom zuständigen Fachminister im Einvernehmen mit dem Bundesminister für Bildung und Wissenschaft für alle verbindlich erlassenen Ausbildungsordnungen nach § 25 Abs. 1 BBiG bzw. § 25 Abs. 1 HwO sind die Grundlage für eine geordnete und einheitliche Berufsausbildung.
Für Ausbildungsberufe, die vor Inkrafttreten des BBiG am 14. August 1969 anerkannt wurden, gelten gem. § 108 Abs. 1 BBiG bzw. § 122 Abs. 5 HwO die bestehenden Regelungen bis zum Erlaß von Ausbildungsordnungen fort.
Anerkannte Ausbildungsberufe des Handwerks sind kraft Gesetz (§ 25 HwO) alle in der Anlage A zur Handwerksordnung aufgelisteten Gewerbe. Für diese Ausbildungsberufe ist daher keine gesonderte Anerkennung nötig.
Jugendliche unter 18 Jahren dürfen grundsätzlich nur in staatlich anerkannten Ausbildungsberufen ausgebildet werden (§ 28 Abs. 2 BBiG). U.a. kann der zuständige Bundesminister zur Entwicklung und Erprobung neuer Ausbildungsformen und -berufe Ausnahmen zulassen (§ 28 Abs. 3 BBiG). Körperlich, geistig oder seelisch Behinderte unter 18 Jahren dürfen auch in anderen als den staatlich anerkannten Ausbildungsberufen ausgebildet werden (§ 48 BBiG, § 42 HwO). Bei Behinderten, die in einem anerkannten Ausbildungsberuf ausgebildet werden, darf außerdem von der dazu erlassenen Ausbildungsordnung abgewichen werden.
Gleichwohl gibt es auch außerhalb des Geltungsbereichs des BBiG berufliche Erstausbildungsgänge (beispielsweise im Rahmen beruflicher Vollzeitschulen), die keine anerkannten Ausbildungsberufe sind.
Aufgrund von Vereinbarungen des Bundes und der Länder werden Ausbildungsordnungen für die betriebliche Berufsausbildung und ländereinheitliche Rahmenlehrpläne für den Berufsschulunterricht inhaltlich und zeitlich aufeinander abgestimmt.
Um Übergangsprobleme hinsichtlich der Gleichbehandlung von in der ehemaligen DDR erworbenen Berufsabschlüssen möglichst kleinzuhalten, sei auf folgendes hingewiesen:
(1) Nach Artikel 37 Abs. 1 des Einigungsvertrages gelten die in der ehemaligen DDR erworbenen beruflichen Abschlüsse oder Befähigungsnachweise weiter, soweit der Einigungsvertrag keine besonderen Vorschriften enthält.
Prüfungen oder Befähigungsnachweise, die in der ehemaligen DDR abgelegt oder erworben wurden, stehen entsprechenden Abschlüssen in den anderen Ländern der Bundesrepublik Deutschland gleich und verleihen die gleiche Berechtigung, wenn sie gleichwertig sind.
Dabei bestimmt Artikel 37 Abs. 3 des Einigungsvertrages, daß Prüfungszeugnisse nach der Systematik der Ausbildungsberufe und der Systematik der Facharbeiterberufe einerseits und Abschlußprüfungen und Gesellenprüfungen in anerkannten Ausbildungsberufen andererseits einander gleich stehen. Bei eindeutigen Zuordnungen (Beispiele: Fleischer, Fotograf, Dachdecker) bedarf es danach keiner individuellen Gleichstellungsentscheidung.
(2) Bei unklaren Zuordnungen (dies ist insbesondere bei ältern DDR-Berufsausbildungsabschlüssen der Fall, die im Zusammenhang mit Ausbildungsreformen neu-

strukturiert oder differenziert wurden) wird die Gleichwertigkeit auf Antrag von der jeweils zuständigen Stelle festgestellt. Zuständige Stellen sind je nach Ausbildungsberuf die Handwerkskammern, die Industrie- und Handelskammern, die Landwirtschaftskammern und ähnliche Institutionen.

(3) Die Entscheidung der zuständigen Stelle kann auch den Hinweis enthalten, daß zur Herstellung der Gleichwertigkeit eine Zusatz- oder Nachqualifizierung erforderlich ist.

Ausbildungsfremde Tätigkeiten

Grundlagen

In § 14 Absatz 2 des Berufsbildungsgesetzes (BBiG) ist geregelt, dass den Auszubildenden nur Verrichtungen übertragen werden dürfen, die dem Ausbildungszweck dienen und den körperlichen Kräften angemessen sind.

Die genaue Bestimmung, ob eine Tätigkeit dem Ausbildungszweck dient oder nicht, ist oftmals nicht einfach. Dem Ausbildungszweck dienen bedeutet dabei, dass die Tätigkeit zur Vermittlung von beruflichen Kenntnissen und Fertigkeiten erforderlich ist. Um welche Fertigkeiten und Kenntnisse es sich dabei handelt, kann dem jeweiligen Ausbildungsrahmenplan entnommen werden. Dient eine Tätigkeit nicht dem Ausbildungszweck, handelt es sich um eine ausbildungsfremde Tätigkeit. Es soll vermieden werden, dass der Auszubildende als »billige Arbeitskraft« missbraucht wird.

Bestimmte Tätigkeiten sind sofort als ausbildungsfremd zu erkennen.

Beispiele:
- wenn ein Industriekaufmann zum Einkaufen in den Supermarkt geschickt wird,
- ein Kfz-Mechatroniker die Fenster putzen oder den Rasen mähen muss.

Es gibt aber auch nicht immer sofort erkennbare ausbildungsfremde Tätigkeiten. Auch hier einige Beispiele:

- Ablage- und Kopierarbeiten in der kaufmännischen Ausbildung.
  Diese Tätigkeiten sind zweifelsohne auch Bestandteil einer kaufmännischen Ausbildung. Wenn solche Tätigkeiten in der Ausbildung jedoch dominieren oder gar ausschließlich gemacht werden, dienen sie nicht mehr dem Ausbildungszweck.
- Urlaubs- oder Krankheitsvertretung.
  Zweifelsohne macht eigenverantwortliches Arbeiten vielen Auszubildenden Spaß und wirkt motivierend. Auch trägt es dem Ausbildungsziel des selbstständigen Planens, Durchführens und Kontrollierens Rechnung. Aber: Es muss geprüft werden, ob Urlaubs- oder Krankheitsvertretung nicht auf Kosten der Vermittlung von wichtigen Ausbildungsinhalten geht. Weiter sollte beachtet werden, dass andauernde Urlaubs- oder Krankheitsvertretung durch Auszubildende dazu führt, dass Unternehmen weniger Personal als Reserve benötigen. Dadurch entfallen Übernahmemöglichkeiten für auslernende Auszubildende.

Bedeutung für den Betriebsrat/die JAV

Nach § 70 Abs. 1 Nr. 2 BetrVG hat die JAV darüber zu wachen, dass die zugunsten der Wahlberechtigten geltenden Gesetze, Verordnungen, Unfallverhütungsvorschriften, Tarifverträge und Betriebsvereinbarungen eingehalten werden. Im Fall von ausbildungsfremden Tätigkeiten bedeutet dies, dass die Bestimmungen des BBiG gemäß § 14 Abs. 2 in Verbindung mit dem Ausbildungsrahmenplan eingehalten werden. Bei eindeutig erkennbaren ausbildungsfremden Tätigkeiten hat die JAV unverzüglich den Betriebsrat darüber zu informieren und darauf zu drängen, dass dieser gegenüber Ausbildungsverantwortlichen dafür Sorge trägt, dass die Tätigkeiten nicht mehr dem Auszubildenden übertragen werden.

Bei nicht sofort erkennbaren ausbildungsfremden Tätigkeiten hat die JAV gemeinsam mit dem Betriebsrat dafür zu sorgen, dass die Inhalte des Ausbildungsrahmenplanes entsprechend vermittelt werden. Dies bedeutet gleichzeitig, dass beispielsweise der Anteil von Kopiertätigkeiten und Ablagetätigkeiten auf das übliche Maß des jeweiligen Ausbildungsberufes bzw. Arbeitsumfeldes zurückzuführen ist.

Bedeutung für den Auszubildenden

Der Auszubildende kann ihm übertragene Tätigkeiten in Bezugnahme auf den § 14 Abs. 2 BBiG verweigern. Er hat ein Leistungsverweigerungsrecht nach § 273 Abs. 1 BGB. Durch die Verweigerung, eine ausbildungsfremde Tätigkeit auszuführen, verliert er nicht den Anspruch auf Ausbildungsvergütung (§§ 615 und 293 BGB). Auch stellt eine entsprechende Verweigerung keinen wichtigen Grund für eine Kündigung dar.

Ausbildungskosten, Rückzahlung von

Grundlagen

Nach § 10 BBiG hat der Ausbildende dem Auszubildenden eine **angemessene Vergütung** zu gewähren, die nach dem Lebensalter des Auszubildenden so zu bemessen ist, dass sie mit fortschreitender Berufsausbildung mindestens jährlich ansteigt.

Wird nun vom Auszubildenden oder Ausbilder das Berufsausbildungsverhältnis nach Ablauf der Probezeit vorzeitig gelöst, kann nach § 23 BBiG der Ausbildende oder der Auszubildende vom anderen Teil **Ersatz des Schadens** verlangen, wenn der andere den Grund für die Auflösung zu vertreten hatte. Davon gibt es nur dann eine Ausnahme, wenn gemäß § 22 Abs. 2 Nr. 2 BBiG der Auszubildende das Ausbildungsverhältnis gekündigt hat, weil er die Berufsausbildung aufgeben oder sich für einen anderen Beruf ausbilden lassen will.

Der Schadenersatzanspruch ist im Übrigen **innerhalb von drei Monaten** nach Beendigung des Berufsausbildungsverhältnisses geltend zu machen.

Grundsätzlich kommt im Normalfall eine Rückzahlung einer Vergütung nicht in Betracht. Das kann lediglich bei **Berufsfortbildungsverträgen** vereinbart werden, weil der Arbeitgeber die Fortbildungskosten ja deswegen übernimmt, um sich einen qualifizierten Nachwuchs zu verschaffen, also in der Erwartung, dass der Arbeitnehmer nach Beendigung der Fortbildung einen gewissen Zeitraum weiter tätig ist. Wenn dann ein Arbeitnehmer nach Beendigung der Fortbildung die Stelle nicht antritt oder vor Ablauf vereinbarter Fristen die Arbeit ohne rechtfertigenden Grund aufgibt, werden gelegentlich **Rückzahlungsklauseln** vereinbart.

Die Rechtsprechung des Bundesarbeitsgerichts hat Regelungen als wirksam angesehen, soweit sie nicht zu einer **unangemessenen Bindung** des Arbeitnehmers führen. Es kommt dabei auf alle Umstände an, ob dem Arbeitnehmer eine wirtschaftliche, den Marktwert seiner Arbeitskraft erhöhende Ausbildung zugeflossen ist und die Bleibefrist nicht unangemessen lang ist.

Die Zulässigkeit einzelvertraglicher Klauseln, wonach der Arbeitnehmer bei vorzeitigem Ausscheiden Fortbildungskosten zurückzuzahlen hat, hängt auch von der Dauer der Bildungsmaßnahme ab. Besteht diese aus mehreren Unterrichtsabschnitten, so sind die dazwischen liegenden Zeiten bei der Berechnung der Dauer nicht mit zu berücksichtigen.

Bei einer Lehrgangsdauer von drei bis vier Monaten entschied das Bundesarbeitsgericht (v. 6. 9. 1995 – 5 AZR 241/94) bezüglich des Verwaltungslehrgangs I der Bayerischen Verwaltungsschule, dass eine Bindungsdauer von zwei Jahren jedenfalls nicht zu lange bemessen ist, eine längere Bindungsdauer in derartigen Fällen regelmäßig aber unzulässig ist. Das Bundesarbeitsgericht hat in dieser Entscheidung auch festgelegt, dass es keinen Grundsatz gäbe, dass die Bindungsdauer höchstens sechsmal so lang sein darf wie die Dauer der Bildungsmaßnahme.

Beispiel:
Der Arbeitnehmer nimmt vom ... bis zum ... an einer Fortbildungsveranstaltung unter Weiterzahlung seiner Vergütung teil. Der Arbeitgeber trägt die Kosten der Fortbildungsveranstaltung.
Für den Fall, dass der Arbeitnehmer das Arbeitsverhältnis nach Beendigung der Fortbildungsmaßnahme kündigt, sind die Aufwendungen des Arbeitgebers für die Fortbildung vom Arbeitnehmer zurückzuzahlen, und zwar bei Kündigung innerhalb eines halben Jahres nach Beendigung des Fortbildungsverhältnisses zu 100 %, nach Ablauf des ersten Jahres bis zu 18 Monaten zu 50 %.

Ausbildungsmittel

Grundlagen

In § 14 Abs. 1 Nr. 3 des Berufsbildungsgesetzes (BBiG) ist geregelt, dass den Auszubildenden kostenlos Ausbildungsmittel, insbesondere Werkzeuge und Werkstoffe, zur Verfügung zu stellen sind, die zur Berufsausbildung und zum Ablegen der Zwischen- und Abschlussprüfungen, auch soweit solche nach Beendigung des Berufsausbildungsverhältnisses stattfinden, erforderlich sind.

Zu den Ausbildungsmitteln gehören grundsätzlich alle üblichen Werkzeuge und Werkstoffe, wie z. b. Tabellensammlungen, Zeichengeräte, Zeichenpapier, Fachbücher aller Art, Reißwerkzeuge, Schablonen und dergleichen.

Die Ausbildungsmittel müssen kostenlos zur Verfügung gestellt werden. Sie müssen nicht übereignet werden, sondern es ist ausreichend, sie leihweise zur Verfügung zu stellen. Anders ist dieses bei Berichtsheften, die auch zu den Ausbildungsmitteln gehören. Die Berichtshefte gehen mit fortschreitender Führung in das Eigentum des Auszubildenden über (§ 950 BGB).

Ausbildungsmittel für Prüfungen müssen auch dann zur Verfügung gestellt werden, wenn die Prüfung erst nach Beendigung des Ausbildungsverhältnisses (§ 21 BBiG) erfolgt. Wird die Ausbildung durch Kündigung nach § 22 BBiG beendet, müssen die Ausbildungsmittel nur dann für Prüfungen bereitgestellt werden, wenn die Kündigung durch schuldhaftes Verhalten des Ausbildenden veranlasst ist.

Ausbildungsmittel, die ausschließlich für den Berufsschulunterricht erforderlich sind, müssen nicht bereitgestellt werden. Hier findet der § 14 Abs. 1 Nr. 3 BBiG keine Anwendung.

Bedeutung für den Betriebsrat/die JAV

Die JAV hat nach § 70 Abs. 1 Nr. 2 BetrVG darauf zu achten, dass diese Regelung aus dem BBiG eingehalten wird. Der Betriebsrat kann in Bezugnahme auf den § 14 Abs. 1 Nr. 3 BBiG eine ergänzende Betriebsvereinbarung mit dem Arbeitgeber abschließen, in der die Details zur Bereitstellung von Ausbildungsmitteln geregelt werden. Es ist auch möglich, mit dem Arbeitgeber zu vereinbaren, dass Ausbildungsmittel für die Berufsschule bereitgestellt bzw. Zuschüsse zur Beschaffung von Berufsschulbüchern gewährt werden.

Stellt der Ausbildende dem Auszubildenden die Ausbildungsmittel, zu denen er verpflichtet ist, nicht oder nicht rechtzeitig zur Verfügung und kommt der Ausbildende trotz Aufforderung durch den Auszubildenden bzw. Drängen der JAV und des Betriebsrats seiner Pflicht nicht nach, so kann der Auszubildende sie selbst anschaffen und die Auslagen dem Ausbildenden in Rechnung stellen. Erstattet der Ausbildende die Kosten, muss der Auszubildende dem Ausbildenden die Mittel übereignen.

Ausbildungsordnung

Grundlagen

Der Bundesminister für Wirtschaft oder der sonst zuständige Fachminister **kann** nach Einvernehmen mit dem Bundesminister für Bildung und Forschung durch Rechtsverordnung Ausbildungsberufe staatlich anerkennen (§ 4 Abs. 1 BBiG), die Anerkennung aufheben (§ 4 Abs. 4 BBiG) und für die Ausbildungsberufe Ausbildungsordnungen erlassen. Da nach § 4 Abs. 2 BBiG in anerkannten Ausbildungsberufen nur nach einer Ausbildungsordnung ausgebildet werden darf und nach § 4 Abs. 3 BBiG Jugendliche lediglich in anerkannten Ausbildungsberufen ausgebildet werden dürfen (soweit die Berufsausbildung nicht auf den Besuch weiterführender Bildungsgänge vorbereitet), besteht somit eine **Verpflichtung** zum Erlass von entsprechenden Ausbildungsordnungen (die inhaltliche Entsprechung dazu findet sich für die Ausbildung im Handwerk in § 25 der HwO).

Die Mindestinhalte, die eine Ausbildungsordnung enthalten muss, werden in § 5 Abs. 1 BBiG bzw. § 26 der HwO (für das Handwerk) umschrieben:
1. die Bezeichnung des Ausbildungsberufes, der anerkannt wird,
2. die Ausbildungsdauer; sie soll nicht mehr als drei und nicht weniger als zwei Jahre betragen,
3. die beruflichen Fertigkeiten, Kenntnisse und Fähigkeiten, die mindestens Gegenstand der Berufsausbildung sind (Ausbildungsberufsbild),
4. eine Anleitung zur sachlichen und zeitlichen Gliederung der Vermittlung der beruflichen Fertigkeiten, Kenntnisse und Fähigkeiten (Ausbildungsrahmenplan),
5. die Prüfungsanforderungen.

Auf Weisung des zuständigen Bundesministeriums hat das Bundesinstitut für Berufsbildung (BIBB) an der Vorbereitung von Ausbildungsordnungen mitzuwirken (§ 90 Abs. 3 Satz 1 a BBiG). Die Ausbildungsordnungen werden von Sachverständigen, die von Arbeitgeber- sowie von Arbeitnehmerseite benannt werden, unter Mitwirkung des BIBB erarbeitet. Parallel und in Abstimmung hierzu wird von Seiten der Bundesländer ein Rahmenlehrplan für die Berufsschulen entwickelt.

Ausbildungsordnungen werden im Konsens der Beteiligten entwickelt (**Konsensprinzip**). Der Hauptausschuss des BIBB, dem sowohl Beauftragte der Arbeitgeber, der Arbeitnehmer sowie des Bundes und der Länder angehören, empfiehlt dem Verordnungsgeber (zuständiges Bundesministerium) die erarbeiteten Ausbildungsordnungen zur Verabschiedung. Nach Veröffentlichung im Bundesgesetzblatt treten sie in Kraft.

Zuletzt haben das zuständige Bundesministerium und die Arbeitgeber zunehmend entgegen dem **Konsensprinzip** Ausbildungsordnungen gegen und ohne Beteiligung der Arbeitnehmerseite verabschiedet. Dabei handelt es sich um zweijährige **Schmalspurausbildungen**.

Beispiel:

Verordnungstext:

Verordnung über die Berufsausbildung in den industriellen Metallberufen[1]
vom April 2004
Auf Grund des § 25 Abs. 1 in Verbindung mit Abs. 2 Satz 1 des Berufsbildungsgesetzes vom 14. August 1969 (BGBl. I S. 1112), der zuletzt durch Artikel 212 Nr. 2 der Verordnung vom 29. Oktober 2001 (BGBl. I S. 2785) geändert worden ist, in Verbindung mit § 1 des Zuständigkeitsanpassungsgesetzes vom 16. August 2002 (BGBl. I S. 3165) und dem Organisationserlass vom 22. Oktober 2002 (BGBl. I S. 4206), verordnet das Bundesministerium für Wirtschaft und Arbeit im Einvernehmen mit dem Bundesministerium für Bildung und Forschung:

Teil 1
Gemeinsame Vorschriften

§ 1
Staatliche Anerkennung der Ausbildungsberufe
Die Ausbildungsberufe
1. Anlagenmechaniker/Anlagenmechaniker in,
2. Industriemechaniker/Industriemechan ikerin,
3. Konstruktionsmechaniker/Konstruktio nsmechanikerin,
4. Werkzeugmechaniker/Werkzeugmechanik erin,
5. Zerspannungsmechaniker/Zerspannungs mechanikerin
werden gemäß § 25 Berufsbildungsgesetz staatlich anerkannt.

§ 2
Ausbildungsdauer
(1) Die Ausbildung dauert dreieinhalb Jahre.
(2) Auszubildende, denen der Besuch eines nach landesrechtlichen Vorschriften eingeführten schulischen Berufsgrundbildungsjahres nach einer Rechtsverordnung gemäß § 29 Abs. 1 des Berufsbildungsgesetzes als erstes Jahr der Berufsausbildung anzurechnen ist, beginnen die betriebliche Ausbildung im zweiten Ausbildungsjahr.

---

1 Diese Rechtsverordnung ist eine Ausbildungsordnung im Sinne des § 25 des Berufsbildungsgesetzes. Die Ausbildungsordnung und der damit abgestimmte, von der Ständigen Konferenz der Kultusminister der Länder der Bundesrepublik Deutschland beschlossene Rahmenlehrplan für die Berufsschule werden demnächst als Beilage zum Bundesanzeiger veröffentlicht.

§ 3
Berufsfeldbreite Grundbildung, Struktur und Zielsetzung der Berufsausbildung
(1) Die in dieser Verordnung genannten Fertigkeiten und Kenntnisse (Qualifikationen) sollen prozessbezogen vermittelt werden. Die Qualifikationen sollen so vermittelt werden, dass die Auszubildenden zur Ausübung einer qualifizierten beruflichen Tätigkeit im Sinne des § 1 Abs. 2 des Berufsbildungsgesetzes befähigt werden, die insbesondere selbständiges Planen, Durchführen und Kontrollieren sowie das Handeln im betrieblichen Gesamtzusammenhang einschließt.
Die in Satz 2 beschriebene Befähigung ist auch in den Prüfungen nach den §§ 8 und 9, 12 und 13, 16 und 17, 20 und 21 sowie 24 und 25 nachzuweisen.
(2) Die Ausbildung im ersten Ausbildungsjahr vermittelt eine berufsfeldbreite Grundbildung, wenn die betriebliche Ausbildung nach dieser Verordnung und in der Berufsschule nach den landesrechtlichen Vorschriften über das Berufsgrundbildungsjahr erfolgt.
(3) Die gemeinsamen Kernqualifikationen gemäß den §§ 6,10,14,18 und 22 Abs. 1 Nr. 1 bis 12 und die berufsspezifischen Fachqualifikationen nach den §§ 6, 10, 14, 18 und 22 Abs. 1 Nr. 13 bis 17/20 haben jeweils einen zeitlichen Umfang von 21 Monaten und werden verteilt über die gesamte Ausbildungszeit integriert auch unter Berücksichtigung des Nachhaltigkeitsaspekts vermittelt.
(4) Im Rahmen der berufsspezifischen Fachqualifikationen ist die berufliche Handlungskompetenz in mindestens einem Einsatzgebiet durch Qualifikationen zu erweitern und zu vertiefen, die im jeweiligen Geschäftsprozess zur ganzheitlichen Durchführung komplexer Aufgaben befähigt.

§ 4
Ausbildungsplan
Die Ausbildenden haben unter Zugrundelegung des Ausbildungsrahmenplans für die Auszubildenden einen Ausbildungsplan zu erstellen.

§ 5
Berichtsheft
Die Auszubildenden haben ein Berichtsheft in Form eines Ausbildungsnachweises zu führen. Ihnen ist Gelegenheit zu geben, das Berichtsheft während der Ausbildungszeit zu führen. Die Ausbildenden haben das Berichtsheft regelmäßig durchzusehen.

Teil 2
Vorschriften für den Ausbildungsberuf
Anlagenmechaniker/Anlagenme chanikerin

§ 6
Ausbildungsberufsbild
(1) Gegenstand der Berufsausbildung sind mindestens die folgenden Qualifikationen:
1. Berufsbildung, Arbeits- und Tarifrecht,
2. Aufbau und Organisation des Ausbildungsbetriebes,
3. Sicherheit und Gesundheitsschutz bei der Arbeit,
4. Umweltschutz,
5. betriebliche und technische Kommunikation,
6. Planen und Organisieren der Arbeit, Bewerten der Arbeitsergebnisse,
7. Unterscheiden, Zuordnen und Handhaben von Werk- und Hilfsstoffen,
8. Herstellen von Bauteilen und Baugruppen,
9. Warten von Betriebsmitteln,
10. Steuerungstechnik,
11. Anschlagen, Sichern und Transportieren,

12. Kundenorientierung,
13. Bearbeiten von Aufträgen,
14. Herstellen und Montieren von Bauteilen und Baugruppen,
15. Instandhaltung; Feststellen, Eingrenzen und Beheben von Fehlern und Störungen,
16. Bauteile und Einrichtungen prüfen,
17. Geschäftsprozesse und Qualitätssicherungssysteme im Einsatzgebiet.

(2) Die Qualifikationen nach Absatz 1 sind in mindestens einem der folgenden Einsatzgebiete anzuwenden und zu vertiefen:
1. Anlagenbau,
2. Apparate- und Behälterbau,
3. Instandhaltung,
4. Rohrsystemtechnik,
5. Schweißtechnik.
Die Einsatzgebiete werden vom Ausbildungsbetrieb festgelegt. Andere Einsatzgebiete sind zulässig, wenn in ihnen die Qualifikationen nach Absatz 1 vermittelt werden können.

§ 7
Ausbildungsrahmenplan
Die in § 6 Abs. 1 genannten Qualifikationen (Ausbildungsberufsbild) sollen nach der in Anlage 1 und Anlage 2 enthaltenen Anleitung zur sachlichen und zeitlichen Gliederung der Berufsausbildung (Ausbildungsrahmenplan) vermittelt werden. Eine von dem Ausbildungsrahmenplan abweichende sachliche und zeitliche Gliederung des Ausbildungsinhaltes ist insbesondere zulässig, soweit betriebspraktische Besonderheiten die Abweichung erfordern.

§ 8
Zwischenprüfung
(1) Zur Ermittlung des Ausbildungsstandes ist eine Zwischenprüfung durchzuführen. Sie soll vor dem Ende des zweiten Ausbildungsjahres stattfinden.
(2) Die Zwischenprüfung erstreckt sich auf die in der Anlage 1 in Verbindung mit Anlage 2 für das erste Ausbildungsjahr und für das dritte Ausbildungshalbjahr aufgeführten Qualifikationen sowie auf den im Berufsschulunterricht entsprechend dem Rahmenlehrplan zu vermittelnden Lehrstoff, soweit er für die Berufsausbildung wesentlich ist.
(3) Der Prüfling soll zeigen, dass er
1. technische Unterlagen auswerten, technische Parameter bestimmen, Arbeitsabläufe planen und abstimmen, Material und Werkzeug disponieren,
2. Fertigungsverfahren auswählen, Bauteile durch manuelle und maschinelle Verfahren fertigen, Unfallverhütungsvorschriften anwenden und Umweltschutzbestimmungen beachten,
3. die Sicherheit von Betriebsmitteln beurteilen,
4. Prüfverfahren und Prüfmittel auswählen und anwenden, Einsatzfähigkeit von Prüfmitteln feststellen, Ergebnisse dokumentieren und bewerten,
5. Auftragsdurchführungen dokumentieren und erläutern, technische Unterlagen, einschließlich Prüfprotokolle, erstellen kann. Diese Anforderungen sollen durch Herstellen von Rohrleitungen, Anlagen- oder Behälterteilen unter Verwendung von Rohren, Blechen, Profilen und Halbzeugen nachgewiesen werden. Dabei sind Heft- und Schweißarbeiten durchzuführen; der Prüfling wählt dabei aus mehreren angebotenen Verfahren aus.

(4) Die Prüfung besteht aus der Ausführung einer komplexen Arbeitsaufgabe, die situative Gesprächsphasen und schriftliche Aufgabenstellungen beinhaltet. Die Prüfung soll in insgesamt höchstens zehn Stunden durchgeführt werden, wobei die Gesprächspha-

sen insgesamt höchstens 10 Minuten umfassen sollen. Die Aufgabenstellungen sollen einen zeitlichen Umfang von höchstens 120 Minuten haben.

§ 9
Abschlussprüfung

(1) Die Abschlussprüfung erstreckt sich auf die in den Anlagen 1 und 2 aufgeführten Qualifikationen sowie auf den im Berufsschulunterricht vermittelten Lehrstoff, soweit er für die Berufsausbildung wesentlich ist.

(2) Die Abschlussprüfung besteht aus den Prüfungsbereichen
1. Arbeitsauftrag,
2. Auftrags- und Funktionsanalyse,
3. Fertigungstechnik sowie
4. Wirtschafts- und Sozialkunde.

Dabei sind Berufsbildung, Arbeits- und Tarifrecht, Aufbau und Organisation des Ausbildungsbetriebes, Sicherheit und Gesundheitsschutz bei der Arbeit, Umweltschutz, betriebliche und technische Kommunikation, Planen und Organisieren der Arbeit, Bewerten der Arbeitsergebnisse, Qualitätssicherungssysteme sowie Beurteilen der Sicherheit von Anlagen und Betriebsmitteln zu berücksichtigen.

(3) Der Prüfling soll im Prüfungsbereich Arbeitsauftrag zeigen, dass er
1. Art und Umfang von Aufträgen klären, spezifische Leistungen feststellen, Besonderheiten und Termine mit Kunden absprechen, Informationen für die Auftragsabwicklung beschaffen,
2. Informationen für die Auftragsabwicklung auswerten und nutzen, technische Entwicklungen berücksichtigen, sicherheitsrelevante Vorgaben beachten, Auftragsabwicklungen unter Berücksichtigung betriebswirtschaftlicher und ökologischer Gesichtspunkte planen sowie mit vor- und nachgelagerten Bereichen abstimmen, Planungsunterlagen erstellen,
3. Aufträge, insbesondere unter Berücksichtigung von Arbeitssicherheit, Umweltschutz und Terminvorgaben durchführen, betriebliche Qualitätssicherungssysteme im eigenen Arbeitsbereich anwenden, Ursachen von Qualitätsmängeln systematisch suchen, beseitigen und dokumentieren, Teilaufträge veranlassen,
4. Prüfverfahren und Prüfmittel auswählen und anwenden, Einsatzfähigkeit von Prüfmitteln feststellen, Prüfpläne und betriebliche Prüfvorschriften anwenden, Ergebnisse prüfen und dokumentieren, Auftragsabläufe, Leistungen und Verbrauch dokumentieren, technische Systeme oder Produkte an Kunden übergeben und erläutern, Abnahmeprotokolle erstellen,
5. im Einsatzgebiet Schweißtechnik drei schweißtechnische Prüfstücke mit zwei verschiedenen Werkstoffen und zwei Schweißverfahren ausführen oder in den übrigen Einsatzgebieten Fügetechniken anwenden kann. Zum Nachweis kommen insbesondere Herstellen, Ändern oder Instandhalten von Anlagen oder Anlagenteilen in Betracht.

(4) Der Prüfling soll zum Nachweis der Anforderungen im Prüfungsbereich Arbeitsauftrag
1. in höchstens 21 Stunden einen betrieblichen Auftrag durchführen und mit praxisbezogenen Unterlagen dokumentieren sowie darüber ein Fachgespräch von höchstens 30 Minuten führen. Das Fachgespräch wird auf der Grundlage der praxisbezogenen Unterlagen des bearbeiteten betrieblichen Auftrags geführt. Unter Berücksichtigung der praxisbezogenen Unterlagen sollen durch das Fachgespräch die prozessrelevanten Qualifikationen im Bezug zur Auftragsdurchführung bewertet werden. Dem Prüfungsausschuss ist vor der Durchführung des Auftrages die Aufgabenstellung einschließlich eines geplanten Bearbeitungszeitraums zur Genehmigung vorzulegen

oder

2. in höchstens 18 Stunden eine praktische Aufgabe vorbereiten, durchführen, nachbereiten und mit aufgabenspezifischen Unterlagen dokumentieren sowie darüber ein begleitendes Fachgespräch von höchstens 20 Minuten führen. Die Durchführung der praktischen Aufgabe soll dabei 7 Stunden betragen. Durch Beobachtungen der Durchführung der praktischen Aufgabe, die aufgabenspezifischen Unterlagen und das Fachgespräch sollen die prozessrelevanten Qualifikationen im Bezug zur Durchführung der praktischen Aufgabe bewertet werden.

(5) Der Ausbildungsbetrieb wählt die Prüfungsvariante nach Absatz 4 aus und teilt sie dem Prüfling und der zuständigen Stelle mit der Anmeldung zur Prüfung mit.

(6) Der Prüfling soll im Prüfungsbereich Auftrags- und Funktionsanalyse in höchstens 120 Minuten einen Auftrag analysieren. Dabei soll der Prüfling zeigen, dass er technische Unterlagen auf Vollständigkeit und Richtigkeit unter Berücksichtigung technischer Regelwerke und Richtlinien prüfen und ergänzen, Prüfmittel und -verfahren auswählen, Prüfpläne und betriebliche Prüfvorschriften anwenden, Ergebnisse dokumentieren und zur Optimierung von Vorgaben und Arbeitsabläufen beitragen kann.

(7) Der Prüfling soll im Prüfungsbereich Fertigungstechnik in höchstens 120 Minuten den Prozess der Herstellung oder der Änderung von Anlagenteilen planen. Dabei soll der Prüfling zeigen, dass er technische Probleme analysieren, Lösungskonzepte unter Berücksichtigung von Fertigungsverfahren, Werkstoffeigenschaften, Vorschriften, technischen Regelwerken, Richtlinien, Wirtschaftlichkeit und Betriebsabläufen entwickeln, Systemspezifikationen anwendungsgerecht festlegen, Kosten ermitteln sowie technische Unterlagen erstellen, Arbeitssicherheit und Gesundheitsschutz berücksichtigen und Schweißverfahren oder andere Fügeverfahren auftragsbezogen auswählen kann.

(8) Der Prüfling soll im Prüfungsbereich Wirtschafts- und Sozialkunde in höchstens 60 Minuten praxisbezogene handlungsorientierte Aufgaben bearbeiten und dabei zeigen, dass er allgemeine wirtschaftliche und gesellschaftliche Zusammenhänge der Berufs- und Arbeitswelt darstellen und beurteilen kann.

Teil 3
Vorschriften für den Ausbildungsberuf
Industriemechaniker/Industriemechanikerin

§ 10
Ausbildungsberufsbild
(1) Gegenstand der Berufsausbildung sind mindestens die folgenden Qualifikationen:
1. Berufsbildung, Arbeits- und Tarifrecht,
2. Aufbau und Organisation des Ausbildungsbetriebes,
3. Sicherheit und Gesundheitsschutz bei der Arbeit,
4. Umweltschutz,
5. betriebliche und technische Kommunikation,
6. Planen und Organisieren der Arbeit, Bewerten der Arbeitsergebnisse,
7. Unterscheiden, Zuordnen und Handhaben von Werk- und Hilfsstoffen,
8. Herstellen von Bauteilen und Baugruppen,
9. Warten von Betriebsmitteln,
10. Steuerungstechnik,
11. Anschlagen, Sichern und Transportieren,
12. Kundenorientierung,
13. Herstellen, Montieren und Demontieren von Bauteilen, Baugruppen und Systemen,
14. Sicherstellen der Betriebsfähigkeit von technischen Systemen,
15. Instandhalten von technischen Systemen,

16. Aufbauen, Erweitern und Prüfen von elektrotechnischen Komponenten der Steuerungstechnik,
17. Geschäftsprozesse und Qualitätssicherungssysteme im Einsatzgebiet.

(2) Die Qualifikationen nach Absatz 1 sind in mindestens einem der folgenden Einsatzgebiete anzuwenden und zu vertiefen:
1. Feingerätebau,
2. Instandhaltung,
3. Maschinen- und Anlagenbau,
4. Produktionstechnik.

Das Einsatzgebiet wird vom Ausbildungsbetrieb festgelegt. Andere Einsatzgebiete sind zulässig, wenn in ihnen die Qualifikationen nach Absatz 1 vermittelt werden können.

§ 11
Ausbildungsrahmenplan

Die in § 10 Abs. 1 genannten Qualifikationen (Ausbildungsberufsbild) sollen nach der in Anlage 1 und Anlage 3 enthaltenen Anleitung zur sachlichen und zeitlichen Gliederung der Berufsausbildung (Ausbildungsrahmenplan) vermittelt werden. Eine von dem Ausbildungsrahmenplan abweichende sachliche und zeitliche Gliederung des Ausbildungsinhaltes ist insbesondere zulässig, soweit betriebspraktische Besonderheiten die Abweichung erfordern.

§ 12
Zwischenprüfung

(1) Zur Ermittlung des Ausbildungsstandes ist eine Zwischenprüfung durchzuführen. Sie soll vor dem Ende des zweiten Ausbildungsjahres stattfinden.

(2) Die Zwischenprüfung erstreckt sich auf die in der Anlage 1 in Verbindung mit Anlage 3 für das erste Ausbildungsjahr und für das dritte Ausbildungshalbjahr aufgeführten Qualifikationen sowie auf den im Berufsschulunterricht entsprechend dem Rahmenlehrplan zu vermittelnden Lehrstoff, soweit er für die Berufsausbildung wesentlich ist.

(3) Der Prüfling soll zeigen, dass er
1. technische Unterlagen auswerten, technische Parameter bestimmen, Arbeitsabläufe planen und abstimmen, Material und Werkzeug disponieren,
2. Fertigungsverfahren auswählen, Bauteile durch manuelle und maschinelle Verfahren fertigen, Unfallverhütungsvorschriften anwenden und Umweltschutzbestimmungen beachten,
3. die Sicherheit von Betriebsmitteln beurteilen,
4. Prüfverfahren und Prüfmittel auswählen und anwenden, Einsatzfähigkeit von Prüfmitteln feststellen, Ergebnisse dokumentieren und bewerten,
5. Auftragsdurchführungen dokumentieren und erläutern, technische Unterlagen, einschließlich Prüfprotokolle, erstellen

kann. Diese Anforderungen sollen durch Herstellen einer Baugruppe mit steuerungstechnischer Funktion nachgewiesen werden.

(4) Die Prüfung besteht aus der Ausführung einer komplexen Arbeitsaufgabe, die situative Gesprächsphasen und schriftliche Aufgabenstellungen beinhaltet. Die Prüfung soll in insgesamt höchstens 10 Stunden durchgeführt werden, wobei die Gesprächsphasen insgesamt höchstens 10 Minuten umfassen sollen. Die Aufgabenstellungen sollen einen zeitlichen Umfang von höchstens 120 Minuten haben.

§ 13
Abschlussprüfung

(1) Die Abschlussprüfung erstreckt sich auf die in Anlage 1 und Anlage 3 aufgeführten Qualifikationen sowie auf den im Berufsschulunterricht vermittelten Lehrstoff, soweit er für die Berufsausbildung wesentlich ist.

(2) Die Abschlussprüfung besteht aus den Prüfungsbereichen
1. Arbeitsauftrag,
2. Auftrags- und Funktionsanalyse,
3. Fertigungstechnik sowie
4. Wirtschafts- und Sozialkunde.

Dabei sind Berufsbildung, Arbeits- und Tarifrecht, Aufbau und Organisation des Ausbildungsbetriebes, Sicherheit und Gesundheitsschutz bei der Arbeit, Umweltschutz, betriebliche und technische Kommunikation, Planen und Organisieren der Arbeit, Bewerten der Arbeitsergebnisse, Qualitätssicherungssysteme, sowie Beurteilen der Sicherheit von Anlagen und Betriebsmitteln zu berücksichtigen.

(3) Der Prüfling soll im Prüfungsbereich Arbeitsauftrag zeigen, dass er
1. Art und Umfang von Aufträgen klären, spezifische Leistungen feststellen, Besonderheiten und Termine mit Kunden absprechen, Informationen für die Auftragsabwicklung beschaffen,
2. Informationen für die Auftragsabwicklung auswerten und nutzen, technische Entwicklungen berücksichtigen, sicherheitsrelevante Vorgaben beachten, Auftragsabwicklungen unter Berücksichtigung betriebswirtschaftlicher und ökologischer Gesichtspunkte planen sowie mit vor- und nachgelagerten Bereichen abstimmen, Planungsunterlagen erstellen,
3. Aufträge, insbesondere unter Berücksichtigung von Arbeitssicherheit, Umweltschutz und Terminvorgaben durchführen, betriebliche Qualitätssicherungssysteme im eigenen Arbeitsbereich anwenden, Ursachen von Qualitätsmängeln systematisch suchen, beseitigen und dokumentieren, Teilaufträge veranlassen,
4. Prüfverfahren und Prüfmittel auswählen und anwenden, Einsatzfähigkeit von Prüfmitteln feststellen, Prüfpläne und betriebliche Prüfvorschriften anwenden, Ergebnisse prüfen und dokumentieren, Auftragsabläufe, Leistungen und Verbrauch dokumentieren, technische Systeme oder Produkte an Kunden übergeben und erläutern, Abnahmeprotokolle erstellen kann. Zum Nachweis kommen insbesondere das Herstellen, Einrichten, Ändern, Umrüsten oder Instandhalten von Maschinen und technischen Systemen in Betracht.

(4) Der Prüfling soll zum Nachweis der Anforderungen im Prüfungsbereich Arbeitsauftrag
1. in höchstens 21 Stunden einen betrieblichen Auftrag durchführen und mit praxisbezogenen Unterlagen dokumentieren sowie darüber ein Fachgespräch von höchstens 30 Minuten führen. Das Fachgespräch wird auf der Grundlage der praxisbezogenen Unterlagen des bearbeiteten betrieblichen Auftrags geführt. Unter Berücksichtigung der praxisbezogenen Unterlagen sollen durch das Fachgespräch die prozessrelevanten Qualifikationen im Bezug zur Auftragsdurchführung bewertet werden. Dem Prüfungsausschuss ist vor der Durchführung des Auftrages die Aufgabenstellung einschließlich eines geplanten Bearbeitungszeitraums zur Genehmigung vorzulegen oder
2. in höchstens 18 Stunden eine praktische Aufgabe vorbereiten, durchführen, nachbereiten und mit aufgabenspezifischen Unterlagen dokumentieren sowie darüber ein begleitendes Fachgespräch von höchstens 20 Minuten führen. Die Durchführung der praktischen Aufgabe soll dabei 7 Stunden betragen. Durch Beobachtungen der Durchführung der praktischen Aufgabe, die aufgabenspezifischen Unterlagen und das Fachgespräch sollen die prozessrelevanten Qualifikationen im Bezug zur Durchführung der praktischen Aufgabe bewertet werden.

(5) Der Ausbildungsbetrieb wählt die Prüfungsvariante nach Absatz 4 aus und teilt sie dem Prüfling und der zuständigen Stelle mit der Anmeldung zur Prüfung mit.

(6) Der Prüfling soll im Prüfungsbereich Auftrags- und Funktionsanalyse in höchstens 120 Minuten technische Systeme analysieren. Dabei soll der Prüfling zeigen, dass er

Probleme aus Herstellung, Montage, Inbetriebnahme und Instandhaltung erkennen, die erforderlichen Komponenten, die Werkzeuge und Hilfsmittel unter Beachtung der technischen Regelwerke auswählen, Montage- und Schaltpläne anpassen und die notwendigen Arbeitsschritte planen kann.

(7) Der Prüfling soll im Prüfungsbereich Fertigungstechnik in höchstens 120 Minuten die Herstellung technischer Systeme planen. Dabei soll der Prüfling zeigen, dass er Fertigungsverfahren für die Herstellung von Bauteilen und Baugruppen beurteilen, unter Berücksichtigung technischer, wirtschaftlicher und ökologischer Gesichtspunkte auswählen sowie technologische Daten ermitteln, die Mechanisierung von technischen Systemen, die Verwendung von Werk- und Hilfsstoffen, die notwendigen Arbeitsschritte planen sowie Werkzeuge und Maschinen zuordnen kann.

(8) Der Prüfling soll im Prüfungsbereich Wirtschafts- und Sozialkunde in höchstens 60 Minuten praxisbezogene handlungsorientierte Aufgaben bearbeiten und dabei zeigen, dass er allgemeine wirtschaftliche und gesellschaftliche Zusammenhänge der Berufs- und Arbeitswelt darstellen und beurteilen kann.

Teil 4
Vorschriften für den Ausbildungsberuf Konstruktionsmechaniker/ Konstruktionsmechanikerin

§ 14
Ausbildungsberufsbild

(1) Gegenstand der Berufsausbildung sind mindestens die folgenden Qualifikationen:
1. Berufsbildung, Arbeits- und Tarifrecht,
2. Aufbau und Organisation des Ausbildungsbetriebes,
3. Sicherheit und Gesundheitsschutz bei der Arbeit,
4. Umweltschutz,
5. betriebliche und technische Kommunikation,
6. Planen und Organisieren der Arbeit, Bewerten der Arbeitsergebnisse,
7. Unterscheiden, Zuordnen und Handhaben von Werk- und Hilfsstoffen,
8. Herstellen von Bauteilen und Baugruppen,
9. Warten von Betriebsmitteln,
10. Steuerungstechnik,
11. Anschlagen, Sichern und Transportieren,
12. Kundenorientierung,
13. Anwenden von technischen Unterlagen,
14. Trennen und Umformen,
15. Einsetzen von Bearbeitungsmaschinen,
16. Fügen von Bauteilen,
17. Einsetzen von Vorrichtungen und Hilfskonstruktionen,
18. Montieren und Demontieren von Metallkonstruktionen,
19. Prüfen von Bauteilen und Baugruppen,
20. Geschäftsprozesse und Qualitätssicherungssysteme im Einsatzgebiet.

(2) Die Qualifikationen nach Absatz 1 sind in mindestens einem der folgenden Einsatzgebiete anzuwenden und zu vertiefen:
1. Ausrüstungstechnik,
2. Feinblechbau,
3. Schiffbau,
4. Schweißtechnik,
5. Stahl- und Metallbau.

Das Einsatzgebiet wird vom Ausbildungsbetrieb festgelegt. Andere Einsatzgebiete sind zulässig, wenn in ihnen die Qualifikationen nach Absatz 1 vermittelt werden können.

§ 15
Ausbildungsrahmenplan

Die in § 14 Abs. 1 genannten Qualifikationen (Ausbildungsberufsbild) sollen nach der in Anlage 1 und Anlage 4 enthaltenen Anleitung zur sachlichen und zeitlichen Gliederung der Berufsausbildung (Ausbildungsrahmenplan) vermittelt werden. Eine von dem Ausbildungsrahmenplan abweichende sachliche und zeitliche Gliederung des Ausbildungsinhaltes ist insbesondere zulässig, soweit betriebspraktische Besonderheiten die Abweichung erfordern.

§ 16
Zwischenprüfung

(1) Zur Ermittlung des Ausbildungsstandes ist eine Zwischenprüfung durchzuführen. Sie soll vor dem Ende des zweiten Ausbildungsjahres stattfinden.

(2) Die Zwischenprüfung erstreckt sich auf die in der Anlage 1 in Verbindung mit Anlage 4 für das erste Ausbildungsjahr und für das dritte Ausbildungshalbjahr aufgeführten Qualifikationen sowie auf den im Berufsschulunterricht entsprechend dem Rahmenlehrplan zu vermittelnden Lehrstoff, soweit er für die Berufsausbildung wesentlich ist.

(3) Der Prüfling soll zeigen, dass er
1. technische Unterlagen auswerten, technische Parameter bestimmen, Arbeitsabläufe planen und abstimmen, Material und Werkzeug disponieren,
2. Fertigungsverfahren auswählen, Bauteile durch manuelle und maschinelle Verfahren fertigen, Unfallverhütungsvorschriften anwenden und Umweltschutzbestimmungen beachten,
3. die Sicherheit von Betriebsmitteln beurteilen,
4. Prüfverfahren und Prüfmittel auswählen und anwenden, Einsatzfähigkeit von Prüfmitteln feststellen, Ergebnisse dokumentieren und bewerten,
5. Auftragsdurchführungen dokumentieren und erläutern, technische Unterlagen, einschließlich Prüfprotokolle, erstellen kann. Diese Anforderungen sollen durch Herstellen von Bauteilen und Baugruppen unter Anwendung manueller und maschineller Bearbeitungs- und Umformtechniken sowie lösbarer und unlösbarer Fügetechniken nachgewiesen werden.

(4) Die Prüfung besteht aus der Ausführung einer komplexen Arbeitsaufgabe, die situative Gesprächsphasen und schriftliche Aufgabenstellungen beinhaltet. Die Prüfung soll in insgesamt höchstens 10 Stunden durchgeführt werden, wobei die Gesprächsphasen insgesamt höchstens 10 Minuten umfassen sollen. Die Aufgabenstellungen sollen einen zeitlichen Umfang von höchstens 120 Minuten haben.

§ 17
Abschlussprüfung

(1) Die Abschlussprüfung erstreckt sich auf die in Anlage 1 und Anlage 4 aufgeführten Qualifikationen sowie auf den im Berufsschulunterricht vermittelten Lehrstoff, soweit er für die Berufsausbildung wesentlich ist.

(2) Die Abschlussprüfung besteht aus den Prüfungsbereichen
1. Arbeitsauftrag,
2. Auftrags- und Funktionsanalyse,
3. Fertigungstechnik sowie
4. Wirtschafts- und Sozialkunde.

Dabei sind Berufsbildung, Arbeits- und Tarifrecht, Aufbau und Organisation des Ausbildungsbetriebes, Sicherheit und Gesundheitsschutz bei der Arbeit, Umweltschutz, betriebliche und technische Kommunikation, Planen und Organisieren der Arbeit, Bewerten der Arbeitsergebnisse, Qualitätssicherungssysteme sowie Beurteilen der Sicherheit von Anlagen und Betriebsmitteln zu berücksichtigen.

(3) Der Prüfling soll im Prüfungsbereich Arbeitsauftrag zeigen, dass er
1. Art und Umfang von Aufträgen klären, spezifische Leistungen feststellen, Besonderheiten und Termine mit Kunden absprechen, Informationen für die Auftragsabwicklung beschaffen,
2. Informationen für die Auftragsabwicklung auswerten und nutzen, technische Entwicklungen berücksichtigen, sicherheitsrelevante Vorgaben beachten, Auftragsabwicklungen unter Berücksichtigung betriebswirtschaftlicher und ökologischer Gesichtspunkte planen sowie mit vor- und nachgelagerten Bereichen abstimmen, Planungsunterlagen erstellen,
3. Aufträge, insbesondere unter Berücksichtigung von Arbeitssicherheit, Umweltschutz und Terminvorgaben, durchführen, betriebliche Qualitätssicherungssysteme im eigenen Arbeitsbereich anwenden, Ursachen von Qualitätsmängeln systematisch suchen, beseitigen und dokumentieren, Teilaufträge veranlassen,
4. Prüfverfahren und Prüfmittel auswählen und anwenden, Einsatzfähigkeit von Prüfmitteln feststellen, Prüfpläne und betriebliche Prüfvorschriften anwenden, Ergebnisse prüfen und dokumentieren, Auftragsabläufe, Leistungen und Verbrauch dokumentieren, technische Systeme oder Produkte an Kunden übergeben und erläutern, Abnahmeprotokolle erstellen,
5. im Einsatzgebiet Schweißtechnik drei schweißtechnische Prüfstücke mit zwei verschiedenen Werkstoffen und zwei Schweißverfahren ausführen oder in den übrigen Einsatzgebieten Fügetechniken anwenden kann. Zum Nachweis kommt insbesondere Herstellen, Montieren und Demontage von Metallkonstruktionen in Betracht.

(4) Der Prüfling soll zum Nachweis der Anforderungen im Prüfungsbereich Arbeitsauftrag
1. in höchstens 21 Stunden einen betrieblichen Auftrag durchführen und mit praxisbezogenen Unterlagen dokumentieren sowie darüber ein Fachgespräch von höchstens 30 Minuten führen. Das Fachgespräch wird auf der Grundlage der praxisbezogenen Unterlagen des bearbeiteten betrieblichen Auftrags geführt. Unter Berücksichtigung der praxisbezogenen Unterlagen sollen durch das Fachgespräch die prozessrelevanten Qualifikationen im Bezug zur Auftragsdurchführung bewertet werden. Dem Prüfungsausschuss ist vor der Durchführung des Auftrages die Aufgabenstellung einschließlich eines geplanten Bearbeitungszeitraums zur Genehmigung vorzulegen oder
2. in höchstens 18 Stunden eine praktische Aufgabe vorbereiten, durchführen, nachbereiten und mit aufgabenspezifischen Unterlagen dokumentieren sowie darüber ein begleitendes Fachgespräch von höchstens 20 Minuten führen. Die Durchführung der praktischen Aufgabe soll dabei 7 Stunden betragen. Durch Beobachtungen der Durchführung der praktischen Aufgabe, die aufgabenspezifischen Unterlagen und das Fachgespräch sollen die prozessrelevanten Qualifikationen im Bezug zur Durchführung der praktischen Aufgabe bewertet werden.

(5) Der Ausbildungsbetrieb wählt die Prüfungsvariante nach Absatz 4 aus und teilt sie dem Prüfling und der zuständigen Stelle mit der Anmeldung zur Prüfung mit.

(6) Der Prüfling soll im Prüfungsbereich Auftrags- und Funktionsanalyse in höchstens 120 Minuten eine Abfolge von Arbeitsschritten ausarbeiten. Dabei soll der Prüfling zeigen, dass er unter Berücksichtigung von Arbeitsorganisation, Arbeitssicherheitsvorschriften, Umweltschutzbestimmungen und Wirtschaftlichkeit seinen Arbeitsplatz einrichten, Unterlagen auswerten, Berechnungen durchführen, komplexe Zusammenhänge von Metallkonstruktionen erklären, Werk- und Hilfsstoffe auswählen, Werkzeuge und Maschinen dem jeweiligen Fertigungsverfahren zuordnen kann.

(7) Der Prüfling soll im Prüfungsbereich Fertigungstechnik in höchstens 120 Minuten die Herstellung, Montage und Demontage von Metallkonstruktionen unter Berücksichtigung von Qualitätssicherungssystemen planen. Dabei soll der Prüfling zeigen, dass er

Fertigungsverfahren insbesondere des Trennens und Umformens von Blechen, Rohren oder Profilen unter Berücksichtigung der Werkstoffeigenschaften unterscheiden, Betriebsmittel, Vorrichtungen und Hilfskonstruktionen, Prüfverfahren und Prüfmittel festlegen sowie Arbeitssicherheit und Gesundheitsschutz berücksichtigen und Schweißverfahren oder andere Fügeverfahren auftragsbezogen auswählen kann.

(8) Der Prüfling soll im Prüfungsbereich Wirtschafts- und Sozialkunde in höchstens 60 Minuten praxisbezogene handlungsorientierte Aufgaben bearbeiten und dabei zeigen, dass er allgemeine wirtschaftliche und gesellschaftliche Zusammenhänge der Berufs- und Arbeitswelt darstellen und beurteilen kann.

Teil 5
Vorschriften für den Ausbildungsberuf Werkzeugmechaniker/Werkzeugmechanikerin

§ 18
Ausbildungsberufsbild

(1) Gegenstand der Berufsausbildung sind mindestens die folgenden Qualifikationen:
1. Berufsbildung, Arbeits- und Tarifrecht,
2. Aufbau und Organisation des Ausbildungsbetriebes,
3. Sicherheit und Gesundheitsschutz bei der Arbeit,
4. Umweltschutz,
5. betriebliche und technische Kommunikation,
6. Planen und Organisieren der Arbeit, Bewerten der Arbeitsergebnisse,
7. Unterscheiden, Zuordnen und Handhaben von Werk- und Hilfsstoffen,
8. Herstellen von Bauteilen und Baugruppen,
9. Warten von Betriebsmitteln,
10. Steuerungstechnik,
11. Anschlagen, Sichern und Transportieren,
12. Kundenorientierung,
13. Anfertigen von Bauteilen mit unterschiedlichen Bearbeitungsverfahren,
14. Montage und Demontage,
15. Erprobung und Übergabe,
16. Instandhaltung von Bauteilen und Baugruppen,
17. Programmieren von Maschinen und Anlagen,
18. Prüfen,
19. Geschäftsprozesse und Qualitätssicherungssysteme im Einsatzgebiet.

(2) Die Qualifikationen nach Absatz 1 sind in mindestens einem der folgenden Einsatzgebiete anzuwenden und zu vertiefen:
1. Formentechnik,
2. Instrumententechnik,
3. Stanztechnik,
4. Vorrichtungstechnik.
Das Einsatzgebiet wird vom Ausbildungsbetrieb festgelegt. Andere Einsatzgebiete sind zulässig, wenn in ihnen die Qualifikationen nach Absatz 1 vermittelt werden können.

§ 19
Ausbildungsrahmenplan

Die in § 18 Abs. 1 genannten Qualifikationen (Ausbildungsberufsbild) sollen nach der in Anlage 1 und Anlage 5 enthaltenen Anleitung zur sachlichen und zeitlichen Gliederung der Berufsausbildung (Ausbildungsrahmenplan) vermittelt werden. Eine von dem Ausbildungsrahmenplan abweichende sachliche und zeitliche Gliederung des Ausbildungsinhaltes ist insbesondere zulässig, soweit betriebspraktische Besonderheiten die Abweichung erfordern.

§ 20
Zwischenprüfung

(1) Zur Ermittlung des Ausbildungsstandes ist eine Zwischenprüfung durchzuführen. Sie soll vor dem Ende des zweiten Ausbildungsjahres stattfinden.

(2) Die Zwischenprüfung erstreckt sich auf die in der Anlage 1 in Verbindung mit Anlage 5 für das erste Ausbildungsjahr und für das dritte Ausbildungshalbjahr aufgeführten Qualifikationen sowie auf den im Berufsschulunterricht entsprechend dem Rahmenlehrplan zu vermittelnden Lehrstoff, soweit er für die Berufsausbildung wesentlich ist.

(3) Der Prüfling soll zeigen, dass er
1. technische Unterlagen auswerten, technische Parameter bestimmen, Arbeitsabläufe planen und abstimmen, Material und Werkzeug disponieren,
2. Fertigungsverfahren auswählen, Bauteile durch manuelle und maschinelle Verfahren fertigen, Unfallverhütungsvorschriften anwenden und Umweltschutzbestimmungen beachten,
3. die Sicherheit von Betriebsmitteln beurteilen,
4. Prüfverfahren und Prüfmittel auswählen und anwenden, Einsatzfähigkeit von Prüfmitteln feststellen, Ergebnisse dokumentieren und bewerten,
5. Auftragsdurchführungen dokumentieren und erläutern, technische Unterlagen, einschließlich Prüfprotokolle, erstellen kann. Diese Anforderungen sollen durch Herstellen von Bauteilen, Fügen zu Baugruppen, Sicherstellen von Funktionen und Montieren eines Antriebselements nachgewiesen werden.

(4) Die Prüfung besteht aus der Ausführung einer komplexen Arbeitsaufgabe, die situative Gesprächsphasen und schriftliche Aufgabenstellungen beinhaltet. Die Prüfung soll in insgesamt höchstens 10 Stunden durchgeführt werden, wobei die Gesprächsphasen insgesamt höchstens 10 Minuten umfassen sollen. Die Aufgabenstellungen sollen einen zeitlichen Umfang von höchstens 120 Minuten haben.

§ 21
Abschlussprüfung

(1) Die Abschlussprüfung erstreckt sich auf die in Anlage 1 und Anlage 5 aufgeführten Qualifikationen sowie auf den im Berufsschulunterricht vermittelten Lehrstoff, soweit er für die Berufsausbildung wesentlich ist.

(2) Die Abschlussprüfung besteht aus den Prüfungsbereichen
1. Arbeitsauftrag,
2. Auftrags- und Funktionsanalyse,
3. Fertigungstechnik sowie
4. Wirtschafts- und Sozialkunde.

Dabei sind Berufsbildung, Arbeits- und Tarifrecht, Aufbau und Organisation des Ausbildungsbetriebes, Sicherheit und Gesundheitsschutz bei der Arbeit, Umweltschutz, betriebliche und technische Kommunikation, Planen und Organisieren der Arbeit, Bewerten der Arbeitsergebnisse, Qualitätssicherungssysteme, Beurteilen der Sicherheit von Anlagen und Betriebsmitteln zu berücksichtigen.

(3) Der Prüfling soll im Prüfungsbereich Arbeitsauftrag zeigen, dass er
1. Art und Umfang von Aufträgen klären, spezifische Leistungen feststellen, Besonderheiten und Termine mit Kunden absprechen, Informationen für die Auftragsabwicklung beschaffen,
2. Informationen für die Auftragsabwicklung auswerten und nutzen, technische Entwicklungen berücksichtigen, sicherheitsrelevante Vorgaben beachten, Auftragsabwicklungen unter Berücksichtigung betriebswirtschaftlicher und ökologischer Gesichtspunkte planen sowie mit vor- und nachgelagerten Bereichen abstimmen, Planungsunterlagen erstellen,

3. Aufträge, insbesondere unter Berücksichtigung von Arbeitssicherheit, Umweltschutz und Terminvorgaben durchführen, betriebliche Qualitätssicherungssysteme im eigenen Arbeitsbereich anwenden, Ursachen von Qualitätsmängeln systematisch suchen, beseitigen und dokumentieren, Teilaufträge veranlassen,
4. Prüfverfahren und Prüfmittel auswählen und anwenden, Einsatzfähigkeit von Prüfmitteln feststellen, Prüfpläne und betriebliche Prüfvorschriften anwenden, Ergebnisse prüfen und dokumentieren, Auftragsabläufe, Leistungen und Verbrauch dokumentieren, technische Systeme oder Produkte an Kunden übergeben und erläutern, Abnahmeprotokolle erstellen kann. Zum Nachweis kommt insbesondere das Herstellen, Ändern oder Instandhalten von Werkzeugen, Vorrichtungen oder Instrumenten in Betracht.

(4) Der Prüfling soll zum Nachweis der Anforderungen im Prüfungsbereich Arbeitsauftrag
1. in höchstens 21 Stunden einen betrieblichen Auftrag durchführen und mit praxisbezogenen Unterlagen dokumentieren sowie darüber ein Fachgespräch von höchstens 30 Minuten führen. Das Fachgespräch wird auf der Grundlage der praxisbezogenen Unterlagen des bearbeiteten betrieblichen Auftrags geführt. Unter Berücksichtigung der praxisbezogenen Unterlagen sollen durch das Fachgespräch die prozessrelevanten Qualifikationen im Bezug zur Auftragsdurchführung bewertet werden. Dem Prüfungsausschuss ist vor der Durchführung des Auftrages die Aufgabenstellung einschließlich eines geplanten Bearbeitungszeitraums zur Genehmigung vorzulegen
oder
2. in höchstens 18 Stunden eine praktische Aufgabe vorbereiten, durchführen, nachbereiten und mit aufgabenspezifischen Unterlagen dokumentieren sowie darüber ein begleitendes Fachgespräch von höchstens 20 Minuten führen. Die Durchführung der praktischen Aufgabe soll dabei 7 Stunden betragen. Durch Beobachtungen der Durchführung der praktischen Aufgabe, die aufgabenspezifischen Unterlagen und das Fachgespräch sollen die prozessrelevanten Qualifikationen im Bezug zur Durchführung der praktischen Aufgabe bewertet werden.

(5) Der Ausbildungsbetrieb wählt die Prüfungsvariante nach Absatz 4 aus und teilt sie dem Prüfling und der zuständigen Stelle mit der Anmeldung zur Prüfung mit.

(6) Der Prüfling soll im Prüfungsbereich Auftrags- und Funktionsanalyse in höchstens 120 Minuten die Funktion eines technischen Systems beschreiben. Dabei soll der Prüfling zeigen, dass er die Möglichkeiten und Vorgehensweisen zur systematischen Eingrenzung von Fehlern und das Zusammenwirken von technischen Komponenten erkennen sowie die Demontage und Montage, die Inbetriebnahme, die Instandsetzung nach vorgegebenen Anforderungen durchführen, Instandsetzungsverfahren aufzeigen sowie deren Wirtschaftlichkeit darstellen kann.

(7) Der Prüfling soll im Prüfungsbereich Fertigungstechnik in höchstens 120 Minuten Fertigungsverfahren zur Herstellung von Bauteilen und Baugruppen auswählen, die Auswahl begründen und Methoden zur Qualitätssicherung darstellen. Dabei soll der Prüfling zeigen, dass er die Verwendung von Werk- und Hilfsstoffen plane, die dazu notwendigen Werkzeuge und technologischen Daten auswählen, technische Regeln und Normen beachten, Methoden zur Montage der gefertigten Bauteile darstellen sowie die dazu notwendigen Werkzeuge und Hilfsmittel auswählen sowie die Arbeitssicherheit- und Umweltschutzbestimmungen beachten kann.

(8) Der Prüfling soll im Prüfungsbereich Wirtschafts- und Sozialkunde in höchstens 60 Minuten praxisbezogene handlungsorientierte Aufgaben bearbeiten und dabei zeigen, dass er allgemeine wirtschaftliche und gesellschaftliche Zusammenhänge der Berufs- und Arbeitswelt darstellen und beurteilen kann.

Teil 6
Vorschriften für den Ausbildungsberuf Zerspannungsmechaniker/Zerspannungsmechanikerin

§ 22
Ausbildungsberufsbild
(1) Gegenstand der Berufsausbildung sind mindestens die folgenden Qualifikationen:
1. Berufsbildung, Arbeits- und Tarifrecht,
2. Aufbau und Organisation des Ausbildungsbetriebes,
3. Sicherheit und Gesundheitsschutz bei der Arbeit,
4. Umweltschutz,
5. betriebliche und technische Kommunikation,
6. Planen und Organisieren der Arbeit, Bewerten der Arbeitsergebnisse,
7. Unterscheiden, Zuordnen und Handhaben von Werk- und Hilfsstoffen,
8. Herstellen von Bauteilen und Baugruppen,
9. Warten von Betriebsmitteln,
10. Steuerungstechnik,
11. Anschlagen, Sichern und Transportieren,
12. Kundenorientierung,
13. Planen des Fertigungsprozesses,
14. Programmieren von numerisch gesteuerten Werkzeugmaschinen oder Fertigungssystemen,
15. Einrichten von Werkzeugmaschinen oder Fertigungssystemen,
16. Herstellen von Werkstücken,
17. Überwachen und Optimieren von Fertigungsabläufen,
18. Geschäftsprozesse und Qualitätssicherungssysteme im Einsatzgebiet.

(2) Die Qualifikationen nach Absatz 1 sind in mindestens einem der folgenden Einsatzgebiete anzuwenden und zu vertiefen:
1. Drehautomatensysteme,
2. Drehmaschinensysteme,
3. Fräsmaschinensysteme,
4. Schleifmaschinensysteme.
Das Einsatzgebiet wird vom Ausbildungsbetrieb festgelegt. Andere Einsatzgebiete sind zulässig, wenn in ihnen die Qualifikationen nach Absatz 1 vermittelt werden können.

§ 23
Ausbildungsrahmenplan
Die in § 22 Abs. 1 genannten Qualifikationen (Ausbildungsberufsbild) sollen nach der in Anlage 1 und Anlage 6 enthaltenen Anleitung zur sachlichen und zeitlichen Gliederung der Berufsausbildung (Ausbildungsrahmenplan) vermittelt werden. Eine von dem Ausbildungsrahmenplan abweichende sachliche und zeitliche Gliederung des Ausbildungsinhaltes ist insbesondere zulässig, soweit betriebspraktische Besonderheiten die Abweichung erfordern.

§ 24
Zwischenprüfung
(1) Zur Ermittlung des Ausbildungsstandes ist eine Zwischenprüfung durchzuführen. Sie soll vor dem Ende des zweiten Ausbildungsjahres stattfinden.

(2) Die Zwischenprüfung erstreckt sich auf die in der Anlage 1 in Verbindung mit Anlage 6 für das erste Ausbildungsjahr und für das dritte Ausbildungshalbjahr aufgeführten Qualifikationen sowie auf den im Berufsschulunterricht entsprechend dem Rahmenlehrplan zu vermittelnden Lehrstoff, soweit er für die Berufsausbildung wesentlich ist.

(3) Der Prüfling soll zeigen, dass er
1. technische Unterlagen auswerten, technische Parameter bestimmen, Arbeitsabläufe planen und abstimmen, Material und Werkzeug disponieren,
2. Fertigungsverfahren auswählen, Bauteile durch manuelle und maschinelle Verfahren fertigen, Unfallverhütungsvorschriften anwenden und Umweltschutzbestimmungen beachten,
3. die Sicherheit von Betriebsmitteln beurteilen,
4. Prüfverfahren und Prüfmittel auswählen und anwenden, Einsatzfähigkeit von Prüfmitteln feststellen, Ergebnisse dokumentieren und bewerten,
5. Auftragsdurchführungen dokumentieren und erläutern, technische Unterlagen einschließlich Prüfprotokolle erstellen kann. Diese Anforderungen sollen durch das Bearbeiten eines kombinierten Fertigungsauftrages aus den Bereichen Dreh-Frästechnik, Dreh-Schleiftechnik oder Fräs-Schleiftechnik nachgewiesen werden.

(4) Die Prüfung besteht aus der Ausführung einer komplexen Arbeitsaufgabe, die situative Gesprächsphasen und schriftliche Aufgabenstellungen beinhaltet. Die Prüfung soll in insgesamt höchstens 10 Stunden durchgeführt werden, wobei die Gesprächsphasen insgesamt höchstens 10 Minuten umfassen sollen. Die Aufgabenstellungen sollen einen zeitlichen Umfang von höchstens 120 Minuten haben.

§ 25
Abschlussprüfung
(1) Die Abschlussprüfung erstreckt sich auf die in Anlage 1 und Anlage 6 aufgeführten Qualifikationen sowie auf den im Berufsschulunterricht vermittelten Lehrstoff, soweit er für die Berufsausbildung wesentlich ist.

(2) Die Abschlussprüfung besteht aus den Prüfungsbereichen
1. Arbeitsauftrag,
2. Auftrags- und Funktionsanalyse,
3. Fertigungstechnik sowie
4. Wirtschafts- und Sozialkunde.
Dabei sind Berufsbildung, Arbeits- und Tarifrecht, Aufbau und Organisation des Ausbildungsbetriebes, Sicherheit und Gesundheitsschutz bei der Arbeit, Umweltschutz, betriebliche und technische Kommunikation, Planen und Organisieren der Arbeit, Bewerten der Arbeitsergebnisse, Qualitätssicherungssysteme, Beurteilen der Sicherheit von Anlagen und Betriebsmitteln zu berücksichtigen.

(3) Der Prüfling soll im Prüfungsbereich Arbeitsauftrag zeigen, dass er
1. Art und Umfang von Aufträgen klären, spezifische Leistungen feststellen, Besonderheiten und Termine mit Kunden absprechen, Informationen für die Auftragsabwicklung beschaffen,
2. Informationen für die Auftragsabwicklung auswerten und nutzen, technische Entwicklungen berücksichtigen, sicherheitsrelevante Vorgaben beachten, Auftragsabwicklungen unter Berücksichtigung betriebswirtschaftlicher und ökologischer Gesichtspunkte planen sowie mit vor- und nachgelagerten Bereichen abstimmen, Planungsunterlagen erstellen,
3. Aufträge, insbesondere unter Berücksichtigung von Arbeitssicherheit, Umweltschutz und Terminvorgaben durchführen, betriebliche Qualitätssicherungssysteme im eigenen Arbeitsbereich anwenden, Ursachen von Qualitätsmängeln systematisch suchen, beseitigen und dokumentieren, Teilaufträge veranlassen,
4. Prüfverfahren und Prüfmittel auswählen und anwenden, Einsatzfähigkeit von Prüfmitteln feststellen, Prüfpläne und betriebliche Prüfvorschriften anwenden, Ergebnisse prüfen und dokumentieren, Auftragsabläufe, Leistungen und Verbrauch dokumentieren, technische Systeme oder Produkte an Kunden übergeben und erläutern, Abnahmeprotokolle erstellen kann. Zum Nachweis kommt insbesondere das Durch-

führen und Überwachen von Fertigungsprozessen an Werkzeugmaschinen oder Fertigungssystemen in Betracht.

(4) Der Prüfling soll zum Nachweis der Anforderungen im Prüfungsbereich Arbeitsauftrag

1. in höchstens 18 Stunden einen betrieblichen Auftrag durchführen und mit praxisbezogenen Unterlagen dokumentieren sowie darüber ein Fachgespräch von höchstens 30 Minuten führen. Das Fachgespräch wird auf der Grundlage der praxisbezogenen Unterlagen des bearbeiteten betrieblichen Auftrages geführt. Unter Berücksichtigung der praxisbezogenen Unterlagen sollen durch das Fachgespräch die prozessrelevanten Qualifikationen im Bezug zur Auftragsdurchführung bewertet werden. Dem Prüfungsausschuss ist vor der Durchführung des Auftrages die Aufgabenstellung einschließlich eines geplanten Bearbeitungszeitraums zur Genehmigung vorzulegen

oder

2. in höchstens 18 Stunden eine praktische Aufgabe vorbereiten, durchführen, nachbereiten und mit aufgabenspezifischen Unterlagen dokumentieren sowie darüber ein begleitendes Fachgespräch von höchstens 20 Minuten führen. Die Durchführung der praktischen Aufgabe soll dabei 7 Stunden betragen. Durch Beobachtungen der Durchführung der praktischen Aufgabe, die aufgabenspezifischen Unterlagen und das Fachgespräch sollen die prozessrelevanten Qualifikationen im Bezug zur Durchführung der praktischen Aufgabe bewertet werden.

(5) Der Ausbildungsbetrieb wählt die Prüfungsvariante nach Absatz 4 aus und teilt sie dem Prüfling und der zuständigen Stelle mit der Anmeldung zur Prüfung mit.

(6) Der Prüfling soll im Prüfungsbereich Auftrags- und Funktionsanalyse in höchstens 120 Minuten einen Auftrag analysieren. Dabei soll der Prüfling zeigen, dass er technische Unterlagen auf Vollständigkeit und Richtigkeit prüfen und ergänzen, Fertigungsstrategien festlegen, das Einrichten des Arbeitsplatzes unter Berücksichtigung von Arbeitssicherheit und Umweltschutz planen sowie technische Regelwerke, Richtlinien und Prüfvorschriften anwenden kann.

(7) Der Prüfling soll im Prüfungsbereich Fertigungstechnik in höchstens 120 Minuten die Durchführung eines Fertigungsauftrages planen. Dabei soll der Prüfling zeigen, dass er einen Auftrag bearbeiten, Werkzeugmaschinen und Fertigungssysteme zuordnen, programmieren und deren Wartung berücksichtigen, Fertigungsverfahren und Fertigungsparameter, Prüfmethoden und Prüfmittel festlegen, Qualitäts- und Arbeitsergebnisse dokumentieren kann.

(8) Der Prüfling soll im Prüfungsbereich Wirtschafts- und Sozialkunde in höchstens 60 Minuten praxisbezogene handlungsorientierte Aufgaben bearbeiten und dabei zeigen, dass er allgemeine wirtschaftliche und gesellschaftliche Zusammenhänge der Berufs- und Arbeitswelt darstellen und beurteilen kann.

Teil 7
Gemeinsame Bestehensregelungen, Übergangs- und Schlussbestimmungen

§ 26
Bestehensregelung

(1) Die Abschlussprüfung ist bestanden, wenn
1. im Prüfungsbereich Arbeitsauftrag und
2. im Gesamtergebnis der Prüfungsbereiche Auftrags- und Funktionsanalyse, Fertigungstechnik sowie Wirtschafts- und Sozialkunde
jeweils mindestens ausreichende Leistungen erbracht wurden. Dabei haben die Prüfungsbereiche Auftrags- und Funktionsanalyse sowie Fertigungstechnik jeweils das doppelte Gewicht gegenüber dem Prüfungsbereich Wirtschafts- und Sozialkunde. In

zwei der Prüfungsbereiche nach Nummer 2 müssen mindestens ausreichende Leistungen, in dem weiteren Prüfungsbereich nach Nummer 2 dürfen keine ungenügenden Leistungen erbracht worden sein.

(2) Die Prüfungsbereiche Auftrags- und Funktionsanalyse, Fertigungstechnik sowie Wirtschafts- und Sozialkunde sind auf Antrag des Prüflings oder nach Ermessen des Prüfungsausschusses in einzelnen Prüfungsbereichen durch eine mündliche Prüfung zu ergänzen, wenn diese für das Bestehen der Prüfung den Ausschlag geben kann. Bei der Ermittlung des Ergebnisses für die mündlich geprüften Prüfungsbereiche sind das bisherige Ergebnis und das Ergebnis der mündlichen Ergänzungsprüfung im Verhältnis 2:1 zu gewichten.

§ 27
Übergangsregelung

(1) Auf Berufsausbildungsverhältnisse, die bei Inkrafttreten dieser Verordnung bestehen, sind die bisherigen Vorschriften weiter anzuwenden, es sei denn, die Vertragsparteien vereinbaren die Anwendung der Vorschriften dieser Verordnung.

(2) Für Berufsausbildungsverhältnisse, die bis zum 31. Dezember 2004 beginnen, können die Vertragsparteien die Anwendung der bisherigen Vorschriften vereinbaren. [Vorbehalt Arbeitnehmer, Länder und BMBF]

(3) Ist für die Ausbildung in den in § 1 genannten Ausbildungsberufen nach Landesrecht der Besuch eines schulischen Berufsgrundbildungsjahres vorgesehen, sind die bisherigen Vorschriften bis zum 31. Juli 2005 weiter anzuwenden.

(4) Nach einem erfolgreichen Besuch eines schulischen Berufsgrundbildungsjahres im Berufsfeld Metalltechnik entsprechend
a) der Berufsgrundbildungsjahr-Anrechnungsverordnung vom 17. Juli 1978 (BGBl. I S. 1061), geändert durch § 6 Abs. 1 der Verordnung vom 10. März 1988 (BGBl. I S. 229),
b) der Berufsgrundbildungsjahr-Anrechnungsverordnung öffentlicher Dienst vom 20. Juni 1980 (BGBl. I S. 738), zuletzt geändert durch die Verordnung vom 26. November 1993 (BGBl. I S. 1971) oder
c) der Verordnung über die Anrechnung eines schulischen Berufsgrundbildungsjahres, einer einjährigen und einer zweijährigen Berufsfachschule auf die Ausbildungszeit in den industriellen Metallberufen und in den industriellen Elektroberufen vom 10. März 1988 (BGBl. I S. 229)
sind auf die bis zum 31. Juli 2005 beginnenden Berufsausbildungsverhältnisse die bisherigen Vorschriften weiter anzuwenden, es sei denn, die Vertragsparteien vereinbaren die Anwendung der Vorschriften dieser Verordnung.

(5) Absatz 3 und 4 dieser Übergangsregelung lassen § 3 Abs. 2 der Berufsgrundbildungsjahr-Anrechnungsverordnung unberührt.

§ 28
Inkrafttreten, Außerkrafttreten

Diese Verordnung tritt am 1. August 2004 in Kraft. Gleichzeitig tritt die Verordnung über die Berufsausbildung in den industriellen Metallberufen vom 15. Januar 1987 (BGBl. I S. ...) außer Kraft.

Berlin, den ... 2004

Der Bundesminister für Wirtschaft und Arbeit

Bedeutung für den Betriebsrat/die JAV

Nach § 11 Abs. 1 Nr. 1 BBiG ist dem Auszubildenden mit dem Ausbildungsvertrag eine sachliche und zeitliche Gliederung der Berufsausbildung auszuhändigen, die auf der Grundlage der entsprechenden Ausbildungsordnung und insbesondere des Ausbildungsrahmenplanes zu erstellen ist. Der Betriebsrat hat ein allgemeines Beratungs- und Vorschlagsrecht in den Angelegenheiten der betrieblichen Berufsbildung (§ 96 Abs. 1 BetrVG). Diese Regelung wird ergänzt und konkretisiert durch ein Mitbestimmungsrecht bei der Durchführung von Maßnahmen der betrieblichen Berufsbildung (§ 98 Abs. 1 und 4).

Die JAV hat nach § 70 Abs. 1 BetrVG gerade im Bereich der Berufsbildung ein Antrags-, Überwachungs- und Anregungsrecht dem Betriebsrat gegenüber. Der Betriebsrat unterstützt die JAV und vertritt die berechtigten Anliegen der JAV gegenüber dem Arbeitgeber.

Bedeutung für die Auszubildenden

Zum Schutz der Auszubildenden ist ein Ausbildungsvertrag schriftlich niederzulegen. Der beiliegende Ausbildungsplan (sachliche und zeitliche Gliederung des konkreten Ausbildungsverlaufes) soll dem Auszubildenden die Möglichkeit geben, den vertragsmäßigen Ablauf kontrollieren zu können. Bei Schwierigkeiten (z. B. →**Ausbildungsfremde Tätigkeiten**) sollte man sich – wenn vorhanden – an seine JAV oder den Betriebsrat wenden, die dann den Arbeitgeber zu entsprechenden Änderungen auffordern bzw. rechtliche Schritte einleiten. Oder man sollte selbst Rechtsbeistand z. B. über seine Gewerkschaft suchen.

Ausbildungsplan

Grundlagen

Die Berufsausbildung muss nach § 14 BBiG in einer durch ihren Zweck gebotenen Form **planmäßig**, zeitlich und sachlich gegliedert, so durchgeführt werden, dass das Ausbildungsziel in der vorgesehenen Ausbildungszeit erreicht werden kann.

Dies setzt einen betrieblichen Ausbildungsplan voraus, nach dem verfahren wird und der Bestandteil des Berufsausbildungsvertrages ist (§ 11 Abs. 1 Nr. 1 BBiG).

Hierzu hat der Bundesausschuss für Berufsbildung gemäß § 50 BBiG von 1969 Empfehlungen zur sachlichen und zeitlichen Gliederung der Berufsausbildung vom 28./29. 3. 1972 herausgegeben, die nachstehend wiedergegeben sind. Die Intension dieser Empfehlung hat weiterhin seine Gültigkeit.

Empfehlung des Bundesausschusses für Berufsbildung (§ 50 BBiG) vom 28./29.3.1972

Der Bundesausschuß für Berufsbildung, der gem. § 51 Abs. 2 Nr. 3 BBiG Vorschläge für die Ordnung, den Ausbau und die Förderung der Berufsausbildung zu erarbeiten hat, hat die nachfolgenden Grundsätze für die sachliche und zeitliche Gliederung der Berufsausbildung beschlossen. Er erwartet, daß diese Grundsätze bei der Abfassung von Berufsausbildungsverträgen zugrunde gelegt werden.

I. Vorbemerkungen

Die Niederschrift des Berufsausbildungsvertrages muß nach § 4 BBiG Angaben zur sachlichen und zeitlichen Gliederung (Ausbildungsplan) enthalten; sie sind Bestandteil des Berufsausbildungsvertrages und der Niederschrift als Anlage beizufügen.

Berufsausbildungsverträge ohne diese Angaben entsprechen nicht den Anforderungen des Berufsbildungsgesetzes und dürfen nicht in das Verzeichnis der Berufsausbildungsverhältnisse eingetragen werden.

Der Auszubildende hat unter Zugrundelegung des Ausbildungsrahmenplanes gemäß § 25 BBiG bzw. § 25 HwO einen den betrieblichen und individuellen Gegebenheiten angepaßten Ausbildungsplan zu erstellen, der sowohl den sachlichen Aufbau als auch die zeitliche Folge der Berufsausbildung ausweist. Sofern eine Ausbildungsordnung nach § 25 BBiG/§ 25 HwO vorliegt, kann auch der Inhalt des Ausbildungsrahmenplanes als Ausbildungsplan zugrunde gelegt werden, wenn dieser den Erfordernissen im Einzelfall entspricht. Wenn noch keine Ausbildungsordnung nach § 25 BBiG/§ 25 HwO vorliegt, sind die weiter anzuwendenden Berufsbilder, Berufsbildungspläne (§ 108 BBiG), die Fachlichen Vorschriften (§ 122 HwO) usw. zugrunde zu legen.

Die sachliche und zeitliche Gliederung soll möglichst zusammengefaßt werden, indem den Sachgebieten die entsprechenden Zeitangaben zugeordnet werden.

II. Kriterien

Bei der Erstellung der sachlichen und zeitlichen Gliederung durch die Ausbildungsstätten und bei ihrer Überprüfung durch die zuständigen Stellen ist folgendes zu beachten:
1. Sachliche Gliederung
1.1. Die sachliche Gliederung muß alle im Ausbildungsrahmenplan bzw. in dem weiter anzuwendenden Berufsbild, Berufsbildungsplan und in den fachlichen Vorschriften aufgeführten Fertigkeiten und Kenntnisse enthalten.
1.2. Bei Ordnungsmitteln, die keine Berufsbildungspläne, sondern nur Berufsbilder enthalten, müssen die einzelnen Ausbildungsinhalte näher beschrieben werden.
1.3. Die Probezeit ist inhaltlich so zu gestalten, daß ihr Zweck erfüllt wird und Aussagen über Eignung und Neigung des Auszubildenden möglich sind.
1.4. Fertigkeiten und Kenntnisse sollen so zusammengefaßt und gegliedert werden, daß Ausbildungseinheiten entstehen, die bestimmten Funktionen (z.B. Verkauf, Rechnungswesen, Montage) oder bestimmten Abteilungen der Ausbildungsstätte (z.B. Buchhaltung, Lehrwerkstätte, Modellbau) zugeordnet werden können.
1.5. Die Ausbildungseinheiten sollen überschaubar sein. Bei größeren zusammenhängenden Ausbildungsabschnitten sollen – soweit erforderlich – sachlich gerechtfertigte Unterabschnitte gebildet werden.
1.6. Die sachliche Gliederung muß auf die Anforderungen in den Zwischen- und Abschlußprüfungen abgestellt sein.
1.7. Sofern einzelne Ausbildungseinheiten lehrgangsmäßig oder durch Maßnahmen außerhalb der Ausbildungsstätte vermittelt werden, müssen sie so angeordnet sein, daß betriebliche und außerbetriebliche Maßnahmen sinnvoll ineinandergreifen und aufeinander aufbauen.
1.8. Die sachliche Gliederung der Ausbildung soll insgesamt, aber auch innerhalb jeder Ausbildungseinheit den Grundsatz beachten, daß erst nach Vermittlung einer möglichst breiten Grundlage die spezielle Anwendung und die Festigung der vermittelten Fertigkeiten und Kenntnisse erfolgen soll.
2. Zeitliche Gliederung
2.1. Sofern die Ausbildungsordnung eine zeitliche Folge zwingend vorschreibt, muß diese eingehalten werden (z.B. in den ersten beiden Monaten, im ersten Halbjahr, im ersten Ausbildungsjahr).
2.2. Die zeitliche Folge muß unter dem Gesichtspunkt der Reihenfolge der Prüfungen gegliedert werden.
2.3. Die zeitliche Gliederung ist nach sachlogischen und pädagogischen Gesichtspunkten zu ordnen.
2.4. Sind für die Vermittlung von Fertigkeiten und Kenntnissen zeitliche Richtwerte vorgegeben, so kann innerhalb dieses Rahmens je nach den betrieblichen Gegebenheiten eine flexible Regelung getroffen werden.
2.5. Jede zeitliche Gliederung soll entsprechend dem Ausbildungsinhalt überschaubare Abschnitte vorsehen und den Urlaub berücksichtigen. Als überschaubar sind Abschnitte von höchstens 6 Monaten anzusehen. Wenn möglich und je nach Ausbildungsberuf und Ausbildungsjahr geboten, sind Unterabschnitte, etwa nach Monaten oder Wochen, anzugeben.
2.6. Die zeitliche Gliederung ist auf einen Ausbildungsablauf im Rahmen der vertraglichen Ausbildungszeit abzustellen.
Die Dauer der Ausbildungsabschnitte und ihre zeitliche Folge können nach den Fähigkeiten des Auszubildenden und den Besonderheiten der Ausbildungsstätte

variiert werden, soweit die Teilziele und das Gesamtziel der Ausbildung nicht beeinträchtigt werden.

Die einzelnen Ausbildungsabschnitte sollen bei besonderen Leistungen gekürzt werden, bei besonderen Schwächen können sie unter Beachtung der vertraglichen Ausbildungszeit verlängert werden.

2.7. Zeitliche Verschiebungen und Umstellungen innerhalb der Ausbildungsabschnitte sind möglich, wenn sie unter Beachtung der vorstehenden Grundsätze vorgenommen werden.

3. In begründeten Ausnahmefällen kann in begrenztem Umfang von der Gliederung abgewichen werden, wenn dadurch die Teilziele und das Gesamtziel nicht beeinträchtigt werden. Die Ausbildungsstätte hat die Abweichung mit Begründung festzuhalten und der zuständigen Stelle anzuzeigen.

III. Ausbildungsplätze und Ausbildungsmittel

In der sachlichen und zeitlichen Gliederung sollen Ausbildungsplätze und Ausbildungsmittel aufgeführt werden.

Bedeutung für den Betriebsrat/die JAV

Die JAV hat nach § 70 Abs. 1 Nr. 2 BetrVG die Aufgabe, darüber zu wachen, dass die für die Wahlberechtigten zur JAV geltenden Gesetze, Verordnungen usw. eingehalten werden. Hierzu gehört es, die Einhaltung des Ausbildungsplanes zu überprüfen, beispielsweise im Rahmen von Betriebsrundgängen (→ **Betriebsbegehung**).

Werden von der JAV Mängel bezüglich der Einhaltung des Ausbildungsplanes festgestellt, müssen diese gegenüber dem Betriebsrat benannt werden. Der Betriebsrat wiederum nimmt nach § 80 Abs. 1 Nr. 3 BetrVG die Anregungen der JAV entgegen. Er muss nunmehr gegenüber dem Arbeitgeber auf eine Beseitigung der Mängel hinwirken. Zu Gesprächen mit dem Arbeitgeber ist die JAV nach § 68 BetrVG hinzuzuziehen. Die JAV hat zu diesem Thema auch ein Teilnahmerecht an Betriebsratssitzungen, ein Stimmrecht und ein Antragsrecht (§§ 67, 70 Abs. 1 Nrn. 1, 3 BetrVG) in Betriebsratssitzungen.

Nach § 98 Abs. 1 BetrVG hat der Betriebsrat bei der Durchführung von Maßnahmen der Berufsbildung ein Mitbestimmungsrecht. Da die Grundlagen der Berufsausbildung weitgehend gesetzlich geregelt sind, im Wesentlichen im BBiG und in den nach §§ 4 und 5 BBiG und §§ 25 und 26 HandwO erlassenen Ausbildungsordnungen, bezieht sich die Mitbestimmung vor allem auf die betriebliche Umsetzung dieser gesetzlichen Bestimmungen. Beim Ausbildungsplan bedeutet das beispielsweise, dass der Betriebsrat bezüglich der zeitlichen und sachlichen Gliederung der betrieblichen Berufsausbildung (hierzu gehören auch Versetzungspläne für den Durchlauf einzelner Abteilungen) ein Mitbestimmungsrecht hat.

Sind keine betrieblichen Ausbildungspläne vorhanden, so haben der Betriebsrat und die JAV darauf hinzuwirken, dass diese erstellt und den Auszubildenden mit dem Ausbildungsvertrag ausgehändigt werden. Können Ausbildungsinhalte nicht im Betrieb vermittelt werden, so muss der Arbeitgeber dafür Sorge tragen, dass der Auszubildende Gelegenheit erhält, die notwendigen Inhalte außerhalb des Betriebes vermittelt zu bekommen. Die Kosten für die Teilnahme des Auszubildenden an einer solchen außerbetrieblichen Ausbildungsmaßnahme hat der Arbeitgeber in diesem Fall zu tragen.

Bedeutung für den Auszubildenden

Mit dem Ausbildungsvertrag muss dem Auszubildenden eine sachliche und zeitliche Gliederung (betrieblicher Ausbildungsplan) ausgehändigt werden. Ist dieses nicht geschehen, so sollten die JAV oder der Betriebsrat darüber informiert werden.

Anhand des Ausbildungsplans kann der Auszubildende überprüfen, ob die vorgeschriebenen Ausbildungsinhalte tatsächlich vermittelt werden. Bei Missständen sollten die JAV bzw. der Betriebsrat informiert werden.

Ausbildungsplatzsituation

Grundlagen

Fehlende betriebliche Ausbildungsplätze sind in Deutschland seit vielen Jahren ein gravierendes Problem. Die Lücke zwischen Bewerbern und angebotenen Plätzen in den Unternehmen erhöht sich seit Jahren. Der Anteil der Bewerber, die einen betrieblichen Ausbildungsplatz bekommen liegt weit unter 50%.

Viele Jugendliche beginnen eine außerbetriebliche Ausbildung oder landen in einer der angebotenen Alternativen, wie sechsmonatige Einstiegsqualifizierungen (EQ) oder Berufsvorbereitungsmaßnahmen. Sie reihen sich oft im darauf folgenden Jahr wieder in die Schlange der Bewerber/innen ein. So ist in den vergangenen Jahren eine enorme »Bugwelle« entstanden. Die sogenannten »Altbewerber« kommen zur Zahl der jährlichen Schulabgänger/innen hinzu. Hauptbetroffene Jugendliche sind Hauptschüler und Jugendliche mit Migrationshintergrund.

Eine Entspannung der Situation ist trotz sinkender Schulabgängerzahl auch bei gleich bleibender Ausbildungsbeteiligung der Unternehmen in den nächsten Jahren nicht zu erwarten. Insgesamt bilden nur etwa 24% aller Unternehmen in Deutschland aus. Viele Betriebe klagen zwar darüber, dass qualifizierte Fachkräfte fehlen, investieren aber kaum oder gar nicht in Ausbildung und weitere Qualifizierung.

Der erstmalig im Jahr 2004 von Bundesregierung und Wirtschaft geschlossene Ausbildungspakt konnte nicht zu einer wirklichen Verbesserung der Chancen für Jugendliche führen. Die im Pakt geschlossenen Vereinbarungen sind so unverbindlich, dass Erfolge kaum messbar sind. So kommt es, dass der Pakt zwar jährlich von den Paktpartnern als Erfolg bejubelt wird, sich tatsächlich aber nichts für die Betroffenen verbessert.

Die Ausbildungsplatzkrise der letzten zehn Jahre hat dazu geführt, dass derzeit ca. 1,5 Millionen Jugendliche im Alter zwischen 20 und 29 Jahren ohne Berufsabschluss sind.

Ausbildungsreport

Grundlagen

Der Ausbildungsreport wird jährlich von der DGB-Jugend veröffentlicht. Die Studie ist repräsentativ und gibt einen Überblick, in welchen Berufen junge Menschen eine qualitativ hochwertige Ausbildung erhalten und wo es möglicherweise Mängel gibt.

Es werden etwa 7000 Auszubildende aus den 25 am stärksten frequentierten Ausbildungsberufen (nach Bundesinstitut für Berufsbildung) befragt. Befragt werden Auszubildende aus allen Ausbildungsjahren und aus Betrieben unterschiedlichster Größe.

Ziel des Ausbildungsreports ist es, ein möglichst detailliertes Bild von der Qualität der Berufsausbildung zu zeichnen, Mängel aufzudecken und gleichzeitig eine Orientierung bei der Suche nach dem richtigen Ausbildungsberuf zu geben.

Ausbildungsreport unter: www.dgb-jugend.de/themen/ausbildungsreport

Ausbildungsvergütung

Grundlagen

Der Ausbildende ist verpflichtet, dem Auszubildenden eine Ausbildungsvergütung zu zahlen. Dieser Vergütungsanspruch besteht nach § 17 Berufsbildungsgesetz (BBiG).
Die Höhe der Ausbildungsvergütung muss Bestandteil des Ausbildungsvertrages sein. Die Höhe der Vergütung richtet sich nach jeweils geltendem Tarifvertrag. Sollte kein Tarifvertrag bestehen, muss die Höhe der Vergütung nach BBiG »angemessen« sein. Das bedeutet, dass die Vergütung nicht mehr als 20 % unter der üblichen **tariflichen Vergütung** liegen darf.

Bedeutung für die Auszubildenden

Die Vergütung ist nach Lebensalter der Auszubildenden so zu bemessen, dass sie mit laufender Berufsausbildung, mindestens jährlich, ansteigt.
Die Ausbildungsvergütung für den laufenden Monat muss bis zum letzten Arbeitstag des Monats gezahlt werden. Bei Krankheit wird die Vergütung sechs Wochen lang vom Ausbildenden fortgezahlt, danach zahlt die Krankenkasse **Krankentagegeld**.
Mehrarbeit und Überstunden sind durch die Ausbildungsvergütung nicht automatisch abgegolten. Sollten Auszubildende über die vereinbarte Ausbildungszeit hinausgehend beschäftigt werden, also Überstunden machen, muss nach § 17 Abs. 3 BBiG gesondert vergütet werden oder ein entsprechender Freizeitausgleich stattfinden.

Berufsbildungsgesetz (BBiG)

§ 17
Vergütungsanspruch
(1) Ausbildende haben Auszubildenden eine angemessene Vergütung zu gewähren. Sie ist nach dem Lebensalter der Auszubildenden so zu bemessen, dass sie mit fortschreitender Berufsausbildung, mindestens jährlich, ansteigt.

(2) Sachleistungen können in Höhe der nach § 17 Abs. 1 Satz 1 Nr. 4 des Vierten Buches Sozialgesetzbuch festgesetzten Sachbezugswerte angerechnet werden, jedoch nicht über 75 Prozent der Bruttovergütung hinaus.

(3) Eine über die vereinbarte regelmäßige tägliche Ausbildungszeit hinausgehende Beschäftigung ist besonders zu vergüten oder durch entsprechende Freizeit auszugleichen.

Tarifliche Ausbildungsvergütungen 2009 in EUR

Durchschnittliche Beträge in EUR pro Monat in den einzelnen Ausbildungsjahren sowie im Durchschnitt über die gesamte Ausbildungsdauer

Berufsbezeichnung	Bereich	Dauer in Monaten	Alte Bundesländer					Neue Bundesländer				
			1. AJ	2. AJ	3. AJ	4. AJ	gesamt	1. AJ	2. AJ	3. AJ	4. AJ	gesamt
Anlagenmechaniker/-in	IH	42	777	820	880	935	841	761	811	868	911	827
Anlagenmechaniker/-in für Sanitär-, Heizungs- u. Klimatechnik*	Hw	42	457	491	553	607	515					
Ausbaufacharbeiter/-in	IH	24	600	922			761	518	711			614
Ausbaufacharbeiter/-in	Hw	24	600	922			761	518	711			614
Automobilkaufmann/-frau	Hw	36	559	598	662		606	412	463	514		463
Automobilkaufmann/-frau	IH	36	629	665	735		676	412	463	514		463
Bäcker/-in	Hw	36	385	470	580		478	345	375	450		390
Bankkaufmann/-frau	IH	36	754	812	870		812	738	795	850		794
Baustoffprüfer/-in	IH	36	623	728	839		730	444	508	584		512
Bauten- und Objektbeschichter/-in	Hw	24	362	393			378	333	362			348
Bauzeichner/-in	IH	36	474	631	812		639	463	585	756		601
Bergbautechnologe/-in	IH	36	553	622	689		621	505	587	671		588
Berufskraftfahrer/-in	IH	36	597	655	710		654	490	532	572		531
Beton- und Stahlbetonbauer/-in	Hw	36	600	922	1164		895	518	711	898		709
Beton- und Stahlbetonbauer/-in	IH	36	600	922	1164		895	518	711	898		709

* Für die neuen Länder wurde kein Vergütungsdurchschnitt ermittelt, da keine tariflichen Vereinbarungen zu den Ausbildungsvergütungen vorlagen oder die Besetzungsstärke des Berufs zu gering war.

102 Ausbildungsvergütung

Berufsbezeichnung	Bereich	Dauer in Monaten	Alte Bundesländer				Neue Bundesländer			
Binnenschiffer/-in	IH	36	829	948	1070	949	829	948	1070	949
Biologielaborant/-in	IH	42	719	779	856	805	705	752	800	767
Brauer/-in und Mälzer/-in	IH	36	669	779	880	776	647	757	864	854	756
Buchbinder/-in (alle Fachrichtungen)	Hw	36	406	456	506	456	406	456	506	456
Buchbinder/-in (alle Fachrichtungen)	IH	36	816	867	918	867	816	867	918	867
Buchhändler/-in	IH	36	701	773	850	775	517	558	597	557
Bürokaufmann/-frau	IH	36	705	767	845	773	629	692	772	698
Bürokaufmann/-frau	Hw	36	499	574	675	583	414	490	597	500
Chemielaborant/-in	IH	42	721	782	862	933	809	646	689	732	776	702
Chemikant/-in	IH	42	718	775	850	915	800	646	689	732	776	702
Dachdecker/-in (alle Fachrichtungen)	Hw	36	450	630	875	652	450	630	875	652
Drogist/-in	IH	36	620	694	797	704	549	616	709	625
Drucker/-in (alle Fachrichtungen)	IH	36	816	867	918	867	816	867	918	867
Eisenbahner/-in im Betriebsdienst (alle Fachrichtungen)	IH	36	647	720	793	720	647	720	793	720
Elektroniker/-in – Energie- und Gebäudetechnik	Hw	42	472	519	570	615	534	351	400	440	477	408
Elektroniker/-in – Informations- und Telekommunikationstechnik	Hw	42	472	519	570	615	534	351	400	440	477	408
Elektroniker/-in für Automatisierungstechnik	IH	42	774	819	884	942	842	755	805	861	905	821

Beruf	Bereich	Mon.										
Elektroniker/-in für Betriebstechnik	IH	42	770	817	881	940	839	718	772	833	885	790
Elektroniker/-in für Gebäude- und Infrastruktursysteme	IH	42		783	826	887	848	745	798	858	907	815
Elektroniker/-in für Geräte und Systeme	IH	42		785	828	888	849	761	811	868	911	827
Elektroniker/-in für Maschinen und Antriebstechnik	IH	42		785	828	888	849	761	811	868	911	827
Elektroniker/-in für Maschinen und Antriebstechnik	Hw	42	472	519	570	615	534	351	400	440	477	408
Fachangestellte/-r für Arbeitsförderung	ÖD	36		655	753	850	753	655	753	850		753
Fachangestellte/-r für Bäderbetriebe	ÖD	36		687	736	781	735	687	736	781		735
Fachangestellte/-r für Bürokommunikation	ÖD	36		690	739	785	738	690	739	785		738
Fachangestellte/-r für Medien- und Informationsdienste	ÖD	36		690	739	785	738	690	739	785		738
Fachinformatiker/-in (alle Fachrichtungen)**	IH	36		728	784	859	790	665	724	796		728
Fachkraft für Abwassertechnik	ÖD	36		687	736	781	735	687	736	781		735
Fachkraft für Kreislauf- und Abfallwirtschaft*	IH	36		567	617	678	621					
Fachkraft für Lagerlogistik	IH	36		707	763	837	769	623	679	748		683
Fachkraft für Lebensmitteltechnik	IH	36		596	685	791	691	478	551	638		556

* Für die neuen Länder wurde kein Vergütungsdurchschnitt ermittelt, da keine tariflichen Vereinbarungen zu den Ausbildungsvergütungen vorlagen oder die Besetzungsstärke des Berufs zu gering war.

** Insbesondere für die Berufe Fachinformatiker/-in, Informatikkaufmann/-frau, Informations- und Telekommunikationssystem-Kaufmann/-frau, Informations- und Telekommunikationssystem-Elektroniker/-in sowie Informations- und Telekommunikationssystem-Kaufmann/-frau ist zu beachten, dass es in der IT-Branche zum Teil keine tarifvertraglichen Regelungen der Ausbildungsvergütungen gibt. In den Berechnungen der Datenbank Ausbildungsvergütungen können generell nur diejenigen Wirtschaftsbereiche berücksichtigt werden, in denen tarifliche Vereinbarungen existieren.

Ausbildungsvergütung

Berufsbezeichnung	Bereich	Dauer in Monaten	Alte Bundesländer					Neue Bundesländer				
			1. AJ	2. AJ	3. AJ	4. AJ	gesamt	1. AJ	2. AJ	3. AJ	4. AJ	gesamt
Fachkraft für Schutz und Sicherheit	IH	36	486	579	688		584	385	466	523		458
Fachkraft im Gastgewerbe	IH	24	523	593			558	388	476			432
Fachlagerist/-in	IH	24	648	711			679	576	626			601
Fachmann/-frau für Systemgastronomie	IH	36	523	593	665		594	388	476	552		472
Fachverkäufer/-in im Lebensmittelhandwerk	Hw	36	398	484	596		493	334	368	443		382
Fahrzeuginnenausstatter/-in*	IH	36	627	662	732		674					
Fahrzeuglackierer/-in	Hw	36	487	523	605		539	385	428	498		437
Feinwerkmechaniker/-in	Hw	42	493	537	604	659	561	336	400	435	475	402
Fertigungsmechaniker/-in	IH	36	785	828	888		834	761	811	868		813
Fleischer/-in	Hw	36	458	547	665		557	258	322	399		326
Fleischer/-in*	IH	36	540	611	703		618					
Fliesen-, Platten- und Mosaikleger/-in	Hw	36	600	922	1164		895	518	711	898		709
Fliesen-, Platten- und Mosaikleger/-in	IH	36	600	922	1164		895	518	711	898		709
Florist/-in	IH	36	410	455	515		460	237	332	368		312
Fluggerätmechaniker/-in (alle Fachrichtungen)	IH	42	785	827	888	943	849	761	810	867	911	827
Forstwirt/-in	Lw	36	597	644	690		643	484	534	573		530
Fotomedienlaborant/-in*	IH	36	490	555	635		560					

* Für die neuen Länder wurde kein Vergütungsdurchschnitt ermittelt, da keine tariflichen Vereinbarungen zu den Ausbildungsvergütungen vorlagen oder die Besetzungsstärke des Berufs zu gering war.

Ausbildungsvergütung

Beruf	Bereich	Monate	W1	W2	W3	W4	W ⌀	O1	O2	O3	O4	O ⌀
Friseur/-in	Hw	36	359	446	542		449	214	253	341		269
Gärtner/-in (alle Fachrichtungen)	Lw	36	498	581	654		578	383	467	531		460
Gebäudereiniger/-in	Hw	30	530	635	745		615	385	460	540		446
Gerüstbauer/-in	Hw	36	592	817	1043		817	518	661	874		684
Gestalter/-in für visuelles Marketing	IH	36	620	694	797		704	547	612	705		621
Gießereimechaniker (alle Fachrichtungen)	IH	42	782	824	884	939	846	758	806	862	906	822
Glaser/-in*	Hw	36	509	567	627		568					
Gleisbauer/-in	IH	36	607	892	1108		869	566	714	859		
Hauswirtschafter/-in*	Hs	36	522	562	612		565					
Hauswirtschafter/-in*	Lw	36	532	576	632		580					
Hochbaufacharbeiter/-in	Hw	24	600	922			761	518	711			614
Hochbaufacharbeiter/-in	IH	24	600	922			761	518	711			614
Holzbearbeitungsmechaniker/-in	IH	36	608	654	723		662	506	546	596		549
Holzmechaniker/-in (alle Fachrichtungen)	IH	36	624	668	737		676	500	538	591		543
Hotelfachmann/-frau	IH	36	517	589	660		589	375	466	543		462
Hotelkaufmann/-frau	IH	36	517	589	660		589	375	466	543		462
Immobilienkaufmann/-frau	IH	36	710	820	930		820	710	820	930		820
Industrie-Isolierer/in	IH	36	770	816	879		822	741	789	844		791
Industriekaufmann/-frau	IH	36	753	802	868		808	689	739	796		741
Industriekeramiker/-in (alle vier Berufe)	IH	36	576	627	678		627	497	539	576		537
Industriemechaniker/-in	IH	42	770	816	880	938	838	728	779	837	886	796

* Für die neuen Länder wurde kein Vergütungsdurchschnitt ermittelt, da keine tariflichen Vereinbarungen zu den Ausbildungsvergütungen vorlagen oder die Besetzungsstärke des Berufs zu gering war.

Ausbildungsvergütung

Berufs-bezeichnung	Bereich	Dauer in Monaten	Alte Bundesländer					Neue Bundesländer				
			1. AJ	2. AJ	3. AJ	4. AJ	gesamt	1. AJ	2. AJ	3. AJ	4. AJ	gesamt
Informatikkaufmann/-frau**	IH	36	727	782	853		788	651	708	778		712
Informations- und Telekommunikationssystem-Elektroniker/-in**	IH	36	782	825	885		831	753	802	859		805
Informations- und Telekommunikationssystem-Kaufmann/-frau**	IH	36	782	825	885		831	753	802	859		805
Justizfachangestellte/-r	ÖD	36	695	745	792		744	695	745	792		744
Kanalbauer/-in	IH	36	600	922	1164		895	518	711	898		709
Karosserie- und Fahrzeugbaumechaniker/-in*	Hw	42	485	523	595	647	550					
Kaufmann/-frau für Bürokommunikation	IH	36	705	767	845		773	629	692	772		698
Kaufmann/-frau für Spedition und Logistikdienstleistung	IH	36	577	640	700		639	371	410	446		409
Kaufmann/-frau für Verkehrsservice	IH	36	583	646	707		645	511	567	623		567
Kaufmann/-frau für Versicherungen und Finanzen (alle FR)	IH	36	766	831	895		831	766	831	895		831
Kaufmann/-frau im Einzelhandel	IH	36	620	694	797		704	547	612	705		621
Kaufmann/-frau im Gesundheitswesen*	IH	36	603	650	697		650					

* Für die neuen Länder wurde kein Vergütungsdurchschnitt ermittelt, da keine tariflichen Vereinbarungen zu den Ausbildungsvergütungen vorlagen oder die Besetzungsstärke des Berufs zu gering war.
** Insbesondere für die Berufe Fachinformatiker/-in, Informatikkaufmann/-frau, Informations- und Telekommunikationssystem-Elektroniker/-in sowie Informations- und Telekommunikationssystem-Kaufmann/-frau ist zu beachten, dass es in der IT-Branche zum Teil keine tarifvertraglichen Regelungen der Ausbildungsvergütungen gibt. In den Berechnungen der Datenbank Ausbildungsvergütungen können generell nur diejenigen Wirtschaftsbereiche berücksichtigt werden, in denen tarifliche Vereinbarungen existieren.

Ausbildungsvergütung

Beruf	Bereich	Anz.										
Kaufmann/-frau im Groß- und Außenhandel (alle Fachrichtungen)	IH	36	655	721	788			721	611	665	727	668
Klempner/-in*	Hw	42	392	424	488	564	453					462
Koch/Köchin	IH	36	517	589	660		589	375	466	543		462
Konstruktionsmechaniker/-in	IH	42	785	828	889	944	850	761	811	868	911	827
Kraftfahrzeugmechatroniker/-in (alle Fachrichtungen)	Hw	42	557	596	660	707	619	412	463	514	561	477
Kraftfahrzeugmechatroniker/-in (alle Fachrichtungen)	IH	42	627	662	732	782	689	412	463	514	561	477
Kraftfahrzeugservicemechaniker/-in	Hw	24	557	596			577	412	463			437
Lacklaborant/-in*	IH	42	721	782	862	933	809					487
Landwirt/-in	Lw	36	532	576	632		580	447	483	531		487
Maler/-in und Lackierer/-in (alle Fachrichtungen)	Hw	36	362	393	508		421	333	362	468		388
Maschinen- und Anlagenführer/-in	IH	24	768	813			791	717	768			742
Maurer/-in	IH	36	600	922	1164		895	518	711	898		709
Maurer/-in	Hw	36	600	922	1164		895	518	711	898		709
Mechaniker/-in für Karosserieinstand-haltungstechnik	Hw	42	557	596	660	707	619	412	463	514	561	477
Mechaniker/-in für Land- und Baumaschinentechnik*	Hw	42	399	439	514	558	466					
Mechaniker/-in für Reifen- und Vulkanisationstechnik (alle FR)*	Hw	36	435	470	522		476					

* Für die neuen Länder wurde kein Vergütungsdurchschnitt ermittelt, da keine tariflichen Vereinbarungen zu den Ausbildungsvergütungen vorlagen oder die Besetzungsstärke des Berufs zu gering war.

Berufs-bezeichnung	Bereich	Dauer in Monaten	Alte Bundesländer					Neue Bundesländer				
			1. AJ	2. AJ	3. AJ	4. AJ	ge-samt	1. AJ	2. AJ	3. AJ	4. AJ	ge-samt
Mechatroniker/-in	IH	42	774	819	884	942	842	755	805	861	905	821
Mechatroniker/-in für Kältetechnik*	Hw	42	471	506	567	616	529					
Mediengestalter/-in Bild und Ton*	IH	36	545	626	713		628					
Mediengestalter/-in Digital und Print (alle Fachrichtungen)*	IH	36	782	839	898		840					
Medienkaufmann/-frau Digital und Print*	IH	36	716	789	865		790					
Medizinische/-r Fachangestellte/-r	FB	36	531	572	616		573	531	572	616		573
Metallbauer/-in (alle Fachrichtungen)	Hw	42	493	537	605	661	561	336	400	435	475	402
Milchwirtschaftlicher Laborant/-in	Lw	36	647	728	830		735	455	504	574		511
Modellbaumechaniker/-in (alle Fach-richtungen)	IH	42	785	828	889	944	850	761	811	868	911	827
Modenäher/-in*	IH	24	588	644			616					
Modeschneider/-in*	IH	36	588	644	733		655					
Molkereifachmann/-frau	Lw	36	647	724	829		733	455	504	574		511
Naturwerksteinmechaniker/-in (alle Fachrichtungen)*	IH	36	593	658	726		659					
Oberflächenbeschichter/-in*	IH	36	785	828	888		834					
Oberflächenbeschichter/-in*	Hw	36	530	560	610		567					
Ofen- und Luftheizungsbauer/-in*	Hw	36	471	506	567		515					

* Für die neuen Länder wurde kein Vergütungsdurchschnitt ermittelt, da keine tariflichen Vereinbarungen zu den Ausbildungsvergütungen vorlagen oder die Besetzungsstärke des Berufs zu gering war.

Ausbildungsvergütung

Beruf	Bereich	Dauer (Mon.)	1. Jahr	2. Jahr	3. Jahr	4. Jahr	Ø	1. Jahr	2. Jahr	3. Jahr	4. Jahr	Ø
Orthopädieschuhmacher/-in*	Hw	42	413	478	540	600	495					
Papiertechnologe/-in (alle Fachrichtungen)	IH	36	752	809	864		808	647	696	746		696
Pferdewirt/-in	Lw	36	532	576	632		580	447	483	531		487
Pharmakant/-in	IH	42	721	782	862	933	809	711	756	804	854	771
Pharmazeutisch-kaufmännische/-r Angestellte/-r	FB	36	516	583	641		580	516	583	641		580
Physiklaborant/-in*	IH	42	783	826	887	942	848					
Polster- und Dekorationsnäher/-in*	Hw	24	389	422			406					
Polsterer/-in*	IH	36	614	655	709		659					
Produktionsfachkraft Chemie	IH	24	714	771			743	634	678			656
Produktionsmechaniker/-in – Textil	IH	36	660	721	803		728	514	556	619		563
Raumausstatter/-in*	Hw	36	389	422	511		441					
Reiseverkehrskaufmann/-frau	IH	36	547	658	802		669	515	615	746		625
Restaurantfachmann/-frau	IH	36	523	593	665		594	388	476	552		472
Rohrleitungsbauer/-in	IH	36	600	922	1164		895	518	711	898		709
Schifffahrtskaufmann/-frau (alle Fachrichtungen)*	IH	36	717	849	1044		870					
Schilder- und Lichtreklamehersteller/-in*	Hw	36	440	500	580		507					
Schuhfertiger/-in*	IH	36	620	646	734		667					
Schuhmacher/-in	Hw	36	390	460	535		462	280	310	345		312
Siebdrucker/-in*	IH	36	816	867	918		867					

* Für die neuen Länder wurde kein Vergütungsdurchschnitt ermittelt, da keine tariflichen Vereinbarungen zu den Ausbildungsvergütungen vorlagen oder die Besetzungsstärke des Berufs zu gering war.

Berufsbezeichnung	Bereich	Dauer in Monaten	Alte Bundesländer					Neue Bundesländer				
			1. AJ	2. AJ	3. AJ	4. AJ	gesamt	1. AJ	2. AJ	3. AJ	4. AJ	gesamt
Sozialversicherungsfachangestellt e/-r	ÖD	36	692	753	809		752	687	747	802		746
Steinmetz/-in und Steinbildhauer/-in (alle Fachrichtungen)	Hw	36	410	510	630		517	324	430	509		421
Straßenbauer/-in	IH	36	600	922	1164		895	518	711	898		709
Straßenbauer/-in	Hw	36	600	922	1164		895	518	711	898		709
Straßenwärter/-in	ÖD	36	690	739	785		738	690	739	785		738
Stukkateur/-in	Hw	36	600	922	1164		895	518	711	898		709
Systemelektroniker/-in	Hw	42	472	519	570	615	534	351	400	440	477	408
Systeminformatiker/-in	IH	42	785	828	888	943	849	761	811	868	911	827
Tankwart/-in	IH	36	431	468	526		475	332	362	432		375
Technische/-r Zeichner/-in (alle Fachrichtungen)	IH	42	763	810	876	943	835	708	769	840	911	792
Teilezurichter/-in	IH	24	785	828			806	761	811			786
Textilreiniger/-in	Hw	36	500	570	666		579	416	485	569		490
Tiefbaufacharbeiter/-in	Hw	24	600	922			761	518	711			614
Tiefbaufacharbeiter/-in	IH	24	600	922			761	518	711			614
Tiermedizinische/-r Fachangestellte/-r	FB	36	500	556	612		556	500	556	612		556
Tierpfleger/-in (alle Fachrichtungen)	IH	36	713	772	845		777	698	746	792		745
Tierwirt/-in (alle Fachrichtungen)	Lw	36	532	576	632		580	447	483	531		487
Tischler/-in	Hw	36	441	534	615		530	300	420	470		397

Ausbildungsvergütung

Beruf	Bereich	Dauer (Monate)										
Trockenbaumonteur/-in	IH	36	600	922	1164		895	518	711	898		709
Verfahrensmechaniker/-in – Glastechnik	IH	36	593	660	732		662	520	564	646		577
Verfahrensmechaniker/-in f. Kunststoff- u. Kautschuktechnik	IH	36	700	746	817		754	549	590	626		588
Verfahrensmechaniker/-in für Beschichtungstechnik	IH	36	773	816	877		822	731	780	837		783
Verfahrensmechaniker/-in i.d. Hütten- u. Halbzeugindustrie	IH	42	782	824	884	939	846	758	806	862	906	822
Verfahrensmechaniker/-in in der Steine- und Erdenindustrie	IH	36	627	733	845		735	412	468	519		466
Verkäufer/-in	IH	24	620	694			657	547	612			580
Vermessungstechniker/-in	ÖD	36	651	700	745		699	690	739	785		738
Verpackungsmittelmechaniker/-in	IH	36	702	765	828		765	722	787	852		787
Verwaltungsfachangestellte/-r (alle Fachrichtungen)	ÖD	36	690	739	785		738	690	739	785		738
Wärme-, Kälte- und Schallschutzisolierer/-in	Hw	36	600	922	1164		895	518	711	898		709
Wasserbauer/-in	ÖD	36	690	739	785		738	690	739	785		738
Werkstoffprüfer/-in*	IH	42	781	823	884	938	845					
Werkzeugmechaniker/-in	IH	42	777	820	882	938	842	744	793	849	891	809
Winzer/-in*	Lw	36	506	558	644		569					
Zahnmedizinische/-r Fachangestellte/-r*	FB	36	531	571	618		573					

* Für die neuen Länder wurde kein Vergütungsdurchschnitt ermittelt, da keine tariflichen Vereinbarungen zu den Ausbildungsvergütungen vorlagen oder die Besetzungsstärke des Berufs zu gering war.

Berufs-bezeichnung	Bereich	Dauer in Monaten	Alte Bundesländer					Neue Bundesländer				
			1. AJ	2. AJ	3. AJ	4. AJ	ge-samt	1. AJ	2. AJ	3. AJ	4. AJ	ge-samt
Zerspannungsmechaniker/-in	IH	42	785	828	889	944	850	761	811	868	911	827
Zimmerer/-in	IH	36	600	922	1164		895	518	711	898		709
Zimmerer/-in	Hw	36	600	922	1164		895	518	711	898		709

Abkürzungen
IH = Industrie und Handel
Hw = Handwerk
Lw = Landwirtschaft
FB = Freie Berufe
ÖD = Öffentlicher Dienst
Hs = Hauswirtschaft

Berechnungsgrundlage: Tarifliche Ausbildungsvergütungen zum Stand 1. Oktober 2009. Die in rd. 5 % der Tarifbereiche festgesetzten altersabhängigen erhöhten Ausbildungsvergütungen (in der Regel ab 18 Jahren) wurden jeweils eingerechnet.
Quelle: Bundesinstitut für Berufsbildung, BiBB

Ausbildungsvertragsmuster

Rechtliche Grundlage

Nach § 11 BBiG hat der Ausbildende nach Abschluss des Berufsausbildungsvertrages, spätestens aber **vor Beginn der Berufsausbildung, den wesentlichen Inhalt des Vertrages** schriftlich niederzulegen. Die Niederschrift muss mindestens Angaben enthalten über:
1. Art, sachliche und zeitliche Gliederung sowie Ziel der Berufsausbildung, insbesondere die Berufstätigkeit, für die ausgebildet werden soll,
2. Beginn und Dauer der Berufsausbildung,
3. Ausbildungsmaßnahmen außerhalb der Ausbildungsstätte,
4. Dauer der regelmäßigen täglichen Ausbildungszeit,
5. Dauer der Probezeit,
6. Zahlung und Höhe der Vergütung,
7. Dauer des Urlaubs,
8. Voraussetzungen, unter denen der Berufsausbildungsvertrag gekündigt werden kann.

Dieser Vertrag muss vom Ausbildenden, dem Auszubildenden und dessen gesetzlichem Vertreter unterzeichnet werden und dem Auszubildenden und dessen gesetzlichem Vertreter muss eine **Ausfertigung** ausgehändigt werden.

Die hier gebotene Schriftlichkeit des Berufsausbildungsvertrages führt jedoch nicht zur Nichtigkeit des Vertrages, wenn die Schriftform nicht eingehalten worden ist, wie das BAG am 21.8.1997 – 5 AZR 713/96 – entschieden hat. Auch die **Nachweisrichtlinie** (s. dort) hat daran nichts geändert. Die Schriftform hat nur deklaratorische Bedeutung und ist nicht Wirksamkeitsvoraussetzung für das Zustandekommen des Berufsausbildungsvertrages.

Bedeutung für den Betriebsrat/die JAV

Es sollte darauf geachtet werden, dass immer das aktuelle Ausbildungsvertragsmuster verwendet wird (siehe auch unter *www.bibb.de/de/32327.htm*). Empfehlungen des Hauptausschusses des Bundesinstituts für Berufsbildung vom 07. März 2008:

Ausbildungsvertragsmuster

Berufsausbildungsvertrag
(§§ 10, 11 Berufsbildungsgesetz – BBiG)

Zwischen

_____

(Name und Anschrift des Ausbildenden – Ausbildungsbetriebs)[1]

und

_____

(Name und Anschrift der/des Auszubildenden)

geb. am _____

gesetzlich vertreten durch[2]

wird nachstehender Berufsausbildungsvertrag zur Ausbildung im Ausbildungsberuf

_____

nach Maßgabe der Ausbildungsordnung[3] geschlossen:

§ 1 – Dauer der Ausbildung

1. (Dauer)

Die Ausbildungsdauer beträgt nach der Ausbildungsordnung _____ Jahre/Monate.

---

1 Zur Erfüllung der vertraglichen Verpflichtungen der Ausbildenden können mehrere natürliche oder juristische Personen in einem Ausbildungsverbund zusammenwirken, soweit die Verantwortlichkeit für die einzelnen Ausbildungsabschnitte sowie für die Ausbildungszeit insgesamt sichergestellt ist (Verbundausbildung, § 10 Abs. 5 BBiG).
2 Vertretungsberechtigt sind beide Eltern gemeinsam, soweit nicht die Vertretungsberechtigung nur einem Elternteil zusteht. Ist ein Vormund bestellt, so bedarf dieser zum Abschluss des Ausbildungsvertrages der Genehmigung des Vormundschaftsgerichtes.
3 Gemäß § 104 Abs. 1 BBiG und § 122 Abs. 4 HwO sind die vor dem 1. September 1969 bestehenden Ordnungsmittel anzuwenden, solange eine Ausbildungsordnung nicht erlassen ist.

a) Auf die Ausbildungsdauer wird die Berufsausbildung zum _____[1] bzw. eine berufliche Vorbildung in _____[2] mit ____ Monaten angerechnet.
b) Die Ausbildungsdauer verkürzt sich vorbehaltlich der Entscheidung der zuständigen Stelle
aufgrund _____ um ____ Monate.[3]
Das Berufsbildungsverhältnis

beginnt am _____ und endet am _____.[4]

2. (Probezeit)
Die Probezeit beträgt ____ Monate.[5] Wird die Ausbildung während der Probezeit um mehr als ein Drittel dieser Zeit unterbrochen, so verlängert sich die Probezeit um den Zeitraum der Unterbrechung.

3. (Vorzeitige Beendigung des Berufsausbildungsverhältnisses)
Bestehen Auszubildende vor Ablauf der unter Nr. 1 vereinbarten Ausbildungszeit die Abschlussprüfung, so endet das Berufsausbildungsverhältnis mit Bekanntgabe des Ergebnisses durch den Prüfungsausschuss.

4. (Verlängerung des Berufsausbildungsverhältnisses)
Bestehen Auszubildende die Abschlussprüfung nicht, so verlängert sich das Berufsausbildungsverhältnis auf ihr Verlangen bis zur nächstmöglichen Wiederholungsprüfung, höchstens um ein Jahr.

§ 2 – Ermächtigung zur Anmeldung zu Prüfungen

Die/der Auszubildende ermächtigen den Ausbildenden, sie/ihn in ihrem/seinem Namen zu Prüfungen im Rahmen der Ausbildung anzumelden; siehe näher § 4 Nr. 11 dieses Vertrages.

---

1 Eine vorgehende Berufsausbildung kann auf die Ausbildungsdauer angerechnet werden, sofern die dem Vertrag zugrunde liegende Ausbildungsordnung eine Anrechnungsmöglichkeit nach § 5 Abs. 2 Nr. 4 BBiG vorsieht.
2 Für die Anrechnung beruflicher Vorbildung durch den Besuch eines Bildungsganges berufsbildender Schulen oder der Berufsausbildung in einer sonstigen Einrichtung gelten bis 31. Juli 2006 die Bundesverordnungen für die Berufsgrundbildungsjahre und Berufsfachschulen. Danach können die Länder durch Rechtsverordnung bestimmen, ob Bewerber einen Rechtsanspruch auf Anrechnung haben bzw. ob eine obligatorische Anrechnung erfolgt. Spätestens ab 1. August 2009 bedarf eine Anrechnung des gemeinsamen Antrages der Auszubildenden und Ausbildenden (§ 7 BBiG).
3 Nach § 8 Abs. 1 BBiG hat die zuständige Stelle auf gemeinsamen Antrag der/des Auszubildenden und Ausbildenden die Ausbildungsdauer zu verkürzen, wenn zu erwarten ist, dass das Ausbildungsziel auch in der verkürzten Zeit erreicht wird.
4 Wenn die Ausbildungsordnung vorsieht, dass die Berufsausbildung in sachlich und zeitlich besonders gegliederten, aufeinander abgestimmten Stufen erfolgt, soll zwar nach den einzelnen Stufen ein Ausbildungsabschluss vorgesehen sein, der zu einer qualifizierten beruflichen Tätigkeit befähigt (sog. »echte« Stufenausbildung, § 5 Abs. 2 Nr. 1 BBiG). Auch in diesem Fall muss aber der Vertrag über die gesamte Ausbildungszeit abgeschlossen werden (§ 21 Abs. 1 BBiG).
5 Die Probezeit muss mindestens einen Monat und darf höchstens vier Monate betragen.

§ 3 – Ausbildungsstätte

Die Ausbildung findet vorbehaltlich der Regelungen nach § 4 Nr. 12 in

(Ausbildungsstätte)

und den mit dem Betriebssitz für die Ausbildung üblicherweise zusammenhängenden Bau-, Montage- und sonstigen Arbeitsstellen statt.

§ 4 – Pflichten des Ausbildenden

Der Ausbildende verpflichtet sich,

1. (Ausbildungsziel)
dafür zu sorgen, dass der/dem Auszubildenden die berufliche Handlungsfähigkeit vermittelt wird, die zum Erreichen des Ausbildungsziels erforderlich ist, und die Berufsausbildung nach den beigefügten Angaben zur sachlichen und zeitlichen Gliederung des Ausbildungsablaufs so durchzuführen, dass das Ausbildungsziel in der vorgesehenen Ausbildungszeit erreicht werden kann;

2. (Ausbilder/Ausbilderinnen)
selbst auszubilden oder eine/einen persönlich und fachlich geeignete/geeigneten Ausbilderin/Ausbilder ausdrücklich damit zu beauftragen und diese/diesen der/dem Auszubildenden jeweils schriftlich bekannt zu geben;

3. (Ausbildungsordnung)
der/dem Auszubildenden vor Beginn der Ausbildung die Ausbildungsordnung kostenlos auszuhändigen;

4. (Ausbildungsmittel)
der/dem Auszubildenden kostenlos die Ausbildungsmittel, insbesondere Werkzeuge, Werkstoffe und Fachliteratur zur Verfügung zu stellen, die für die Ausbildung in den betrieblichen und überbetrieblichen Ausbildungsstätten und zum Ablegen von Zwischen- und Abschlussprüfungen[1], auch soweit solche nach Beendigung des Berufsausbildungsverhältnisses und in zeitlichem Zusammenhang damit stattfinden, erforderlich sind;

5. (Besuch der Berufsschule und von Ausbildungsmaßnahmen außerhalb der Ausbildungsstätte)
die/den Auszubildende/n zum Besuch der Berufsschule anzuhalten und freizustellen. Das Gleiche gilt, wenn Ausbildungsmaßnahmen außerhalb der Ausbildungsstätte vorgeschrieben oder nach Nr. 12 durchzuführen sind;

6. (Führung von schriftlichen Ausbildungsnachweisen)
soweit schriftliche Ausbildungsnachweise geführt werden, diese der/dem Auszubildenden für die Berufsausbildung kostenfrei auszuhändigen und die ordnungsgemäße Führung durch regelmäßige Abzeichnung zu überwachen;

7. (Ausbildungsbezogene Tätigkeiten)
der/dem Auszubildenden nur Aufgaben zu übertragen, die dem Ausbildungszweck dienen und ihren/seinen körperlichen Kräften angemessen sind;

---

1 Auch eines ersten Teils der Abschlussprüfung, sofern nach der Ausbildungsordnung vorgesehen.

8. (Sorgepflicht)
dafür zu sorgen, dass die/der Auszubildende charakterlich gefördert sowie sittlich und körperlich nicht gefährdet wird;

9. (Ärztliche Untersuchungen)
sofern die/der Auszubildende noch nicht 18 Jahre alt ist, sich Bescheinigungen gemäß § 32, 33 Jugendarbeitsschutzgesetz darüber vorlegen zu lassen, dass sie/er a) vor der Aufnahme der Ausbildung untersucht und b) vor Ablauf des ersten Ausbildungsjahres nachuntersucht worden ist;

10. (Eintragungsantrag)
unverzüglich nach Abschluss des Berufsausbildungsvertrages die Eintragung in das Verzeichnis der Berufsausbildungsverhältnisse bei der zuständigen Stelle unter Beifügung der Vertragsniederschriften und – bei Auszubildenden unter 18 Jahren – einer Kopie oder Mehrfertigung der ärztlichen Bescheinigung über die Erstuntersuchung gemäß § 32 Jugendarbeitsschutzgesetz zu beantragen. Entsprechendes gilt bei späteren Änderungen des wesentlichen Vertragsinhaltes;

11. (Anmeldung zu Prüfungen)
die/den Auszubildende/n im Rahmen einer gemäß § 2 dieses Vertrages erteilten Ermächtigung rechtzeitig zu den angesetzten Zwischen- und Abschlussprüfungen oder zum ersten und zweiten Teil einer gestreckten Abschlussprüfung anzumelden und für die Teilnahme freizustellen sowie der Anmeldung zur Zwischenprüfung oder zum ersten Teil einer gestreckten Abschlussprüfung bei Auszubildenden, die noch nicht 18 Jahre alt sind, eine Kopie oder Mehrfertigung der ärztlichen Bescheinigung über die erste Nachuntersuchung gemäß § 33 Jugendarbeitsschutzgesetz beizufügen. Die Auszubildenden erhalten eine Kopie des Anmeldeantrages;

12. (soweit zutreffend: Ausbildungsmaßnahmen außerhalb der Ausbildungsstätte)

_____

_____

§ 5 – Pflichten der/des Auszubildenden

Die/Der Auszubildende hat sich zu bemühen, die berufliche Handlungsfähigkeit zu erwerben, die erforderlich ist, um das Ausbildungsziel zu erreichen. Sie/Er verpflichtet sich insbesondere,

1. (Lernpflicht)
die ihr/ihm im Rahmen ihrer/seiner Berufsausbildung übertragenen Aufgaben sorgfältig auszuführen;

2. (Berufsschulunterricht, Prüfungen und sonstige Maßnahmen)
am Berufsschulunterricht und an Prüfungen sowie an Ausbildungsmaßnahmen außerhalb der Ausbildungsstätte teilzunehmen, für die sie/er nach § 4 Nr. 5, 11 und 12 freigestellt wird;

3. (Weisungsgebundenheit)
den Weisungen zu folgen, die ihr/ihm im Rahmen der Berufsausbildung von Ausbildenden, von Ausbildern oder Ausbilderinnen oder von anderen weisungsberechtigten Personen, soweit sie als weisungsberechtigt bekannt gemacht worden sind, erteilt werden;

4. (Betriebliche Ordnung)
die für die Ausbildungsstätte geltende Ordnung zu beachten;

5. (Sorgfaltspflicht)
Werkzeug, Maschinen und sonstige Einrichtungen pfleglich zu behandeln und sie nur zu den ihr/ihm übertragenen Arbeiten zu verwenden;

6. (Betriebsgeheimnisse)
über Betriebs- und Geschäftsgeheimnisse Stillschweigen zu wahren;

7. (Führung von schriftlichen Ausbildungsnachweisen)
vorgeschriebene schriftliche Ausbildungsnachweise ordnungsgemäß zu führen und regelmäßig vorzulegen;

8. (Benachrichtigung)
bei Fernbleiben von der betrieblichen Ausbildung, vom Berufsschulunterricht oder von sonstigen Ausbildungsveranstaltungen dem Ausbildenden unter Angabe von Gründen unverzüglich Nachricht zu geben. Bei einer Arbeitsunfähigkeit infolge von Krankheit, die länger als drei Kalendertage dauert, hat die/der Auszubildende eine ärztliche Bescheinigung über das Bestehen der Arbeitsunfähigkeit sowie deren voraussichtliche Dauer spätestens an dem darauf folgenden Arbeitstag vorzulegen. Der Ausbildende ist berechtigt, die Vorlage der ärztlichen Bescheinigung früher zu verlangen. Dauert die Arbeitsunfähigkeit länger als in der Bescheinigung angegeben, ist die/der Auszubildende verpflichtet, eine neue ärztliche Bescheinigung vorzulegen;

9. (Ärztliche Untersuchungen)
soweit auf sie/ihn die Bestimmungen des Jugendarbeitsschutzgesetzes Anwendung finden, sich gemäß § 32 und 33 dieses Gesetzes ärztlich a) vor Beginn der Ausbildung untersuchen b) vor Ablauf des ersten Ausbildungsjahres nachuntersuchen zu lassen und die Bescheinigungen hierüber dem Ausbildenden vorzulegen.

§ 6 – Vergütung und sonstige Leistungen

1. (Höhe und Fälligkeit)
Der Ausbildende zahlt der/dem Auszubildenden eine angemessene Vergütung; sie beträgt z. Z. monatlich
€ _____ brutto im ersten Ausbildungsjahr,
€ _____ brutto im zweiten Ausbildungsjahr,
€ _____ brutto im dritten Ausbildungsjahr,
€ _____ brutto im vierten Ausbildungsjahr.

Soweit Vergütungen tariflich geregelt und nach § 12 anwendbar oder vereinbart sind, gelten die tariflichen Sätze.

Eine über die vereinbarte regelmäßige tägliche Ausbildungszeit hinaus gehende Beschäftigung wird besonders vergütet oder durch entsprechende Freizeit ausgeglichen.

Die Vergütung wird spätestens am letzten Arbeitstag des Monats gezahlt. Das auf die Urlaubszeit entfallende Entgelt (Urlaubsentgelt) wird vor Antritt des Urlaubs ausgezahlt.

Die Beiträge für die Sozialversicherung tragen die Vertragschließenden nach Maßgabe der gesetzlichen Bestimmungen.

2. (Sachleistungen)
Soweit der Ausbildende der/dem Auszubildenden Kosten und/oder Wohnung gewährt, gilt die in der Anlage beigefügte Regelung.

3. (Kosten für Maßnahmen außerhalb der Ausbildungsstätte)
Ausbildende tragen die Kosten für Maßnahmen außerhalb der Ausbildungsstätte nach § 4 Nr. 5, soweit sie nicht anderweitig gedeckt sind. Ist eine auswärtige Unterbringung erforderlich, so können Auszubildenden anteilige Kosten für Verpflegung in dem Um-

fang in Rechnung gestellt werden, in dem diese Kosten einsparen. Die Anrechnung von anteiligen Kosten und Sachbezugswerten nach § 17 Abs. 2 BBiG darf 75 % der vereinbarten Bruttovergütung nicht übersteigen.

4. (Berufskleidung)
Wird vom Ausbildenden eine besondere Berufskleidung vorgeschrieben, so wird sie von ihm zur Verfügung gestellt.

5. (Fortzahlung der Vergütung)
Der/Dem Auszubildenden wird die Vergütung auch gezahlt
a) für die Zeit der Freistellung gem. § 4 Nr. 5, 11 und 12 dieses Vertrages sowie gemäß § 10 Abs. 1 Nr. 2 und § 43 Jugendarbeitsschutzgesetz
b) bis zur Dauer von 6 Wochen, wenn sie/er
    aa) sich für die Berufsausbildung bereit hält, diese aber ausfällt,
    bb) aus einem sonstigen, in ihrer/seiner Person liegenden Grund unverschuldet verhindert ist, die Pflichten aus dem Berufsausbildungsverhältnis zu erfüllen,
    cc) bei Krankheit nach Maßgabe des Entgeltfortzahlungsgesetzes.

§ 7 – Ausbildungszeit und Urlaub

1. (Tägliche Ausbildungszeit[1])
Die regelmäßige tägliche Ausbildungszeit beträgt ____ Stunden[2].

2. (Urlaub)
Der Ausbildende gewährt der/dem Auszubildenden Urlaub nach den geltenden Bestimmungen. Es besteht ein Urlaubsanspruch
auf ____ Werktage oder ____ Arbeitstage im Jahr ____,
auf ____ Werktage oder ____ Arbeitstage im Jahr ____,
auf ____ Werktage oder ____ Arbeitstage im Jahr ____,
auf ____ Werktage oder ____ Arbeitstage im Jahr ____.

3. (Lage des Urlaubs)
Der Urlaub soll zusammenhängend und in der Zeit der Berufsschulferien erteilt und genommen werden. Während des Urlaubs darf die/der Auszubildende keine dem Urlaubszweck widersprechende Erwerbsarbeit leisten.

§ 8 – Kündigung

1. (Kündigung während der Probezeit)
Während der Probezeit kann das Berufsausbildungsverhältnis ohne Einhaltung einer Kündigungsfrist und ohne Angabe von Gründen gekündigt werden.

2. (Kündigungsgründe)
Nach der Probezeit kann das Berufsausbildungsverhältnis nur gekündigt werden

---

[1] Nach dem Jugendarbeitsschutzgesetz beträgt die höchstzulässige tägliche Arbeitszeit (Ausbildungszeit) bei noch nicht 18 Jahre alten Personen grundsätzlich acht Stunden. Ist allerdings die Arbeitszeit an einzelnen Werktagen auf weniger als acht Stunden verkürzt, können Jugendliche an den übrigen Werktagen derselben Woche bis zu achteinhalb Stunden beschäftigt werden (§ 8 JArbSchG). Im Übrigen sind die Vorschriften des Jugendarbeitsschutzgesetzes über die höchstzulässigen Wochenarbeitszeiten zu beachten.

[2] Bei berechtigtem Interesse kann auf gemeinsamen Antrag von Ausbildenden und Auszubildenden bei der zuständigen Stelle die Ausbildung auch als Teilzeitausbildung durchgeführt werden (§ 8 Abs. 1 Satz 2 BBiG).

a) aus einem wichtigen Grund[1] ohne Einhaltung einer Kündigungsfrist
b) von der/dem Auszubildenden mit einer Kündigungsfrist von vier Wochen, wenn sie/er die Berufsausbildung aufgeben oder sich für eine andere Berufstätigkeit ausbilden lassen will.

3. (Form der Kündigung)
Die Kündigung muss schriftlich, im Falle der Nr. 2 unter Angabe der Kündigungsgründe erfolgen.

4. (Unwirksamkeit einer Kündigung)
Eine Kündigung aus einem wichtigen Grund ist unwirksam, wenn die ihr zugrunde liegenden Tatsachen dem zur Kündigung Berechtigten länger als zwei Wochen bekannt sind. Ist ein Schlichtungsverfahren gem. § 10 eingeleitet, so wird bis zu dessen Beendigung der Lauf dieser Frist gehemmt.

5. (Schadensersatz bei vorzeitiger Beendigung)
Wird das Berufsausbildungsverhältnis nach Ablauf der Probezeit vorzeitig gelöst, so kann der Ausbildende oder die/der Auszubildende Ersatz des Schadens verlangen, wenn die andere Person den Grund für die Auflösung zu vertreten hat. Das gilt nicht bei Kündigung wegen Aufgabe oder Wechsels der Berufsausbildung (Nr. 2b). Der Anspruch erlischt, wenn er nicht innerhalb von drei Monaten nach Beendigung des Berufsausbildungsverhältnisses geltend gemacht wird.

6. (Aufgabe des Betriebes, Wegfall der Ausbildungseignung)
Bei Kündigung des Berufsausbildungsverhältnisses wegen Betriebsaufgabe oder wegen Wegfalls der Ausbildungseignung verpflichten sich Ausbildende, sich mit Hilfe der Berufsberatung der zuständigen Arbeitsagentur rechtzeitig um eine weitere Ausbildung im bisherigen Ausbildungsberuf in einer anderen geeigneten Ausbildungsstätte zu bemühen.

§ 9 – Betriebliches Zeugnis

Der Ausbildende hat der/dem Auszubildenden bei Beendigung des Berufsausbildungsverhältnisses ein Zeugnis auszustellen. Die elektronische Form ist ausgeschlossen. Hat der Ausbildende die Berufsausbildung nicht selbst durchgeführt, so soll auch der Ausbilder oder die Ausbilderin das Zeugnis unterschreiben. Es muss Angaben enthalten über Art, Dauer und Ziel der Berufsausbildung sowie über die erworbenen beruflichen Fertigkeiten, Kenntnisse und Fähigkeiten der/des Auszubildenden. Auf Verlangen der/des Auszubildenden sind auch Angaben über Verhalten und Leistung aufzunehmen.

§ 10 – Beilegung von Streitigkeiten

Bei Streitigkeiten aus dem bestehenden Berufsausbildungsverhältnis ist vor Inanspruchnahme des Arbeitsgerichts der nach § 111 Abs. 2 des Arbeitsgerichtsgesetzes errichtete Schlichtungsausschuss anzurufen, sofern ein solcher bei der zuständigen Stelle besteht.

§ 11 – Erfüllungsort

Erfüllungsort für alle Ansprüche aus diesem Vertrag ist der Ort der Ausbildungsstätte.

---

[1] Ein wichtiger Grund ist gegeben, wenn Tatsachen vorliegen, aufgrund derer dem Kündigenden unter Berücksichtigung aller Umstände des Einzelfalls und unter Abwägung der Interessen beider Vertragsteile die Fortsetzung des Ausbildungsverhältnisses bis zum Ablauf der Ausbildungsdauer nicht zugemutet werden kann.

§ 12 – Sonstige Vereinbarungen[1]; Hinweis auf anzuwendende Tarifverträge und Betriebs- bzw. Dienstvereinbarungen

_____

_____

_____

_____

Rechtswirksame Nebenabreden, die das Berufsausbildungsverhältnis betreffen, können nur durch schriftliche Ergänzung im Rahmen des § 12 dieses Berufsausbildungsvertrages getroffen werden.

Vorstehender Vertrag ist in Ausfertigungen (bei Mündeln //LINIE//fach) ausgestellt und von den Vertragsschließenden eigenhändig unterschrieben worden.

_____, den _____
        (Ort)   (Datum)

Der/die Ausbildende: Der/die Auszubildende:

_____

(Stempel und Unterschrift)

Die gesetzlichen Vertreter des/der Auszubildenden:

Vater: _____

und Mutter: _____

oder Vormund: _____

Dieser Vertrag ist in das Verzeichnis der Berufsausbildungsverhältnisse eingetragen am _____ unter Nr. _____

Vorgemerkt zur Prüfung für (Siegel) _____

Anlage gemäß § 4 Nr. 1 des Berufsausbildungsvertrages

Angaben zur sachlichen und zeitlichen Gliederung des Berufsausbildungsablaufs:

_____

_____

Anlage gemäß § 6 Nr. 2 des Berufsausbildungsvertrages

Ausbildende gewähren Auszubildenden angemessene Wohnung und Verpflegung im Rahmen der Hausgemeinschaft. Diese Leistungen können in Höhe der nach § 17 des Vierten Buches Sozialgesetzbuch festgesetzten Sachbezugswerte angerechnet werden, jedoch nicht über 75 % der Bruttovergütung hinaus. Können Auszubildende wäh-

---

[1] U.a. können als integraler Bestandteil der Ausbildung Ausbildungsabschnitte im Ausland bis zu einem Viertel der Ausbildungsdauer vereinbart werden. Weiterhin können Zusatzqualifikationen vereinbart werden. Diese können Wahlbausteine in neuen Ausbildungsordnungen oder Teile anderer Ausbildungs- oder Fortbildungsordnungen sein. Zusatzqualifikationen müssen gesondert geprüft und bescheinigt werden.

rend der Zeit, für welche die Vergütung fortzuzahlen ist, aus berechtigtem Grund Sachleistungen nicht abnehmen (z.B. bei Urlaub, Krankenhausaufenthalt etc.), so sind diese nach den Sachbezugswerten abzugelten.

Merkblatt zum Berufsausbildungsvertrag
Der Berufsausbildungsvertrag wird zwischen dem Ausbildenden und den Auszubildenden geschlossen. Ausbildender ist diejenige natürliche oder juristische Person (z.b. GmbH), die einen anderen zur Berufsausbildung einstellt. Davon zu unterscheiden sind diejenigen, die die Ausbildung praktisch durchführen. Das kann der Ausbildende selbst oder von ihm beauftragte Ausbilder oder Ausbilderinnen sein. Auszubildende sind diejenigen, die ausgebildet werden. Im Falle der Minderjährigkeit ist zum Vertragsschluss die Zustimmung der gesetzlichen Vertreter erforderlich. Für Jugendliche unter 18 Jahren darf ein Berufsausbildungsvertrag nur in einem anerkannten Ausbildungsberuf abgeschlossen werden. Ausbildungsberufe werden durch Rechtsverordnung gem. §§ 4, 5 Berufsbildungsgesetz (BBiG) und §§ 25, 26 Handwerksordnung (HwO) anerkannt. Solange dies nicht geschehen ist, sind gem. § 104 Abs. 1 BBiG die bisherigen Ordnungsmittel (Berufsbild, Berufsbildungsplan und Prüfungsanforderungen) bzw. gem. § 122 Abs. 4 HwO die fachlichen Vorschriften anzuwenden. Das amtliche Verzeichnis der anerkannten Ausbildungsberufe kann bei der Berufsberatung der Agentur für Arbeit oder bei der zuständigen Stelle eingesehen werden. Ist durch den übereinstimmenden Willen, dass eine Ausbildung in diesem Ausbildungsberuf stattfinden soll, zwischen den Vertragspartnern der Ausbildungsvertrag zustandegekommen, so muss unverzüglich, spätestens vor Beginn der Berufsausbildung, die Vertragsniederschrift ausgefertigt werden. Als Niederschrift dient das von der zuständigen Stelle vorgesehene Muster des Berufsausbildungsvertrages. Unverzüglich nach Ausfertigung der Vertragsniederschrift hat der Ausbildende bei der zuständigen Stelle die Eintragung in das Verzeichnis der Berufsausbildungsverhältnisse zu beantragen.

Bei der Ausfertigung der Vertragsniederschrift ist im Einzelnen Folgendes zu beachten:

§ 1 – Dauer der Ausbildung

Zu Nr. 1 (Dauer)
Die vorgeschriebene Ausbildungsdauer ist der Ausbildungsordnung zu entnehmen. Die tatsächliche Dauer der Ausbildung ist unter Berücksichtigung von etwaigen Verkürzungen oder Anrechnungen im Vertrag mit dem Datum des Beginns und des Endes anzugeben.

Eine längere Dauer als in der Ausbildungsordnung vorgeschrieben, darf nicht vereinbart werden. Es ist aber möglich, dass während der Laufzeit des Ausbildungsverhältnisses der Auszubildende im Ausnahmefall einen Verlängerungsantrag stellt, den die Kammer genehmigen kann, wenn die Verlängerung erforderlich ist, um das Ausbildungsziel zu erreichen. Gegebenfalls kann auf die Ausbildungsdauer eine vorherige Berufsausbildung oder nach besonderen Bestimmungen der einzelnen Bundesländer eine anderweitige berufliche Vorbildung wie etwa ein Berufsgrundbildungsjahr ganz oder teilweise angerechnet werden.

Die zuständige Stelle hat auf gemeinsamen Antrag der Auszubildenden und Ausbildenden die Ausbildungszeit zu kürzen, wenn zu erwarten ist, dass der Auszubildende das Ausbildungsziel in der gekürzten Zeit erreicht. Für die Entscheidung im Einzelfall sind die Richtlinien des Hauptausschusses des Bundesinstituts für Berufsbildung und der jeweiligen zuständigen Stelle maßgebend.

Die Verkürzung oder Anrechnung von Ausbildungszeiten ist in § 1 Nr. 1 der Vertragsniederschrift unter Angabe der bereits abgeleisteten Ausbildungszeit bzw. der besuchten Schulen auszuweisen.

Über die vertraglich vereinbarten Abkürzungen und Anrechnungen hinaus eröffnet das BBiG die Möglichkeit der vorzeitigen Zulassung zur Abschlussprüfung (§ 45 Abs. 1 BBiG, § 37 Abs. 1 HwO). Das Nähere regelt die Prüfungsordnung der zuständigen Stelle.

Der Berufsausbildungsvertrag endet spätestens mit Ablauf der vereinbarten Ausbildungszeit. Im Berufsausbildungsvertrag ist die Vereinbarung einer Weiterbeschäftigung nach Beendigung des Berufsausbildungsverhältnisses unzulässig. Außerhalb des Berufsausbildungsvertrages kann eine solche Vereinbarung frühestens während der letzten 6 Monate des bestehenden Berufsausbildungsverhältnisses getroffen werden. Wenn die Vertragsparteien dies beabsichtigen, soll im Interesse der Vertragsklarheit innerhalb der letzten 6 Monate des bestehenden Berufsausbildungsverhältnisses eine entsprechende Willensäußerung des Auszubildenden erfolgen.

Das Arbeitsverhältnis kann auf unbestimmte Zeit oder befristet eingegangen werden. Bei einer Befristung sind die Bestimmungen des Teilzeit- und Befristungsgesetzes (TzBfG) zu beachten.

§ 2 – Ermächtigung zur Anmeldung zu Prüfungen

Entgegen verbreiteter früherer Praxis steht die Anmeldung zu Prüfungen grundsätzlich der bzw. dem Auszubildenden selbst zu. Der Ausbildende kann zur Prüfung nicht bereits aus eigenem Recht anmelden, sondern nur infolge einer Ermächtigung; eine solche in § 2 vorgesehene Ermächtigung ist aber auch nachdrücklich zu empfehlen, um eine fristgerechte Anmeldung zur Prüfung zu gewährleisten und eine ungewollte Unterbrechung des Vertragsverhältnisses zu vermeiden. Eine Unterbrechung mit der Folge des Wegfalles der Ausbildungsvergütung könnte eintreten, wenn die Prüfung infolge verspäteter Anmeldung erst nach Ende der vereinbarten Ausbildungszeit anberaumt werden könnte, § 21 Abs. 1 BBiG.

§ 3 – Ausbildungsstätte

Hier ist aufzuführen,
a) wenn die gesamte Ausbildung nur in einer Ausbildungsstätte vorgenommen wird:
   der Ort der Ausbildungsstätte;
b) wenn die Ausbildung in mehreren Ausbildungsstätten vorgenommen wird:
   die Bezeichnung der Ausbildungsstätten mit Angabe des Ortes.

§ 4 – Pflichten des Ausbildenden

Zu Nr. 1 (Ausbildungsziel)
Dem Berufsausbildungsvertrag sind Angaben über die sachliche und zeitliche Gliederung der Berufsausbildung als Anlage beizufügen. Der Ausbildungsablauf ist unter Zugrundelegung des Ausbildungsrahmenplanes gemäß § 5 BBiG bzw. § 26 HwO den betrieblichen Gegebenheiten entsprechend so aufzugliedern, dass sowohl die zeitliche Folge als auch der sachliche Aufbau der Berufsausbildung ersichtlich ist.

Zu Nr. 9 (Untersuchungen)
Nach § 32 Jugendarbeitsschutzgesetz (JArbSchG) darf der Ausbildende mit der Berufsausbildung eines Jugendlichen nur beginnen, wenn dieser innerhalb der letzten 14 Monate von einem Arzt untersucht worden ist und ihm eine von diesem Arzt ausgestellte Bescheinigung vorliegt. Der Ausbildende hat sich vor Ablauf des ersten Ausbildungsjahres die Bescheinigung eines Arztes darüber vorlegen zu lassen, dass der Jugendliche nachuntersucht worden ist.

Zu Nr. 10 (Eintragungsantrag)
Der Eintragungsantrag muss vor Beginn des Berufsausbildungsverhältnisses bei der zuständigen Stelle gestellt werden, nicht etwa erst während der Probezeit. Dem Antrag sind die Vertragsniederschriften in der von der zuständigen Stelle benötigten Stückzahl und die sonstigen Formblätter der zuständigen Stelle beizufügen. Auch nachträgliche Änderungen des Vertragsinhalts, die von dem ursprünglich der zuständigen Stelle eingereichten Text des Vertrages und der Anlagen abweichen, müssen der zuständigen Stelle unverzüglich mitgeteilt werden.

Zu Nr. 11 (Anmeldung zu Prüfungen)
Siehe Erläuterung zu § 2.

Zu Nr. 12 (Ausbildungsmaßnahmen außerhalb der Ausbildungsstätte)
An dieser Stelle sind diejenigen Ausbildungsmaßnahmen einzutragen, die außerhalb der Ausbildungsstätte durchgeführt werden. Für diese Maßnahmen trägt der Ausbildende die Kosten entsprechend § 6 Nr. 3 des Berufsausbildungsvertrages.

§ 5 – Pflichten der/des Auszubildenden

Zu Nr. 4 (Betriebliche Ordnung)
Die für die Ausbildungsstätte geltende Ordnung kann z. B. betreffen: Sicherheits- und Unfallverhütungsvorschriften, Anlegen von Schutzkleidung, Vorschriften über das Betreten von Werkstätten und bestimmten Räumen, Benutzungsordnungen für Sozialeinrichtungen, allgemeine Hausordnung usw., soweit sie nicht zu den Bestimmungen des BBiG im Widerspruch stehen. Der Ausbildende hat die Auszubildenden auf bestehende Ordnungen hinzuweisen. Die Auszubildenden sollen sich auch selbst über die Ordnungen informieren, wenn diese in der Ausbildungsstätte allgemein zugänglich sind.

Zu Nr. 6 (Betriebsgeheimnisse)
Die Auszubildenden haben über die ihnen als Betriebs- und Geschäftsgeheimnisse bezeichneten Tatsachen hinaus auch dann Stillschweigen zu bewahren, wenn sie eindeutig erkennen mussten, dass es sich um Betriebs- und Geschäftsgeheimnisse handelt.

§ 6 – Vergütung und sonstige Leistungen

Zu Nr. 1 (Höhe und Fälligkeit)
In die vorgesehenen Zeilen der Vertragsniederschrift ist die dem Auszubildenden zu gewährende Vergütung für jedes Ausbildungsjahr einzutragen. Die Vergütung muss nach dem Lebensalter des Auszubildenden und mit fortschreitender Berufsausbildung, mindestens jährlich, ansteigen.
Sofern keine Tarifregelung vorliegt, ist zu empfehlen, sich an einer branchenverwandten Vergütung zu orientieren oder sich an vergleichbare Tarife anzulehnen. Auch bei bestehender Tarifbindung steht es den Vertragsparteien frei, eine über den tariflich festgelegten Sätzen liegende Ausbildungsvergütung zu vereinbaren.

Zu Nr. 3 (Kosten für Maßnahmen außerhalb der Ausbildungsstätte)
Hier sind auch abweichende Regelungen zugunsten des Auszubildenden zulässig.

Zu Nr. 4 (Berufskleidung)
Die Regelung, dass eine besondere Berufskleidung zur Verfügung gestellt wird, soll die Auszubildenden vor übermäßiger Kostenbelastung schützen. Sie soll außerdem verhindern, dass Berufsausbildungsverhältnisse nicht eingegangen werden können, weil die Beschaffung und Unterhaltung einer vorgeschriebenen besonderen Berufskleidung

die finanzielle Leistungsfähigkeit der Auszubildenden und ihrer Eltern übersteigen würde. Deshalb ist in erster Linie an diejenigen Fälle gedacht, wo außerhalb der Entscheidungsfreiheit der Auszubildenden eine in ihrer Art, Qualität oder sonstigen Hinsicht von der in der betreffenden Branche üblichen Berufskleidung abweichende Berufskleidung vom Ausbildenden vorgeschrieben wird.

§ 7 – Ausbildungszeit und Urlaub

Zu Nr. 1 (Tägliche Ausbildungszeit)
Die regelmäßige tägliche Ausbildungszeit ist ausdrücklich in der Vertragsniederschrift zu vereinbaren. Sie bezieht sich auf den Arbeitstag und hat ihre obere Grenze bei den gesetzlichen Bestimmungen, z.B. im Jugendarbeitsschutzgesetz. Die Vereinbarung der regelmäßigen täglichen Ausbildungszeit hat die Auswirkung, dass eine über sie hinausgehende Beschäftigung des Auszubildenden besonders zu vergüten ist.

In Ausbildungsbetrieben, in denen eine gleitende Arbeitszeit eingeführt ist und die Auszubildenden in diese Regelung einbezogen werden, darf die Dauer der täglichen Arbeitszeit nicht über die im Jugendarbeitsschutzgesetz höchstzulässigen Grenzen ausgedehnt werden. Die Lage der täglichen Ausbildungszeit muss sich innerhalb der vom Jugendarbeitsschutzgesetz gezogenen Grenzen bewegen.

Bei berechtigtem Interesse kann auf gemeinsamen Antrag von Ausbildenden und Auszubildenden bei der zuständigen Stelle die Ausbildung auch als Teilzeitberufsausbildung durchgeführt werden (§ 8 Abs. 1 Satz 2 BBiG).

Zu Nr. 2 (Urlaub)
In die vorgesehenen Zeilen der Vertragsniederschrift ist der dem Auszubildenden zustehende Urlaub für jedes Kalenderjahr (nicht Ausbildungsjahr) einzutragen, soweit nicht bereichsspezifische Ausnahmen bestehen. Es ist jeweils nur eine Spalte, entweder Werktage oder Arbeitstage, je nach tariflicher oder einzelvertraglicher Vereinbarung, einzutragen.

Die Dauer des Urlaubs richtet sich nach dem Alter des Auszubildenden zu Beginn eines jeden Kalenderjahres. Ferner ist maßgebend, ob der Urlaub nach dem Jugendarbeitsschutzgesetz, dem Bundesurlaubsgesetz oder nach Tarif gewährt wird. Nur allgemeine Hinweise auf tarifliche Urlaubsregelungen sind nicht ausreichend.
Soweit nicht günstigere Urlaubsregelungen zur Anwendung kommen, besteht ein jährlicher Urlaubsanspruch:
- von mindestens 30 Werktagen, wenn der Jugendliche zu Beginn des Kalenderjahres noch nicht 16 Jahre alt ist,
- von mindestens 27 Werktagen, wenn der Jugendliche zu Beginn des Kalenderjahres noch nicht 17 Jahre alt ist,
- von mindestens 25 Werktagen, wenn der Jugendliche zu Beginn des Kalenderjahres noch nicht 18 Jahre alt ist,
- von mindestens 24 Werktagen, wenn der Jugendliche zu Beginn des Kalenderjahres das 18. Lebensjahr bereits vollendet hat.

§ 10 – Beilegung von Streitigkeiten

Für Streitigkeiten aus einem Berufsausbildungsverhältnis ist das Arbeitsgericht zuständig. Wenn die zuständige Stelle für die Beilegung von Streitigkeiten einen sogenannten Schlichtungsausschuss errichtet hat, ist Voraussetzung für die Durchführung des arbeitsgerichtlichen Verfahrens, dass dieser Schlichtungsausschuss vor Inanspruchnahme des Arbeitsgerichtes angerufen wird. Die Anrufung des Schlichtungsausschusses ist schriftlich oder mündlich zu Protokoll bei der zuständigen Stelle vorzunehmen.

§ 12 – Sonstige Vereinbarungen

Es dürfen keine Vereinbarungen getroffen werden, die mit dem Sinn und Zweck der Berufsausbildung im Widerspruch stehen oder zuungunsten der Auszubildenden von den Vorschriften des Berufsbildungsgesetzes abweichen. Unzulässig sind insbesondere Vereinbarungen, die die Auszubildenden für die Zeit nach Beendigung des Berufsausbildungsverhältnisses in der Ausübung ihrer beruflichen Tätigkeit beschränken. Vertragsstrafen dürfen nicht vereinbart werden. Ebenso unzulässig sind Vereinbarungen über den Ausschluss oder die Beschränkung von Schadensersatzansprüchen und über die Festsetzung der Höhe eines Schadensersatzes in Pauschbeträgen.

Verstöße gegen Bestimmungen des BBiG/der HwO im Zusammenhang mit dem Vertragsschluss und der Niederschrift des Vertrages sowie der Eintragung in das Verzeichnis der Berufsausbildungsverhältnisse können als Ordnungswidrigkeiten mit einer Geldbuße bis zu 1000,– €, in bestimmten Fällen mit einer Geldbuße bis zu 5000,– € geahndet werden (§ 102 BBiG, § 118 HwO).

Ausländerfeindliches/ rassistisches Verhalten

Arbeitgeber und Betriebsrat haben nach § 75 BetrVG insbesondere auch die Aufgabe darüber zu wachen, dass jede unterschiedliche Behandlung von Personen aus Gründen ihrer Rasse oder wegen ihrer ethnischen Herkunft, ihrer Abstammung oder sonstigen Herkunft, ihrer Nationalität, ihrer Religion oder Weltanschauung, ihrer Behinderung, ihres Alters, ihrer politischen oder gewerkschaftlichen Betätigung oder Einstellung oder wegen ihres Geschlechts oder ihrer sexuellen Identität unterbleibt. Durch die gesetzliche Neuregelung vom 14. August 2006 wurden diese Diskriminierungsverbote aus dem AGG übernommen. Insbesondere was das ausländerfeindliche und rassistische Verhalten anbetrifft, hat sich im Rahmen der Betriebsverfassung nichts geändert. Dass dieses verboten ist und der Betriebsrat hierüber zu wachen hat, ist ohnehin nur die Klarstellung einer Selbstverständlichkeit. Konkretisiert wird dies auch in anderen Regelungen der Betriebsverfassung. So kann der Betriebsrat nach § 99 Abs. 2 Nr. 6 einer Einstellung oder einer Versetzung widersprechen, wenn der betreffende Arbeitnehmer den Betriebsfrieden durch rassistische oder fremdenfeindliche Betätigung stören würde. Nach § 104 BetrVG kann der Betriebsrat vom Arbeitgeber verlangen, einen Arbeitnehmer aus dem Betrieb zu entfernen, der den Betriebsfrieden durch rassistische und fremdenfeindliche Betätigungen wiederholt und ernstlich gestört hat.

Gleichwohl kommt es gelegentlich im Betrieb zu ausländerfeindlichem Verhalten. Bei den Tätern handelt es sich oft gerade um Jugendliche, die sich der Tragweite ihres Tuns nicht bewusst sind. Mit Meinungsfreiheit haben rassistische, antisemitische oder neonazistische Äußerungen nichts zu tun.

Durch ein solches Verhalten gefährden Beschäftigte ein Arbeits- oder Ausbildungsverhältnis in hohen Maßen. Ganz aktuell hat das Arbeitsgericht Berlin festgestellt, dass eine außerordentliche Kündigung wegen offener ausländerfeindlicher Tendenz auch ohne Abmahnung möglich ist, da kein Arbeitnehmer erwarten könne, der Arbeitgeber werde ausländerfeindliche Äußerungen dulden und eine Herabsetzung von anderen Mitarbeitern im

Betrieb hinnehmen (ArbG Berlin 05.09.2006, ArbuR 2006, 411). Das Bundesarbeitsgericht hatte sich in einer grundsätzlichen Entscheidung mit der Frage zu befassen, ob für Jugendliche ein anderer Maßstab zu gelten habe. Zwei Auszubildende hatten in den Räumen der Arbeitgeberin ein Schild mit der Aufschrift »Arbeit macht frei, Türkei schönes Land!« an der Werkbank eines türkischen Kollegen angebracht. Das Bundesarbeitsgericht hielt eine Abmahnung trotz des jugendlichen Alters des Klägers für entbehrlich. Die Rechtswidrigkeit des ausländerfeindlichen Verhaltens sei ohne weiteres erkennbar gewesen. Die fristlose Kündigung sei gerechtfertigt (BAG 01.07.1999, ArbuR 2000, 72). Betriebsräte und Jugend- und Auszubildendenvertreter sollen daher, schon im Interesse der Jugendlichen, auch bei kleinsten Anlässen reagieren, aufklärend tätig werden und jedes Verhalten unterbinden, dass als ausländerfeindlich oder rassistisch gewertet werden könnte. Die JAV hat nach § 70 Abs. 1 Nr. 4 BetrVG ausdrücklich die Aufgabe, die Integration ausländischer jugendlicher Arbeitnehmer und zu ihrer Ausbildung Beschäftigter zu fördern und die entsprechenden Maßnahmen beim Betriebsrat zu beantragen.

Ausländische Arbeitnehmer/ Migranten

Begriff

Die erste Generation der Migranten wurde Anfang der 60er Jahre in die Bundesrepublik als sogenannte »Gastarbeiter« geholt, um unqualifizierte, körperlich schwere und schmutzige und auch schlecht bezahlte Arbeiten auszuüben. Die Migranten der ersten Stunde aber waren und sind keine Maschinen, die auf Knopfdruck Leistung erbringen. Sie sind Menschen wie du und ich, die mit ihren Familien in Deutschland leben, deren Kinder und Enkel hier aufwachsen, zur Schule gehen und ebenso wie gleichaltrige Deutsche auch einen Ausbildungs- und Arbeitsplatz suchen. Sie sind Teil unserer Gesellschaft geworden und ebenso Einheimische, die ihr Zuhause in Berlin, Hamburg, Düsseldorf oder München haben.

Heute leben insgesamt 15,6 (2008) Millionen Menschen mit Migrationshintergrund in Deutschland
- ca. 7 Millionen ausländische Staatsangehörige (31.12.2009)
- ca. 87 000 Flüchtlinge, Asylberechtigte und -bewerberInnen (31.12.2009)

Diese Fakten sprechen eine eindeutige Sprache: Deutschland ist ein Einwanderungsland. Migration ist heute nicht eindimensional, neben unqualifizierten Arbeitnehmern sind ebenso Wissenschaftler und Ingenieure anzutreffen. Diese erfordert eine integrationsorientierte Einwanderungspolitik, die eine umfassende Teilhabe am politischen, gesellschaftlichen und betrieblichen Leben gewährleistet. Dabei kann die Integration ohne Gleichbehandlung, Chancenförderung und Rechtssicherheit nicht Realität werden. Grundlage dafür ist, dass ausreichende Ausbildungs- und Arbeitsplätze geschaffen werden.

Von daher haben in Betrieben und Verwaltungen gerade die Betriebsräte, JAVs und gewerkschaftlichen Vertrauensleute eine hohe Verantwortung, um in ihrem Wirkungsbereich Rassismus und Diskriminierung zu verhindern und sich für die Gleichbehandlung und Integration aller Beschäftigten, gleich welcher Herkunft, Nationalität, Geschlechtsexuelle Orientierung, Religion und Hautfarbe, einzusetzen.

Rechtliche Grundlagen

Neben der grundsätzlichen solidarischen und moralischen Verpflichtung zu einem solchen Tun, ergeben sich auch rechtliche Handlungsmöglichkeiten aus dem Betriebsverfassungsgesetz. Mit der Novellierung 2001 ist die betriebliche Integration ausländischer Arbeitnehmer und die Bekämpfung rassistischer und fremdenfeindlicher Betätigung im Betrieb durch verschiedene Regelungen verstärkt worden. Diese müssen jedoch genutzt werden, damit diskriminierendes Verhalten aufgedeckt, Benachteiligung am Arbeitsplatz erkannt und thematisiert werden. Wichtig ist dabei eine Sensibilisierung für Diskriminierung von Migranten und die Bereitschaft, diese aufzudecken und ihr entgegenzuwirken.

Unser Grundgesetz untersagt ausdrücklich in Art. 3 Abs. 3 GG jegliche Benachteiligung bzw. Diskriminierung eines Menschen aus Gründen seiner Rasse oder seiner ethnischen Herkunft. Dieses Grundrecht wird ergänzt durch das Allgemeine Gleichbehandlungsgesetz, das 2006 in Kraft getreten ist. Im Vordergrund steht dabei die Bekämpfung von Benachteiligungen im Arbeitsleben. So ist der Arbeitgeber verpflichtet, die erforderlichen Maßnahmen zum Schutz vor Benachteiligungen aus Gründen der Rasse oder wegen der ethnischen Herkunft zu ergreifen. Dieses schließt vorbeugende Maßnahmen ausdrücklich mit ein (§ 12 Abs. 1 AGG). Nach § 17 Abs. 1 AGG sind die Interessenvertretungen aufgefordert, in einer gemeinsamen Strategie mit dem Arbeitgeber und den Beschäftigten auf eine neue interkulturelle Unternehmenskultur hinzuwirken (»Diversity«), um umfassend vor Diskriminierungen bzw. Benachteiligungen im Unternehmen/Betrieb zu schützen.

Der Betriebsrat hat nach § 80 Abs. 1 Nr. 7 BetrVG im Rahmen seiner allgemeinen Aufgaben die Verpflichtung, die Integration von Migranten im Betrieb und das Verständnis zwischen ihnen und den deutschen Arbeitnehmern zu fördern. Diese Verpflichtung obliegt ebenfalls der JAV gemäß § 70 Abs. 1 Nr. 4 BetrVG; entsprechende Maßnahmen kann die JAV beim Betriebsrat beantragen.

Der Betriebsrat und die JAV haben ferner die Aufgabe, gegen betriebliche Erscheinungsformen von Ausländerfeindlichkeit und Rassismus vorzugehen. Der Betriebsrat hat dabei ausdrücklich ein Antragsrecht in Bezug auf Maßnahmen zur Bekämpfung von Rassismus und Fremdenfeindlichkeit im Betrieb.

Demnach hat insbesondere der Betriebsrat, aber auch die JAV bei der Vorbereitung und Durchführung von personellen Maßnahmen des Arbeitgebers besonders darauf zu achten, dass Migranten bei der Zuweisung von Arbeitsplätzen bzw. Ausbildungsplätzen nicht diskriminiert werden und dass ihre Kenntnisse, Fähigkeiten und Möglichkeiten in ausreichendem Maße berücksichtigt werden. Hier besteht auch die Möglichkeit berufsbezogene Deutschkurse am Arbeitsplatz anzubieten. Darüber hinaus kann auch die Notwendigkeit bestehen, gesonderte Informationsveranstaltungen für Migranten oder besondere Sprechstunden für diese durchzuführen. Nach § 75 Abs. 1 BetrVG sind der Betriebsrat, die JAV, aber auch der Arbeitgeber ausdrücklich verpflichtet, darüber zu wachen, dass eine Benachteiligung von Arbeitnehmern u. a. wegen ihrer Rasse, ethnischen Herkunft, Abstammung, Religion, Nationalität oder Herkunft unterbleibt. Damit wird der Gleichbehandlungsgrundsatz des Art. 3 GG noch einmal für den Bereich der Betriebe und Verwaltungen ausdrücklich betont. Zudem erfolgt eine direkte Verknüpfung mit dem AGG.

Es handelt sich dabei um elementare Grundsätze für die Behandlung von Betriebsangehörigen durch Arbeitgeber, Betriebsrat und JAV. Neben der Überwachungspflicht räumt diese Vorschrift dem Betriebsrat und der JAV ein Überwachungsrecht ein, sodass unabhängig von konkreten Anlässen oder Beschwerden betroffener Arbeitnehmer die Einhaltung der Grundsätze im Betrieb überwacht und bei Verstößen auf Abhilfe hingewirkt werden kann. Dabei gehört es zu den Aufgaben sowohl des Betriebsrats als auch der JAV, im Rahmen seiner bzw. ihrer Einflussmöglichkeiten aktiv für die Grundsätze einzutreten. Des Weiteren schließt diese Überwachungspflicht von Arbeitgeber und Betriebsrat auch die Pflicht ein, bei ihren eigenen gemeinsamen oder allein zu treffenden Maßnahmen die Grundsätze des § 75 zu beachten und einzuhalten. Dieses trifft ebenfalls für die JAV zu.

Das Beschwerdeverfahren nach § 13 AGG sowie den §§ 84 bzw. 85 BetrVG (**Beschwerderecht**) ermöglicht zudem diskriminierten Arbeitnehmern, sich beim Betriebsrat oder beim Arbeitgeber zu beschweren. Ebenso hat der Betriebsrat die Möglichkeit, nach § 104 Abs. 1 BetrVG vom Arbeitgeber die Versetzung oder die Entlassung eines Arbeitnehmers zu fordern, der den Betriebsfrieden insbesondere durch rassistische und fremdenfeindliche Betätigungen ernstlich stört. Diese Sanktionsmöglichkeit richtet sich nach der Schwere des Verstoßes, wobei die Verhältnismäßigkeit der Mittel zu berücksichtigen ist.

Einen Ansatz, die Benachteiligung von Migranten zu verringern, bieten u. a. die Mitbestimmungsregelungen des Betriebsrats bei betrieblichen Bildungsmaßnahmen (§§ 96 ff. BetrVG). Neben dem neuen Mitbestimmungsrecht bei der Frage, ob der Arbeitgeber betriebliche Bildungsmaßnahmen anbieten muss (§ 97 Abs. 2 BetrVG), besteht ein Mitbestimmungsrecht des Betriebsrats bei der Durchführung aller Maßnahmen der betrieblichen Berufsbildung, Fortbildung und Umschulung sowie bei der Einstellung von

Auszubildenden nach § 99 BetrVG. Wenn bei der Berufsausbildung die gesetzlichen Bestimmungen, wie z. B. die Ausbildungsordnungen, zu berücksichtigen sind, gibt es große Möglichkeiten für die Beseitigung von Diskriminierungen. So ergeben sich Mitbestimmungsmöglichkeiten bei der Erstellung von Auswahlrichtlinien nach § 95 bei der Einstellung. Weiterhin können die Inhalte möglicher Einstellungstests und deren Ergebnisse überprüft werden.

Auch wenn die Festlegung starrer Quoten für nichtdeutsche Auszubildende rechtlich nicht zulässig ist, da aufgrund des Gleichheitsgrundsatzes niemand wegen seiner Herkunft benachteiligt, aber auch nicht bevorzugt werden darf, besteht doch die Möglichkeit, sog. weiche Quoten gem. § 5 AGG in Vereinbarungen aufzunehmen. Danach dürfte eine Bevorzugungsregelung wirksam sein, die bei gleichwertiger und gleicher Qualifikation greift, eine Einzelfallbeurteilung voraussetzt sowie allgemein nicht unverhältnismäßig ist.

Der Betriebsrat hat nach § 98 BetrVG auch beim Ausbildungspersonal ein Mitbestimmungsrecht. So kann er die Abberufung eines Ausbilders fordern bzw. die Einstellung oder Beauftragung verhindern, wenn die fachliche und persönliche Eignung in dieser Person nicht vorliegt. Im Rahmen der Umsetzung betrieblicher Ausbildungspläne bzw. Weiterbildungsangebote des Betriebs bzw. der Verwaltung kann der Betriebsrat über sein Mitbestimmungsrecht Einfluss auf die Inhalte der Ausbildung nehmen und so z. B. interkulturelle Inhalte einbeziehen. Durch sein Mitbestimmungsrecht nach § 98 BetrVG kann der Betriebsrat Wesentliches zur Gleichbehandlung der Migranten beitragen, indem er sicherstellt, dass ihnen die gleichen Chancen beim Zugang gewährt werden. Dazu können betriebliche Auswahlkriterien und ein mit der Arbeitgeberseite ausgehandelter Fort- und Weiterbildungsplan für einzelne Berufe bzw. Arbeitnehmergruppen eine wichtige Grundlage bilden. Der Betriebliche Gleichstellungsbericht ist zu beziehen über http://www.infis.eu/.

Die JAV kann die zuvor genannten Maßnahmen beim Betriebsrat nach § 70 Abs. 1 Nr. 1 und 4 BetrVG beantragen, wenn sie den von ihr vertretenen Arbeitnehmern dienen.

Da gegen Fremdenfeindlichkeit, Rassismus und die Diskriminierung ethnischer Minderheiten nur gemeinsam durch alle Beteiligte in Betrieb und Verwaltung angegangen werden kann, sollte ein/e systematische/s, interkulturelle/s Personalpolitik bzw. -management entwickelt werden. Hierzu besteht auch eine Verpflichtung für die Betriebsparteien nach § 17 Abs. 1 AGG. Erster Schritt dazu ist eine Betriebsvereinbarung, die den Willen und

die Bereitschaft aller Beteiligten bekundet, jegliche Diskriminierung und Benachteiligung zu ächten und aktiv zu bekämpfen. In einer solchen Betriebsvereinbarung sind Diskriminierung und Benachteiligung eindeutig zu definieren, ausdrücklich zu verbieten und auch mit konkreten Sanktionen zu belegen. Solche Betriebsvereinbarungen können zur Aufdeckung von Diskriminierungen beitragen, wenn entsprechende Beschwerdemöglichkeiten und auch Beschwerdeverfahren in ihr geregelt sind.
Weitere Informationen hierzu unter: *www.migration-online.de*

Verwiesen werden soll auf folgende Informationsquellen:
- Migrationspolitisches Forderungs- und Arbeitspapier der IG Metall, 2007; Handlungshilfe der IG Metall-Jugend »Diskriminierung im Betrieb« 2009 im Extranet der IG Metall;
- Nationaler Integrationsplan 2007 (unter www.nationaler-integrationsplan.de);
- Sachverständigenrat der deutschen Stiftungen für Integration und Migration: Jahresgutachten 2010 mit Integrationsbarometer, zu beziehen über www.svr-migration.de;
- Berufsbezogene Deutschförderung, Infos unter www.bamf.de;
- Infos zum Thema Antidiskriminierung unter www.antidiskriminierungsstelle.de;
- Wlecklik, Petra, Interkulturelles Lernen in der Ausbildung, in: Cramer/Schmidt/Wittwer, Ausbilder Handbuch, Deutscher Wirtschaftsdienst, 2003;
- Edition der Hans-Böckler-Stiftung (Auswertung von Betriebsvereinbarungen): Akin/Dälken/Monz, Integration von Beschäftigten ausländischer Herkunft;
- Baustein für nichtrassistische Bildungsarbeit vom DGB-Bildungswerk Thüringen, 2. Auflage, insb. Kapitel 10 zum Thema »Rechtliche Instrumente ... gegen Diskriminierungen und Ungleichbehandlung am Arbeitsplatz« (unter *www.dgb-bwt.de*, siehe Projekte, erhältlich);
- Broschüre »Handreichung, Diskriminierung am Arbeitsplatz – aktiv werden für Gleichbehandlung« des DGB-Bundesvorstandes, Referat Migration, Postfach 110372, 10833 Berlin, der auch folgende Betriebsvereinbarung entnommen ist:

Beispiel für eine Betriebsvereinbarung

Förderung der Gleichbehandlung ausländischer Belegschaftsmitglieder
Betriebsvereinbarung
zwischen
der Geschäftsleitung ...
und dem Betriebsrat der Firma ...
wird zur Förderung der Gleichbehandlung aller ausländischen und deutschen Belegschaftsmitglieder folgende Betriebsvereinbarung abgeschlossen:

0. Präambel

Eine Unternehmenskultur, die sich durch ein partnerschaftliches Verhalten am Arbeitsplatz auszeichnet, bildet die Basis für ein positives innerbetriebliches Arbeitsklima und ist damit eine wichtige Voraussetzung für den wirtschaftlichen Erfolg eines Unternehmens.

In Anbetracht der Tatsache, dass das Zusammenleben von ausländischen und deutschen Belegschaftsmitgliedern nicht immer ohne Probleme verläuft, gleichwohl im Betrieb eine langjährige, im Wesentlichen positive Tradition der Zusammenarbeit besteht, wollen die vertragsschließenden Parteien mit dieser Betriebsvereinbarung die Gleichbehandlung fördern.

Vor diesem Hintergrund bekräftigen sie die Absicht, auch künftig sicherzustellen, dass
- in Ausfüllung des Gleichheitsgrundsatzes nach Artikel 3 Satz 1 Grundgesetz kein Belegschaftsmitglied wegen seines Geschlechtes, seiner Abstammung, seiner Rasse, seiner Sprache, seiner Heimat, seiner Herkunft, seines Glaubens, seiner religiösen oder politischen Anschauung benachteiligt oder bevorzugt wird: Auch darf niemand wegen seiner Behinderung benachteiligt werden;
- die einschlägigen Normen der Europäischen Gemeinschaft zur Gleichbehandlung beachtet werden;
- sämtliche im Unternehmen beschäftigten deutschen und ausländischen Belegschaftsmitglieder im Sinne des § 75 Betriebsverfassungsgesetz nach den Grundsätzen von Recht und Billigkeit sowie mit dem erforderlichen Respekt handeln und behandelt werden.

Mobbing gegen einzelne sowie Diskriminierung nach Herkunft und Hautfarbe und der Religion stellen am Arbeitsplatz eine schwerwiegende Störung des Arbeitsfriedens dar. Sie gelten als Verstoß gegen die Menschenwürde sowie als eine Verletzung des Persönlichkeitsrechts. Solche Verhaltensweisen sind unvereinbar mit den Bestimmungen der Arbeitsordnung.

Es besteht zwischen den vertragsschließenden Parteien Einvernehmen, dass bei der GmbH für Diskriminierung jeglicher Art kein Raum ist und sein darf.

Das Unternehmen verpflichtet sich, Mobbing und Diskriminierung zu unterbinden und ein partnerschaftliches Klima zu fördern und aufrecht zu erhalten. Dies gilt auch für die Werbung und Darstellung in der Öffentlichkeit.

1. Geltungsbereich

persönlich

2. Betriebliche Gleichbehandlungsgrundsätze

Zur Förderung eines konfliktfreien Miteinanders im Unternehmen ist besonderer Wert auf die Rechte und Pflichten eines jeden Belegschaftsmitgliedes zur Gleichbehandlung zu legen. Diese gelten insbesondere im Hinblick auf:

- **Personelle Angelegenheiten**
  Vor allem die personalverantwortlichen Führungskräfte sind bei personellen Einzelmaßnahmen (Einstellungen, Versetzungen, Lohn/Gehaltsfestsetzungen, Beförderungen, Austritte, Qualifizierungen etc.) gehalten, die Gleichbehandlung der Belegschaftsmitglieder nach einheitlichen Kriterien zu beachten.
  Offene Stellen sind in ihrer Besetzung auszuschreiben.
  Bei der Besetzung innerbetrieblicher Stellen sind vorrangig vorhandene Mitarbeiter zu berücksichtigen.
  Entscheidend dabei sind die fachliche Qualifikation und die persönliche Eignung in Bezug auf die Anforderungen des Arbeitsplatzes.
- **Soziale Angelegenheit**
  Auf betriebliche Sozialleistungen, die das Unternehmen auf freiwilliger Basis gewährt, haben deutsche und ausländische Belegschaftsmitglieder gleichermaßen Anspruch, sofern die Voraussetzungen hierzu erfüllt sind.
- **Berufsbildung**
  Gleichbehandlung und das Bemühen zur Integration sind schon im Rahmen der Berufsausbildung zu beachten, um den Auszubildenden ein entsprechendes Wertverständnis frühzeitig zu vermitteln.
  Die Auswahl von Bewerberinnen und Bewerbern für die Einstellung in Ausbildungsverhältnisse hat für alle Ausbildungsberufe nach einheitlichen Eignungskriterien und ohne Quoten- bzw. Schwerpunktbildung nach Nationalitäten in bestimmten Ausbildungsberufen zu erfolgen. Entscheidend ist das Gesamtbild des Bewerbers aus Testergebnis, persönlichem Eindruck im Vorstellungsgespräch und der Feststellung der gesundheitlichen Eignung.
  Die betrieblichen Ausbildungspläne sind für alle Auszubildenden des jeweiligen Ausbildungsberufes gleich. In besonderen Fällen werden ausbildungsbegleitende Hilfen angeboten.
  Das Weiterbildungsangebot des Unternehmens im Anschluss an die Berufsausbildung und damit verbundene Personalentwicklungsmaßnahmen stehen allen Belegschaftsmitgliedern offen. Zur Förderung der Integration werden u. a. interkulturelle Qualifizierungsmaßnahmen angeboten. Hierzu gehören vor allem eine Verbesserung der Sprachkompetenz und des Verständnisses für unterschiedliche Kulturen, um das Miteinander im Arbeitsleben zu erleichtern.
  Die vertragsschließenden Parteien werden gemeinsam auf die Durchführung der betrieblichen Gleichbehandlungsgrundsätze achten und diese fördern in dem Bewusstsein, dass nur Vergleichbares gleich behandelt werden kann. Eine Differenzierung ist nur dann zulässig, wenn besondere sachliche Gründe dies erfordern.

3. Verstöße gegen betriebliche Gleichbehandlungsgrundsätze

Die vertragsschließenden Parteien werden im Rahmen ihrer Einflussmöglichkeiten auf die Belegschaft und ggf. Dritte einwirken, um Verstöße gegen die unter Ziffern 1 und 2 aufgestellten Grundsätze zu verhindern oder zu beseitigen. Beschwerden über die Verletzung dieser Prinzipien sind gemäß § 84 Betriebsverfassungsgesetz an den Arbeitgeber zu richten.
Zur Verletzung dieser Prinzipien gehören unter anderem:
- Mobbing, wie beispielsweise
  - Verleumden von Werksangehörigen oder deren Familien,
  - Verbreiten von Gerüchten über Werksangehörige oder deren Familien,
  - absichtliches Zurückhalten von arbeitsnotwendigen Informationen oder sogar Desinformation,
  - Drohungen und Erniedrigungen,
  - Beschimpfung, verletzende Behandlung, Hohn und Aggressivität,

- unwürdige Behandlung durch Vorgesetzte, wie z. B. die Zuteilung kränkender, unlösbarer, sinnloser oder gar keiner Aufgaben.
- Diskriminierung, wie beispielsweise aus
  - rassistischen, ausländerfeindlichen oder religiösen Gründen, die in mündlicher oder schriftlicher Form geäußert werden sowie
  - diesbezüglicher Handlungen gegenüber Werksangehörigen.

Die o.g. Gründe gelten gleichermaßen für das Verhalten von Werksangehörigen gegenüber im Unternehmen beschäftigten Fremdfirmenangehörigen.

Soweit durch Diskriminierung ein konkreter Verstoß gegen die Gleichbehandlungsgrundsätze vorliegt, werden die vertragsschließenden Parteien entsprechend ihrer Zuständigkeit die hierfür gebotene Reaktion im Rahmen der betrieblichen Ordnungsmaßnahmen einleiten. Die Personalabteilung wird eine Klärung des Sachverhaltes herbeiführen und erforderliche Maßnahmen treffen.

Der Betriebsrat bietet diskriminierten Belegschaftsmitgliedern Beratung und Unterstützung an, soweit erforderlich kann er hierzu besondere Vertrauenspersonen benennen; die diskriminierten Personen können diese hinzuziehen oder sich durch sie vertreten lassen.

4. Beschwerderecht

Wenn eine persönliche Zurechtweisung durch die belästigte Person im Einzelfall erfolglos ist oder unangebracht erscheint, können sich die betroffenen Werksangehörigen, die sich durch Missachtung der unter Punkt 2 beschriebene Grundsätze beeinträchtigt fühlen, an die nachfolgenden Stellen wenden:
Verantwortliche Stellen in diesem Sinne sind insbesondere
- der/die betrieblichen Vorgesetzte/n
- der Betriebsrat
- das Personalwesen

Diese haben die Aufgabe, unverzüglich, spätestens innerhalb einer Woche nach Kenntnis des Vorfalls:
- die Betroffenen zu beraten und zu unterstützen,
- in getrennten oder gemeinsamen Gesprächen mit den Belästigenden und den belästigten Personen den Sachverhalt festzustellen und zu dokumentieren,
- die belästigende Person über die tatsächlichen und arbeitsrechtlichen Zusammenhänge und Folgen einer Belästigung im vorgenannten Sinne am Arbeitsplatz aufzuklären,
- den zuständigen Gremien Gegenmaßnahmen und ggf. arbeitsrechtliche Konsequenzen im Rahmen der bestehenden Verfahren vorzuschlagen,
- allen – auch vertraulichen – Hinweisen und Beschwerden von Belästigungen im vorgenannten Sinne nachzugehen,
- auf Wunsch die/den Betroffene/n zu/in allen Gesprächen und Besprechungen einschließlich zu Sitzungen des Personalausschusses zu begleiten, zu beraten und sie in ihrer Vertretung zu unterstützen.

Über die Teilnahme von Vertrauenspersonen an seinen Sitzungen entscheidet der Personalausschuss in Abwägung der Umstände des Einzelfalls.

Darüber hinaus können sich betroffene Werksangehörige auch jederzeit an Personen ihres Vertrauens wenden.

Die §§ 84 und 85 des Betriebsverfassungsgesetzes über das allgemeine Beschwerderecht bleiben unberührt.

Die Beschwerde darf nicht zu Benachteiligung führen.

5. Vertraulichkeit

Über die Informationen und Vorkommnisse persönlicher Daten und Gespräche ist absolutes Stillschweigen gegenüber Dritten zu bewahren, die nicht am Verfahren beteiligt sind.

6. Maßnahmen

Das Unternehmen hat die dem Einzelfall angemessenen betrieblichen Maßnahmen, wie z. B.
- Belehrung,
- Abmahnung oder
- Kündigung zu ergreifen.

Die Durchführung erfolgt in Abstimmung mit dem Betriebsrat.
Zur Abhilfe kann auch ein Beratungs- und/oder Therapieangebot erfolgen.
Im Übrigen gelten die einschlägigen gesetzlichen Bestimmungen, z. B. das Beschäftigtenschutzgesetz.

7. Schlussbestimmung

Die Betriebsvereinbarung tritt am ... in Kraft. Sie kann mit einer Frist von 3 Monaten zum Jahresende, erstmals zum ... gekündigt werden. Wird diese Betriebsvereinbarung gekündigt, z. B. im Falle einer Änderung einschlägiger gesetzlicher Vorschriften oder Rechtsprechung, gelten die Festlegungen dieser Betriebsvereinbarung bis zum Abschluss einer neuen Vereinbarung weiter.

Ausschüsse für Berufsbildung

Grundlagen

Ausschüsse für Berufsbildung werden von den in § 71 BBiG aufgeführten »zuständigen Stellen« errichtet; z.b. für Berufe der Handwerksordnung die Handwerkskammern; für Gewerbeberufe die Industrie- und Handelskammern; für die Berufsbildung von Fachangestellten die jeweils entsprechenden Kammern. Dies regeln die Bestimmungen des § 77 bzw. § 82 BBiG für die Landesausschüsse für Berufsbildung bei den Landesregierungen.

Den nach § 77 BBiG errichteten Berufsbildungsausschüssen gehören sechs Beauftragte der Arbeitgeber, sechs Beauftragte der Arbeitnehmer und sechs Lehrkräfte an berufsbildenden Schulen an, diese jedoch mit beratender Stimme sofern nicht Belange der Schule betroffen sind.

Die Beauftragten der Arbeitnehmer werden auf Vorschlag der auf Landesebene bestehenden Gewerkschaften berufen. Die Tätigkeit ist ehrenamtlich.

Die Aufgaben der Berufsbildungsausschüsse sind in § 79 geregelt.

(1) Der Berufsbildungsausschuss ist in allen wichtigen Angelegenheiten der beruflichen Bildung zu unterrichten und zu hören. Er hat im Rahmen seiner Aufgaben auf eine stetige Entwicklung der Qualität der beruflichen Bildung hinzuwirken.

(2) Wichtige Angelegenheiten, in denen der Berufsbildungsausschuss anzuhören ist, sind insbesondere:
1. Erlass von Verwaltungsgrundsätzen über die Eignung von Ausbildungs- und Umschulungsstätten, für das Führen von schriftlichen Ausbildungsnachweisen, für die Verkürzung der Ausbildungsdauer, für die vorzeitige Zulassung zur Abschlussprüfung, für die Durchführung der Prüfungen, zur Durchführung von über- und außerbetrieblicher Ausbildung sowie Verwaltungsrichtlinien zur beruflichen Bildung,
2. Umsetzung der vom Landesausschuss für Berufsbildung empfohlenen Maßnahmen,
3. wesentliche inhaltliche Änderungen des Ausbildungsvertragsmusters.

(3) Wichtige Angelegenheiten, in denen der Berufsbildungsausschuss zu unterrichten ist, sind insbesondere:
1. Zahl und Art der der zuständigen Stelle angezeigten Maßnahmen der Berufsausbildungsvorbereitung und beruflichen Umschulung sowie der eingetragenen Berufsausbildungsverhältnisse,
2. Zahl und Ergebnisse von durchgeführten Prüfungen sowie hierbei gewonnene Erfahrungen,
3. Tätigkeit der Berater und Beraterinnen nach § 76 Abs. 1 Satz 2,
4. für den räumlichen und fachlichen Zuständigkeitsbereich der zuständigen Stelle neue Formen, Inhalte und Methoden der Berufsbildung,

5. Stellungnahmen oder Vorschläge der zuständigen Stelle gegenüber anderen Stellen und Behörden, soweit sie sich auf die Durchführung dieses Gesetzes oder der auf Grund dieses Gesetzes erlassenen Rechtsvorschriften beziehen,
6. Bau eigener überbetrieblicher Berufsbildungsstätten,
7. Beschlüsse nach Absatz 5 sowie beschlossene Haushaltsansätze zur Durchführung der Berufsbildung mit Ausnahme der Personalkosten,
8. Verfahren zur Beilegung von Streitigkeiten aus Ausbildungsverhältnissen,
9. Arbeitsmarktfragen, soweit sie die Berufsbildung im Zuständigkeitsbereich der zuständigen Stelle berühren.

(4) Der Berufsbildungsausschuss hat die auf Grund dieses Gesetzes von der zuständigen Stelle zu erlassenden Rechtsvorschriften für die Durchführung der Berufsbildung zu beschließen. Gegen Beschlüsse, die gegen Gesetz oder Satzung verstoßen, kann die zur Vertretung der zuständigen Stelle berechtigte Person innerhalb einer Woche Einspruch einlegen. Der Einspruch ist zu begründen und hat aufschiebende Wirkung. Der Berufsbildungsausschuss hat seinen Beschluss zu überprüfen und erneut zu beschließen.

(5) Beschlüsse, zu deren Durchführung die für Berufsbildung im laufenden Haushalt vorgesehenen Mittel nicht ausreichen, bedürfen für ihre Wirksamkeit der Zustimmung der für den Haushaltsplan zuständigen Organe. Das Gleiche gilt für Beschlüsse, zu deren Durchführung in folgenden Haushaltsjahren Mittel bereitgestellt werden müssen, die die Ausgaben für Berufsbildung des laufenden Haushalts nicht unwesentlich übersteigen.

(6) Abweichend von § 77 Abs. 1 haben die Lehrkräfte Stimmrecht bei Beschlüssen zu Angelegenheiten der Berufsausbildungsvorbereitung und Berufsausbildung, soweit sich die Beschlüsse unmittelbar auf die Organisation der schulischen Berufsbildung auswirken.

Eine wichtige Aufgabe des Berufsbildungsausschusses ist es, auf eine stetige Entwicklung der Qualität der beruflichen Bildung hinzuwirken (§ 79 Abs. 1 Satz 2). Hierzu gehört vor allem, darauf hinzuwirken, dass Ausbildungsbetriebe eine Ausbildungsplanung vornehmen, über geeignetes Ausbildungspersonal verfügen und die Lernorte Betrieb und Schule kooperieren. Die Ausbildungsbetriebe sollten durch Aktivitäten des Berufsbildungsausschusses und der zuständigen Stelle dabei unterstützt werden, eine qualitativ hochwertige Berufsausbildung durchzuführen. So können beispielsweise Informationsveranstaltungen zum Thema Ausbildungsplanung durchgeführt werden oder gute Ausbildungsbeispiele aus der Region veröffentlicht werden.

Neben dem Berufsbildungsausschuss gibt es Landesausschüsse für Berufsbildung nach § 82 BBiG bei den Landesregierungen.

§ 82 hat folgenden Wortlaut:

(1) Bei der Landesregierung wird ein Landesausschuss für Berufsbildung errichtet. Er setzt sich zusammen aus einer gleichen Zahl von Beauftragten der Arbeitgeber, der Arbeitnehmer und der obersten Landesbehörden. Die Hälfte der Beauftragten der obersten Landesbehörden muss in Fragen des Schulwesens sachverständig sein.

(2) Die Mitglieder des Landesausschusses werden längstens für vier Jahre von der Landesregierung berufen, die Beauftragten der Arbeitgeber auf Vorschlag der auf Landesebene bestehenden Zusammenschlüsse der Kammern, der Arbeitgeberverbände und

der Unternehmerverbände, die Beauftragten der Arbeitnehmer auf Vorschlag der auf Landesebene bestehenden Gewerkschaften und selbständigen Vereinigungen von Arbeitnehmern mit sozial- oder berufspolitischer Zwecksetzung. Die Tätigkeit im Landesausschuss ist ehrenamtlich. Für bare Auslagen und für Zeitversäumnis ist, soweit eine Entschädigung nicht von anderer Seite gewährt wird, eine angemessene Entschädigung zu zahlen, deren Höhe von der Landesregierung oder der von ihr bestimmten obersten Landesbehörde festgesetzt wird. Die Mitglieder können nach Anhören der an ihrer Berufung Beteiligten aus wichtigem Grund abberufen werden. Der Ausschuss wählt ein Mitglied, das den Vorsitz führt, und ein weiteres Mitglied, das den Vorsitz stellvertretend übernimmt. Der Vorsitz und seine Stellvertretung sollen nicht derselben Mitgliedergruppe angehören.

(3) Die Mitglieder haben Stellvertreter oder Stellvertreterinnen. Die Absätze 1 und 2 gelten für die Stellvertreter und Stellvertreterinnen entsprechend.

(4) Der Landesausschuss gibt sich eine Geschäftsordnung, die der Genehmigung der Landesregierung oder der von ihr bestimmten obersten Landesbehörde bedarf. Sie kann die Bildung von Unterausschüssen vorsehen und bestimmen, dass ihnen nicht nur Mitglieder des Landesausschusses angehören. Absatz 2 Satz 2 gilt für die Unterausschüsse hinsichtlich der Entschädigung entsprechend. An den Sitzungen des Landesausschusses und der Unterausschüsse können Vertreter der beteiligten obersten Landesbehörden, der Gemeinden und Gemeindeverbände sowie der Agentur für Arbeit teilnehmen.

(5) Der Landesausschuss ist beschlussfähig, wenn mehr als die Hälfte seiner Mitglieder anwesend ist. Er beschließt mit der Mehrheit der abgegebenen Stimmen.

Aufgabe der Landesausschüsse ist die Beratung der Landesregierungen in den Fragen der Berufsbildung, die sich für das Land ergeben. Insbesondere hat er, wie § 83 Abs. 2 BBiG bestimmt, im Interesse einer einheitlichen Berufsbildung auf eine Zusammenarbeit zwischen der schulischen Berufsbildung und der Berufsbildung nach dem Berufsbildungsgesetz hinzuwirken.

Bedeutung für den Betriebsrat/die JAV

Bei Problemen in der Berufsausbildung oder bei Beratungsbedarf zur Durchführung einer Berufsausbildung, sind die Ausbildungsberater/innen bei den zuständigen Stellen eine mögliche Anlaufstelle. Es können auch die Arbeitnehmervertreter in den Berufsbildungsausschüssen über die zuständige Gewerkschaft angesprochen werden.

Ausserbetriebliche und überbetriebliche Ausbildung

Unter außerbetrieblicher Ausbildung wird die praktische Berufsbildung in reinen Ausbildungsbetrieben verstanden. Der Betriebszweck des Ausbildungsträgers ist die Berufsausbildung. Bei überbetrieblicher Ausbildung finden einzelne Ausbildungsabschnitte nicht im eigentlichen Ausbildungsbetrieb statt.

Grundlagen

Für eine rechtliche Bewertung lassen sich zwei wesentliche Problembereiche bei außerbetrieblicher und überbetrieblicher Ausbildung benennen: zum einen die Zuständigkeit und das Wahlrecht zu einer Interessenvertretung und zum anderen die Gültigkeit von Tarifverträgen.

Interessenvertretung bei außerbetrieblicher Ausbildung

Auszubildende, deren praktische Berufsausbildung in einem reinen Ausbildungsbetrieb stattfindet, gelten nicht als Arbeitnehmer im Sinne des § 5 BetrVG und sind somit nicht berechtigt zur Wahl einer JAV oder zu einem BR. Dies hat das BAG in verschiedenen Urteilen entschieden (BAG vom 21.7.1993, 7 ABR 35/92 sowie vom 20.3.1995, 7 ABR 34/95, 7 ABR 41/95, 7 ABR 46/95).

Der Gesetzgeber hat im Rahmen der BBiG-Refom 2005 den neuen Abschnitt 6 »Interessenvertretung« ins BBiG aufgenommen. Zu den außerbetrieblichen Auszubildenden zählen laut § 51 BBiG Auszubildende, deren praktische Berufsbildung in einer sonstigen Berufsbildungseinrichtung außerhalb der schulischen und betrieblichen Berufsbildung stattfindet und die nicht wahlberechtigt zu anderen Gremien wie Betriebsrat oder Jugend- und Auszubildendenvertretung sind. Der § 52 BBiG regelt, dass das Bundesministerium für Bildung und Forschung berechtigt ist, eine Verordnung zu erlassen, in der die Rechte und Möglichkeiten der Interessenvertretung sowie das Verfahren zu deren Wahl geregelt werden.

Leider ist jedoch der bereits im Gesetzgebungsverfahren strittig gewesene Punkt über die Rechte der Interessenvertretung bis heute offen geblieben: Eine die Rechte der Interessenvertretung und das Verfahren zu deren Wahl klärende Verordnung wurde bis heute nicht erlassen.

Damit die Wahrnehmung der Interessen von außerbetrieblichen Auszubildenden dennoch erfolgen kann, hat der Hauptausschuss des Bundesinstituts für Berufsbildung (BBIB) – quasi als Ersatz für die Verordnung – einen Vorschlag unterbreitet, auf deren Grundlage die Interessenvertretung auf freiwilliger Basis eingerichtet werden kann. Eine rechtliche Grundlage besteht somit weiterhin nicht.

Der Vorschlag des BBIB sieht vor, dass die Interessenvertretung ab fünf Auszubildenden gewählt werden kann. Neben der Größe der Interessenvertretung werden hier auch deren Aufgaben in Anlehnung an §70 BetrVG sowie deren Beteiligungsrechte und das Verfahren zur Wahl geregelt.

Die DGB-Jugend stellt auf ihren Internetseiten die erforderlichen Unterlagen und Materialien zur Wahl einer Interessenvertretung zur Verfügung: *www.dgb-jugend.de*.

Interessenvertretung bei überbetrieblicher Ausbildung

Anders verhält es sich bei überbetrieblicher Ausbildung, bei der Teile der Ausbildung in überbetrieblichen Ausbildungsstätten (Ausbildungszentren) stattfinden. Das BAG hat am 13.3.1991 (7 ABR 89/89) zur Frage der Ausbildung in mehreren Betrieben folgenden Leitsatz beschlossen:

> *»Wird die betriebliche Berufsausbildung abschnittsweise jeweils in verschiedenen Betrieben des Ausbildungsunternehmens oder eines mit ihm verbundenen Unternehmens durchgeführt, jedoch von einem der Betriebe des Ausbildungsunternehmens derart zentral, mit bindender Wirkung auch für die anderen Betriebe, geleitet, dass die wesentlichen, der Beteiligung des Betriebsrats unterliegenden, die Ausbildungsverhältnisse berührenden Entscheidungen dort getroffen werden, so gehört der Auszubildende während der gesamten Ausbildungszeit dem die Ausbildung leitenden Stammbetrieb an und ist dort wahlberechtigt zum Betriebsrat und zur JAV. Dagegen begründet die vorübergehende Beschäftigung der Auszubildenden in den anderen Betrieben keine Wahlberechtigung zu deren Arbeitnehmervertretungen.«*

Auszubildende haben somit vorrangig in dem Betrieb das Wahlrecht zu Arbeitnehmervertretungen, in dem die »wesentlichen, der Beteiligung des Betriebsrats unterliegenden, die Ausbildungsverhältnisse berührenden Entscheidungen getroffen werden«.

Eine ebenfalls wichtige Entscheidung wurde vom BAG am 12.11.1991 (1 ABR 21/91) zur Frage der lediglich formalen Übertragung der Ausbildung an ein anderes Unternehmen getroffen.

Leitsatz:
»Der Arbeitgeber ist Träger einer Berufsbildungsmaßnahme, wenn er diese zwar von einem anderen Unternehmen durchführen lässt, aber auf Inhalt und Gestaltung den beherrschenden Einfluss hat.«

Auch wenn es sich bei dem dieser Entscheidung zugrunde liegenden Fall um eine Weiterbildungsmaßnahme handelt, muss davon ausgegangen werden, dass diese ebenso für die Fragen der beruflichen Erstausbildung anzunehmen ist.

Bedeutung für den Betriebsrat/die JAV

Für den Bereich der überbetrieblichen Ausbildung gilt, dass die Auszubildenden dort als Wahlberechtigte in die Wählerliste aufgenommen werden sollten, wo die Interessenvertretung tatsächlich praktiziert wird. Entscheidend ist, wo der beherrschende Einfluss auf Inhalt und Gestaltung der Berufsausbildung stattfindet.

Gleiches gilt für außerbetriebliche Auszubildende, die im Rahmen ihrer Ausbildung ein betriebliches Praktikum absolvieren: Sie sind als wahlberechtigt zur JAV in die Wählerliste des Praktikumbetriebes mit aufzunehmen.

Für die Wahl der Interessenvertretung in außerbetrieblichen Ausbildungsstätten mangelt es weiterhin an einer rechtsverbindlichen Grundlage. Dennoch sollte der Vorschlag des BBIB, eine solche auf freiwilliger Basis zu errichten, in die Praxis umgesetzt werden. Es bleibt zu hoffen, dass das zuständige Bildungsministerium anhand dieser praktischen Erfahrungen dann hoffentlich doch noch seine Verantwortung wahrnimmt und die in § 52 vorgesehene Verordnug erlässt.

Tariflicher Geltungsbereich

Grundsätzlich gelten Tarifverträge für die Mitglieder der tarifvertragschließenden Parteien im räumlichen, persönlichen und fachlichen Geltungsbereich. Darüber hinaus ist zu beachten, was im Ausbildungsvertrag geregelt ist. Im Standardausbildungsvertrag ist ein Bezug zur tariflichen Vergütung und Arbeitszeit formuliert. Fehlt ein tariflicher Bezug im Ausbildungsvertrag, ist oftmals die Höhe der Ausbildungsvergütung bei einer außerbetrieblichen Ausbildung strittig.

Nach § 17 Abs. 1 BBiG hat der Ausbildende dem Auszubildenden eine angemessene Vergütung zu gewähren. Eine genauere Bestimmung des Begriffes »angemessene Vergütung« hat das BAG in seiner Entscheidung vom 10.4.1991 (5 AZR 226/90) vorgenommen:

> »Vertraglich vereinbarte Ausbildungsvergütungen sind jedenfalls dann nicht mehr angemessen im Sinne des § 10 Abs. 1 Satz 1 Berufsbildungsgesetz (neu § 17 Abs. 1 Satz 1 BBiG), wenn sie die in einem für den Ausbildungsbetrieb einschlägigen Tarifvertrag enthaltenen Vergütungen um mehr als 20 % unterschreiten.«

In einer weiteren Entscheidung vom 11.10.1995 (5 AZR 258/95) hat das BAG jedoch auch eine Vergütung außerhalb der 20-%-Grenze für zulässig erklärt, obwohl der Anspruch auf tarifliche Vergütung im Ausbildungsvertrag vorgesehen war. Als Gründe führt das BAG an, dass in dem vorliegenden Fall die Ausbildung in einem Ausbildungsring für verschiedene Branchen losgelöst von Betrieben stattfand und deshalb keine Zuordnung zu einem Tarifvertrag möglich war. Des Weiteren wurde der Ausbildungsring zu 100 % durch öffentliche Mittel bezuschusst und zur Behebung eines Notstandes im Ostteil Berlins gegründet. Das BAG sah keine Vorteile für den Ausbildungsring durch die Finanzierung durch die Bundesanstalt für Arbeit. Jedoch hat das BAG in seiner Entscheidung vom 11.10.1995 eine wesentliche Einschränkung vorgenommen, und zwar darf nicht der Umgehungstatbestand der Tarifautonomie erfüllt werden.

> »Der Umstand allein, dass der Inhaber des Ausbildungsbetriebes den Berufsausbildungsvertrag nicht selbst abschließt, sondern sich eines nicht tarifgebundenen Dritten bedient, rechtfertigt es nicht, bei der Prüfung der Angemessenheit der Ausbildungsvergütung von der Orientierung an den einschlägigen Tarifverträgen Abstand zu nehmen. Anderenfalls bestünde die Gefahr einer Aushöhlung der Tarifautonomie. Es wäre denkbar, dass tarifgebundene Ausbildende mit ihren Auszubildenden nicht mehr selbst Berufsausbildungsverträge abschließen, sondern diese durch nicht tarifgebundene Dritte abschließen lassen, die Jugendlichen aber dann doch aufgrund entsprechender Abrede in den Betrieben der tarifgebundenen Arbeitgeber ausgebildet werden. In solchen Fällen wäre bei der Bestimmung der angemessenen Vergütung weiterhin von den tariflichen Sätzen auszugehen. Dies gilt gerade für den Fall, dass die zur Ausbildung überlassenen Jugendlichen genauso ausgebildet werden wie die Auszubildenden, mit denen der Inhaber des Ausbildungsbetriebes selbst Berufsausbildungsverträge abgeschlossen hat.«

Bedeutung für die Auszubildenden

Sollte keine tarifliche Ausbildungsvergütung gezahlt werden, ist unbedingt eine rechtliche Überprüfung der Situation angeraten. Im Übrigen gehören zu einer Ausbildungsvergütung, die maximal um 20% unter dem Tarif liegen darf, auch die Sonderzahlungen (Urlaubs-, Weihnachtsgeld) und die vermögenswirksamen Leistungen.

Vor allem außerbetriebliche Auszubildende sind gegenüber betrieblichen Auszubildenden in vielfacher Hinsicht benachteiligt. Sie haben bei dem außerbetrieblichen Ausbildungsträger weder die Chance, nach der Ausbildung übernommen zu werden, noch den Anspruch auf eine tarifliche Ausbildungsvergütung. Immerhin kann sich aber die Interessenvertretung, sofern sie gewählt wird, an der Gestaltung der Ausbildungsbedingungen mitwirken.

Aussetzen von Beschlüssen des Betriebsrats

Grundlagen

In § 66 Abs. 3 BetrVG ist geregelt, dass die JAV einen Beschluss des Betriebsrats für die Dauer von einer Woche aussetze kann (→ **Betriebsrat**). Dies ist jedoch nur möglich, wenn der Betriebsratsbeschluss eine besondere Beeinträchtigung wichtiger Interessen der Jugendlichen und Auszubildenden bedeutet. Während der Frist der Aussetzung des Beschlusses soll eine Verständigung gegebenenfalls mithilfe der im Betrieb vertretenen Gewerkschaften versucht werden. Wird der Beschluss bestätigt, so kann er nicht mehr ausgesetzt werden und wird wirksam.

Sollte der Betriebsrat einen Beschluss fassen, der überwiegend die Jugendlichen und Auszubildenden betrifft, und wird dieser Beschluss von der JAV oder den Jugendlichen und Auszubildenden nicht akzeptiert, so kann er für eine Woche außer Kraft gesetzt werden (§ 66 BetrVG). Sollte sich jedoch die JAV bei der Beschlussfassung im Betriebsrat mehrheitlich für den Beschluss ausgesprochen haben, besteht kein Recht mehr, diesen Beschluss auszusetzen.

Oftmals kommt es zu einem Aussetzungsantrag, wenn die JAV, entgegen der Regelung des § 67 Abs. 1 und 2 BetrVG, vom Betriebsrat nicht zur Behandlung der die Jugendlichen und Auszubildenden überwiegend betreffenden Angelegenheiten hinzugezogen worden ist.

Bedeutung für den Betriebsrat/die JAV

Die Aussetzung eines Betriebsratsbeschlusses nach § 66 BetrVG empfiehlt sich nur in Ausnahmefällen. Ein solches Verfahren wird im Einzelfall sicherlich nicht zu einer besseren Zusammenarbeit zwischen Betriebsrat und JAV beitragen.

Wichtig ist, dass die Kommunikation zwischen Betriebsrat und JAV gut funktioniert. Dadurch können Situationen, die zur Aussetzung von Beschlüssen führen, verhindert werden. Deshalb sollte Folgendes beachtet werden:

1. Bereits vor einer Betriebsratssitzung sollten Betriebsratsmitglieder über die Haltung der JAV bzw. der Jugendlichen und Auszubildenden zu einem im Betriebsrat zu beratenden Thema informiert werden. Werden dabei Mehrheitsverhältnisse gegen das Anliegen der JAV deutlich, so kann das Thema zu einem späteren Zeitpunkt in den Betriebsrat eingebracht werden. Zwischenzeitlich kann versucht werden, für eine andere Mehrheit zu werben.
2. Bevor die Aussetzung eines Beschlusses des Betriebsrats nach § 66 BetrVG beantragt wird, ist zu prüfen, ob keine andere Lösungsmöglichkeit besteht.
3. Bei Konflikten sollte die zuständige Gewerkschaft unbedingt einbezogen werden, damit sie zwischen Betriebsrat und JAV vermitteln kann.

Beispiel für einen Aussetzungsantrag:
An den Betriebsrat   Düsseldorf, den ...
z. H. des Vorsitzenden
Betr.: Aussetzung des Beschlusses zur Senkung des Fahrtkostenzuschusses
Liebe Kolleginnen und Kollegen,
die JAV wurde auf der Sitzung ... darüber informiert, dass der Betriebsrat der Senkung des Fahrtkostenzuschusses zugestimmt hat. Entsprechend der §§ 35, 66 des BetrVG beantragt die JAV die Aussetzung des Beschlusses von einer Woche.
Gleichzeitig beantragt die JAV eine erneute Sitzung des Betriebsrats mit dem Tagesordnungspunkt »Fahrtkostenzuschuss für Auszubildende«, zu der alle Mitglieder der JAV eingeladen werden.
Mit freundlichen Grüßen
Jugend- und Auszubildendenvertretung

Auswahlverfahren/Auswahlricht- linien/Einstellungstests

Grundlagen

In § 95 Abs. 1 BetrVG ist geregelt, dass Richtlinien über die personelle Auswahl bei Einstellungen, Versetzungen, Umgruppierungen, Kündigungen der Zustimmung des Betriebsrats bedürfen.

Wenn ein Arbeitgeber neue Auszubildende einstellen will und hierzu ein entsprechendes Einstellungsverfahren entwickelt (z.B. Einstellungstest, Vorstellungsgespräche), muss dieses Verfahren mit dem Betriebsrat abgestimmt werden. Der Betriebsrat hat ein Mitbestimmungsrecht; kommt eine Einigung nicht zustande, entscheidet die Einigungsstelle.

Das Gleiche gilt, wenn ein Betrieb zur Übernahme auslernender Auszubildender ein Auswahlverfahren festlegt.

Nach § 67 Abs. 3 Satz 2 BetrVG soll der Betriebsrat Angelegenheiten, die besonders die Wahlberechtigten der JAV betreffen, dieser zur Beratung zuleiten. Auch hat die JAV nach § 67 Abs. 1 und 2 BetrVG ein Teilnahme- und Stimmrecht an Betriebsratssitzungen, wenn es um Beschlüsse des Betriebsrats, die überwiegend die Wahlberechtigten zur JAV betreffen, geht. Da Einstellungsverfahren sowohl zu Ausbildungsbeginn als auch bei der Übernahme überwiegend die Auszubildenden und somit die Wahlberechtigten zur JAV betreffen, ist diese in den Beratungs- und Beschlussfassungsprozess über entsprechende Auswahlrichtlinien vom Betriebsrat einzubeziehen.

Bedeutung für den Betriebsrat/die JAV

Auswahlverfahren (Stellenwert von Schulnoten, Test, Vorstellungsgespräche) sollen aus Arbeitgebersicht dazu beitragen, die bestmöglichen Kandidaten für eine Einstellung auszuwählen. Aus Sicht der JAV und des Betriebsrats ist dabei jedoch zu berücksichtigen, dass ein Verfahren, das sich daran orientiert, die Besten auszuwählen, für alle Schwächeren keine Chance offen hält. Für all diejenigen, die bereits im Betrieb sind, hat es ebenso negative Auswirkungen, da das Leistungsniveau insgesamt hoch geschraubt wird. Des-

halb sollten die JAV und der Betriebsrat darauf achten, dass bei der Auswahl soziale Gesichtspunkte berücksichtigt werden. Das heißt beispielsweise,
- dass Frauen gezielt gefördert werden. Vor allem in Berufen mit traditionell geringem Frauenanteil sind Bewerberinnen bevorzugt einzustellen, bis ein Verhältnis von 50 zu 50 zwischen den Geschlechtern erreicht ist;
- dass die Bewerber mit Hauptschulabschluss angemessen berücksichtigt werden, zum Beispiel durch Festlegung von Gruppen, die der regionalen Zusammensetzung der Schulabgänger entsprechen;
- dass nach einem festgelegten Schlüssel Ausbildungsplätze für besonders benachteiligte Bewerber freigehalten werden.

Bedeutung für Jugendliche und Auszubildende

Immer dann, wenn der Mangel an Ausbildungs- und Arbeitsplätzen besonders groß ist, verschärft sich die Auslese im Sinne der Arbeitgeber. Umgekehrt gilt auch, wenn die Bewerbungszahlen sinken, werden auch Bewerber, die vorher von vornherein als »ungeeignet« abqualifiziert worden sind, von den Unternehmen umworben. Wird man in einem Auswahlverfahren »aussortiert«, bedeutet dieses nicht, dass man selbst schuld ist und gegebenenfalls »zu dumm« ist. Verantwortlich dafür ist der Mangel an Arbeits- und Ausbildungsplätzen.

Muster für Betriebsvereinbarung

Auswahlrichtlinien für die Einstellung von Auszubildenden

1. Ziel

   Mit dieser Betriebsvereinbarung werden die Auswahlrichtlinien für die Einstellung von Auszubildenden vereinbart. Ziel dieses Verfahrens ist, jeden Auszubildenden auf den richtigen (richtig = entsprechend der Neigung und Eignung der Jugendlichen) Ausbildungsplatz zu vermitteln.

2. Geltungsbereich

   Diese Vereinbarung gilt:
   1. räumlich: für (z.B.) die Hauptverwaltung und alle Niederlassungen/Zweigstellen/Filialen des Unternehmens ...
   2. persönlich: für alle Bewerber um Ausbildungsstellen.

3. Die Ausbildungsberufe und die Zahl der einzustellenden Auszubildenden für die einzelnen Ausbildungsberufe werden gemeinsam vom Betriebsrat und der Unternehmensleitung festgelegt.

Für die Besetzung der Ausbildungsstellen mit Jungen/Mädchen bzw. Männern/ Frauen gilt der Grundsatz der Parität, d.h., 50 % der Ausbildungsplätze sollen mit männlichen, 50 % mit weiblichen Bewerbern besetzt werden.

4. Die Ausbildungsberufe und die Zahl der Ausbildungsplätze werden dem Arbeitsamt gemeldet, und zwar jeweils am 1. September für das am 1. September des nächsten Jahres beginnende Ausbildungsjahr.

5. Informationen für interessierte Jugendliche

    In Zusammenarbeit mit dem Arbeitsamt und den betreffenden Schulen werden Informationsveranstaltungen durchgeführt.

    Beispiel:
    a) Informationsabende
    b) Tag der offenen Tür
    c) Unterrichtsbesuche
    d) Plätze für Betriebspraktika werden angeboten

6. Bewerbungsschlussdatum

    Das Bewerbungsschlussdatum wird festgelegt auf den 15. Dezember.

7. Für die Auswahl der Bewerber um Ausbildungsstellen gelten folgende Regelungen:

    Absolventen allgemein bildender und berufsbildender Schulen werden nach folgendem Schlüssel berücksichtigt:

    a) Absolventen von Sonderschulen werden bei den entsprechenden Schulabschlüssen (Hauptschule, mittlerer Bildungsabschluss, Abitur) berücksichtigt. Absolventen von Sonderschulen für Lernbehinderte werden nach Rücksprache mit Eltern, Berufsberatern, Lehrern und Ausbildungsberatern der Industrie- und Handelskammer gesondert berücksichtigt. Ziel ist es, jedes Jahr auch Lernbehinderten die Chance einer Berufsausbildung zu geben.

    b) Hauptschüler

    sollen mindestens zu ...% bei der Gesamtzahl der Auszubildenden berücksichtigt werden. Für die einzelnen Ausbildungsberufe ist folgender Anteil einzuhalten:

    Industriemechaniker/in ...%
    Bürokaufmann/-frau ...%
    Industriekaufmann/-frau ...%

    c) Bewerber mit mittlerem Bildungsabschluss (Sek. I) sind bei der Gesamtzahl der Auszubildenden mit ...% zu berücksichtigen.

    Für die einzelnen Ausbildungsberufe gilt folgender Anteil:

    Industriemechaniker/in ...%
    Bürokaufmann/-frau ...%
    Industriekaufmann/-frau ...%

    d) Bewerber mit Abschluss Berufsgrundbildungsjahr sind mit ...% zu berücksichtigen.

    Für die einzelnen Ausbildungsberufe gilt folgender Anteil:

    Industriemechaniker/in ...%
    Bürokaufmann/-frau ...%
    Industriekaufmann/-frau ...%

    e) Bewerber mit Abschluss Berufsfachschule sind mit ...% zu berücksichtigen.

    Für die einzelnen Ausbildungsberufe gilt folgender Anteil:

    Industriemechaniker/in ...%
    Bürokaufmann/-frau ...%
    Industriekaufmann/-frau ...%

f) Bewerber mit Abschluss Sekundarstufe II (Abitur) sind mit ...% zu berücksichtigen.

Für die einzelnen Ausbildungsberufe gilt folgender Anteil:

Industriemechaniker/in ...%
Bürokaufmann/-frau ...%
Industriekaufmann/-frau ...%

g) Bewerber mit sonstigen Bildungsabschlüssen werden den vergleichbaren Bewerbergruppen zugeordnet.

8. Sind in einer Gruppe weniger Bewerber als freie Ausbildungsstellen vorhanden, können die nicht zu besetzenden Ausbildungsplätze anteilmäßig den anderen Gruppen zugeschlagen werden.

9. Bewertung der Zeugnisse

   Innerhalb der Quotengruppen werden die Zeugnisse gesichtet. Bewerber für kaufmännische Ausbildungsberufe müssen im Fach Rechnen/Mathematik mindestens ausreichende Leistungen nachweisen.

10. Ranglisten

    Nach der Berücksichtigung der Punkte 7–9 werden Ranglisten erstellt.

11. Bewerbungsgespräch

    Personalleitung und Betriebsrat führen mit den ausgewählten Bewerbern ein Gespräch.

12. Sind in einer Gruppe bis zu diesem Zeitpunkt mehr geeignete Bewerber als freie Ausbildungsplätze vorhanden, erfolgt die Vergabe unter Berücksichtigung weiterer sozialer Gesichtspunkte. Ziel hierbei ist es insbesondere auch, für ausländische Jugendliche sowie Schwerbehinderte die Zugangsmöglichkeiten zur beruflichen Bildung zu verbessern.

13. Benachrichtigung der Bewerber

    Alle Bewerber erhalten bis zum (Beispiel) 1. Februar eine endgültige Nachricht darüber, ob sie einen Ausbildungsplatz erhalten oder nicht.

    Bei Absagen wird auf besonders sorgfältige Formulierung geachtet und ggf. auf andere Möglichkeiten und spätere Einstellung (Nachrücker) verwiesen.

14. Alle in dieser Betriebsvereinbarung geregelten Punkte werden einvernehmlich zwischen Betriebsrat und Unternehmensleitung vereinbart.

    Kommt eine Einigung nicht zustande, entscheidet der unparteiische Vorsitzende einer zu bildenden gemeinsamen Berufsbildungskommission oder Einigungsstelle.

15. Inkrafttreten und Kündigung

15.1 **Diese Vereinbarung tritt am ... in Kraft.**

    Die Vereinbarung gilt auf unbestimmte Zeit, sie kann mit einer halbjährlichen Frist zum jeweiligen Jahresende gekündigt werden.

    Widerspricht die andere Seite der Kündigung, so gilt die Vereinbarung entsprechend § 77 Abs. 6 BetrVG fort, bis sie durch eine andere Abmachung ersetzt wird.

Beendigung des Ausbildungsverhältnisses

Grundlagen

Das Berufsausbildungsverhältnis ist ein **befristetes Vertragsverhältnis**, welches grundsätzlich nach § 21 Abs. 1 BBiG mit **Ablauf der Ausbildungszeit** bzw. im Falle der Stufenausbidlung mit Ablauf der letzten Stufe endet. Es endet aber auch, wenn der Auszubildende vor Ablauf der Ausbildungszeit die **Abschlussprüfung besteht,** vgl. § 21 Abs. 2 BBiG. Dagegen verlängert es sich nicht ohne Weiteres, wenn die Abschlussprüfung erst nach dem Ende der Ausbildungszeit abgelegt werden kann (BAG v. 13.3.2007, AiB Newsletter 2007, Nr. 5, 3).

Es kann ferner **einvernehmlich beendet** werden. Dabei ist § 623 BGB zu beachten, der für jede Beendigung von Arbeitsverhältnissen die **Schriftform** vorschreibt. Auch wenn ein Berufsausbildungsverhältnis kein Arbeitsverhältnis ist, gebieten Sinn und Zweck der Vorschrift die Anwendung auch auf Berufsausbildungsverhältnisse.

Das Berufsausbildungsverhältnis kann schließlich nach § 22 BBiG durch **Kündigung** beendet werden (s. dort).

Rechtliche Grundlage für eine Beendigung des Ausbildungsverhältnisses ist zunächst § 21 BBiG für den Fall des Ablaufs der Ausbildungszeit bzw. für den Fall des vorzeitigen Bestehens der Abschlussprüfung.

Wenn der Auszubildende die Abschlussprüfung zum Ablauf der Ausbildungszeit nicht besteht, verlängert sich nach § 21 Abs. 3 das Berufsausbildungsverhältnis auf Verlangen des Auszubildenden bis zur nächstmöglichen Wiederholungsprüfung höchstens um ein Jahr. Gemeint ist ein Ausbildungsjahr und nicht das Kalenderjahr. Wenn dann auch die Wiederholungsprüfung nicht bestanden wird, kann erneut eine Verlängerung bis zur nächstmöglichen Wiederholungsprüfung verlangt werden. § 37 Abs. 1 BBiG bestimmt, dass die Abschlussprüfung zweimal wiederholt werden kann. Dem Sinn der Vorschrift entspricht es, dass in diesem Fall eine erneute Verlängerung bis zu höchstens einem Jahr gefordert werden kann.

Sofern die Abschlussprüfung in zwei zeitlich auseinander fallenden Teilen durchgeführt wird, ist der erste Teil der Abschlussprüfung nicht eigenständig wiederholbar. Dies bestimmt § 37 Abs. 1 Satz 3 BBiG.

Die Vergütung richtet sich in dieser Zeit nach der Vergütung für das dritte Ausbildungsjahr.

Befristeter Arbeitsvertrag

Begriff

Unter einem befristeten Arbeitsvertrag versteht man ein Arbeitsverhältnis, das nach Ablauf einer bestimmten Zeit oder nach Eintritt eines Ereignisses (Zweck) automatisch endet, ohne dass es einer Kündigung bedarf.
Dagegen versteht man unter einem normalen Arbeitsverhältnis ein unbefristetes Arbeitsverhältnis. Darauf sind auch die Beschäftigten angewiesen, da sie in aller Regel nicht mehr als ihre Arbeitskraft zu verkaufen haben. Um somit ihre Existenz sichern zu können, ist ein durchgängiger Arbeitsvertrag eine entscheidende Grundlage zur Existenzsicherung.
Bei befristeten Arbeitsverträgen werden zwei Fallgruppen unterschieden:
1. ein befristetes Arbeitsverhältnis aufgrund eines sachlichen Grundes (§§ 14 Abs. 1, 21 TzBfG i.V.m. § 620 Abs. 3 BGB),
2. ein befristetes Arbeitsverhältnis ohne sachlichen Grund auf der Grundlage des Teilzeit- und Befristungsgesetzes (§ 14 Abs. 2, 2a und 3 TzBfG).

Mit dem seit Anfang 2001 geltenden Gesetz über Teilzeitarbeit und befristete Arbeitsverträge (TzBfG) sind neue und abschließende Regelungen sowohl zur Teilzeitarbeit aber auch zur Befristung von Arbeitsverträgen geschaffen worden.

Befristung von Arbeitsverhältnissen aus sachlichem Grund

Bei Vorlage eines sachlichen Grundes waren und sind befristete Arbeitsverhältnisse schon immer möglich gewesen. Es handelt sich hier um eine jahrzehntelange Praxis, die durch begrenzte Ausnahmetatbestände gekennzeichnet war. Eine der wichtigsten Grenzen für diese befristeten Arbeitsverhältnisse ist dadurch gezogen worden, dass durch diese Befristungen der gesetzliche Kündigungsschutz nicht umgangen werden durfte. Da das TzBfG die Notwendigkeit des »sachlichen Grundes« nicht mehr aus diesem Umgehungstatbestand herleitet, kommt es weder auf die 6-Monatsfrist des § 1 Abs. 1 KSchG noch auf die Betriebsgröße des § 23 KSchG an. Auch Arbeitsverhältnisse für die Dauer von maximal sechs Monaten unterliegen somit einer Befristungskontrolle (z.B. nach § 14 Abs. 2 Satz 2 TzBfG).

Ein sachlicher Grund ist nach § 14 Abs. 1 TzBfG in folgenden Beispielfällen anerkannt:
- es besteht nur ein vorübergehender betrieblicher Bedarf an der Arbeitsleistung (z. B. Saisonarbeiten, Abwicklungsarbeiten);
- die Befristung erfolgt im Anschluss an eine Ausbildung oder ein Studium, um den Übergang in eine Anschlussbeschäftigung zu erleichtern (z. B. unmittelbar im Anschluss an die Erstausbildung);
- die Beschäftigung des Arbeitnehmers erfolgt zur Vertretung eines anderen Arbeitnehmers (z. B. wegen Krankheit, Urlaub, Mutterschutz);
- die Befristung rechtfertigt sich durch die Eigenart der Arbeitsleistung (z. B. im Kunstbereich sowie in den Medien);
- die Befristung wird zur Erprobung vorgenommen;
- die Befristung erfolgt aus Gründen, die in der Person des Arbeitnehmers liegen (z. B. wegen einer befristeten Aufenthaltsgenehmigung);
- der Arbeitnehmer wird aus Haushaltsmitteln vergütet (betrifft den öffentlichen Dienst);
- die Befristung beruht auf einem gerichtlichen Vergleich.

Nach § 21 TzBfG ist anerkannt:
- der Arbeitsvertrag wird unter einer auflösenden Bedingung geschlossen (z. B. mit Zustellung des Bescheids über eine Erwerbsunfähigkeitsrente endet der Arbeitsvertrag).

Daneben gelten weiterhin (vgl. § 23 TzBfG) die Befristungsregelungen in anderen Gesetzen, wie u. a. in dem § 21 Bundeselterngeld- und Elternzeitgesetz.

Die Befristung eines Arbeitsvertrages bedarf der Schriftform, um wirksam zu sein (§ 14 Abs. 4 TzBfG). Die Klagefrist beträgt gemäß § 17 TzBfG drei Wochen nach Ende des befristeten Arbeitsvertrages.

Befristete Arbeitsverträge auf der Grundlage eines sachlichen Grundes können kalendermäßig befristet oder als Zweckbefristung vorgenommen werden. Bei der kalendermäßigen Befristung wird eine bestimmte Dauer des Arbeitsverhältnisses (z. B. für zwölf Monate) oder ein Datum seiner Beendigung (z. B. bis 31.12.2002) vereinbart. Bleibt der Zeitpunkt unbestimmt (z. B. für ca. sechs Monate), dann ist eine Befristung schon deshalb unwirksam. Die Folge ist, dass ein unbefristeter Arbeitsvertrag vereinbart worden ist (§ 16 TzBfG).

Bei der Zweckbefristung muss sich aus dem Erreichen des bestimmten Zwecks (z. B. Beendigung des Winterschlussverkaufs) die Dauer des Arbeitsverhältnisses ergeben. Dabei muss der Befristungszweck ausdrücklich vereinbart werden. Auch hier gilt, dass bei einer unzulässigen Zweckbefristung (z. B. solange Arbeit vorhanden ist), die Befristung unwirksam und ein unbefristeter Arbeitsvertrag vereinbart worden ist.

Ein großes Problem stellen in diesem Bereich die sogenannten »Kettenarbeitsverträge« dar. Darunter versteht man aufeinander folgende mehrfach befristete Arbeitsverträge. Diese sind nach der Rechtsprechung dann nicht verboten, wenn jeweils für die Befristungen sachliche Gründe vorliegen. Hier ist jedoch die Rechtsprechung in den letzten Jahren zuungunsten der Arbeitnehmer abgeändert worden. Bei einem Streit um die Wirksamkeit der Befristung von »Kettenarbeitsverträgen« soll jetzt nur der jeweils letzte befristete Arbeitsvertrag gerichtlich auf seinen sachlichen Grund überprüft werden. Diese arbeitnehmerfeindliche Rechtsprechung hat zu Recht viel Kritik erfahren. Es ist deshalb zu verlangen, dass bei einer Anschlussbefristung zumindest noch der letzte befristete Arbeitsvertrag, der unter Berufung auf einen sachlichen Grund abgeschlossen worden ist, durch die Gerichte dahingehend kontrolliert wird, ob wirklich ein sachlicher Grund vorlag oder nicht.

Befristung von Arbeitsverhältnissen ohne Sachgrund (sog. erleichterte Befristung)

1985 wurde den Unternehmen durch das Beschäftigungsförderungsgesetz ein besonderes Geschenk gemacht, wonach auch befristete Arbeitsverträge möglich sind, ohne dass ein sachlicher Grund vorliegen muss. Diese Neuerung erfolgte durch die damalige Regierung Kohl unter dem Vorwand, das Arbeitsrecht beschäftigungsfreundlich zu flexibilisieren. Seit Inkrafttreten des Beschäftigungsförderungsgesetzes im Jahre 1985 musste jedoch festgestellt werden, dass Befristungen weit mehr zur Umgehung des gesetzlichen Kündigungsschutzes bei der Besetzung ohnehin bestehender Arbeitsplätze von den Unternehmern genutzt wurden als zur Schaffung neuer Arbeitsplätze.

Durch das TzBfG ist das Beschäftigungsförderungsgesetz ab 2001 modifiziert worden. Danach sind nunmehr folgende Regelungen möglich (§ 14 Abs. 2, 2a und 3 TzBfG):
- Befristete Arbeitsverträge können bis zu zwei Jahre ohne sachlichen Grund vereinbart werden.
- Im Rahmen der Gesamtdauer von zwei Jahren kann ein auf kürzere Zeit befristetes Arbeitsverhältnis dreimalig – allerdings ohne Sachgrund – verlängert werden; es darf dabei keine Unterbrechung des Arbeitsverhältnisses erfolgen.
- Die Befristung ohne sachlichen Grund ist nicht zulässig, wenn mit dem Arbeitgeber bereits zuvor ein befristetes oder unbefristetes Arbeitsverhältnis bestanden hat. Kettenarbeitsverträge – wie beim Beschäftigungsförderungsgesetz – sind rechtlich nicht mehr zulässig.

- Im Anschluss an die Berufsausbildung können befristete Arbeitsverhältnisse abgeschlossen werden, da die Berufsausbildung nicht als Arbeitsverhältnis gilt.
- Für Befristungen ohne sachlichen Grund können in Tarifverträgen die Anzahl der Verlängerungen oder die Höchstdauer der Befristung abweichend vom Gesetz geregelt werden. So gibt es Tarifverträge, die die Befristung ohne Sachgrund bis zu 48 Monaten ermöglichen. Dies ist aber nur eine Möglichkeit ohne Bindungswirkung für den Betriebsrat.
- Bei der Neugründung eines Unternehmens ist in den ersten vier Jahren eine kalendermäßige Befristung ohne Sachgrund bis zur Dauer von vier Jahren zulässig. Bis zu dieser Gesamtdauer ist auch eine mehrfache Verlängerung zulässig.
- Wenn der Arbeitnehmer das 52. Lebensjahr vollendet hat, ist bis zu einer Dauer von fünf Jahren eine Befristung ohne Sachgrund möglich. Der Arbeitnehmer muss aber unmittelbar davor mindestens vier Monate beschäftigungslos (§ 119 Abs. 1 Nr. 1 SGB III) gewesen sein, Transferkurzarbeitergeld bezogen oder an einer öffentlich geförderten Beschäftigungsmaßnahme nach dem SGB II oder SGB III teilgenommen haben. Bis zu dieser Gesamtdauer ist auch eine mehrfache Verlängerung zulässig.
- Die Befristung bedarf zu ihrer Wirksamkeit der Schriftform (§ 14 Abs. 4 TzBfG), wobei jede Verlängerung einen selbständigen Arbeitsvertrag darstellt und unterschrieben werden muss, da die Befristung ansonsten unwirksam und ein unbefristeter Arbeitsvertrag geschlossen worden ist (§ 16 TzBfG).
- Es gilt eine Klagefrist von drei Wochen nach dem Ende der Befristung für alle befristeten Arbeitsverträge, also auch für die Arbeitsverträge, die unter Berufung auf einen sachlichen Grund abgeschlossen worden sind (§ 17 TzBfG). Diese Klagefrist müssen die Beschäftigten einhalten, wenn sie gegen die Beendigung des Arbeitsverhältnisses wegen einer unwirksamen Befristung gerichtlich vorgehen wollen.

Die Geltungsdauer dieser Regelungen ist zeitlich nicht beschränkt.

Bei einer Befristung muss ebenfalls der **arbeitsrechtliche Gleichbehandlungsgrundsatz** sowie das AGG beachtet werden. So ist es z. B. unzulässig, wenn bei einer Entscheidung über unbefristete oder befristete Einstellungen Beschäftigte ausländischer Herkunft benachteiligt werden. Gleiches gilt, wenn der Grund für die Beschäftigung im befristeten Arbeitsverhältnis nur das Geschlecht der Beschäftigten ist. Dies ist z. B. der Fall, wenn von sechs Auszubildenden bei gleichen Ausbildungsberufen und ähnlichen Prüfungsergebnissen in unbefristeten Arbeitsverhältnissen nur die drei männlichen Auszubildenden übernommen werden, während die drei weiblichen

Auszubildenden nur befristete Arbeitsverträge erhalten. Darin liegt ein Verstoß gegen das gesetzliche Gebot, Männer und Frauen arbeitsrechtlich gleich zu behandeln (Art. 3 Abs. 2 GG, § 1 AGG, § 75 Abs. 1 BetrVG).
Die Folge ist, dass die Befristung unwirksam ist.
Bei einer Zeitbefristung endet der Arbeitsvertrag mit Ablauf des vereinbarten Datums. Wird mit Wissen des Unternehmers über das Befristungsende hinaus das befristete Arbeitsverhältnis fortgesetzt, entsteht ein unbefristetes Arbeitsverhältnis, wenn der Arbeitgeber nicht unverzüglich widerspricht (§ 15 Abs. 5 TzBfG). Der Widerspruch kann durch den Arbeitgeber schon vor dem Ende des befristeten Arbeitsverhältnisses erklärt werden, wobei er schriftlich, aber auch mündlich als auch durch schlüssiges Verhalten erklärt werden kann.

Ein zweckbefristeter Arbeitsvertrag findet sein Ende mit dem Erreichen des Zweckes, frühestens jedoch zwei Wochen nach Zugang der schriftlichen Unterrichtung des Arbeitnehmers durch den Arbeitgeber über den Zeitpunkt der Zweckerreichung. Wird es nach Zweckerreichung mit Wissen des Arbeitgebers fortgesetzt, so entsteht ein unbefristeter Arbeitsvertrag, wenn der Arbeitgeber dem Arbeitnehmer die Zweckerreichung nicht unverzüglich mitteilt (§ 15 Abs. 2 und 5 TzBfG).

Grundsätzlich gilt in einem befristeten Arbeitsverhältnis, dass während der Befristung eine ordentliche Kündigung nicht ausgesprochen werden kann. Demgegenüber ist jedoch eine außerordentliche Kündigung aus wichtigem Grund möglich. Eine ordentliche Kündigung kann nur dann ausgesprochen werden, wenn sie ausdrücklich vertraglich vereinbart worden ist. Eine solche Vereinbarung kann sich auch aus einem Tarifvertrag ergeben (§ 15 Abs. 3 TzBfG).

Nicht selten ergibt sich das Problem, dass ein Unternehmer einem Beschäftigten in einem unbefristeten Arbeitsverhältnis zu verstehen gibt, dass er nicht zu einer unbefristeten, jedoch zu einer befristeten Fortsetzung des Arbeitsverhältnisses ohne Sachgrund bereit ist. Selbst wenn eine solche Vereinbarung einer befristeten Fortsetzung des Arbeitsverhältnisses einvernehmlich erfolgt ist, ist die Befristung unzulässig und unwirksam. Das neue befristete Arbeitsverhältnis stände dann nämlich in einem engen sachlichen Zusammenhang mit dem unbefristeten Arbeitsverhältnis. Es entsteht vielmehr ein unbefristetes Arbeitsverhältnis. Eine solche Vereinbarung für eine befristete Fortsetzung des Arbeitsverhältnisses ist nur dann zulässig, wenn ein sachlicher Grund dafür vorliegt.

Ein besonderer Kündigungsschutz besteht u.a. für JAV-Mitglieder, Betriebsratsmitglieder, werdende Mütter, Schwerbehinderte, Ersatzdienstleistende und Wehrdienstleistende. Entsteht aber während eines befristeten

Arbeitsverhältnisses dieser besondere Kündigungsschutz, ist er in aller Regel im Zusammenhang mit der Befristung unwirksam. Der besondere Kündigungsschutz knüpft nämlich an eine Kündigung an. Das befristete Arbeitsverhältnis endet jedoch durch Fristablauf oder Zweckerreichung automatisch, ohne dass es einer Kündigung dazu bedarf. Dieses gilt sowohl für einen befristeten Arbeitsvertrag auf der Grundlage eines sachlichen Grundes als auch bei der sog. erleichterten Befristung (ohne Sachgrund).

Bedeutung für den Betriebsrat/die JAV

Mit den befristeten Arbeitsverträgen und aktuell durch den massiven Einsatz von Leiharbeitnehmern sollen die Dauerarbeitsverhältnisse unterlaufen werden. Seit Mitte der 80er Jahre haben diese befristeten Arbeitsverhältnisse erheblich an Bedeutung gewonnen. Dadurch wird in langjährig bewährte Arbeitnehmerschutzrechte, wie den Kündigungsschutz, eingegriffen. Tiefe Einschnitte beim arbeitsrechtlichen Schutz begünstigen eine Ausweitung des Bereichs der ungeschützten Arbeitsverhältnisse. Die Unternehmer nutzen diese befristeten Arbeitsverhältnisse dazu, um mehr Flexibilität in ihren Personalbestand zu bringen. Dieses führt zu einer Senkung von Personalkosten und zu einem ständigen Aushilfsbedarf, wofür insbesondere wieder befristete Einstellungen vorgenommen werden. Durch eine solche Personalpolitik können die Unternehmen kurzfristig auf die jeweilige Auftragslage reagieren. Damit erfolgt eine Abwälzung des Unternehmerrisikos auf die Beschäftigten. Die Stammbelegschaft wird auf die unbedingt erforderliche Anzahl von Beschäftigten zurückgeführt, während Auftragsüberhänge und Produktionsspitzen durch eine flexible Personalhaltung, insbesondere durch befristete Einstellungen ausgeglichen werden. Dieses führt zu einer massiven Senkung der Personalkosten durch einen dauerhaften Personalabbau.

Befristete Arbeitsverhältnisse werden zudem oft zur Verlängerung der Probezeit und zu Disziplinierungszwecken missbraucht. Unliebsame Beschäftigte erhalten nach Ablauf der Befristung keinen Anschlussvertrag mehr. Die Auswirkungen auf die Stammbelegschaft sind gravierend. Es muss ständig damit gerechnet werden, dass durch Befristungsablauf frei werdende Arbeitsplätze nicht oder erst verzögert erneut besetzt werden und durch vermehrte Fluktuation erhöhter Einarbeitungs- und Vertretungsbedarf entsteht.

Um diese negativen Auswirkungen auf die Personalpolitik und die Gesamtbelegschaft zu verhindern, müssen die JAV wie auch der Betriebsrat:

- zusammen mit der im Betrieb vertretenen Gewerkschaft alle Informationen über die derzeit im Betrieb bestehenden befristeten Arbeitsverträge zusammentragen und auswerten;
- sich über die Ziele klar werden, die zur Einschränkung und Regulierung befristeter Arbeitsverträge im Betrieb angestrebt werden sollen;
- sich darüber klar werden, wie sie die Ziele im Einzelnen verwirklichen können.

Um die notwendigen Informationen zu erhalten, kann der Betriebsrat sich u. a. auf § 20 TzBfG stützen. Danach hat der Arbeitgeber ihn über die Anzahl der befristet beschäftigten Arbeitnehmer und ihren Anteil an der Gesamtbelegschaft des Betriebes als auch des Unternehmens zu unterrichten (im Einzelnen siehe unten unter Informationsrechte).

Es bestehen folgende Handlungsmöglichkeiten für den Betriebsrat:

Zustimmungsverweigerung nach § 99 BetrVG

Wie bei jeder Einstellung muss der Betriebsrat auch bei befristeten Einstellungen umfassend unterrichtet werden (§ 99 Abs. 1 BetrVG). Dies gilt auch für eine spätere Verlängerung des befristeten Arbeitsverhältnisses.

Eine umfassende Information durch den Arbeitgeber umfasst dabei insbesondere:
- Vorlage der Bewerbungsunterlagen,
- Auskunft über die Bewerber,
- Mitteilung über die Auswirkungen der geplanten Einstellungen auf die übrigen Beschäftigten und den Betrieb,
- Information über den in Aussicht genommenen Arbeitsplatz,
- Information über die beabsichtigte Eingruppierung,
- den konkreten Grund der befristeten Einstellung, insbesondere die konkrete Angabe des Arbeitsplatzes bzw. für wen die Vertretung vorgenommen werden soll.

Der Betriebsrat kann sich gegen eine beabsichtigte Einstellung in ein befristetes Arbeitsverhältnis entscheiden. Dann kann er seine Zustimmung zur Einstellung verweigern, was jedoch das Vorliegen von Gründen erfordert, die im Einzelnen in § 99 Abs. 2 Nr. 1–6 BetrVG aufgeführt sind. Mögliche Gründe für die Zustimmungsverweigerung könnten sein:
- Verstoß der befristeten Einstellung z. B. gegen ein Gesetz, gegen einen Tarifvertrag oder eine Betriebsvereinbarung,
- Verstoß gegen eine Auswahlrichtlinie,
- die Gefahr von Nachteilen für bereits im Betrieb beschäftigte Arbeitnehmer,

- Benachteiligung des befristet Einzustellenden,
- Benachteiligung eines gleich geeigneten befristeten Beschäftigten durch Nichtberücksichtigung bei der Besetzung eines unbefristeten Arbeitsplatzes,
- unterbliebene betriebliche Stellenausschreibung.

Beispiel:
Ein Verstoß gegen das TzBfG läge z. B. dann vor, wenn im unmittelbaren Anschluss an eine zweijährige Befristung ohne Sachgrund eine Weiterbefristung vereinbart wird und ein besonderer sachlicher Grund nicht vorliegt.

Von einem Nachteil ist immer dann auszugehen, wenn im Betrieb ein für den zu besetzenden Arbeitsplatz geeigneter anderer Arbeitnehmer bereits befristet beschäftigt wird.

Nachteile für bereits im Betrieb beschäftigte Arbeitnehmer können zudem dann entstehen, wenn durch befristete Einstellungen eine vermehrte Fluktuation und ein gesteigerter Anlern- und Vertretungsbedarf entstehen. Eine Gefahr von Nachteilen könnte auch dann gegeben sein, wenn gleich geeignete befristet Beschäftigte nicht weiterbeschäftigt werden.

Bei der Formulierung der Zustimmungsverweigerung muss der Betriebsrat die konkreten Umstände benennen, die als Gründe für die Zustimmungsverweigerung gemäß § 99 Abs. 2 BetrVG anzusehen sind. Es reicht nicht die Wiederholung des Gesetzestextes aus.

Die Einstellung des befristet Beschäftigten kann der Arbeitgeber bei einer wirksamen Zustimmungsverweigerung nur dann vornehmen, wenn das Arbeitsgericht die Zustimmung des Betriebsrats ersetzt. Führt jedoch der Arbeitgeber die befristete Einstellung unter Missachtung der Mitbestimmungsrechte des Betriebsrats durch, kann der Betriebsrat durch ein von ihm einzuleitendes Beschlussverfahren die befristete Einstellung aufheben lassen und einen Unterlassungsanspruch auf künftige Beachtung seines Mitbestimmungsrechtes durchsetzen.

Informationsrechte

Neben dem umfassenden Unterrichtungsrecht nach § 99 Abs. 1 BetrVG hat der Betriebsrat bzw. die JAV weitere Informationsrechte. So hat der Arbeitgeber nach § 20 TzBfG, der § 80 Abs. 2 BetrVG konkretisiert, den Betriebsrat als auch den Personalrat über die Anzahl der befristet beschäftigten Arbeitnehmer und ihren Anteil an der Gesamtbelegschaft des Betriebes sowie Unternehmens zu informieren. Wichtig ist hierbei, dass der Informationsanspruch regelmäßig vom Arbeitgeber erfüllt wird. So besteht nur die Möglichkeit, besser Einfluss auf die Einstellungspraxis zu nehmen, und die Einhaltung der Gesetze zu überwachen. Diese Informationsrechte müssen genutzt werden, um einen vollständigen Überblick über die befristeten Arbeitsverhältnisse im Betrieb zu erhalten. Dazu gehört insbesondere die vom Unternehmen beabsichtigte künftige Personalentwicklung.

Des Weiteren ist auch die Erfassung der sich im Zusammenhang mit befristeten Arbeitsverträgen ergebenden betrieblichen Probleme notwendig. Solche Informationsrechte können sich u. a. aus § 80 Abs. 1, Abs. 2 sowie § 106 Abs. 2 BetrVG ergeben.

Ein Informationsanspruch ergibt sich auch aus den Beteiligungsrechten im Zusammenhang mit der Personalplanung (§ 92 BetrVG) bzw. den betrieblichen Auswahlrichtlinien (§ 95 BetrVG). Im Rahmen der Beteiligung des Betriebsrats an der Personalplanung können dem Unternehmen die Vorstellungen des Betriebsrats und der JAV über die Regelung befristeter Arbeitsverträge vorgeschlagen werden. Durch Auswahlrichtlinien können die Chancen befristet beschäftigter Arbeitnehmer auf Erlangung eines unbefristeten Arbeitsverhältnisses verbessert werden.

Betriebsvereinbarungen

Unter Ausnutzung der angesprochenen Beteiligungsrechte des Betriebsrats und der JAV sollte der Betriebsrat eine Regelung von befristeten Arbeitsverträgen durch eine Betriebsvereinbarung vom Unternehmen verlangen. In einer solchen Betriebsvereinbarung können Regelungen getroffen werden, die auf die konkrete betriebliche Situation Rücksicht nehmen und den Missbrauch befristeter Arbeitsverhältnisse zu Lasten der direkt Betroffenen, aber auch der gesamten Belegschaft verhindern oder zumindest versuchen deutlich einschränken. Wesentliche Bestandteile einer solchen Regelung sind die Einschränkung der Zulässigkeit befristeter Arbeitsverhältnisse, die Einhaltung einer bestimmten Höchstquote befristet Beschäftigter sowie die vorrangige Berücksichtigung von befristeten ArbeitnehmerInnen bei unbefristeten Einstellungen.

Da eine solche Betriebsvereinbarung z. T. den Charakter einer freiwilligen Betriebsvereinbarung nach § 88 BetrVG hat, ist es notwendig, im Betrieb entsprechenden Druck auf das Unternehmen zu entwickeln, um eine solche Betriebsvereinbarung abschließen zu können.

In einer solchen Betriebsvereinbarung ist von Seiten der JAV darauf zu achten, dass alle Auszubildenden in ein unbefristetes Arbeitsverhältnis übernommen werden, zumindest dass nicht befristete Arbeitsverträge mit denjenigen Auszubildenden abgeschlossen werden, die auf einem Dauerarbeitsplatz weiterbeschäftigt werden sollen.

Bedeutung für die Beschäftigten

Bei der Einstellung besteht meist nur die Möglichkeit, die Bedingungen des Unternehmers zu akzeptieren oder auf die Einstellung ganz zu verzichten. Wichtig ist jedoch, vor Unterzeichnung eines befristeten Arbeitsvertrages mit der JAV, dem Betriebsrat, dem Personalrat bzw. der Gewerkschaft Kontakt aufzunehmen.

Nach erfolgter Einstellung in ein befristetes Arbeitsverhältnis bestehen gegenüber dem Arbeitgeber Informationsansprüche. Der Beschäftigte hat Anspruch auf die Besprechung seiner betrieblichen Entwicklungsmöglichkeiten, wobei er ein Mitglied des Betriebsrats hinzuziehen kann (§ 82 BetrVG). Nach § 18 TzBfG ist der Arbeitnehmer über entsprechende unbefristete Arbeitsplätze durch den Arbeitgeber zu informieren, die besetzt werden sollen. Der Arbeitgeber hat dafür Sorge zu tragen, dass auch befristet beschäftigte Arbeitnehmer an der Aus- und Weiterbildung teilnehmen können. Die Weiterbildungsverpflichtung bezieht sich dabei auch auf die Verbesserung der beruflichen Qualifikation, um eine qualifiziertere Tätigkeit übernehmen zu können (§ 19 TzBfG). Des Weiteren kann das Beschwerderecht (§§ 84, 85 BetrVG) im Zusammenhang mit einem befristeten Arbeitsverhältnis in Anspruch genommen werden. Dieses wäre etwa dann der Fall, wenn der Unternehmer einer Weiterbeschäftigung für die Zeit nach Ablauf der Befristung ablehnt, obwohl ein Arbeitsplatz zur Verfügung steht. Hier könnte der/die Beschäftigte geltend machen, dass er/sie sich gegen die unbegründete praktische Benachteiligung beschweren will.

Wegen der Unwirksamkeit einer Befristung kann bis drei Wochen nach Befristungsablauf (Feststellung der Unwirksamkeit der Befristung) Klage beim Arbeitsgericht eingereicht werden (§ 17 TzBfG). Im Rahmen dieses Arbeitsgerichtsverfahrens wird dann überprüft, ob die Befristung wirksam war oder nicht. Wenn die Befristung rechtsunwirksam war, besteht das Arbeitsverhältnis unbefristet weiter.

Berichtshefte

Grundlagen

Der Auszubildende hat sich nach § 13 BBiG zu bemühen, die Fertigkeiten und Kenntnisse zu erwerben, die erforderlich sind, um das **Berufsausbildungsziel** zu erreichen. Dazu korrespondiert § 14 BBiG, der den Ausbilder verpflichtet, dem Auszubildenden die entsprechenden Kenntnisse zu vermitteln. Dazu muss er insbesondere die ihm im Rahmen seiner Berufsausbildung aufgetragenen Verrichtungen sorgfältig ausführen, er muss an Ausbildungsmaßnahmen teilnehmen, insbesondere die **Berufsschule besuchen**, er muss den Weisungen folgen, die ihm im Rahmen der Berufsausbildung vom Ausbildenden/Ausbilder oder von anderen weisungsberechtigten Personen erteilt werden, und im Rahmen der Berufsausbildung hat der Auszubildende nach den Empfehlungen des Bundesausschusses für Berufsbildung zum »Führen von Berichtsheften in der Form von Ausbildungsnachweisen« **mindestens wöchentlich Ausbildungsnachweise** zu führen.

Im Ausbildungsnachweis wird wahrheitsgemäß dokumentiert, welche Tätigkeit und Arbeiten in welcher Zeit ausgeführt wurden. Es dürfen nur Tätigkeiten aufgeführt werden, die auch tatsächlich ausgeübt wurden.

Der Ausbildende oder der Ausbilder hat den Ausbildungsnachweis mindestens **monatlich zu prüfen** und abzuzeichnen. Er hat dafür Sorge zu tragen, dass auch der **gesetzliche Vertreter** des Auszubildenden **sowie die Berufsschule** in angemessenen Zeitabständen von den Ausbildungsnachweisen Kenntnis erhalten und diese unterschriftlich bestätigen kann.

Der Auszubildende führt den Ausbildungsnachweis **während der Ausbildungszeit**. Der Nachweis kann elektronisch geführt werden.

Die Vorlage des Ausbildungsnachweises ist **Zulassungsvoraussetzung** zur Abschlussprüfung.

Bedeutung für die Jugendlichen und Auszubildenden

Das Berichtsheft dient als Nachweis gegenüber der »zuständigen Stelle«, wie etwa der Industrie- und Handelskammer (IHK) oder der Handwerkskammer. Kommt z.B. ein Ausbilder bzw. ein Unternehmen seinen Ausbildungspflichten nicht nach und kann der Auszubildende aus diesem Grund die Abschlussprüfung nicht bestehen, dient der Ausbildungsnachweis als wichtiges Beweismittel.

Muster: Führen von Berichtsheften in der Form von Ausbildungsnachweisen

Empfehlung des Bundesausschusses für Berufsbildung (§ 50 BBiG 1969) vom 24. August 1971

1. Das Führen von Berichtsheften durch den Auszubildenden soll im Rahmen der Berufsausbildung nicht mehr in der bisherigen Form verlangt werden.
2. Künftig ist sicherzustellen, daß der zeitliche und sachliche Ablauf der Ausbildung für alle Beteiligten – Auszubildenden, Ausbildungsstätte, Berufsschule und gesetzlichen Vertreter des Auszubildenden – in möglichst einfacher Form (stichwortartige Angaben, ggf. Loseblatt-System) nachweisbar gemacht wird (Ausbildungsnachweis).
3. Den Ausbildungsnachweisen sind die Ausbildungsordnungen bzw. die nach § 108 BBiG noch weiter anzuwendenden Ordnungsmittel zugrunde zu legen. Der Ausbildungsnachweis soll der Systematisierung der Berufsausbildung dienen.
4. Der Auszubildende hat den Ausbildungsnachweis nach beiliegendem Muster und den hierzu gegebenen Erläuterungen zu führen.
5. Der Ausbildungsnachweis ist von dem Auszubildenden mindestens wöchentlich zu führen. Der Ausbildende oder der Ausbilder gemäß § 20 Abs. 4 BBiG bzw. § 21 Abs. 4 HwO hat den Ausbildungsnachweis mindestens monatlich zu prüfen und abzuzeichnen. Er hat dafür Sorge zu tragen, daß auch der gesetzliche Vertreter des Auszubildenden sowie die Berufsschule in angemessenen Zeitabständen von den Ausbildungsnachweisen Kenntnis erhalten und diese unterschriftlich bestätigen können.
6. Der Auszubildende führt den Ausbildungsnachweis während der Ausbildungszeit.
7. Die Vorlage des Ausbildungsnachweises ist Zulassungsvoraussetzung gemäß § 39 Abs. 1 Ziffer 2 BBiG und § 36 Abs. 1 Ziffer 2 HwO. Eine Bewertung in der Abschlußprüfung ist nicht zulässig.
8. Die zuständigen Stellen sollten Beschlüsse herbeiführen, die dieser Empfehlung Rechnung tragen, wobei bisherige Vorschriften aufzuheben sind.

Vgl. dazu auch die der Empfehlung zugeordneten **Muster** für den Ausbildungsnachweis auf den folgenden Seiten.

Ausbildungsnachweis
für

_____kammer   zu _____

Heft-Nr.: _____

Name: _____

Vorname: _____

geb.   am: _____

Wohnort: _____

Ausbildungsberuf   ggf.   mit   Fachrichtung: _____

Ausbildungsbetrieb: _____

Beginn   der   Ausbildung: _____

Ende   der   Ausbildung: _____

Hier den betrieblichen Ausbildungsplan einheften.

Muster für einen Ausbildungsnachweis

Name: _____   Vorname: _____

Ausbildungsnachweis Nr. _____

für die Woche vom _____ bis _____   _____ Ausbildungsjahr

Ausgef. Arbeiten, Unterricht usw.	Einzel-stunden	Gesamt-stunden	Ausbildungs-abteilung
Gesamtstunden			

Besondere Bemerkungen

Auszubildender   Ausbildender bzw. Ausbilder
_____|_____

Für die Richtigkeit

Datum: _____   Datum: _____
     (Auszubildender)   (Ausbildender bzw. Ausbilder)

_____

(Name und Vorname des Auszubildenden)

Sichtvermerke

Durch die nachfolgenden Unterschriften wird bestätigt, dass vom Ablauf der Berufsausbildung Kenntnis genommen wurde.

Betr. die Ausbildungsnachweise Nummern	Datum	Unterschrift
I. Berufsschule		
II. Gesetzlicher Vertreter		
III. Betriebsrat/JAV		

Datum: _____   Datum: _____

Erläuterungen und Eintragungsbeispiele zur Führung des Ausbildungsnachweises

(Die Hinweise und Eintragungsbeispiele sind hier berufsbezogen und von der zuständigen Stelle einzusetzen.)

I. Hinweise

1. Kurze Angabe der ausgeübten Tätigkeit einschließlich der Werkstoffangabe, der eingesetzten Maschinen, Werkzeuge und Hilfsmittel (Prüfzeuge)
   Beispiele:
   Nicht   Fräsen
   sondern Fräsen eines Zahnrades aus Resitex an der Universalfräsmaschine mit Hilfe des Teilkopfes
   oder   Kontrolle von Messschablonen mit der Messschraube
   oder   Montage des Vorwählgetriebes einer Drehmaschine
2. Die Eintragung für den Berufsschultag soll den Lehrstoff erfassen, d. h. nicht »Fachkunde«, sondern
   FK.:   Hartlöten
   FR.:   Anwendung des Pythagoras
   FZ.:   Darstellung im Vollschnitt

Die Führung des Ausbildungsnachweises (Berichtsheft) erfolgt in der Ausbildungszeit. Der Ausbildungsnachweis (Berichtsheft) ist gemäß § 39 Abs. 1 Nr. 2 Berufsbildungsgesetz bzw. § 36 Abs. 1 Nr. 2 HwO Voraussetzung für die Zulassung zur Abschlussprüfung (Gesellenprüfung); er geht jedoch nicht in die Prüfungsbewertung ein.

Berufsausbildungsverhältnis

Die Berufsausbildung hat die für die Ausübung einer qualifizierten beruflichen Tätigkeit in einer sich wandelnden Arbeitswelt notwendigen beruflichen Fertigkeiten, Kenntnisse und Fähigkeiten (berufliche Handlungsfähigkeit) in einem geordneten Ausbildungsgang zu vermitteln, wie § 1 Abs. 3 BBiG bestimmt.

Rechtliche Grundlage bildet das Berufsbildungsgesetz (BBiG), welches unter dem Begriff der Berufsbildung die **Berufsausbildung**, aber auch die **berufliche Fortbildung** und die **berufliche Umschulung** regelt.

Berufliche Fortbildung soll ermöglichen, die beruflichen Kenntnisse und Fertigkeiten zu erhalten, zu erweitern, der technischen Entwicklung anzupassen oder beruflich aufzusteigen.

Die berufliche Umschulung soll zu einer anderen beruflichen Tätigkeit befähigen.

Die **Berufsbildung** wird nach § 2 BBiG durchgeführt in Betrieben der Wirtschaft, in vergleichbaren Einrichtungen außerhalb der Wirtschaft, insbesondere des öffentlichen Dienstes, der Angehörigen freier Berufe und in Haushalten sowie in berufsbildenden Schulen und sonstigen Berufsbildungseinrichtungen außerhalb der schulischen und betrieblichen Berufsbildung.

Nach § 2 Abs. 3 BBiG können Teile der Berufsausbildung im Ausland durchgeführt werden, wenn dies dem Ausbildungsziel dient. Ihre Gesamtdauer soll $1/4$ der in der Ausbildungsordnung festgelegten Ausbildungsdauer nicht überschreiten. Die Berufsausbildung im Ausland wird dann dem Ausbildungsziel dienen, wenn die im Ausland vermittelten Ausbildungsinhalte im Wesentlichen dem entsprechen, was Gegenstand der heimischen Ausbildung ist, wenn Sprachkenntnisse vermittelt oder sonstige zusätzliche Kompetenzen erworben werden. Der Auslandsabschnitt unterbricht in diesen Fällen nicht das Ausbildungsverhältnis. Es bleibt also bei der Vergütung und dem Status als Auszubildender hinsichtlich sozialsicherungs- und steuerrechtlicher Fragen beim deutschen Recht. Im Übrigen kann der Auslandsaufenthalt nur in Abstimmung mit dem Auszubildenden erfolgen.

Über die anerkannten →**Ausbildungsberufe** gibt es ein Verzeichnis unter www.bibb.de. Im Übrigen gibt es für eine Reihe von Ausbildungsberufen

Verordnungen über die Berufsausbildung, etwa die Verordnung über die Berufsausbildung in den industriellen Metallberufen, die Verordnung über die Berufsausbildung zum/zur Chemielaboranten/-laborantin, die Verordnung über die Berufsausbildung zum/zur technischen Zeichner/Zeichnerin.

Das Berufsausbildungsverhältnis vollzieht sich im Rahmen des jeweiligen **Berufsausbildungsvertrages**, der nicht nur Regelungen über die Ausbildungsdauer und die Vergütung enthält, sondern auch die wechselseitigen Pflichten des Ausbildenden und des Auszubildenden enthält. Hauptpflicht des Ausbildenden ist die Vermittlung der entsprechenden Fertigkeiten und Kenntnisse, entweder selbst oder durch einen **verantwortlichen Ausbilder**, der hierzu persönlich und fachlich geeignet ist. Ferner müssen die entsprechenden **Ausbildungsmittel** zur Verfügung gestellt werden, der Auszubildende zum Besuch der **Berufsschule** angehalten und die Führung der **Berichtshefte** kontrolliert werden. Gleiches gilt für die ärztlichen Untersuchungen nach dem Jugendarbeitsschutzgesetz.

Der Auszubildende seinerseits hat alles zu tun, dass die Berufsausbildung für ihn erfolgreich ist; er muss die Berufsschule besuchen, an Prüfungen und sonstigen Ausbildungsmaßnahmen teilnehmen und im Übrigen sich im Rahmen der betrieblichen Ordnung nach den entsprechenden Weisungen des Ausbilders verhalten.

Für den Fall, dass es zu Streitigkeiten im Rahmen des Berufsausbildungsverhältnisses kommt, können bei den Handwerkskammern bzw. den sonstigen nach dem BBiG zuständigen Stellen Ausschüsse gebildet werden (**§ 111 Abs. 2 ArbGG**). Besteht ein solcher Ausschuss, ist er **vor einer gerichtlichen Streitigkeiten** anzurufen.

Berufsbildung

Grundlagen

Unter Berufsbildung versteht man die berufliche Erstausbildung, die berufliche Fortbildung und die berufliche Umschulung.

Die rechtliche Grundlage für eine bundeseinheitliche Regelung der Berufsbildung bildet das → **Berufsbildungsgesetz** (BBiG).

Insbesondere bei der beruflichen Erstausbildung ist auf die Einhaltung der Schutzvorschriften des → **Jugendarbeitsschutzgesetzes** (JArbSchG) zu achten.

Bedeutung für den Betriebsrat/die JAV

Berufsbildung gehört zu den Maßnahmen der Personalplanung. Hierbei hat der Betriebsrat das Recht auf eine umfassende und rechtzeitige Information (§ 92 Abs. 1 BetrVG) und ein Vorschlagsrecht bei der Planung sowie bei der Durchführung (§ 92 Abs. 2 BetrVG).

Die Berufsbildung findet Niederschlag in einem eigenen Unterabschnitt des BetrVG, und zwar in den §§ 96 bis 98.

Arbeitgeber und Betriebsrat haben darauf zu achten, dass den Beschäftigten unter Berücksichtigung der betrieblichen Notwendigkeiten die Teilnahme an betrieblichen und außerbetrieblichen Maßnahmen der Berufsbildung ermöglicht wird (§ 96 Abs. 2 BetrVG).

Der Arbeitgeber hat auf Verlangen des Betriebsrats den Berufsbildungsbedarf zu ermitteln und mit ihm Fragen der Berufsbildung der Arbeitnehmer des Betriebes zu beraten (§ 96 Abs. 1 BetrVG)

Das → **Berufsbildungsgesetz** (BBiG) setzt mit seinen Vorschriften einen sehr engen Rahmen. Bei der konkreten betrieblichen Umsetzung – also wie wird im Betrieb ausgebildet (nicht, ob überhaupt) – hat der Betriebsrat ein volles Mitbestimmungsrecht. Bei der Auswahl der Ausbilder hat er ein Vetorecht und er kann die Abberufung eines Ausbilders verlangen (§ 98 Abs. 2).

Das BetrVG sieht die Berufsbildung auch als eine der Kernaufgaben der JAV (§ 70 Abs. 1 Satz 3 BetrVG).
Die JAV hat das Recht und gleichzeitig die Pflicht, auf die Durchführung einer ordnungsgemäßen Berufsbildung insbesondere der beruflichen Erstausbildung zu achten. Dazu ist sie vom Betriebsrat rechtzeitig und umfassend zu informieren (§ 70 Abs. 2 BetrVG). Die JAV hat das Recht, Anträge beim Betriebsrat zu stellen, Anregungen zu geben und ggf. Beschwerden weiterzuleiten.
Eine enge Zusammenarbeit von Betriebsrat und JAV ist hier unbedingt erforderlich.

Bedeutung für die Beschäftigten

Bildung ist für die berufliche Entwicklung von Arbeitnehmern von zentraler Bedeutung. Das Arbeitseinkommen, ein beruflicher Aufstieg und nicht zuletzt die Arbeitsgestaltung stehen im engen Zusammenhang mit dem jeweiligen Bildungsstand. Lebenslanges Lernen wird als unerlässliche Anforderung in der Wissens- und Informationsgesellschaft formuliert. Umso dramatischer ist es, dass vielen jungen Menschen schon der Einstieg ins Berufsleben verwehrt wird; die Wirtschaft kommt ihrer Pflicht nicht nach, ein auswahlfähiges Angebot an Ausbildungsplätze im → **dualen System** zur Verfügung zu stellen.

Berufsbildungsgesetz

Das Berufsbildungsgesetz von 2005 bildet die Rechtsgrundlage für eine bundeseinheitliche Regelung der →**Berufsbildung**, soweit diese nicht im berufsbildenden Schulbereich unter Länderhoheit oder in öffentlich-rechtlichen Dienstverhältnissen durchgeführt wird.

Es regelt sehr detailliert, wie ein Ausbildungsverhältnis zustande kommt, welche Pflichten daraus für den Ausbildenden und den Auszubildenden entstehen und wie ein ordnungsgemäßes Ablaufen der Ausbildung gewährleistet werden soll (→ **Ausbildungsordnung**, →**Ausbilder**, →**Anrechnung der Berufsschulzeit**, →**Berufsbildung**, →**Berufsschule**, →**Berufsschulpflicht**, →**Duales Ausbildungssystem**).

Aus Sicht des Deutschen Gewerkschaftsbundes (DGB) war die Novellierung des BBiG in 2005 dringend notwendig.

Von den gewerkschaftlichen Eckpunkten zur Novellierung des Berufsbildungsgesetzes sind einige wichtige Forderungen auf der Strecke geblieben:
- Menschen mit Behinderungen erfahren durch das neue BBiG keine Verbesserung. Es gibt weiter Sonderregelungen auf Kammerebene, die keine bundesweite Gültigkeit besitzen;
- Ehrenamtlichkeit ist nicht gestärkt worden. Der DGB hatte gefordert, die Bedingungen für Freistellung und Qualifizierung zu verbessern. Das Gesetz sieht keine Veränderungen in diesem Bereich vor. Gleiches gilt für die Arbeitsmöglichkeiten der Aufgabenerstellerinnen und Aufgabenersteller;
- Das System der Prüfungsaufgabenerstellung ist nicht in das BBiG integriert worden;
- Die AEVO ist weiter nur als Kann-Bestimmung vorgesehen;
- Die Dauer der Ausbildungszeit ist nicht auf eine Mindestgrenze von drei Jahren festgeschrieben worden;
- keine sachgerechte Anrechnung der Berufsschulzeiten auf die betriebliche Ausbildungszeit;
- keine neuen Anreize zur Steigerung des Angebots an betrieblichen Ausbildungsplätzen. Der DGB hatte – analog zu den »Eckpunkten zur Finanzierung einer Ausbildungsumlage« (→ **Umlagefinanzierung**) eine gesetzliche Rahmenregelung vorgeschlagen, die tarifvertragliche oder andere Branchenregelungen einbezieht;

- Bundes- und landesrechtlich geregelte Berufe des Sozial- und Gesundheitswesens unterliegen weiter nicht dem Geltungsbereich des Berufsbildungsgesetzes;
- Die Durchstiegsmöglichkeiten zur Hochschule und damit Aufstiegsmöglichkeiten sind nicht verbessert worden. Das Gesetz greift dieses Problem nicht auf;
- es gibt keine Veränderung in den Regelungen der beruflichen Fort- und Weiterbildung;
- Die Berufsbildungsausschüsse sind durch das neue Gesetz nicht gestärkt worden. Der DGB hatte gefordert, dass Berufsbildungsausschüsse grundsätzlich zu allen Fragen der Berufsbildung Stellung nehmen können und alle Bänke Klagemöglichkeit erhalten;
- Der Ständige Ausschuss des BIBB ist gestrichen worden, obwohl die Beibehaltung eine wichtige Forderung der Sozialpartner war;
Wo sind Veränderungen erzielt worden?
- Internationale Öffnung des dualen Systems durch die Möglichkeit, Teile der Ausbildung im Ausland durchzuführen;
- Teilmodernisierung des Prüfungsrechts durch Zulassung der gestreckten Abschlussprüfung;
- verbesserte Anrechnung von Vorqualifikationen;
- Integration des Berufsbildungsförderungsgesetzes in das Berufsbildungsgesetz;
- Qualitätssicherung ist in den Aufgabenkatalog von Berufsbildungsausschüssen und Landesauschüssen für Berufsbildung aufgenommen worden;
- verbesserte Statistikgrundlagen;
- Verbundausbildung ist gestärkt worden;
- Lernortkooperation wurde aufgenommen;
- Zulassung vollzeitschulischer Ausbildungsgänge zur Kammerprüfung nur im Benehmen mit dem Landesausschuss für Berufsbildung und unter Beachtung struktureller Vorgaben;
- eingeschränktes Stimmrecht der Lehrkräfte in den Berufsbildungsausschüssen und
- Abschlussnoten der Berufsschule werden auf Wunsch der/des Auszubildenden auf dem Kammerzeugnis gesondert ausgewiesen.

Bedeutung für den Betriebsrat/die JAV

Betriebsrat und JAV haben nach dem BetrVG weitreichende Mitbestimmungs- und Mitwirkungsrechte bei der betrieblichen Umsetzung der →**Berufsbildung** (§§ 96 bis 98 BetrVG). Eine wichtige Grundlage ist das Berufsbildungsgesetz.

Bedeutung für Auszubildende

Für alle Fragen der beruflichen Erstausbildung ist das Berufsbildungsgesetz die rechtliche Grundlage. Hier sind die Standards für eine ordnungsgemäße berufliche Ausbildung beschrieben.

Berufsgenossenschaften

Die Berufsgenossenschaften sind der Träger der Gesetzlichen Unfallsversicherung. Ihre Aufgabe ist es:
- mit allen geeigneten Mitteln Arbeitsunfälle und Berufskrankheiten sowie arbeitsbedingte Gesundheitsgefahren zu verhüten,
- bei Arbeitsunfällen oder Berufskrankheiten die Gesundheit und die Leistungsfähigkeit der in der gesetzlichen Unfallversicherung Versicherten mit allen geeigneten Mitteln wiederherzustellen und sie oder ihre Hinterbliebenen durch Geldleistungen zu entschädigen (§ 1 SGB VII).

Sie arbeiten mit den Gewerbeaufsichtsbehörden im Bereich des Arbeitsschutzes zusammen.

Die Berufsgenossenschaften erlassen Vorschriften über Einrichtungen, Anordnungen und Maßnahmen, welche die Unternehmer zur **Verhütung von Arbeitsunfällen** zu treffen haben (Unfallverhütungsvorschriften).

Zur Umsetzung des gesetzlichen Schutzes vor Berufsunfällen und Berufskrankheiten hat der Arbeitgeber in Unternehmen mit regelmäßig mehr als 20 Beschäftigten **Sicherheitsbeauftragte** zu bestellen (§ 22 SGB VII). Der Betriebsrat ist zu beteiligen. Die Zahl der Sicherheitsbeauftragten wird in der jeweiligen Unfallverhütungsvorschrift geregelt. Die Berufsgenossenschaft kann den Schwellenwert von 20 Arbeitnehmern erhöhen, aber auch umgekehrt die Bestellung von Sicherheitsbeauftragten auch in kleineren Unternehmen anordnen. Die Sicherheitsbeauftragten haben den Unternehmer in Bezug von Arbeitsunfällen und Berufskrankheiten zu unterstützen und auf Gefahren aufmerksam zu machen. Wegen der Erfüllung ihrer Aufgaben dürfen sie nicht benachteiligt werden. Dies führt zu einem besonderen Kündigungsschutz, wobei allerdings der betroffene Arbeitnehmer den Zusammenhang darzulegen hat.

Bedeutung für den Betriebsrat/die JAV

Nach § 89 BetrVG hat der Betriebsrat bei der Bekämpfung von Unfall- und Gesundheitsgefahren neben den für den Arbeitsschutz zuständigen Behörden auch die Berufsgenossenschaft als Träger der gesetzlichen Unfallversicherung durch Anregung, Beratung und Auskunft zu unterstützen. Diese Stellen sind ebenso wie der Arbeitgeber verpflichtet, **den Betriebsrat** bei allen im Zusammenhang mit dem Arbeitsschutz oder der Unfallverhütung stehenden Besichtigungen und Fragen bei der Unfalluntersuchung **hinzuzuziehen**.

Berufsgrundbildungsjahr

Grundlagen

Das Berufsgrundbildungsjahr hat zum Ziel, **in schulischer Form** auf die spätere Berufswahl vorzubereiten und ermöglicht auch, den Beruf kennen zu lernen. Insoweit bestimmt § 29 Abs. 1 BBiG 1969, dass durch Rechtsverordnung bestimmt werden kann, »dass der Besuch einer berufsbildenden Schule oder die Berufsausbildung in einer sonstigen Einrichtung ganz oder teilweise auf die Ausbildungszeit anzurechnen ist«.

Der erfolgreiche Besuch eines **schulischen Berufsgrundbildungsjahres** ist grundsätzlich als erstes Jahr der Berufsausbildung auf die Ausbildungszeit in einem anerkannten Ausbildungsberuf anzurechnen, wenn bestimmte Voraussetzungen erfüllt sind. Dies regelt die Verordnung über die Anrechnung auf die Ausbildungszeit in Ausbildungsberufen der gewerblichen Wirtschaft – Anrechnung des Besuchs eines schulischen Berufsgrundbildungsjahres und einer einjährigen Berufsfachschule (**Berufsgrundbildungsjahr-Anrechnungs-Verordnung** vom 21.3.1995, die nachstehend wiedergegeben ist).

Voraussetzung ist, dass das Berufsgrundbildungsjahr in Vollzeitform und in einem der nachstehend wiedergegebenen Berufsfelder durchgeführt wird und dass die Berufsgrundbildung sich auch auf den Beruf bezieht, zu dem eine Anrechnung erfolgen soll.

Entsprechendes gilt für den Besuch einer einjährigen Berufsfachschule. Sie ist auf die Ausbildungszeit der entsprechenden Fachrichtung als erstes Jahr der Berufsausbildung anzurechnen.

Ferner bestimmt die Verordnung über die Anrechnung auf die Ausbildungszeit in Ausbildungsberufen der gewerblichen Wirtschaft und der wirtschafts- und steuerberatenden Berufe – Anrechnung des Besuchs einer zwei- oder mehrjährigen Berufsfachschule mit einem dem Realschulabschluss gleichwertigen Abschluss, die **»Berufsfachschul-Anrechnungs-Verordnung«** vom 4.7.1992, dass der erfolgreiche Besuch einer mindestens zweijährigen Berufsfachschule auf die Ausbildungszeit in einem Ausbildungsberuf dieser Richtung als erstes Jahr der Berufsausbildung angerechnet wird, wenn bestimmte, in der Verordnung genannte Voraussetzungen erfüllt sind (vgl. nachstehend).

Diese Grundsätze des § 29 BBiG 1969 sind nunmehr in § 7 Abs. 1 BBiG 2005 übernommen worden. Allerdings wird jetzt die Entscheidung, ob eine Vorbildung in einer berufsbildenden Schule, etwa einer Berufsfachschule oder einer sonstigen Berufseinrichtung, auf eine sich anschließende Berufsausbildung angerechnet wird, in den Verantwortungsbereich der Länder übertragen. Diese können durch Rechtsverordnung der Landesregierungen entscheiden, ob und in welchem zeitlichen Umfang Bildungsabschnitte an berufsbildenden Schulen oder an sonstigen Einrichtungen auf die Ausbildungszeit einer betrieblichen Erstausbildung anzurechnen sind. Außerdem bedarf es künftig einer Anrechnung eines gemeinsamen Antrags der Vertragsparteien des Berufsausbildungsverhältnisses, also des Ausbildungsbetriebes und des Auszubildenden, da die Anrechnung zwangsläufig eine Verkürzung der betrieblichen Ausbildungsdauer nach sich zieht.

Da jetzt die Rechtsverordnungen nach Landesrecht erlassen werden müssen, werden künftig die Anrechnungen auf der Grundlage der Berufsgrundschuljahr-Anrechnungs-Verordnung abgelöst werden, frühestens aber ab 1. August 2006. Bis dahin bleiben die Bundesverordnungen zur Anrechnung der Berufsgrundbildungsjahre in Kraft.

Im Übrigen hat das Berufsbildungsgesetz 2005 in §§ 84ff. Regelungen zur Berufsbildungsforschung, zur Berufsbildungsplanung und Statistik aufgenommen. So werden in § 84 erstmals die Ziele der Berufsbildungsforschung definiert, die bisher lediglich als gesetzliche Aufgaben des Bundesinstituts für Berufsbildung in sehr allgemeiner Form in § 6 des Berufsbildungsförderungsgesetzes normiert waren. Die Aufnahme in das Berufsbildungsgesetz verdeutlicht, dass auch außerhalb des Bundesinstituts für Berufsbildung vom Bund geförderte Berufsbildungsforschung durchgeführt werden kann. Im Übrigen entsprechen die §§ 84 bis 101 im Wesentlichen den §§ 2 bis 18 des Berufsbildungsförderungsgesetzes.

Das Jugendarbeitsschutzgesetz, welches in § 32 JArbSchG zwingend eine **Erstuntersuchung** vor Eintritt in das Berufsleben vorsieht, um etwaige Gesundheitsschäden möglichst frühzeitig zu erkennen und zu vermeiden, dass eine Arbeit ergriffen wird, die im Einzelfall zu gesundheitlichen Schäden führen kann, **gilt insoweit nicht für das Berufsgrundbildungsjahr**, weil hier der **schulische Charakter** im Vordergrund steht.

Etwas anderes kann gelten, wenn vor Beginn des Grundbildungsjahres bereits ein **Ausbildungsvertrag** abgeschlossen worden ist. Da hier die Berufswahl dann schon feststeht, ist die Feststellung der gesundheitlichen Eignung für den vorgesehenen Beruf für den Jugendlichen selbst sehr wichtig, sodass hier zuvor eine Erstuntersuchung vorzunehmen ist.

Verordnungstext:

Verordnung über die Anrechnung auf die Ausbildungszeit in Ausbildungsberufen der gewerblichen Wirtschaft – Anrechnung des Besuchs eines schulischen Berufsgrundbildungsjahres und einer einjährigen Berufsfachschule (Berufsgrundbildungsjahr-Anrechnungs-Verordnung)[1]
Vom 17. Juli 1978 (BGBl. I S. 1061)

§ 1
Anwendungsbereich

Diese Verordnung gilt für Ausbildungsberufe der gewerblichen Wirtschaft.

§ 2
Schulisches Berufsgrundbildungsjahr

(1) Der erfolgreiche Besuch eines schulischen Berufsgrundbildungsjahres ist, soweit in den Absätzen 2 und 3 nichts anderes bestimmt ist, als erstes Jahr der Berufsausbildung auf die Ausbildungszeit in einem anerkannten Ausbildungsberuf anzurechnen, wenn folgende Voraussetzungen erfüllt sind:
1. Das Berufsgrundbildungsjahr wird in einer öffentlichen oder nach Landesrecht als gleichwertig geltenden privaten berufsbildenden Schule als einjährige Berufsgrundbildung in Vollzeitform durchgeführt.
2. Das Berufsgrundbildungsjahr wird in einem der in den Anlagen 1 und 2 genannten Berufsfelder durchgeführt.
3. Der Unterricht wird nach Maßgabe der Stundenverteilung der Anlage 1 und der von der Ständigen Konferenz der Kultusminister der Länder in der Bundesrepublik Deutschland am 19. Mai 1978 beschlossenen Rahmenvereinbarung für das Berufsgrundbildungsjahr (BAnz Nr. 130 vom 15. Juli 1978) erteilt.
4. Der Beruf, auf dessen Ausbildungszeit der Besuch des schulischen Berufsgrundbildungsjahres anzurechnen ist, ist nach Anlage 2 dem Berufsfeld zugeordnet, in dem das schulische Berufsgrundbildungsjahr durchgeführt worden ist.

(2) Der erfolgreiche Besuch eines schulischen Berufsgrundbildungsjahres ist unter den in Absatz 1 genannten Voraussetzungen in dem anerkannten Ausbildungsberuf Verkäufer(in), in den sonstigen zweijährigen anerkannten Ausbildungsberufen mit Ausnahme der in einer Stufenausbildungsordnung geregelten Berufe sowie in den anerkannten Ausbildungsberufen Kraftfahrzeugmechaniker, Kraftfahrzeugelektriker und Radio- und Fernsehtechniker bis zu deren Neuordnung nach § 25 Berufsbildungsgesetz und § 25 Handwerksordnung mit mindestens einem halben Jahr auf die Ausbildungszeit anzurechnen.

(3) Der erfolgreiche Besuch eines schulischen Berufsgrundbildungsjahres ist unter den in Absatz 1 genannten Voraussetzungen mit mindestens einem halben Jahr auf die Ausbildungszeit anzurechnen, wenn der gewählte Ausbildungsberuf in der Anlage 2 einem anderen Schwerpunkt des gleichen Berufsfeldes zugeordnet ist, in dem das schulische Berufsgrundbildungsjahr durchgeführt worden ist.

---

1 Verordnung zu § 29 BBiG.

§ 3
Einjährige Berufsfachschule

(1) Der erfolgreiche Besuch einer öffentlichen oder nach Landesrecht als gleichwertig geltenden privaten einjährigen Berufsfachschule, die auf einen oder mehrere Ausbildungsberufe vorbereitet, ist auf die Ausbildungszeit in Ausbildungsberufen der gewerblichen Wirtschaft entsprechender Fachrichtung als erstes Jahr der Berufsausbildung anzurechnen, wenn der Lehrplan der besuchten Schule mindestens 26 Wochenstunden Unterricht in fachbezogenen Fächern, bezogen auf ein Schuljahr von 40 Wochen, mit der Möglichkeit der Verstärkung des Unterrichts in fachbezogenen Fächern im Bereich der Wahlfächer vorsieht.

(2) Als fachbezogene Fächer im Sinne des Absatzes 1 gelten die fachtheoretischen und fachpraktischen Fächer.

§ 4
Übergangsregelung

Der erfolgreiche Besuch eines schulischen Berufsgrundbildungsjahres vor Inkrafttreten dieser Verordnung ist nach den Vorschriften der Berufsgrundbildungsjahr-Anrechnungs-Verordnun g vom 4. Juli 1972 auf die Ausbildungszeit als erstes Jahr der Berufsausbildung anzurechnen.

§ 5
Berlin-Klausel

Diese Verordnung gilt nach § 14 des Dritten Überleitungsgesetzes in Verbindung mit § 112 des Berufsbildungsgesetzes und § 128 der Handwerksordnung auch im Land Berlin.

§ 6
Inkrafttreten

Diese Verordnung tritt am 1. August 1978 in Kraft. Gleichzeitig tritt die Berufsgrundbildungsjahr-Anrechnungs-Verordnun g vom 4. Juli 1972 (BGBl. I S. 1151), geändert durch Verordnung vom 22. Juni 1973 (BGBl. I S. 665), außer Kraft; die Übergangsregelung nach § 4 bleibt unberührt.

Verordnungstext:

Verordnung über die Anrechnung auf die Ausbildungszeit in Ausbildungsberufen der gewerblichen Wirtschaft und der wirtschafts- und steuerberatenden Berufe – Anrechnung des Besuchs einer zwei- oder mehrjährigen Berufsfachschule mit einem dem Realschulabschluß gleichwertigen Abschluß (Berufsfachschul-Anrechnungs-Verordnung)

Vom 4. Juli 1972 (BGBl. I S. 1155) i.d. Fassung vom 10. 3. 1988

§ 1
Geltungsbereich

Diese Verordnung gilt für Ausbildungsberufe der gewerblichen Wirtschaft und der wirtschafts- und steuerberatenden Berufe.

§ 2
Anrechnung

(1) Der erfolgreiche Besuch einer öffentlichen oder nach Landesrecht als gleichwertig geltenden privaten mindestens zweijährigen Berufsfachschule der in der Anlage aufgeführten Richtung, die zu einem dem Realschulabschluß gleichwertigen Abschluß führt, wird auf die Ausbildungszeit in einem dieser Richtung in der Anlage zugeordneten Ausbildungsberuf als erstes Jahr der Berufsausbildung angerechnet, wenn der Lehrplan der besuchten Schule mindestens 20 Wochenstunden Unterricht, bezogen auf ein Schuljahr von 40 Wochen, in fachbezogenen Fächern vorsieht.

(2) Der erfolgreiche Besuch einer öffentlichen oder nach Landesrecht als gleichwertig geltenden privaten mindestens zweijährigen Berufsfachschule, die auf einen Ausbildungsberuf vorbereitet und zu einem dem Realschulabschluß gleichwertigen Abschluß führt, wird auf die Ausbildungszeit in diesem Ausbildungsberuf als erstes Jahr der Berufsausbildung angerechnet, wenn der Lehrplan der besuchten Schule mindestens 20 Wochenstunden Unterricht, bezogen auf ein Schuljahr von 40 Wochen, in fachbezogenen Fächern vorsieht.

(3) Der erfolgreiche Besuch einer Berufsfachschule im Sinne der Absätze 1 und 2 wird auf das zweite Jahr der Berufsausbildung in einem Ausbildungsberuf im Sinne des Absatzes 1 oder 2 mit einem halben Jahr angerechnet, wenn über die berufliche Grundbildung hinaus der Lehrplan der besuchten Schule für die auf das erste Jahr folgende Schulzeit eine berufliche Fachbildung vorsieht, deren Umfang mindestens zwei Drittel der in Absatz 1 oder 2 vorgesehenen Unterrichtszeit in fachbezogenen Fächern beträgt.

(4) Für Ausbildungsberufe in der Form der Stufenausbildung gelten
1. die Absätze 1 und 2 mit der Maßgabe, daß nur auf die Ausbildungszeit der ersten Stufe angerechnet und eine weitere Ausbildungsdauer von einem Jahr nicht unterschritten wird,
2. Absatz 3 mit der Maßgabe, daß eine weitere Ausbildungsdauer von einem Jahr nicht unterschritten wird.

§ 3
Fachbezogene Fächer

Als fachbezogene Fächer im Sinne des § 2 gelten die fachtheoretischen und fachpraktischen Fächer.

§ 4
Übergangsvorschrift

Berufsausbildungsverträge, die bei Inkrafttreten dieser Verordnung bestehen, bleiben unberührt.

§ 5
Berlin-Klausel

Diese Verordnung gilt nach § 14 des Dritten Überleitungsgesetzes vom 4. Januar 1952 (Bundesgesetzbl. I S. 1) in Verbindung mit § 112 des Berufsbildungsgesetzes und § 128 der Handwerksordnung auch im Land Berlin.

§ 6
Inkrafttreten

Diese Verordnung tritt am Tage nach der Verkündung in Kraft.

Anhang
Anlage zur Berufsfachschul-Anrechnungs-Verordnung (§ 2 Abs. 1)

Zuordnung der Ausbildungsberufe zu einer Berufsfachschulrichtung

I. Richtung: Wirtschaft
1. Bankkaufmann
2. Buchhändler
3. Bürogehilfin
4. Bürokaufmann
5. Datenverarbeitungskaufmann
6. Drogist
7. Einzelhandelskaufmann
8. Florist
9. Gehilfe in wirtschafts- und steuerberatenden Berufen
10. Gehilfe für Buchführung und Steuerberatung
11. Industriekaufmann
12. Kaufmann im Groß- und Außenhandel
13. Kaufmann im Reederei- und Schiffsmaklergewerbe
14. Kaufmann im Zeitungs- und Zeitschriftenverlag
15. Kaufmann in der Grundstücks- und Wohnungswirtschaft
16. Kaufmannsgehilfe im Hotel- oder Gaststättengewerbe
17. Luftverkehrskaufmann
18. Musikalienhändler
19. Reisebürokaufmann
20. Speditionskaufmann
21. Verkäufer(in)
22. Verkäuferin im Nahrungsmittelhandwerk*
23. Versicherungskaufmann
24. Werbekaufmann

II. Richtung: Metall
1. Aufbereiter im Bergbau
2. Automateneinrichter
3. Bauschlosser
4. Betriebsschlosser
5. Blechschlosser
6. Bohrer
7. Bohrwerkdreher
8. Büchsenmacher
9. Büromaschinenmechaniker*
10. Dreher
11. Dreher (Eisen und Metall)
12. Elektromaschinenbauer*
13. Elektromechaniker*
14. Feinblechner
15. Feinmechaniker
16. Flugbetriebwerkmechaniker
17. Flugzeugmechaniker
18. Former
19. Fräser
20. Gas- und Wasserinstallateur
21. Graveur
22. Hobler
23. Hochdruckrohrschlosser
24. Hüttenfacharbeiter
25. Kachelofen- und Luftheizungsbauer*
26. Karosseriebauer*
27. Kessel- und Behälterbauer
28. Klempner (Kühlerhersteller, Kühlerreparateure)
29. Knappe (Erzbergbau)
30. Knappe (Stein- und Pechkohlenbergbau)
31. Kraftfahrzeugmechaniker
32. Kraftfahrzeugschlosser (Instandsetzung)*
33. Kunststoffschlosser
34. Kupferschmied
35. Landmaschinenmechaniker
36. Maschinenbauer (Mühlenbauer)
37. Maschinenschlosser
38. Mechaniker
39. Mechaniker (Nähmaschinen-, Zweirad- und Kältemechaniker)
40. Meß- und Regelmechaniker*
41. Metallflugzeugbauer
42. Metallformer und -gießer
43. Modellbauer*
44. Modellschlosser
45. Prägewalzengraveur
46. Revolverdreher
47. Rohrinstallateur
48. Rohrnetzbauer
49. Schmelzschweißer
50. Schlosser (Blitzableiterbauer)
51. Schmied
52. Stahlbauschlosser
53. Stahlformenbauer
54. Stahlgraveur
55. Systemmacher (Gewehr)
56. Technischer Zeichner*
57. Uhrmacher
58. Universalfräser

* Bezeichnet Berufe in mehreren Berufsfachschulrichtungen.

BERUFSGRUNDBILDUNGSJAHR 185

59. Universalhobler
60. Universalschleifer
61. Verpackungsmittelmechaniker
62. Walzendreher
63. Wärmestellengehilfe*
64. Werkzeugmacher
65. Zentralheizungs- und Lüftungsbauer

III. Richtung: Elektrotechnik
1. Büromaschinenmechaniker*
2. Elektroanlageninstallateur
3. Elektrogerätemechaniker
4. Elektroinstallateur
5. Elektromaschinenbauer*
6. Elektromaschinenmonteur
7. Elektromaschinenwickler
8. Elektromechaniker*
9. Elektrowickler
10. Energieanlagenelektroniker
11. Energiegeräteelektroniker
12. Fernmeldeelektroniker
13. Fernmeldeinstallateur
14. Fernmeldemechaniker
15. Fernmeldemonteur
16. Feingeräteelektroniker
17. Funkelektroniker
18. Informationselektroniker
19. Kraftfahrzeugelektriker*
20. Meß- und Regelmechaniker*
21. Nachrichtengerätemechaniker
22. Radio- und Fernsehtechniker
23. Starkstromelektriker
24. Wärmestellengehilfe*

IV. Richtung: Kraftfahrzeugtechnik
1. Karosseriebauer*
2. Kraftfahrzeugmechaniker*
3. Kraftfahrzeugschlosser (Instandsetzung)*
4. Kraftfahrzeugelektriker*

V. Richtung: Technisches Zeichnen
1. Bauzeichner*
2. Technischer Zeichner*
3. Teilzeichnerin

VI. Richtung: Bau und Holz
1. Bau- und Gerätetischler
2. Baustoffprüfer (Chemie)*
3. Bauzeichner*
4. Betonbauer

5. Betonstein- und Terrazzohersteller
6. Beton- und Stahlbetonbauer
7. Betonwerker
8. Böttcher
9. Bootsbauer
10. Brunnenbauer
11. Dachdecker
12. Estrichleger
13. Fliesen-, Platten- und Mosaikleger
14. Gebäudereiniger
15. Glaser
16. Holzbildhauer
17. Isolierer
18. Kachelofen- und Luftheizungsbauer*
19. Kanalbauer
20. Klebeabdichter
21. Maurer
22. Möbeltischler
23. Modellbauer*
24. Modelltischler
25. Parkettleger
26. Pflasterer (Steinsetzer)
27. Rolladen- und Jalousiebauer
28. Sägewerker
29. Schiffszimmerer
30. Schornsteinfeger
31. Steinmetz und Steinbildhauer
32. Straßenbauer
33. Stukkateur
34. Tischler
35. Wärme-, Kälte- und Schallschutzisolierer
36. Zimmerer

VII. Richtung: Textil und Bekleidung
1. Appretur-Textilveredler
2. Bandweber
3. Bekleidungsfertiger
4. Bekleidungsschneider
5. Damenschneider
6. Druckerei-Textilveredler
7. Färber und Chemischreiniger
8. Färberei-Textilveredler
9. Herrenschneider
10. Kürschner*
11. Modistin
12. Musterzeichner und Patroneur
13. Musterzeichner für die Stickerei
14. Musterzeichner(in) in der Stoffdruckerei
15. Pelzwerker*

* Bezeichnet Berufe in mehreren Berufsfachschulrichtungen.

16. Segelmacher
17. Sticker
18. Stricker
19. Textilmaschinenführer – Maschinenindustrie
20. Textilmechaniker – Strickerei und Wirkerei
21. Textilmechaniker – Strumpfund Feinstrumpfrundstrickerei
22. Textilmechaniker – Ketten- und Raschelwirkerei
23. Textilmaschinenführer – Spinnerei
24. Textilmechaniker – Spinnerei
25. Textilmaschinenführer – Weberei
26. Textilmechaniker – Weberei
27. Textilveredler Maschinenführung
28. Wäscher und Plätter
29. Wäscheschneider
30. Weber

VIII. Richtung: Leder
1. Bandagist
2. Feinsattler
3. Feintäschner
4. Gerber
5. Kürschner*
6. Oberlederzuschneider
7. Orthopädieschuhmacher
8. Pelzwerker*
9. Sattler
10. Schuhmacher
11. Schuh- und Lederwarenstepperin
12. Täschner

IX. Richtung: Chemie, Physik und Biologie
1. Baustoffprüfer (Chemie)*
2. Biologielaborant
3. Chemiefacharbeiter
4. Chemielaborant(in)
5. Chemielaborjungwerker
6. Edelmetallprüfer
7. Fotolaborant(in)
8. Lacklaborant
9. Physiklaborant
10. Stoffprüfer (Chemie) (Glas-, Keramische Industrie sowie Steine und Erden)
11. Textillaborant (chemisch-technisch)
12. Textillaborant (mechanisch-technologisch)
13. Vulkaniseur
14. Werkstoffprüfer (Physik)

X. Richtung: Druck und Papier
1. Buchbinder
2. Buchdrucker
3. Buchdrucker: Schriftsetzer; Drucker
4. Chemigraph
5. Farbenlithograph
6. Flachdrucker
7. Flexograf
8. Graphischer Zeichner*
9. Kartograph
10. Klischeeätzer
11. Nachschneider
12. Offsetvervielfältiger
13. Positivretuscheur
14. Reproduktionsfotograf
15. Reprograph
16. Schriftlithograph
17. Schriftsetzer
18. Siebdrucker
19. Stempelmacher
20. Stereotypeur
21. Tiefdruckätzer
22. Tiefdrucker
23. Tiefdruckretuscheur

XI. Richtung: Graphik und Fotografie
1. Graphischer Zeichner*
2. Fotograf

XII. Richtung: Hotel und Gaststätten
1. Hotel- und Gaststättengehilfin*
2. Kaufmannsgehilfe im Hotel- oder Gaststättengewerbe*
3. Kellner(in)*
4. Koch (Köchin)*

XIII. Richtung: Nahrung und Gaststätten
1. Bäcker
2. Brauer und Mälzer*
3. Fleischer
4. Hotel- und Gaststättengehilfin*
5. Kaufmannsgehilfe im Hotel- und Gaststättengewerbe*
6. Kellner(in)*
7. Koch (Köchin)*
8. Konditor
9. Müller
10. Verkäuferin im Nahrungsmittelhandwerk*
11. Weinhandelsküfer
12. Weinküfer

* Bezeichnet Berufe in mehreren Berufsfachschulrichtungen.

Berufsschule

Grundlagen

Berufsschulen werden von Berufsschulpflichtigen und Berufsschulberechtigten besucht. Sie haben die Aufgabe, den Schülern und Schülerinnen allgemeine und fachliche Lerninhalte unter der besonderen Berücksichtigung des jeweiligen Berufsbildes zu vermitteln.

Die Berufsschule ist eine der beiden Säulen des → **dualen Systems** der Berufsausbildung und neben dem Betrieb der zweite Ausbildungsort in einer beruflichen Erstausbildung.

Die Durchführung des Berufsschulunterrichts obliegt den Bundesländern.

Wöchentlich werden acht bis zwölf Stunden Unterricht erteilt. Die jährliche Sollstundenzahl liegt bei 480 Unterrichtsstunden. Hierbei erfolgt der Unterricht in Teilzeitform an einem oder mehreren Wochentagen oder in zusammenhängenden Teilabschnitten (Blockunterricht).

Arbeitgeber beklagen immer wieder, dass die Auszubildenden zu lange in der Berufsschule und zu selten im Betrieb seien. Dies wird als ein sog. Ausbildungshemmnis hochstilisiert. Insbesondere werden allgemein bildende Fächer wie z. B. Sport, Religion und der sozialkundlich-politische Unterricht in Frage gestellt. Des Weiteren wird eine flexiblere Aufteilung der Unterrichtsstunden eingefordert. So sollen den Arbeitgeberwünschen zufolge z. B. im ersten Ausbildungsjahr mehr Unterrichtseinheiten und im zweiten Ausbildungsjahr keine Unterrichtseinheiten erteilt und auf einen zweiten Berufsschultag in der Woche generell verzichtet werden. Ob ein Berufsschultag mit mehr als sechs Unterrichtsstunden noch pädagogisch sinnvoll sein kann, darf hier bezweifelt werden.

Aus Sicht des Deutschen Gewerkschaftsbundes ist die Rolle der Berufsschule im → **dualen System** aufzuwerten. Dabei sind u. a. folgende Verbesserungen durchzusetzen:
- Abbau des Unterrichtsausfalles;
- verstärkte Weiterbildung für die Lehrkräfte;
- bessere technische Ausstattung der Berufsschulen sowie
- bessere Verzahnung der beiden Lernorte.

Die rechtlichen Grundlagen bilden die allgemeinen Schulgesetze der Bundesländer (Ausnahme: »Gesetz über Berufsschulen und Berufsaufbauschulen« des Freistaates Bayern).

Bedeutung für den Betriebsrat/die JAV

Für die Durchführung der Berufsausbildung ist die Verzahnung der betrieblichen Theorievermittlung mit den Unterrichtseinheiten in der Berufsschule wichtig. Hier tut sich ein Aufgabenfeld für Betriebsrat und JAV auf, wobei sich allerdings keine direkten Einflussmöglichkeiten auf die Schule durch das BetrVG ergeben.

Häufig auftretende Probleme in der Berufsschule sind der Ausfall von Unterrichtsstunden und schlechte technische Ausstattung der Berufsschule. Fehlende Finanzierungsmöglichkeiten der öffentlichen Hand sind kein Grund, nicht auf Missstände aufmerksam zu machen. In Kooperation mit Schülervertretungen, anderen JAVen und der Unterstützung der örtlichen Gewerkschaften kann z.B. mit öffentlichen Aktionen und/oder Presseerklärungen der Druck zur Problembeseitigung erhöht werden.

JAVen und Betriebsräte haben darüber hinaus die Möglichkeit, gemeinsam mit den Ausbildern und Unternehmen den Druck auf die Berufsschulen zu erhöhen. Dieses Zweckbündnis erhöht die Möglichkeiten und die Durchsetzungsfähigkeit gegenüber den Berufsschulen und öffentlichen Trägern.

Bedeutung für die Beschäftigten

Eine Einflussnahme – wenn auch eine geringe – auf das Schulgeschehen besteht über die → **Schülervertretung**, dem Mitbestimmungsorgan der Schülerschaft.

Berufsschulpflicht

Berufsschulpflicht ist die Pflicht zum Besuch einer → **Berufsschule**. Diese ist in den Schulpflichtgesetzen der Bundesländer verankert, baut i.d.R. auf der Vollzeitschulpflicht (neun oder zehn Jahre) auf und dauert drei Jahre bzw. bis zum Ende der Berufsausbildung bzw. bis zum Ablauf des Schuljahres, in dem der Schüler das 18. Lebensjahr vollendet.

Verantwortlich für die Einhaltung der Berufsschulpflicht sind die Ausbilder, die Eltern und die Berufsschulpflichtigen selbst. Verstöße werden mit Bußgeld oder Strafen geahndet.

Die Berufsschulpflicht ist vor allem für diejenigen von Belang, die nach dem Besuch einer allgemein bildenden Schule keinen Ausbildungsplatz finden. Sie müssen dann, wenn sie keine weiterführende Schule besuchen wollen oder können – um der Schulpflicht zu genügen – eine Berufsschule besuchen. Dies kann in Form eines Berufsvorbereitungsjahres (BVJ) oder eines Berufsgrundschuljahres (BGS) geschehen.

Beschäftigungsverbote und -beschränkungen

Grundlagen

Das Jugendarbeitsschutzgesetz regelt im zweiten Titel des dritten Abschnitts in den §§ 22 ff. verschiedene **Beschäftigungsverbote** und **Beschäftigungsbeschränkungen**. Um die Jugendlichen vor Überforderung und vor gesundheitlichen Gefahren zu schützen, verbietet § 22 die Beschäftigung mit »**gefährlichen Arbeiten**«, nämlich mit Arbeiten, die die physische oder psychische Leistungsfähigkeit übersteigen oder die mit Unfallgefahren verbunden sind, von denen anzunehmen ist, dass Jugendliche sie wegen mangelnden Sicherheitsbewusstseins oder mangelnder Erfahrung nicht erkennen oder nicht abwenden können, oder mit Arbeiten, bei denen ihre Gesundheit durch schädliche Einwirkungen der verschiedensten Art gefährdet wird.

Teilweise gelten **Ausnahmen vom Beschäftigungsverbot**, wenn nämlich die Beschäftigung zur Erreichung des Ausbildungszieles erforderlich ist und der Schutz durch Aufsichtspersonen gewährleistet ist und ihre **betriebsärztliche oder sicherheitstechnische Betreuung** sichergestellt ist.

Beschäftigungsverbote bestehen auch hinsichtlich der Beschäftigung Jugendlicher mit → **Akkordarbeiten** und Arbeiten, bei denen durch ein gesteigertes Arbeitstempo ein höheres Entgelt erzielt werden kann. Gleiches gilt auch für die Beschäftigung in einer Arbeitsgruppe mit erwachsenen Arbeitnehmern, die mit Akkordarbeiten beschäftigt sind.

Hier ist als Ausnahme die Beschäftigung erlaubt, wenn dies zur **Erreichung des Ausbildungszieles** erforderlich ist oder eine Berufsausbildung für die Beschäftigung abgeschlossen wurde und der Schutz der Jugendlichen durch die **Aufsicht eines Fachkundigen** gewährleistet ist.

Ebenfalls aus Gründen des Gesundheitsschutzes und der ungestörten körperlichen Entwicklung sind für Jugendliche unter 16 Jahren **Arbeiten unter Tage** verboten.

Neben diesen Beschäftigungsverboten mit gefährlichen Arbeiten regelt das Jugendarbeitsschutzgesetz in § 25 JArbSchG auch Verbote der Beschäftigung durch bestimmte Personen. Hier werden insbesondere Personen aufgeführt, die straffällig geworden sind und hier insbesondere wegen **Straftaten** nach dem Jugendarbeitsschutzgesetz **rechtskräftig verurteilt wurden.**

Im Übrigen kann der **Bundesminister für Arbeit und Sozialordnung** über die genannten Beschäftigungsverbote hinaus die Beschäftigung Jugendlicher in bestimmten Betriebsarten oder mit bestimmten Arbeiten verbieten, wenn die Jugendlichen durch die Beschäftigung in besonderem Maße Gefahren ausgesetzt werden oder wenn infolge der technischen Entwicklung oder neuerer arbeitsmedizinischer oder sicherheitstechnischer Erkenntnisse ein **Beschäftigungsverbot notwendig erscheint.**

Beschwerderecht

Begriff

Wenn sich ein Arbeitnehmer vom Arbeitgeber oder von Arbeitnehmern des Betriebes benachteiligt und ungerecht behandelt oder in sonstiger Weise beeinträchtigt fühlt, hat er das Recht, sich beim Arbeitgeber zu beschweren. Der Arbeitnehmer kann jedoch auch direkt die Beschwerde beim Betriebsrat anbringen. Das Beschwerderecht umfasst jedoch nicht Vorgänge, die den Arbeitnehmer nicht persönlich, sondern andere Arbeitnehmer betreffen oder auch nur über allgemeine Missstände geführt werden. Das Beschwerderecht, das im Betriebsverfassungsgesetz in den §§ 84 und 85 geregelt ist, setzt voraus, dass der sich beschwerende Arbeitnehmer eine Beeinträchtigung seiner persönlichen Position empfindet. Dabei kann es sich sowohl um tatsächliche als auch um rechtliche Beeinträchtigungen handeln, wie z.B. sexuelle Belästigung, Mobbing oder ausländerfeindliches Verhalten.

Der Arbeitnehmer hat dabei das Wahlrecht, ob er sich direkt mit seiner Beschwerde an den Arbeitgeber wendet oder aber an den Betriebsrat.

Beschwerdeverfahren nach § 84 BetrVG

Das Beschwerderecht nach § 84 BetrVG, das sich direkt an den Arbeitgeber als Adressaten wendet, steht dem Arbeitnehmer auch in den Betrieben und Verwaltungen zu, in denen ein Betriebsrat nicht besteht bzw. die Voraussetzung für die Bildung eines Betriebsrats nicht gegeben sind.

Im Rahmen des individuellen Beschwerdeverfahrens ist die Beschwerde an keine besondere Form oder Frist gebunden. Durch die Einbringung der Beschwerde ist der Arbeitgeber gehalten, zu überprüfen, ob die Beschwerde berechtigt ist. Das Ergebnis seiner Prüfung hat er dem Arbeitnehmer mitzuteilen. Erkennt er die Beschwerde als berechtigt an, hat er ihr abzuhelfen.

Der Arbeitnehmer kann ein Betriebsratsmitglied zur Unterstützung oder Vermittlung hinzuziehen (§ 84 Abs. 1 Satz 2 BetrVG).

Im Falle der Ablehnung einer Beschwerde kann durch den Arbeitnehmer der Betriebsrat nach § 85 BetrVG angerufen werden. Daneben hat der Arbeitnehmer die Möglichkeit, ein Klageverfahren einzuleiten. Dieses setzt jedoch

voraus, dass Gegenstand der Beschwerde ein Rechtsanspruch ist (z.B. Entfernung einer Abmahnung aus der Personalakte).
Durch die Erhebung einer Beschwerde dürfen dem Arbeitnehmer keine Nachteile entstehen. Leider ist die Erfahrung jedoch eine andere, sodass grundsätzlich jedem Arbeitnehmer empfohlen wird, das kollektive Beschwerdeverfahren nach § 85 BetrVG in Anspruch zu nehmen.

Beschwerdeverfahren nach § 85 BetrVG

Neben dem individuellen Beschwerdeverfahren nach § 84 steht unabhängig das kollektive Beschwerdeverfahren nach § 85.
Wenn sich ein Arbeitnehmer mit einer Beschwerde an den Betriebsrat wendet, hat sich der Betriebsrat als Organ mit der Beschwerde zu befassen. Dabei ist der Beschwerdegegenstand identisch mit dem Beschwerdegegenstand nach § 84 BetrVG. Somit können auch Rechtsansprüche Gegenstand einer Beschwerde sein, wie z.B. die Ablehnung eines Sonderurlaubs durch den Arbeitgeber.
Der Betriebsrat hat, falls er die Beschwerde für berechtigt hält, beim Arbeitgeber auf Abhilfe hinzuwirken.
Die Einigungsstelle kann durch den Betriebsrat angerufen werden, wenn zwischen dem Betriebsrat und dem Arbeitgeber Meinungsverschiedenheiten über die Berechtigung der Beschwerde bestehen. Nach richtiger Auffassung ist die Einigungsstelle neben tatsächlichen Beeinträchtigungen auch dann anzurufen, wenn Rechtsansprüche betroffen sind. Soweit die Auffassung vertreten wird, dass bei Rechtsansprüchen die Einigungsstelle überhaupt nicht tätig werden darf, steht dem der Wortlaut des § 80 Abs. 2 BetrVG entgegen. Bei Rechtsansprüchen kann jedoch die Einigungsstelle die Einigung zwischen Arbeitgeber und Betriebsrat nicht durch einen Einigungsstellenspruch ersetzen (§ 85 Abs. 2 Satz 3 BetrVG). In diesen Fällen muss vielmehr der Arbeitnehmer seine Rechtsansprüche selber durch Klage vor dem Arbeitsgericht geltend machen.
In den übrigen Fällen kann die Einigungsstelle durch einen Spruch entscheiden, der sich jedoch nur auf die Berechtigung der Beschwerde beziehen kann, nicht aber auf mögliche Abhilfemaßnahmen. Der Arbeitgeber muss dann vielmehr der Beschwerde abhelfen. Falls er dem nicht nachkommt, kann der Arbeitnehmer die Abhilfe im Klagewege durchsetzen. Der Betriebsrat selbst kann im arbeitsgerichtlichen Beschlussverfahren bzw. in einem Verfahren nach § 77 Abs. 1 die Durchführung des Einigungsstellenspruchs erzwingen.

Beschwerdeverfahren nach § 13 AGG

Neben dem betriebsverfassungsrechtlichen Beschwerderecht hat ein Arbeitnehmer ein besonderes Beschwerderecht nach § 13 AGG. Danach besteht das Recht, sich bei der zuständigen Stelle zu beschweren, wenn der Arbeitnehmer sich im Zusammenhang mit seiner Beschäftigung vom Arbeitgeber, von Vorgesetzten, anderen Beschäftigten oder Dritten benachteiligt fühlt (**Gleichbehandlung**). Voraussetzung ist dafür, dass es um eine Benachteiligung aus Gründen der Rasse oder wegen der ethnischen Herkunft, des Geschlechts, der Religion oder Weltanschauung, einer Behinderung, des Alters oder der sexuellen Identität geht (§ 1 AGG). Dabei ist in § 13 Abs. 2 AGG klargestellt, dass solche Benachteiligungen auch zu den Gegenständen der §§ 84, 85 BetrVG gehören.

Bedeutung für die Beschäftigten

Die praktische Bedeutung sowohl des individuellen (§ 84 BetrVG; § 13 AGG) als des kollektiven (§ 85 BetrVG) Beschwerdeverfahrens ist sehr unterschiedlich. Es besteht immer die Gefahr, dass ein seine Rechte voll in Anspruch nehmender Arbeitnehmer Repressalien ausgesetzt ist. Der Vorteil des kollektiven Beschwerdeverfahrens liegt darin, dass mithilfe des Betriebsrats betriebliche Lösungen durchgesetzt werden. Beschwerden, die vom Betriebsrat aufgegriffen werden und Reaktionen im ganzen Betrieb u.U. auslösen, bringen einen Arbeitgeber eher in eine Situation, Beschwerden nachzugehen und sie abzustellen. Dann steht im Mittelpunkt der Beschwerde nicht mehr der einzelne Arbeitnehmer, sondern der Betriebsrat als Organ bzw. die gesamte Belegschaft des Betriebes. Hierin liegt der besondere Wert des kollektiven Beschwerdeverfahrens.

Betriebliche Sozialleistungen

Betriebliche Sozialleistungen sind Leistungen, die von Arbeitgebern an aktive Arbeitnehmer oder aber Rentner zusätzlich zum regulären Arbeitsentgelt gezahlt werden.

Solche Leistungen können aufgrund einer gesetzlichen Verpflichtung gezahlt werden, so die Arbeitgeberbeiträge zu den Zweigen der gesetzlichen Sozialversicherung (Kranken-, Renten-, Arbeitslosen- und Pflegeversicherung sowie die Beiträge zur Berufsgenossenschaft). In Tarifverträgen finden sich häufig Regelungen über Gratifikationen, wie etwa **13. Monatsgehalt oder Urlaubsgeld**.

Gibt es für die Leistung keine Grundlage im Gesetz oder Tarifvertrag, spricht man häufig auch von **»freiwilligen« betrieblichen Sozialleistungen**. Dies ist jedoch missverständlich, weil zwar die Einführung der Leistung freiwillig ist. Ist sie aber einmal im Arbeitsvertrag oder in einer Betriebsvereinbarung verankert oder ist sie zur betrieblichen Übung geworden, so ist der Arbeitgeber verpflichtet, sie weiter zu gewähren. Insoweit kann dann von Freiwilligkeit keine Rede mehr sein. Will der Arbeitgeber verhindern, dass eine **betriebliche Übung** entsteht, muss er deutlich darauf hinweisen, dass ein Rechtsanspruch für die Zukunft nicht begründet werden soll.

Die in der Praxis wichtigste und kostenintensivste betriebliche Sozialleistung in diesem Bereich ist die **betriebliche Altersversorgung**. Sie soll dem Arbeitnehmer ein zusätzliches Einkommen im Alter ermöglichen, insbesondere die Versorgungslücke zur gesetzlichen Rentenversicherung schließen.

Weitere betriebliche Sozialleistungen sind die Einrichtungen von Kantinen, die Gewährung von Essenszuschüssen und Fahrkostenzuschüssen, Personalrabatte und Belegschaftsverkäufe als geldwerte Leistungen, auch die zinsfreie oder zinsgünstige Gewährung von Arbeitgeberdarlehen. Auch bei der Einrichtung von Betriebskindergärten handelt es sich um eine betriebliche Sozialleistung. Sofern die Leistungen des Arbeitgebers nicht allein in der Zahlung von Geld besteht, sondern eine Einrichtung geschaffen wird, eine eigene Organisation erfordert, besteht ein **Mitbestimmungsrecht des Betriebsrats** bei der Form, Ausgestaltung und Verwaltung nach § 87 Abs. 1 Nr. 8 BetrVG. Das gilt z. B. für Kantinen oder Betriebskindergärten, für die betriebliche Altersversorgung dann, wenn hierzu eine Unterstützungs- oder Pensionskasse eingerichtet wird.

Betriebsbegehung

Grundlagen

Zur Erfüllung ihrer Aufgaben kann es für die JAV erforderlich sein, im Rahmen einer Betriebsbegehung Kontakt zu den Wahlberechtigten zu halten. Gem. § 65 in Verbindung mit § 37 Abs. 2 BetrVG müssen Mitglieder der JAV von ihrer beruflichen Tätigkeit befreit werden, soweit dieses zur ordnungsgemäßen Durchführung ihrer Aufgaben erforderlich ist. Dazu gehört beispielsweise auch die Freistellung für Betriebsbegehungen.

Die JAV kann, um die Einhaltung von Gesetzen, Verordnungen, Tarifverträgen usw. zu überwachen, Betriebsbegehungen durchführen.

Bedeutung für den Betriebsrat/die JAV

Eine Betriebsbegehung sollte von der JAV gut vorbereitet werden. Zuerst ist ein Versetzungsplan zu besorgen. Er ist bei der Ausbildungsleitung bzw. den Ausbildungsverantwortlichen erhältlich. Dadurch erfährt die JAV, in welchen Abteilungen die Auszubildenden gerade eingesetzt sind.

Bevor ein Betriebsrundgang stattfindet, muss der Betriebsrat informiert werden. Ebenso muss eine Abmeldung beim Vorgesetzten erfolgen. Es sollte auch der örtliche Betriebsrat, in dessen Bereich die Betriebsbegehung stattfindet, informiert werden bzw. an der Betriebsbegehung teilnehmen.

Die JAV sollte sich bereits im Voraus überlegen, mit welchen Fragestellungen sie mit den Auszubildenden Kontakt aufnimmt. Sinnvoll kann es sein, sich einfach Arbeitsabläufe und den Ablauf des Arbeitstages schildern zu lassen. Dadurch erfährt man, wie die örtlichen Ausbildungsbedingungen sind und ob möglicherweise Verstöße gegen Gesetze, Verordnungen, Tarifverträge usw. vorliegen.

Während der Betriebsbegehung sollte sich die JAV Notizen über die vorgefundene bzw. geschilderte Ausbildungssituation machen. Dies könnte beispielsweise wie folgt aussehen:

Datum: 15. April 2008
Abteilung: Produktionsbereich XY
Kollege/in: Marcel Mustermann, 3. Ausbildungsjahr, Industriemechaniker
Problem: Umgang mit gefährlichen Stoffen (Umwelt- und Gesundheitsgefährdung), ausbildungsfremde Tätigkeiten

Wichtig ist, dass im Anschluss an eine Betriebsbegehung die Probleme ausgewertet, analysiert und bearbeitet werden. Die Auszubildenden sollten unbedingt regelmäßig, beispielsweise im Rahmen weiterer Betriebsrundgänge, über den Bearbeitungsstand informiert werden.

Bedeutung für die Auszubildenden

Auszubildende haben die Möglichkeit, auch während ihres betrieblichen Einsatzes Kontakt zur JAV zu halten. Sie können die JAV bei Betriebsbegehungen über Missstände informieren. Sie erhalten von der JAV Informationen zu aktuellen Themen.

Auszubildende sollten im Rahmen der nächsten Betriebsbegehung der JAV gezielt nachfragen, was zwischenzeitlich getan wurde.

Betriebsbegriff

Begriff

Der Betriebsbegriff wird im Betriebsverfassungsgesetz selbst nicht erläutert. Er wird vorausgesetzt. Wie bei vielen anderen Begriffen ist deswegen die Rechtsprechung des Bundesarbeitsgerichtes für den Begriff entscheidend. Nach dem Bundesarbeitsgericht wird der Betrieb wie folgt festgelegt:

> Unter Betrieb ist die organisatorische Einheit zu verstehen, innerhalb derer ein Arbeitgeber allein oder mit seinen Arbeitnehmern mithilfe von technischen und immateriellen Dingen bestimmte arbeitstechnische Zwecke fortgesetzt verfolgt, die sich nicht in der Befriedigung von Eigenbedarf erschöpfen.

Kurz gesagt: Darunter ist eine technische und organisatorisch einheitliche Betriebsorganisation zu verstehen. Es kommt somit auf zwei Kriterien an:
1. In dem Betrieb müssen die Betriebsmittel zusammengefasst, geordnet und gezielt für den beabsichtigten arbeitstechnischen Zweck eingesetzt werden.
2. Der Einsatz der Arbeitnehmer muss von einem einheitlichen Leitungsapparat aus erfolgen.

Dabei kommt es nicht darauf an, ob der Betrieb zu einem Produktions- oder Dienstleistungsbereich gehört oder ob eine reine Verwaltungsaufgabe in dem Betrieb erfüllt wird.

Genauso wenig ist für den Betrieb entscheidend, ob der Betrieb identisch ist mit dem Unternehmen, zu dem der Betrieb gehört.

Bedeutung für die JAV

Der Betriebsbegriff ist von ganz zentraler Bedeutung, da nur in einem Betrieb eine JAV gewählt werden kann.

Dabei kommt es immer wieder zu der Frage, ob auch **Betriebsteile** als selbstständige Betriebe gelten, wenn es um die Frage der Wahl geht. Nach § 4 BetrVG ist dieses dann zu bejahen, wenn

- sie räumlich weit vom Hauptbetrieb entfernt sind oder
- durch den Aufgabenbereich und durch die Organisation eigenständig sind.

Dabei sind Betriebsteile auf den Zweck des Hauptbetriebes ausgerichtet und in dessen Organisation eingegliedert, ihm gegenüber aber organisatorisch abgrenzbar und relativ selbständig.

In beiden Fällen kommt es darauf an, dass überhaupt eine Leitung besteht, die Weisungsrechte des Arbeitgebers ausübt.

Es wird den jugendlichen Arbeitnehmern und Auszubildenden eines Betriebsteiles freigestellt, ob sie eine eigene JAV wählen wollen oder sich an der JAV-Wahl im Hauptbetrieb beteiligen wollen. Dazu bedarf es einer vorherigen Abstimmung im Betriebsteil, die auch von dem Betriebsrat des Hauptbetriebes veranlasst werden kann (§ 4 Abs. 1 BetrVG), und der Stimmenmehrheit der jugendlichen Arbeitnehmer und Auszubildenden. Ein Rückgängigmachen des Beschlusses erfolgt entsprechend.

Das Betriebsverfassungsgesetz nennt neben dem Betriebsteil auch noch den **Kleinstbetrieb**. Durch die Zuordnung wird sichergestellt, dass auch die in einem Kleinbetrieb Tätigen von der Anwendung des BetrVG nicht ausgeschlossen werden, sondern vom Betriebsrat des Hauptbetriebes vertreten werden. An und für sich ist ein Kleinstbetrieb ein selbstständiger Betrieb. Nach § 4 Abs. 2 BetrVG ist er dann jedoch dem Hauptbetrieb zuzuordnen, wenn in der Regel weniger als fünf wahlberechtigte Arbeitnehmerinnen und Arbeitnehmer in ihm beschäftigt sind. In diesem Fall wählen die im Nebenbetrieb Wahlberechtigten die JAV des Hauptbetriebes mit, und zwar unabhängig von der räumlichen Lage des Nebenbetriebes.

Die Aufspaltung des Betriebes in verschiedene juristisch selbstständige Kleinbetriebe ist ein beliebtes Unternehmermittel, um das Betriebsverfassungsgesetz zu unterlaufen. Die Rechtsprechung des Bundesarbeitsgerichtes hat dieses sehr frühzeitig gesehen und deshalb die Bildung eines Betriebsrats auch in einem solchen aufgespalteten Betrieb bejaht. In diesem Fall wird von einem **gemeinsamen Betrieb mehrerer Unternehmen** gesprochen. Voraussetzung war bisher, dass zwischen den Unternehmen eine Koordination dergestalt stattfindet, dass Unternehmerfunktionen im sozialen und personellen Bereich von einem einheitlichen Leitungsapparat ausgeübt werden. Indizien für das Bestehen einer Betriebseinheit konnten deshalb sein:

- Identität des Geschäftsführers,
- Zuständigkeit einer Personalabteilung für alle Arbeitnehmer,
- Austausch und Versetzbarkeit der Arbeitnehmer,
- Benutzung gemeinsamer Sozialeinrichtungen,

- gemeinsame Nutzung der Betriebs-, Büro- und Kommunikationseinrichtungen,
- räumlich-technisch verbundene Arbeit.

Dieser Gemeinschaftsbetrieb ist gesetzlich in § 1 Abs. 2 BetrVG geregelt. Aber auch wenn keiner der Vermutungstatbestände vorliegt, kann ein gemeinsamer Betrieb gegeben sein.

Nach dieser Vorschrift wird ein gemeinsamer Betrieb mehrerer Unternehmen in folgenden 2 Fällen vermutet:
- Von den Unternehmen werden zur Verfolgung arbeitstechnischer Zwecke sowohl die Betriebsmittel als auch die Arbeitnehmer gemeinsam eingesetzt.

oder
- Ein Unternehmen wird mit der Folge gespalten, dass von einem Betrieb ein oder mehrere Betriebsteile einem anderen Unternehmen zugeordnet werden, das an der Spaltung beteiligt ist. Dabei darf sich die Organisation des betroffenen Betriebes nicht wesentlich ändern.

Im ersten Fall wird bei Vorlage dieser gemeinsamen Nutzung eine einheitliche Leitung des Betriebes durch die Unternehmen vermutet.

Im zweiten Fall umfasst der Begriff der Spaltung die Fälle der Aufspaltung, Abspaltung und der Ausgliederung. Werden die wesentlichen materiellen und immateriellen Betriebsmittel gemeinsam weiterhin genutzt oder die personellen, technischen oder organisatorischen Verbindungen bei den Arbeitsabläufen im Wesentlichen beibehalten, so hat sich auch die Organisation des Betriebes bzw. Betriebsteiles nicht wesentlich geändert.

Der Arbeitgeber hat im Wege eines Beschlussverfahrens (§ 18 Abs. 2 BetrVG) die Möglichkeit, die Vermutungstatbestände zu widerlegen. Dadurch kann der Wahlvorstand erst einmal in Ruhe die JAV-Wahlen (**Wahl der JAV**) durchführen, da nur eine rechtskräftige Entscheidung des Arbeitsgerichts vor Abschluss des Wahlverfahrens auch für den Wahlvorstand bindend wäre. Käme das Arbeitsgericht aber zu einer anderen, rechtskräftigen Beurteilung der Betriebsstruktur, müsste in diesem Fall die JAV-Wahl abgebrochen und ein neues Wahlverfahren eingeleitet werden. Da eine rechtskräftige gerichtliche Entscheidung in der Regel aber während der Amtszeit der JAV ergeht, ist eine negative Entscheidung des Arbeitsgerichtes erst für die nächste JAV-Wahl maßgebend.

Betriebsbussen

Will der Arbeitgeber ein Fehlverhalten eines Arbeitnehmers ahnden, so erfolgt dies in der Regel durch Abmahnung oder Kündigung. Beide betreffen das individuelle Vertragsverhältnis zwischen Arbeitgeber und Arbeitnehmer. Daher besteht bei der Abmahnung nach Auffassung des Bundesarbeitsgerichts überhaupt kein Mitbestimmungsrecht und beim Ausspruch der Kündigung nur ein Anhörungsrecht nach § 102 BetrVG.
Wenn der Betriebsrat einen Einfluss darauf ausüben möchte, unter welchen Voraussetzungen generell Sanktionen verhängt werden und wie diese im Einzelfall ausgestaltet werden, so muss er mit dem Arbeitgeber über eine Betriebsbußenordnung verhandeln, gesetzliche Grundlage hierfür ist § 87 Abs. 1 BetrVG. Solche Betriebsbußen können etwa in **Verwarnungen, Verweisen oder Missbilligungen** bestehen. Auch die Verhängung einer **Geldbuße** wird als zulässig angesehen, sofern sie einen Tagesverdienst nicht überschreitet. Schikanen, etwa die Veröffentlichung von Namen, ist auch mit Zustimmung des Betriebsrats nicht möglich. Das Verfahren, welches zur Buße führt, muss rechtsstaatlichen Grundsätzen entsprechen. Dem Beschuldigten muss rechtliches Gehör gewährt werden.

Betriebspraktikum

Grundlagen

Ein Praktikum ist stets Teil einer Ausbildung, egal ob es ein Schüler, Student oder arbeitsloser Jugendlicher absolviert. Der Praktikant soll dabei Einblick in bestimmte Berufsbilder und Branchen sowie betriebliche Abläufe und Strukturen erhalten. Diese Kenntnisse können sowohl der Orientierung bei der Berufswahl als auch der Vorbereitung auf eine bestimmte Tätigkeit und/oder der Verbesserung der Chancen auf einen späteren Job dienen. Wichtig und einschlägige Meinung ist: Ein Praktikum ist nicht dazu da, um regelmäßig anfallende Arbeiten im Betrieb erledigen zu lassen, sondern um dem Praktikanten praxisbezogene Kenntnisse zur Vorbereitung auf den Beruf zu vermitteln.

Wie so oft im Arbeitsrecht fehlt es dann aber leider an der einen allgemeingültigen Rechtsgrundlage für Praktikanten. Dies hat zweierlei Gründe: Zum einen kommt es ganz genau darauf an, wer aus welchem Grund ein Praktikum absolviert. Ausschlaggebend ist, ob sich der Praktikant in einem Lern- oder Arbeitsverhältnis befindet. Zum anderen können sich widersprechende Rechtsauffassungen für Verwirrung sorgen.

Um die jeweiligen Rechtsgrundlagen bestimmen zu können, muss deshalb zwischen den verschiedenen Gruppen von Praktikanten unterschieden werden:

- Praktikanten, die ein vorgeschriebenes Pflichtpraktikum als Teil ihrer Ausbildung absolvieren

Zu dieser Gruppe von Praktikanten zählen beispielsweise Schüler an allgemeinbildenden Schulen (meist im 9. Schuljahr) oder auch Studierende, die nach Studienordnung ein Pflichtpraktikum während ihres Studiums (nicht davor und nicht danach!) absolvieren müssen. Nach herrschender Rechtsauffassung finden weder das Betriebsverfassungsgesetz bzw. die Personalvertretungsgesetze von Bund und Ländern noch das Berufsbildungsgesetz Anwendung auf diese Praktikantengruppe, weil diese Praktikanten sich weniger in einem Arbeitsverhältnis als vielmehr in einem Lernverhältnis zum Arbeitgeber befinden. Dadurch entfallen einerseits einige Beteiligungsrechte von JAV und Betriebsrat (beispielsweise bei personellen Einzelmaßnahmen). Andererseits haben diese Praktikanten keinen individualrechtlichen Anspruch beispielsweise auf eine Vergütung, Urlaub oder Lohnfortzahlung im Krankheitsfall. Was den Geltungsbereich und damit die Anwendbarkeit des BetrVG angeht, gibt es allerdings streitende Rechtsauffassungen. Denn § 5 BetrVG zählt explizit auch die zu Berufsausbildung Beschäftigten zu den Arbeitnehmern im Sinne des Gesetzes, wozu eine kleinere Gruppe von Rechtsexperten eben auch die hier bezeichnete Gruppe von Praktikanten zählt. Wer dieser Rechtsauffassung folgt (was eine Minderheit ist), wird auch die Beteiligung der JAV und des Betriebsrats bei personellen Einzelmaßnahmen wie der Einstellung einfordern und diese Praktikanten z.b. auch bei der Bestimmung der Belegschaftsgröße bei den Wahlen zur JAV oder dem Betriebsrat berücksichtigen.

Egal welcher Auffassung man hier folgt: In jedem Fall ist diese Gruppe von Praktikanten wie andere Beschäftigte auch durch den Betriebsrat und die JAV zu betreuen. Andere Vorschriften, beispielsweise zum Gesundheitsschutz oder das Jugendarbeitsschutzgesetz sind in jedem Falle zu beachten. Aber auch bei Fragen zur Qualität des Praktikums können sich JAV und Betriebsrat aufgrund ihrer besonderen Kompetenz einmischen.

- Praktikanten, die ein freiwilliges Praktikum oder ein Pflichtpraktikum vor oder nach dem Studium absolvieren

Diese Gruppe von Praktikanten wird arbeitsrechtlich als in einem Arbeitsverhältnis stehend behandelt. Sowohl individualrechtlich als auch kollektivrechtlich ist sie damit in vielerlei Hinsicht besser gestellt. Nach § 26 BBiG finden zahlreiche Vorschriften des BBiG auch für Personen Anwendung, die eingestellt werden, um berufliche Fertigkeiten, Kenntnisse, Fähigkeiten oder berufliche Erfahrungen zu erwerben. Konkret bedeutet dies, dass die Regelungen des BBiG wie der Anspruch auf Vergütung oder das Recht auf Ausstellung eines schriftlichen Zeugnisses genauso wie bei Auszubildenden auch anzuwenden sind. Diese Praktikantengruppe zählt ebenfalls zu den Arbeitnehmern im Sinne des BetrVG, so dass sowohl der Betriebsrat als auch die JAV mit all ihren Rechten zuständig sind. Sie können beispielsweise darauf hinwirken, vergleichbar zu Ausbildungsplänen hier Praktikumspläne zu erstellen, die Ablauf und Inhalte des Praktikums festlegen. Sogar Betriebsvereinbarungen, die Vergütung, Arbeitszeit und sonstige Arbeitsbedingungen festlegen, können verhandelt und geschlossen werden. Dies gilt allerdings nur dann, wenn dies nicht durch Tarifvertrag geregelt ist, was so gut wie nie der Fall ist. Bis auf folgende Ausnahme:

- Praktikanten, die in den Geltungsbereich des Tarifvertrags über die Regelung der Arbeitsbedingungen der Praktikantinnen/Praktikanten im öffentlichen Dienst fallen

Unter den Geltungsbereich des von ver.di geschlossenen Tarifvertrags fallen Sozialarbeiter und -pädagogen, Heilpädagogen, pharmazeutisch-technische Assistenten, Erzieherinnen, Kinderpflegerinnen, Masseure, medizinische Bademeister sowie Rettungsassistenten. Der Tarifvertrag legt beispielsweise Entgelte, Arbeitszeiten und sonstige Arbeitsbedingungen fest. Hier kommt der Tarifvorbehalt des § 77 Abs. 3 BetrVG zur Anwendung, wonach Arbeitsentgelte und sonstige Arbeitsbedingungen, die durch TV geregelt sind oder üblicherweise geregelt werden, nicht Gegenstand von Betriebsvereinbarungen sein dürfen.

Bedeutung für den Betriebsrat/die JAV

Praktika können für alle Beteiligte ein Vorteil sein: Dem jungen Menschen dienen sie zur Orientierung und helfen dabei, Interessen und Fähigkeiten zu entdecken oder möglicherweise Fehlentscheidungen im Hinblick auf die Berufswahl mit unangenehmen Konsequenzen zu vermeiden. Dem Unternehmen geben sie die Möglichkeit, sich als attraktiver Arbeitgeber darzustellen und auszuloten, ob der Praktikant für eine spätere Einstellung in Frage kommt. Soweit die eine Seite der Medaille.

Die andere sieht wie immer sehr viel negativer aus. Denn immer mehr junge und bereits ausgebildete Menschen hangeln sich von einem sogenannten »Praktikum« zum nächsten, oft schlecht und nicht selten gar nicht bezahlt. Auf der Suche nach einem Ausbildungsplatz oder einer Stelle nach dem Studium hoffen sie, mit einem Praktikum den Berufseinstieg schneller oder besser zu schaffen. Viele Unternehmen wissen die hohe Arbeitslosigkeit zu nutzen, indem sie die oftmals bereits gut ausgebildeten und hoch motivierten »Praktikanten« einstellen, wie andere Beschäftigte voll mitarbeiten lassen und damit ausbeuten. Dadurch entstehen nicht nur Verdrängungseffekte gegenüber der Stammbelegschaft im Betrieb. Auch im Wettbewerb stehenden Unternehmen gegenüber wird ein Prozess des Lohndumpings in Gang gesetzt.

Deshalb sollten JAV und Betriebsrat stets ein Auge darauf haben, wie viele Praktikanten für welche Dauer im Betrieb eingesetzt werden und unter welchen Bedingungen sie beschäftigt werden. Nach § 80 BetrVG ist der Arbeitgeber verpflichtet, die entsprechenden Informationen zur Verfügung zu stellen. Haben JAV und Betriebsrat Bedenken, weil sich durch den Einsatz von Praktikanten Nachteile für die Belegschaft ergeben könnten, können sie die Einstellung von Praktikanten nach §99 BetrVG verweigern. Dabei geht es nicht darum, Praktikanten zu verhindern, sondern lediglich ein ausgewogenes Verhältnis zwischen Belegschaft und Praktikanten zu gewährleisten – auch um die Qualität und Betreuung des Praktikums sicherstellen zu können. Darauf kann der Betriebsrat unter Beteiligung der JAV bereits bei der Personalplanung im Rahmen der §§ 90 und 92 BetrVG hinwirken.

Bedeutung für die Praktikanten

Jung, gut ausgebildet, arbeitslos. So stellt sich die Situation insbesondere für viele Akademiker nach Abschluss ihres Studiums dar. In der Hoffnung auf einen festen Arbeitsplatz und um nicht tatenlos zu bleiben, sind sie bereit, oftmals über Monate hinweg ihre Arbeitsleistung unter dem Decknamen »Praktikum« bereitzustellen.

So manches Mal treffen hier verschiedene Kulturen und Sichtweisen aufeinander, wenn der Betriebsrat oder die JAV auf die Praktikanten zugehen. Diese sehen oftmals keinen anderen Ausweg aus ihrer Situation oder empfinden Regelungen als starr und bürokratisch. Deshalb ist es gut, sich auf die Gespräche und möglichen Argumente vorzubereiten, um die eigene Sichtweise gut rüberbringen zu können.

Die DGB-Jugend hat sich mit Informationsmaterial, Studien, Aktionen und intensiver Öffentlichkeitsarbeit der Praktikanten angenommen. Gegenüber der Politik tritt sie für die zeitliche Befristung von Praktika und eine angemessene Bezahlung ein. Mehr Informationen hierüber finden sich unter www.dgb-jugend.de/themen/generation_praktikum.

BETRIEBSRAT

Grundlagen

Der Betriebsrat ist die Interessenvertretung der Arbeitnehmer einschließlich der Auszubildenden des Betriebes. Ziel seiner Arbeit ist es, die betrieblichen Arbeitsbedingungen zu verbessern und langfristig zu sichern. Dazu sind alle tatsächlichen und rechtlichen Möglichkeiten durch den Betriebsrat auszunutzen, um dieses Ziel zu erreichen. Der Betriebsrat hat aktuelle Probleme der Belegschaft aufzugreifen und gemeinsame Lösungen anzustreben. Daneben gewinnt jedoch auch die langfristige Sicherung der materiellen Arbeitsbedingungen an Bedeutung, soweit wie diese auf betrieblicher Ebene regelbar sind. Dazu gehören auch die Sicherung und der Ausbau der Sozialleistungen und der Beschäftigung.

Betriebsräte sind demokratisch gewählte Vertretungsorgane der Arbeiter und Angestellten sowie der Auszubildenden des Betriebes. Als deren Interessenvertretung sind sie verpflichtet, ihre Arbeit allein an den Forderungen und Anliegen der Arbeitnehmer zu orientieren.

Aus dem Gebot der vertrauensvollen Zusammenarbeit gem. § 2 Abs. 1 BetrVG wird häufig von Arbeitgeberseite aus versucht, den Betriebsrat in eine Rolle zu drängen, in der er auch die Interessen des Arbeitgebers zu vertreten bzw. eine lediglich vermittelnde Rolle im Verhältnis zwischen Arbeitgeber und Arbeitnehmer einzunehmen habe. Eine Rolle also, die gegen eine konsequente und aktive Interessenvertretung der Arbeitnehmer durch den Betriebsrat zielt und im Widerspruch zu dem realen wirtschaftlichen und sozialen Interessengegensatz zwischen Arbeitgebern und Arbeitnehmern steht.

Dieser Interessengegensatz wird selbst von der Rechtsprechung bejaht, wie sich aus dem Urteil des BAG v. 21.4.1983 – 6 ABR 70/82 – AP Nr. 20 zu § 40 BetrVG 1972 ergibt. Dort heißt es u. a.:

»Das geltende Arbeitsrecht wird auch durchgängig von 2 gegenüberstehenden Grundpositionen beherrscht, mit denen unterschiedliche Interessen von Arbeitgeber- und Arbeitnehmerseite verfolgt werden. Ohne diesen Interessengegensatz wären im Übrigen gesetzliche Regelungen über die Mitwirkung der Arbeitnehmerseite an sozialen, personellen und wirtschaftlichen Entscheidungen des Arbeitgebers gegenstandslos. Auch das Betriebsverfassungsgesetz setzt die-

sen Interessengegensatz voraus. Im Betrieb hat der Betriebsrat die Interessen der von ihm repräsentierten Belegschaft wahrzunehmen.
Das wird durch § 2 Abs. 1 BetrVG sowie auch durch § 74 Abs. 1 Satz 1 und § 76 BetrVG nur insoweit modifiziert, dass anstelle möglicher Konfrontationen die Pflicht zur beiderseitigen Kooperation tritt. Dennoch bleibt der Betriebsrat Vertreter der Belegschaft gegenüber dem Arbeitgeber. Der ist zu vertrauensvoller Zusammenarbeit, nicht aber dazu verpflichtet, die Interessen der Belegschaft zurückzustellen. Damit obliegt dem Betriebsrat eine ›arbeitnehmerorientierte Tendenz‹ der Interessenvertretung ...«

Für diese Interessen einzustehen, ist die tägliche Aufgabe der Betriebsräte; wobei folgende Schwerpunkte für den Betriebsrat im Vordergrund stehen dürften:
1. Aktive Standort- und Beschäftigungssicherung
2. Faire Einkommen und sichere Tarifverträge
3. Mehr Mitbestimmung in Betrieb und Unternehmen
4. Zukunftssicherung durch innovative Konzepte
5. Sozialverträgliche Arbeitszeiten
6. Gute Arbeit, die nicht krank macht
7. Qualifizierung für alle

Die Aufgabenstellung des Betriebsrats

Das Gesetz weist dem Betriebsrat eine Reihe von Aufgaben und Rechten zu. Die allgemeinen Aufgaben des Betriebsrats nach § 80 BetrVG verdeutlichen dabei am besten seinen betriebsverfassungsrechtlichen Auftrag, wonach dem Betriebsrat die Überwachung und Kontrolle der Einhaltung aller zum Schutze der Arbeitnehmer geltenden Gesetze, Verordnungen, Tarifverträge, Vereinbarungen und sonstigen Vorschriften obliegt (Schutzfunktion). Dieser beinhaltet auch ein Initiativrecht, um notfalls vom Arbeitgeber Maßnahmen zu verlangen, die die Rechtsstellung der Arbeitnehmer im Betrieb sichern und dem Betrieb und der Belegschaft dienen.
  Diese Schutzfunktion, die sich aus dem Interessengegensatz zwischen Arbeitgeber und Belegschaft ergibt, berechtigt und verpflichtet den Betriebsrat auch, für die Eingliederung von Schwerbehinderten und sonstigen Personen in den Betrieb zu sorgen, die besonders schutzbedürftig sind (§ 80 Abs. 1 Nr. 4 BetrVG).
  Ein weiterer Schwerpunkt der Rechte des Betriebsrats liegt in der Gestaltungsfunktion. Ein Betriebsrat kann nur dann seine Aufgaben wirksam wahrnehmen, wenn er nicht nur auf Maßnahmen des Arbeitgebers reagiert, sondern wenn er selber tätig wird, also agiert. Dieses erfolgt zum einen über die Wahrnehmung seines Initiativrechtes nach § 80 Abs. 1 Nr. 2 BetrVG. Um in

diesem Sinne wirksam werden zu können, sind dem Betriebsrat umfassende Informationsrechte gegeben. Zur Durchführung seiner Aufgaben kann er nach § 80 Abs. 3 BetrVG nach Vereinbarung mit dem Arbeitgeber Sachverständige sowie nach § 80 Abs. 2 BetrVG sachkundige Arbeitnehmer als Auskunftspersonen hinzuziehen. Im Falle einer Betriebsänderung kann der Betriebsrat in Unternehmen mit mehr als 300 Arbeitnehmern einen externen Berater (= Sachverständigen) ohne vorherige Vereinbarung mit dem Arbeitgeber hinzuziehen (§ 111 Satz 2 BetrVG).

Diese »Generalklausel« für eine aktive Interessenvertretung der Belegschaft durch den Betriebsrat in § 80 BetrVG wird ergänzt durch die konkreten Mitwirkungs- und Beteiligungsrechte in sozialen, personellen und wirtschaftlichen Angelegenheiten. Der Wirkungsbereich des Betriebsrats reicht dabei von Fragen der Ordnung des Betriebes, der Lohngestaltung (§ 87 Abs. 1 BetrVG), Problemen der Arbeitsorganisation (§§ 90, 91 BetrVG) und Qualifikation (§§ 97, 98 BetrVG) über personelle Maßnahmen (§§ 99, 102 BetrVG) und die Beschäftigungssicherung und -förderung (§ 92a BetrVG) bis hin zu Betriebsänderungen (§§ 111 ff. BetrVG).

Diese Mitwirkungs- und Mitbestimmungsrechte sind hinsichtlich ihrer Beteiligung abgestuft. Die Einflussnahme des Betriebsrats auf den Arbeitgeber ist dadurch unterschiedlich ausgestaltet. So räumt das Gesetz dem Betriebsrat Rechte ein, die den Arbeitgeber lediglich zur Unterrichtung und Beratung verpflichten (§§ 90, 92a BetrVG). Eine weitere Stufe der Beteiligungsrechte ergibt sich im Rahmen eines Vetorechtes. In diesen Fällen kann der Betriebsrat durch ein Zustimmungsverweigerungs- oder Widerspruchsrecht seine Interessenwahrnehmung vornehmen (§§ 99, 102 BetrVG). U.a. in sozialen Angelegenheiten und Fragen der Qualifikation hat der Betriebsrat ein Mitbestimmungsrecht dahingehend, dass er eine Einigungsstelle anrufen kann, wenn es zwischen ihm und dem Arbeitgeber zu keiner Einigung kommt. Die Einigungsstelle hat in diesen Fällen ein Letztentscheidungsrecht.

Bedeutung für den Betriebsrat/die JAV

Da die JAV nach den Vorschriften des Betriebsverfassungsgesetzes kein selbstständiges Organ ist, bestehen die der JAV im Gesetz eingeräumten Rechte gegenüber dem Betriebsrat, nicht jedoch gegenüber dem Arbeitgeber. Da somit die Aufgabenwahrnehmung und auch die Arbeit der JAV sich an dem Betriebsrat ausrichten, hängt der Erfolg dieser Arbeit ganz entscheidend davon ab, wie die Zusammenarbeit zwischen Betriebsrat und JAV sich gestaltet. Je besser das Verhältnis zwischen JAV und Betriebsrat ist, umso besser kann die JAV auch ihre Aufgaben wahrnehmen und gestalten. Auch das Betriebsverfassungsgesetz geht von einer engen Zusammenarbeit aus, wenn in § 80 Abs. 1 Nr. 3 u. 5 BetrVG dem Betriebsrat die Zusammenarbeit mit der JAV zur besonderen Aufgabe gemacht wird.

Nach § 67 BetrVG kann die JAV zu allen Betriebsratssitzungen, einschließlich der Betriebsratsausschüsse, einen Vertreter entsenden. Es handelt sich dabei um ein Teilnahmerecht, das der JAV ohne Einschränkung zusteht. Wenn der Betriebsrat damit einverstanden ist, können auch weitere Mitglieder der JAV an der Betriebsratssitzung teilnehmen. In den Fällen, in denen Angelegenheiten im Betriebsrat besprochen werden, die besonders die jugendlichen Arbeitnehmer und die Auszubildenden betreffen, hat die gesamte JAV ein Teilnahmerecht an der Betriebsratssitzung. Betreffen zudem diese Angelegenheiten überwiegend die jugendlichen Arbeitnehmer und Auszubildenden, hat die JAV auch ein volles Stimmrecht (§ 67 Abs. 2 BetrVG).

Die JAV kann beim Betriebsrat grundsätzlich beantragen, dass Angelegenheiten, die besonders die jugendlichen Arbeitnehmer und die Auszubildenden betreffen und über die die JAV beraten hat, auf die nächste Tagesordnung des Betriebsrats gesetzt werden (§ 67 Abs. 3 BetrVG). Zudem soll der Betriebsrat Angelegenheiten, die die jugendlichen Arbeitnehmer und Auszubildenden betreffen, der JAV zur Beratung zuleiten.

Die JAV ist vom Betriebsrat zu allen Besprechungen mit dem Arbeitgeber hinzuzuziehen, die besonders die Angelegenheiten der jugendlichen Arbeitnehmer und Auszubildenden betreffen (§ 68 BetrVG). Dieses kann z.B. beim Monatsgespräch oder aber bei einer Besprechung im Berufsbildungsausschuss der Fall sein.

Wenn die JAV der Auffassung ist, dass ein Beschluss des Betriebsrats wichtigen Interessen der jugendlichen Arbeitnehmer und Auszubildenden zuwiderläuft, so ist auf Antrag der JAV der Beschluss auf die Dauer von einer Woche (§§ 35, 66 BetrVG) auszusetzen (**Aussetzen von Beschlüssen des Betriebsrats**). In dieser Woche soll die Gelegenheit zur Klärung von Missverständnissen und ausgiebigen Diskussionen gegeben sein. Die JAV hat die Möglichkeit, ihre Argumente gegenüber dem Betriebsrat ausführlich darzulegen und zu begründen. Wichtig ist dabei, dass mithilfe der im Betrieb vertretenen Gewerkschaft versucht wird, eine Einigung herbeizuführen.

Wenn es zu keiner Einigung zwischen dem Betriebsrat und der JAV kommt, kann der Betriebsrat nach Ablauf der einen Woche erneut darüber beschließen; wenn der erste Beschluss bestätigt wird, wird er wirksam. Ein

Antrag auf Aussetzung kann durch die JAV in diesem Fall nicht wiederholt werden. Dieses gilt auch dann, wenn der erste Beschluss nur unerheblich geändert wird.

Bevor die JAV von der Möglichkeit der Aussetzung eines Beschlusses des Betriebsrats Gebrauch macht, sollte dieses vorher eingehend geprüft werden und insbesondere auch überlegt werden, welche Auswirkungen dieses auf das Verhältnis zum Betriebsrat hat. Es ist im Einzelfall abzuwägen, ob von der Aussetzungsmöglichkeit Gebrauch gemacht werden sollte oder nicht.

Beispiel für einen Aussetzungsantrag:
An den Betriebsrat   Düsseldorf, den ...
z. H. des Vorsitzenden
Betr.: Aussetzung des Beschlusses zur Senkung des Fahrtkostenzuschusses

Liebe Kolleginnen und Kollegen,

die JAV wurde auf der Sitzung ... darüber informiert, dass der Betriebsrat der Senkung des Fahrtkostenzuschusses zugestimmt hat. Entsprechend der §§ 35, 66 des BetrVG beantragt die JAV die Aussetzung des Beschlusses von einer Woche.
Gleichzeitig beantragt die JAV eine erneute Sitzung des Betriebsrats mit dem Tagesordnungspunkt »Fahrtkostenzuschuss für Auszubildende«, zu der alle Mitglieder der JAV eingeladen werden.

Mit freundlichen Grüßen
Jugend- und Auszubildendenvertretung

Betriebsübergang – Arbeitgeberwechsel

Geht der Betrieb z. B. durch Verkauf auf einen **anderen Inhaber** (z. B. eine andere AG, GmbH usw.) über, so richten sich die Rechte und Pflichten der betroffenen Arbeitnehmer nach § 613a BGB. Hiervon zu unterscheiden ist die interne Veränderung innerhalb der GmbH oder AG, der Wechsel der Gesellschafter oder der Mehrheitsanteile lässt das Arbeitsverhältnis zu der Gesellschaft völlig unberührt. Ein Inhaberwechsel und damit ein Betriebsübergang finden nicht statt.

§ 613a BGB besagt grundsätzlich, dass die Rechte und Pflichten der betroffenen Arbeitnehmer unberührt bleiben (§ 613a Abs. 1 Satz 1 BGB). Diese Regelung gilt nur für bestehende Arbeits- oder Ausbildungsverhältnisse, nicht z. B. für Rentner.

Eine **Kündigung aus Anlass des Betriebsübergangs ist unwirksam** (§ 613a Abs. 4 BGB).

Sind Rechte und Pflichten der Arbeitnehmer durch **Tarifvertrag oder Betriebsvereinbarung** geregelt, so bestimmt § 613a Abs. 1 Satz 2 BGB, dass diese Inhalt des Arbeitsverhältnisses zwischen dem neuen Inhaber und dem Arbeitnehmer werden und nicht vor Ablauf eines Jahres nach dem Zeitpunkt des Übergangs zum Nachteil des Arbeitnehmers abgeändert werden dürfen, auch nicht durch eine einvernehmliche Regelung. Die Bedeutung dieser Jahresfrist wird häufig überschätzt.

Dieser Schutz läuft nämlich leer, wenn der übernommene Betrieb bei dem neuen Inhaber in eine vorhandene betriebliche Einheit eingegliedert wird und dort **eigene Betriebsvereinbarungen** gelten. Soweit sie sich auf dasselbe Thema beziehen, gelten sie sofort auch für die neu hinzugekommenen Arbeitnehmer, auch wenn sie ungünstiger sind.

Auch für den neuen Inhaber **geltende Tarifverträge** gehen bei dem Bestandsschutz nach § 613a Abs. 1 Satz 2 BGB grundsätzlich vor. Allerdings nur insoweit, als die Arbeitnehmer ebenfalls tarifgebunden, also Mitglied der den Tarif schließenden Gewerkschaft sind. Auch hier spielt die Jahresfrist keine Rolle.

Umgekehrt ändern sich die Arbeitsbedingungen nach Ablauf eines Jahres nicht etwa automatisch oder auf einseitige Anordnung des Arbeitgebers.

Will er den Arbeitsvertrag inhaltlich verändern, etwa das Arbeitsentgelt senken oder die Arbeitszeit erhöhen, kann er dies gegen den Willen des Arbeitnehmers nur durch **Änderungskündigung**, für die er gewichtige Gründe braucht.

Wichtig ist in diesem Zusammenhang noch: bleibt die betriebliche Identität erhalten, wird der Betrieb also nicht in eine vorhandene Einheit des neuen Inhabers integriert, **bleibt der Betriebsrat im Amt** und die bisherigen Betriebsvereinbarungen in Kraft, sie werden nicht (lediglich) Bestandteil des Arbeitsvertrages.

§ 613a Abs. 5 BGB regelt, dass die betroffenen Arbeitnehmer beim Betriebsübergang vom bisherigen Arbeitgeber oder den neuen Inhaber umfassend über den Zeitpunkt und den Grund für den **Übergang zu informieren** sind, sowie über die rechtlichen, wirtschaftlichen und sozialen Folgen des Übergangs und die hinsichtlich der Arbeitnehmer in Aussicht genommenen Maßnahmen. Der Arbeitnehmer kann innerhalb eines Monats nach dem Zugang dieser Unterrichtung dem Übergang seines Arbeitsverhältnisses schriftlich **widersprechen** (§ 613a Abs. 6 BGB). Der Arbeitnehmer geht in diesem Fall nicht über, sondern bleibt bei seinem bisherigen Arbeitgeber. Kann dieser ihn jedoch nicht weiter beschäftigen, kommt eine betriebsbedingte Kündigung des Arbeitsverhältnisses in Betracht.

Betriebsräte sollten beim Betriebsübergang einen **Interessenausgleich** anstreben, um den Schutz der betroffenen Arbeitnehmer über die gesetzliche Basis hinaus zu verbessern.

Betriebsvereinbarung

Grundlagen

Unter einer Betriebsvereinbarung wird eine kollektive Regelung (Vertrag) zwischen dem Arbeitgeber und dem Betriebsrat/Gesamtbetriebsrat/Konzernbetriebsr at verstanden. In ihren Rechtswirkungen ist die Betriebsvereinbarung dem Tarifvertrag vergleichbar. Die Grundsätze einer Betriebsvereinbarung sind in § 77 BetrVG geregelt. Dabei umfasst der Regelungsbereich von Betriebsvereinbarungen zum einen die Rechte und Pflichten von Arbeitgeber und Betriebsrat, zum anderen bestimmt er Rechte und Pflichten der Arbeitnehmer des Betriebes.

Dabei wird zwischen zwei Formen von Betriebsvereinbarungen unterschieden. Zum einen wird von zwingenden Betriebsvereinbarungen gesprochen, die im Rahmen eines Mitbestimmungsrechtes des Betriebsrats (z.B. § 87 BetrVG) abgeschlossen werden. Diese sind in § 77 BetrVG geregelt. Zum anderen können auch kollektive Regelungen zwischen Betriebsrat und Arbeitgeber in Bereichen, die nicht der Mitbestimmung des Betriebsrats unterliegen, durch sogenannte »freiwillige« Betriebsvereinbarungen (§ 88 BetrVG) geregelt werden. Auch für freiwillige Betriebsvereinbarungen gelten die allgemeinen Vorschriften des § 77 BetrVG zu Abschluss, Wirkung und Kündigung. Eine Nachwirkung besteht bei »freiwilligen« Betriebsvereinbarungen jedoch nur dann, wenn sie in der Betriebsvereinbarung vereinbart worden ist.

Der Betriebsrat kann mit dem Arbeitgeber im Rahmen seines Aufgabenbereiches Betriebsvereinbarungen abschließen, durch die unmittelbar der Inhalt, der Abschluss sowie die Beendigung von Arbeitsverhältnissen geregelt werden. Gleiches betrifft auch betriebliche bzw. betriebsverfassungsrechtliche Fragen. Dabei ist zu beachten, dass ein Vorrang gesetzlicher oder tariflicher Regelungen nicht gegeben ist (Tarifvorrang, §§ 77 Abs. 3, 87 Abs. 1 Eingangssatz BetrVG) Nach § 77 Abs. 3 BetrVG dürfen Arbeitsentgelte und sonstige Arbeitsbedingungen, die durch Tarifvertrag geregelt sind oder üblicherweise geregelt werden, nicht zum Gegenstand einer Betriebsvereinbarung gemacht werden. Dies gilt dann jedoch nicht, wenn der Tarifvertrag den Abschluss ergänzender Betriebsvereinbarungen ausdrücklich zulässt. Diese Vorschrift regelt den Kernbereich des Verhältnisses zwischen Tarifautonomie und Betriebsvereinbarung. Dadurch soll die Sicherung der Tarifautonomie gewährleistet und ein Unterlaufen von Tarifverträgen verhindert werden. Die Betriebsvereinbarung soll nicht als ein Ersatztarifvertrag für nicht organisierte Arbeitnehmer wirken können. Dadurch würde die Stellung gerade der Gewerkschaften und ihre Funktionsfähigkeit entscheidend getroffen werden. Es gilt deshalb, diese Kernbestimmung zu erhalten und zu schützen.

Um wirksam zu sein, bedarf die Betriebsvereinbarung der Schriftform. Sie ist ferner nur dann wirksam, wenn sie sowohl vom Arbeitgeber als auch vom Betriebsrat (vertreten durch den Betriebsratsvorsitzenden) unterschrieben ist.

Die Betriebsvereinbarung muss wie ein Tarifvertrag vom Arbeitgeber im Betrieb an geeigneter Stelle ausgelegt werden. Unabhängig davon sollte eine JAV bzw. ein Betriebsrat dafür Sorge tragen, dass auch über seine Informationswege die Jugendlichen und Auszubildenden sowie Arbeitnehmer im Betrieb über die Betriebsvereinbarungen informiert werden.

Die Betriebsvereinbarung gilt nach § 77 Abs. 4 Satz 1 BetrVG unmittelbar und zwingend für und gegen die Arbeitnehmerinnen und Arbeitnehmer im Betrieb; d.h., dass sie direkt und bindend wirksam ist. Durch die unmittelbare Wirkung wird automatisch auf die Arbeitsverhältnisse eingewirkt, ohne dass es einer entsprechenden Umsetzung zwischen dem Arbeitgeber und den Arbeitnehmern bedarf. Aus der zwingenden Wirkung einer Betriebsvereinbarung folgt, dass der Arbeitgeber und die Arbeitnehmer nichts vereinbaren können, was gegen eine Betriebsvereinbarung verstößt bzw. sie verschlechtert. Zwischen einer Betriebsvereinbarung und einem Einzelvertrag gilt grundsätzlich das Günstigkeitsprinzip, wonach die für die Arbeitnehmer günstigeren Regelungen wirksam sind. Ein Verzicht auf Rechte aus einer Betriebsvereinbarung ist nur mit Zustimmung des Betriebsrats zulässig. Durch Betriebsvereinbarung geregelte Rechte können nicht verwirken. Soweit Ausschlussfristen für Rechte einer Betriebsvereinbarung in Einzelverträgen enthalten sind, sind sie nur dann zulässig, wenn sie in einem Tarifvertrag oder in einer Betriebsvereinbarung vereinbart sind. Gleiches gilt auch für die Abkürzung von Verjährungsfristen.

Beendet werden kann eine Betriebsvereinbarung:
- mit dem Ablauf der Zeit oder dem Erreichen des Zwecks, für die sie abgeschlossen wurde (z.B. Vereinbarung von Betriebsurlaub),
- durch Abschluss einer nachfolgenden Betriebsvereinbarung oder Inkrafttreten eines Tarifvertrages oder Gesetzes über denselben Regelungsgegenstand,

- durch einen Aufhebungsvertrag zwischen dem Betriebsrat und dem Arbeitgeber, der der Schriftform bedarf,
- mit der Stilllegung des Betriebes, mit Ausnahme des Sozialplanes und sonstiger Betriebsvereinbarungen, die im Zusammenhang mit der Betriebsstilllegung abgeschlossen worden sind oder unabhängig von der Stilllegung des Betriebes die Arbeitsbedingungen gestalten (z.B. betriebliche Altersversorgung),
- durch deren Kündigung, wobei die Kündigung von jeder Seite mit einer Frist von drei Monaten erklärt werden kann, wenn die Betriebsvereinbarung selbst keine Vorschriften über Kündigungsfristen enthält (aber Möglichkeit der Nachwirkung).

Nachwirkung

Regelungen einer Betriebsvereinbarung, die durch den Spruch einer Einigungsstelle erzwungen werden können (→ **Mitbestimmungsrechte**), gelten nach einer Kündigung weiter, bis sie durch eine andere Abmachung ersetzt werden (§ 77 Abs. 6 BetrVG; sog. zwingende Betriebsvereinbarungen). Es wird dabei von einer »Nachwirkung« gesprochen. Die Nachwirkung erstreckt sich dabei auf alle Normen einer Betriebsvereinbarung. Rechtsansprüche für Arbeitnehmer werden aus einer solchen »Nachwirkung« auch dann begründet, wenn sie erst im Nachwirkungszeitraum in den Betrieb eintreten.

Unter »einer anderen Abmachung« in § 77 Abs. 6 BetrVG ist dabei nicht nur ein Tarifvertrag oder eine neue Betriebsvereinbarung zu verstehen, sondern u.U. auch ein Einzelvertrag. Dabei kann der Abschluss von Einzelarbeitsverträgen jedoch eine Umgehung des Mitbestimmungsrechtes des Betriebsrats bedeuten, was zu einer entsprechenden Unwirksamkeit dieser Arbeitsverträge in diesen Punkten führt.

Beachtet werden muss, dass die »Nachwirkung« nicht bei freiwilligen Betriebsvereinbarungen gilt. Es sei denn, dass in der freiwilligen Betriebsvereinbarung die Nachwirkung vereinbart worden ist.

Richtigerweise ist auch dann von einer »Nachwirkung« auszugehen, wenn in einer Betriebsvereinbarung erzwingbare und freiwillige Regelungstatbestände gleichzeitig enthalten sind.

Regelungsabrede

Neben der Betriebsvereinbarung existiert eine weitere Vereinbarungsform zwischen Betriebsrat und Arbeitgeber, die sogenannte Regelungsabrede (auch Betriebsabsprache oder betriebliche Einigung genannt). Mit dieser

weiteren Form können Einzelfallangelegenheiten zwischen dem Arbeitgeber und dem Betriebsrat geregelt werden. Zu diesen Einzelfallangelegenheiten zählen u. a.:
- die Freistellung von Betriebsratsmitgliedern gem. § 38 Abs. 2 BetrVG,
- die Teilnahme von JAV-Mitgliedern bzw. Betriebsratsmitgliedern an Schulungsveranstaltungen gem. § 37 Abs. 6 oder 7 BetrVG,
- die Einigung über die Hinzuziehung eines bestimmten Sachverständigen für den Betriebsrat gem. § 80 Abs. 3 BetrVG,
- die Einigung über die zur Verfügungstellung eines sachkundigen Arbeitnehmers als Auskunftsperson gem. § 80 Abs. 2 BetrVG.

Durch die Regelungsabrede werden nur Rechte und Pflichten zwischen dem Arbeitgeber und dem Betriebsrat begründet (schuldrechtliche Beziehung). Demgegenüber können mit einer Regelungsabrede keine unmittelbaren und zwingenden Rechte und Pflichten von Arbeitnehmern begründet werden. Die normative Wirkung einer Betriebsvereinbarung fehlt der Regelungsabrede.

Eine Regelungsabrede kann – anders als eine Betriebsvereinbarung – auch formlos vereinbart werden, d.h. auch mündlich. Dabei ist jedoch zu beachten, dass der Betriebsratsvorsitzende für sich allein nicht zu ihrem Abschluss ermächtigt ist. Der Betriebsrat hat als Organ durch Beschluss zu entscheiden. Zwecks Vermeidung von Schwierigkeiten empfiehlt es sich zudem, auch solche Regelungsabreden schriftlich abzufassen und von Arbeitgeber und Betriebsrat unterzeichnen zu lassen.

> **Beachte:**
> Generelle und kollektive Tatbestände, die direkt und unmittelbar Rechte und Pflichten für die Arbeitnehmer begründen, können nur durch eine Betriebsvereinbarung geregelt werden, niemals jedoch durch eine Regelungsabrede.

Bedeutung für den Betriebsrat/die JAV

Betriebsvereinbarungen können nach dem Betriebsverfassungsgesetz nur zwischen dem Betriebsrat/Gesamtbetriebsrat/Konzernbetriebsrat und dem Arbeitgeber vereinbart werden. Als wichtigste Form der Ausübung von Mitbestimmungsrechten des Betriebsrats stellt der Abschluss einer Betriebsvereinbarung ein zentrales Instrument dar, um betriebliche Belange der Arbeitnehmer in dem Betrieb zu regeln. Die Betriebsvereinbarungen bieten die Möglichkeit, unter Beachtung des grundsätzlichen Vorranges des Tarifvertrages und im Rahmen der Zuständigkeit des Betriebsrats auf betrieblicher Ebene die Arbeitsbedingungen der Arbeitnehmer kollektiv zu gestalten, um in ihrem Interesse Einfluss auf die betriebliche Organisation und Ordnung zu nehmen. Da die JAV selber keine Möglichkeit hat, mit dem Arbeitgeber direkt Betriebsvereinbarungen abzuschließen, ist es notwendig, mit dem Betriebsrat konstruktiv und zielgerichtet die Interessen der jugendlichen Arbeitnehmer und Auszubildenden wahrzunehmen. Auch wenn die Zusammenarbeit nicht immer konfliktfrei erfolgen sollte, muss die Interessenwahrnehmung der jugendlichen Arbeitnehmer und Auszubildenden sowohl für die JAV als auch für den Betriebsrat im Vordergrund stehen.

Bei der Gestaltung der Ausbildung hat der Betriebsrat weitreichende Mitbestimmungsrechte, die in den §§ 96–98 BetrVG geregelt sind. Dabei stehen dem Betriebsrat folgende Mitbestimmungsrechte zu:
1. Errichtung und Ausstattung betrieblicher Einrichtungen zur Berufsbildung,
2. Einstellung von neuen Ausbildern,
3. Abberufung von nicht geeigneten Ausbildern,
4. Entsendung von Teilnehmern zu betrieblichen Lehrgängen.

Zusätzlich besteht noch eine Mitbestimmung des Betriebsrats in Beurteilungsfragen nach § 94 Abs. 2 BetrVG.

In Fragen der Einführung (»Ob«) und Durchführung (»Wie«) betrieblicher Bildungsmaßnahmen (§§ 97 Abs. 2, 98 BetrVG) sowie in Beurteilungsfragen (§ 94 Abs. 2 BetrVG) steht dem Betriebsrat ein echtes Mitbestimmungsrecht zu, sodass eine Einigung im Rahmen einer Betriebsvereinbarung zu erfolgen hat.

Solche Betriebsvereinbarungen tragen wesentlich dazu bei, die Rechte und Pflichten des Arbeitgebers im Rahmen der beruflichen Ausbildung genau zu beschreiben und zu bestimmen. Betriebsvereinbarungen haben somit grundsätzlich auch die Aufgabe, die Situation der jugendlichen Arbeitnehmer und Auszubildenden im Betrieb wesentlich zu verbessern.

Dabei soll jedoch nicht verkannt werden, dass Betriebsvereinbarungen häufig auch das Kräfteverhältnis zwischen Belegschaft und Betriebsrat auf der einen Seite und dem Unternehmen auf der anderen Seite widerspiegeln. So muss immer wieder festgestellt werden, dass Unternehmer dann weit reichende Zugeständnisse durch den Betriebsrat im Rahmen der Betriebsvereinbarung erhalten, wenn der Betriebsrat nur eine schwache Position hat. In aller Regel ist dann von einer starken Verhandlungsposition auf Seiten des Betriebsrats auszugehen, wenn der Betriebsrat zum einen im Rahmen einer Handlungsstrategie an die Verhandlung von Betriebsvereinbarungen herangeht und zum anderen nicht alleine die Verhandlungen durchführt, sondern während der Vorbereitung und der Verhandlung die Arbeitnehmer, insbesondere auch die jugendlichen Arbeitnehmer und Auszubildenden eng einbezieht. Dazu ist es besonders wichtig, regelmäßige Informationen und Diskussionen z.B. im Rahmen von Betriebs-, Abteilungs- und JAV-Versammlungen, Gesprächen am Arbeitsplatz und anderen Möglichkeiten mit der Belegschaft zu suchen. Auf diese Art und Weise können sowohl die JAV als auch der Betriebsrat verhindern, dass der Betriebsrat aufgrund der starken Machtposition des Arbeitgebers in den Verhandlungen sehr weitgehende Zugeständnisse machen muss.

Bedeutung für die jugendlichen Arbeitnehmer und Auszubildenden

Da die Bedingungen sowohl für die Ausbildung als auch für die Arbeit durch die Betriebsvereinbarungen sehr umfangreich geregelt werden können, ist es für jeden jugendlichen Arbeitnehmer und Auszubildenden wichtig, sich über die im Betrieb existierenden Betriebsvereinbarungen zu informieren.

Weil durch die Betriebsvereinbarungen die Rechte und Pflichten unmittelbar im Ausbildungsvertrag bzw. im Arbeitsvertrag gelten, kann jeder diese Rechte geltend machen. Der Einzelne kann dieses sogar notfalls im Wege einer Klage beim Arbeitsgericht durchsetzen.

Auf Rechte aus einer Betriebsvereinbarung kann nach § 77 Abs. 4 Satz 2 BetrVG nur dann verzichtet werden, wenn der Betriebsrat zugestimmt hat. Selbst Ausschlussfristen für die Geltendmachung sind nur insoweit zulässig, als sie in einem Tarifvertrag oder in einer Betriebsvereinbarung ausdrücklich vereinbart werden (§ 77 Abs. 4 Satz 4 BetrVG).

Betriebsverfassungsgesetz

Das Betriebsverfassungsgesetz 2001 ist Ausfluss der sozialstaatlichen Verpflichtung des Gesetzgebers, die Grundrechte der Arbeitnehmer durch einen kollektiven Mindestschutz zu wahren und zu fördern. Das Betriebsverfassungsrecht ist somit Arbeitnehmerschutzrecht, da die Arbeitnehmer, die persönlich und wirtschaftlich vom Arbeitgeber abhängig sind, ohne einen solchen rechtlichen Schutz eine betriebliche Mitbestimmung grundsätzlich nicht hätten.

Auf der Grundlage des Betriebsverfassungsgesetzes wird die Zusammenarbeit zwischen Arbeitgeber und Arbeitnehmern im Betrieb geregelt. Das Gesetz ermöglicht die Errichtung von Betriebsräten zur Interessenvertretung der Arbeitnehmer.

Für die Interessenwahrung der jugendlichen Arbeitnehmer und Auszubildenden ist die Errichtung von JAVs vorgesehen. Die Arbeitnehmer wirken über den Betriebsrat, die JAV und die übrigen Organe, wozu auch die Betriebsversammlung zählt, an der Willensbildung und an den Entscheidungen des Arbeitgebers mit. Diese Mitwirkung erfolgt u.a. auch im Rahmen der Mitwirkungs- und Mitbestimmungsrechte (→ **Mitbestimmungsrechte**) des Betriebsrats, die im Einzelnen u.a. im Betriebsverfassungsgesetz geregelt sind. Dabei sind die Möglichkeiten des Betriebsrats, auf die Entscheidung des Arbeitgebers Einfluss zu nehmen, unterschiedlich stark ausgeprägt. So gibt es bloße Informationspflichten des Arbeitgebers, aber auch Fälle der Mitbestimmung, z.B. in § 87 BetrVG, bei denen im Falle der Nichteinigung die Einigungsstelle verbindlich entscheidet.

Darüber hinaus sind im Betriebsverfassungsgesetz auch die Rechte des einzelnen Arbeitnehmers festgelegt (§§ 81–86 a BetrVG).

Betriebsversammlung

Grundlagen

Die Betriebsversammlung dient als Organ der Betriebsverfassung der gegenseitigen Information, Aussprache und Meinungsbildung von Betriebsrat, Arbeitnehmern sowie von Gewerkschaften. Darüber hinaus hat der Betriebsrat auf der Betriebsversammlung einen Tätigkeitsbericht zu erstatten und somit Rechenschaft über seine Tätigkeit zu geben.

Auch wenn die Betriebsversammlung selber kein handelndes Organ ist, insbesondere nicht dem Betriebsrat übergeordnet ist, ist die Betriebsversammlung doch ein für die Standortbestimmung des Betriebsrats sehr wichtiges Instrument. Eine Betriebsversammlung gibt zudem auch dem Betriebsrat die Möglichkeit, dem Arbeitgeber zu zeigen, dass der Betriebsrat und die Arbeitnehmer des Betriebes bzw. der Verwaltung geschlossen zusammenstehen.

Das Betriebsverfassungsgesetz regelt neben der regelmäßigen Betriebsversammlung auch Teilversammlungen sowie Abteilungsversammlungen (§ 42 BetrVG).

Die Betriebsversammlung ist dabei einmal in jedem Kalendervierteljahr einzuberufen, wobei auf ihr der Betriebsrat einen Tätigkeitsbericht zu erstatten hat.

An der Betriebsversammlung nehmen alle im Betrieb beschäftigten Arbeitnehmer teil. Hierzu zählen Arbeiter, Angestellte, Auszubildende sowie Heimarbeiter, die in der Hauptsache für den Betrieb arbeiten. Ein Teilnahmerecht haben zudem auch die Leiharbeitnehmer und andere überlassene Arbeitnehmer, die im Betrieb beschäftigt sind (vgl. § 7 Satz 2 BetrVG). Dabei spielt es keine Rolle, ob die Arbeitnehmer im Zeitpunkt der Betriebsversammlung zur Arbeit verpflichtet sind oder nicht. Auch diejenigen, die sich z. B. in der Elternzeit befinden, können an einer Betriebsversammlung teilnehmen.

Die Einberufung einer Betriebsversammlung erfolgt grundsätzlich durch den Betriebsrat. Diese Verpflichtung entsteht mindestens viermal im Jahr, da pro Quartal eine sogenannte »ordentliche« Betriebsversammlung durchzuführen ist (§ 43 Abs. 1 BetrVG).

Zudem kann der Betriebsrat in jedem Kalenderhalbjahr eine weitere Betriebsversammlung durchführen, wenn er dies aus besonderen Gründen als zweckmäßig erachtet (§ 43 Abs. 1 Satz 4 BetrVG).

Des Weiteren kann der Betriebsrat sogenannte »außerordentliche« Betriebsversammlungen anberaumen, falls er dies für notwendig erachtet (§ 43 Abs. 3 Satz 1 BetrVG). Wenn dieses der Arbeitgeber oder ein Viertel der wahlberechtigten Arbeitnehmer beantragt, ist zudem der Betriebsrat verpflichtet, eine sogenannte »außerordentliche« Betriebsversammlung durchzuführen (§ 43 Abs. 3 Satz 1 BetrVG). Solche sogenannten »außerordentlichen« Betriebsversammlungen sind immer dann angezeigt, wenn Angelegenheiten behandelt werden müssen, die für die Arbeitnehmer von unmittelbarem aktuellem Interesse sind und daher nicht bis zu der nächsten ordentlichen Betriebsversammlung verschoben werden können. Dieses ist z. B. der Fall, wenn Kurzarbeit geplant ist, Massenentlassungen drohen, Umstrukturierungen geplant sind oder wichtige tarifpolitische Ereignisse anstehen.

Während der Arbeitgeber ein Teilnahmerecht an den regelmäßigen und den zusätzlichen Betriebs- und Abteilungsversammlungen hat, besteht ein Teilnahmerecht nicht bei den sogenannten »außerordentlichen« Betriebsversammlungen. Nur in dem Fall, dass die sogenannte »außerordentliche« Betriebsversammlung auf Wunsch des Arbeitgebers einberufen wurde oder der Betriebsrat ihn dazu einlädt, hat der Arbeitgeber einen Anspruch auf Teilnahme.

Die vom Betriebsrat bzw. auf Wunsch von mindestens einem Viertel der wahlberechtigten Arbeitnehmer einberufene sogenannte »außerordentliche« Betriebsversammlung kann nur im Einvernehmen mit dem Arbeitgeber während der Arbeitszeit stattfinden. Ist der Arbeitgeber damit einverstanden, so darf den teilnehmenden Arbeitnehmern das Arbeitsentgelt nicht gemindert werden. Es besteht jedoch kein Anspruch auf Vergütung der zusätzlichen Wegezeiten bzw. Erstattung zusätzlicher Fahrtkosten (§ 44 Abs. 1 BetrVG).

Es ist deshalb im Einzelfall durch den Betriebsrat abzuwägen, ob er eine sogenannte »außerordentliche« Betriebsversammlung nicht als eine ordentliche oder zusätzliche Betriebsversammlung nach § 43 Abs. 1 BetrVG durchführt, sofern eine solche Versammlung in dem betreffenden Vierteljahr noch nicht stattgefunden hat. In einer ordentlichen oder zusätzlichen Betriebsversammlung nach § 43 Abs. 1 BetrVG ist die Zeit der Teilnahme einschließlich der zusätzlichen Wegezeiten den Arbeitnehmern wie Arbeitszeit zu vergüten. Dieses trifft selbst dann zu, wenn die Versammlung wegen der Eigenart des Betriebes außerhalb der Arbeitszeit stattfinden muss.

Der Arbeitgeber hat mindestens einmal in jedem Kalenderjahr in einer ordentlichen Betriebsversammlung zu berichten über
- das Personal- und Sozialwesen einschließlich des Standes der Gleichstellung von Frauen und Männern im Betrieb,
- die Integration der im Betrieb beschäftigten ausländischen Arbeitnehmer,
- die wirtschaftliche Lage und Entwicklung des Betriebes,
- über den betrieblichen Umweltschutz.

Dabei ist insbesondere wichtig, dass der Arbeitgeber verpflichtet ist, in allen Betrieben mit mehr als 20 wahlberechtigten Arbeitnehmerinnen und Arbeitnehmern in jedem Kalendervierteljahr mündlich und ab 1000 Beschäftigten schriftlich über die wirtschaftliche Lage und Entwicklung des Unternehmens zu berichten (§ 110 BetrVG). Dieser Bericht ist vorher mit dem Wirtschaftsausschuss bzw. mit dem Betriebsrat abzustimmen.

Die im Betrieb vertretene Gewerkschaft hat bei Betriebs- oder Abteilungsversammlungen ein eigenständiges Teilnahmerecht. Sie kann zusammen einen oder mehrere von ihr bestimmte Vertreter zu den Betriebsversammlungen entsenden, wobei sie selbstständig entscheidet, wer entsandt wird. Das Teilnahmerecht bezieht sich dabei sowohl auf die ordentlichen als auch auf die außerordentlichen Betriebs- und Abteilungsversammlungen (§ 46 BetrVG).

Die Betriebsversammlung selbst ist nicht öffentlich. Leitende Angestellte können deshalb nur dann an der Betriebsversammlung teilnehmen, wenn der Betriebsrat dem nicht widerspricht.

Die Betriebs- und Abteilungsversammlungen finden grundsätzlich während der Arbeitszeit statt. Der Betriebsrat legt den konkreten Zeitpunkt nach pflichtgemäßem Ermessen durch Beschluss fest. Der Betriebsrat hat rechtzeitig einzuladen, wobei eine gesetzlich festgelegte Frist nicht vorgegeben ist. Es kommt insoweit bezüglich der Einladungsfrist stets auf die Gegebenheiten des Einzelfalles an.

Der Betriebsratsvorsitzende (bei seiner Verhinderung sein Stellvertreter) leitet die Betriebsversammlung. Ihm obliegt auch das Hausrecht während der Versammlung, was auch die Zugangswege zum Versammlungsraum mit einschließt. Soweit eine Abteilungsversammlung durchgeführt wird, wird diese von einem vom Betriebsrat bestimmten Betriebsratsmitglied geleitet.

Wesentliche Inhalte der Betriebsversammlung sind:
- die Unterrichtung der Arbeitnehmer über sie betreffende Fragen durch Betriebsrat, Gewerkschaftsvertreter und Arbeitgeber,
- betriebliche Fragen sowie Angelegenheiten einschließlich tarifpolitischer, sozialpolitischer, umweltpolitischer und wirtschaftlicher Art sowie Fragen der Förderung der Gleichstellung von Frauen und Männern und der Ver-

einbarkeit von Familie und Erwerbstätigkeit sowie der Integration der im Betrieb beschäftigten ausländischen Arbeitnehmer, die den Betrieb oder seine Arbeitnehmer unmittelbar betreffen,
- Diskussionen über den Tätigkeitsbericht des Betriebsrats sowie über die anderen zur Diskussionen gestellten Themen.

Die Dauer der Betriebsversammlung ist von mehreren Faktoren abhängig. Sie richtet sich nach Art, Umfang und Schwierigkeit der auf der Betriebsversammlung zu behandelnden Themen. Von daher kann es ohne weiteres möglich sein, dass z. b. bei einer drohenden Betriebsschließung eine Betriebsversammlung über mehrere Tage geht.

Auch wenn die Betriebsversammlung nicht öffentlich ist, besteht grundsätzlich die Möglichkeit, dass außerbetriebliche Personen vom Betriebsrat eingeladen werden, für deren Teilnahme ein sachlicher Grund vorliegt. Dieses trifft z. B. für Mitglieder des Gesamtbetriebsrats, des Wirtschaftsausschusses und für Arbeitnehmervertreter im Aufsichtsrat sowie für Referenten oder Sachverständige zu.

Bedeutung für den Betriebsrat/die JAV

Neben der →**Jugend- und Auszubildendenversammlung** (§ 71 Betr. VG) besteht im Rahmen einer Betriebs- bzw. Abteilungsversammlung für die JAV die Möglichkeit, die jugendlichen und auszubildenden Arbeitnehmer umfassend, regelmäßig und rechtzeitig zu informieren. Die JAV hat die Möglichkeit, Fragen und Probleme für die Arbeitnehmer des Betriebes transparent zu machen. Ein solches Thema ist z. B. die Frage der Übernahme von Auszubildenden. Da dieses Thema alle Arbeitnehmer des Betriebes bzw. der Verwaltung betrifft, sollte es regelmäßig Gegenstand einer ordentlichen Betriebsversammlung sein. Das Vorgehen ist mit dem Betriebsrat abzustimmen, damit er in der Betriebsversammlung die Auszubildenden unterstützen kann. Dieses kann z. B. durch die Vorlage von aktuellen Mehrarbeitszahlen geschehen. Des Weiteren könnte durch den Gewerkschaftsvertreter auch auf mögliche tarifvertragliche Übernahmeverpflichtungen hingewiesen werden.

Auf diese Weise kann dem Arbeitgeber deutlich gemacht werden, dass die Beschäftigten des Betriebes bzw. der Verwaltung, der Betriebsrat und die Gewerkschaft zusammenstehen und sich gemeinsam für die Interessen der jugendlichen und auszubildenden Arbeitnehmer einsetzen.

Beurteilungsverfahren

Grundlagen

In § 94 BetrVG ist geregelt, dass für die Aufstellung allgemeiner Beurteilungsgrundsätze die Zustimmung des Betriebsrats erforderlich ist. Wenn ein betriebliches Beurteilungssystem für die Berufsausbildung eingeführt werden soll, bedarf dieses der Zustimmung des Betriebsrats. Kommt eine Einigung zwischen Betriebsrat und Arbeitgeber nicht zustande, entscheidet die Einigungsstelle.

Da ein Beurteilungssystem in der Ausbildung die Wahlberechtigten für die JAV betrifft, muss die JAV entsprechend bei den Verhandlungen einbezogen werden. Auch hat die JAV nach § 67 Abs. 1 und 2 ein Teilnahme- und Stimmrecht, wenn eine entsprechende Betriebsvereinbarung für ein Beurteilungssystem in der Betriebsratssitzung beraten und verabschiedet wird.

Bedeutung für den Betriebsrat/die JAV

Bei der Erarbeitung und Verabschiedung eines Beurteilungssystems sollte die JAV sich zunächst einmal darüber klar werden, welche Zielsetzung ein solches System haben soll. Dabei sollte sich die JAV daran orientieren, dass eine Beurteilung den Auszubildenden und auch dem Ausbilder einen Überblick über den jeweiligen Ausbildungsstand geben soll. Dadurch können Defizite bei Auszubildenden erkannt und durch gezielte Fördermaßnahmen beseitigt werden. Ein Beurteilungssystem sollte auch dazu beitragen, dass es den an der Ausbildung Beteiligten ermöglicht wird, die Qualität der Ausbildung zu kontrollieren. Das bedeutet beispielsweise überprüfen zu können, ob alle Inhalte aus dem Ausbildungsrahmenplan vermittelt werden.

Bewertet werden sollten die Inhalte der Ausbildung (Fachkompetenz), wie z.B. Bohren, Pläne lesen, Leitungen verlegen, Buchungen am PC, die messbar sind. Eigene Kriterien für die Handlungs- bzw. Methodenkompetenz wie »Fähigkeit zum eigenständigen Planen« sind überflüssig. Bei einer Bewertung unterliegen sie immer der subjektiven Einschätzung des Beurteilers. Denn auch und gerade ein optimales Team besteht aus lauter eigenständigen, völlig unterschiedlichen Persönlichkeiten, von denen jede ihre Fähigkeiten einbringt, um zum gemeinsamen Erfolg beizutragen. Einen solchen Prozess zu beurteilen und an alle eine einheitliche Messlatte anzulegen, steht im Widerspruch zur Förderung von sozialen Kompetenzen. Stattdessen würde dann Konkurrenz gefördert.

Das herkömmliche Notensystem ist für eine Beurteilung in dem beschriebenen Sinn nicht förderlich und auch nicht notwendig; denn jede Art von Noten oder Punktsystem gibt der Beurteilung einen objektiven Anstrich, obwohl auch Noten subjektiv, d.h. von Erwartungen des Beurteilers abhängig sind. So soll es beispielsweise vorgekommen sein, dass zwei Auszubildende ein und dasselbe Werkstück nacheinander zum Bewerten abgegeben haben und vollkommen unterschiedliche Noten erhalten haben. Das ist bei der Feststellung des eigenen Ausbildungsstandes mit Sicherheit nicht hilfreich.

Oftmals wird bei der Argumentation für Noten die Motivation, die daraus geschöpft wird, angeführt. Die Motivation, die hier gemeint ist, entsteht durch den Vergleich oder – treffender – die Konkurrenz. Nicht das Erlernen von Fähigkeiten für den späteren Beruf rückt in den Vordergrund, sondern die Ansammlung vieler guter Noten, um möglichst weit oben in der Bestenliste zu liegen. Was damit erreicht wird, ist Bestenauslese, die Auszubildende mit schlechteren schulischen oder persönlichen Voraussetzungen von vornherein benachteiligt. Der Leistungsdruck in der Ausbildung wird verstärkt und ebenso der Anpassungsdruck.

Deshalb ist es wesentlich sinnvoller, nach dem Prinzip »Fördern statt Auslesen« zu verfahren. Jeder Ausbildungsabschnitt sollte besprochen werden und Lernziele daraufhin kontrolliert werden, inwiefern sie »erreicht« oder »nicht erreicht« sind. Bei wichtigen Lernzielen muss bei Nichterreichen gezielt gefördert werden. So wird gewährleistet, dass der Auszubildende wesentlich genauere Information über den Ausbildungsfortschritt erhält als dies durch die Ziffern wie »2« oder »3« wiedergegeben werden kann.

Eckpunkte für ein Beurteilungssystem
Ein Beurteilungssystem soll für Auszubildende bedeuten:
- Es findet eine regelmäßige Erfolgskontrolle statt.
- Eventuelle Schwächen werden schnell erkannt und ausgeglichen.
- Das Beurteilungssystem sollte rein fachbezogen sein, d. h. keine Disziplinierungsinstrumente (Verhaltensbeurteilung) beinhalten.

Das Beurteilungssystem bedeutet für Ausbilder:
- Es ist ständig ein aktueller Überblick über den Ausbildungsstand der Auszubildenden vorhanden.
- Ein gleichmäßiger Ausbildungsfortschritt wird sichergestellt.
- Das Verhältnis zwischen Auszubildenden und Ausbilder verbessert sich.

Ein Beurteilungssystem bedeutet für die Ausbildungsleitung:
- Der Ablauf der Ausbildung wird nachvollziehbar.
- Ein ständiger Informationsfluss ist gewährleistet.
- Die Verteilung der Zuständigkeiten (z. B. bei Fördermaßnahmen oder Meinungsverschiedenheiten) ist klarer geregelt.

Musterbetriebsvereinbarung:

Qualifikations- und Förderbogen

Geltungsbereich

Die Betriebsvereinbarung gilt:

räumlich: für _____
persönlich: für alle gewerblichen, kaufmännischen und technischen Auszubildenden im Sinne des Berufsbildungsgesetzes sowie alle weiteren zur Berufsausbildung beschäftigten Arbeitnehmer.

Grundsätze

Die Ausbildungsleitung verpflichtet sich, jedem Auszubildenden zu Beginn der Berufsausbildung einen Ausbildungsrahmenplan der IHK und einen zeitlich und sachlich gegliederten Ausbildungsplan auszuhändigen.

Mit Inkrafttreten dieser Betriebsvereinbarung verpflichtet sich die Ausbildungsleitung, den Abteilungen den entsprechenden Qualifikations- und Förderbogen auszuhändigen. Die Vervielfältigung des Qualifikations- und Förderbogens erfolgt dann in der jeweiligen Ausbildungsabteilung.

Das Qualifikations- und Fördersystem soll die erfolgreiche Berufsausbildung im fachlichen und im überfachlichen Bereich gewährleisten.

Wesentliches Ausbildungsziel ist die Befähigung zur Ausübung einer qualifizierten beruflichen Tätigkeit, die das selbstständige Planen, Durchführen und Kontrollieren einschließt. Neben den fachlichen Kompetenzen sind auch personale Selbstständigkeit) und soziale Kompetenzen von besonderer Bedeutung, um die Auszubildenden in ihrem Lernverhalten auf die Gegebenheiten des Berufslebens und die des Betriebes vorzubereiten. Die Auszubildenden sollen lernen, sich neue Lerninhalte selbstständig zu erarbeiten.

Die Sicherstellung dieser Ziele erfolgt durch Kontrollen des Ausbildungsstandes und Förderung der Qualifikation und Lernziele. Die Auszubildenden erhalten eine Kopie über ihren individuellen Ausbildungsstand und werden dadurch angeregt, eigenverantwortlich Schlüsse für ihre weitere Ausbildung zu ziehen. Die Ausbilder erhalten Aufschluss über den Ausbildungserfolg.

Bei der Vermittlung der Ausbildungsinhalte werden fachliche und übergreifende Qualifikationen in konkreten Arbeitssituationen und -aufgaben systematisch zusammengeführt und miteinander verknüpft.

Die Lern- und Qualifikationsziele sind im betrieblichen Ausbildungsplan für die einzelnen Ausbildungsabschnitte festgelegt. Sie sind aus dem für den jeweiligen Beruf gültigen Ausbildungsrahmenplan abgeleitet und ständig den Gegebenheiten der Berufsausbildung mit Zustimmung des Betriebsrats anzupassen. Zur Vermittlung von Schlüsselqualifikationen ist es notwendig, die Ausbildungsmethoden zu erweitern und zu verändern. Es sind Ausbildungsmethoden einzusetzen, die selbstständiges Lernen fördern und das Erlernen der Schlüsselqualifikationen ermöglichen.

Beurteilungsgrundlage

Die für die einzelnen Ausbildungsabschnitte im Ausbildungsplan festgelegten Lern- und Qualifikationsziele werden in einem jeweiligen Qualifikations- und Förderbogen dokumentiert, hierauf bezieht sich der jeweilige Qualifikations- und Förderbogen.

Anhand objektiver Beurteilungsmerkmale wird die Fachkompetenz beurteilt. Die Methodenkompetenz wird anhand der vorgegebenen Lernziele überprüft.

Die Sozialkompetenz wird durch Gruppengespräche, Gruppenarbeit in Form der Planung, Durchführung, Auswertung und der kritischen Nachbetrachtung von Projektarbeit, die der Ausbilder moderiert, gefördert. Sozialkompetenz darf nicht beurteilt werden.

Ausbildungsablauf

Sollten Veränderungen im Ausbildungsablauf der folgenden Ausbildungsberufe die Formulierung ergänzender Ausbildungsziele notwendig machen, so bedarf es hierzu der Zustimmung des Betriebsrats.

Ausbilder/Ausbildungsbeauftragte

Dem Betriebsrat sind alle Ausbilder (haupt- und nebenberuflich) und Ausbildungsbeauftragte schriftlich zu benennen. Neu einzustellende hauptberufliche sowie neu betrieblich eingesetzte hauptberufliche Ausbilder haben nach § 30 BBiG ihre Eignung entsprechend der Ausbildereignungsverordnung nachzuweisen. Das Gleiche gilt für die im Betrieb beschäftigten Ausbildungsbeauftragten. Ausbildungsbeauftragte sind alle die, die damit beauftragt wurden, dem Auszubildenden die Ausbildungsziele zu vermitteln. Alle hauptberuflichen Ausbilder und die mit der Ausbildung beauftragten Arbeitnehmer sind rechtzeitig und während der Arbeitszeit über die Grundsätze und das Verfahren des Qualifikations- und Förderbogens zu unterweisen.

Die dem Betriebsrat benannten haupt- und nebenberuflichen Ausbilder werden entsprechend ihrer Ausbildungsaufgabe im erforderlichen Maße durch geeignete innerbetriebliche bzw. außerbetriebliche Weiterbildungsmaßnahmen auf die Vermittlung der Fertigkeiten, Kenntnisse und Qualifikationen vorbereitet. Um auch auf Dauer eine den Anforderungen der Neuordnung entsprechende Ausbildung zu gewährleisten, ist es notwendig, allen haupt- und nebenberuflichen Ausbildern eine fachliche und pädagogische Weiterbildung zu garantieren. Um dieses sicherzustellen, ist allen haupt- und nebenberuflichen Ausbildern und deren Stellvertretern jährlich mindestens eine Woche Freistellung zu gewährleisten.

Kosten, die aufgrund der Weiterbildungsmaßnahmen (inklusive Lohn- und Gehaltsforderungen) entstehen, werden vom Arbeitgeber übernommen. Der jährliche Weiterbildungsbedarf wird zwischen Ausbildungsleitung, Betriebsrat (Berufsbildungsausschuss) und der Jugend- und Auszubildendenvertretung beraten. Den Ausbildungsbeauftragten ist zur ordnungsgemäßen Durchführung ihrer Ausbildungstätigkeit ausreichend Zeit zur Verfügung zu stellen.

Alle sechs Monate soll ein Gespräch zwischen Ausbildungsleitung, Ausbildungsbeauftragten, Jugend- und Auszubildendenvertretung und Betriebsrat (Berufsbildungsausschuss) stattfinden.

Fachliche und pädagogische Betreuung der Auszubildenden

Um die Qualität der Ausbildung zu sichern, sind die Ausbildungsgruppen zahlenmäßig so zusammenzusetzen, dass entsprechend der Ausbildungsinhalte eine gute fachliche und pädagogische Betreuung erreicht wird.

Das Verhältnis hauptberuflicher Ausbilder zu Auszubildenden in den jeweiligen Ausbildungsgruppen soll 1:12 nicht überschreiten.

Die Ausbildungsmittel sind für alle Ausbildungsberufe ständig und zu Beginn der Ausbildung kostenlos zur Verfügung zu stellen. Dies betrifft unter anderem: Fachliteratur (Formelsammlungen, Tabellenbuch, Palbücher etc.), Büromaterial (fachspezifische Schablonen, Schreibgeräte, Papier etc.), Werkstoffe, Werkzeuge und Sonstiges.

Ausbildungsstandkontrolle/Zeiträume

Die Überprüfung des Ausbildungsstandes nimmt der für den jeweiligen Ausbildungsabschnitt verantwortliche Ausbilder bzw. der Ausbildungsbeauftragte in Absprache mit den Auszubildenden vor.

Die Kontrolle der Ausbildungsziele erfolgt entsprechend der in der Anlage beigefügten Qualifikations- und Förderbogen. Sie sind Bestandteil der Betriebsvereinbarung. Das Bewerten der im Qualifikations- und Förderbogen aufgeführten Ausbildungsziele hat vom vermittelnden Ausbildungsbeauftragten unmittelbar nach Vermittlung des jeweiligen Ausbildungszieles zu erfolgen. Der Qualifikations- und Förderbogen darf nicht in die Personalakte abgelegt werden. Ein ausgefüllter Qualifikations- und Förderbogen darf nur für den Auszubildenden kopiert oder vervielfältigt werden.

Ausbildungsgespräch

Die Auszubildenden sind zu Beginn der Ausbildung über die Grundsätze und das Verfahren des Qualifikations- und Förderbogens unter Beteiligung des Betriebsrats (Berufsbildungsausschusses) und der Jugend- und Auszubildendenvertretung zu informieren.

Der Ausbilder muss mit dem Auszubildenden zum Abschluss des Ausbildungsabschnittes das Ergebnis des Qualifikations- und Förderbogens besprechen.

Längere Ausbildungsabschnitte sind in übersichtliche Unterabschnitte aufzuteilen, die zwei Wochen nicht unter-, sechs Wochen nicht überschreiten sollen.

Der Auszubildende erhält die Möglichkeit, zum Ausbildungsgespräch unabhängig Stellung zu nehmen. Diese Stellungnahme wird in schriftlicher Form an die Ausbildungsleitung weitergeleitet. Diese hat, wenn nötig, Konsequenzen zu ziehen (Gespräche mit den Beteiligten unter Teilnahme JAV/BR).

§ 84 BetrVG (Beschwerderecht) ist hiervon nicht berührt. Auf Wunsch des Auszubildenden müssen Streitfälle, die sich aus dem Qualifikations- und Förderbogen ergeben, in einer paritätisch besetzten Kommission (Betriebsrat und Ausbildungsleitung) behandelt und geregelt werden.

Förderungsmaßnahmen

Wurde das Lernziel nur teilweise erreicht, müssen von der Ausbildungsleitung Maßnahmen zur Förderung eingeleitet werden. Handelt es sich um überbetriebliche oder außerbetriebliche Maßnahmen, so müssen diese mit dem Betriebsrat (Berufsbildungsausschuss) und der Jugend- und Auszubildendenvertretung abgestimmt werden. Die jeweilige Maßnahme ist dem Auszubildenden zu erläutern. Bei der Stellungnahme »Ausbildungsziele nicht erreicht«, sind hierzu Erläuterungen über Art und Umfang anzugeben. Gründe wie zum Beispiel: Krankheit, Urlaub, fehlende Arbeitsmittel usw. sind ebenfalls zu dokumentieren.

Wurden Ausbildungsziele nicht erreicht, so sind Vorschläge für entsprechende Maßnahmen zur Beseitigung der Mängel auszuführen (z. B. Verlängerung des Ausbildungsabschnittes, spezielle Fördermaßnahmen in folgendem Ausbildungsabschnitt etc.).

Aufbewahrung

Die Qualifikations- und Förderbogen werden der Ausbildungsleitung zugeleitet, dort bis zur Beendigung der Ausbildung aufbewahrt und nach Beendigung der Ausbildungszeit vernichtet.

Mitbestimmung des Betriebsrats

§§ 95–98 des BetrVG bleiben von vorstehenden Regelungen unberührt.

Inkrafttreten und Geltungsbereich

Diese Betriebsvereinbarung gilt vom ……… für alle Auszubildenden bei ……… und kann mit einer Frist von drei Monaten zum Jahresende gekündigt werden.

Bis zum Inkrafttreten einer neuen Betriebsvereinbarung gilt die vorstehende Vereinbarung weiter.

Muster:

Lernzielkontrollbogen

Ausbildungsberuf _____

Name _____

Ausbildungsabteilung _____

Nachfolgend aufgeführte Ausbildungsziele beziehen sich nur auf die o.g. Abteilung

Zu vermittelnde Ausbildungsziele gemäß dem sachlich und zeitlich gegliederten Ausbildungsplan	Nr.	erreicht	nicht erreicht

Vermittelt im Abschnitt Nr. _____

Datum _____

Geltende Arbeitssicherheitsvorschriften beachten						

Umweltschutz und rationelle Energieverwendung						

Werden Ausbildungsziele nicht erreicht, so sind hierzu Erläuterungen über Art und Umfang zu geben:

_____

_____

_____

_____

Werden Ausbildungsziele nicht erreicht, so sind Vorschläge für entsprechende Maßnahmen zur Beseitigung der nicht erreichten Ausbildungsziele aufzuführen:

_____

_____

_____

_____

_____

Ausbildungsabteilung   Betriebsrat/JAV   Auszubildende/r
_____   _____   _____
Datum, Unterschrift   Datum, Unterschrift   Datum, Unterschrift

Bildungsurlaub

Grundlagen

In einer Anzahl von Bundesländern gibt es Bildungsurlaubsgesetze (siehe Tabelle). In diesen Gesetzen ist eine bezahlte Freistellung des Arbeitnehmers von der Arbeit zum Zweck der Teilnahme an einer beruflichen, allgemeinen oder politischen Bildung geregelt. Ein bundesweites Bildungsurlaubsgesetz gibt es nicht.

Neben den Bildungsurlaubsgesetzen auf Ebene der Bundesländer gibt es einen speziellen bundesweit geregelten Anspruch auf bezahlte Freistellung für die Teilnahme an Bildungsmaßnahmen für betriebliche Interessenvertreter. So haben Mitglieder der JAV nach § 65 i.V.m. § 37 Abs. 6 und 7 BetrVG einen Anspruch auf bezahlte und unbezahlte Freistellung von ihrer beruflichen Tätigkeit, um an Bildungsmaßnahmen teilzunehmen.

Einige Tarifverträge sehen einen Anspruch auf zumeist unbezahlte Freistellung für die Teilnahme an einer Bildungsurlaubsmaßnahme vor. So ist beispielsweise in § 10 Abs. 6 des Manteltarifvertrages für die Bayerische Metallindustrie ein Bildungsurlaubsanspruch von zwei Wochen im Jahr für alle Arbeitnehmer geregelt.

Eine bundesweite Freistellungsregelung für Fortbildungsmöglichkeiten gibt es für Fachkräfte für Arbeitssicherheit nach § 23 SGB VII und für Schwerbehindertenvertrauensleute nach § 96 Abs. 4 SGB IX.

Der Übersicht auf der folgenden Seite können die jeweiligen Regelungen (mit Ausnahme der tariflichen) für die Teilnahme an Bildungsmaßnahmen entnommen werden.

In den Bundesländern Baden-Württemberg, Bayern, Sachsen und Thüringen gibt es noch keine Bildungsurlaubsgesetze.

BILDUNGSURLAUB

Wo?	Wer?	Wonach?	Wie lange?
alle Bundesländer	Betriebsräte, JAV	§ 37 Abs. 6 BetrVG	unbegrenzt
alle Bundesländer	Betriebsräte, JAV	§ 37 Abs. 7 BetrVG	3 bzw. 4 Wochen pro Legislaturperiode
alle Bundesländer	Fachkräfte f. Arbeitssicherheit; Sicherheitsbeauftragte	§ 23 SGB VII	unbegrenzt
alle Bundesländer	Vertrauenspersonen der Schwerbehinderten	§ 96 Abs. 4 SGB IX	unbegrenzt
Berlin	Arbeitnehmer/innen bis 25. Lebensjahr	Bildungsurlaubsgesetz	10 Arbeitstage/Jahr
	alle anderen Arbeitnehmer/innen		10 Arbeitstage/2 Jahre
Brandenburg	alle Arbeitnehmer/innen	Weiterbildungsgesetz	10 Arbeitstage/2 Jahre
Bremen	alle Arbeitnehmer/innen	Bildungsurlaubsgesetz	10 Arbeitstage/2 Jahre
Hamburg	alle Arbeitnehmer/innen	Bildungsurlaubsgesetz	10 Arbeitstage/2 Jahre
Hessen	alle Arbeitnehmer/innen	Bildungsurlaubsgesetz	5 Arbeitstage/Jahr
Mecklenburg-Vorpommern	alle Arbeitnehmer/innen	Bildungsfreistellungsgesetz	5 Arbeitstage/Jahr
Niedersachsen	alle Arbeitnehmer/innen	Bildungsurlaubsgesetz (Freistellungsgesetz)	5 Arbeitstage/Jahr
NRW	alle Arbeitnehmer/innen, Auszubildende nicht	Bildungsurlaubsgesetz	5 Arbeitstage/Jahr
Rheinland-Pfalz	Auszubildende alle anderen Arbeitnehmer/innen	Bildungsfreistellungsgesetz	3 Arbeitstage i. d. Ausbildung 10 Tage/ 2 Jahre
Saarland	alle Arbeitnehmer/innen	Bildungsurlaubsgesetz	6 Arbeitstage/Jahr, Arbeitnehmer müssen die Hälfte der Bildungsmaßnahme mit arbeitsfreier Zeit einbringen
Sachsen-Anhalt	alle Arbeitnehmer/innen	Bildungsfreistellungsgesetz	5 Arbeitstage/Jahr
Schleswig-Holstein	alle Arbeitnehmer/innen	Bildungsurlaubsgesetz	5 Arbeitstage/Jahr

Bedeutung für den Betriebsrat/die JAV

Um als Mitglied der JAV eine kompetente Interessenvertretung der Wahlberechtigten gegenüber dem Arbeitgeber zu gewährleisten, ist eine Qualifizierung unerlässlich. Aus diesem Grund wurde im BetrVG bewusst die Regelung des § 37 Abs. 6 und 7 vorgenommen. Jugend- und Auszubildendenvertreter haben damit einen Rechtsanspruch, sich entsprechend zu qualifizieren. Bei einer Bildungsmaßnahme nach § 37 Abs. 6 BetrVG hat der Arbeitgeber das Mitglied der JAV bezahlt freizustellen. Auch die Kosten der Bildungsmaßnahme müssen vom Arbeitgeber getragen werden.

Die zeitliche Lage der Bildungsveranstaltung muss rechtzeitig dem Arbeitgeber mitgeteilt werden. Der Betriebsrat beschließt über die Teilnahme von Mitgliedern der JAV an Schulungen nach § 37 Abs. 6 BetrVG. Die Bildungsmaßnahme muss dazu dienen, die erforderlichen Kenntnisse für die JAV-Arbeit zu vermitteln. Vertritt der Arbeitgeber die Auffassung, dass die betrieblichen Notwendigkeiten nicht ausreichend berücksichtigt sind und will er die Teilnahme eines Mitgliedes der JAV an einer Bildungsmaßnahme verweigern, so muss er die Einigungsstelle anrufen. Der Spruch der Einigungsstelle ersetzt in diesem Fall die Einigung zwischen Arbeitgeber und Betriebsrat.

Neben den erforderlichen Kenntnissen für die JAV-Arbeit ist es aber für Mitglieder der JAV auch wichtig, sich allgemein politisch zu qualifizieren. Für diesen Fall gibt es die Regelung des § 37 Abs. 7 BetrVG, wonach das Mitglied der JAV für insgesamt drei Wochen einen Anspruch auf bezahlte Freistellung während der zweijährigen Amtszeit hat. Für erstmals in das Amt eines Jugend- und Auszubildendenvertreters Gewählte erhöht sich dieser Anspruch auf vier Wochen. Die Kosten dieser Bildungsmaßnahme werden jedoch nicht vom Arbeitgeber getragen. Er ist lediglich zu einer bezahlten Freistellung verpflichtet. Die Bildungsmaßnahmen nach § 37 Abs. 7 BetrVG müssen von der zuständigen obersten Arbeitsbehörde des Landes nach Beratung mit den Spitzenorganisationen der Gewerkschaften und Arbeitgebervereinigungen als geeignet anerkannt sein. Dies trifft in der Regel für die überwiegende Anzahl der von den Gewerkschaften angebotenen Jugendseminare zu. Entsprechende Informationen sind bei den jeweiligen Gewerkschaften zu erfragen.

Bedeutung für die Auszubildenden

Auch für die Auszubildenden bieten die jeweiligen Bildungsurlaubsgesetze in den Bundesländern sowie tarifvertragliche Regelungen eine gute Möglichkeit, sich beruflich, politisch oder allgemein weiterzubilden. Die jeweiligen Bildungsmaßnahmen müssen jedoch in den Bundesländern anerkannt sein. Entsprechende Informationen gibt der jeweilige Träger der Bildungsmaßnahme. Auszubildende sollten bei beabsichtigter Inanspruchnahme von Bildungsurlaub den Arbeitgeber frühzeitig hiervon in Kenntnis setzen. Verweigert der Arbeitgeber die Freistellung, kann gerichtlich dagegen vorgegangen werden. Der Betriebsrat bzw. die JAV sollten darüber umgehend informiert werden. Gegebenenfalls kann Rechtsschutz bei der zuständigen Gewerkschaft beantragt werden.

Wird ein Auszubildender vom Arbeitgeber für die Teilnahme an einer Bildungsmaßnahme nach dem Bildungsurlaubsgesetz freigestellt, so besteht ein Anspruch auf Entgeltfortzahlung.

Blockunterricht

Grundlagen

Der Begriff des **Blockunterrichts** findet sich in § 9 Abs. 1 Nr. 3 JArbSchG. Dort wird der »planmäßige Blockunterricht« genannt. Ob der Unterricht in Teilzeitform oder als Blockunterricht erteilt wird, richtet sich nach den jeweiligen Bestimmungen des Kultusministeriums des jeweiligen Bundeslandes. Unter Blockunterricht ist der zu einem oder mehreren Unterrichtsblöcken zusammengefasste Berufsschulunterricht eines Schuljahres zu verstehen, wie z.b. die Blockunterrichtsverordnung Nordrhein-Westfalen bestimmt. Es wird dann ein **Vollzeitunterricht** erteilt, der in der Regel wöchentlich 30 bis 35 Stunden an mindestens fünf Unterrichtstagen in der Woche beträgt. Die Mindeststundenzahl muß 25 Unterrichtsstunden betragen, wobei ein unvorhergesehener Ausfall von Unterrichtsstunden unschädlich ist.

Dieser **Vollzeit- oder Blockunterricht,** der in der Praxis zunehmend an Bedeutung gewonnen hat, ersetzt den wöchentlichen ein- oder zweitägigen Berufsschulunterricht durch z.B. jährlich einen Block von etwa zehn zusammenhängenden Wochen mit 25 bis 36 Unterrichtsstunden wöchentlich oder mit jährlich mehreren kürzeren Unterrichtsblöcken.

Nach § 9 Abs. 1 Nr. 3 JArbSchG hat der Arbeitgeber den Jugendlichen für die Teilnahme am Berufsschulunterricht **freizustellen**. Dies gilt auch für den **Blockunterricht.** Insoweit bestimmt die genannte Nr. 3, dass der Jugendliche nicht beschäftigt werden darf in Berufsschulwochen mit einem planmäßigen Blockunterricht von mindestens 25 Stunden an mindestens fünf Tagen; zusätzliche betriebliche Ausbildungsveranstaltungen bis zu zwei Stunden wöchentlich sind zulässig.

Solche Berufsschulwochen werden nach § 9 Abs. 2 JArbSchG mit 40 Stunden **auf die Arbeitszeit angerechnet. Ferner bestimmt Abs. 3, dass ein** Entgeltausfall durch den Besuch der Berufsschule nicht eintreten darf. Die Jugendlichen sind also finanziell so zu stellen, als ob sie in dieser Zeit im Betrieb beschäftigt gewesen wären.

Dauert der Blockunterricht in der Woche weniger als 25 Stunden oder weniger als fünf Tage, sind **nur diese Unterrichtsstunden** einschließlich der Pausen auf die Arbeitszeit anzurechnen.

Für die Freistellung ist der **planmäßige** und nicht der tatsächlich durchgeführte **Unterricht** entscheidend, sodass auch bei ausfallenden Stunden eine Anrechnung zu erfolgen hat. Gleiches gilt für die Anrechnung auf die Arbeitszeit.

Bussgeldvorschriften/ Strafvorschriften

Verstöße gegen die Bestimmungen des Jugendarbeitsschutzgesetzes werden als **Ordnungswidrigkeiten** mit Geldbußen geahndet.

Die Bestimmung des § 58 JArbSchG enthält in 29 Fällen des Absatzes 1 den Katalog der Ordnungswidrigkeiten, die eine Geldbuße bis zu 15 000,00 EUR auslösen können, § 59 JArbSchG kennt weitere zwölf Tatbestände, mit einer Geldbuße bis zu 2500,00 EUR.

Die Ordnungswidrigkeiten nach § 58 JArbSchG können zu Straftaten werden, wenn sie vorsätzlich begangen wurde und dadurch ein Kind oder ein Jugendlicher in seiner Gesundheit oder Arbeitskraft gefährdet wird, aber auch dann, wenn die Verstöße gegen die Bestimmungen des Jugendarbeitsschutzgesetzes beharrlich wiederholt werden (58 Abs. 5 JArbSchG).

Ausführlich zu den §§ 58, 59 JArbSchG siehe Lakies/Schoden, Jugendarbeitsschutzgesetz, 6. Auflage, Bund-Verlag 2010.

Datenschutz

Die heutigen **technischen Überwachungsmöglichkeiten** von Arbeitszeiten, von Leistungen, aber auch vom Verhalten der Arbeitnehmer am Arbeitsplatz durch Personalcomputer, durch Chipkarten und durch computergesteuertes Arbeiten in Verbindung mit dem Einsatz moderner Informations- und Kommunikationstechnologien verlangen einen verstärkten Arbeitnehmerdatenschutz. Dies gilt nicht nur für die bewusste Installation von **Überwachungseinrichtungen**, wie Videokameras oder PC-Kontrollsysteme. Die durch die neue Technik gegebenen vielfältigen Möglichkeiten der Überwachung müssen bewusst beschränkt werden, um Datenmissbrauch zu Lasten der Arbeitnehmer auszuschließen.

Das Gesetz zum Schutz von Missbrauch personenbezogener Daten bei der Datenverarbeitung, das sogenannte **Bundesdatenschutzgesetz**, (BDSG), vom 20. 12. 1990, in der Fassung der Bekanntmachung vom 14. 1. 2003, will nach seinem Zweck die auf Artikel 1 und 2 GG beruhende »**informationelle Selbstbestimmung**« des Menschen verwirklichen. Der Einzelne soll davor geschützt werden, dass er durch den Umgang mit seinen personenbezogenen Daten in seinem Persönlichkeitsrecht beeinträchtigt wird (§ 1 BDSG). Das Bundesdatenschutzgesetz gilt für die Erhebung, Verarbeitung und Nutzung personenbezogener Daten durch öffentliche Stellen des Bundes und der Länder, soweit der Datenschutz nicht durch entsprechende Landesdatenschutzgesetze geregelt ist. Aber auch für die Datenverarbeitung im Verhältnis zwischen **Arbeitgeber und Arbeitnehmer** gilt das BDSG, die entsprechenden Regelungen finden sich im dritten Abschnitt.

Leider werden die richtigen Ziele des Gesetzes nur unzulänglich erreicht, insbesondere was den **Datenschutz der Arbeitnehmer im Arbeitsverhältnis** anbetrifft. Es kommt daher vor allem darauf an, dass der Betriebsrat seine diesbezüglichen **Mitbestimmungsrechte**, etwa aus § 87 Abs. 1 Nr. 6 BetrVG, entschieden wahrnimmt. Der Betriebsrat hat nach § 80 Abs. 1 BetrVG über die Einhaltung des BDSG zu wachen. Auch eine kooperative Zusammenarbeit zwischen Betriebsrat und **betrieblichem Datenschutzbeauftragten** ist zu empfehlen. Solche Datenschutzbeauftragten sind nach § 4 BDSG ab einer bestimmten Betriebsgröße zu bestellen. Sie haben nach § 4 g BDSG die Aufgabe, auf die Einhaltung des BDSG und anderer Vorschriften über den

Datenschutz hinzuwirken. Im Rahmen des Datenschutzes sind insbesondere eine Zugangs-, Sprecher- und Benutzerkontrolle geboten, damit nur Berechtigte auf Daten und Informationen zurückgreifen bzw. die EDV nutzen dürfen. Wichtig ist auch eine Kontrolle, an wen die Daten gehen und wer welche Daten eingibt und verarbeitet. Entscheidend ist, dass auch die Organisation auf einen wirksamen Schutz ausgerichtet sein muss. Im Übrigen enthält das Bundesdatenschutzgesetz im zweiten Unterabschnitt verschiedene **Rechte der Betroffenen**, etwa über die Benachrichtigung gespeicherter Daten, ein Auskunftsrecht des Betroffenen über alle über ihn gespeicherten und ein Recht auf **Berichtigung** bei unrichtigen Daten bzw. auf **Löschung** und Sperrung von Daten.

Literaturhinweis

Däubler, Gläserne Belegschaften? Datenschutz in Betrieb und Dienststelle, 5. Auflage 2010
Haverkamp, Der sichere Betriebsrats-PC, aktiv im Betriebsrat, 2. Auflage, 2010

Deutscher Qualifikationsrahmen (DQR)

Grundlagen

Der Deutsche Qualifikationsrahmen (DQR) ist die nationale Umsetzung des →Europäischen Qualifikationsrahmens (EQR) und soll die Besonderheiten des deutschen Bildungssystems berücksichtigen und zur angemessenen Bewertung und Vergleichbarkeit deutscher Qualifikationen in Europa beitragen. Alle formalen Qualifikationen des deutschen Bildungssystems in den Bereichen Schule, Berufliche Bildung, Hochschulbildung und Weiterbildung werden im DQR eingestuft. Zukünftig sollen auch Ergebnisse des informellen Lernens berücksichtigt werden.

Der DQR steht im Bezug zum EQR, damit werden die nationalen Abschlüsse in einen europäischen Vergleichsrahmen eingeordnet. Ziel ist es, eine Verbesserung der grenzüberschreitenden Mobilität von Beschäftigten sowie Lernenden und eine höhere Transparenz zwischen den unterschiedlichen Bildungsabschlüssen zu erreichen. Auch soll der DQR die Durchlässigkeit im Bildungssystem und die Anrechnung erworbener Qualifikationen erhöhen.

Der EQR bildet die Leistungen der jeweiligen nationalen Bildungssysteme auf europäischer Ebene in acht Niveaustufen und den Kategorien Kenntnisse, Fertigkeiten und Kompetenz ab. Auch der DQR hat acht Niveaustufen, allerdings mit anderen Kategorien als der EQR. Die im DQR gewählten Kategorien unterscheiden zwischen Fachkompetenz, die das Wissen und die Fertigkeiten beinhaltet und der Personalen Kompetenz, die die Sozial- und Selbstkompetenz abbildet. Die Kategorien sind mit Blick auf das deutsche Bildungssystem geeigneter, die Qualifikationen einzuordnen. Die Niveaustufen eins bis drei decken aus Sicht des DGB die vorberuflichen Qualifikationen ab; die Stufen vier bis acht bilden die Kompetenzen des Aus- und Weiterbildungs- und Hochschulsystems ab sowie die aus der beruflichen Erfahrung.

An der Erarbeitung des DQR sind die Sozialparteien und Experten aus der beruflichen Bildung und der Hochschulbildung beteiligt. Der DGB und seine Einzelgewerkschaften bringen die Expertise und Interessen der Arbeitnehmer in den Prozess ein. In der laufenden Probephase müssen sich alle beteiligten Akteure auf einem gemeinsamen Zuordnungsverfahren verständigen. Am Ende muss die laufende Arbeit der Anerkennung und Bewertung von Qualifikationen auf eine neu zu schaffende Instanz übertragen werden.

Bedeutung für den Betriebsrat/die JAV

Wie und ob sich der DQR auf die Gestaltung von betrieblicher Aus- und Weiterbildung auswirkt, muss sich erst noch zeigen. Wichtig ist, dass Bildungsgänge und -abschlüsse als Ganzes bewertet und eingestuft werden. Ansonsten gerät die ganzheitliche Ausbildung in Gefahr. Wenn die Ausbildung organisiert wird in Qualifikationsmodulen, die einzeln zertifiziert werden, haben die Lernenden keinen Anspruch auf eine ganzheitliche Ausbildung mehr. Der Beruf, wie wir ihn in Deutschland kennen, mit einer umfassenden Ausbildung bliebe dabei auf der Strecke. Die Summe einzelner Qualifikationen, die an unterschiedlichen Orten und zu verschiedenen Zeiten erworben werden, ergibt keinen ganzheitlichen Berufsabschluss.

Zu beachten ist auch, ob die Zuordnung von Abschlüssen zu den Niveaustufen Auswirkungen auf die zukünftige Tarifpolitik hat. Denn auch tarifpolitisch werden Einstufungen von Abschlüssen in Entgeltgruppen vorgenommen.

Bedeutung für Auszubildende

Der DQR hat keine Gesetzeskraft. Die Zuordnung von Kompetenzen und Qualifikationen zu den acht Niveaus des DQR heben nicht das bestehende System der Zugangsberechtigungen auf, d. h. das Erreichen eines bestimmten Niveaus des DQR berechtigt nicht automatisch zum Zugang in Bildungsgänge, die Qualifikationen im nächst höheren Niveau vermitteln. Den Akteuren im Bildungs- und Beschäftigungssystem soll mit dem DQR ein Übersetzungsinstrument an die Hand gegeben werden, um Qualifikationen besser einordnen zu können.
www.deutscherqualifikationsrahmen.de

Drogentests

Grundlagen

Drogentests bei Einstellung von Auszubildenden, bei der Übernahme oder auch während der Ausbildung sind nur zulässig, wenn die Einwilligung des Betroffenen vorliegt. Obwohl keine rechtliche Verpflichtung des Betroffenen besteht, derartigen Tests zuzustimmen, ist der Druck, der auf ihm lastet, oftmals so groß, dass keine andere Möglichkeit erscheint – schließlich möchte er einen Ausbildungs- oder Arbeitsplatz.

Drogentests stellen einen Eingriff in das Persönlichkeitsrecht und die Intimsphäre eines Menschen dar. Ohne Einwilligung eines Betroffenen dürfen sie auch mit Zustimmung des Betriebsrats nicht durchgeführt werden. Bei gesetzlich vorgeschriebenen Einstellungsuntersuchungen, beispielsweise gemäß § 32 JArbSchG, darf der Arbeitgeber vom Arzt nur über das Untersuchungsergebnis und nicht über den eigentlichen Untersuchungsbefund informiert werden. Das bedeutet, der Arzt darf nur mitteilen, ob der Bewerber geeignet, nicht geeignet, befristet oder bedingt mit/ohne Auflagen geeignet ist. Aussagen des Arztes über den Befund würden nach § 203 StGB einen strafbaren Verstoß gegen die ärztliche Schweigepflicht darstellen (DKK-Klebe, § 94 Rn. 34, 38; FKHES, § 94 Rn. 25).

Bei nicht vorgeschriebenen Untersuchungen und bei über den in den gesetzlichen Einstellungsuntersuchungen vorgeschriebenen Rahmen hinausgehenden Untersuchungen muss der Arzt die Bewerber über den Umfang der Untersuchungen zuvor aufklären. Nur wenn dies ordnungsgemäß erfolgt ist, kann der Bewerber wirksam seine Zustimmung zur Blut- oder Urinentnahme erteilen. Ein Verstoß kann eine Strafbarkeit des Arztes nach § 203 StGB (Verstoß gegen die Schweigepflicht) oder § 223 StGB (Körperverletzung z.B. durch Blutentnahme/Stichverletzung ohne Aufklärung über den Umfang der Untersuchung) begründen.

Bedeutung für den Betriebsrat/die JAV

Bei gesetzlich vorgeschriebenen Untersuchungen ergibt sich in der Regel kein Mitbestimmungsrecht des Betriebsrats, ob und in welchen Umfang die Untersuchung erfolgt. Anders bei nicht vorgeschriebenen Einstellungsuntersuchungen bzw. Untersuchungen im Laufe der Ausbildung oder wenn der Arzt mehr Untersuchungen durchführt als gesetzlich vorgeschrieben ist. Dann besteht ein Mitbestimmungsrecht des Betriebsrats.

Nach § 99 Abs. 1 BetrVG müssen dem Betriebsrat sämtliche Bewerbungsunterlagen des zur Einstellung vorgesehenen und des zur Ablehnung vorgesehenen Bewerbers vorgelegt werden. Hierzu gehört auch das Ergebnis einer Einstellungsuntersuchung (DKK-Kittner, § 99 Rn. 132; FKHES, § 99 BetrVG Rn. 149). Der Arbeitgeber muss dem Betriebsrat den ihm bekannten Wissensstand mitteilen. Unterlässt er dies, wurde der Betriebsrat nicht ordnungsgemäß angehört. Eine dennoch erfolgte Einstellung wäre unwirksam und kann auf Antrag des Betriebsrats vom Arbeitsgericht nach § 101 BetrVG aufgehoben werden.

Sollte der Arbeitgeber Blut- oder Urinuntersuchungen bei Einstellung veranlassen, kann hierin eine mitbestimmungspflichtige Auswahlrichtlinie nach § 95 Abs. 1 BetrVG liegen, wenn allen drogenauffälligen Bewerbern eine Absage erteilt wird (→ **Auswahlrichtlinien**).

Handelt es sich bei den Betroffenen um Wahlberechtigte zur JAV, ist die JAV nach § 70 Abs. 2 BetrVG vom Betriebsrat rechtzeitig und umfassend zu unterrichten. Ebenso hat sie nach § 67 BetrVG ein Teilnahme- und Stimmrecht an Betriebsratssitzungen.

JAV und Betriebsrat sollten im Sinne von Suchtprävention frühzeitig tätig werden. Denkbar wären beispielsweise eine Behandlung des Themas in Betriebs- und Jugend- und Auszubildendenversammlungen. Möglich ist die Zusammenarbeit mit der örtlichen Drogenhilfe.

In keinem Fall sollten der Betriebsrat und die JAV in Betriebsvereinbarungen die Durchführung von Drogentests bei Einstellung oder bei Übernahme von Auszubildenden bzw. der Umwandlung in ein unbefristetes Arbeitsverhältnis festschreiben.

Bedeutung für die Auszubildenden

Sollte aufgrund der besonderen Situation bei einer Einstellungsuntersuchung eine Einwilligung bezüglich einer Blut- und Urinuntersuchung auf Drogen und die Entbindung des Arztes von der Schweigepflicht gegeben worden sein, so sollte die JAV bzw. der Betriebsrat von diesem Verfahren informiert werden. Es besteht natürlich auch die Möglichkeit einer individualrechtlichen Klage in Berufung darauf, dass die Einwilligung nur aufgrund der besonderen Drucksituation gegeben wurde und die Untersuchung einen unzulässigen Eingriff in die Persönlichkeitsrechte darstellt. Gewerkschaftsmitglieder erhalten hierfür in der Regel Rechtsschutz.

In einer Anzahl von Tarifverträgen wurde ein Übernahmeanspruch von Auszubildenden geregelt. Das LAG Hamm hat in einem Urteil v. 31.5.1999 – 16 Sa 2357/97 im Falle einer Heroinsucht diese als Nichtübernahmegrund (personenbedingter Grund) nicht anerkannt, da der Betreffende an einem Metadon-Programm teilnimmt und somit von einer positiven Zukunftsprognose auszugehen ist, wenn die krankheitsbedingten Fehlzeiten nicht über das durchschnittliche Maß hinausgehen.

Duales Ausbildungssystem

Was bedeutet das?

Darunter versteht man in Deutschland das System der gleichzeitigen Ausbildung im Betrieb und in der → **Berufsschule**. Geprägt wurde dieser Begriff 1964 vom Deutschen Ausschuss für das Erziehungs- und Bildungswesen. Die rechtliche Grundlage für die duale Ausbildung bilden das → **Berufsbildungsgesetz (BBiG)** und die Schulgesetze der Bundesländer (→ **Berufsschulpflicht**, → **Berufsbildung**, → **Anrechnung der Berufsschulzeit**).

Für die Durchführung der Ausbildung im dualen System sind als die beiden Träger die Arbeitgeber und die Bundesländer verantwortlich.

Nach dem gesetzlichen Ordnungsrahmen des dualen Ausbildungssystems der Bundesrepublik Deutschland finanzieren die Unternehmen einzelbetrieblich die Personalkosten der Ausbilderinnen und Ausbilder sowie die sachliche Ausstattung der betrieblichen Ausbildung und die Ausbildungsvergütungen der Auszubildenden. Die öffentlichen Gebietskörperschaften – in diesem Fall Länder und Kommunen – tragen die Personalkosten für die Berufsschullehrerinnen und -lehrer sowie die Kosten der sachlichen Ausstattung für die Berufsschulzentren.

Die Entscheidung darüber, ob überhaupt ausgebildet wird und – wenn ja – wie viel und wer ausgebildet wird, liegt allein bei den einzelnen Arbeitgebern.

Das Bundesverfassungsgericht hat in seinem Urteil v. 10.12.1980 festgestellt:

> »Wenn der Staat in Anerkennung dieser Aufgabenteilung den Arbeitgebern die praxisbezogene Berufsausbildung der Jugendlichen überläßt, so muß er erwarten, dass die gesellschaftliche Gruppe der Arbeitgeber diese Aufgabe nach Maßgabe ihrer objektiven Möglichkeiten und damit so erfüllt, daß grundsätzlich alle ausbildungswilligen Jugendlichen die Chance erhalten, einen Ausbildungsplatz zu bekommen. Das gilt auch dann, wenn das freie Spiel der Kräfte zur Erfüllung der übernommenen Aufgabe nicht mehr ausreichen sollte.« (BVerfG – Urteil v. 10.12.1980 – 2 BvF 3/77).

Die bundesweite Entwicklung belegt, dass das Ausbildungssystem schon längst nicht mehr allein einzelbetrieblich entsprechend der vom Bundesverfassungsgericht 1980 angenommenen Kompetenzverteilung zwischen Staat und Wirtschaft organisiert und finanziert wird. Der Selbstverantwortungsanspruch der Wirtschaft reduziert sich auf die Sicherstellung des kurzfristigen Eigenbedarfs der Unternehmen – so fehlerhaft dieser auch wahrgenommen wird –, es geht nachweislich nicht mehr um die Sicherstellung des Ausbildungsbedarfs der Jugendlichen. Wenn aber die Unternehmen ihre Ausbildungsanstrengungen lediglich am Eigenbedarf messen, führt das notwendig zu volkswirtschaftlich widersinnigen Resultaten. Unternehmen versuchen sich auch bei der Ausbildung von Kosten zu entlasten. Die Investitionen in die Ausbildung von benötigten Fachkräften werden möglichst anderen überlassen.

Die zahlreichen öffentlichen Förderprogramme, die natürlich im Sinne der jugendlichen Ausbildungsplatzsuchenden notwendig sind, unterstützen ein solches Verhalten von Unternehmen. Die Kosten für eine Berufsausbildung werden so allerdings immer mehr auf die Allgemeinheit der Steuer- und Beitragszahler abgewälzt. Nur noch rund 23 % aller Unternehmen beteiligen sich an der Berufsausbildung. Von der verfassungsrechtlich garantierten Berufswahlfreiheit kann längst keine Rede mehr sein.

Ungelöst bleibt dabei gleichermaßen das Problem der Wettbewerbsverzerrung zwischen Unternehmen durch die unentgeltliche Nutzung von erbrachten Ausbildungsleistungen durch nicht ausbildende Betriebe.

Die Gewerkschaften haben deshalb einen gesetzlichen bundesweiten Lastenausgleich zwischen ausbildenden und nicht ausbildenden Betrieben und Verwaltungen (→ **Umlagefinanzierung**) und verstärkte Ausbildung im Verbund vorgeschlagen (→ **Verbundausbildung**). Die Voraussetzungen für die Verbundausbildung konnten durch das Einfügen des § 10 Abs. 5 in das novellierte BBiG erleichtert werden. Ein gesetzliches Umlagefinanzierungsgesetz wurde zwar im Bundestag beschlossen, aber letztlich aufgrund des starken Widerstands der deutschen Wirtschaft wieder »auf Eis gelegt«. Stattdessen sollte ein Ausbildungspakt die Situation auf dem Ausbildungsmarkt verbessern. Bislang ohne Erfolg.

Bedeutung für den Betriebsrat/die JAV

Das Vorschlagsrecht des Betriebsrats bei der Personalplanung und ihre Durchführung (§ 92 Abs. 2 BetrVG) kann zwar den Bedarf nach Nachwuchskräften im Betrieb offen legen und so die Unternehmerentscheidung beeinflussen, letztlich bleibt die Entscheidung beim einzelnen Arbeitgeber. Außerdem kann sich die Argumentation des Betriebsrats dabei lediglich auf den Betrieb, seine abhängig Beschäftigten und deren Angehörigen beziehen, nicht auf eine gesamtgesellschaftliche Notwendigkeit.

Einfachberufe/ Schmalspurausbildung

Grundlagen

Die Ausbildungsform der zweijährigen Einfachberufe zielt auf Jugendliche mit schlechten Schulabschlüssen bzw. mangelnder Ausbildungseignung ab. Diese Jugendlichen seien einer anspruchsvollen Ausbildung nicht gewachsen, sondern eher praktisch begabt und nur auf diese Weise in den Arbeitsmarkt zu integrieren, so die Vertreter der Einfachberufe.

Einfach ausgebildete junge Menschen haben allerdings kaum eine berufliche Entwicklungsperspektive; auch beim Einkommen und damit in ihrer Lebensgestaltung werden sie benachteiligt bleiben. Untersuchungen zeigen, dass einfache Tätigkeiten keine Zukunft in der Informations- und Wissensgesellschaft haben und Menschen mit geringeren Qualifikationen stärker von Arbeitslosigkeit betroffen sind als gut Qualifizierte. In den Unternehmen werden qualifizierte Fachkräfte benötigt, die flexibel sind und Prozesskompetenz haben.

Die Gestaltung qualifizierter Ausbildungsberufe sollte sich an den Anforderungen der Arbeitswelt orientieren und nicht an sozialpädagogischer Benachteiligtenförderung. Eine erfolgreiche Benachteiligtenförderung bringt nicht die besondere Art des Berufes, sondern eine besondere Art der Ausbildungsvorbereitung und -begleitung. Eine Ausbildungsordnung ist kein Benachteiligtenförderinstrument!

Benachteiligte Jugendliche sind keine homogene Gruppe. Verschiedene Faktoren kommen zum Tragen, wie beispielsweise die schulische Entwicklung, das soziale Umfeld und die gesellschaftlichen Verhältnisse. Eine Trennung in theoretisch und praktisch Begabte, in Bezug auf Benachteiligte, ist wissenschaftlich nicht haltbar.

Die bestehenden qualifizierten drei bzw. dreieinhalbjährigen Ausbildungsberufe sind bereits sehr differenziert in ihren Anforderungen. So werden beispielsweise beim Bäcker und IT-Systemelektroniker oder beim Einzelhandelskaufmann und Maßschneider ganz unterschiedliche Schwerpunkte in der Ausbildung gesetzt. Gemeinsam haben sie allerdings, dass sie auf eine qualifizierte berufliche Tätigkeit vorbereiten und aufbauende Weiterbildungen ermöglichen.

Auch in europäischer Sicht sind die Einfachberufe mehr als problematisch. In einem internen Ergebnisprotokoll (Sitzung vom 9. Februar 2005 im BMBF zur »Umwandlung von Ausbildungsprofilen in Zeugniserläuterungen«) stellt das Bildungsministerium in Übereinstimmung mit den Wirtschaftsverbänden ZDH, DIHK und KWB fest, dass die zweijährigen Berufe in Europa nur einen äußerst geringen Stellenwert haben und deshalb im Niveau nur auf niedrigster Stufe angesetzt werden können. Außerdem erklärt das Ministerium offiziell, dass diese Berufe direkt keine beruflichen Aufstiegschancen eröffnen.

Benachteiligte Jugendliche brauchen mehr statt weniger Bildung. Deshalb sollte der Schwerpunkt einer systematischen Förderung der Berufsreife bei einer zielgruppenorientierten Berufsvorbereitung benachteiligter Jugendlicher liegen. Das bedeutet für den allgemeinbildenden Schulbereich Maßnahmen zur Verringerung der Zahl der Schulabgänger ohne Hauptschulabschluss und Verbesserung des Übergangs in die Ausbildung, beispielsweise durch kleine Klassengrößen, pädagogisch-didaktische Lernkonzepte, Aufstockung und Qualifizierung des Lehrpersonals, Erweiterung von Betriebspraktika, Ausbau der Schulsozialarbeit. Berufsvorbereitungsmaßnahmen müssen gezielt auf eine berufliche Ausbildung oder Beschäftigung vorbereiten und vor allem auch allgemeinbildende und berufsbezogene Grundqualifikationen vermitteln. Bei der betrieblichen Ausbildung von benachteiligten Jugendlichen sollte eine sozialpädagogische Förderung durch speziell geschultes Ausbildungspersonal integriert werden und die Jugendlichen sollten mehr Zeit zum Lernen bekommen.

Qualifizierte Ausbildungsberufe müssen folgenden Kriterien entsprechen:
- sie müssen arbeitsmarktfähig sein und auf die Ausübung einer qualifizierten »branchen- und bereichsübergreifenden Berufstätigkeit« vorbereiten. Dies erfordert breit angelegte Kernqualifikationen und Qualifikationsinhalte, die ein eigenständiges Arbeiten in einer Vielzahl von Einsatzbereichen ermöglichen;
- sie müssen so geschaffen sein, dass sie Grundlagen für eine spätere Weiterbildung und Anschlussausbildung vermitteln und auf sich verändernde Anforderungen der betrieblichen und überbetrieblichen Facharbeitsmärkte vorbereiten;
- sie müssen einem quantitativ ausreichenden und nicht nur kurzfristigen Bedarf an Tätigkeiten entsprechen und auf die von Arbeitsmarkt- und Berufsexperten prognostizierten Entwicklungen veränderter Tätigkeitsanforderungen vorbereiten;
- sie müssen zu einer vollwertigen gesellschaftlichen Anerkennung führen und dürfen die Absolventen nicht als geringer qualifiziert stigmatisieren sowie

- zu Verdienstmöglichkeiten führen, die der Eingruppierung in die Fachkräftegruppen entsprechen (Facharbeiterecklohn).

Bedeutung für den Betriebsrat/die JAV

Der Betriebsrat und die JAV müssen darauf achten, dass qualifizierte Ausbildungsberufe, die den angeführten Kriterien entsprechen, ausgebildet werden. Ein Mitbestimmungsrecht besteht allerdings nicht.

Mitbestimmen müssen der Betriebsrat und die JAV allerdings bei der Auswahl von Auszubildenden → **Auswahlrichtlinien**. Nach § 95 BetrVG kann über die Gestaltung der Auswahlrichtlinien sichergestellt werden, dass benachteiligte Jugendliche eine Chance erhalten, einen qualifizierten Ausbildungsberuf zu erlernen.

Die Einstellung benachteiligter Jugendlicher bedeutet allerdings auch, dass Förderkonzepte eingesetzt werden. Bei der Durchführung der Ausbildung haben Betriebsrat und JAV ein Mitbestimmungsrecht nach § 98 BetrVG.

Informationen zu Förderkonzepten und Modellversuchen sind auf den folgenden Internetseiten zu finden:
www.good-practice.de/ – Seite des Bundesinstituts für Berufsbildung zur Förderung von Benachteiligten; *www.kibb.de* – Kommunikations- und Informationssystem berufliche Bildung des Bundesinstituts für Berufsbildung.

Einigungsstelle

Begriff

Nach dem Betriebsverfassungsgesetz ist die Einigungsstelle ein Organ der Betriebsverfassung, das von Arbeitgeber und Betriebsrat gemeinsam mit einem unparteiischen Vorsitzenden gebildet wird. Aufgabe der Einigungsstelle ist es dabei, Meinungsverschiedenheiten zwischen dem Arbeitgeber einerseits und dem Betriebsrat (Gesamtbetriebsrat, Konzernbetriebsrat) andererseits beizulegen. Dabei muss die Existenz der Einigungsstelle im Zusammenhang damit gesehen werden, dass der Betriebsrat seine Rechte und Forderungen nicht mittels Arbeitskämpfen durchsetzen kann. Die nach dem Betriebsverfassungsgesetz dem Betriebsrat auferlegte Friedenspflicht sowie die Einrichtung der Einigungsstelle zielen darauf ab, dass Konflikte im Betrieb ausschließlich im Verhandlungswege bzw. durch eine Entscheidung in der Einigungsstelle beigelegt werden. Bei der Einigungsstelle handelt es sich somit um ein Modell der Konfliktaustragung, das sehr stark durch eine Schlichtungsfunktion bestimmt wird. Dabei hat die Einigungsstelle ihre Beschlüsse unter angemessener Berücksichtigung der Belange des Betriebs und der betroffenen Arbeitnehmer nach billigem Ermessen zu fassen (§ 76 Abs. 5 BetrVG).

Die Zuständigkeit der Einigungsstelle bezieht sich nur auf die Beilegung von Meinungsverschiedenheiten zwischen dem Arbeitgeber und dem Betriebsrat (GBR oder KBR).

Der Regelfall für die Anrufung einer Einigungsstelle liegt vor, wenn eine Einigung mit dem Arbeitgeber durch den Betriebsrat in Fragen der zwingenden Mitbestimmung nicht erfolgen kann. Von einem zwingenden Mitbestimmungsrecht ist in den Fällen auszugehen, in denen ein Spruch der Einigungsstelle die Einigung zwischen Arbeitgeber und Betriebsrat ersetzt (§ 76 Abs. 5 Satz 1 BetrVG). In diesem Fall wird die Einigungsstelle auf Antrag auch nur einer Seite tätig. Solche zwingenden Mitbestimmungsrechte ergeben sich z.B. hinsichtlich der Schulungs- und Bildungsveranstaltungen für die JAV (§ 65 Abs. 1 BetrVG), Zeit und Ort der Sprechstunden der JAV (§ 69 BetrVG), Herabsetzung der Zahl der Gesamtjugend- und Auszubildendenvertretung (§ 72 Abs. 6 BetrVG).

Auch die Mitbestimmungsrechte in sozialen Angelegenheiten nach § 87 BetrVG sowie in Fragen der betrieblichen Berufsbildung (§§ 97 Abs. 2; 98 BetrVG) zählen dazu.
Darüber hinaus gibt es auch die Möglichkeit, in nicht mitbestimmungspflichtigen Angelegenheiten eine Einigungsstelle anzurufen. Dieses setzt voraus, dass sowohl Arbeitgeber als auch Betriebsrat sich über das Tätigwerden einer Einigungsstelle einig sind (§ 76 Abs. 6 BetrVG). Aufgrund des notwendigen Einverständnisses insbesondere von Arbeitgeberseite ist eine solche Einigungsstelle jedoch nur selten anzutreffen. In diesen Fällen neigen Arbeitgeber viel lieber dazu, ihre eigene Position durchzusetzen, als sich in die Unwägbarkeit eines Einigungsstellenspruches zu begeben.

Weiter ist es möglich, die Einigungsstelle als ständige Einrichtung zu berufen. Dieses setzt jedoch den Abschluss einer Betriebsvereinbarung zwischen dem Arbeitgeber und dem Betriebsrat voraus. Bei einer solchen ständigen Einigungsstelle muss bedacht werden, dass sie die Gefahr in sich trägt, dass der Arbeitgeber statt ernsthaft mit dem Betriebsrat zu verhandeln, gerade in sehr konfliktträchtigen Angelegenheiten sofort die Einigungsstelle anruft. Im Hinblick darauf sollte sehr genau abgewogen werden, inwieweit die Errichtung einer ständigen Einigungsstelle wirklich von Vorteil ist.

Hinsichtlich der Mitglieder der Einigungsstelle wird durch das Gesetz lediglich vorgegeben, dass die Mitgliederzahl auf Seiten des Arbeitgebers und auf Seiten des Betriebsrates gleich sein muss. Zusätzlich kommt noch ein Vorsitzender der Einigungsstelle hinzu, auf den sich Arbeitgeber und Betriebsrat einigen müssen. Falls es nicht zu einer Einigung kommt, wird der Einigungsstellenvorsitzende auf Antrag durch das Arbeitsgericht eingesetzt. Gleiches betrifft auch die Frage der Anzahl der Beisitzer, wenn hier ebenfalls keine Einigung zwischen Arbeitgeber und Betriebsrat erfolgt. Auch die Anzahl der Beisitzer kann auf Antrag durch das Arbeitsgericht festgesetzt werden. Auf Betriebsratsseite ist es sehr wichtig, dass sachkundige Vertreter als Beisitzer vom Betriebsrat benannt werden. Dieses können z.B. auch sachkundige Gewerkschaftssekretäre, Rechtssekretäre oder Rechtsanwälte sein.

Die Anrufung der Einigungsstelle kann erst dann erfolgen, wenn z.B. von Seiten des Betriebsrates das Scheitern der Verhandlungen festgestellt worden ist. Dieses muss durch den Betriebsrat per Betriebsratsbeschluss (§ 33 BetrVG) erfolgen. Der Betriebsrat muss des Weiteren darüber beschließen,
- dass die Einigungsstelle wegen der Angelegenheit angerufen wird,
- wer als Einigungsstellenvorsitzender nach der Vorstellung des Betriebsrates tätig sein soll,
- wie viele Beisitzer (zahlenmäßig) die Einigungsstelle haben soll.

Für den Fall, dass zu diesem Zeitpunkt schon feststeht, welcher externe Beisitzer auf Betriebsratsseite in der Einigungsstelle mit auftreten soll, ist sowohl die Beauftragung dieses externen Beisitzers als auch seine Honorarhöhe durch den Betriebsrat zu beschließen. Dieser Beschluss muss zu einem späteren Zeitpunkt nachgeholt werden, wenn erst später der externe Beisitzer durch den Betriebsrat bestimmt wird.

Dem Arbeitgeber ist dann der Beschluss mit seinem zuvor genannten Inhalt mitzuteilen.

Die Einigungsstelle hat unverzüglich tätig zu werden.

Bedeutung für den Betriebsrat/die JAV

Die Wahrnehmung der Beteiligungs- und Mitbestimmungsrechte steht nach dem Betriebsverfassungsgesetz grundsätzlich nur dem Betriebsrat zu. Wichtig ist jedoch, dass in allen Angelegenheiten, die die jugendlichen Arbeitnehmer und Auszubildenden betreffen, die JAV frühzeitig in den Verhandlungsprozess mit einbezogen wird und bei entsprechenden Themenfeldern auch JAV-Vertreter in die Einigungsstelle auf Betriebsratsseite entsandt werden. Dadurch wird sichergestellt, dass eine bestmögliche Interessenvertretung im Rahmen der Einigungsstelle erfolgen kann.

Dieses ist notwendig, da die Einigungsstelle das Instrument zur Regelung von Konflikten zwischen Arbeitgeber und Betriebsrat ist, wenn aufgrund der widerstreitenden Interessenlage eine Einigung zwischen Arbeitgeber und Betriebsrat nicht möglich ist. Die Einigungsstelle entspricht somit dem »Ultima-ratio-Prinzip«. Häufig reicht es schon, dem Arbeitgeber nur anzukündigen, im Falle einer Nichteinigung die Einigungsstelle anzurufen, um ihn zu einer weiteren Verhandlungsbereitschaft zu bewegen.

Aber auch für den Betriebsrat kann es von Fall zu Fall notwendig sein, zu entscheiden, ob er mit dem Arbeitgeber vor die Einigungsstelle gehen will. Wichtig ist dabei, dass der Betriebsrat zunächst die Problemsituation konkretisiert, dann seine Zielvorstellungen entwickelt und auf dieser Basis die Handlungsmöglichkeiten und ihre Zweckmäßigkeiten abwägt. Es ist dabei richtig, wenn diese einzelnen Schritte mit der JAV, der Belegschaft, der im Betrieb vertretenen DGB-Gewerkschaft sowie gewerkschaftlichen Vertrauensleuten im Einzelfall abgestimmt werden.

Je besser ein Einigungsstellenverfahren von Seiten des Betriebsrates vorbereitet wird, desto eher besteht die Möglichkeit, durch das Einigungsstellenverfahren die eigenen Positionen zu halten bzw. zu verbessern. Während des Einigungsstellenverfahrens ist darauf zu achten, dass der Betriebsrat regelmäßig die Belegschaft über den Stand des Verfahrens informiert, um auf diese Weise seine Verhandlungsposition zu stärken.

Bedeutung für die Beschäftigten

Da das Verfahren in der Einigungsstelle entweder durch eine Einigung zwischen Arbeitgeber und Betriebsrat oder aber durch einen Spruch der Einigungsstelle endet, die in beiden Fällen als Betriebsvereinbarung wirkt, hat die Einigungsstelle auch für die Beschäftigten eine große Bedeutung. Es ist deswegen auch für den einzelnen Beschäftigten von sehr großer Bedeutung, zu welchem Ergebnis eine Einigungsstelle kommt. Die Zuständigkeit des Betriebsrates ist zudem nicht nur auf kollektive Angelegenheiten beschränkt. Es gibt auch Mitbestimmungsrechte für die Regelung von Einzelfällen, in denen bei Nichteinigung zwischen Arbeitgeber und Betriebsrat die Einigungsstelle angerufen werden kann. Dieses ist der Fall z. B. bei der Behandlung von Beschwerden (§ 85 Abs. 2 BetrVG), Festsetzung der zeitlichen Lage des Urlaubs einzelner Arbeitnehmer (§ 87 Nr. 5 BetrVG), Zuweisung und Kündigung von Wohnräumen (§ 87 Nr. 9 BetrVG) sowie bei der Einführung und Durchführung betrieblicher Bildungsmaßnahmen (§§ 97 Abs. 2, 98 Abs. 3 BetrVG).

Einstiegsqualifizierungen für Jugendliche – EQJ

Grundlagen

Die Einstiegsqualifizierung für Jugendliche (EQJ) ist ein betriebliches **Praktikum,** bei dem sie in einem Betrieb arbeiten und Grundkenntnisse für einen anerkannten Ausbildungsberuf erwerben. EQJ kann in den meisten Berufen absolviert werden, aber nicht in schulischen Ausbildungsgängen (z. B. Altenpfleger/in) und nicht im öffentlichen Dienst.

Während des Praktikums sind Sie sozialversicherungspflichtig beschäftigt und bekommen monatlich bis zu 192,00 EUR von Ihrem Betrieb ausbezahlt.

Die »Einstiegsqualifizierungen« (EQ) sind Bestandteil des »Nationalen Pakts für Ausbildung und Fachkräftenachwuchs«. Der sogenannte **Ausbildungspakt** wurde 2004 von der Bundesregierung beschlossen.

Einstiegsqualifizierungen sind eine Art Praktikum von höchstens zwölf Monaten Dauer. Sie sollen Jugendlichen mit niedrigen Schulabschlüssen den Einstieg in eine Ausbildung erleichtern und Einblicke ins Unternehmen sowie erste Qualifikationen ermöglichen. Im besten Falle beginnen die Jugendlichen im Anschluss dort eine Ausbildung. Die Unternehmen, die EQ anbieten, werden öffentlich gefördert.

Es handelt sich bei den EQ-Teilnehmenden nicht um einen Auszubildenden nach BBiG, sondern um ein sogenanntes Berufsausbildungsvorbereitungsverhältnis nach § 1 Abs. 2 BBiG.

Bedeutung für den Betriebsrat/die JAV

Der Betriebsrat und die Jugend- und Auszubildendenvertretungen im Betrieb vertreten auch die Teilnehmenden der Einstiegsqualifizierungen.

Die Einstellung von EQ-Teilnehmern fällt unter das Mitbestimmungsrecht nach § 99 BetrVG, da sie mit einer vom Arbeitgeber vorzunehmenden betrieblichen Eingliederung einhergeht.

Bei der Durchführung von Maßnahmen der betrieblichen Berufsbildung – wozu ebenfalls die EQ zählt – steht dem Betriebsrat generell ein Mitbestimmungsrecht zu (§ 98 Abs. 1 BetrVG). Das bedeutet, der Betriebsrat kann auf die inhaltliche und zeitliche Ausgestaltung der EQ Einfluss nehmen.

EQ-Teilnehmer sind wahlberechtigt für die Wahl des Betriebsrats und der JAV, sofern sie die Voraussetzungen nach BetrVG hierzu erfüllen. Stimmberechtigt für die JAV-Wahlen sind alle Arbeitnehmer des Betriebes, die das 18. Lebensjahr noch nicht vollendet haben oder die zu ihrer Berufsausbildung beschäftigt sind und das 25. Lebensjahr noch nicht vollendet haben (vgl. § 60 Abs. 1 BetrVG).

Literaturhinweis

DGB-Jugend, Broschüre: **»Einstiegsqualifizierungen im Betrieb«** – Handlungsmöglichkeiten für Betriebsrat und JAV, 2008

Bedeutung für die Jugendlichen und Auszubildenden

Erfolgt im Anschluss an die absolvierte Einstiegsqualifizierung die angestrebte Berufsausbildung, so besteht die Möglichkeit, die EQ auf die Dauer der Berufsausbildung anzurechnen – zwingend vorgeschrieben ist dies jedoch nicht. Die mögliche Anrechnung erfolgt auf der Grundlage von § 8 Abs. 1 BBiG bzw. § 27b Abs. 1 Handwerksordnung.

Die EQ-Teilnehmenden haben leider keinen Anspruch darauf, vom Betrieb in ein Ausbildungs- oder Arbeitsverhältnis übernommen zu werden.?

Führt eine JAV eigene **Sprechstunden** durch (Voraussetzung siehe § 69 S. 1 BetrVG), so können EQ-Teilnehmende auch zu der JAV-Sprechstunde gehen. Dieses Recht haben alle im Betrieb Beschäftigten, die von der JAV vertreten werden – somit auch die EQ-Teilnehmenden.

DGB-Jugend:

Die Einstiegsqualifizierungen bilden eine schlechte Alternative für Bewerber, die sich in erster Linie auf einen betrieblichen Ausbildungsplatz bewerben. Sie führen zu keiner abgeschlossenen Qualifikation für die Jugendlichen, sondern stellen einzig einen prekären Einstieg ins Berufsleben ohne gute Perspektive dar.

Bei der Förderung von EQ ist unbedingt auf den gesetzlich vorgeschriebenen Personenkreis zu achten. Es darf nicht zu einer staatlichen Subventionierung für reguläre Ausbildungsbewerber kommen, die lediglich unter Ausbildungsplatz-Mangel leiden. Im Rahmen der EQ erworbene Teilqualifikationen müssen auf nachfolgende Ausbildungsverträge angerechnet werden.

Außerdem müssen wichtige Qualitätskriterien auch für Einstiegsqualifikationen gelten. Hierzu gehören insbesondere die persönliche und fachliche Eignung des Ausbildungspersonals sowie die Eignung der Ausbildungsstätte einschließlich deren Überwachung.

Die Analysen des Ausbildungsmarktes der letzten Jahre haben gezeigt, dass eine Lösung der Ausbildungsplatzkrise durch freiwilliges Engagement der Wirtschaft nicht zu erwarten ist.

DGB-Jugend-Position:
- Die Bereitschaft der Arbeitgeber, betriebliche Ausbildungsplätze anzubieten, darf durch die EQ nicht unterlaufen werden.
- Die EQ-Förderung darf nicht dazu führen, dass betriebliche Berufsausbildung durch Einstiegsqualifikationen ersetzt wird.
- Die Vermittlung in eine betriebliche Ausbildung muss Vorrang vor einer Vermittlung in eine EQ haben. Zu begrüßen ist deshalb, dass der Gesetzgeber prüfen will, ob der antragstellende Betrieb seine Ausbildungstätigkeit in den letzten drei Jahren verringert und durch EQ-Plätze ersetzt hat.

Europäische Kernberufe

Grundlagen

Innovation und Qualifikation sind der Schlüssel zur Zukunftssicherung in der Arbeitswelt und Facharbeit Europas. Eine qualifizierte, umfangreiche Ausbildung und innovative Arbeitskonzepte, die auf die Kompetenz der Arbeitnehmer setzen, gehören zusammen. Ausbildungskonzepte für Berufe müssen aus den Anforderungen der unterschiedlichsten Aufgaben in Geschäfts- und Arbeitsprozessen entwickelt werden. Gleichzeitig müssen Berufe so angelegt sein, dass sich eine berufliche und persönliche Identität der jeweiligen Fachkräfte herausbildet.

Die zu erfüllenden Aufgaben in den unterschiedlichsten Arbeitsprozessen sind nicht an nationale Grenzen gebunden. Ein Kfz-Mechatroniker oder eine Informatikerin müssen in der Arbeitswelt, egal in welchen Staat, gleiche Anforderungen erfüllen. Die auf Arbeitsprozesse bezogenen Berufe ermöglichen es, über die Ländergrenzen hinweg europäische Kernberufe herauszubilden, ohne mit den unterschiedlichen Bildungssystemen zu kollidieren. Zu beschreiben sind die Kompetenzen, die eine Fachkraft beispielsweise als Kfz-Mechatroniker, zu erfüllen hat. Dazu ist es notwendig, dass zwischen den Sozialparteien ein Dialog über Berufe auf europäischer Ebene geführt wird.

Bereits seit Ende der 1990er Jahre setzen sich die Gewerkschaften dafür ein, in den Ausbildungsordnungen möglichst keine detaillierten Qualifikationsanforderungen wie Normen, Maschinen, Anlagen etc. zu beschreiben. Technologiesprünge in immer kürzeren Zeiträumen und damit verbunden immer neues Wissen erfordert von Fachkräften ein ständiges Umgehen damit. Eine aktuelle Technologie oder Norm festzuschreiben ist deshalb wenig hilfreich, wichtig ist es, die Kompetenz zu entwickeln, unter sich ändernden Bedingungen zu handeln.

Die industriellen Metall- und Elektroberufe sind ein erfolgreiches Beispiel für Kernberufe in Berufsfamilien. Kernqualifikationen sind dabei für alle Berufe einer Familie gleich und die Fachqualifikationen machen die Besonderheit des Kernberufs aus. Alle Mechaniker müssen in der Lage sein, die richtigen Werkzeuge für den jeweiligen Arbeitsauftrag auszuwählen. Es handelt sich also um eine Kernqualifikation. Die Werkzeuge dann aber zur Verrichtung einer konkreten Arbeitsaufgabe einzusetzen, ist das Fachliche eines Berufes. Beispielsweise ein Industriemechaniker wählt die Werkzeuge aus, um eine Maschine zu warten.

Berufliche Herausforderungen im Betrieb sind immer ganzheitlich, entsprechend werden Kern- und Fachqualifikationen immer zusammen gelernt. Einzelne Qualifikationen können in der betrieblichen Wirklichkeit nie isoliert vermittelt, und damit auch nicht ausschließlich bestimmten zeitlichen Phasen der Ausbildung zugeordnet werden.

Bewährt hat sich eine Regelausbildungszeit von mindestens drei Jahren. Ausschlaggebend dafür sind einerseits die Breite der geforderten Qualifikationen in einem Kernberuf sowie die Zeit, die benötigt wird, zu einem kompetenten beruflichen Handeln zu gelangen. Berücksichtigt werden muss auch, dass der Übergang aus der Schule in die Arbeitswelt für junge Menschen einen gravierenden Entwicklungsschritt darstellt.

Die Reduzierung der 346 deutschen Ausbildungsberufe zu europäischen Kernberufen – wie in der Schweiz und in Österreich – ist als Ziel anzustreben. Sie führt zudem zu mehr Transparenz im Berufsbildungssystem, erleichtert die Berufswahl und die Bildung von Fachklassen in den Berufsschulen.

Bedeutung für Auszubildende

Eine qualifizierte mindestens dreijährige Berufsausbildung ist der Einstieg für eine erfolgreiche berufliche Entwicklung, verbunden mit lebensbegleitendem Lernen. Sie schafft die Vorraussetzungen für ein gesichertes und ausreichendes Einkommen und eine Arbeit, bei der sich der ganze Mensch einbringen kann.

Die Reduzierung auf wesentliche Kernberufe, möglichst in Europa, stärkt die Beschäftigungsfähigkeit und Mobilität von Arbeitnehmern.

Europäischer Qualifikationsrahmen

Grundlagen

Der Europäische Qualifikationsrahmen (EQR, engl. European Qualifications Framework, EQF) geht auf einen Beschluss der Bildungsminister aus 32 europäischen Staaten in Maastricht im Dezember 2004 zurück. Ziel ist die Förderung von Transparenz und Mobilität innerhalb und zwischen den nationalen Bildungs- und Beschäftigungssystemen.

Der EQR beschreibt auf acht Niveaustufen Kenntnisse, Fertigkeiten und Kompetenzen. Die Zuordnung erfolgt auf Grundlage von Lernergebnissen (Learning Outcomes), also was Lernende wissen, verstehen und in der Lage sind zu tun, nachdem sie einen Lernprozess abgeschlossen haben. Wie die Lernergebnisse erzielt wurden, ist dabei nicht von Interesse.

Im Beschluss des Europäischen Parlaments werden Kenntnisse, Fertigkeiten und Kompetenzen wie folgt beschrieben:

- »Kenntnisse«: bezeichnet das Ergebnis der Verarbeitung von Information durch Lernen. Kenntnisse bezeichnet die Gesamtheit der Fakten, Grundsätze, Theorien und Praxis in einem Lern- oder Arbeitsbereich. Im Europäischen Qualifikationsrahmen werden Kenntnisse als Theorie- und/oder Faktenwissen beschrieben.
- »Fertigkeiten«: bezeichnet die Fähigkeit, Kenntnisse anzuwenden und Know-how einzusetzen, um Aufgaben auszuführen und Probleme zu lösen. Im Europäischen Qualifikationsrahmen werden Fertigkeiten als kognitive Fertigkeiten (logisches, intuitives und kreatives Denken) und praktische Fertigkeiten beschrieben (Geschicklichkeit und Verwendung von Methoden, Materialien, Werkzeugen und Instrumenten).
- »Kompetenz«: bezeichnet die nachgewiesene Fähigkeit, Kenntnisse, Fertigkeiten sowie persönliche, soziale und methodische Fähigkeiten in Arbeits- oder Lernsituationen und für die berufliche und/oder persönliche Entwicklung zu nutzen. Im Europäischen Qualifikationsrahmen wird Kompetenz im Sinne der Übernahme von Verantwortung und Selbstständigkeit beschrieben.

Im Oktober 2007 hat das Europäische Parlament folgende Empfehlung zum EQR an seine Mitgliedsstaaten verabschiedet:

1. den Europäischen Qualifikationsrahmen als Referenzinstrument zu verwenden, um die Qualifikationsniveaus verschiedener Qualifikationssysteme zu vergleichen und sowohl das lebenslange Lernen und die Chancengleichheit in der Wissensgesellschaft als auch die weitere Integration des europäischen Arbeitsmarktes zu fördern, wobei die Vielfalt der nationalen Bildungssysteme zu respektieren ist;
2. ihre nationalen Qualifikationssysteme bis 2010 an den Europäischen Qualifikationsrahmen zu koppeln, insbesondere indem sie ihre Qualifikationsniveaus auf transparente Art und Weise mit den aufgeführten Niveaus verknüpfen und gegebenenfalls und in Übereinstimmung mit der nationalen Gesetzgebung und Praxis nationale Qualifikationsrahmen erstellen;
3. die erforderlichen Maßnahmen zu erlassen, um bis 2012 dafür zu sorgen, dass alle neuen Qualifikationsnachweise, Zeugnisse und Europass-Dokumente, die von den dafür zuständigen Stellen ausgestellt werden, über die nationalen Qualifikationssysteme einen klaren Verweis auf das zutreffende Niveau des Europäischen Qualifikationsrahmens enthalten;
4. bei der Beschreibung und Definition von Qualifikationen einen Ansatz zu verwenden, der auf Lernergebnissen beruht, und die Validierung nicht formalen und informellen Lernens gemäß den gemeinsamen europäischen Grundsätzen zu fördern, wobei besonderes Augenmerk auf die Bürger zu richten ist, die sehr wahrscheinlich von Arbeitslosigkeit und unsicheren Arbeitsverhältnissen bedroht sind, für die ein derartiger Ansatz zu einer stärkeren Teilnahme am lebenslangen Lernen und zum Zugang zum Arbeitsmarkt beitragen kann;
5. bei der Koppelung der im Rahmen der Hochschulbildung und der beruflichen Aus- und Weiterbildung erworbenen Qualifikationen innerhalb der nationalen Qualifikationssysteme an den Europäischen Qualifikationsrahmen die dargelegten Grundsätze für die Qualitätssicherung in der allgemeinen und beruflichen Bildung zu fördern und anzuwenden;
6. nationale, mit den Strukturen der Mitgliedstaaten verbundene und ihren jeweiligen Anforderungen genügende Koordinierungsstellen zu benennen, die die Beziehung zwischen dem nationalen Qualifikationssystem und dem Europäischen Qualifikationsrahmen unterstützen und zusammen mit anderen zuständigen nationalen Behörden lenken, um die Qualität und die Transparenz dieser Beziehung zu fördern.

Einzelne Bildungsgänge sollen nicht direkt EQR-Niveaus zugeordnet werden, sondern in nationale oder sektorale Qualifikationsrahmen eingestuft werden, die wiederum dem EQR zugeordnet werden. Nationale Qualifikationsrahmen gibt es bisher nur in wenigen EU-Ländern (Irland, Schottland,

England). In Deutschland wird derzeit an einem nationalen Qualifikationsrahmen gearbeitet.

Es bleibt abzuwarten, ob der EQR die gesteckte Erwatung in eine Förderung von Transparenz und Mobilität innerhalb und zwischen den nationalen Bildungs- und Beschäftigungssystemen erfüllen wird. Die IG Metall tritt dafür ein, zur Förderung von Transparenz und Mobilität **europäische Kernberufe** zu entwickeln.

Weitere Infos beim Bundesinstitut für Berufsbildung: www.bibb.de/de/wlk18242.htm

Fahrtkosten

Grundlagen

In Zusammenhang mit der Berufsausbildung entstehen dem Auszubildenden verschiedene Fahrtkosten.

Für Fahrtkosten, die entstehen, um in den Ausbildungsbetrieb zu gelangen, gibt es keinen gesetzlichen Anspruch auf Erstattung gegenüber dem Arbeitgeber. Die Fahrtkosten können jedoch im Rahmen des Lohnsteuerjahresausgleiches als Werbungskosten geltend gemacht werden.

Findet die Ausbildung auf Montage statt, besteht allerdings oft ein tariflicher Erstattungsanspruch, beispielsweise nach dem Bundesmontagetarifvertrag für die Metallindustrie.

Für Fahrten im Zusammenhang mit dem Besuch der Berufsschule oder der Teilnahme an Prüfungen besteht grundsätzlich kein gesetzlicher Anspruch auf Erstattung durch den Arbeitgeber. Wenn der Arbeitgeber jedoch veranlasst, dass der Auszubildende eine andere als die für ihn zuständige Berufsschule besucht und entstehen ihm dadurch ggf. höhere Fahrtkosten, so ist der Arbeitgeber verpflichtet, diese zu übernehmen (vgl. auch BAG v. 25.7.2002 – 6 AZR 381/00).

Ein Auszubildender, der, ohne dass er der Schulpflicht unterliegt, auf Veranlassung des Arbeitgebers dennoch die Berufsschule besucht, hat vom Arbeitgeber die dadurch zusätzlich entstehenden Kosten erstattet zu bekommen. Findet eine Ausbildungsmaßnahme außerhalb der Ausbildungsstätte statt und dient sie der Erfüllung der Ausbildungspflicht, so muss der Arbeitgeber ebenso die Fahrtkosten übernehmen (§ 5 Abs. 2 BBiG).

In einer Anzahl von Manteltarifverträgen wurden weitergehende Regelungen zur Fahrtkostenerstattung vereinbart. Oftmals ist geregelt, dass auf Nachweis unvermeidbare Fahrtkosten bei Benutzung von öffentlichen Verkehrsmitteln oder die Mehrkosten gegenüber der Fahrt in den Ausbildungsbetrieb beim Besuch der Berufsschule vom Arbeitgeber erstattet werden.

Neben tariflichen Regelungen gibt es auch eine Anzahl von Betriebsvereinbarungen, die eine Fahrtkostenerstattung berücksichtigen.

Bedeutung für den Betriebsrat/die JAV

Die JAV hat nach § 70 Abs. 1 Nr. 2 BetrVG darauf zu achten, dass die gesetzlichen Bestimmungen, Tarifverträge oder Betriebsvereinbarungen eingehalten werden. Dies muss auch in Bezug auf die Fahrtkosten sichergestellt werden.

Die JAV kann auch nach § 70 Abs. 1 Nr. 1 BetrVG beim Betriebsrat beantragen, eine Betriebsvereinbarung zum Thema Fahrtkostenerstattung und Ausbildungsmittel mit dem Arbeitgeber zu verhandeln.

Familienbetrieb, -haushalt

Das Jugendarbeitsschutzgesetz gilt nach § 1 für die Beschäftigung von Personen unter 18 Jahren in der Berufsausbildung oder als Arbeitnehmer oder Heimarbeiter, oder für die Beschäftigung mit Dienstleistungen, die der Arbeitsleistung von Arbeitnehmern oder Heimarbeitern ähnlich sind, oder auch für die Beschäftigung in einem der Berufsausbildung ähnlichen Ausbildungsverhältnis.

Ausnahmen von diesem Geltungsbereich regelt § 1 Abs. 2, wonach das Gesetz u. a. nicht gilt für geringfügige Hilfeleistungen, die gelegentlich **aufgrund familienrechtlicher Vorschriften** erbracht werden und für die Beschäftigung **durch die Personensorgeberechtigten** im **Familienhaushalt**.

Wenn also eine Beschäftigung in einem Familienbetrieb oder -haushalt **nicht durch die Personensorgeberechtigten**, also in der Regel die Eltern, sondern **durch Dritte** erfolgt, findet das Gesetz Anwendung.

Allerdings gibt es weitere Ausnahmen und Sonderregelungen für die **Beschäftigung von Kindern**, nämlich Personen, die noch nicht 15 Jahre alt sind, wobei auf Jugendliche, also Personen, die 15, aber noch nicht 18 Jahre alt sind, soweit sie der **Vollzeitschulpflicht** noch unterliegen, die für Kinder geltenden Vorschriften Anwendung finden. Ob ein Jugendlicher der Vollzeitschulpflicht unterliegt, richtet sich nach den Schulgesetzen der Länder.

Das grundsätzliche **Beschäftigungsverbot für Kinder** gilt nicht für die Beschäftigung von **Kindern über 13 Jahre** mit Einwilligung des Personensorgeberechtigten, soweit die Beschäftigung leicht und für Kinder geeignet ist.

In **landwirtschaftlichen Familienbetrieben** dürfen die Kinder u. a. nicht mehr als drei Stunden täglich beschäftigt werden. **Landwirtschaftliche Familienbetriebe** sind Betriebe, die über den Rahmen einer reinen Selbstversorgung, z. B. durch einen Gemüsegarten, hinausgehen. Es muss sich um einen **Betrieb** handeln, bei dem die **familiäre Bindung** der dort Arbeitenden im Vordergrund steht.

Ferienjobs

Grundlagen

Ferienjobs gibt es in den unterschiedlichen Branchen und in unterschiedlicher Art, aber nicht jeder Schüler und jede Schülerin darf jede Tätigkeit ausüben. Das **Jugendarbeitsschutzgesetz** regelt, unter welchen Bedingungen Kinder und Jugendliche arbeiten dürfen.
Das Gesetz verbietet Kindern bis einschließlich zum 14. Lebensjahr zu arbeiten. Es gibt aber geregelte Ausnahmen. Mit Zustimmung der Eltern dürfen Kinder über 13 Jahren bis zu zwei Stunden täglich zwischen 8 und 18 Uhr arbeiten. Im landwirtschaftlichen Bereich sind drei Stunden täglich innerhalb dieses Zeitraums erlaubt. Voraussetzung ist, dass es sich um leichte Tätigkeiten handelt – das können zum Beispiel Zeitungen austragen, Gartenarbeit oder Botengänge sein.
Für Jugendliche, also 15- bis 17-Jährige, die einen Ferienjob annehmen, gibt es weniger Einschränkungen. Sind die 15- bis 17-Jährigen noch schulpflichtig, dürfen sie nicht länger als vier Wochen pro Jahr in den Ferien jobben.
Wichtig: Für Jugendliche ist schwere körperliche oder gefährliche Arbeit nicht erlaubt. Dazu zählen das Tragen von Gewichten, das Hantieren mit Chemikalien oder Akkordarbeit.
Die Arbeitszeit von 8 Stunden am Tag und 40 Stunden pro Woche darf nicht überschritten werden, auch nicht der Arbeitszeitraum zwischen 6 bis 20 Uhr.
Allerdings gibt es auch hier Ausnahmen, wenn der Schüler oder die Schülerin bereits 16 Jahre alt ist. Dann darf er oder sie im Gaststättengewerbe bis 22 Uhr und in mehrschichtigen Betrieben bis 23 Uhr arbeiten. Wochenendarbeit ist ebenfalls tabu – außer z. B. bei Sportveranstaltungen.
Arbeitgeber sind nicht nur verpflichtet, auf das Jugendarbeitsschutzgesetz zu achten, sie müssen Schülerinnen und Schüler für ihren Ferienjob auch über den Betrieb unfallversichern.
Auch Ferienjobs sind Jobs, die fair entlohnt werden sollen. Für Ferienjobs ist es wichtig zu wissen, dass Beiträge zur Sozialversicherung nicht anfallen. Wenn der Lohn allerdings über 896 Euro pro Monat liegt, dann werden Steuern fällig. Die werden allerdings normalerweise im nächsten Jahr wieder erstattet. Ratsam ist es, eine Lohnsteuerkarte abzugeben.

Freistellung

Damit Mitglieder der JAV ihre Aufgaben nach dem BetrVG erfüllen können, haben sie einen Anspruch auf Freistellung von ihrer beruflichen Tätigkeit bzw. von der Ausbildung. Ebenso haben sie einen Anspruch auf Freistellung, wenn sie sich die notwendigen Qualifikationen, die zur Erfüllung ihrer Aufgaben erforderlich sind, aneignen wollen.

Grundlagen

In § 65 Abs. 1 BetrVG (Geschäftsführung) i. V. m. § 37 BetrVG (ehrenamtliche Tätigkeit, Arbeitsversäumnis) sind die rechtlichen Möglichkeiten der Freistellung von Mitgliedern der JAV benannt.

Nach § 37 Abs. 2 und 3 BetrVG sind Mitglieder der JAV von ihrer beruflichen Tätigkeit ohne Minderung ihres Arbeitsentgeltes zu befreien, soweit es zur ordnungsgemäßen Durchführung ihrer betriebsverfassungsrechtlichen Aufgaben erforderlich ist. Wird es erforderlich infolge betriebsbedingter Gründe, dass die JAV-Tätigkeit außerhalb der Arbeitszeit stattfindet, haben die Mitglieder der JAV einen Ausgleichsanspruch auf Arbeitsbefreiung unter Fortzahlung der Vergütung innerhalb eines Monats bzw., sofern dieses nicht möglich ist, einen Anspruch auf Vergütung dieser Zeit als Mehrarbeit.

Unter § 37 Abs. 6 und 7 ist die Freistellung von Mitgliedern der JAV für Schulungs- und Bildungsveranstaltungen geregelt (→ **Bildungsurlaub**).

Einen grundsätzlichen Freistellungsanspruch von Mitgliedern der JAV ab einer bestimmten Anzahl Wahlberechtigter, wie dieses beispielsweise für den Betriebsrat in § 38 BetrVG geregelt ist, besteht nicht. Nach § 37 Abs. 4 und 5 dürfen einem Mitglied der JAV durch seine Tätigkeit und die damit verbundenen Freistellungen keine finanziellen und beruflichen Nachteile entstehen. Diese Schutzbestimmung gilt bis ein Jahr nach Beenden der Amtszeit.

Die Bestimmungen aus § 37 BetrVG gelten auch für Ersatzmitglieder der JAV, sofern sie ersatzweise als JAV-Mitglied tätig werden bzw. geworden sind.

Bedeutung für die JAV

Es gibt eine Anzahl von betriebsverfassungsrechtlichen Gründen, warum sich JAV-Mitglieder von ihrer üblichen beruflichen Tätigkeit freistellen lassen können. Zum einen natürlich für die Teilnahme an Sitzungen, Besprechungen, Versammlungen etc., zum anderen aber auch für die Vorbereitung bzw. Nachbereitung von solchen Veranstaltungen, für Gespräche mit ihren Wahlberechtigten usw. Bei diesen Beispielen handelt es sich nicht um eine erschöpfende Darstellung, sondern es soll lediglich auf die Vielfalt aufmerksam gemacht werden, die sich aus einer Formulierung »betriebsverfassungsrechtlicher Aufgaben« ergibt. Die wesentlichen Aufgaben der JAV sind in § 70 des BetrVG benannt (→ **JAV**).

Für die Freistellung eines Mitgliedes der JAV von seiner beruflichen Tätigkeit ist keine Zustimmung des Arbeitgebers erforderlich. Der Arbeitgeber ist lediglich so rechtzeitig wie möglich über die Erfordernisse der Freistellung zu informieren. Dabei reicht es aus, wenn in groben Zügen der Grund der Freistellung mitgeteilt wird. Es müssen keine inhaltlichen Beschreibungen vorgenommen werden, auch brauchen keine Namen, zum Beispiel von Auszubildenden, die ein Gespräch mit der JAV wünschen, genannt werden. Der Arbeitgeber muss lediglich erkennen können, dass es sich bei dem Freistellungsgrund um eine betriebsverfassungsrechtliche Tätigkeit handelt.

Das Mitglied der JAV hat sich bei seinen Vorgesetzten abzumelden. Ist betriebsbedingt eine Freistellung nicht möglich, ist es entscheidend, wie dringlich die JAV-Tätigkeit ist. Das Mitglied der JAV muss die Dringlichkeit darlegen. Hier gibt es oftmals Konflikte, wenn der Arbeitgeber diese Dringlichkeit bezweifelt.

Der Betriebsrat sollte vom Mitglied der JAV immer über die Freistellung informiert werden. Es ist hilfreich und wichtig, wenn man die Unterstützung des Betriebsrats hat, da insbesondere bei Konflikten mit dem Arbeitgeber vom Betriebsrat Rückhalt gegeben werden kann. Sollte es dennoch zu einem Konflikt kommen, ist die zuständige Gewerkschaft umgehend zu informieren, damit ggf. auch Rechtsschutz gewährt werden kann.

Nach Erledigung der JAV-Tätigkeit muss sich das JAV-Mitglied bei seinen Vorgesetzten zurückmelden. Eine darüber hinausgehende Rückmeldung, beispielsweise gegenüber der Personalabteilung, ist nicht erforderlich.

Kommt es im Rahmen der Freistellung für JAV-Tätigkeiten häufig zu Konflikten mit dem Arbeitgeber, empfiehlt es sich, ein Tagebuch über die JAV-Arbeit zu führen. Hierin sollte man vermerken, von wann bis wann eine Freistellung in Anspruch genommen wurde, in Stichpunkten, welche JAV-Tätigkeit erledigt wurde und bei wem sich abgemeldet bzw. rückgemeldet wurde. Enden Freistellungskonflikte mit dem Arbeitgeber vor Gericht, so können die Aufzeichnungen eine große Hilfe sein.

Besondere Freistellungsschwierigkeiten können in **mehrschichtigen Betrieben** auftreten. Hier ist ggf. zu prüfen, ob auf Grundlage des § 37 Abs. 2 BetrVG eine generelle Schichtverlegung, beispielsweise von Wechselschicht auf Normalschicht, erfolgen kann. Sollte dieses vom Arbeitgeber verweigert werden, müssen in jedem Fall die Bestimmungen aus dem Arbeitszeitgesetz (z. b. maximal zulässige gesetzliche Höchstarbeitszeit, Ruhezeiten) eingehalten werden. Im Einzelfall kann dies dazu führen, dass Schichtverlegungen für bestimmte Tage für Mitglieder der JAV erforderlich werden (z. B. bei Jugend- und Auszubildendenversammlungen, JAV-Sitzungen).

Über die gesetzliche Freistellungsregelung hinaus besteht die Möglichkeit einer freiwilligen Freistellungsregelung in einer **Betriebsvereinbarung**. Hier kann jedem JAV-Mitglied ein bestimmter Zeitrahmen für seine Tätigkeit fest zugeschrieben werden. Sollte sich jedoch ein darüber hinausgehender Bedarf ergeben, so ist dieser unabhängig von dieser Betriebsvereinbarung durch den § 37 Abs. 2 BetrVG abgedeckt.

Fristlose Kündigung

Grundlagen

Eine **fristlose** oder **außerordentliche Kündigung** soll ein Arbeitsverhältnis vorzeitig ohne Beachtung von →**Kündigungsfristen**, seien es gesetzliche, vertragliche oder tarifvertragliche Kündigungsfristen, beenden. Auch die fristlose Kündigung hat – wie die ordentliche →**Kündigung** – schriftlich zu erfolgen.

Rechtliche Grundlage ist § 626 BGB. Danach kann ein Arbeitsverhältnis fristlos gekündigt werden, wenn ein **wichtiger Grund** vorliegt. Dies ist der Fall, wenn die Kündigung auf Tatsachen gestützt werden kann, aufgrund derer dem Kündigenden unter Berücksichtigung aller Umstände des Einzelfalles und unter Abwägung der Interessen beider Vertragsteile die Fortsetzung des Dienstverhältnisses bis zum Ablauf der Kündigungsfrist oder bis zur vereinbarten Beendigung des Dienstverhältnisses **nicht zugemutet** werden kann.

Bei der Abwägung des wichtigen Grundes kommt es auf alle Umstände des Einzelfalles an.

> **Beispiele:**
> Fristlose Kündigung wegen schweren Betrugs oder Diebstahls zum Nachteil des Arbeitgebers, fristlose Kündigung eines Arbeitnehmers wegen sexueller Belästigung einer Arbeitnehmerin oder fristlose Kündigung wegen **ausländerfeindlichen, rassistischen Verhaltens**.

Die fristlose Kündigung kann nach § 626 Abs. 2 BGB **nur innerhalb einer Frist von zwei Wochen** erfolgen. Die Frist beginnt mit dem Zeitpunkt, in dem der Kündigungsberechtigte von den für die Kündigung maßgebenden **Tatsachen Kenntnis** erlangt hat. Der Kündigende muss dem anderen Teil auf Verlangen den Kündigungsgrund unverzüglich schriftlich mitteilen.

Nach ständiger Rechtsprechung des BAG ist ein Diebstahl oder eine Unterschlagung grundsätzlich als wichtiger Grund für eine fristlose Kündigung geeignet, selbst wenn es sich nur um einen geringfügigen Schaden handelt. Traurige Berühmtheit erlangt hat der unberechtigte Verzehr eines Stücks Bienenstichs, wodurch die Arbeitnehmerin ihren Arbeitsplatz verlor. Allerdings –

so das BAG – seien stets alle Umstände des Einzelfalls zu würdigen. An dieser Rechtsprechung hat die »Emmely«-Entscheidung (BAG v. 10.06.2010 – 2 AZR 541/09) nichts geändert. Dort wurde einer Kassiererin im Einzelhandel vorgeworfen, für sich selbst Pfandbons im Werte von 1,30 Euro unberechtigt eingelöst zu haben. Erstmals hat das BAG zwar der Kündigungsschutzklage in einem solchen Fall stattgegeben, allerdings wiederum nur bezogen auf die besonderen Umstände dieses konkreten Einzelfalls (sehr lange Betriebszugehörigkeit). Nach wie vor können Arbeitgeber wirkliche oder vermeintliche Bagatelldelikte zum Vorwand für eine außerordentliche Kündigung nehmen und damit den Versuch unternehmen, sich gewerkschaftlich engagierter Kolleginnen und Kollegen (so im Fall Emmely) zu entledigen oder aber den Kündigungsschutz von Mitgliedern der betriebsverfassungsrechtlichen Organe, der sich ja nur auf die ordentliche Kündigung bezieht, auszuhebeln. Hier ist also für alle Mitglieder des Betriebsrats, aber auch der JAV und aller anderer Organe besondere Vorsicht geboten. Nur wer sich auch bei geringsten Beträgen absolut korrekt verhält, ist vor einer außerordentlichen Kündigung sicher.

Bedeutung für den Betriebsrat/die JAV

Auch bei einer fristlosen Kündigung ist der **Betriebsrat** wie vor jeder anderen Kündigung zu hören. Lediglich bei den Rechtsfolgen wird zwischen einer fristlosen und fristgemäßen Kündigung unterschieden. So kommt nach einer fristlosen Kündigung trotz Widerspruch des Betriebsrats ein Weiterbeschäftigungsanspruch bis zur rechtskräftigen Entscheidung über eine Kündigungsschutzklage nicht in Betracht.

Bedeutung für Auszubildende

Ein **Berufsausbildungsverhältnis** ist nach unserer Rechtsordnung ein befristetes Arbeitsverhältnis, welches mit dem Ablauf der Ausbildungszeit endet bzw. mit Bestehen der Abschlussprüfung, wie dies § 21 BBiG bestimmt.

Nur während der **Probezeit** kann das Berufsausbildungsverhältnis jederzeit ohne Einhaltung einer Kündigungsfrist nach § 22 Abs. 1 BBiG gekündigt werden. Nach § 22 Abs. 2 BBiG kann das Berufsausbildungsverhältnis **nach der Probezeit nur fristlos,** nämlich **aus wichtigem Grund** ohne Einhaltung einer Kündigungsfrist gekündigt werden oder vom Auszubildenden mit einer Frist von vier Wochen, wenn er die **Berufsausbildung** aufgeben will.

Eine fristlose Kündigung ist unwirksam, wenn die ihr zugrunde liegenden Tatsachen dem zur Kündigung Berechtigten länger als zwei Wochen bekannt sind. Gegebenenfalls kommen auch Schadenersatzansprüche nach § 23 BBiG in Betracht.

Gefährliche Arbeiten

Grundlagen

§ 22 des → **Jugendarbeitsschutzgesetzes (JArbSchG)** verbietet für Jugendliche die Beschäftigung mit gefährlichen Arbeiten. Danach dürfen Jugendliche nicht beschäftigt werden mit Arbeiten:
1. die ihre physische und psychische Leistungsfähigkeit übersteigen,
2. bei denen sie sittlichen Gefahren ausgesetzt sind,
3. die mit Unfallgefahren verbunden sind, von denen anzunehmen ist, dass Jugendliche sie wegen mangelnden Sicherheitsbewusstseins oder mangelnder Erfahrung nicht erkennen oder nicht abwenden können,
4. bei denen ihre Gesundheit durch außergewöhnliche Hitze oder Kälte oder starke Nässe gefährdet wird,
5. bei denen sie schädlichen Einwirkungen von Lärm, Erschütterungen oder Strahlen ausgesetzt sind,
6. bei denen sie schädlichen Einwirkungen von Gefahrstoffen im Sinne des Chemikaliengesetzes ausgesetzt sind,
7. bei denen sie schädlichen Einwirkungen von biologischen Arbeitsstoffen im Sinne der Richtlinie 90/679/EWG des Rates vom 26. November 1990 zum Schutze der Arbeitnehmer gegen Gefährdung durch biologische Arbeitsstoffe bei der Arbeit ausgesetzt sind.

Die Punkte 3–7 gelten nicht für die Beschäftigung Jugendlicher, soweit dies zur Erreichung ihres Ausbildungszieles erforderlich ist, ihr Schutz durch die Aufsicht eines Fachkundigen gewährleistet ist und der Luftgrenzwert bei gefährlichen Stoffen (Punkt 6) unterschritten wird.

Bedeutung für die Beschäftigten

Der Arbeitgeber ist verpflichtet, die Jugendlichen vor der erstmaligen Beschäftigung über konkrete Gefahren der Arbeit und der Arbeitsumgebung zu informieren. Dabei muss er auch über die Möglichkeiten informieren, wie drohenden Gefahren ausgewichen werden kann.

Auf keinen Fall darf er Jugendliche einem erhöhten Unfallrisiko aussetzen oder mit Dingen beschäftigen, die ihre Leistungsfähigkeit übersteigen. Dies gilt z.B. für Berufe, bei denen allergisierende Stoffe verwendet werden, die auf Haut oder Atmung einwirken können oder für Beschäftigungen, die mit Lösungsmitteln in Klebern, Lacken, Baustoffen etc. zu Schädigungen des Nervensystems, der Niere, Leber und des Erbgutes führen können.

Jugendliche dürfen ebenfalls grundsätzlich nicht mit einer Arbeit beschäftigt werden, bei der ihr Arbeitstempo irgendwie vorgegeben ist oder das Arbeitstempo die Höhe des Lohnes bestimmt oder beeinträchtigt. Auch dürfen sie nicht in Gruppen Erwachsener mitarbeiten, die in Geld-, Stück-, Zeit- oder Gruppenakkord arbeiten.

Wie bei vielen Vorschriften des JArbSchG gibt es auch hier Ausnahmeregelungen. So können gefährliche Arbeiten angeordnet werden, wenn sie helfen, das Ausbildungsziel zu erreichen. Dann muss aber in jedem Fall die Aufsicht durch fachkundiges Personal gewährleistet sein. Bei der Gruppenarbeit bedeutet dies, dass der Jugendliche dann in einer solchen Gruppe arbeiten, er selbst aber nicht dem erhöhten Arbeitstempo unterworfen sein darf. Der Arbeitgeber muss in einem solchen Fall nachweisen, dass die Beschäftigung eines Jugendlichen in einer Akkordgruppe zur Erreichung des Ausbildungszieles notwendig ist.

Gesamtjugend- und Auszubildendenvertretung

Grundlagen

Für die Arbeit der Gesamtjugend- und Auszubildendenvertretung (GJAV) gelten weitestgehend die gleichen rechtlichen Bestimmungen wie für die Arbeit der JAV. In §§ 72 und 73 BetrVG sind die Voraussetzung der Errichtung, die Zusammensetzung, die Geschäftsführung und das Verfahren bei Abstimmungen geregelt.

Bestehen in einem Unternehmen mehrere JAVs, so ist eine GJAV zu errichten. Die Bildung einer GJAV ist nicht freiwillig. In die GJAV entsendet jede JAV ein Mitglied. Die JAV hat für das Mitglied der GJAV mindestens ein Ersatzmitglied zu bestellen und die Reihenfolge des Nachrückens festzulegen. Durch Tarifvertrag oder Betriebsvereinbarung kann die Mitgliederzahl der GJAV abweichend von der grundsätzlichen Regelung des § 72 Abs. 2 BetrVG geregelt werden.

Besteht eine GJAV aus mehr als 20 Mitgliedern und gibt es keine tarifliche Regelung zur Zusammensetzung der GJAV, so ist zwischen Gesamtbetriebsrat und Arbeitgeber eine Betriebsvereinbarung über die Mitgliederzahl abzuschließen. Darin soll bestimmt werden, dass JAVs mehrerer Betriebe eines Unternehmens, die regional oder durch gleichartige Interessen miteinander verbunden sind, gemeinsam Mitglieder in die GJAV entsenden. Kommt es bezüglich einer solchen Betriebsvereinbarung nicht zu einer Einigung zwischen Arbeitgeber und Gesamtbetriebsrat, so entscheidet eine auf Ebene des Gesamtunternehmens zu bildende Einigungsstelle.

Bei Abstimmungen in der GJAV hat jedes Mitglied so viele Stimmen wie in dem Betrieb, in dem es gewählt wurde, Wahlberechtigte in der Wählerliste eingetragen sind. Ist ein Mitglied der GJAV für mehrere Betriebe zuständig, so hat es so viele Stimmen wie Wahlberechtigte in den Betrieben, für die es entsandt ist. Bei mehreren Mitgliedern der JAV eines Betriebes in der GJAV haben sie bei Abstimmungen entsprechend anteilig die Stimmen der Wahlberechtigten aus ihrem Betrieb.

Von diesen Abstimmungsverfahren kann durch Tarifvertrag oder Betriebsvereinbarung eine abweichende Regelung getroffen werden, die das Stimmengewicht von Mitgliedern der GJAV, die aus einem gemeinsamen Betrieb mehrerer Unternehmen entsandt werden, neu fasst. Damit soll sichergestellt werden, dass bei Abstimmungen in der GJAV über Angelegenheiten, die nur die Wahlberechtigten eines des am gemeinsamen Betrieb beteiligten Unternehmens betreffen, auch nur die Stimmenzahl dieser Wahlberechtigten berücksichtigt wird.

In § 73 BetrVG »Geschäftsführung der Gesamtjugend- und Auszubildendenvertretung« ist geregelt, dass die Sitzungen der GJAV auf Einladung der/des Vorsitzenden nach Verständigung des Gesamtbetriebsrats stattfinden. Die Häufigkeit von GJAV-Sitzungen ist unterschiedlich. Am häufigsten ist der vierteljährliche Rhythmus von GJAV-Sitzungen. Die Häufigkeit und die Dauer der Sitzungen sollten von den anfallenden Aufgaben abhängig gemacht werden. Zu den Sitzungen muss der Vorsitzende des Gesamtbetriebsrats oder ein beauftragtes GBR-Mitglied eingeladen werden. Grundsätzlich sollte der GBR möglichst ein Mitglied fest für die Betreuung der GJAV benennen.

Nach § 73 i.V.m. § 31 BetrVG ist ein Vertreter der zuständigen Gewerkschaften zu den Sitzungen einzuladen.

§ 73 i.V.m. § 34 BetrVG sieht vor, dass von jeder GJAV-Sitzung ein Protokoll anzufertigen ist.

§ 73 i.V.m. § 28 Abs. 1 Satz 1 sieht vor, dass die GJAV Ausschüsse bilden kann.

§ 73 i.V.m. § 67 BetrVG regelt die Teilnahme der GJAV an Sitzungen des Gesamtbetriebsrats.

§ 73 i.V.m. § 40 BetrVG regelt die Übernahme der Kosten und des Sachaufwandes für die GJAV-Arbeit durch den Arbeitgeber.

§ 73 i.V.m. § 37 BetrVG regelt die Freistellung für Mitglieder der JAV für die GJAV-Arbeit.

§ 73 i.V.m. § 36 BetrVG regelt, dass die Mitglieder der GJAV die Prinzipien ihrer Zusammenarbeit in einer Geschäftsordnung festlegen.

§ 73 i.V.m. § 51 Abs. 2 BetrVG regelt, dass zur ersten konstituierenden GJAV-Sitzung die JAV bei der Hauptverwaltung einlädt. Gibt es dort keine, dann lädt die JAV des nach Wahlberechtigten größten Betriebes ein und der GBR.

Die Interessenvertretung auf Unternehmensebene ist eine notwendige Ergänzung zur betrieblichen Arbeit der JAV. Die wesentlichen Aufgaben der GJAV sind der Austausch von Informationen aus den einzelnen Betrieben und die Vertretung der Interessen der Wahlberechtigten des Unternehmens im Gesamtbetriebsrat und mit diesem zusammen gegenüber der Unternehmensleitung.

Bedeutung für den Betriebsrat/die JAV

Die JAV sollte darauf achten, dass Forderungen, die in der GJAV aufgestellt werden, im Betrieb bei den Wahlberechtigten mitgetragen werden und der örtliche Betriebsrat bereits informiert ist. Forderungen, die von der JAV im eigenen Betrieb nicht durchgesetzt werden können oder denen der Rückhalt bei den Jugendlichen und Auszubildenden fehlt, werden in der Regel auf Ebene der GJAV ohne den jeweiligen betrieblichen Rückhalt erst recht nicht durchsetzbar sein. In diesem Sinne ist die GJAV als Einrichtung zur Stärkung der örtlichen JAV-Arbeit zu sehen. Durch eine in der GJAV koordinierte Interessenvertretung werden die Durchsetzungsbedingungen verbessert.

Die Transparenz der Arbeit einer GJAV ist von großer Bedeutung. Nur durch eine kontinuierliche Kommunikationsarbeit in Richtung der JAVen und Auszubildenden kann eine Unterstützung und Akzeptanz der GJAV-Arbeit gesichert werden. Als ein geeignetes Mittel für mehr Transparenz bietet sich eine regelmäßig erscheinende GJAV-Zeitung oder ein Newsletter an. Hierdurch kann die GJAV ständig über ihre Arbeit und Erfolge berichten und bleibt präsent.

Eine umfassende Berichterstattung über die Probleme und Arbeit der örtlichen JAVs in der GJAV trägt dazu bei, dass Standorte nicht gegeneinander ausgespielt werden. Für eine solche Berichterstattung aus den örtlichen JAVs kann der auf der vorhergehenden Seite abgedruckte Musterberichtsbogen hilfreich sein.

GJAV-Berichtsbogen **Stand:** _____

1. Gesellschaft, Betrieb, Bereich oder Außenbüro: _____
2. Name des Mitgliedes der GJAV: _____
3. Anzahl der Mitglieder der eigenen JAV: _____
4. Stand der Anzahl der Auszubildenden: _____
   insgesamt: _____
   gewerbliche Azubis: _____
   kaufmännische Azubis: _____
   technische Azubis: _____
5. Geplante oder durchgeführte Einstellungen im laufenden Jahr:
   insgesamt: _____
   gewerbliche Azubis: _____
   kaufmännische Azubis: _____
   technische Azubis: _____
6. Geplante Übernahmen von Azubis:
   zum Juni/Juli _____ oder Januar/Februar _____
   unbefristet   Befristet für _____ Monate
   insgesamt: _____   insgesamt: _____
   gewerbliche Azubis: _____   gewerbliche Azubis: _____
   kaufmännische Azubis: _____   kaufmännische Azubis: _____
   technische Azubis: _____   technische Azubis: _____
7. Aktuelle Handlungsfelder der eigenen JAV:
   _____
   _____
   _____

8. Bearbeiten/Anträge von Handlungsfeldern/Tagesordnungspunkten in der nächsten GJAV-Sitzung:
   _____
   _____
   _____

Geschäftsordnung

Grundlagen

Nach § 65 i.V.m. § 36 BetrVG soll sich die JAV eine schriftliche Geschäftsordnung geben, die die Grundlage für die Zusammenarbeit innerhalb der JAV bildet.

In der Geschäftsordnung sind Fragen der Aufgabenverteilung, die Durchführung von Sitzungen, das Anfertigen von Niederschriften, die Vertretung gegenüber dem Betriebsrat, die Durchführung einer Jugend- und Auszubildendenversammlung usw. zu regeln. Dabei müssen natürlich die geltenden Bestimmungen aus dem BetrVG beachtet werden, wie beispielsweise die in § 65 i.V.m. § 26 BetrVG in Bezug auf die Wahlen eines Vorsitzenden und stellvertretenden Vorsitzenden der JAV oder § 65 i.V.m. § 28 Abs. 1 Satz 1 und 2 BetrVG über die Bildung von Ausschüssen.

Wie bei der JAV kann sich auch die Gesamtjugend- und Auszubildendenvertretung eine Geschäftsordnung nach § 73 Abs. 2 i.V.m. § 36 BetrVG geben. Das gilt ebenfalls für die Konzernjugend- und Auszubildendenvertretung, sofern eine vorhanden ist.

Die Geschäftsordnung kann jederzeit durch Beschluss geändert oder ergänzt werden. Sie gilt für die Amtszeit der JAV und ist für alle Mitglieder der JAV verbindlich. Eine neu gewählte JAV kann die bisherige Geschäftsordnung durch Beschluss übernehmen, sie ist jedoch nicht dazu verpflichtet.

Erarbeitung, Diskussion und Verabschiedung einer Geschäftsordnung können für die JAV bedeuten, Klarheit über die Aufgabenverteilung für die einzelnen Mitglieder der JAV herzustellen. Organisation und Arbeit der JAV werden für alle JAV-Mitglieder, aber auch für die **Ersatzkandidaten/innen** transparent. Sie trägt zu einer höheren Verbindlichkeit und Verlässlichkeit in der JAV-Arbeit bei.

Geschäftsordnung für die Jugend- und Auszubildendenvertretung

Die Jugend- und Auszubildendenvertretung (JAV) der Firma

_____, den _____
(Ort)   (Datum)

GESCHÄFTSORDNUNG
für die Jugend- und Auszubildendenvertretung der Firma
_____

Die Jugend- und Auszubildendenvertretung (JAV) der Firma
_____

gibt sich gemäß § 65 Abs. 1 in Verbindung mit § 36 BetrVG nachstehende Geschäftsordnung:
I. Allgemeines
II. Konstituierung
III. Wahlen
IV. Vertretung
V. Geschäftsführung
VI. Ausschüsse
VII. Sitzung der JAV
VIII. Beschlüsse
IX. Niederschrift
X. Betriebsrat (BR)
XI. Bekanntmachung
XII. Jugend- und Auszubildendenversammlung
XIII. Inkrafttreten

I. Allgemeines

Eine wirksame Interessenvertretung aller Beschäftigten kann nur erreicht werden durch eine gute Zusammenarbeit von Jugend- und Auszubildendenvertretung und Betriebsrat. Um eine sachgemäße Information über alle Jugend- und Berufsbildungsfragen zu gewährleisten, informiert die Jugend- und Auszubildendenvertretung und der Betriebsrat in den einzelnen Abteilungen, in denen Auszubildende beschäftigt sind.

Die Jugend- und Auszubildendenvertretung führt ihre Aufgaben in enger Zusammenarbeit mit der zuständigen Gewerkschaft durch.

II. Konstituierung

Die JAV konstituiert sich unmittelbar nach erfolgter Wahl.

III. Wahlen

1. Die JAV wählt jeweils in einem besonderen Wahlgang ihre/n Vorsitzende/n, die/den stellvertretende/n Vorsitzende/n und eine/n Schriftführer/in.
2. Die Wahl der/des Vorsitzende/n wird gemäß § 29 Abs. 1 BetrVG durchgeführt.
3. Die weiteren Wahlen leitet der/die Vorsitzende bzw. seine/ihre Stellvertreter/in.

Gewählt ist, wer die meisten Stimmen auf sich vereinigt, mindestens jedoch die Mehrheit der Stimmen der anwesenden Mitglieder.

IV. Vertretung

1. Der/die Vorsitzende und sein/ihre Stellvertreter/in vertreten die JAV im Rahmen der gefassten Beschlüsse gemeinsam. Bei Verhinderung einer/s Vorgenannten ist ein anderes JAV-Mitglied hinzuzuziehen. Ein weiteres JAV-Mitglied ist auch hinzuzuziehen, wenn ein Sachverhalt zur Verhandlung ansteht, für den das JAV-Mitglied in besonderer Weise zuständig ist.
2. Gegenüber Behörden und anderen außerbetrieblichen Einrichtungen vertritt die/der Vorsitzende die JAV gemeinsam mit der/dem BR-Vorsitzende(n).
3. In allen Fällen der Verhinderung der/des Vorsitzenden übernimmt die/der stellvertretende Vorsitzende deren/dessen Aufgabenpunkt.
4. Über alle Verhandlungen, die in Vertretung der JAV erfolgen, ist eine Notiz anzufertigen und in der nächsten JAV-Sitzung hierüber zu berichten.
5. Einzelne JAV-Mitglieder können keinerlei verbindliche Erklärungen der JAV Dritten gegenüber abgeben, soweit sie nicht nach **V.** ermächtigt wurden.
6. § 66 BetrVG bleibt von den vorstehenden Bestimmungen unberührt.

V. Geschäftsführung

1. Die JAV überträgt der/dem Vorsitzenden, der/dem stellvertretenden Vorsitzenden und der/dem Schriftführer/in die Geschäftsführung.
2. Zu der Geschäftsführung zählen: die Verwaltungstätigkeit im Bereich der Geschäftsordnung der Geschäftsführung nach § 26 Abs. 2 BetrVG sowie die Vorbereitung der JAV-Sitzungen.
3. Die JAV nimmt eine Aufgabenteilung entsprechend besonderer Sachgebiete vor. Als Sachgebiete zählen insbesondere folgende:
   a) Berufsbildung
   b) Unfall-, Gesundheits- und Umweltschutz
   c) Jugendarbeitsschutz
   d) Sozialangelegenheiten
   e) Lohn- und Gehaltsfragen/Vergütung für Auszubildende
   f) Verbindung zur Gewerkschaft
4. In jeder JAV-Sitzung und in jeder Jugend- und Auszubildendenversammlung geben die einzelnen Jugend- und Auszubildendenvertreter/innen über ihr Sachgebiet einen Bericht.

VI. Ausschüsse

Zur effizienten Erledigung von Aufgaben können diese an Ausschüsse delegiert werden (§ 65 i.V.m. § 28 Abs. 1 Satz 1 u. 2 BetrVG). Die Ausschüsse bereiten eine sachgerechte Beschlussfassung der JAV vor. Die JAV beschließt mit einfacher Mehrheit die Einrichtung, Besetzung und den Vorsitz von Ausschüssen. Sofern nichts anderes festgelegt wird, werden Ausschüsse für die Dauer der Amtszeit der JAV gebildet.

VII. Sitzungen der JAV

1. Die Sitzungen der JAV finden regelmäßig wöchentlich am… um …Uhr statt, mindestens jedoch vor jeder Betriebsratssitzung, auf der Jugendfragen behandelt werden.
2. Die sonstigen Sitzungen finden nach Bedarf statt.
3. Zusätzlich muss auf Antrag von einem Viertel der Mitglieder der JAV eine JAV-Sitzung einberufen und der beantragte Gegenstand auf die Tagesordnung gesetzt werden.
4. Die/der Vorsitzende der JAV, im Falle ihrer/seiner Verhinderung ihre/seine Stellvertreter/in oder bei beider Verhinderung die/der Schriftführer/in, lädt in der Regel zwei Tage vor der Sitzung die Mitglieder der JAV unter Bekanntgabe der Tagesordnung ein.

5. Die Teilnahmeverhinderung ist dem Einladenden unverzüglich mitzuteilen.
6. Für Verhinderte ist umgehend das entsprechende Ersatzmitglied einzuladen.
7. Die/der Vorsitzende des BR oder die/der mit der Wahrnehmung von Jugendfragen Beauftragte ist ebenfalls einzuladen.
8. Sind bei der Behandlung der Tagesordnung sachliche oder fachliche Informationen erforderlich, kann die/der Vorsitzende sachkundige oder betroffene Arbeitnehmer/innen zur Anhörung in die JAV-Sitzung einladen. Sofern sachkundige oder betroffene Arbeitnehmer/innen gehört werden, hat die/der Vorsitzende in Absprache mit der/dem BR-Vorsitzenden die/den zuständige/n Vorgesetzte/n zu unterrichten und für die Freistellung dieser Arbeitnehmer/innen unter Fortzahlung des Arbeitsentgelts bzw. der Ausbildungsvergütung (§ 39 Abs. 3 i.V.m. § 69 BetrVG) zu sorgen.
9. Ein/e Vertreter/in der Gewerkschaft ist rechtzeitig unter Mitteilung der Tagesordnung einzuladen. Sie/Er kann an allen JAV-Sitzungen mit beratender Stimme teilnehmen.

VIII. Beschlüsse

1. Die Beschlüsse der JAV werden im Rahmen des § 33 Abs. 1 und 2 BetrVG gefasst.
2. Die Abstimmungen erfolgen in der Regel durch Handzeichen. Liegt ein Antrag auf geheime Abstimmung vor, so ist diese durchzuführen.
3. Umlaufbeschlüsse sind unzulässig.
4. Abstimmungen und Beratungen in Gegenwart des Arbeitgebers oder seines Vertreters dürfen nicht durchgeführt werden.
5. Die Abstimmungsergebnisse hat die/der Vorsitzende sofort festzustellen und in der Niederschrift eintragen zu lassen. Festzustellen sind alle Ja- und alle Nein-Stimmen sowie die Enthaltungen.

IX. Niederschrift

1. Von jeder Sitzung der JAV ist eine Niederschrift anzufertigen.
2. Bei der Niederschrift sind die Formvorschriften des § 34 Abs. 1 und 2 BetrVG zu beachten.
3. Einwendungen von JAV-Mitgliedern gegen die Niederschrift müssen spätestens in der Sitzung erfolgen, die der der Niederschrift zugrunde liegenden Sitzung folgt.
4. Schriftliche Erklärungen von JAV-Mitgliedern zur Niederschrift müssen dieser beigefügt werden.

X. Betriebsrat

1. Die Sitzungen der JAV werden nach Verständigung des BR einberufen.
2. Ein/e von der JAV benannte/r Vertreter/in nimmt an allen BR-Sitzungen mit beratender Stimme teil.
3. Werden in der BR-Sitzung Angelegenheiten behandelt, die besonders jugendliche Arbeitnehmer/innen betreffen, so nimmt zu diesem Tagesordnungspunkt die gesamte JAV an der BR-Sitzung stimmberechtigt teil.
4. In die Ausschüsse des BR, von deren Beschlüssen auch die jugendlichen Beschäftigten betroffen sind, entsendet die JAV entsprechend ihrer Aufgabenverteilung im Einvernehmen mit dem BR stimmberechtigte Vertreter/innen.
5. An allen Verhandlungen des BR mit dem Arbeitgeber über Jugend- und Berufsbildungsfragen nimmt die JAV teil.

XI. Bekanntmachungen

Bekanntmachungen erfolgen an den mit dem Arbeitgeber vereinbarten Stellen. Sie sind von der/dem JAV-Vorsitzenden oder deren/dessen Stellvertreter/in sowie einem weiteren Mitglied der Jugend- und Auszubildendenvertretung zu unterzeichnen.

XII. Jugend- und Auszubildendenversammlungen

1. In jedem Kalendervierteljahr führt die JAV im Einvernehmen mit dem BR eine Jugend- und Auszubildendenversammlung durch.
2. Der Termin und die Tagesordnung der Jugend- und Auszubildendenversammlung sind durch die JAV zu beschließen und mit dem BR abzustimmen. Die Vorbereitungen der Jugend- und Auszubildendenversammlung sind gemeinsam zu treffen.
3. In jeder Jugend- und Auszubildendenversammlung legt die JAV den Jugendlichen in Berichten Rechenschaft über ihre geleistete Arbeit ab.
4. Jugend- und Auszubildendenversammlungen finden während der Arbeitszeit statt und sind zeitlich so festzulegen, dass möglichst alle jugendlichen Beschäftigten des Betriebes an ihnen teilnehmen können. Es muss ausreichend Zeit gegeben sein, damit die Jugendlichen zu den Berichten Stellung nehmen und der JAV Anträge unterbreiten können.
5. Die Leitung der Jugend- und Auszubildendenversammlung obliegt der/dem Vorsitzenden der JAV oder einer/einem von der Jugend- und Auszubildendenvertretung beauftragten Jugendvertreter/in.
6. Die/der Vorsitzende der JAV lädt zu der Jugend- und Auszubildendenversammlung ein. Die Einladung ist unter Angabe des Ortes und der Zeit der Jugend- und Auszubildendenversammlung sowie der Tagesordnung an gut sichtbarer Stelle im Betrieb auszuhängen. Die/der Vorsitzende des BR oder ein beauftragtes Mitglied des BR sind ebenfalls einzuladen.
7. Die zuständige Gewerkschaft ist gemäß § 71 i.V.m. § 46 BetrVG rechtzeitig vom Stattfinden jeder Jugend- und Auszubildendenversammlung zu unterrichten.

XIII. In-Kraft-Treten

Diese Geschäftsordnung wurde am …… von der JAV beschlossen. Sie tritt am …… in Kraft.

Die Jugend- und Auszubildendenvertreter/innen.

_____ _____ _____
Vorsitzende(r)   Stellvertretende(r) Vorsitzende(r)   Schriftführer(in)

Gesundheitliche Betreuung Jugendlicher

Grundlagen

Das Jugendarbeitsschutzgesetz regelt im vierten Titel die **gesundheitliche Betreuung der Jugendlichen**. Der Gesetzgeber hat zu Recht im Jugendarbeitsschutzgesetz diesem Bereich eine besondere Bedeutung beigemessen und die Fragen, die im Zusammenhang mit der gesundheitlichen Betreuung der Jugendlichen stehen, in den §§ 32 bis 46 JArbSchG geregelt.

Die gesundheitliche Betreuung wird zunächst verwirklicht durch eine **Erstuntersuchung**. Ein Jugendlicher, der in das Berufsleben eintritt, darf nur beschäftigt werden, wenn er innerhalb der letzten 14 Monate von einem Arzt untersucht worden ist und dem Arbeitgeber eine von diesem Arzt ausgestellte **Bescheinigung** vorlegt.

Ausnahme: Wenn der Jugendliche geringfügig oder nicht länger als zwei Monate mit leichten Arbeiten beschäftigt werden soll, von denen keine gesundheitlichen Nachteile zu befürchten sind, etwa bei Ferienjobs.

Bedeutung für die Jugendlichen

Ein **Berufsausbildungsverhältnis** wird erst in das Verzeichnis der Berufsausbildungsverhältnisse oder in die Handwerksrolle eingetragen, wenn die Bescheinigung des Arztes über die Erstuntersuchung vorliegt.

Ziel der Untersuchung ist es, festzustellen, ob die Gesundheit oder die Entwicklung des Jugendlichen durch die Ausführung bestimmter Arbeiten gefährdet wird, ob also Gesundheits- und Entwicklungsstand des Jugendlichen es zulassen, dass er die vorgesehene Tätigkeit aufnimmt.

Neben dieser Erstuntersuchung ist nach § 33 JArbSchG ein Jahr nach Aufnahme der ersten Beschäftigung eine **erste Nachuntersuchung** vorzunehmen und nach Ablauf jedes weiteren Jahres besteht die Möglichkeit des Jugendlichen, sich erneut nachuntersuchen zu lassen.

Außerdem kommt noch eine **außerordentliche Nachuntersuchung** in Betracht, die vom Arzt angeordnet werden kann, wenn eine Untersuchung ergibt, dass der Jugendliche im Entwicklungsstand zurückgeblieben ist oder gesundheitliche Schwächen oder Schäden vorhanden sind.

Der Arbeitnehmer hat den Jugendlichen für alle ärztlichen Untersuchungen nach § 43 JArbSchG freizustellen. Ein **Entgeltausfall** darf hierdurch nicht eintreten. Daraus ergibt sich, dass der Jugendliche den Arztbesuch **während der Arbeitszeit** vornehmen kann. Andernfalls wäre die Bestimmung, dass ein Entgeltausfall durch die Freistellung zum Arztbesuch nicht eintreten darf, unverständlich und überflüssig.

Gewerbeaufsicht

Unter dem Oberbegriff Gewerbeaufsicht versteht man die zuständigen Behörden für die Einhaltung der Vorschrift des Arbeitsschutzes. Dieses Behörden sind als **wichtigste Institutionen des staatlichen Arbeitsschutzes zuständig für die Kontrolle etwa der Arbeitsstätten, des Arbeits-, des Mutter- und des Jugendarbeitsschutzrechts.**
Die konkrete Bezeichnung der Behörde ist in den einzelnen Bundesländern unterschiedlich, häufig heißt sie »Amt für Arbeitsschutz«. Sie sind nicht zu verwechseln mit den Ordnungsämtern bzw. den Gewerbeämtern, die dafür zuständig sind, die Ausübung eines bestimmten Gewerbes zuzulassen.
Grundlage für die Tätigkeit der Gewerbeaufsicht ist eine Reihe von Gesetzen, allen voran das Arbeitsschutzgesetz sowie das Gesetz über Betriebärzte, Sicherheitsingenieure und andere Fachkräfte für Arbeitssicherheit (ASiG). Eine Reihe von Rechtsverordnungen konkretisiert die gesetzlichen Vorgaben (z. B. ArbeitsstättenVO, GefahrstoffVO, BildschirmarbeitsVO). Die ebenfalls auf dem Feld der Arbeitssicherheit und des beruflichen Gesundheitsschutzes tätigen Berufsgenossenschaften (siehe dort) befassen sich vorrangig mit den Belangen der bei ihnen versicherten Arbeitnehmer und ihren Arbeitsbedingungen.
Wegen dieser aufgeteilten Zuständigkeiten spricht man in Deutschland von einem **dualen System** des Arbeitsschutzes. Es hat immer wieder Bestrebungen gegeben, diesen Dualismus zu beseitigen, was aber an der unterschiedlichen Struktur und der Finanzierung der beiden Systeme gescheitert ist.

Gewerkschaften

Grundlagen

Die Gewerkschaften sind historisch und traditionell als Organisationen entstanden, um als Gegengewicht zur wirtschaftlichen Übermacht des Arbeitgebers die Interessen der Arbeitnehmer zu vertreten. Das vorrangige Ziel der Gewerkschaften ist dabei die tarifautonome Gestaltung und sinnvolle Ordnung des Arbeits- und Wirtschaftslebens.

Der allgemeine Koalitionsbegriff ist in Art. 9 Abs. 3 GG definiert, wonach jedermann das Recht zusteht, zur Wahrung und Förderung der Arbeits- und Wirtschaftsbedingungen Vereinigungen zu bilden.

Demgegenüber ist der Gewerkschaftsbegriff im Betriebsverfassungsgesetz enger zu verstehen. Die Gewerkschaftseigenschaft kommt im Rahmen des § 2 BetrVG sowie bei den gewerkschaftlichen Unterstützungs- und Beratungsfunktionen im Rahmen des Betriebsverfassungsgesetzes nur denjenigen Arbeitnehmervereinigungen zu, die auch tariffähig sind. Neben der Erfüllung der Voraussetzungen des Art. 9 Abs. 3 GG (Koalitionen) ist somit Voraussetzung für den Gewerkschaftsbegriff im Sinne des Betriebsverfassungsgesetzes, dass diese Gewerkschaft auch tariffähig ist.

Nach der Rechtsprechung des Bundesarbeitsgerichts müssen Gewerkschaften im Sinne des Betriebsverfassungsgesetzes somit folgende Voraussetzungen erfüllen:
- freiwilliger Zusammenschluss,
- unabhängig in ihrem Bestand vom Wechsel der Mitglieder,
- gegnerfrei (unabhängig in der Willensbildung von Arbeitgeberseite),
- unabhängig von Parteien, Staat und Kirchen,
- Eintreten für eine Verbesserung der Arbeits- und Wirtschaftsbedingungen der Mitglieder auf kollektiv-vertraglicher Basis,
- überbetriebliche Organisation,
- Bereitschaft zum Arbeitskampf mit einer entsprechenden sozialen Mächtigkeit, damit auf die Arbeitgeberseite wirkungsvoller Druck ausgeübt werden kann,
- ein organisatorischer Aufbau, der die Gewerkschaft in die Lage versetzt, die ihr gestellten Aufgaben zu erfüllen.

Bedeutung für den Betriebsrat/die JAV

Nach § 2 BetrVG hat der Betriebsrat mit der im Betrieb vertretenen Gewerkschaft zusammenzuwirken. Gleiches gilt auch für die JAV. Eine solche enge Zusammenarbeit zwischen Betriebsrat und Gewerkschaft ist auch entscheidend für die volle Ausschöpfung des Betriebsverfassungsgesetzes. Für die Gewerkschaften ist es auf der anderen Seite von existenzieller Notwendigkeit, die Rechte aus dem Betriebsverfassungsgesetz auszuschöpfen, um in den Betrieben als Gewerkschaften optimal tätig sein zu können. Der Aufbau gewerkschaftlicher Vertrauenskörper und die Einbindung der Betriebsrätetätigkeit in die gewerkschaftliche Betriebspolitik sind gewerkschaftspolitisch dringend notwendig, um den Tendenzen des Betriebsverfassungsgesetzes entgegenzuwirken, die Gewerkschaften aus dem Handlungsfeld Betrieb bzw. Verwaltung zu verdrängen.

Der durch Art. 9 Abs. 3 GG verfassungsrechtlich garantierte Schutz der Gewerkschaft und der Tarifautonomie wird dabei insbesondere auch durch die §§ 77 Abs. 3 und 87 Abs. 1 BetrVG (»Tarifvorrang«) gewährleistet. Durch diese Vorschriften wird sichergestellt, dass die Tarifautonomie durch kollektive betriebliche Regelungen nicht beeinträchtigt oder gar ausgehöhlt wird. Der Betriebsrat hat nur dort Handlungsmöglichkeiten, wo Tarifverträge nicht existieren oder üblich sind bzw. dieses zulassen (»Öffnungsklauseln«). Darüber hinaus bieten aber gerade die Tarifverträge eine verlässliche Arbeitsgrundlage für die Betriebsräte, ohne die sie ihre betriebliche Interessenvertretung nur schwerlich wahrnehmen und realisieren könnten.

Die Stellung der Gewerkschaften im Betriebsverfassungsgesetz wird durch zwei grundlegende Aussagen bestimmt. So werden die Aufgaben der Gewerkschaften, besonders auch die Wahrnehmung der Interessen ihrer Mitglieder, durch das Betriebsverfassungsgesetz nicht berührt (§ 2 Abs. 3 BetrVG). Zum anderen werden Arbeitnehmer, die betriebsverfassungsrechtliche Aufgaben wahrnehmen, hierdurch in ihrer Betätigung für ihre Gewerkschaft auch im Betrieb nicht beschränkt (§ 74 Abs. 3 BetrVG). So können u. a. Mitglieder des Betriebsrats bzw. der JAV wie andere Arbeitnehmer an der grundrechtsgeschützten Betriebsarbeit ihrer Gewerkschaft teilnehmen, indem sie z. B. für ihre Gewerkschaft im Betrieb bzw. in der Verwaltung werben. Ebenso können sie an Arbeitskämpfen teilnehmen, wobei ihnen nur untersagt ist, dass sie dabei ihr betriebsverfassungsrechtliches Amt ausnutzen oder herausstellen.

Neben dieser koalitionsrechtlichen Betätigungsmöglichkeit stehen der Gewerkschaft nach dem Betriebsverfassungsgesetz unterschiedliche Rechte zu. Beispielhaft seien hier aufgeführt:

- Einberufung einer Betriebsversammlung zur Bestellung eines Wahlvorstandes in einem betriebsratslosen Betrieb (§ 17 Abs. 3 BetrVG),
- Feststellung, ob eine betriebsratsfähige Organisationseinheit vorliegt oder nicht (§ 18 Abs. 2 BetrVG),
- Anfechtung der Betriebsrats- und JAV-Wahl (§ 19 Abs. 2 BetrVG),
- Antrag beim Arbeitsgericht gegen den Arbeitgeber bei groben Verstößen gegen dessen betriebsverfassungsrechtliche Verpflichtungen (§ 23 Abs. 3 BetrVG),
- Teilnahme an Betriebsratssitzungen auf Antrag von einem Viertel der Mitglieder oder der Mehrheit einer Gruppe des Betriebsrats (§ 31 BetrVG),?
- Antrag beim Betriebsrat auf Einberufung einer Betriebsversammlung, wenn im vorhergegangenen Kalenderhalbjahr keine Betriebsversammlung oder keine Abteilungsversammlung durchgeführt worden ist (§ 43 Abs. 4 BetrVG),
- Teilnahme an Betriebs- oder Abteilungsversammlungen sowie an Jugend- und Auszubildendenversammlungen (§§ 46 Abs. 1, 71 BetrVG),
- Strafantragsrecht wegen Straftaten gegen Betriebsverfassungsorgane (§ 119 Abs. 2 BetrVG).

Zur Wahrnehmung ihrer betriebsverfassungsrechtlichen Aufgaben hat die Gewerkschaft ein ausdrücklich normiertes Zugangsrecht zum Betrieb (§ 2 Abs. 2 BetrVG). Dieses Zugangsrecht der Gewerkschaft zum Betrieb ist dabei nicht nur dann gegeben, wenn es sich um die Wahrnehmung einer ausdrücklich im Gesetz aufgeführten Aufgabe der Gewerkschaft handelt. Die Gewerkschaft hat vielmehr dann schon ein Recht auf Zugang zum Betrieb, wenn sie Aufgaben wahrnimmt, die in irgendeinem Zusammenhang, gleich welcher Art, mit dem Betriebsverfassungsgesetz stehen. Voraussetzung ist dabei jedoch, dass es sich um eine Gewerkschaft handelt, die im Betrieb vertreten ist. Dieses ist dann gegeben, wenn die Gewerkschaft mindestens ein Mitglied im Betrieb hat.

Dabei entscheidet die Gewerkschaft selbst, wen sie als Beauftragten in den Betrieb entsenden will. Der Arbeitgeber ist dabei über den betrieblichen Zugang der Gewerkschaft zum Betrieb zu unterrichten. Sein Einverständnis ist jedoch keine Voraussetzung für das Zutrittsrecht selbst. Nur in besonderen Ausnahmefällen kann der Arbeitgeber einem bestimmten Gewerkschaftsbeauftragten den Zutritt zum Betrieb verweigern, z.B. dann, wenn der Gewerkschaftsbeauftragte den Arbeitgeber oder dessen Vertreter grob beleidigt hat. Die Verweigerung des Zutrittsrechts kann aber immer nur einzelne Personen betreffen, niemals die Gewerkschaft selbst. Sie verliert auf diese Weise nicht ihr Zutrittsrecht. Beschränkungen bestehen ebenfalls nicht vor oder während eines Arbeitskampfes. Auch in diesen

Fällen steht der Gewerkschaft das betriebsverfassungsrechtliche Zugangsrecht zu.

Die Frage, ob und in welchem Maße sich Gewerkschaften im Betrieb betätigen können, ist hinsichtlich der Frage Gewerkschaft und Betriebsrat in § 2 Abs. 3 BetrVG geregelt. Danach ist eine Gewerkschaft im Betrieb dazu berechtigt, die Interessen ihrer Mitglieder in vollem Umfang zu vertreten. Dieses erfolgt z. B. durch gewerkschaftliche Vertrauensleute.

Darüber hinaus ist diese Frage durch die Rechtsprechung des Bundesverfassungsgerichtes beantwortet worden. Ausgehend von Art. 9 Abs. 3 GG (»Koalitionsfreiheit«) steht den Gewerkschaften als auch ihren Mitgliedern (vgl. § 74 Abs. 3 BetrVG) ein umfassendes Betätigungsrecht zu. Dieses wird begrenzt von grundrechtlich geschützten Rechten des Arbeitgebers, es ist somit nicht grenzenlos. So spielt bei der Begrenzung des Betätigungsrechtes z. b. eine Rolle, ob die wirtschaftliche Betätigungsfreiheit eines Arbeitgebers insbesondere bei einer Störung des Arbeitsablaufes und des Betriebsfriedens berührt wird.

Somit ist der Arbeitgeber grundsätzlich verpflichtet, die zulässige gewerkschaftliche Information, wie das Verteilen von Infomaterial, die Plakatwerbung als auch die Mitgliederwerbung, in seinem Betrieb zu dulden. Das Überreichen einer Gewerkschaftsbroschüre und in dem Zusammenhang ein kurzes Gespräch darüber ist vom Arbeitgeber nicht zu beanstanden, ebenso wenig wie die Versendung von gewerkschaftsbezogenen E-Mails vom heimischen PC eines Arbeitnehmers aus an die betrieblichen PC's seiner Kolleginnen und Kollegen. Eine Abmahnung des Arbeitgebers ist rechtswidrig.

Gleichbehandlung

In Art. 3 GG wird ein zentraler Grundsatz unseres sozialen, wirtschaftlichen und staatlichen Lebens formuliert. Ausgehend von dem Gleichheitssatz des Art. 3 Abs. 1 GG, wonach alle Menschen vor dem Gesetz gleich sind, wird in Art. 3 Abs. 3 GG dieses im Rahmen eines Diskriminierungs- und Benachteiligungsverbotes konkretisiert. Er lautet:

»Niemand darf wegen seines Geschlechts, seiner Abstammung, seiner Rasse, seiner Sprache, seiner Heimat und Herkunft, seines Glaubens, seiner religiösen oder politischen Anschauungen benachteiligt oder bevorzugt werden. Niemand darf wegen seiner Behinderung benachteiligt werden.«

Im Arbeitsleben gilt dieser zentrale Grundsatz des GG als sogenannter »arbeitsrechtlicher Gleichbehandlungsgrundsatz«. Daneben gibt es auf europäischer Ebene Regelungen zur Durchsetzung der Gleichbehandlung, die als EU-Richtlinien in nationales Recht umzusetzen waren.

Dieses ist im Jahr 2006 durch das Allgemeine Gleichbehandlungsgesetz (AGG) erfolgt, das neben dem sogenannten »arbeitsrechtlichen Gleichbehandlungsgrundsatz« gilt.

Ziel des AGG ist es, umfassend vor Diskriminierungen und Benachteiligungen insbesondere im Arbeitsleben zu schützen. Dieses soll zum einen durch sinnvolle Vermeidungsstrategien für Benachteiligungen erfolgen. Ebenso geht es aber auch um effektive Möglichkeiten zur Beseitigung von Benachteiligungsfolgen.

Dabei schützt das AGG (§ 1 AGG) Personen vor Benachteiligungen wegen:

- der Rasse,
- der ethnischen Herkunft,
- des Geschlechts,
- der Religion,
- der Weltanschauung,
- einer Behinderung,
- des Alters oder
- der sexuellen Identität.

Benachteiligungen aus diesen Gründen sind unzulässig in Bezug auf (§ 2 AGG):

- Zugangsbedingungen zu unselbstständiger und selbstständiger Erwerbstätigkeit,
- Beschäftigungs- und Arbeitsbedingungen,
- Zugang zu Berufsberatung, -bildung und -erfahrung,

- Mitgliedschaft und Mitwirkung in Gewerkschaften und der Inanspruchnahme deren Leistungen,
- Sozialschutz, einschließlich sozialer Sicherheit und Gesundheitsdienste,
- Soziale Vergünstigungen,
- Bildung sowie
- Zugang zur Versorgung mit Gütern und Dienstleistungen.

Niemand, also auch kein Arbeitgeber, Vorgesetzter oder Arbeitnehmer, darf jemanden wegen der oben genannten Merkmale unmittelbar oder mittelbar benachteiligen, belästigen oder eine Benachteiligung anweisen (§ 3 AGG).

Gleiches gilt für sexuelle Belästigungen (§ 3 Abs. 4 und 5 AGG), wobei es hier für die »Unerwünschtheit« ausschließlich auf das Empfinden des Opfers ankommt.

Ausnahmen und Rechtfertigungsgründe ergeben sich aus beruflichen Anforderungen (§ 8 AGG), aus dem »Kirchenprivileg« (§ 9 AGG) sowie im Zusammenhang mit dem Alter (§ 10 AGG). Im Falle von Belästigungen und sexuellen Belästigungen kommt eine Rechtfertigung nicht in Betracht.

Im Einzelnen sind insbesondere folgende Bereiche betroffen:
- Stellenausschreibungen, Einstellungs- und Auswahlverfahren sowie die Gestaltung von Arbeitsverträgen,
- Aus- und Weiterbildung,
- Leistungsbewertungen und Beurteilungen sowie Versetzungen,
- Gehaltssysteme und -strukturen,
- Personalentwicklung,
- Tarif- und Betriebsvereinbarungen,
- Kündigungen, insbesondere Fragen der Sozialauswahl,
- Sozialplanregelungen.

Um eine Benachteiligung von Anfang an zu unterbinden, ist der Arbeitgeber verpflichtet (§ 12 Abs. 1 AGG), die erforderlichen Maßnahmen zum Schutz vor Benachteiligungen zu treffen, wobei dieser Schutz auch und gerade vorbeugende Maßnahmen umfasst. Dazu gehört eine Sensibilisierung der Vorgesetzten, eine Aufklärung über das AGG und seinen Inhalt als auch die Durchführung von Aus- und Fortbildungsmaßnahmen. Nach § 17 Abs. 1 AGG sind die Interessenvertretungen (JAV, BR, PR, SchwbVertr.) aufgefordert, in einer gemeinsamen Strategie mit dem Arbeitgeber und den Beschäftigten auf eine neue Unternehmenskultur hinzuwirken (»Diversity«), um umfassend vor Diskriminierungen bzw. Benachteiligungen im Unternehmen/Betrieb zu schützen.

Wegen weiterer Einzelheiten siehe:
→ Ausländische Arbeitnehmer/Migranten
→ Gleichberechtigung
→ Schwerbehinderte Menschen

Literaturhinweise

Nollert-Boraiso/Perreng, Allgemeines Gleichbehandlungsgesetz, 3. Auflage, 2010
Leisten, Das Allgemeine Gleichbehandlungsgesetz, Leitfaden für Betriebsräte, 2007

Gleichberechtigung

Begriff

Als Unterfall des allgemeinen Gleichheitsgrundsatzes wird die Gleichberechtigung von Mann und Frau durch Art. 3 Abs. 2 Satz 1 GG garantiert. Ergänzt wird sie durch das Benachteiligungs- bzw. Bevorzugungsverbot des Art. 3 Abs. 3 GG, wonach niemand wegen seines Geschlechts benachteiligt oder bevorzugt werden darf. Der Gleichberechtigungssatz des Art. 3 Abs. 2 Satz 1 GG stellt darüber hinaus ein Gleichberechtigungsgebot auf, wonach für die Zukunft eine Gleichberechtigung der Geschlechter durchgesetzt werden muss. Dieses Gleichberechtigungsgebot zielt auf die Angleichung der Lebensverhältnisse ab. Dieses ist nunmehr auch in Art. 3 Abs. 2 Satz 2 GG normiert, der anlässlich der Verfassungsreform von 1994 in das Grundgesetz eingefügt wurde. Danach hat der Staat die tatsächliche Durchsetzung der Gleichberechtigung von Frauen und Männern zu fördern und auf die Beseitigung bestehender Nachteile hinzuwirken.

Die Gleichberechtigung ist zudem in den EG/EU-Verträgen, in den daraus abgeleiteten Richtlinien und in den Entscheidungen des Europäischen Gerichtshofes (EuGH) begründet. In Artikel 157 des Vertrages zur Arbeitsweise der Europäischen Union (AEUV) ist z. B. die Entgeltgleichheit, also der Anspruch auf gleiches Entgelt für »gleiche und gleichwertige« Arbeit verankert.

Durch das im Jahre 2006 verabschiedete Allgemeine Gleichbehandlungsgesetz (AGG) ist dieses Benachteiligungsverbot umfassend geregelt worden. Ziel des AGG ist es, die Benachteiligung u. a. aus Gründen des Geschlechts zu verhindern oder zu beseitigen. Benachteiligungsverbote bestehen dabei insbesondere für folgende Bereiche (vgl. § 2 AGG):
- Zugang zur Berufsbildung einschließlich der Berufsausbildung, der beruflichen Weiterbildung, der Umschulung sowie der praktischen Berufserfahrung;
- Zugang zu einem Arbeitsverhältnis einschließlich der Auswahlkriterien und Einstellungsbedingungen sowie für den beruflichen Aufstieg;
- bei den Arbeitsbedingungen einschließlich Entgelt sowie den Entlassungsbedingungen.

Weder der Arbeitgeber, Vorgesetzte, Arbeitnehmer noch Dritte dürfen Arbeitnehmer wegen ihres Geschlechts (§ 3 AGG)
- unmittelbar oder mittelbar (z.B. Ausschluß von Teilzeitbeschäftigten bei der betrieblichen Altersversorgung) benachteiligen,
- belästigen oder
- eine Benachteiligung anweisen.

Dieses hat zur Folge, dass die Gestaltungsfreiheit eines Arbeitgebers, aus sachlichen Gründen zu unterscheiden, insoweit ausgeschlossen ist, als das Geschlecht als Unterscheidungsmerkmal dienen soll. Die biologischen und sonstigen Unterschiede der Geschlechter sind also grundsätzlich unbeachtlich, solange sie nicht ganz ausnahmsweise unterschiedliche Regelungen geradezu gebieten. Dies ist z.B. im Falle des Mutterschutzes gegeben.

Eine Benachteiligung wegen des Geschlechts bei Einstellung oder beim beruflichen Aufstieg ist bereits dann gegeben, wenn eine rechtliche Ungleichbehandlung an das Geschlecht anknüpft. Es ist dabei unerheblich, ob andere Gründe daneben maßgeblich waren. Es ist somit dem Arbeitgeber verwehrt, das Geschlecht der Bewerberin bzw. des Bewerbers bei seiner Entscheidung überhaupt zu ihren bzw. seinen Lasten zu berücksichtigen.

Nach § 2 und § 7 AGG ist es dem Arbeitgeber ausdrücklich verboten, einen Arbeitnehmer bei einer Vereinbarung oder Maßnahme, insbesondere bei der Begründung des Ausbildungsverhältnisses oder Arbeitsverhältnisses, bei der Arbeitsplatzausschreibung (§ 11 AGG), beim beruflichen Aufstieg, bei einer Weisung oder Kündigung wegen des Geschlechts zu benachteiligen. Dieses Verbot umfasst dabei sowohl die unmittelbare als auch die mittelbare Benachteiligung wegen des Geschlechts. Unterscheidungen, die auf anderen Gründen als in der Person oder auf Unterschiedlichkeiten des Arbeitsplatzes beruhen, sind von dem Benachteiligungsverbot nicht betroffen, wenn sie eine unverzichtbare Anforderung für die Tätigkeit darstellen (vgl. § 8 AGG).

Um eine Benachteiligung von Anfang an zu unterbinden, ist der Arbeitgeber verpflichtet (§ 12 Abs. 1 AGG), die erforderlichen Maßnahmen zum Schutz vor Benachteiligungen zu treffen, wobei dieser Schutz auch und gerade vorbeugende Maßnahmen umfasst. Dazu gehören eine Sensibilisierung der Vorgesetzten, eine Aufklärung über das AGG und seinen Inhalt, als auch die Durchführung von Aus- und Fortbildungsmaßnahmen.

Bedeutung für den Betriebsrat/die JAV

Nach § 80 Abs. 1 Nr. 2a und 2b BetrVG ist der Betriebsrat verpflichtet, die Durchsetzung der tatsächlichen Gleichstellung von Frauen und Männern, insbesondere bei der Einstellung, Beschäftigung, Aus-, Fort- und Weiterbildung und dem beruflichen Aufstieg zu fördern; diese Verpflichtung erstreckt sich auch auf die Förderung der Vereinbarkeit von Familie und Erwerbstätigkeit. Dabei stehen ihm entsprechende Initiativrechte zur Verfügung. Die Durchsetzung der tatsächlichen Gleichstellung ist als Aufgabe der JAV durch die Novellierung 2001 hervorgehoben worden (§ 70 Abs. 1 Nr. 1a BetrVG). Diese Aufgabenstellung wird durch das AGG unterstrichen. Nach § 17 Abs. 1 AGG sind die Interessenvertretungen aufgefordert, in einer gemeinsamen Strategie mit dem Arbeitgeber und den Beschäftigten auf eine neue Unternehmenskultur (»Diversity«) hinzuwirken, um umfassend vor Diskriminierungen/Benachteiligungen im Erwerbsleben bzw. im Unternehmen zu schützen.

Diese Regelungen geben sowohl dem Betriebsrat als auch der JAV eine umfassende Förderungspflicht, wonach der Betriebsrat bzw. die JAV alle möglichen Aktivitäten zu unternehmen hat, die ihm bzw. ihr zur Erreichung dieses Ziels sinnvoll erscheinen. Dabei geht es insbesondere auch darum, die tatsächliche Gleichstellung, also die tatsächlichen Bedingungen in der Gleichberechtigung, herzustellen.

Zur Umsetzung dieser Aufgabenstellung sollten der Betriebsrat zusammen mit der JAV einen »Gleichstellungsausschuss« nach § 28 BetrVG bilden. Die Aufgaben dieses Ausschusses sind dabei wie folgt zu beschreiben:
- Bestandsaufnahme einschließlich Datenanalyse zur Situation der Frauen im Betrieb,
- gemeinsame Aktionen mit dem gewerkschaftlichen Vertrauenskörper zum Thema, um Problembewusstsein zu schaffen und Vorurteile zu beseitigen,
- Entwicklung eines Forderungskatalogs,
- davon abgeleitet die Erarbeitung eines Entwurfs einer Betriebsvereinbarung und eventuell Verhandlungen mit dem Arbeitgeber.

Der Abschluss der Betriebsvereinbarung liegt in den Händen des Betriebsrats (Beachte: § 28 Abs. 1 i.V.m. § 27 Abs. 2 BetrVG). Ein Muster für eine Betriebsvereinbarung ist auf den folgenden Seiten abgedruckt.

Mit der Novellierung 2001 ist die Berichtspflicht des Arbeitgebers auf der Betriebsräteversammlung hinsichtlich des Standes der Gleichstellung von Frauen und Männern im Unternehmen erweitert worden (§ 53 Abs. 2 Nr. 2 BetrVG). Diese Berichtspflicht betrifft ebenfalls die Betriebsversammlung (§ 43 Abs. 2 BetrVG). Die Regelungen zur Gleichstellung bzw. zur Förderung der Frauen im Rahmen der Personalplanung sind durch § 92 Abs. 3 BetrVG verstärkt worden. Nach § 3 Abs. 4 AGG ist der Arbeitgeber besonders verpflichtet, die Beschäftigten vor sexueller Belästigung am Arbeitsplatz zu schützen. Dabei umfasst dieser Schutz auch vorbeugende Maßnahmen. Der Betriebsrat hat die Verpflichtung, Maßnahmen zum Schutz vor sexueller Belästigung am Arbeitsplatz zu beantragen. Dabei steht ihm ein Mitbestimmungsrecht gemäß § 87 Abs. 1 Nr. 1 BetrVG zu.

Bedeutung für die Beschäftigten

Nach dem AGG stehen den Beschäftigten verschiedene Rechte zu, wenn es durch den Arbeitgeber, Vorgesetzte, Beschäftigte oder Dritte zu Benachteiligungen wegen des Geschlechts kommt.

So haben die Beschäftigten das Recht, sich bei der zuständigen Stelle im Betrieb (§ 13 AGG) oder beim Betriebsrat zu beschweren (→ **Beschwerderecht**). Weitere Rechte können sein:

- Leistungsverweigerungsrecht (§ 14 AGG);
- Unterlassungsklage;
- Entschädigung und Schadensersatz (§ 15 AGG).

Weiterführende Informationen

www.extranet.igmetall.de (Praxis →Rat + Tat →Gleichstellung →Leistungsvergütung)
www.eg-check.de
www.lohnspiegel.de
http://www.boeckler.de/pdf/v_2009_10_01_bispi nck.pdf
www.boeckler-boxen.de/1127.htm
Nollert-Boraiso/Perreng, Allgemeines Gleichbehandlungsgesetz, 3. Aufl., 2010
Leisten, Das Allgemeine Gleichbehandlungsgesetz, Leitfaden für Betriebsräte, 2007
Sexuelle Belästigung, Handlungshilfe für Betroffene und Betriebsräte, Hrsg. IG Metall Vorstand in Zusammenarbeit mit G. Klara, 2008

Beispiel für eine Betriebsvereinbarung:

Betriebsvereinbarung zur Förderung von Frauen in ... (Unternehmen)

I Präambel

Vorstand und Gesamtbetriebsrat von ... (Unternehmen) sehen die Förderung von Frauen in unserem Unternehmen als einen wichtigen Schwerpunkt, um langfristig erfolgreich zu sein und um der gesellschaftlichen Verantwortung gerecht zu werden.

Die Förderung von Frauen ist ein wichtiger Schritt zur Förderung von Chancengleichheit und zur Umsetzung unserer Personalstrategie.

Etwa die Hälfte aller Schulabgänger und über die Hälfte aller jungen Menschen mit Fachhochschul- und Hochschulreife sowie Fachhochschul- und Hochschulabschlüssen sind Frauen. Dieses Know-how und die vielfältigen Kompetenzen sollen im Unternehmen auch entsprechend eingesetzt werden.

II Handlungsfelder

Die konkreten Handlungsbedarfe zur Erreichung der Zielkorridore und die Ableitung von Einzelmaßnahmen ergeben sich jeweils aus den Zielen und Rahmenbedingungen der handelnden Einheiten.

Vorstand und Gesamtbetriebsrat haben drei Handlungsfelder identifiziert, auf die besonders Augenmerk gelegt werden muss und streben gemeinsam an, bis 2010 bestimmte Zielkorridore zu erreichen. Es besteht Einigkeit, dass das Erreichen der angestrebten Ziele auch von der wirtschaftlichen Entwicklung des Unternehmens und der Geschäftsbereiche und den damit verbundenen Handlungsspielräumen, wie zum Beispiel Neueinstellungen, abhängt.

III Zielkorridore

1. Aktive Gesamtbelegschaft

Der Frauenanteil in der Belegschaft der ... (Unternehmen) liegt derzeit bei Z %. Wir haben vorgesehen, den Anteil von Frauen in den nächsten Jahren zu halten bzw. kontinuierlich zu erhöhen. Bis Ende 2010 streben wir – trotz restriktiver Personalplanung – einen Frauenanteil von X % bis Y % an. Der Schwerpunkt liegt hierbei in den technischen Ausbildungsbereichen und bei Fachhochschul- und Hochschulabsolventinnen.

2. Berufsausbildung

Der Frauenanteil in der Berufsausbildung der ... (Unternehmen) liegt derzeit bei Z %. Wir haben vorgesehen, den Anteil von Frauen in unserer Berufsausbildung in den nächsten Jahren kontinuierlich zu erhöhen. Bis Ende 2010 streben wir einen Frauenanteil in der Berufsausbildung von X % bisY % an. Der besondere Schwerpunkt liegt dabei in der technischen Berufsausbildung, für die wir bis Ende 2010 einen Frauenanteil von X bis Y % erreichen wollen.

3. Personalentwicklung

Alle unsere Beschäftigten werden entsprechend ihren Fähigkeiten und Kompetenzen eingesetzt, unterstützt, gefördert und weiterentwickelt.

Entsprechend der von der Unternehmensleitung vorgesehenen Erhöhung des Frauenanteils in Führungsfunktionen streben Unternehmensleitung und des Frauenanteils in Führungsfunktionen streben Unternehmensleitung und Gesamtbetriebsrat gemeinsam an, den Anteil von Frauen in Führungsfunktionen der Ebene A, der derzeit bei Z % liegt, auf X % bis Y % zu erhöhen. Auch in der Ebene B wird ein höherer Frauenanteil angestrebt. Es besteht Einigung darüber, dass die Attraktivität des Meisterberufes für Frauen gesteigert werden muss. Ebenso ist die Basis für den Einstieg für Frauen in den

Meisterberuf zu verbreitern, wie z. B. durch Maßnahmen wie Workshops mit Meisterinnen, Gesprächskreise mit interessierten Frauen etc. Konkrete Maßnahmen werden zwischen Unternehmensleitung und Gesamtbetriebsrat gesondert vereinbart.
Um die Personalentwicklungsziele zu erreichen, soll die berufliche und persönliche Entwicklung von Mitarbeiterinnen aktiv unterstützt werden (z. B. Projekteinsätze, Entwicklungspläne).

IV Umsetzung

Durch die Einrichtung des Global Diversity Office sind u. a. die o.g. Handlungsfelder zur Förderung von Frauen zukünftig in die Diversity-Organisation integriert. Unter der Federführung des Global Diversity Office wird dabei auch die Aufgabe übernommen, den GBR regelmäßig zu informieren und mit ihm die Ziele, die übergreifenden Maßnahmen und die Erfahrungen (Reporting) auf dem Gebiet der Frauenförderung sowie die flankierende Öffentlichkeitsarbeit im Unternehmen zu beraten.

Auch an den Standorten werden sobald wie möglich, spätestens jedoch bis Ende 2008 die Aktivitäten in die bereits bestehenden Gremien beim örtlichen Personalbereich und Betriebsrat integriert. Übergangsweise kümmern sich standortspezifische Steuerungsgremien weiterhin um das Thema Frauenförderung am Standort. In der Verantwortung eines Standorts liegen dabei z. B.:

- die Erhebung von Daten zur Festlegung und Ausgestaltung der Handlungsschwerpunkte;
- die Ableitung von Maßnahmen und deren Umsetzung;
- die Schaffung eventuell erforderlicher ergonomischer und organisatorischer Rahmenbedingungen und Voraussetzungen;
- die Durchführung eines standortbezogenen Reportings;
- regelmäßige Information und Beratung mit dem Betriebsrat.

V Inkrafttreten

Diese Gesamtbetriebsvereinbarung tritt zum (Datum) in Kraft. Die Vereinbarung ist befristet und endet mit Wirkung zum (Datum), ohne dass es einer Kündigung bedarf; sie hat keine Nachwirkung. Mitte des Jahres (Jahreszahl) werden Gesamtbetriebsrat und Unternehmensleitung die Ergebnisse und die Erfahrungen der durchgeführten Maßnahmen gemeinsam bewerten.

Ort, Datum

Unternehmensleitung   Gesamtbetriebrat

Gleitende Arbeitszeit

Begriff

Von **gleitender Arbeitszeit** spricht man, wenn dem **Arbeitnehmer oder Auszubildenden** gestattet ist, den Arbeitsbeginn und das Arbeitsende in bestimmten Zeitkorridoren selbst festzulegen und nach Ablauf der vereinbarten täglichen Arbeitszeit die Arbeit danach früher oder später zu beenden und nur während einer bestimmten **Kernarbeitszeit** im Betrieb zu sein, oder wenn darüber hinaus **Zeitguthaben** angesammelt oder Minusstunden hingenommen werden können, die im Rahmen eines Ausgleichszeitraums ausgeglichen werden müssen.

Einführung und Durchführung der gleitenden Arbeitszeit sind im Hinblick auf die verkürzten tariflichen Arbeitszeiten auch für Jugendliche heute üblich. So bestimmt § 8 JArbSchG, dass Jugendliche nicht mehr als acht Stunden täglich und nicht mehr als 40 Stunden wöchentlich beschäftigt werden dürfen. Das Gesetz erlaubt aber bei Verkürzung der Arbeitszeit an einzelnen Werktagen eine Verlängerung der Arbeitszeit an anderen Tagen (§ 8 Abs. 2 Abs. 2a JugArbSchG). Im Hinblick auf die durchweg geltende 35-Stunden-Woche lässt das Gesetz in der Praxis also auch für Jugendliche eine angemessene **Beteiligung an Gleitzeitvereinbarungen** zu. Für erwachsene Arbeitnehmer gilt das → **Arbeitszeitgesetz**.

Im Übrigen kann durch Tarifvertrag der Rahmen für die gleitende Arbeitszeit auch für Jugendliche auf täglich bis zu neun Stunden ausgedehnt werden.

Bedeutung für den Betriebsrat/die JAV

Nach § 87 Abs. 1 Nr. 2 BetrVG unterliegen die Festlegung von Beginn und Ende der täglichen Arbeitszeit einschließlich der Pausen sowie die Verteilung der Arbeitszeit auf die einzelnen Wochentage dem zwingenden Mitbestimmungsrecht des Betriebsrats. Damit sind also **Einführung, Änderung** und **Modalitäten der Gleitzeitarbeit** in vollem Umfang **mitbestimmungspflichtig**.

Zu berücksichtigen ist allerdings, dass der Betriebsrat bei der Festlegung der Modalitäten der Gleitzeit für Jugendliche die **Bestimmungen des Jugendarbeitsschutzgesetzes** und die dort genannten **Beschränkungen zu berücksichtigen** hat. Abweichungen hiervon sind grundsätzlich nur durch Tarifvertrag möglich, nur in bestimmten Ausnahmefällen durch Betriebsvereinbarung oder Arbeitsvertrag (§ 21a JugArbSchG).

Handwerkskammern/ Handwerksinnungen

Begriff

Das Handwerk hat sich zu seiner Interessenvertretung in Handwerksinnungen bzw. Handwerkskammern zusammengeschlossen. Sie sind als **Körperschaften des öffentlichen Rechts** organisiert. Neben den **Meistern** gehören ihr auch **Gesellen** an.

Aufgabe der Handwerkskammern ist die **Regelung der betrieblichen Berufsausbildung** einschließlich des Erlasses der Prüfungsordnungen und der Durchführung der Prüfungen. Sie führen die **Handwerksrolle**, in die jeder Handwerksmeister, der einen selbstständigen Betrieb führt, eingetragen sein muss.

Die rechtlichen Grundlagen bilden die §§ 90ff. des Gesetzes zur Ordnung des Handwerks, der sogenannten »Handwerksordnung«.

In § 91 sind die Aufgaben der Handwerkskammer bestimmt. Hiernach hat sie insbesondere die Berufsausbildung zu regeln und hierfür Vorschriften zu erlassen und ihre Durchführung zu überwachen sowie eine »Lehrlingsrolle« zu führen (vgl. nachstehenden Gesetzestext).

In Handwerksinnungen haben sich nach § 52 Handwerksordnung selbstständige Handwerker des gleichen Handwerks oder solche Handwerke, die sich fachlich oder wirtschaftlich nahestehen, zur Förderung ihrer gemeinsamen gewerblichen Interessen innerhalb eines bestimmten Bezirks zusammengeschlossen. Für jedes Handwerk kann in dem gleichen Bezirk nur eine Handwerksinnung gebildet werden.

Die Aufgaben sind in § 54 Handwerksordnung beschrieben.

§ 54 Handwerksordnung lautet:

(1) Aufgabe der Handwerksinnung ist, die gemeinsamen gewerblichen Interessen ihrer Mitglieder zu fördern. Insbesondere hat sie
1. den Gemeingeist und die Berufsehre zu pflegen,
2. ein gutes Verhältnis zwischen Meistern, Gesellen und Lehrlingen anzustreben,
3. entsprechend den Vorschriften der Handwerkskammer die Lehrlingsausbildung zu regeln und zu überwachen sowie für die berufliche Ausbildung der Lehrlinge zu sorgen und ihre charakterliche Entwicklung zu fördern,
4. die Gesellenprüfungen abzunehmen und hierfür Gesellenprüfungsausschüsse zu errichten, sofern sie von der Handwerkskammer dazu ermächtigt ist,

5. das handwerkliche Können der Meister und Gesellen zu fördern; zu diesem Zweck kann sie insbesondere Fachschulen errichten oder unterstützen und Lehrgänge veranstalten,
6. bei der Verwaltung der Berufsschulen gemäß den bundes- und landesrechtlichen Bestimmungen mitzuwirken,
7. das Genossenschaftswesen im Handwerk zu fördern,
8. über Angelegenheiten der in ihr vertretenen Handwerke den Behörden Gutachten und Auskünfte zu erstatten,
9. die sonstigen handwerklichen Organisationen und Einrichtungen in der Erfüllung ihrer Aufgaben zu unterstützen,
10. die von der Handwerkskammer innerhalb ihrer Zuständigkeit erlassenen Vorschriften und Anordnungen durchzuführen.

(2) Die Handwerksinnung soll
1. zwecks Erhöhung der Wirtschaftlichkeit der Betriebe ihrer Mitglieder Einrichtungen zur Verbesserung der Arbeitsweise und der Betriebsführung schaffen und fördern,
2. bei der Vergebung öffentlicher Lieferungen und Leistungen die Vergebungsstellen beraten,
3. das handwerkliche Pressewesen unterstützen.

(3) Die Handwerksinnung kann
1. Tarifverträge abschließen, soweit und solange solche Verträge nicht durch den Innungsverband für den Bereich der Handwerksinnung geschlossen sind,
2. für ihre Mitglieder und deren Angehörige Unterstützungskassen für Fälle der Krankheit, des Todes, der Arbeitsunfähigkeit oder sonstiger Bedürftigkeit errichten,
3. bei Streitigkeiten zwischen den Innungsmitgliedern und ihren Auftraggebern auf Antrag vermitteln.

(4) Die Handwerksinnung kann auch sonstige Maßnahmen zur Förderung der gemeinsamen gewerblichen Interessen der Innungsmitglieder durchführen.

(5) Die Errichtung und die Rechtsverhältnisse der Innungskrankenkassen richten sich nach den hierfür geltenden bundesrechtlichen Bestimmungen.

Heimarbeiter/Telearbeiter

Begriff

Das Jugendarbeitsschutzgesetz findet nach § 1 auch auf die Beschäftigung jugendlicher **Heimarbeiter** bzw. auf sonstige Dienstleistungen Anwendung, die der Arbeitsleistung von Heimarbeitern ähnlich sind.

Heimarbeiter ist der, der in selbst gewählter Arbeitsstätte, in eigener Wohnung oder selbst gewählter Betriebsstätte allein oder mit seinen Familienangehörigen im Auftrag von Gewerbetreibenden, die Heimarbeit vergeben, z.B. Adressenschreiben, Wundertüten füllen u.ä., erwerbsmäßig arbeiten, jedoch die Verwendung des Arbeitsergebnisses dem Auftraggeber überlässt, wie § 2 Abs. 1 Heimarbeitsgesetz (HAG) bestimmt. 90% der etwa 160000 Heimarbeiter sind übrigens Frauen. Hinzu kommt eine zunehmende Zahl von »Telearbeitern«, die z.T. als Heimarbeiter i.S.d. HAG anzusehen sind, etwa wenn sie die Arbeiten am PC in »selbstgewählter Arbeitsstätte« verrichten.

Die Vergütung des Heimarbeiters erfolgt in der Regel als Stückentgelt, also als Leistungslohn.

Für die → **Urlaubsansprüche** des jugendlichen Heimarbeiters bestimmt § 19 Abs. 4, dass das Urlaubsentgelt bei einem Urlaub von 30 Werktagen 11,6%, bei einem Urlaub von 27 Werktagen 10,3% und bei einem Urlaub von 25 Werktagen 9,5% beträgt.

Es gilt ein besonderes Kündigungsrecht nach § 29 HAG, mit Kündigungsfristen, die bei längerer Beschäftigungszeit bis zu sieben Monate betragen.

Für Betriebsräte oder Mitglieder der JAV besteht nach § 29 a HAG ein besonderer Kündigungsschutz.

Telearbeit

Es hat schon von jeher Arbeitnehmer gegeben, die ihre Arbeitsleistung außerhalb des Betriebes erbracht haben, insbesondere in ihrer Privatwohnung. Von Telearbeit spricht man, wenn der Beschäftigte mit dem Betrieb durch elektronische Kommunikationsmittel verbunden ist, auch zur Übertragung der Arbeitsergebnisse.

Die Ausgestaltung als vollwertiges Arbeitsverhältnis ist ohne weiteres möglich, etwa in § 5 Abs. 1 BetrVG ausdrücklich vorgesehen. Sie sollte unbedingt angestrebt werden. Es besteht aus Arbeitnehmersicht kein Anlass, Telearbeitnehmer in weniger geschützte Vertragsverhältnisse abzudrängen, etwa als Heimarbeiter oder sogenannte »freie Mitarbeiter«.

Industrie- und Handelskammer (IHK)

Begriff

Die Industrie- und Handelskammer ist die **Interessenvertretung der gewerblichen Wirtschaft**. Sie ist als Selbstverwaltungskörperschaft des öffentlichen Rechts organisiert. Im Wege der **Zwangsmitgliedschaft** müssen alle Unternehmen, nämlich alle Firmen, Personengesellschaften und juristische Personen des privaten oder öffentlichen Rechts, bei ihrer Gründung bei der IHK angemeldet werden.

Die Aufgaben der IHK bestehen in der **Beratung der angeschlossenen Unternehmen** in wirtschaftlichen Angelegenheiten. Sie nehmen außerdem die **Kaufmannsgehilfenprüfungen** ab.

Initiativrechte/Beteiligungsrechte/ Gestaltungsrechte – JAV und Betriebsrat

Rechtliche Grundlagen

Das Betriebsverfassungsgesetz weist der JAV in § 70 BetrVG allgemeine Aufgaben zu, die folgende Bereiche umfassen:
1. Die JAV hat darauf zu achten, dass die zugunsten der jugendlichen Arbeitnehmer und der Auszubildenden geltenden Schutzvorschriften, d.h. Gesetze, Verordnungen und Unfallverhütungsvorschriften, Tarifverträge und Betriebsvereinbarungen, im Betrieb eingehalten werden.
2. Die JAV hat Maßnahmen zur Durchsetzung der tatsächlichen Gleichstellung der Auszubildenden und jugendlichen Arbeitnehmer beim Betriebsrat zu beantragen.
3. Die JAV hat beim Betriebsrat Maßnahmen zu beantragen, die den jugendlichen Arbeitnehmern und den Auszubildenden dienen.
4. Die JAV hat Anregungen der jugendlichen Arbeitnehmer sowie der Auszubildenden entgegenzunehmen und auf ihre Erledigung beim Betriebsrat hinzuwirken.
5. Die JAV hat die Integration ausländischer Auszubildender und jugendlicher Arbeitnehmer zu fördern und entsprechende Maßnahmen beim Betriebsrat zu beantragen.

Überwachungsrecht

Die Einhaltung aller Schutzvorschriften im Betrieb umfasst den gesamten Bereich der in Gesetzen, Verordnungen und sonstig fixierten Rechte und Schutzbestimmungen zugunsten der Jugendlichen und zu ihrer Berufsausbildung beschäftigten Arbeitnehmer. Dabei beinhaltet das Überwachungsrecht für die JAV auch gleichzeitig eine Überwachungspflicht. Das Überwachungsrecht setzt voraus, dass die JAV sich gründlich über die Situation im Betrieb informiert und auf dem Laufenden hält. Die Ausübung des Überwachungsrechts kann ohne Hinzuziehung des Betriebsrats durch die JAV selbstständig ausgeübt werden. So kann die JAV ohne konkreten Anlass Stichproben durchführen, um die Einhaltung von Schutzvorschriften zu kontrollieren (BAG v. 21.7.1982, AP Nr. 1 zu § 70 BetrVG 1972). Ebenfalls kann sie zum Zwecke der Ausübung ihrer Überwachungsaufgaben auch Betriebsbegehungen durchführen (BAG v. 21.1.1982, AP Nr. 1 zu § 70 BetrVG 1972, wobei das BAG unverständlicherweise die Einholung der Zustimmung des Betriebsrats voraussetzen will). Durch diese Betriebsbegehungen kann die JAV am besten herausbekommen, welche Beschwerden und welche Anregungen die jugendlichen Arbeitnehmer und die Auszubildenden haben. Vertrauliche Gespräche am Arbeitsplatz sind am besten dazu geeignet, häufig anzutreffende Ängste der jugendlichen Arbeitnehmer und der Auszubildenden zu überwinden. Eine weitere Form der Informationsbeschaffung ist die Durchführung einer Fragebogenaktion unter den jugendlichen Arbeitnehmern bzw. den Auszubildenden. Die Durchführung der Fragebogenaktion ist beim Betriebsrat zu beantragen und von ihm zu beschließen. Die vom Betriebsrat und von der JAV gemeinsam durchgeführte Fragebogenaktion hat der Arbeitgeber zu dulden (BAG v. 8. 2. 1977, AP Nr. 10 zu § 80 BetrVG 1972). Sachgemäß und damit zulässig sind auch Fragen nach den subjektiven Einstellungen der jugendlichen Arbeitnehmer und der Auszubildenden, z. B. zur JAV oder zu den Ausbildungsbedingungen. Weiterhin kann die JAV auch Informationsblätter herausgeben, um die jugendlichen Arbeitnehmer und die Auszubildenden auf ihre Rechte hinzuweisen.

Initiativrecht

Die allgemeinen Aufgaben, die für die JAV einen eigenen Zuständigkeitsbereich schaffen, umfassen alle sozialen, personellen und wirtschaftlichen Angelegenheiten, die die jugendlichen Arbeitnehmer und Auszubildenden unmittelbar oder auch nur mittelbar berühren. Das Initiativrecht der JAV ist somit sehr weit gefasst, sodass praktisch alle Initiativen davon erfasst werden, die den Interessen der jugendlichen Arbeitnehmer und Auszubildenden dienen. Wichtig ist dabei nur, dass es sich bei den Maßnahmen um den Betrieb betreffende Fragen handeln muss.

Infrage kommen insbesondere solche Angelegenheiten, die in den Gesetzen und Tarifverträgen nur ungenügend oder gar nicht geregelt sind. Als Beispiele seien erwähnt:
- Gestaltung des Ausbildungsplans,
- Förderung der Gleichstellung in der Ausbildung,
- Beschaffung von Ausbildungsmitteln,
- Schaffung von ausbildungsbegleitenden Hilfen,
- Durchführung von zusätzlichem Unterricht,
- Einrichtung von Ausbildungswerkstätten und Ausbildungsbereichen,
- Verbesserung der Ausbildungsmethoden,

- Schaffung von zusätzlichen Ausbildungsplätzen, insbesondere für Frauen,
- Einbeziehung ökologischer Fragen in die Ausbildung,
- Beschaffung von zusätzlichen Ausbildungsmitteln,
- Freistellung zur Vorbereitung auf Prüfungen,
- Kritik an Ausbildern,
- Regelungen zur Übernahme nach der Ausbildung,
- bezahlter Bildungsurlaub,
- Fragen der Arbeitszeit,
- Probleme der Urlaubsgestaltung,
- Gewährung von Fahrgeld bzw. eines Fahrgeldzuschusses,
- soziale Einrichtungen wie Aufenthaltsräume, Toiletten, Wasch- und Umkleideräume,
- zusätzliche Arbeitssicherheitsmaßnahmen.

Anregungsrecht

Durch dieses Recht erhält jeder jugendliche Arbeitnehmer bzw. jeder Auszubildende die Möglichkeit, sich mit Anregungen an die JAV zu wenden. Dabei umfasst der Begriff »Anregungen« Meinungsäußerungen aller Art, zu denen auch Beschwerden (→ **Beschwerderecht**) zählen.

Diese Anregungen sind von der JAV entgegenzunehmen. Auf einer Sitzung hat sich dann die JAV mit den Anregungen zu befassen und darüber zu befinden, wie sie mit der Anregung weiter verfahren will. Wichtig ist dabei, dass sich die JAV gründlich mit der Anregung auseinander setzt. Bei der Frage, was mit der Anregung weiter passieren soll, steht der JAV ein Beurteilungsspielraum zu. Hält sie die Anregung z. B. für unrealistisch, unzweckmäßig oder aus sonstigen Gründen für unberechtigt, so kann die JAV in eigener Kompetenz darüber entscheiden. Sie ist jedoch verpflichtet, und dieses entspricht letztlich auch einem kollegialen Umgang untereinander, den betroffenen Arbeitnehmer zu informieren.

Wenn die JAV die Anregung jedoch als berechtigt ansieht, muss sie den Betriebsrat darüber informieren, der seinerseits die Anregung selbstständig prüft. In der Betriebsratssitzung, in der über die Anregung verhandelt und beschlossen werden soll, ist die JAV teilnahme- und auch ggf. stimmberechtigt, wenn die Anregung besonders bzw. überwiegend Angelegenheiten der jugendlichen Arbeitnehmer bzw. der Auszubildenden betrifft (§ 67 Abs. 1 und Abs. 2 BetrVG). Hält der Betriebsrat die Anregungen für berechtigt, ist er verpflichtet, mit dem Arbeitgeber Verhandlungen aufzunehmen. Dabei ist die JAV in den Angelegenheiten zu beteiligen, die besonders die jugendlichen Arbeitnehmer oder die Auszubildenden betreffen (§ 68 BetrVG).

Über das Ergebnis ihrer Bemühungen hat die JAV den Arbeitnehmer, der die Anregung vorgebracht hat, zu unterrichten. Dieses betrifft zum einen das Ergebnis der Verhandlungen zwischen Arbeitgeber und Betriebsrat, aber z. B. auch den Beschluss des Betriebsrats.

Agieren, und nicht nur Reagieren, muss das Ziel der JAV-Arbeit sein. Im Vordergrund muss das Bemühen stehen, eine generelle Verbesserung der Arbeits- und Ausbildungsbedingungen der jugendlichen Arbeitnehmer bzw. der Auszubildenden zu erreichen. Dazu bieten die allgemeinen Aufgaben in § 70 Abs. 1 BetrVG eine solide Grundlage für die JAV-Arbeit.

Bedeutung für den Betriebsrat

Mit Ausnahme der Überwachungspflicht nach § 70 Abs. 1 Nr. 2 BetrVG kann die JAV die im Aufgabenkatalog genannten allgemeinen Aufgaben nur unter Hinzuziehung des Betriebsrats wahrnehmen. Soweit Maßnahmen beim Arbeitgeber zu beantragen sind oder auf eine Erledigung von Anregungen der von der JAV vertretenen jugendlichen Arbeitnehmer bzw. der Auszubildenden hinzuwirken ist, kann dieses nur über den Betriebsrat geschehen. Beteiligungs- und Mitbestimmungsrechte gegenüber dem Arbeitgeber können somit nicht direkt durch die JAV wahrgenommen werden; es bedarf vielmehr der Einbeziehung des Betriebsrats.

Daraus folgt auch, dass die JAV ihre Aufgaben in enger Zusammenarbeit mit dem Betriebsrat zu erfüllen hat. Die JAV vertritt die Interessen somit nicht unabhängig vom Betriebsrat und direkt gegenüber dem Arbeitgeber. Allein deswegen kann auch die JAV keine gegenüber dem Arbeitgeber wirksamen Beschlüsse fassen.

Nach § 80 Abs. 1 Nr. 3 BetrVG ist der Betriebsrat verpflichtet, mit der JAV eng zusammenzuarbeiten und Anregungen der JAV gegenüber dem Arbeitgeber zu verfolgen. Daraus folgt, dass der Betriebsrat Maßnahmen, die die Belange der jugendlichen Arbeitnehmer und der Auszubildenden betreffen, nicht im Alleingang, sondern in Zusammenarbeit mit der JAV in Angriff nehmen muss. So hat er die JAV in allen Angelegenheiten zu beraten und die zur sachgerechten Wahrnehmung ihrer Aufgaben notwendigen Hinweise zu geben. Ebenso kann der Betriebsrat von der JAV Vorschläge und auch Stellungnahmen anfordern. Die verantwortliche Vertretung der Interessen der jugendlichen Arbeitnehmer und der Auszubildenden gegenüber dem Arbeitgeber nimmt der Betriebsrat als die Interessenvertretung aller Arbeitnehmer im Betrieb wahr – unter Beteiligung der JAV. Wenn die JAV einen ordnungsgemäßen Beschluss im Zusammenhang mit einer Maßnahme nach § 70 Abs. 1 Nr. 1 BetrVG (Antragsrecht) gefasst hat, ist der Betriebsrat verpflichtet, sich mit diesem von der JAV gestellten Antrag zu befassen. Bei der Beratung im Betriebsrat ist dabei die JAV gemäß § 67 Abs. 1 BetrVG hinzuziehen, wobei ein Stimmrecht für die JAV sich im Einzelfall aus § 67 Abs. 2 BetrVG ergibt. Wenn der Betriebsrat zu der Auffassung kommt, dass die mit dem JAV-Antrag verfolgte Maßnahme begründet, sachdienlich oder zweckmäßig ist, muss der Betriebsrat die Angelegenheit mit dem Arbeitgeber erörtern. Ein Teilnahmerecht der JAV kann sich bei dieser Erörterung sich aus § 68 BetrVG ergeben.

Je nach der Qualität der ins Auge gefassten Maßnahme stehen dem Betriebsrat Beteiligungsrechte bis hin zur Mitbestimmung (→ **Mitbestimmungsrechte**) zu.

Unterrichtung und Vorlage von Unterlagen durch den Betriebsrat

Zum Agieren ist es notwendig, dass die JAV auch durch den Betriebsrat rechtzeitig und umfassend unterrichtet wird, damit sie ihre Aufgaben erfüllen kann. Diese Unterrichtungspflicht ist in § 70 Abs. 2 BetrVG geregelt. Adressat dieses Unterrichtungsrechts ist der Betriebsrat und nicht der Arbeitgeber. Zur Durchführung der Aufgaben, die sich insbesondere aus den allgemeinen Aufgaben des § 70 Abs. 1 BetrVG ergeben, hat der Betriebsrat der JAV alle wesentlichen Informationen zur Verfügung zu stellen, wozu auch Bewertungen und Auskünfte zu gesetzlichen Vorschriften zählen. Falls der Betriebsrat selbst keine oder nur ungenügende Informationen hat, ist er verpflichtet, beim Arbeitgeber oder bei sonstigen Stellen sich weitere Auskünfte zu verschaffen. Die Unterrichtung hat dabei rechtzeitig zu erfolgen. Rechtzeitigkeit liegt dann vor, wenn die JAV die Mitteilungen noch bei der Durchführung ihrer Aufgaben berücksichtigen kann. Rechtzeitigkeit wäre somit dann nicht mehr gegeben, wenn die Informationen während der Beschlussfassung erst erfolgen.

Daneben hat der Betriebsrat auf Verlangen der JAV die ihr zur Durchführung ihrer Aufgaben erforderlichen Unterlagen zur Verfügung zu stellen. Unter Aufgaben fallen dabei:
- die allgemeinen Aufgaben nach § 70 Abs. 1 BetrVG,
- sonstige Aufgaben, die die jugendlichen Arbeitnehmer oder die Auszubildenden betreffen.

Wie beim Unterrichtungsrecht kann der Betriebsrat Unterlagen, die ihm selbst nicht vorliegen, vom Arbeitgeber einfordern (§ 80 Abs. 2 Satz 2 BetrVG). Die Unterlagen sind der JAV für eine angemessene Zeit auch zu überlassen und nicht nur durch den Betriebsrat vorzulegen. Unterlagen als auch Informationen, die Betriebs- oder Geschäftsgeheimnisse beinhalten, dürfen der JAV vom Betriebsrat jedoch nicht mitgeteilt bzw. herausgegeben werden. Dieses betrifft auch die Lohn- und Gehaltslisten, zumal der Betriebsrat hierauf selbst keinen Anspruch auf Vorlage, sondern lediglich ein Einblicksrecht hat. Beim Betriebsrat kann jedoch von Seiten der JAV beantragt werden, dass der Betriebsrat in die Lohn- und Gehaltslisten Einblick nimmt und der JAV das Ergebnis mitteilt.

Das Gesetz spricht von »erforderlichen Unterlagen«. Die Erforderlichkeit liegt z. B. vor bei
- den für die Arbeit der JAV erforderlichen Rechtsvorschriften,
- den Ausbildungsplänen,
- Untersuchungen zur Berufsausbildung,
- Berichten der für die Berufsausbildung zuständigen Behörden und Ämter.

IT-Weiterbildungssystem

Grundlagen

Die »Verordnung über die berufliche Fortbildung im Bereich der Informations- und Telekommunikationstechnik«, an deren Erarbeitung die Gewerkschaften IG Metall und ver.di entscheidend mitgewirkt haben, regelt die Fach- und Führungskräftefortbildung im IT-Bereich.

Es ist gelungen, aufbauend auf die erfolgreich eingeführten IT-Ausbildungsberufe, betriebliche Aufstiegswege auch ohne Studium zu ermöglichen. Dem Wildwuchs von IT-Weiterbildungsangeboten privater Träger sowie von herstellergebundenen Zertifikaten wurde ein transparentes System gegenüber gestellt.

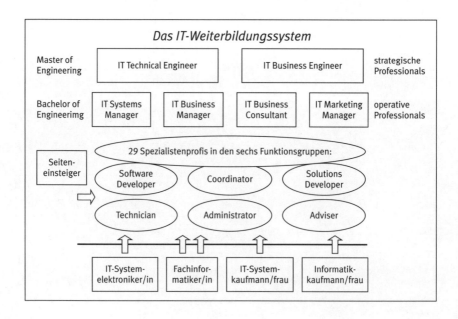

Arbeitsprozessorientiertes Lernen (APO)

Die Qualifizierung erfolgt im neuen IT-Weiterbildungssystem prozess- und praxisorientiert in realen Projekten. Der Lernprozess wird von den Teilnehmer/innen selbst organisiert. Das Fraunhofer Institut für Software- und Systemtechnik entwickelt für die APO-Weiterbildung idealtypische Referenzprozesse für jedes Weiterbildungsprofil.

Der APO-Qualifizierungsprozess:

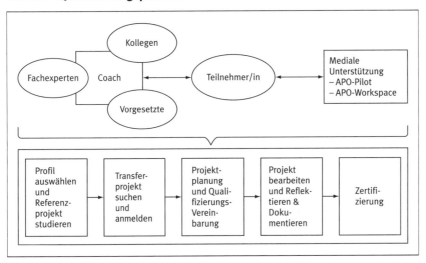

Der APO-Qualifizierungsprozess wird durch Coaching, Fachberatung und auch medial unterstützt. Der medialen Unterstützung dienen der APO-Pilot und das APO-Workspace, zu finden unter *www.kibnet.org* und *www.apo-it.de*. Der APO-Pilot informiert über die Prozesse des jeweiligen Referenzprojektes, stellt Verweise zu allen geeigneten Lernmaterialien und Informationsressourcen sowie Verfahrensanweisungen und Vorlagen zur Verfügung.

Die Spezialistenprofile in der IT-Weiterbildung

Die Weiterbildung auf Ebene der IT-Spezialisten wurde in einer Vereinbarung zwischen Gewerkschaften und Arbeitgebern geregelt. Die Spezialistenprofile bilden die erste Weiterbildungsstufe für Absolventen der IT-Berufe sowie für Quereinsteiger aus anderen Branchen und Bildungsgängen. Sie beschreiben die inhaltlichen Standards, die für eine Zulassung zu den Professional-Prüfungen erforderlich sind und sichern so die Qualität eines durchgängigen Gesamtsystems der IT-Weiterbildung. Informationen zu den aktuellen IT-Spezialistenprofilen gibt es unter www.cert-it.com.

Die operativen Professionals

Vier operative Professionals bilden die zweite Karriereebene und sind öffentlich-rechtliche Fortbildungsabschlüsse, die mit einer Prüfung bei den Industrie- und Handelskammern (IHK) abgeschlossen werden. Sie bereiten auf die Übernahme beruflicher Positionen auf der mittleren Führungsebene vor.

Profilprägende Kompetenzfelder der vier operativen Professionals
- betriebliche IT-Prozesse;
- Fremdsprachenkompetenz, Technical Engineering, Projektmanagement und Betriebswirtschaft sowie
- Mitarbeiterführung und Personalmanagement, einschließlich Personalplanung und -auswahl, Mitarbeiter- und Teamführung, Qualifizierung und Arbeitsrecht.

1. IT Systems Manager
Der IT Systems Manager ist qualifiziert, technisch optimale und marktgerechte IT-Lösungen zu entwickeln, IT-Entwicklungsprojekte zu planen, zu steuern und zu kontrollieren sowie Mitarbeiterführungsaufgaben wahrzunehmen.

2. IT Business Manager
Der IT Business Manager ist qualifiziert, einmalige Vorhaben, die gekennzeichnet sind durch spezifische Ziele, zeitliche, finanzielle und personelle Begrenzungen sowie eine projektspezifische Organisation, in der Projekt- und Linienorganisation selbstständig und eigenverantwortlich zu leiten sowie Aufgaben der Mitarbeiterführung wahrzunehmen.

3. IT Business Consultant
Der IT Business Consultant ist befähigt, Unternehmen bei der Analyse, Zieldefinition, Konzeptentwicklung und -umsetzung von IT-Lösungen zu beraten, um die Entwicklungspotenziale sowie die Wettbewerbsfähigkeit dieser Unternehmen zu stärken und den Unternehmen neue oder erweiterte Geschäftschancen zu ermöglichen sowie Mitarbeiterführungsaufgaben wahrzunehmen.

4. IT Marketing Manager

Der IT Marketing Manager ist befähigt, technisch optimale und marktgerechte IT-Lösungen bereitzustellen, Vermarktung und Einkauf von IT-Produkten und IT-Dienstleistungen zu leiten und unter kaufmännisch-betriebswirtschaftlichen Gesichtspunkten strategische Unternehmensentscheidungen vorzubereiten sowie Mitarbeiterführungsaufgaben wahrzunehmen.

Die strategischen Professionals

Zwei strategische Professionals bilden die dritte Karriereebene und sind ebenfalls öffentlich-rechtliche Fortbildungsabschlüsse, die mit einer Prüfung bei den Industrie- und Handelskammern (IHK) abgeschlossen werden. Sie qualifizieren für Positionen in Unternehmen, auf denen strategische Entscheidungen zu Geschäftsbeziehungen, Produktentwicklungen sowie Personalpolitik getroffen werden. Dabei steht der IT Technical Engineer für eine technisch geprägte dispositive Qualifikation, der IT Business Engineer für eine kaufmännisch dispositive Qualifikation.

Profilprägende Kompetenzfelder der zwei strategischen Professionals
- Strategische Prozesse;
- Internationale Projekt- und Geschäftsbeziehungen sowie
- strategisches Personalmanagement.

1. IT Technical Engineer

Der IT Technical Engineer ist befähigt die Geschäftsfelder eines IT-Unternehmens oder die IT-Geschäftsfelder eines Unternehmens oder einer Organisation dauerhaft am Markt strategisch zu positionieren und entsprechend fortzuentwickeln, strategische Allianzen und Partnerschaften zu schließen, in den Handlungsfeldern Technologie, Entwicklung und Personal strategische Entscheidungen zu treffen sowie Führungskräfte zu führen.

2. IT Business Engineer

Der IT Business Engineer ist befähigt die Geschäftsfelder eines IT-Unternehmens oder die IT-Geschäftsfelder eines Unternehmens oder einer Organisation dauerhaft am Markt strategisch zu positionieren und entsprechend fortzuentwickeln, strategische Allianzen und Partnerschaften zu schließen, in den Handlungsfeldern Marketing, Vertrieb, Finanzwesen, Controlling, Beratung und Personal strategische Entscheidungen zu treffen sowie Führungskräfte zu führen.

Bedeutung für den Betriebsrat/die JAV

Betriebsräte haben Beratungs- und Mitbestimmungsrechte im Bereich der Aus- und Weiterbildung (→ **Weiterbildung**):
- Er (der BR) hat Mitbestimmungsrechte bei der Einführung von Maßnahmen der betrieblichen Berufsbildung (§ 97 BetrVG),
- kann eine Ermittlung des betrieblichen Bildungsbedarfs einfordern (§ 96 BetrVG),
- kann Vorschläge zur Einführung und Durchführung einer Personalplanung machen (§ 92 BetrVG) und
- kann Vorschläge zur Sicherung und Förderung von Beschäftigung machen; beispielsweise Qualifizierung statt Entlassung von Arbeitnehmern (§ 92a BetrVG).

Bedeutung für die Jugendlichen und Auszubildenden

Auszubildende in den IT-Berufen haben im IT-Weiterbildungssystem die Möglichkeit, ihre fachliche sowie aufstiegsorientierte berufliche Entwicklung im Betrieb zu gestalten. Das neue IT-Weiterbildungssystem bietet:
- International anerkannte Zertifikate und Abschlüsse, unabhängig von Herstellern und Produkten,
- gesicherte Qualitätsstandards,
- Vergleichbarkeit und Transparenz der erworbenen Qualifikationen und Abschlüsse,
- eine Durchlässigkeit zwischen Studium und Weiterbildung,
- einen Zugang für alle Beschäftigten,
- verlässliche Karrierewege,
- eine Arbeitsprozessorientierte Weiterbildung (APO), im Rahmen von realen Arbeitsprozessen und Projekten.

Mehr Informationen zur IT-Weiterbildung sind zu finden unter:

www.kibnet.org/ – Die Homepage des Kompetenzzentrums IT-Bildungsnetzwerke bietet Unterstützung und good practise für die IT-Aus-/Weiterbildung.

www.apo-it.de/ – Internetangebot des Fraunhofer Instituts für Software- und Systemtechnik mit Hintergrundinformationen zur Arbeitsprozessorientierten Weiterbildung (APO).

www.cert-it.com – Die Homepage der Personalzertifizierungsstelle für IT-Spezialisten.

Jugendarbeitsschutzausschüsse

Grundlagen

Nach den §§ 55 und 56 JArbSchG werden auf der Landesebene und auf der Ebene der Aufsichtsbehörden Ausschüsse für Jugendarbeitsschutz eingerichtet (→ **Jugendarbeitsschutzgesetz**). Ihnen gehören u.a. jeweils sechs Vertreter der Arbeitgeber und der Arbeitnehmer an.

Die Aufgaben der Ausschüsse ergeben sich aus § 57 JArbSchG. Danach beschränken sich die Möglichkeiten der Ausschüsse auf Beratungs-, Vorschlags- und Beteiligungsrechte bei der jeweiligen Behörde. Zusätzlich haben sie die Aufgabe, über die Inhalte und Ziele des Jugendarbeitsschutzes aufzuklären. Da die Etats der Ausschüsse i.d.R. relativ gering sind bzw. gar keine eigenen Etats existieren, ist deren Aufklärungsarbeit ebenfalls relativ beschränkt.

Die Landesausschüsse haben über ihre Tätigkeit im Zusammenhang mit dem Bericht der Aufsichtsbehörde zu berichten. Nach Ansicht des DGB wird dabei lediglich die Spitze des Eisbergs aufgezeigt.

Jugendarbeitsschutzgesetz

Grundlagen

Jugendliche Beschäftigte, egal ob Angestellte, Arbeiter oder Auszubildende, gelten aufgrund ihres Lebensalters und ihrer Unerfahrenheit im Arbeitsprozess als besonders schützenswert. Die rechtliche Grundlage dafür bildet das Jugendarbeitsschutzgesetz (JArbSchG).

Das JArbSchG beinhaltet das grundsätzliche Verbot der →**Kinderarbeit**, wobei einige Ausnahmen zugelassen werden (§§ 5 bis 7 JArbSchG), setzt bei der täglichen Arbeitszeit Höchstgrenzen (§§ 4 und 8 JArbSchG), regelt die Freistellung für die Teilnahme am Berufsschulunterricht (§ 9 JArbSchG, →**Anrechnung Berufsschulzeit**) und an Prüfungen und außerbetrieblichen Ausbildungsmaßnahmen (§ 10 JArbSchG), setzt Mindestnormen bei den Ruhepausen (§ 11 JArbSchG), bei der Schichtzeit (§ 12 JArbSchG), bei der täglichen Freizeit (§ 13 JArbSchG), bei der Nachtruhe (§ 14 JArbSchG), bei der wöchentlichen Arbeitszeit (§§ 15 bis 18 JArbSchG) und beim Jahresurlaub (§ 19 JArbSchG).

Es spricht Beschäftigungsverbote für Jugendliche aus bei →**gefährlichen Arbeiten** (§ 22 JArbSchG), bei Akkordarbeit (§ 23 JArbSchG) und bei Arbeiten unter Tage (§ 24 JArbSchG). § 25 JArbSchG verbietet, dass bestimmte Personen Jugendliche überhaupt beschäftigen dürfen (vgl. →**Ausbilder/Ausbildereignungsverordnung**). Es regelt, welche Pflichten ein Arbeitgeber im Umgang mit jugendlichen Beschäftigten hat, welche gesundheitliche Betreuung mindestens notwendig ist und wie dies alles überwacht werden soll (→ **Jugendarbeitsschutzausschüsse**).

Aus Sicht des DGB ist das Jugendarbeitsschutzgesetz ein sinnvolles und notwendiges Schutzgesetz für Kinder und Jugendliche. Allerdings hat es seit der Inkraftsetzung 1976 durch Gesetzesnovellierungen einiges an Schutzwirkung verloren. Es beinhaltet etliche Ausnahmeregelungen (z. B. bei der →**Kinderarbeit**), die die angestrebte Schutzwirkung auf ein Minimum reduzieren.

Außerdem sind die Gewerbeaufsichtsämter, die nach § 51 JArbSchG verpflichtet sind, angezeigten Verstößen nachzugehen und die Einhaltung der Bestimmungen ggf. durch Bußgelder oder durch Anzeige bei der Staatsanwaltschaft durchzusetzen, mit ihrer Arbeit überfordert; sie können nicht jeden Betrieb überwachen. So kommen häufig nur dort Überschreitungen des JArbSchG ans Tageslicht, wo sie auch von Betriebsrat oder JAV den Gewerbeaufsichtsämtern gemeldet werden. Wo es diese betriebliche Interessenvertretung nicht gibt, wird häufig aus Furcht vor einem Arbeits- oder Ausbildungsplatzverlust geschwiegen.

In Deutschland betrifft nahezu jeder fünfte Arbeitsunfall (19,6%) die 15- bis 24-Jährigen. Nach Angaben von Eurostat haben junge Arbeitnehmerinnen und Arbeitnehmer europaweit ein um ca. 50% erhöhtes Risiko, einen Arbeitsunfall zu erleiden.

Nach Auffassung des DGB sind alle Auszubildenden altersunabhängig schutzbedürftig, da sie erstmalig in den Arbeitsprozess eintreten und somit unerfahren sind. Das bedeutet, das JArbSchG muss auf alle Auszubildenden ausgeweitet werden. Dies scheint allerdings in der derzeitigen Regierungskonstellation (CDU/FDP) nicht politisch umsetzbar. Das Gegenteil ist der Fall. Die CDU/FDP-Bundesregierung hat eine Verschlechterung des JArbSchG im Koalitionsvertrag festgeschrieben. Dort findet sich in Kap. 4 unter der Überschrift ›Tourismus‹: »Ausbildungshemmnisse im Gastgewerbe werden durch ein flexibleres Jugendarbeitsschutzgesetz abgebaut.«

Die Lobby einiger Unternehmensverbände fordert seit einiger Zeit die Verschlechterung des Jugendarbeitsschutzes bei den Arbeitszeiten der Jugendlichen. Diese Forderung wird durch den Bundesverband Deutscher Hotel- und Gaststätten (DEHOGA) vorangetrieben. Der DEHOGA hat ein Interesse daran, auch Jugendliche in ihrer Ausbildung jederzeit und zeitlich flexibel in der Gastronomie und in Hotels einzusetzen.

Die DGB-Jugend engagiert sich gegen die Verschlechterungen und den Erhalt der derzeit bestehenden Schutzvorschriften mit einer eigenen Kampagne »Hände weg vom JArbSchG« und vielfältigen Aktivitäten.

Bedeutung für den Betriebsrat/die JAV

Nach dem BetrVG sind Betriebsrat und JAV verpflichtet, die Einhaltungen der Vorschriften des JArbSchG zu überwachen. Darüber hinaus handelt es sich bei dem JArbSchG um ein Schutzgesetz, d.h., wenn für die Jugendlichen bessere, günstigere Regelungen über Betriebsvereinbarungen erzielt werden können, gelten selbstverständlich diese.

Bedeutung für die Beschäftigten

Für die Jugendlichen ist es oft schwer, sich allein gegen Verstöße des JArbSchG zu wehren. Häufig sind ihnen die Bestimmungen des Schutzgesetzes gar nicht oder nur unzureichend bekannt. Oftmals befürchten sie bei Gegenwehr einen Ausbildungsplatzverlust. Die Gewerkschaften können unterstützen und Auszubildenden den Rücken stärken. JArbSchG-Verstöße sind kein Kavaliersdelikt, sie können das Ausbildungsziel und die Gesundheit gefährden.

Verstöße gegen das JArbSchG können mit einer Geldbuße bis zu 15 000,00 EUR oder mit einer Freiheitsstrafe von bis zu einem Jahr geahndet werden.

Literaturhinweis

Lakies, Schoden, Jugendarbeitsschutzgesetz, Basiskommentar, 6. Aufl. 2010

Jugend- und Auszubildendenversammlung

Grundlagen

Die JAV kann bis zu viermal im Jahr alle Wahlberechtigten (§ 60 Abs. 1 BetrVG) zu einer Jugend- und Auszubildendenversammlung einladen (§ 71 BetrVG). Einzuladen sind somit alle jugendlichen Arbeitnehmer sowie die Auszubildenden, die das 25. Lebensjahr noch nicht vollendet haben. Die Jugend- und Auszubildendenversammlungen sollen kurz vor oder nach einer Betriebsversammlung stattfinden. Im Einvernehmen mit dem Arbeitgeber und dem Betriebsrat kann die Jugend- und Auszubildendenversammlung auch zu einem anderen Zeitpunkt durchgeführt werden.

Zweck einer Jugend- und Auszubildendenversammlung ist es, dass
- die JAV gegenüber ihren Wahlberechtigten berichtet, was sie seit der letzten Versammlung gemacht hat (Rechenschaftsbericht),
- die Wahlberechtigten gegenüber der JAV Probleme (z. B. fehlende Ausbildungsmittel, ausbildungsfremde Tätigkeiten etc.) benennen und diskutieren können,
- gemeinsam Forderungen zur Beseitigung von Problemen diskutiert und aufgestellt werden. In diesem Zusammenhang kann die Jugend- und Auszubildendenversammlung auch dazu genutzt werden, gegenüber dem Arbeitgeber deutlich zu machen, dass es sich bei einem Problem um ein gemeinsames (von allen oder vielen Auszubildenden) handelt.

Im Rahmen einer Jugend- und Auszubildendenversammlung kann über alle wirtschafts-, sozial- und gewerkschaftspolitischen Fragen geredet werden, die für die Wahlberechtigten zur JAV von Bedeutung sind. Themen für die Jugend- und Auszubildendenversammlung sind neben den betrieblichen Problemfeldern beispielsweise Umweltschutz, Rassismus oder die Tarifpolitik. Es gelten die gleichen Grundsätze wie bei →**Betriebs- und Abteilungsversammlungen** (vgl. § 45 BetrVG).

Die Jugend- und Auszubildendenversammlung findet während der Arbeitszeit statt (§ 71 i.V.m. § 44 BetrVG). Es empfiehlt sich dabei, die Versammlung nach folgenden Gesichtspunkten durchzuführen:
- vormittags, damit genügend Zeit zur Verfügung steht;

- an Tagen, an denen die wenigsten Auszubildenden Berufsschule haben; mit dem Verweis auf einen Beschluss der Kultusminister können die Auszubildenden auch von der Berufsschule freigestellt werden (Empfehlung zur Beurlaubung von Berufsschülern, Beschluss der Kultusministerkonferenz v. 30.5.1980);
- in größeren Betrieben möglicherweise an zwei Tagen jeweils für unterschiedliche Berufsgruppen.

Die Schulferien können auch genutzt werden. Dabei muss jedoch beachtet werden, ob viele Auszubildende Urlaub haben.

Die Jugend- und Auszubildendenversammlung findet in einem vom Unternehmer gestellten Raum (§ 65 i.V.m. § 40 Abs. 2 BetrVG) statt. Der Raum muss eine ungestörte Versammlung ermöglichen und groß genug für die Teilnahme aller Wahlberechtigten zur JAV sein.

Zur Versammlung einzuladen sind:
- alle Wahlberechtigten zur JAV (die in § 60 Abs. 1 BetrVG genannten Arbeitnehmer),
- der Betriebsrat, mit dem auch der Termin abzusprechen ist,
- die zuständige Gewerkschaft,
- Gäste oder Referenten (Sachverständige) mit Einverständnis des Betriebsrats,
- der Arbeitgeber unter Mitteilung der Tagesordnung (§ 71 i.V.m. § 43 Abs. 2 Satz 1 und 2 BetrVG).

Die JAV hat das Hausrecht bei der Jugend- und Auszubildendenversammlung; das heißt, sie entscheidet über den Ablauf der Versammlung, legt die Inhalte fest und leitet sie. Dies wird zwar nicht ausdrücklich im BetrVG benannt, allerdings wird in der Kommentarliteratur zum BetrVG diese Auffassung vertreten (vgl. DKKW-Trittin, § 71 Rn. 18; FESTL, § 71 Rn. 18).

Bedeutung für den Betriebsrat/die JAV

Es sollten möglichst regelmäßig (vier auf das Jahr verteilte) Jugend- und Auszubildendenversammlungen durchgeführt werden. Wichtig ist eine gute Vorbereitung der Versammlung. Folgendes sollte dabei beachtet werden (Thema in der vorbereitenden JAV-Sitzung):
- Was steht auf der Tagesordnung?
- Wer aus der JAV übernimmt was?
- Was berichtet der Betriebsrat bzw. wo kann der Betriebsrat unterstützen?
- Wozu soll der Vertreter der Gewerkschaft reden?

- Sollen Gäste/Referenten eingeladen werden? Zu welchem Thema?
- Gestaltung des Versammlungsraums und
- mögliche Aktionen während der Versammlung.

Gestaltungsmöglichkeiten einer Jugend- und Auszubildendenversammlung:
- **Arbeitsgruppen**
  Die JAV hat die Möglichkeit, während der Jugend- und Auszubildendenversammlung Arbeitsgruppen zu unterschiedlichen Themen (auch mit Referenten) durchzuführen. Gerade bei größeren Jugend- und Auszubildendenversammlungen können hier Diskussionen besser geführt werden.
- **Videofilm**
  Eine Auswahl guter Filme erhält man oftmals über die zuständige Gewerkschaft, bei der Stadt- oder Landesbildstelle.
- **Fachreferenten und Gäste**
  Will die JAV ein bestimmtes Thema behandeln, kann es sinnvoll sein, Experten hierzu einzuladen. So zum Beispiel einen Vertreter des örtlichen Arbeitsamtes, wenn es um die Übernahmeproblematik nach der Ausbildung geht.
- **Aktionen**
  Es kann beispielsweise ein Sketch vorgeführt werden oder man lässt Stühle leer für vom Arbeitgeber abgebaute Ausbildungsplätze.

Bedeutung für die Jugendlichen und Auszubildenden

Im Rahmen einer Jugend- und Auszubildendenversammlung besteht die Möglichkeit, Informationen über den Bearbeitungsstand von Problemen zu erhalten. Des Weiteren können Probleme angesprochen und diskutiert werden. Wichtig ist auch, dass dort, wo es möglich ist, interessierte Jugendliche und Auszubildende von der JAV bereits in die Vorbereitung der Jugend- und Auszubildendenversammlung einbezogen werden.

| Einladung für den Betriebsrat zur Jugend- und Auszubildendenversammlung |

Jugend- und Auszubildendenvertretung   Datum

An
Betriebsrat

Jugend- und Auszubildendenversammlung nach § 71 BetrVG

Liebe Kolleginnen und Kollegen,
die Jugend- und Auszubildendenversammlung beabsichtigt,
am _____
um _____ Uhr
in _____
eine Jugend- und Auszubildendenversammlung gemäß § 71 BetrVG durchzuführen.

Folgende Tagesordnung ist vorgesehen:
1. _____
2. _____
3. _____

Auf diesem Wege bitten wir um Zustimmung. Zugleich laden wir den/die Betriebsratsvorsitzende/n oder ein beauftragtes Betriebsratsmitglied herzlich ein, gem. § 65 Abs. 2 Satz 2 BetrVG an der Jugend- und Auszubildendenversammlung teilzunehmen.
Sobald die Zustimmung des Betriebsrats vorliegt, wird ein/e Vertreter/in der Gewerkschaft gem. § 46 BetrVG und der Arbeitgeber gem. § 43 Abs. 2 Satz 1 und 2 BetrVG eingeladen.

Mit freundlichen Grüßen

Vorsitzende/r der Jugend-   Stellvertretende/r Vorsitzende/r
und Auszubildendenvertretung   der Jugend- und Auszubildendenvertretung

Einladung für die Gewerkschaft zur Jugend- und Auszubildendenversammlung

Jugend- und Auszubildendenvertretung der Firma   Datum

An die
Gewerkschaft

Jugend- und Auszubildendenversammlung am ...

Liebe Kolleginnen und Kollegen,
hiermit teilen wir euch gem. § 46 Abs. 2 BetrVG mit, dass
am _____
um _____ Uhr
in _____
eine Jugend- und Auszubildendenversammlung stattfindet.
Wir laden eine/n Vertreter/in der Gewerkschaft ein, an dieser Versammlung teilzunehmen und über das Thema
_____ zu sprechen.
Dieses Thema ergibt sich _____ (ausführen).

Mit freundlichen Grüßen

Vorsitzende/r der Jugend-   Stellvertretende/r Vorsitzende/r
und Auszubildendenvertretung   der Jugend- und Auszubildendenvertretung

Einladung für Arbeitgeber zur Jugend- und Auszubildendenversammlung

---
Jugend- und Auszubildendenvertretung des Betriebes   Datum

An
Name des Arbeitgebers

Jugend- und Auszubildendenversammlung am ...

Sehr geehrte/r Herr/Frau
im Einvernehmen mit dem Betriebsrat laden wir Sie gem. § 71 in Verbindung mit § 43 Abs. 2 Satz 1 und 2 BetrVG zu der
am _____
um _____ Uhr
in _____
stattfindenden Jugend- und Auszubildendenversammlung ein.
Es werden folgende Tagesordnungspunkte behandelt:
1. _____
2. _____
3. _____

Mit freundlichen Grüßen

Vorsitzende/r der Jugend-   Stellvertretende/r Vorsitzende/r
und Auszubildendenvertretung   der Jugend- und Auszubildendenvertretung

Jugend- und Auszubildendenvertretung

Grundlagen

Die Interessenvertretung der Belegschaft ist der Betriebsrat. Speziell für Jugendliche unter 18 Jahren und für alle zur Berufsausbildung Beschäftigten, die das 25. Lebensjahr nicht vollendet haben, ist darüber hinaus die JAV zuständig. In den §§ 60 bis 71 BetrVG sind die Errichtung und die Aufgabenstellung der JAV beschrieben.

Aufgaben der Jugend- und Auszubildendenvertretung

Der JAV werden in § 70 BetrVG zwei wesentliche Aufgabenbereiche zugeordnet:

- **Kontrolle und Überwachung**
  In § 70 Abs. 1 Nr. 2 BetrVG heißt es: »Die Jugend- und Auszubildendenvertretung hat darüber zu wachen, dass die zugunsten der Wahlberechtigten geltenden Gesetze, Verordnungen, Unfallverhütungsvorschriften, Tarifverträge und Betriebsvereinbarungen durchgeführt werden.«
  Dabei handelt es sich im Wesentlichen um das Berufsbildungsgesetz, das Jugendarbeitsschutzgesetz, Verordnungen (wie beispielsweise die Arbeitsstättenverordnung oder Ausbildungsverordnung), Tarifverträge (wie beispielsweise Manteltarif- oder Ausbildungsvergütungstarifverträge), Betriebsvereinbarungen (beispielsweise zu Beurteilungssystemen oder der Lage der Arbeitszeit).

- **Maßnahmen beantragen und Anregungen entgegennehmen**
  Die JAV hat auch die Aufgabe, auf die Verbesserung der Ausbildungsbedingungen Einfluss zu nehmen. In § 70 Abs. 1 Nr. 1 BetrVG heißt es: »Die Jugend- und Auszubildendenvertretung hat Maßnahmen, die den Wahlberechtigten dienen, insbesondere in Fragen der Berufsausbildung und der Übernahme der zu ihrer Berufsausbildung Beschäftigten in ein Arbeitsverhältnis beim Betriebsrat zu beantragen.«
  Maßnahmen können beispielsweise sein:
  – die Schaffung zusätzlicher qualifizierter Ausbildungsplätze,
  – eine bessere Ausstattung von Ausbildungswerkstätten und -plätzen,

- die Durchführung von zusätzlichem Fachunterricht im Betrieb,
- die Durchsetzung lernzielorientierter Beurteilungssysteme bzw. Ausbildungsstandkontrollen,
- die Beschaffung zusätzlicher Ausbildungsmittel wie Werkzeuge, Lehrbücher, Arbeitsblätter, Zeichenmaterialien, Taschenrechner usw.,
- die Einführung von Job-Tickets,
- die Einrichtung von Sozialräumen,
- die kostenlose Bereitstellung von Arbeits- und Sicherheitskleidung.

Ausdrücklich hervorgehoben wird die Übernahme in ein Arbeitsverhältnis, da sie für Auslernende in Zeiten hoher Arbeitslosigkeit von besonderer Bedeutung ist.

Mit § 70 Abs. 1 Ziffer 1 a und 4 BetrVG wird die große Bedeutung der Themen Gleichstellung der Geschlechter und Integration von Ausländern im Betrieb für die Arbeit der JAV hervorgehoben.

In § 70 Abs. 1 Nr. 3 BetrVG heißt es darüber hinaus: Die JAV hat Anregungen der Wahlberechtigten, »insbesondere in Fragen der Berufsausbildung entgegenzunehmen und, falls sie berechtigt erscheinen, beim Betriebsrat auf eine Erledigung hinzuwirken. Die Jugend- und Auszubildendenvertretung hat die Betroffenen über den Stand und über das Ergebnis der Verhandlungen zu informieren.«

Hierzu ist es erforderlich, in engem Kontakt mit den Wahlberechtigten zu stehen. Dies kann beispielsweise durch Betriebsbegehungen oder Sprechstunden geschehen.

Arbeitsmöglichkeiten der Jugend- und Auszubildendenvertretung

Damit die JAV ihre Aufgaben erfüllen kann, sieht das BetrVG eine Anzahl von Arbeitsmöglichkeiten vor. So ist in § 65 BetrVG die Geschäftsführung der JAV geregelt. Im Einzelnen bedeutet das:

- § 65 i.V.m. § 23 Abs. 1 BetrVG: Ausschluss eines Mitgliedes der JAV oder Auflösung der JAV.
- § 65 i.V.m. § 24 BetrVG: Erlöschen der Mitgliedschaft in der JAV.
- § 65 i.V.m. § 25 BetrVG: Tätigwerden von Ersatzmitgliedern der JAV.
- § 65 i.V.m. § 26 BetrVG: Regelung über den Vorsitz und stellvertretenden Vorsitz der JAV.
- § 65 i.V.m. § 28 Abs. 1 Satz 1 und 2 BetrVG: Übertragung von Aufgaben auf Ausschüsse.
- § 65 i.V.m. §§ 30 und 31 BetrVG: Die JAV kann regelmäßig → **Sitzungen** abhalten.
- § 65 i.V.m. § 33 Abs. 1 und 2 BetrVG: Beschlussfassung in der JAV.

- § 65 i.V.m. § 34 BetrVG: Sitzungsniederschrift anfertigen.
- § 65 i.V.m. § 36 BetrVG: Die JAV kann sich eine → **Geschäftsordnung** geben.
- § 65 i.V.m. § 37 BetrVG: Ehrenamtliche Tätigkeit, Arbeitsversäumnis bzw. Freistellung.
  Nach § 65 i.V.m. § 37 Abs. 2 BetrVG müssen Mitglieder der JAV von ihrer beruflichen Tätigkeit befreit werden, soweit es zur ordnungsgemäßen Durchführung ihrer Aufgaben erforderlich ist. Das bedeutet beispielsweise die Vor- und Nachbereitung von Sitzungen und Besprechungen oder → **Betriebsbegehungen** bzw. Rundgänge in Ausbildungswerkstätten. Wichtig zur Erfüllung der Aufgaben der JAV ist es, dass sich alle Mitglieder der JAV qualifizieren. Eine entsprechende Freistellungsregelung ist in § 37 Abs. 6 und 7 BetrVG vorgesehen → **Bildungsurlaub**.
- § 65 i.V.m. § 40 BetrVG: Der Arbeitgeber muss der JAV alle erforderlichen Sachmittel zur Verfügung stellen (Papier, Schreibgeräte, Hefter, Ordner, Gesetze, Informations- und Kommunikationstechnik etc.). Für die tägliche Arbeit der JAV sind entsprechende Räumlichkeiten bereitzustellen. Dies gilt insbesondere auch für die Durchführung von JAV-Sitzungen.
- § 65 i.V.m. § 41 BetrVG: Die Erhebung und Leistung von Beiträgen der Arbeitnehmer für Zwecke der JAV ist unzulässig.
- In § 69 BetrVG ist geregelt, dass in Betrieben mit in der Regel mehr als 50 Wahlberechtigten die JAV während der Arbeitszeit Sprechstunden einrichten kann.
- Nach § 71 BetrVG kann die JAV vor oder nach jeder Betriebsversammlung im Einvernehmen mit dem Betriebsrat eine betriebliche → **Jugend- und Auszubildendenversammlung** einberufen. Im Einvernehmen mit Betriebsrat und Arbeitgeber kann sie auch zu einem anderen Zeitpunkt stattfinden.

Zusammenarbeit von JAV und Betriebsrat

Die Zusammenarbeit zwischen JAV und dem Betriebsrat ist eine wesentliche Voraussetzung, um die Interessen aller Wahlberechtigten im Betrieb vertreten und durchsetzen zu können. Die JAV kann ohne den Betriebsrat keine Verhandlungen mit dem Arbeitgeber führen, geschweige denn Betriebsvereinbarungen abschließen. Der Betriebsrat ist jedoch verpflichtet, die JAV bei Belangen, die deren Wahlberechtigte betreffen, zu beteiligen, sie umfassend zu unterrichten und ihr die zur Durchführung ihrer Aufgaben erforderlichen Unterlagen zur Verfügung zu stellen (§ 70 Abs. 2 BetrVG).

Diese vom Gesetzgeber festgeschriebene enge organisatorische Verbindung des Betriebsrats mit der JAV ist eine wichtige Grundlage für eine geschlossene Interessenvertretung der Arbeitnehmer/innen. Eine Spaltung zwischen »Jung und Alt« wäre für die Durchsetzung der Interessen der Arbeitnehmer nicht gerade förderlich. Nachteilig kann sich die Pflicht zur Zusammenarbeit dann auswirken, wenn die JAV und der Betriebsrat in der Beurteilung der zu bearbeitenden Aufgaben stark voneinander abweichende Auffassungen vertreten. Dennoch ist es auch in diesem Fall für eine starke Interessenvertretung erforderlich, sich zu verständigen. Das BetrVG sieht im Rahmen der Zusammenarbeit mit dem Betriebsrat eine Anzahl von Regelungen, wie beispielsweise das Teilnahme- und Stimmrecht der JAV in Betriebsratssitzungen (§ 67 BetrVG), das Aussetzen von Betriebsratsbeschlüssen (§ 66 BetrVG), das Teilnahmerecht an Besprechungen mit den Unternehmern (§ 68 BetrVG), vor.

Kinderarbeit

Grundlagen

Nach § 5 Abs. 1 JArbSchG ist Kinderarbeit verboten. Kind im Sinne des → **Jugendarbeitsschutzgesetzes** ist, wer noch nicht 15 Jahre alt ist (§ 2 Abs. 1 JArbSchG). Auf Jugendliche (wer 15, aber noch keine 18 Jahre alt ist), die der Vollzeitschulpflicht unterliegen, finden ebenfalls die für Kinder geltenden Vorschriften Anwendung (§ 2 Abs. 3 JArbSchG).
Das Gesetz lässt allerdings einige Ausnahmen vom Verbot ausdrücklich zu (§§ 5 bis 7 JArbSchG):
1. Zum Zwecke der Beschäftigungs- und Arbeitstherapie,
2. im Rahmen des Betriebspraktikums während der Vollzeitschulpflicht,
3. in Erfüllung einer richterlichen Weisung.
4. Für Kinder über 13 Jahre gilt das Verbot ebenfalls nicht, soweit eine Einwilligung des Personensorgeberechtigten vorliegt und die Beschäftigung leicht und für Kinder geeignet ist. Die Beschäftigung ist leicht, wenn die Sicherheit, Gesundheit und Entwicklung der Kinder, ihr Schulbesuch, ihre Beteiligung an Maßnahmen zur Berufsvorbereitung oder Berufsausbildung und ihre Fähigkeit, dem Unterricht mit Nutzen zu folgen, nicht negativ beeinträchtigt werden. Kinder dürfen nicht mehr als zwei Stunden täglich, in der Landwirtschaft nicht mehr als drei Stunden täglich, nicht zwischen 18 und 8 Uhr, nicht vor und während des Schulunterrichtes beschäftigt werden.
5. Jugendliche, die noch schulpflichtig sind, dürfen während der Schulferien für höchstens vier Wochen im Kalenderjahr beschäftigt werden.
6. Behördliche Ausnahmen können auf Antrag bewilligt werden:
    a) bei Theatervorstellungen für Kinder über sechs Jahren bis zu vier Stunden täglich in der Zeit von 10 bis 23 Uhr,
    b) bei Musikaufführungen und anderen Aufführungen, bei Werbeveranstaltungen sowie bei Aufnahmen im Rundfunk (Hörfunk und Fernsehen), auf Ton- und Bildträger sowie bei Film- und Fotoaufnahmen
    aa) für Kinder über drei bis sechs Jahren bis zu zwei Stunden täglich in der Zeit von 8 bis 17 Uhr,
    bb) für Kinder über sechs Jahren bis zu drei Stunden täglich in der Zeit von 8 bis 22 Uhr.

7. Kinder, die der Vollzeitschulpflicht nicht mehr unterliegen, dürfen im Berufsausbildungsverhältnis und ansonsten nur mit leichten und für sie geeigneten Tätigkeiten bis zu sieben Stunden täglich und 35 Stunden wöchentlich beschäftigt werden.

Nach Ansicht des DGB scheint es sehr fraglich, wie und ob diese Ausnahmen überwacht werden können. Mit der letzten Novellierung des JArbSchG gibt der Gesetzgeber, der letztlich eine Anpassung an die tatsächlichen Lebensverhältnisse erreichen wollte, geradezu den Anstoß zu noch größerem Missbrauch.

Die letzte Novellierung ist notwendig geworden, um eine Anpassung an die EG-Richtlinie zum Jugendarbeitsschutz vorzunehmen, wobei diese ausdrücklich vorsah, dass dabei das Jugendarbeitsschutzniveau nicht gesenkt werden dürfe (vgl. auch → **Anrechnung Berufsschulzeit**). Dies ist hierbei aber eindeutig geschehen.

Kinderarbeitsschutzverordnung

Kinderarbeit ist verboten. Kind im Sinne des Gesetzes ist, wer noch nicht 15 Jahre als ist (§ 2 JArbSchG). Für Jugendliche (bis zur Vollendung des 18. Lebensjahres), die der Vollzeitschuldpflicht unterliegen, finden die für Kinder geltenden Vorschriften Anwendung (§ 2 Abs. 3 JArbSchG). Die Beschäftigung von Kindern ist verboten (§ 5 Abs. 1 JArbSchG. Es gelten Ausnahmen für alle Kinder (§ 5 Abs. 2 JArbSchG):
- zum Zwecke der Beschäftigungs- und Arbeitstherapie,
- im Rahmen des Betriebspraktikums während der Vollzeitschulpflicht,
- in Erfüllung einer richterlichen Weisung.

Für Kinder über 13 Jahren gelten weitere Ausnahmen. Diese sind in der Kinderarbeitsschutzverordnung geregelt. Erlaubt sind danach die üblichen und gesellschaftlich anerkannten Tätigkeiten, etwas das Austragen von Zeitungen, Anzeigenblättern und Werbeprospekten, im Einzelnen genannte Tätigkeiten in privaten und landwirtschaftlichen Haushalten, in landwirtschaftlichen Betrieben, Tätigkeiten bei der Ernte und Feldbestellung, bei der Selbstvermarktung landwirtschaftlicher Erzeugnisse sowie der Versorgung von Tieren. Hilfstätigkeiten beim Sport sowie Tätigkeiten bei nichtgewerblichen Aktionen und Veranstaltungen der Kirchen, Religionsgemeinschaften, Verbände, Vereine und Parteien (§ 2 KinderArbSchVO).

Die Tätigkeit muss leicht und für Kinder geeignet sein. Die Kinder dürfen nicht mehr als zwei Stunden täglich, in landwirtschaftlichen Familienbetrieben nicht mehr als drei Stunden täglich, nicht zwischen 18 und 8 Uhr, nicht vor dem Schulunterricht und nicht während des Schulunterrichts beschäftigt werden (§ 5 Abs. 3 JArbSchG).

Jugendliche dürfen während der Schulferien für höchstens vier Wochen im Kalenderjahr beschäftigt werden (§ 5 Abs. 4 JArbSchG).

§ 1 Beschäftigungsverbot

Kinder über 13 Jahre und vollzeitschulpflichtige Jugendliche dürfen nicht beschäftigt werden, soweit nicht das Jugendarbeitsschutzgesetz und § 2 dieser Verordnung Ausnahmen vorsehen.

§ 2 Zulässige Beschäftigungen

(1) Kinder über 13 Jahre und vollzeitschulpflichtige Jugendliche dürfen nur beschäftigt werden
1. mit dem Austragen von Zeitungen, Zeitschriften, Anzeigenblättern und Werbeprospekten,
2. in privaten und landwirtschaftlichen Haushalten mit
   a) Tätigkeiten in Haushalt und Garten,
   b) Botengängen,
   c) der Betreuung von Kindern und anderen zum Haushalt gehörenden Personen,
   d) Nachhilfeunterricht,
   e) der Betreuung von Haustieren,
   f) Einkaufstätigkeiten mit Ausnahme des Einkaufs von alkoholischen Getränken und Tabakwaren,
3. in landwirtschaftlichen Betrieben mit Tätigkeiten bei
   a) der Ernte und der Feldbestellung,
   b) der Selbstvermarktung landwirtschaftlicher Erzeugnisse,
   c) der Versorgung von Tieren,
4. mit Handreichungen beim Sport,
5. mit Tätigkeiten bei nichtgewerblichen Aktionen und Veranstaltungen der Kirchen, Religionsgemeinschaften, Verbände, Vereine und Parteien,

wenn die Beschäftigung nach § 5 Abs. 3 des Jugendarbeitsschutzgesetzes leicht und für sie geeignet ist.

(2) Eine Beschäftigung mit Arbeiten nach Absatz 1 ist nicht leicht und für Kinder über 13 Jahre und vollzeitschulpflichtige Jugendliche nicht geeignet, wenn sie insbesondere
1. mit einer manuellen Handhabung von Lasten verbunden ist, die regelmäßig das maximale Lastgewicht von 7,5 kg oder gelegentlich das maximale Lastgewicht von 10 kg überschreiten; manuelle Handhabung in diesem Sinne ist jedes Befördern oder Abstützen einer Last durch menschliche Kraft, unter anderem das Heben, Absetzen, Schieben, Ziehen, Tragen und Bewegen einer Last,
2. infolge einer ungünstigen Körperhaltung physisch belastend ist oder
3. mit Unfallgefahren, insbesondere bei Arbeiten an Maschinen und bei der Betreuung von Tieren, verbunden ist, von denen anzunehmen ist, daß Kinder über 13 Jahre und vollzeitschulpflichtige Jugendliche sie wegen mangelnden Sicherheitsbewußtseins oder mangelnder Erfahrung nicht erkennen oder nicht abwenden können.

Satz 1 Nr. 1 gilt nicht für vollzeitschulpflichtige Jugendliche.

(3) Die zulässigen Beschäftigungen müssen im Übrigen den Schutzvorschriften des Jugendarbeitsschutzgesetzes entsprechen.

§ 3 Behördliche Befugnisse

Die Aufsichtsbehörde kann im Einzelfall feststellen, ob die Beschäftigung nach § 2 zulässig ist.

§ 4 Inkrafttreten

Diese Verordnung tritt am ersten Tage des auf die Verkündung folgenden Kalendermonats in Kraft.

Konzern-Jugend- und Auszubildendenvertretung

Grundlagen

Durch die Reform des BetrVG besteht seit 2001 die Möglichkeit, eine Konzern-Jugend- und Auszubildendenvertretung (KJAV) zu wählen. Die Voraussetzungen zur deren Errichtung sowie die Regelungen über die Mitgliederzahl, das Stimmengewicht und die Geschäftsführung der KJAV sind in den §§ 73a und 73b BetrVG enthalten.

Anders als bei der Gesamt-Jugend- und Auszubildendenvertretung (GJAV) ist die Errichtung der KJAV als »Kann-Bestimmung« formuliert (§ 73a Abs. 1 BetrVG). Will man eine KJAV errichten, müssen verschiedene Voraussetzungen hierfür erfüllt sein:

1. Unternehmen gehören einem Konzern an
   Nur wenn zwei oder mehrere Unternehmen in einem Beherrschungsverhältnis zueinander stehen, d.h. ein oder mehrere abhängige Unternehmen stehen unter der einheitlichen Leitung eines herrschenden Unternehmens, kann in diesem Konzern eine KJAV errichtet werden.
2. mehrere (Gesamt-)Jugend- und Auszubildendenvertretungen sind vorhanden
   Nur in Konzernen, in denen mindestens zwei GJAVen bereits vorhanden sind, kann die KJAV gegründet werden. Ausnahme: In einem der Konzernunternehmen existiert keine GJAV, weil es entweder nur aus einem Betrieb besteht oder nur in einem der Betriebe die Voraussetzungen zur Wahl einer JAV gegeben sind. Die JAV wird dann wie eine GJAV behandelt.
3. Zustimmung in Höhe von 75 %
   Für die Gründung einer KJAV bedarf es der zustimmenden Beschlüsse der GJAVen, die mind. 75 % aller im Konzern beschäftigten Jugendlichen und zu ihrer Berufsausbildung beschäftigten ArbeitnehmerInnen (§ 60 Abs. 1 BetrVG) vertreten. Ausschlaggebend für die Ermittlung der erforderlichen Stimmen ist die tatsächliche Zahl der betreffenden ArbeitnehmerInnen zum Zeitpunkt der Beschlussfassung (nicht die Zahl der in die Wählerlisten eingetragenen ArbeitnehmerInnen!).

> **Beispiel:**
> In einem Konzern sind zum Zeitpunkt der Beschlussfassung über die Gründung einer KJAV insgesamt 500 ArbeitnehmerInnen nach § 60 Abs. 1 BetrVG beschäftigt, davon jeweils 100 in jedem der fünf Konzernunternehmen. In vier Konzernunternehmen wurde eine GJAV errichtet, in einem Konzernunternehmen existiert weder eine GJAV noch eine JAV.
> Für die Errichtung einer KJAV bedarf es 75 % der insgesamt 500 Stimmen, also 325 Stimmen.
> Die KJAV kann nur dann gebildet werden, wenn der entsprechende Beschluss von allen vier GJAVen getroffen wird.

Jede GJAV entsendet eines ihrer Mitglieder in die KJAV (§ 73 a Abs. 2 BetrVG). Die Anzahl der Mitglieder der KJAV kann davon abweichend durch → **Tarifvertrag** oder → **Betriebsvereinbarung** bestimmt werden. Für jedes Mitglied der KJAV muss die GJAV mindestens ein Ersatzmitglied benennen und bei mehreren Ersatzmitgliedern die Reihenfolge des Nachrückens bestimmen. Wenn eine KJAV aus mehr als zwanzig Mitgliedern besteht, müssen Konzernbetriebsrat und Konzernleitung eine Betriebsvereinbarung zur Verringerung der Mitgliederzahl abschließen. Dabei sollen GJAVen, die regional oder durch gemeinsame Interessen verbunden sind, gemeinsam Mitglieder in die KJAV entsenden. Eine gesetzliche Höchstgrenze für die Mitgliederzahl der KJAV gibt es jedoch nicht.

Nachdem die zur Gründung einer KJAV erforderlichen Beschlüsse gefasst wurden, hat die GJAV des herrschenden Konzernunternehmens zur konstituierenden Sitzung einzuladen (§ 73 b i.V.m. § 59 BetrVG). Der Vorsitzende der einladenden GJAV leitet so lange die Sitzung, bis die KJAV einen Wahlleiter für die Wahl des Vorsitzenden der KJAV und seines Stellvertreters bestellt hat.

Die Anzahl der Stimmen, die ein Mitglied der KJAV bei Abstimmungen erhält, bemisst sich nach der Zahl der Stimmen, die die entsendende GJAV insgesamt hat (§ 73 a Abs. 3 BetrVG). Abzustellen ist dabei auf die in den Betrieben eines Konzernunternehmens in die Wählerlisten eingetragenen jugendlichen Arbeitnehmer nach § 60 Abs. 1 BetrVG.

Ausnahme: Besteht eines der Konzernunternehmen aus mehreren Betrieben, von denen aber nur einer eine JAV gewählt hat, so nimmt diese die Aufgabe einer GJAV wahr (§ 73 a Abs. 1 Satz 3 BetrVG). Für Beschlussfassungen der KJAV heißt das, dass diese JAV so viele Stimmen erhält, wie jugendliche ArbeitnehmerInnen nach § 60 Abs. 1 BetrVG zum Zeitpunkt des Entsendebeschlusses in dem Konzernunternehmen beschäftigt sind, dem die JAV angehört.

Wurden mehrere Mitglieder einer GJAV entsandt, werden die Stimmen anteilig unter ihnen verteilt. Wenn ein Mitglied der KJAV für mehrere Unternehmen zuständig ist, erhält es die Stimmen aller Wahlberechtigten der Unternehmen, für die es entsandt wurde.

Die KJAV kann nach Verständigung des Konzernbetriebsrats Sitzungen abhalten § 73 b Abs. 1 BetrVG). Nach Verständigung meint hier Unterrichtung, es ist keine Genehmigung des Konzernbetriebsrats dafür einzuholen. Der Vorsitzende oder ein beauftragtes Mitglied des Konzernbetriebsrats hat das Recht, an den Sitzungen der KJAV teilnehmen. Sinnvoll ist, wenn ein Mitglied des Konzernbetriebsrats speziell für Fragen der jugendlichen ArbeitnehmerInnen und die Betreuung der KJAV benannt wird.

Die KJAV ist zuständig für solche Angelegenheiten, die den Konzern oder mehrere seiner Unternehmen betreffen und nicht durch die einzelnen GJAVen geregelt werden können (§ 73 b i.V.m. § 58 Abs. 1 BetrVG). Die KJAV ist den einzelnen GJAVen jedoch nicht übergeordnet. Beispiele für unternehmensübergreifende Themen können z.b. konzernweite → **Ausbildungspläne** oder → **Auswahlverfahren** bei der Einstellung von Auszubildenden sein.

Die KJAV muss ebenfalls in einer Angelegenheit tätig werden, wenn sie von der GJAV dazu beauftragt wird (§ 73b i.V.m. § 58 Abs. 2 BetrVG). Die GJAV ist aber nicht zwingend an die Entscheidung gebunden.

Seit der Reform des BetrVG hat auch die KJAV die Möglichkeit, Ausschüsse zu bilden und diesen bestimmte Aufgaben zu übertragen (§ 73 b i.V.m. § 28 Abs. 1 Satz 1 BetrVG). Im Übrigen gelten für die KJAV die gleichen Vorschriften zur Geschäftsführung wie für die GJAV.

Bedeutung für den Betriebsrat/die JAV

Viele Entscheidungen der Arbeitgeber werden heutzutage betriebsübergreifend auf Konzernebene getroffen. Um Informationen rechtzeitig bereits in der Planungsphase zu erhalten und um bei den Planungen noch mitwirken zu können, ist eine Vertretung der Jugendlichen und Auszubildenden auf Konzernebene erforderlich und hilfreich.

Mit der Möglichkeit, sich in der KJAV über aktuelle Entwicklungen im Konzern bzw. in den einzelnen Unternehmen und Betrieben austauschen zu können, kann die Arbeit der Interessenvertretungen und ihre Durchsetzungsstärke insgesamt verbessert werden. Dies gilt umso mehr, als die KJAV in konzernübergreifenden Angelegenheiten auch für solche Unternehmen bzw. Betriebe zuständig ist, die keine GJAV bzw. JAV gebildet haben (§ 73 b i.V.m. § 58 BetrVG). Das gegeneinander Ausspielen verschiedener Standorte eines Konzerns ist damit nicht mehr so einfach.

Kündigung

Grundlagen

Die Kündigung ist eine **einseitige Erklärung,** die eine Vertragspartei gegenüber der anderen abgibt, **um ein Arbeitsverhältnis zu einem bestimmten Zeitpunkt zu beenden.**
Nach § 623 BGB bedarf die Kündigung, wie jede andere Beendigung eines Arbeitsverhältnisses, der Schriftform.
Damit hat der Gesetzgeber einen erheblichen Beitrag zur Rechtssicherheit und -klarheit im Interesse der Arbeitnehmer geschaffen, denn früher gab es keine besonderen gesetzlichen Formvorschriften, sodass die Kündigung auch mündlich erklärt und wirksam werden konnte.
Die Kündigungserklärung muss die eigenhändige Namensunterschrift des zur Kündigung Berechtigten enthalten. Hat dieser sich durch einen Rechtsanwalt oder einen Personalsachbearbeiter (»i. A.«) vertreten lassen, so muss der Kündigung eine schriftliche Vollmacht beiliegen, sonst kann sie zurückgewiesen werden (§ 174 BGB).
Ein solches im Original eigenhändig unterschriebenes Schriftstück kann dann grundsätzlich auch durch Telefax oder als Anlage zu einer E-Mail übermittelt werden (§ 127 Abs.2 BGB). Dagegen reicht nach richtiger Auffassung die Kündigung im Text der E-Mail selbst nicht aus. Wegen der insoweit nicht ganz einheitlichen Rechtsprechung sollte jedoch auch gegen eine solche Kündigung vorsorglich innerhalb von drei Wochen **Kündigungsschutzklage** erhoben werden.
Das Gebot der Schriftlichkeit gilt im Übrigen für **jede Form der Kündigung,** also auch für eine fristlose Kündigung oder für eine Änderungskündigung, aber gleichermaßen auch für die **Kündigung durch den Arbeitnehmer,** da § 623 BGB nur von der Kündigung als solcher spricht und nicht zwischen der Arbeitgeber- oder Arbeitnehmerkündigung unterscheidet. Die Kündigungsgründe selbst brauchen nicht schriftlich mitgeteilt zu werden. Allerdings kann nach § 626 Abs. 2 Satz 3 BGB der Gekündigte bei einer fristlosen Kündigung verlangen, dass ihm die Kündigungsgründe mitgeteilt werden.
Bei einer **ordentlichen Kündigung** wird das Arbeitsverhältnis nach Ablauf einer Kündigungsfrist beendet.

Beispiel:
Hiermit kündigen wir das zwischen uns bestehende Arbeitsverhältnis mit Ablauf der ordentlichen Kündigungsfrist zum ...

Bei der →**fristlosen Kündigung** soll eine sofortige Beendigung des Arbeitsverhältnisses ohne Einhaltung einer →**Kündigungsfrist** durchgesetzt werden. Mit der →**Änderungskündigung** soll eine Änderung der Arbeitsbedingungen erreicht werden.

Die ordentliche Kündigung eines Arbeitsverhältnisses kann ausgeschlossen sein, z. B. bei Mitgliedern des Betriebsrats, der JAV und anderer betriebsverfassungsrechtlicher Gremien (§ 15 KSchG) und bei befristeten Arbeitsverhältnissen, wenn dies nicht ausdrücklich vereinbart ist (§ 15 Abs. 3 TzBfG). Bei langjährig beschäftigten, älteren Arbeitnehmern ist in einigen Tarifverträgen die ordentliche Kündigung ausgeschlossen.

Die außerordentliche Kündigung aus wichtigem Grund (z. B. Diebstahl) kann dagegen nicht völlig ausgeschlossen werden, sie kann jedoch von behördlichen Erlaubnissen abhängig gemacht werden, z. B. für die Zeit des Mutterschutzes und der Elternzeit, bei Schwerbehinderung sowie während des Wehr- oder Zivildienstes. Bei außerordentlicher Kündigung von Mitgliedern des Betriebsrats, JAV und anderer betriebsverfassungsrechtlicher Gremien ist die Zustimmung des Betriebsrats erforderlich; erhält der Arbeitgeber diese nicht, muss er das Arbeitsgericht anrufen (§ 103 BetrVG).

Die Kündigung muss darauf gerichtet sein, das Arbeitsverhältnis zu beenden und insoweit eindeutig sein. Jedoch ist es nicht nötig, dass in dem Schriftstück das **Wort Kündigung** erscheint.

Bei einer Kündigung durch einen **Brief** geht die Kündigung zu, wenn sie in den Machtbereich des Empfängers gelangt und dieser unter gewöhnlichen Umständen davon Kenntnis nehmen kann. Ein um 21:00 Uhr durch Boten eingeworfener Brief, gelangt zwar zu dieser Zeit in den Machtbereich, da jedoch normalerweise um diese Uhrzeit niemand in seinen Briefkasten schaut, geht er erst am nächsten Tag zu. Die gleichen Regeln gelten beim Einwurfeinschreiben Das Übergabeeinschreiben geht dagegen erst mit Aushändigung zu, also z. B. erst bei der Abholung bei der Post, und nicht bereits mit Hinterlegung der Benachrichtigung im Briefkasten.

Gegen eine Kündigung kann man sich mit einer →**Kündigungsschutzklage** zur Wehr setzen.

Bedeutung für den Betriebsrat/die JAV

Die **Mitbestimmungsrechte** des Betriebsrats sind in Betriebsratsbetrieben zu beachten. Der Betriebsrat ist gemäß § 102 BetrVG vor jeder Kündigung zu hören, andernfalls ist die Kündigung nichtig. Hat der Betriebsrat gegen eine ordentliche Kündigung oder Änderungskündigung Bedenken, muss er dies nach § 102 Abs. 2 BetrVG dem Arbeitgeber innerhalb einer Woche schriftlich mitteilen, sonst gilt seine Zustimmung zur beabsichtigten Kündigung als erteilt. Bei einer fristlosen Kündigung beträgt diese Frist drei Tage.

Der Betriebsrat kann innerhalb einer Woche einer ordentlichen Kündigung auch widersprechen. Stützt er den Widerspruch auf die in § 102 Abs. 3 BetrVG genannten Gründe und erhebt der Arbeitnehmer nach gleichwohl erfolgter Kündigung **Kündigungsschutzklage**, muss er vom Arbeitgeber nach § 102 Abs. 5 BetrVG bis zum rechtskräftigen **Abschluss des Rechtsstreits** bei unveränderten Arbeitsbedingungen weiterbeschäftigt werden. Dies gilt aber nur bei einer ordentlichen Kündigung, nicht aber bei einer fristlosen Kündigung. Hat der Betriebsrat gegen eine außerordentliche (fristlose) Kündigung Bedenken, so hat er diese nach § 102 Abs. 2 Satz 3 BetrVG unter Angabe der Gründe dem Arbeitgeber unverzüglich schriftlich mitzuteilen.

Kündigung des Ausbildungsverhältnisses

Während der **Probezeit** kann das Berufsausbildungsverhältnis jederzeit ohne Einhaltung der Kündigungsfrist gemäß § 22 Abs. 1 BBiG gekündigt werden.

Nach Ablauf der Probezeit kann das Berufsausbildungsverhältnis nach § 22 Abs. 2 BBiG nur gekündigt werden:
1. aus einem wichtigen Grund ohne Einhalten einer Kündigungsfrist,
2. vom Auszubildenden mit einer Kündigungsfrist von vier Wochen, wenn er die Berufsausbildung aufgeben oder sich für eine andere Berufstätigkeit ausbilden lassen will.

Die Kündigung muss schriftlich und unter Angabe der Kündigungsgründe erfolgen.

Eine Kündigung aus einem wichtigen Grund ist unwirksam, wenn die ihr zugrunde liegenden Tatsachen dem Kündigenden länger als zwei Wochen bekannt sind.

> **Beispiel:**
> Fristlose Kündigung durch den Ausbildungsbetrieb gegenüber dem Auszubildenden: »Hiermit kündigen wir das mit Ihnen bestehende Ausbildungsverhältnis gemäß § 22 Abs. 2 Nr. 1 BBiG aus wichtigem Grund fristlos.«
> Es folgt dann üblicherweise die Begründung. Als Beispiel vgl. ausländerfeindliches, rassistisches Verhalten, sowie möglicherweise ein Hinweis auf die Möglichkeit, den Schlichtungsausschuss nach § 111 A. 6ff anzurufen.

Kündigungsfristen

Grundlagen

Mit Kündigungsfristen bezeichnet man den Zeitraum zwischen Zugang der Kündigung und Beendigung des Arbeitsverhältnisses. Sie können vertraglich, tarifvertraglich oder gesetzlich geregelt sein.
Gesetzliche Grundlage ist § 622 BGB.
Danach betragen die von Arbeitgeber und Arbeitnehmer einzuhaltenden Fristen für die ordentliche Kündigung innerhalb einer Betriebszugehörigkeitszeit von zwei Jahren einheitlich vier Wochen zum 15. oder zum Monatsende.
Bei längerer Betriebszugehörigkeitszeit gelten für eine Kündigung **durch den Arbeitgeber** für Arbeitnehmer verlängerte Fristen, nämlich:

nach 2 Jahren:	1 Monat zum Monatsende,
nach 5 Jahren:	2 Monate zum Monatsende,
nach 8 Jahren:	3 Monate zum Monatsende,
nach 10 Jahren:	4 Monate zum Monatsende,
nach 12 Jahren:	5 Monate zum Monatsende,
nach 15 Jahren:	6 Monate zum Monatsende,
nach 20 Jahren:	7 Monate zum Monatsende.

Nach dem Text des § 622 Abs. 2 Satz 2 sollen Zeiten vor der Vollendung des 25. Lebensjahres nicht berücksichtigt werden. Diese Regelung hat einen diskriminierenden Inhalt: Arbeitnehmer dürfen weder wegen zu hohen noch wegen zu jungen Lebensalters benachteiligt werden. Daher darf die Regelung nach einer Vorabentscheidung des Gerichtshofs der Europäischen Union vom 19.01.2010 – C-555/07 nicht mehr angewendet werden.

Sieht der Arbeitsvertrag eine **Probezeit vor, so kann** die Kündigungsfrist auf zwei Wochen abgekürzt werden, längstens für einen Zeitraum von sechs Monaten (§ 622 Abs. 3 BGB). Ohne ausdrückliche Vereinbarung gilt dagegen auch in den ersten sechs Monaten des Arbeitsverhältnisses die Grundkündigungsfrist von vier Wochen zum 15. oder zum Monatsende.

In **Tarifverträgen** finden sich Regelungen über verkürzte oder verlängerte Kündigungsfristen.

Im **Arbeitsvertrag** können Kündigungsfristen verlängert, jedoch nicht verkürzt werden, es sei denn, es handelt sich um Aushilfen für einen Zeitraum von höchstens drei Monaten.

In **Kleinbetrieben** mit bis zu 20 Arbeitnehmern kann eine vierwöchige Grundkündigungsfrist ohne festen Endtermin einzelvertraglich vereinbart werden.

Besonderheiten gelten bei Kündigungen zum Ende der **Elternzeit**. Hier hat der Arbeitnehmer eine Kündigungsfrist von drei Monaten einzuhalten.

Kündigungsschutz

Grundlagen

Durch den Kündigungsschutz wird die **Zulässigkeit von Kündigungen** bestehender Arbeitsverhältnisse durch den Arbeitgeber **beschränkt**. Kündigungsbeschränkungen gibt es in Arbeits- oder Tarifverträgen, vor allem aber durch das Kündigungsschutzgesetz oder besondere Kündigungsschutzbestimmungen in anderen Gesetzen für besondere Arbeitnehmergruppen, etwa in § 9 MuSchG, oder das Kündigungsverbot gegenüber Betriebsräten oder Wehr- oder Zivildienstleistenden im Arbeitsplatzschutzgesetz oder der **besondere Kündigungsschutz für Auszubildende** nach dem Berufsbildungsgesetz oder für schwerbehinderte Menschen nach dem SGB IX.

Der Zweck des Kündigungsschutzes ist es, den Arbeitnehmern grundsätzlich den Arbeitsplatz und damit ihre Existenzgrundlage zu erhalten, indem Kündigungen nur für zulässig erachtet werden, wenn der Arbeitgeber einen hinreichenden Grund für die Kündigung hat.

Arbeitnehmer werden vor allem durch das **Kündigungsschutzgesetz** vor Kündigungen geschützt. Das Kündigungsschutzgesetz gilt jedoch nur in Betrieben und Verwaltungen mit mehr als zehn regelmäßig Beschäftigten, wobei Teilzeitbeschäftigte anteilig berücksichtigt werden und Auszubildende nicht mitzählen.

Ferner kann sich ein Arbeitnehmer auf die Bestimmungen des Kündigungsschutzgesetzes nur berufen, wenn sein Arbeitsverhältnis mehr als sechs Monate bestanden hat.

Findet das Kündigungsschutzgesetz Anwendung, ist eine Kündigung nur rechtswirksam, wenn sie sozial gerechtfertigt ist, d. h., wenn sie entweder **auf personen- oder verhaltensbedingte Gründe** gestützt werden kann, oder **dringende betriebliche Interessen** einer Weiterbeschäftigung des Arbeitnehmers im Betrieb entgegenstehen (vgl. § 1 KSchG).

Voraussetzung ist, dass die Frage der sozialen Rechtfertigung der Kündigung in einem → **Kündigungsschutzprozess** überprüft wird. Der Arbeitnehmer muss also binnen **drei Wochen seit Zugang der Kündigung** gegen die Kündigung klagen, andernfalls ist das Arbeitsverhältnis nach Ablauf der Kündigungsfrist beendet, auch wenn die Kündigung nicht sozial gerechtfertigt war.

Der **Zugang der schriftlichen Kündigung** ist also für die 3-Wochen-Klagefrist maßgeblich, auch wenn das Arbeitsverhältnis selbst wegen der Kündigungsfristen zu einem wesentlich späteren Zeitpunkt z.B. erst zum Jahresende beendet werden soll.

Kündigungsschutzprozess

Grundlagen

Wenn ein gekündigter Arbeitnehmer geltend machen will, dass die Kündigung seines Arbeitsverhältnisses nicht gerechtfertigt ist, muss er eine **Kündigungsschutzklage** gegenüber dem Arbeitgeber beim **Arbeitsgericht** erheben mit dem Antrag, festzustellen, dass das Arbeitsverhältnis durch die Kündigung nicht aufgelöst worden ist.

Rechtliche Grundlage ist vor allem das **Kündigungsschutzgesetz**, wenn der Arbeitnehmer eine mangelnde soziale Rechtfertigung der Kündigung behauptet oder vortragen will, dass Fehler bei der sozialen Auswahl vorgekommen sind.

Unabhängig vom Kündigungsschutzgesetz kann man die Unwirksamkeit einer Kündigung auch auf andere Gründe stützen, etwa darauf, dass der **Betriebsrat nicht** oder nicht ordnungsgemäß **gehört wurde**, oder ein Verstoß gegen besondere Schutzgesetze vorlag, z. B. bei einem Schwerbehinderten die vorherige **Zustimmung des Integrationsamtes** zur Kündigung nicht vorlag, oder auch, dass die Kündigung aus anderen Gründen rechtsunwirksam ist, etwa gegen den **Grundsatz von Treu und Glauben** (§ 242 BGB) verstößt oder entgegen § 623 BGB nicht schriftlich erfolgte.

Das Kündigungsschutzgesetz enthält eine einschneidende Ausnahme für Kleinbetriebe:

Nach § 23 KSchG gilt der Kündigungsschutz nur für Betriebe, die regelmäßig mehr als zehn Arbeitnehmer beschäftigen, wobei die Auszubildenden nicht mitgezählt werden und Teilzeitbeschäftigte mit einer regelmäßigen wöchentlichen Arbeitszeit von nicht mehr als 20 Stunden mit 0,5 (Arbeitnehmer) und nicht mehr als 30 Stunden mit 0,75 (Arbeitnehmer) berücksichtigt werden.

Bis zum 31.12.2003 galt noch eine Mindestgröße von mehr als fünf Arbeitnehmern. Es gilt eine Besitzstandsregelung: Arbeitnehmer, die seinerzeit den Kündigungsschutz bereits hatten, behalten ihn auch nach der Neuregelung.

Die Kündigungsschutzklage muss **innerhalb von drei Wochen** nach Zugang der schriftlichen Kündigung erhoben werden, sonst wird die Kündigung wirksam.

Bis zum 31.12.2003 galt diese Dreiwochenfrist nur, wenn der Arbeitnehmer mit der Kündigungsschutzklage geltend machen wollte, dass die Kündigung »sozial ungerechtfertigt« war. Für andere Unwirksamkeitsgründe der Kündigung, etwa dass der Betriebsrat nicht angehört worden sei, galt die Dreiwochenfrist nicht.

Seit dem 1.1.2004 gilt eine einheitliche Klagefrist. Nach § 4 muss ein Arbeitnehmer, der geltend macht, dass eine Kündigung sozial ungerechtfertigt oder aus anderen Gründen rechtsunwirksam ist, innerhalb von drei Wochen nach Zugang der schriftlichen Kündigung Klage beim Arbeitsgericht auf Feststellung erheben, dass das Arbeitsverhältnis durch die Kündigung nicht aufgelöst ist. Entsprechendes gilt auch für eine Klage gegen eine Änderungskündigung. Der Grund für diese Gesetzesänderung liegt darin, dass möglichst rasch die Frage geklärt werden soll, ob eine Kündigung wirksam ist oder nicht.

Eine **nachträgliche Klagezulassung** ist nur **bei Härtefällen** möglich, wenn gemäß § 5 KSchG ein Arbeitnehmer trotz Anwendung aller ihm nach Lage der Umstände zuzumutenden Sorgfalt verhindert war, die Klage innerhalb von drei Wochen nach Zugang der Kündigung zu erheben.

> Beispiel:
> Kündigungszugang während einer Urlaubsabwesenheit, wenn man mit einer Kündigung nicht rechnen musste.

Folgen des Kündigungsschutzprozesses

Verliert der Arbeitnehmer den Kündigungsschutzprozess, gilt das Arbeitsverhältnis als beendet.

Stellt das Gericht fest, dass die Kündigung unwirksam war, ist der Arbeitnehmer zu unveränderten Arbeitsbedingungen weiterzubeschäftigen.

Es kommt nach §§ 9 und 10 KSchG auch die **Auflösung des Arbeitsverhältnisses** auf Antrag des Arbeitnehmers und in besonderen Fällen auch auf Antrag des Arbeitgebers **gegen Zahlung einer Abfindung** in Betracht. Die Höhe der Abfindung richtet sich nach dem Gehalt und der Dauer der Betriebszugehörigkeit.

Als Abfindung ist nach § 10 KSchG ein Betrag bis zu zwölf Monatsverdiensten festzusetzen. Ist das 50. Lebensjahr vollendet und hat das Arbeitsverhältnis mindestens 15 Jahre bestanden, ist ein Betrag bis zu 15 Monatsverdiensten bzw. ab dem 55. Lebensjahr und nach mehr als 20-jähriger Betriebszugehörigkeit ist ein Betrag bis zu 18 Monatsverdiensten des Bruttoeinkommens festzusetzen.

Dieser gesetzliche Anspruch auf **Abfindung**, die das Gericht durch Urteil festlegt, spielt in der Praxis keine große Rolle. Viel häufiger, nämlich in über 90% aller Kündigungsschutzprozesse einigen sich Arbeitgeber und Arbeitnehmer durch gegenseitiges Nachgeben darauf, dass sie §§ 9, 10 KSchG entsprechend anwenden wollen, wohl wissend, dass die Voraussetzungen nicht vorliegen.

Steuerfreibeträge für die Abfindung gibt es nicht mehr, lediglich die **Progression** ist etwas abgemildert, da die Abfindung steuerlich so behandelt wird, als wäre sie nicht in einem Kalenderjahr zugeflossen, sondern verteilt auf fünf (sog. Fünftelungsregelung).

Wenn die Kündigungsfrist eingehalten ist, wird die Abfindung nicht auf das **Arbeitslosengeld** angerechnet. Kündigt der Arbeitgeber nicht, sondern schließt er mit dem Arbeitnehmer einen **Aufhebungsvertrag,** so führt dies grundsätzlich dazu, dass das **Arbeitslosengeld für zwölf Wochen gesperrt** wird. Um dies zu vermeiden, werden häufig Kündigungen ausgesprochen und Prozesse eingeleitet, obwohl sich die Arbeitsvertragsparteien längst darüber einig sind, das Arbeitsverhältnis gegen Zahlung einer Abfindung in üblicher Höhe zu beenden. Dies wiederum hat den Gesetzgeber dazu veranlasst, eine gesetzliche Regelung zu schaffen, um Arbeitgeber und Arbeitnehmer die Möglichkeit zu geben, bei der **Auflösung eines Arbeitverhältnisses ohne Anrufung der Arbeitsgerichte** und ohne negative Auswirkung auf den Arbeitslosengeldanspruch einen Abfindungsanspruch zu regeln.

Nach § 1 a KSchG gilt Folgendes:

Kündigt ein Arbeitgeber wegen dringender betrieblicher Erfordernisse nach § 1 Abs. 2 Satz 1 KSchG und erhebt der Arbeitnehmer bis zum Ablauf der Frist des § 4 Satz 1 keine Klage auf Feststellung, dass das Arbeitsverhältnis durch die Kündigung nicht aufgelöst ist, hat der Arbeitnehmer mit dem Ablauf der Kündigungsfrist Anspruch auf eine Abfindung. Der Anspruch setzt den Hinweis des Arbeitgebers in der Kündigungserklärung voraus, dass die Kündigung auf dringende betriebliche Erfordernisse gestützt ist und der Arbeitnehmer bei Verstreichenlassen der Klagefrist eine Abfindung beanspruchen kann.

Die Höhe der Abfindung beträgt 0,5 Monatsverdienste für jedes Jahr des Bestehens des Arbeitsverhältnisses. Bei der Ermittlung der Dauer des Arbeitsverhältnisses ist ein Zeitraum von mehr als sechs Monaten auf ein volles Jahr aufzurunden.

Die praktische Bedeutung auch dieser Regelung darf nicht überschätzt werden. Häufig hofft der Arbeitgeber, ganz ohne Abfindung aus dem Arbeitsverhältnis herauszukommen, oder jedenfalls mit einer geringeren.

Sieht der Arbeitnehmer dagegen Mängel der Kündigungsgründe, etwa der sozialen Auswahl, hofft er jedenfalls auf eine höhere Abfindung, wenn er an dem Arbeitsverhältnis nicht festhalten will. Die Arbeitsvertragsparteien machen dann von der gesetzlichen Regelung keinen Gebrauch, sondern verhandeln im arbeitsgerichtlichen Verfahren über die Höhe der Abfindung.

LITERATUR

Rechtsgrundlage

Eine Grundvoraussetzung für die Wahrnehmung der breit gefächerten Aufgaben der JAV ist es, dass sich JAV-Mitglieder ständig mit den Fragen zu den unterschiedlichsten Problembereichen ihrer Tätigkeit, wie z. B. Fragen der Berufsausbildung, Regelungen zum besonderen Schutz Jugendlicher, Fragen der Arbeitszeit, Gestaltung des Ausbildungsplans, Verbesserung der Ausbildungsmethoden, Frauenförderung und damit verbundenen rechtlichen Themen, befassen und auseinander setzen. Dieses ist jedoch nur dann möglich, wenn eine entsprechende Ausstattung mit Literatur vorhanden ist. Dazu gehören auch sogenannte *Periodika* (regelmäßig erscheinende Zeitschriften bzw. Publikationen), die den JAV-Mitgliedern ermöglichen, sich über neuere Entwicklungen, Erkenntnisse und Entscheidungen zu informieren.

Nach § 65 Abs. 1 i. V. m. § 40 Abs. 2 BetrVG hat der Arbeitgeber die durch die Tätigkeit der JAV entstehenden Kosten zu tragen und die erforderlichen Mittel zur Verfügung zu stellen. Zur Bereitstellung von sachlichen Mitteln gehören deshalb auch u. a. Gesetzestexte, Kommentare, Fachzeitschriften. Voraussetzung ist dabei, dass es sich um erforderliche Literatur handelt.

Da die JAV nicht direkt beim Arbeitgeber die erforderliche Literatur anfordern kann, muss sie den Weg über den Betriebsrat gehen. Die JAV hat dabei einen Überlassungsanspruch, den der Betriebsrat gegenüber dem Arbeitgeber geltend machen muss. Der Betriebsrat muss somit den Arbeitgeber auffordern, der JAV die geforderte Literatur zu beschaffen. Aus dem Überlassungsanspruch folgt, dass weder Betriebsrat noch die JAV berechtigt sind, die Literatur für sich auf Kosten des Arbeitgebers zu bestellen.

Die der JAV zur Benutzung überlassene Literatur kann die JAV auch selbst auswählen. Dabei ist darauf zu achten, dass gerade im Bereich des Arbeitsrechts keine »wertneutrale« Literatur existiert.

Literaturhinweise

→ Betriebsverfassungsrecht

Zur Standardausstattung jeder JAV gehören:

Klebe/Ratayczak/Heilmann/Spoo, Betriebsverfassungsgesetz, Basiskommentar, 16. Auflage 2010
Kittner, Arbeits- und Sozialordnung (Gesetzessammlung), 35. Auflage 2010
Däubler/Kittner/Klebe/Wedde, Betriebsverfassungsgesetz, Kommentar für die Praxis, 12. Auflage 2010 (auch als CD-ROM erhältlich)
Lakies/Schoden, Jugendarbeitsschutzgesetz, Basiskommentar, 6. Auflage 2010
Lakies/Nehls, Berufsbildungsgesetz, Basiskommentar, 2. Auflage 2009

Zur JAV-Literatur sind des Weiteren folgende Titel zu zählen:
Kittner/Zwanziger, Arbeitsrecht, Handbuch für die Praxis, 5. Auflage 2009
Däubler, Arbeitsrecht, Ratgeber für Beruf, Praxis und Studium, 8. Auflage 2010
Schoof, Betriebsratspraxis von A bis Z (Handwörterbuch), 9. Auflage 2010 (incl CD-ROM; auch nur als CD-ROM erhältlich)
Schoof, Rechtsprechung zum Arbeitsrecht von A bis Z, 6. Auflage 2010 (incl. CD-ROM)

→ Personalvertretungsrecht

Zur Standardausstattung jeder JAV gehören:

Altvater/Peiseler, BPersVG, Basiskommentar, oder der Basiskommentar für das entsprechende LPersVG
Altvater/Hamer/Kröll/Lemcke/Peiseler, BPersVG, Kommentar für die Praxis, 6. Auflage 2008 oder der entsprechende Großkommentar für das entsprechende LPersVG
Peiseler, Textsammlung öffentlicher Dienst, 2006
Kittner, Arbeits- und Sozialordnung (Gesetzessammlung), 35. Auflage 2010
Lakies/Schoden, Jugendarbeitsschutzgesetz, Basiskommentar, 6. Auflage 2010
Lakies/Nehls, Berufsbildungsgesetz, Basiskommentar, 2. Auflage 2009
Weitere Titel sind:
Görg/Guth/Hamer, Tarifvertrag für den öffentlichen Dienst, Basiskommentar, 4. Auflage 2010
Kittner/Zwanziger, Arbeitsrecht, Handbuch für die Praxis, 5. Auflage 2009
Däubler, Arbeitsrecht, Ratgeber für Beruf, Praxis und Studium, 8. Auflage 2010
Schoof, Rechtsprechung zum Arbeitsrecht von A bis Z, 6. Auflage 2010(CD-ROM)

→ Wahl der JAV

Als Literatur für die Wahl der Jugend- und Auszubildendenvertretung ist erforderlich:

Berg/Heilmann/Schneider, JAV-Wahl 2010, Formularmappe zur Wahl der Jugend- und Auszubildendenvertretung (mit CD-ROM), 8. Auflage 2010

Mindestalter für Beschäftigung

Grundlagen

Das Jugendarbeitsschutzgesetz regelt in verschiedenen Bestimmungen das Mindestalter für verschiedene Arten der Beschäftigung.

Eine erste Zäsur knüpft das Gesetz daran, ob es sich um ein **Kind** oder um einen **Jugendlichen** handelt. Jugendlicher ist, wer 15, aber noch nicht 18 Jahre alt ist. Kind ist, wer noch nicht 15 Jahre alt ist. Außerdem finden die für Kinder geltenden Vorschriften auch auf die Jugendlichen Anwendung, die noch der Vollzeitschulpflicht unterliegen (§ 2 JArbSchG).

Das in § 5 JArbSchG geregelte grundsätzliche Verbot der Beschäftigung von Kindern – bzw. Jugendlichen, die noch der Vollzeitschulpflicht unterliegen – gilt nicht bei einer Beschäftigung zum Zwecke der **Beschäftigungs- und Arbeitstherapie** oder im Rahmen des **Betriebspraktikums** während der Vollzeitschulpflicht.

Ferner gilt das Beschäftigungsverbot für Kinder nicht für Kinder über 13 Jahre mit Einwilligung des Personensorgeberechtigten, soweit die Beschäftigung leicht und für Kinder geeignet ist.

Schließlich gilt das Beschäftigungsverbot nicht für die Beschäftigung von Jugendlichen über 15 Jahre – die also noch als Kinder »gelten« – während der **Schulferien** für höchstens vier Wochen im Kalenderjahr.

Schließlich kann die **Aufsichtsbehörde** auf Antrag **weitere Ausnahmen** vom Beschäftigungsverbot für Kinder zulassen und etwa die Beschäftigung bei Theatervorstellungen oder Musikaufführungen und anderen Aufführungen bewilligen, aber auch bei Werbeveranstaltungen und sonstigen Veranstaltungen, an denen Kinder gestaltend mitwirken. Verboten bleibt die Mitwirkung in Kabaretts, Tanzlokalen sowie Vergnügungsparks und auf Jahrmärkten oder ähnlichen Schaustellungen.

Im Übrigen dürfen Kinder, die der Vollzeitschulpflicht nicht mehr unterliegen, auch im Berufsausbildungsverhältnis beschäftigt werden. Sie dürfen auch außerhalb eines Berufsausbildungsverhältnisses beschäftigt werden, jedoch nur mit leichten und für sie geeigneten Tätigkeiten, und zwar bis zu sieben Stunden täglich und 35 Stunden wöchentlich.

Auch für Jugendliche gibt es **besondere Altersbeschränkungen** bei der

Beschäftigung. Sie dürfen grundsätzlich nach § 8 JArbSchG nicht mehr als acht Stunden täglich und nicht mehr als 40 Stunden wöchentlich beschäftigt werden. In der Landwirtschaft dürfen Jugendliche über 16 Jahre während der Erntezeit nicht mehr als neun Stunden täglich und nicht mehr als 85 Stunden in der Doppelwoche beschäftigt werden.

Mitbestimmungsrechte – JAV und Betriebsrat

Grundlagen

Zwar stehen der JAV nach § 70 BetrVG Überwachungspflichten und -rechte zu, die sich insbesondere auf das Berufsbildungsgesetz und das Jugendarbeitsschutzgesetz beziehen. Soweit jedoch Maßnahmen beim Arbeitgeber zu beantragen sind oder auf eine Erledigung von Anregungen der von der JAV vertretenen jugendlichen Arbeitnehmern bzw. Auszubildenden hinzuwirken ist, kann dieses nur über den Betriebsrat geschehen. Mitbestimmungsrechte gegenüber dem Arbeitgeber können somit nicht direkt durch die JAV wahrgenommen werden; es bedarf vielmehr der Einbeziehung des Betriebsrats. Daraus folgt auch, dass die JAV ihre Aufgaben in enger Zusammenarbeit mit dem Betriebsrat zu erfüllen hat. Die JAV vertritt die Interessen somit nicht unabhängig vom Betriebsrat und nicht direkt gegenüber dem Arbeitgeber. Allein deswegen kann auch die JAV keine gegenüber dem Arbeitgeber wirksamen Beschlüsse fassen.

Der Betriebsrat ist nach § 80 Abs. 1 Nr. 3 BetrVG verpflichtet, mit der JAV eng zusammenzuarbeiten und Anregungen der JAV gegenüber dem Arbeitgeber zu verfolgen. Daraus folgt ebenfalls, dass der Betriebsrat Maßnahmen, die die Belange der jugendlichen Arbeitnehmer und Auszubildenden betreffen, nicht im Alleingang, sondern in Zusammenarbeit mit der JAV vornehmen muss. So hat er die JAV in allen Angelegenheiten zu beraten und ihr die zur sachgerechten Wahrnehmung ihrer Aufgaben notwendigen Informationen, Unterlagen und Hinweise zu geben. Ebenso kann er von der JAV Vorschläge und auch Stellungnahmen anfordern. Die verantwortliche Vertretung der Interessen der jugendlichen Arbeitnehmer und Auszubildenden gegenüber dem Arbeitgeber nimmt somit der Betriebsrat als der Stellvertreter aller Arbeitnehmer im Betrieb wahr – unter Beteiligung der JAV.

Die Mitbestimmungsrechte des Betriebsrats ergeben sich dabei vornehmlich aus den Vorschriften des Betriebsverfassungsgesetzes.

Im Folgenden sollen die für die JAV wichtigsten Mitwirkungs- und Mitbestimmungsrechte des Betriebsrats nach dem Betriebsverfassungsgesetz dargestellt werden:

§ 80 Abs. 1 Nr. 2 BetrVG – Initiativrecht

Diese Vorschrift beinhaltet für den Betriebsrat ebenso wie § 70 Abs. 1 Nr. 1 BetrVG für die JAV ein Initiativrecht, um Maßnahmen jeglicher Art, die dem Betrieb und der Belegschaft, also auch den jugendlichen Arbeitnehmern und den Auszubildenden dienen, beim Arbeitgeber zu beantragen. Die Weiterverfolgung dieses Initiativrechts durch den Betriebsrat hängt dann jedoch im Einzelfall davon ab, inwieweit die Maßnahme einem Mitwirkungs- oder sogar einem Mitbestimmungstatbestand unterliegt. Aber selbst für den Fall, dass kein Mitbestimmungsrecht die Maßnahme umfasst, können strategische und interessenpolitische Maßnahmen dafür sorgen, dass der Arbeitgeber die Angelegenheit behandeln muss und diese nicht im Papierkorb landet.

§ 87 Abs. 1 BetrVG – soziale Angelegenheiten

In dieser Vorschrift werden in bestimmten sozialen Angelegenheiten dem Betriebsrat Mitbestimmungsrechte gegeben, sodass bei Nichteinigung mit dem Arbeitgeber die Einigungsstelle entscheidet. Der Spruch der Einigungsstelle ersetzt dann die Einigung zwischen Arbeitgeber und Betriebsrat.

Die Mitbestimmungsrechte umfassen beispielsweise:
- Beginn und Ende der Arbeitszeit,
- vorübergehende Verlängerung oder Verkürzung der betriebsüblichen Arbeitszeit,
- Aufstellung allgemeiner Urlaubsgrundsätze und des Urlaubsplans sowie die Festsetzung der zeitlichen Lage des Urlaubs für einzelne Arbeitnehmer,
- Regelungen über die Verhütung von Arbeitsunfällen und Berufskrankheiten sowie über den Gesundheitsschutz im Rahmen der gesetzlichen Vorschriften oder der Unfallverhütungsvorschriften.

Bei diesen Mitbestimmungsrechten geht es um die Frage, wie günstig die Rahmenbedingungen der Arbeit im Betrieb für die Beschäftigten gestaltet werden.

§ 92 – Personalplanung

Der Betriebsrat hat nach § 92 BetrVG ein erzwingbares Beratungsrecht bei der Personalplanung. Dabei steht die Personalbedarfsplanung im Mittelpunkt, also die Frage, wie der künftige Bedarf an Personal aussieht. Somit geht es auch um die Frage, wie viel Ausbildungsverhältnisse bestehen müssen, um den zukünftigen Bedarf abzudecken. Durch die Diskussion um die

Personalplanung kann auf diese Weise die gesellschaftliche Verantwortung sichtbar gemacht werden. Auch kann dafür gesorgt werden, dass der Arbeitgeber sich mit den Vorschlägen des Betriebsrats und der JAV beschäftigen muss. Der Arbeitgeber kann somit gezwungen werden, sich dazu zu äußern, falls er seine Aufgaben nicht erfüllt. Auch wenn der Betriebsrat und die JAV nicht über die Höhe der Ausbildungszahlen entscheiden, entscheiden sie doch darüber, wie stark der einzelne Arbeitgeber in der öffentlichen und betrieblichen Meinung in die Pflicht genommen wird.

§ 92a – Beschäftigungssicherung

Mit dieser Vorschrift erhält der Betriebsrat ein umfassendes Vorschlags- und Beratungsrecht zur Sicherung und Förderung der Beschäftigung im Betrieb. Die beispielhaft aufgeführten Handlungsfelder reichen von der flexiblen Gestaltung der Arbeitszeit bis hin zu Produktions- und Investitionsprogrammen. Dadurch wird der Betriebsrat in die Lage versetzt, eigene Maßnahmen und Konzepte auch mit externem Sachverstand zu entwickeln und zu präsentieren. Auch wenn damit kein Mitbestimmungsrecht direkt verbunden ist, kann der Arbeitgeber diese Vorschläge nicht einfach ignorieren. Er muss vielmehr mit dem Betriebsrat darüber beraten und sich mit den Vorschlägen auseinandersetzen. Der Betriebsrat erhält ein Gestaltungsmittel, das den Arbeitgeber zur Reaktion zwingt. Dieses insbesondere dann, wenn der Betriebsrat seine Vorschläge betriebsöffentlich und unter Einbeziehung der Belegschaft umsetzt, und gegebenenfalls einen Vertreter der Bundesagentur für Arbeit zu den Beratungen mit dem Arbeitgeber hinzuzieht.

§ 93 – Ausschreibung von Ausbildungs- und Arbeitsplätzen von Ausbildern

Nach dieser Vorschrift kann der Betriebsrat verlangen, dass Arbeitsplätze, die besetzt werden sollen, vor ihrer Besetzung innerhalb des Betriebes ausgeschrieben werden. Wenn trotz des Verlangens des Betriebsrats eine Ausschreibung nicht erfolgt ist, kann der Betriebsrat nach § 99 BetrVG die Zustimmung zur Einstellung eines außerbetrieblichen Bewerbers verweigern.

Die jugendlichen Arbeitnehmer und die Auszubildenden erhalten durch die innerbetriebliche Stellenausschreibung einen Überblick über zu besetzende Arbeitsplätze und die Möglichkeit, sich für diese Arbeitsplätze zu bewerben und Berufschancen wahrzunehmen. Voraussetzung für eine innerbetriebliche Stellenausschreibung ist aber immer das Verlangen des Betriebsrats. Die innerbetriebliche Stellenausschreibung erfolgt nicht automatisch.

§ 94 – Personalfragebogen, Beurteilungsgrundsätze

Nach dieser Vorschrift bedürfen Personalfragebogen, aber auch die Aufstellung allgemeiner Beurteilungsgrundsätze der Zustimmung des Betriebsrats. Kommt eine Einigung mit dem Arbeitgeber nicht zustande, so entscheidet die Einigungsstelle. Der Spruch der Einigungsstelle ersetzt die Einigung zwischen Arbeitgeber und Betriebsrat.

Der Betriebsrat, und somit auch die JAV, hat bei der Aufstellung von Beurteilungssystemen für Auszubildende mitzureden. Dabei umfasst das Mitbestimmungsrecht neben den materiellen Beurteilungsmerkmalen auch das Verfahren, das für deren Feststellung maßgebend sein soll. Allgemeine Verfahrensregelungen liegen insbesondere vor bei:
- dem Kreis der Beurteiler,
- dem Kreis der zu Beurteilenden,
- dem Beurteilungszeitraum,
- der Kontrolle und Auswertung der Beurteilungen,
- den Einspruchsmöglichkeiten.

Das Mitbestimmungsrecht soll der Objektivierung im Interesse der Belegschaft bei der Bewertung von Leistung und Verhalten des Arbeitnehmers dienen.

§ 95 – Auswahlrichtlinien

Nach dieser Vorschrift ist zur Einführung von Auswahlsystemen für die Einstellung von Auszubildenden (z. B. Test, Auswahlkriterien) die Zustimmung des Betriebsrats erforderlich. In Betrieben mit über 1000 Arbeitnehmern kann der Betriebsrat ein Auswahlsystem auch im Rahmen seiner Mitbestimmung verlangen. Kommt eine Einigung über das Auswahlsystem nicht zustande, entscheidet die Einigungsstelle. Die Einigung zwischen Arbeitgeber und Betriebsrat wird notfalls durch den Spruch der Einigungsstelle ersetzt.

§ 96 – Förderung der Berufsbildung

Im Rahmen der Berufsbildung stehen dem Betriebsrat sowohl Mitwirkungs- als auch Mitbestimmungsrechte zu bei der:
- Förderung der Berufsbildung,
- Einrichtung und Maßnahmen der Berufsbildung,
- Einführung und Durchführung betrieblicher Bildungsmaßnahmen.

Nach § 96 haben der Arbeitgeber und der Betriebsrat die Berufsbildung zu fördern. Auf Verlangen des Betriebsrats hat der Arbeitgeber den Berufsbildungsbedarf im Betrieb zu ermitteln. Fragen der beruflichen Aus- und Weiterbildung haben in den letzten Jahren zunehmend an Bedeutung gewonnen, nicht zuletzt wegen des Mangels an Ausbildungsplätzen. Der Betriebsrat als auch die JAV sollten deswegen das Initiativrecht in allen Fragen der Berufsbildung nutzen, um eine breite Qualifizierung der jugendlichen Arbeitnehmer und Auszubildenden einschließlich genügender Ausbildungsplätze zu erreichen.

§ 97 – Einrichtungen und Maßnahmen der Berufsbildung

Diese Vorschrift gibt dem Betriebsrat ein Beratungs- und Mitbestimmungsrecht. Danach ist der Arbeitgeber verpflichtet, geplante Einrichtungen und Maßnahmen zur Berufsbildung vor ihrer Verwirklichung rechtzeitig mit dem Betriebsrat zu beraten. Bei der Frage, »ob« eine betriebliche Berufsbildung stattfindet, hat der Betriebsrat dann ein Mitbestimmungsrecht, wenn der Arbeitgeber Maßnahmen plant oder bereits durchgeführt hat, die zu einer Änderung der Tätigkeit der betroffenen Arbeitnehmer führen und deren Qualifikation für die neuen Aufgaben nicht mehr ausreicht. Durch das Mitbestimmungsrecht in Abs. 2 ist der Betriebsrat in der Lage, frühzeitig und damit präventiv zugunsten der Arbeitnehmer Maßnahmen durchsetzen zu können, um deren Weiterbeschäftigung im Betrieb zu sichern. In diesem Zusammenhang dürften betriebsbedingte Kündigungen durch einen Arbeitgeber nicht in Frage kommen, da Qualifizierung grundsätzlich der Kündigung vorgeht.

§ 98 – Durchführung betrieblicher Bildungsmaßnahmen

Zusätzlich hat der Betriebsrat ein Mitbestimmungsrecht bei der Frage, wie die betrieblichen Bildungsmaßnahmen durchgeführt werden sollen. Bei Nichteinigung mit dem Arbeitgeber entscheidet die Einigungsstelle. Der Spruch der Einigungsstelle ersetzt notfalls die Einigung zwischen Arbeitgeber und Betriebsrat.

Das Mitbestimmungsrecht des Betriebsrats erstreckt sich auf den gesamten Inhalt der Maßnahme (»wie« die Berufsbildung durchzuführen ist); ein Mitbestimmungsrecht bei der Frage, »ob« eine Maßnahme stattfindet, besteht aber – mit Ausnahme der Fälle des § 97 (siehe oben) – nicht. Dabei kann der Betriebsrat auch selbst initiativ werden und ggf. seine Vorstellungen vor die Einigungsstelle bringen.

Das Mitbestimmungsrecht des Betriebsrats umfasst die gesamte Durchführung von Bildungsmaßnahmen. Dazu zählen insbesondere:

- Lerninhalte,
- Lernmittel,
- Stoffauswahl,
- Didaktik und Methodik,
- Ausbildungsstandskontrolle und
- Auswahl der Teilnehmer.

Wegen der Vielschichtigkeit der zu regelnden Angelegenheiten empfiehlt es sich, zu den Fragen der Bildungsmaßnahmen eine Betriebsvereinbarung abzuschließen.

Weiterhin kann der Betriebsrat der Bestellung von Ausbildungspersonal widersprechen oder ihre Abberufung verlangen, wenn diese die persönliche oder fachliche Eignung nicht besitzen. Dazu gehören auch vorauszusetzende pädagogische Fähigkeiten, aber auch der Umstand, dass ein Ausbilder seine Aufgaben vernachlässigt. Abzustellen ist immer auf die Anforderungen, die das Berufsbildungsgesetz stellt.

§ 99 – Mitbestimmung bei personellen Einzelmaßnahmen

Nach dieser Vorschrift bestimmt der Betriebsrat bei der Einstellung von Auszubildenden und Ausbildern mit. So kann der Betriebsrat z.B. der Einstellung eines Ausbilders die Zustimmung verweigern, wenn er nicht die Voraussetzungen nach dem Berufsausbildungsgesetz als Ausbilder erfüllt. In diesem Fall würde die Einstellung gegen das Berufsbildungsgesetz verstoßen (§ 99 Abs. 2 Nr. 1 BetrVG).

§ 102 – Mitbestimmung bei Kündigungen

Der Betriebsrat ist nach dieser Vorschrift bei Kündigungen von jugendlichen Arbeitnehmern und Auszubildenden in der Probezeit oder aus wichtigem Grund nach der Probezeit anzuhören. Er kann der beabsichtigten Kündigung durch den Arbeitgeber widersprechen. Im Falle eines wirksamen Widerspruchs steht dem Gekündigten ein Weiterbeschäftigungsanspruch während des Kündigungsprozesses zu.

§§ 111, 112 – Betriebsänderungen

Bei Betriebsänderungen (z.B. bei der Verlegung eines Betriebes oder der grundlegenden Änderung der Betriebsorganisation) hat der Betriebsrat in Unternehmen mit mehr als in der Regel 20 wahlberechtigten Arbeitnehmern einen Anspruch auf Beratung über einen Interessenausgleich mit dem Arbeitgeber. Dieser Beratungsanspruch umfasst auch das Einigungsstellenverfahren, aber ohne möglichen Einigungsstellenspruch. Weiterhin hat der Betriebsrat ein Mitbestimmungsrecht bei der Frage des Ausgleiches oder der Milderung der wirtschaftlichen Nachteile, die den Arbeitnehmern infolge der geplanten Betriebsänderung entsteht. Diese Vereinbarung wird als Sozialplan bezeichnet, und kann notfalls in der Einigungsstelle erzwungen werden.

Durch dieses Beratungs- und Mitbestimmungsrecht können die Arbeitsplätze jugendlicher Arbeitnehmer und die Ausbildungsplätze gesichert werden. So können Ausbildungsverträge in anderen Betrieben des Unternehmens weitergeführt und das Ausbildungsziel gewährleistet werden.

Mobbing

Grundlagen

Unter Mobbing versteht man das **systematische Anfeinden, Schikanieren und Diskriminieren von Arbeitnehmern durch Arbeitgeber, Vorgesetzte, aber auch durch andere Arbeitnehmer.** Die Bandbreite reicht von vermeintlich offener und ehrlicher, in Wirklichkeit aber überzogener Kritik über versteckte Anspielungen, unpassende Scherze, Verweigerungen von kollegialer Hilfestellung über die Missachtung allgemeiner Höflichkeitsformeln bis hin zur offensichtlichen Schikane. Der betroffene Arbeitnehmer wird ausgegrenzt.

Betriebsrat und JAV können Mobbing effektiv bekämpfen. Unerlässlich hierbei ist aber, dass Tatsachen vorliegen und bei Bedarf auch Ross und Reiter genannt werden können.

Die betrieblichen Organe sollten sich insgesamt ein Bild von der Situation machen und prüfen, wer sich konkret unangemessen verhält. Nicht jeder erhobene Mobbingvorwurf hält der Nachprüfung stand.

Mobbing selbst ist kein Straftatbestand, wohl aber kann die einzelne Mobbinghandlung strafbar sein, insbesondere als Beleidigung oder üble Nachrede. Allerdings darf man von den Strafverfolgungsbehörden keine effektive Hilfe erwarten. Zu ausgeprägt ist die Tendenz, solche Strafanzeigen als Bagatellen zu betrachten und das Verfahren wegen Geringfügigkeit oder fehlendem öffentlichen Interesse einzustellen.

Der einzelne Arbeitnehmer kann gegenüber dem Mobber eventuell **Schadensersatzansprüche** aus unerlaubter Handlung herleiten, wozu auch ein **Schmerzensgeldanspruch** gehören kann. Im Extremfall ist Schadensersatz wegen des **Verlustes des Arbeitsplatzes** zu leisten.

Der Arbeitgeber trägt die **Verantwortung** für eigene Handlungen und solche, die seine Erfüllungsgehilfen, also die Vorgesetzten, insbesondere die leitenden Angestellten, begehen. Unabhängig von der Person des Mobbers, also auch für solche Störungen, die von Arbeitskollegen ausgehen, hat der Arbeitgeber den Betroffenen vor einer Verletzung seines Persönlichkeitsrechts und seines Rechts auf körperliche Unversehrtheit zu schützen und die erforderlichen organisatorischen Maßnahmen zu treffen.

Verletzt der Arbeitgeber diese Pflicht, so kann auch er auf Schadenersatz einschließlich Schmerzensgeld in Anspruch genommen werden. Daneben kommt ein **Zurückbehaltungsrecht** in Betracht, d. h. der Arbeitnehmer ist berechtigt, die Arbeitsleistung ohne Lohneinbuße zu verweigern. Hier ist allerdings sorgfältig der Grundsatz der Verhältnismäßigkeit zu prüfen.

Kommt es zu einer gerichtlichen Auseinandersetzung, so reicht es in keinem Fall aus, dass sich der betroffene Arbeitnehmer pauschal auf Mobbing beruft; stets muss er konkret die Tatsachen darlegen, hierzu sind zahlreiche Entscheidungen der Arbeitsgerichte ergangen (vgl. insbesondere BAG v. 23.1.2007, NZA 2007, 1166). Sind entsprechende **Tatsachen** detailliert vorgetragen, so hat der Arbeitgeber darzulegen und ggf. auch zu **beweisen**, dass Mobbing trotzdem nicht gegeben ist (LAG Thüringen v. 28.6.2005 ArbuR 2006, 31).

Mobbing ist grundsätzlich auch als **wichtiger Grund** anerkannt, der den Arbeitnehmer berechtigt, das Arbeitsverhältnis selbst zu kündigen, ohne Gefahr zu laufen, dass das **Arbeitslosengeld** gesperrt wird. Aber auch hier ist entscheidend, dass der Arbeitnehmer in der Lage ist, seine Behauptung durch konkrete Tatsachen zu untermauern (BSG v. 21. 10. 2003, NZS 2004, 382).

Bedeutung für den Betriebsrat/die JAV

Nach § 75 BetrVG haben Arbeitgeber und Betriebsrat gemeinsam darüber zu wachen, dass alle im Betrieb tätigen Personen nach den Grundsätzen von Recht und Billigkeit behandelt werden. Sie haben die freie Entfaltung der Persönlichkeit zu schützen und zu fördern.

Der Betriebsrat kann sich die Beschwerden von betroffenen Arbeitnehmern zu Eigen machen (§§ 84, 85 BetrVG). Er kann darauf hinwirken, dass der Arbeitgeber berechtigten Beschwerden abhilft. Kommt es zu keiner Einigung, so kann der Betriebsrat die **Einigungsstelle** anrufen. Dieses Verfahren ist auch gegen den Willen des Arbeitgebers erzwingbar.

Im Extremfall kann der Betriebsrat vom Arbeitgeber verlangen, dass **betriebsstörende Arbeitnehmer entlassen** werden (§ 104 BetrVG).

Die Teilnahme eines Betriebsratsmitgliedes an einer **Schulungsveranstaltung zum Thema Mobbing** kann nach § 37 Abs. 6 BetrVG erforderlich sein. Es handelt sich hier nicht um Grundwissen, über das jedes Betriebsratsmitglied verfügen muss. Andererseits braucht der Betriebsrat mit einer solchen

Schulungsveranstaltung nicht abzuwarten, bis bereits konkrete Mobbingfälle vorliegen. Erforderlich, aber auch ausreichend, ist eine betriebliche Konfliktlage, aus der sich ein entsprechender Handlungsbedarf ergibt (BAG v. 15.1.1997, AiB 1997, 410).

Modulausbildung

Grundlagen

Wenn im Zusammenhang mit der Berufsausbildung über Modularisierung gesprochen wird, sollte genau geklärt sein, was damit gemeint ist. Modularisierung kann als didaktisches Gestaltungselement von Bildungsprozessen gemeint sein. Eine solche Modularisierung findet üblicherweise in der Ausbildung statt. Problematisch ist, wenn mit Modularisierung die Zerstückelung von Ausbildungsberufen gemeint ist. Vertreter einer solchen Modularisierung wollen die ganzheitliche Berufsausbildung in eigenständig zu zertifizierende Module zerlegen. Die Summe solcher Module kann dann zu einem Berufsabschluss führen. Hintergrund für diesen Vorschlag ist, dass einige Arbeitgebervertreter tayloristische Arbeitskonzepte durchsetzen wollen, um mit einem geringeren Lohnniveau Kosten zu minimieren. Es sollen nur noch die Qualifikationen vermittelt werden, die für die Ausführung einer bestimmten Tätigkeit erforderlich sind.

Wohin dieser Weg führt, kann am Beispiel England nachvollzogen werden. In England wird die Ausbildung modularisiert mit über 7000 Modulen durchgeführt. In der Praxis zeigen sich zunehmend Probleme, ausreichend qualifizierte Fachkräfte zu bekommen. Die englische Industrie steht international nicht gut da, zuletzt fand der Ausverkauf der Automobilindustrie statt.

Der DIHK hat ein Konzept mit Wahlmodulen bei Beibehalt einer ganzheitlichen Berufsausbildung vorgeschlagen. Auch dieses Konzept »Dual mit Wahl« ist kein Fortschritt, sondern ein Rückschritt zu Berufsstrukturen der 1980er Jahre. Es unterscheidet in Kernkompetenzen, die in ein bis zwei Jahren vermittelt werden und für alle verwandten Berufe gleich sind, sowie in profilgebende Kompetenzen, die den Beruf ausmachen. Bei letzteren soll es sich um Wahlmodule handeln, die die Gesamtausbildung auf zwei oder drei Jahre ergänzen. Zusatzqualifikationen werden in Spezialmodulen angeboten.

Welche Beruflichkeit am Ende hinter dem jeweiligen Abschluss steht, ist abhängig von den ausgewählten Wahlmodulen, was letztlich zu Lasten der Transparenz und Mobilität geht. Auch berücksichtigt dieser Ansatz nicht, dass eine Kompetenzentwicklung in tatsächlichen Geschäfts- und Arbeitsprozessen immer im ganzheitlichen Handeln stattfindet. Kaufleute nehmen beispielsweise Personaleinsatzplanungen IT-gestützt mit Unternehmenssteuerungssystemen (ERP) vor und kommunizieren diese im Unternehmen. Damit werden Qualifikationen aus den Bereichen Personalwirtschaft, IT und Kommunikation integriert vermittelt. Arbeiten und Lernen in ganzheitlichen Prozessen lässt sich halt nicht einfach in Fächer oder in Stufen einteilen.

Die Gewerkschaften treten für eine ganzheitliche, mindestens dreijährige qualifizierte Berufsausbildung ein. Sie schlagen **europäische Kernberufe** als modernes und zukunftsweisendes Bildungskonzept für Europa vor. Leitbild einer qualifizierten Berufsausbildung ist dabei die fachlich und sozial kompetente Fachkraft.

Bedeutung für die Interessenvertretung

Berufsbildung gehört zu den Maßnahmen der Personalplanung. Hierbei hat der Betriebsrat das Recht auf eine umfassende und rechtzeitige Information (§ 92 Abs. 1 BetrVG) und ein Vorschlagsrecht bei der Planung und der Durchführung (§ 92 Abs. 2 BetrVG). Es gilt, Schmalspurausbildung im Betrieb zu verhindern.

Mutterschutz

Grundlagen

Der gesetzliche Mutterschutz verfolgt das Ziel, den Widerstreit zwischen den Aufgaben der Frau als Mutter und ihrer Stellung im Berufsleben als Arbeitnehmerin im Interesse der Gesunderhaltung von Mutter und Kind auszugleichen. Er umfasst die Vorschriften für Mütter und werdende Mütter, die in einem Arbeitsverhältnis stehen, und ist im **Mutterschutzgesetz** v. 24. 1. 1952 in der Fassung der Bekanntmachung v. 20. 6. 2002, BGBl. I S. 2318, zuletzt geändert durch Gesetz v. 14. 11. 2003, BGBl. I S. 2190, geregelt.

Das Mutterschutzgesetz enthält in § 2 Bestimmungen zur **Gestaltung des Arbeitsplatzes** und in §§ 3, 4 **Beschäftigungsverbote** für werdende Mütter. Diese dürfen in den letzten sechs Wochen vor der Entbindung nicht beschäftigt werden, es sei denn, dass sie sich zur Arbeitsleistung ausdrücklich bereit erklären. Im Übrigen gelten weitere Beschäftigungsverbote hinsichtlich solcher Arbeiten, von denen erfahrungsgemäß nachteilige Wirkungen auf eine Schwangerschaft ausgehen, vgl. § 4.

Nach der Entbindung besteht ein Beschäftigungsverbot bis zum Ablauf von acht Wochen.

Von besonderer Bedeutung ist das in § 9 geregelte **Kündigungsverbot** gegenüber einer Frau während der Schwangerschaft und bis zum Ablauf von vier Monaten nach der Entbindung. Die Frage nach dem Bestehen einer Schwangerschaft ist bei einer Stellenbewerberin grundsätzlich unzulässig; eine falsche Antwort rechtfertigt daher keine Anfechtung des Arbeitsverhältnisses.

Im Übrigen stellt das Mutterschutzgesetz sicher, dass Arbeitnehmerinnen durch die Mutterschaft keine finanziellen Nachteile erleiden.

Das Gesetz zum **Elterngeld** und zur **Elternzeit** (Bundeselterngeld- und Elternzeitgesetz – BEEG) ist zum 1. Januar 2007 in Kraft getreten. Die Elternzeit ermöglicht es Eltern nach § 15 (2) BEEG, für max. drei Jahre ihre Arbeitszeit zu reduzieren oder ganz zu pausieren. Dies gilt auch für Auszubildende. Des Weiteren besteht Anspruch auf Elterngeld. Anspruch darauf haben auch Auszubildende. Die Höhe des Elterngeldes richtet sich nach dem bisherigen Einkommen. Gezahlt werden 67% des monatlich wegfallenden Einkommens, dies maximal 14 Monate. Ein Mindestbetrag von 300,00 EUR steht allen Eltern zu.

Literaturhinweis

DGB-Jugend, Ausbildung, schwanger – und jetzt?, Ein Ratgeber für Schwangere in der Berufsausbildung

Nachtarbeit/Nachtruhe

Grundlagen

Jugendliche dürfen nach § 14 JArbSchG nur in der Zeit von 6.00 bis 20.00 Uhr beschäftigt werden.

Von diesem grundsätzlichen Verbot der Beschäftigung in der Nachtzeit ab 20.00 Uhr gibt es nach § 14 Abs. 2 JArbSchG **Ausnahmen** für Jugendliche über 16 Jahre. Diese dürfen im **Gaststätten- und Schaustellergewerbe** bis 22.00 Uhr beschäftigt werden; sie dürfen ferner unabhängig von der Art der Beschäftigung in **mehrschichtigen Betrieben** bis 23.00 Uhr beschäftigt werden.

Außerdem gibt es Ausnahmen für die Beschäftigung in der **Landwirtschaft** sowie in **Bäckereien und Konditoreien**. In der Landwirtschaft dürfen sie ab 5.00 Uhr morgens bzw. bis 21.00 Uhr abends und in Bäckereien und Konditoreien ab 5.00 Uhr morgens beschäftigt werden.

Für Jugendliche über 17 Jahre erlaubt § 14 Abs. 3 JArbSchG für Bäckereien sogar eine Beschäftigung ab 4.00 Uhr nachts.

Unabhängig von diesen Regelungen über die Nachtruhe muss den Jugendlichen nach Beendigung der täglichen Arbeitszeit eine **ununterbrochene Freizeit** von mindestens zwölf Stunden gewährt werden.

Eine Besonderheit gilt noch hinsichtlich des **Berufsschulunterrichtes**. Nach § 14 Abs. 4 JArbSchG dürfen Jugendliche an dem einem Berufsschultag unmittelbar vorangehenden Tag auch in Gaststätten oder mehrschichtigen Betrieben oder in der Landwirtschaft nicht nach 20.00 Uhr beschäftigt werden, wenn der Berufsschulunterricht am Berufsschultag vor 9.00 Uhr beginnt.

Eine **generelle Ausnahmeregelung** gilt für die Beschäftigung in Betrieben, in denen die übliche Arbeitszeit **aus verkehrstechnischen Gründen** nach 20.00 Uhr endet. Hier dürfen auch Jugendliche nach vorheriger Anzeige an die Aufsichtsbehörde bis 21.00 Uhr beschäftigt werden, soweit sie hierdurch unnötige Wartezeiten vermeiden können. In mehrschichtigen Betrieben dürfen nach vorheriger Anzeige an die Aufsichtsbehörde Jugendliche über 16 Jahre ab 5.30 Uhr oder bis 23.30 Uhr beschäftigt werden, soweit sie hierdurch unnötige Wartezeiten vermeiden können.

Ferner gibt es **Ausnahmeregelungen, die die Aufsichtsbehörde** auf Antrag bewilligen kann. Dies betrifft die Beschäftigung Jugendlicher bei Musikaufführungen, Theatervorstellungen, bei Film- und Fotoaufnahmen. Hier ist eine Beschäftigung bis 23.00 Uhr möglich, soweit die Jugendlichen bei diesen Veranstaltungen »gestaltend mitwirken«. Den Jugendlichen muss danach eine ununterbrochene Freizeit von mindestens 14 Stunden gewährt werden.

Hinweis:
Nacht- und Schichtarbeit von erwachsenen Auszubildenden, die das 18. Lebensjahr bereits vollendet haben, sind im Arbeitszeitgesetz (ArbZG) geregelt. Sie gelten als Mindestbestimmungen. Darüber hinaus können bessere und weitergehende Regelungen in Tarifverträgen, Betriebsvereinbarungen bzw. in einem Ausbildungsvertrag geregelt sein.

Nachweisgesetz

Grundlagen

Das Nachweisgesetz verpflichtet Arbeitgeber, Arbeitnehmern innerhalb eines Monats nach dem vereinbarten Beginn des Arbeitsverhältnisses die wesentlichen Vertragsbedingungen **schriftlich mitzuteilen**.
In § 2 NachwG sind die zehn wesentlichen Fragen geregelt, zu denen die schriftliche Mitteilung Antworten enthalten muss:
1. der Name und die Anschrift der Vertragsparteien,
2. der Zeitpunkt des Beginns des Arbeitsverhältnisses,
3. bei befristeten Arbeitsverhältnissen: die vorhersehbare Dauer des Arbeitsverhältnisses,
4. der Arbeitsort oder, falls der Arbeitnehmer nicht nur an einem bestimmten Arbeitsort tätig sein soll, ein Hinweis darauf, dass der Arbeitnehmer an verschiedenen Orten beschäftigt werden kann,
5. eine kurze Charakterisierung oder Beschreibung der vom Arbeitnehmer zu leistenden Tätigkeit,
6. die Zusammensetzung und die Höhe des Arbeitsentgelts einschließlich der Zuschläge, der Zulagen, Prämien und Sonderzahlungen sowie anderer Bestandteile des Arbeitsentgelts und deren Fälligkeit,
7. die vereinbarte Arbeitszeit,
8. die Dauer des jährlichen Erholungsurlaubs,
9. die Fristen für die Kündigung des Arbeitsverhältnisses und
10. ein in allgemeiner Form gehaltener Hinweis auf die Tarifverträge, Betriebs- oder Dienstvereinbarungen, die auf das Arbeitsverhältnis anzuwenden sind.

Bedeutung für Arbeitnehmer

Auch wenn das Nachweisgesetz den Abschluss eines Arbeitsvertrages nicht ersetzt und der Arbeitsvertrag formfrei, also auch mündlich abgeschlossen werden kann, verbessert die Niederschrift über die wesentlichen Arbeitsbedingungen gleichwohl die Stellung der Arbeitnehmer, da sie beispielsweise in Streitfällen zu einer Beweiserleichterung führt.

Bedeutung für den Betriebsrat/die JAV

Im Hinblick darauf, dass Betriebsräte allgemeine Überwachungsrechte nach § 80 Abs. 1 Nr. 1 BetrVG haben, ist darauf hinzuwirken, dass Betriebsräte auch darauf achten, dass Arbeitgeber die Gebote des Nachweisgesetzes erfüllen und den Beschäftigten im Rahmen der gesetzlichen Frist die Niederschrift über die wesentlichen Arbeitsbedingungen aushändigen.

Personalakte

Grundlagen

Bei einer Personalakte handelt es sich um schriftlich oder elektronisch festgehaltene Daten oder Vorgänge, die sich auf Begründung und Verlauf des Arbeitsverhältnisses sowie auf Fähigkeiten und Leistungen des Arbeitnehmers beziehen. Eine Personalakte beinhaltet insoweit alle Unterlagen über die Person des Arbeitnehmers im Betrieb, die das Arbeitsverhältnis angehen oder damit in innerem Zusammenhang stehen (BAG v. 18.11.2008 – 9 AZR 865/07). Dabei ist es unerheblich, ob diese Unterlagen in Form herkömmlicher Akten angelegt oder in elektronischen Datenbanken gespeichert sind. Es sind deshalb auch Nebenakten bzw.»Sonderakten«, persönliche Aufzeichnungen des Vorgesetzten, unter der Personalnummer des Arbeitnehmers gespeicherte und abfragbare Leistungsprofile sowie Unterlagen des Werkschutzes mit einzubeziehen. Unzulässig ist es, Geheimakten zu führen.

In den Personalakten dürfen nur solche Informationen enthalten sein, die der Arbeitgeber rechtmäßig erworben hat, z.B. im Rahmen eines Personalfragebogens, und für die auch ein sachliches Interesse des Arbeitgebers besteht. Inhalt einer Personalakte können somit Angaben zur Person des Arbeitnehmers (Personenstand, berufliche Entwicklung und Qualifizierung, Leistungen, Lohn- und Gehaltsänderungen, Abmahnungen, Arbeitsunfälle, Pfändungen u.a.), Bewerbungsunterlagen, Zeugnisse, Arbeitsvertrag, Personalfragebögen und der Schriftverkehr zwischen dem Arbeitgeber und dem Arbeitnehmer im Zusammenhang mit der Aufnahme des Ausbildungsverhältnisses bzw. Arbeitsverhältnisses sein.

Zu den Personalakten gehören auch die Personaldaten, die in elektronischen Datenbanken gespeichert werden. Für diese im Rahmen eines Arbeitsverhältnisses gesammelten und verarbeiteten Daten ist zusätzlich auch das Bundesdatenschutzgesetz (BDSG) maßgeblich. Der Arbeitnehmer wird durch das BDSG vor Gefahren bei der Verarbeitung personenbezogener Daten geschützt. Dabei bezieht sich dieser Schutz auf die Erhebung, Verarbeitung und Nutzung von Daten. Hinsichtlich dieser automatisierten Verarbeitung (Erhebung, Speicherung, Veränderung, Übermittlung, Nutzung,

Sperrung und Löschung) von Daten stehen dem einzelnen Arbeitnehmer bestimmte Rechte zu, die neben dem Einsichtsrecht nach § 83 BetrVG stehen.

Auch wenn das BDSG die Verarbeitung von Daten erlauben würde, sind zunächst arbeitsrechtliche Schranken zu beachten (§§ 4, 32 BDSG). So darf der Arbeitgeber nur dann personenbezogene Daten erheben, verarbeiten oder nutzen, wenn sie für die Begründung, Durchführung oder Beendigung des Beschäftigungsverhältnisses erforderlich sind. Der Arbeitgeber muss sie zudem rechtmäßig erworben haben.

Dem einzelnen Arbeitnehmer gibt neben § 83 BetrVG das BDSG u. a. folgende Rechte:

- Es besteht ein Gebot der Benachrichtigung durch den Arbeitgeber von der erstmaligen Speicherung, dem Verwendungszweck und der Art der Daten (§ 33 Abs. 1 BDSG).
- Der Arbeitnehmer hat ein Auskunftsrecht über die zu seiner Person gespeicherten Daten und den Zweck der Speicherung (§ 34 Abs. 1 Nrn. 1 und 2 BDSG).
- Bei Unrichtigkeit besteht ein Recht auf Berichtigung der personenbezogenen Daten (§ 35 Abs. 1 BDSG).
- Wenn die Speicherung unzulässig ist, besteht ein Recht des Arbeitnehmers auf Löschung seiner Daten (§ 35 Abs. 2 Nr. 1 BDSG).
- Ein Recht auf Sperrung der Daten besteht, wenn eine Löschung aus bestimmten Gründen ausscheidet (§ 35 Abs. 3 BDSG) oder wenn weder ihre Richtigkeit noch ihre Unrichtigkeit feststellbar ist (§ 35 Abs. 4 BDSG).
- Die Ansprüche sind nicht abdingbar (§ 6 Abs. 1 BDSG).

Der Begriff »Personalakte« wird im Gesetz selber nicht ausdrücklich geregelt. Im BetrVG wird er in § 83 vorausgesetzt. Diese Vorschrift schreibt nicht vor, dass eine Personalakte zu führen ist bzw. welchen Inhalt sie haben muss. Auch das BDSG enthält keine Definition der Personalakte. Zweck dieses Gesetzes ist es vielmehr, den Einzelnen davor zu schützen, dass er durch den Umgang mit seinen personenbezogenen Daten in seinem Persönlichkeitsrecht beeinträchtigt wird.

Bedeutung für die Beschäftigten

Nach § 83 BetrVG hat ein Arbeitnehmer das Recht, in die über ihn geführte Personalakte Einsicht zu nehmen. Dieses Recht steht ihm jederzeit zu, insbesondere innerhalb der Arbeitszeit. Dabei dürfen ihm keine Nachteile, auch finanzieller Art, aus der Einsichtnahme entstehen. Hinsichtlich gespeicherter Daten hat der Arbeitnehmer Anspruch auf Ausdruck in einer entschlüsselten und verständlichen Form.

Das Recht auf Einsichtnahme in die Personalakte beinhaltet ebenfalls das Recht zur Anfertigung von Notizen und Kopien auf eigene Kosten.

Zur Unterstützung oder Vermittlung kann der Arbeitnehmer ein Mitglied des Betriebsrats hinzuziehen. Dabei hat das Betriebsratsmitglied das Recht, Einsicht in demselben Umfang zu nehmen, wie es auch dem betreffenden Arbeitnehmer möglich ist. Das Betriebsratsmitglied hat dabei über den Inhalt der Personalakte Stillschweigen zu bewahren. Etwas anderes kann nur für den Fall gelten, dass das Betriebsratsmitglied von seiner Schweigepflicht durch den Arbeitnehmer entbunden worden ist. Von der Möglichkeit, ein Betriebsratsmitglied hinzuzuziehen, sollte regelmäßig Gebrauch gemacht werden, da dadurch z. B. eher die Möglichkeit besteht, das Führen von Sonderakten feststellen zu können. Soweit eine Betriebsvereinbarung über die Gestaltung des Einsichtnahmerechtes abgeschlossen worden ist, kann das Betriebsratsmitglied auch feststellen, ob sich der Arbeitgeber an diese Betriebsvereinbarung gehalten hat oder nicht.

In § 83 Abs. 2 BetrVG wird dem Arbeitnehmer ausdrücklich das Recht zugestanden, Erklärungen zum Inhalt der Personalakte beizufügen. Dieses ist unabhängig davon, ob der Arbeitgeber die Erklärung für zutreffend hält oder der Meinung ist, dass sie nicht zu der Personalakte gehört. Dieses Recht ist von besonderer Bedeutung, da die Möglichkeit besteht, gegen Beurteilungen oder Verwarnungen und Abmahnungen durch den Arbeitgeber eine eigene Darstellung durch den Arbeitnehmer der Personalakte beizufügen.

Generell hat ein Arbeitnehmer Anspruch auf Rücknahme und Entfernung von unrichtigen Angaben und missbilligenden Äußerungen aus der Personalakte, wenn diese unzutreffende Tatsachenbehauptungen enthalten, die ihn in seiner Rechtsstellung und seinem beruflichen Fortkommen beeinträchtigen können. Dieser Beseitigungsanspruch bezieht sich insbesondere auch auf eine unberechtigt ausgesprochene Abmahnung. Entsprechendes gilt, wenn der Arbeitnehmer vor Aufnahme der Abmahnung in die Personalakte nicht angehört worden ist. Bei Nichtbeachtung dieses Anhörungsrechts kann der betroffene Arbeitnehmer die Entfernung der Schriftstücke aus der Personalakte verlangen, notfalls sogar gerichtlich durchsetzen.

Wichtig ist dabei zu wissen, dass der Arbeitnehmer nicht verpflichtet ist, gegen Abmahnungen oder Angaben in der Personalakte klageweise vorgehen zu müssen. Er kann sich zunächst auf eine Gegendarstellung beschränken oder gar nichts tun. In einem späteren Klageverfahren können dann die in dem Schreiben enthaltenen Tatsachen bestritten werden. So wird z. B. in einem Kündigungsrechtsstreit um eine verhaltensbedingte Kündigung die Berechtigung der im Abmahnungsschreiben enthaltenen Vorwürfe überprüft. Der Anspruch auf Entfernung einer Abmahnung unterliegt dabei keiner tariflichen Ausschlussfrist.

Die in § 83 BetrVG geregelten Einsichtsrechte in die Personalakte gelten auch in den Betrieben und Verwaltungen, die keinen Betriebsrat haben oder nicht einmal betriebsratsfähig sind. Es handelt sich insoweit um ein Recht, das unabhängig von der Existenz eines Betriebsrats jedem Arbeitnehmer zusteht.

Bedeutung für den Betriebsrat/die JAV

Die Hinzuziehung zu einer Einsichtnahme bezieht sich auf ein Mitglied des Betriebsrats. Dabei hat das Betriebsratsmitglied das Recht, in demselben Umfang Einsicht zu nehmen, wie der Arbeitnehmer.

Der Betriebsrat/die JAV sollte die Arbeitnehmer im Betrieb ausdrücklich auf das Einsichtnahmerecht aufmerksam machen, damit so viel wie möglich von diesem Recht Gebrauch gemacht und dem Vorgang durch Hinzuziehung eines Betriebsratsmitgliedes besonderes Gewicht verliehen wird. Dieses gilt besonders in den Fällen, in denen es zu Problemen mit der Führung von Personalakten durch den Arbeitgeber gekommen ist bzw. berechtigter Anlass dazu besteht, dass dieses der Fall ist.

Da das Gesetz keine Einzelheiten des Einsichtnahmerechts, der Häufigkeit und des Ortes der Einsichtnahme regelt, es sich dabei jedoch um eine Frage der Ordnung des Betriebes handelt, unterliegen diese Fragen der Mitbestimmung des Betriebsrats nach § 87 Abs. 1 Nr. 1 BetrVG. Von Betriebsratsseite sollte darauf geachtet werden, dass durch Regelungen das Einsichtnahmerecht nicht unnötig erschwert wird. Durch Betriebsvereinbarung kann u. a. bestimmt werden, wie bei einer zentralen Verwaltung Einsicht genommen wird, wann bestimmte Vorgänge wieder gelöscht werden müssen, ob die einzelnen Seiten nummeriert werden und wo Personalakten aufzubewahren sind.

Zusätzlich kann sich auch ein weiteres Mitbestimmungsrecht aus § 87 Abs. 1 Nr. 6 BetrVG ergeben. Die Ermittlung von Verhaltens- und Leistungsdaten ist nach dieser Vorschrift auch bei EDV-Anlagen mitbestimmungspflichtig.

Personalrat

Grundlagen

Nach dem BPersVG ist der Personalrat die Interessenvertretung der Beschäftigten des öffentlichen Dienstes in den Verwaltungen des Bundes und der bundesunmittelbaren Körperschaften, Anstalten und Stiftungen des öffentlichen Rechts (vgl. →**Personalvertretungsrecht)**. Entsprechendes gilt für die Personalräte, die aufgrund der LPersVG gebildet werden. Aus dieser Aufgabenstellung heraus definiert sich das Ziel seiner Arbeit. Im Mittelpunkt der Personalratsarbeit stehen die langfristige Sicherung und Verbesserung der Arbeitsbedingungen in den Dienststellen, soweit diese auf Dienststellenebene regelbar sind.

Die Personalräte sind demokratisch gewählte Interessenvertretungsorgane der Arbeitnehmer und Beamten, einschließlich der zu ihrer Berufsausbildung Beschäftigten sowie derjenigen Richter, die eine nicht richterliche Tätigkeit ausüben. Als Interessenvertretung ist der Personalrat verpflichtet, seine Arbeit an den Forderungen und Anliegen der Beschäftigten zu orientieren.

Etwas anderes ist auch nicht aus den Grundsätzen der Zusammenarbeit nach § 2 Abs. 1 BPersVG herauszulesen. Wenn dort von einer vertrauensvollen Zusammenarbeit die Rede ist, so handelt es sich lediglich um ein Gebot des Gesetzgebers. Dieser Grundsatz zielt darauf ab, dass die Personalvertretung und die Dienststelle die zwischen den Beschäftigten und dem öffentlichen Arbeitgeber bestehenden konträren Interessen offen und mit dem ernsten Willen zur Einigung behandeln. Dieses ergibt sich ausdrücklich aus § 66 Abs. 1 Satz 3 BPersVG. Das Gebot der »vertrauensvollen Zusammenarbeit« geht somit gerade von dem Interessengegensatz aus, der sich zum einen aus dem Wohl der Beschäftigten und zum anderen aus der Erfüllung der dienstlichen Aufgaben ergibt. Dieses setzt sowohl auf Seiten des Personalrates, aber insbesondere auch auf Seiten der Dienststelle, Gesprächs- und Verhandlungsbereitschaft voraus. Dienststellenleitung und Personalvertretung stehen sich dabei als gleichberechtigte Partner gegenüber (so ausdrücklich Bundesverwaltungsgericht vom 12.3.1986 – 6 P 5/85 – Der Personalrat 1986, 116 ff.).

Tägliche Aufgabe der Personalräte ist es, zum Wohle der Beschäftigten zu arbeiten und ihre Interessen wahrzunehmen.

Die Aufgabenstellung des Personalrates

Das BPersVG weist dem Personalrat eine Reihe von Aufgaben und Rechten zu. Die allgemeinen Aufgaben des Personalrates nach § 68 Abs. 1 BPersVG verdeutlichen dabei am besten seinen Auftrag, wonach der Personalrat Maßnahmen, die der Dienststelle und ihren Angehörigen dienen, beantragen kann. Dieses Recht beinhaltet auch ein Initiativrecht, um notfalls vom Dienststellenleiter Maßnahmen zu verlangen, die die Rechtstellung der Beschäftigten in der Dienststelle sichern, aber auch ausbauen.

Weiterhin hat der Personalrat darüber zu wachen, dass die zugunsten der Beschäftigten geltenden Gesetze, Verordnungen, Tarifverträge, Dienstvereinbarungen und Verwaltungsanordnungen durchgeführt werden. Mit dieser Schutzfunktion soll sich der Personalrat dafür einsetzen, dass die rechtlichen und sozialen Belange der Beschäftigten nach Recht und Billigkeit gewahrt werden.

Neben dieser Schutzfunktion liegt ein weiterer Schwerpunkt der Rechte des Personalrates in seiner Gestaltungsfunktion. Ein Personalrat kann nur dann seine Aufgaben wirksam wahrnehmen, wenn er nicht nur auf Maßnahmen des Arbeitgebers reagiert, sondern wenn er von sich aus selber tätig werden kann. Er muss also in der Lage sein, agieren zu können. Dieses Agieren erfolgt zunächst einmal über die Möglichkeit, Initiativen im Zusammenhang mit der Beantragung von Maßnahmen, die der Dienststelle und ihren Angehörigen dienen, auf den Weg zu bringen. Da Agieren aber eine entsprechende Informationsbasis voraussetzt, stehen dem Personalrat nach dem BPersVG umfassende Informationsrechte zu. So ist nach § 68 Abs. 2 BPersVG der Personalrat zur Durchführung seiner Aufgaben rechtzeitig und umfassend durch die Dienststelle zu informieren. Ihm sind die hierfür erforderlichen Unterlagen vorzulegen. Auch können Personalakten eingesehen werden, wenn die Zustimmung der Beschäftigten vorliegt. Dienstliche Beurteilungen sind der Personalvertretung zur Kenntnis zu bringen, wenn dieses von Seiten der Beschäftigten verlangt wird.

Beteiligungsrechte

Diese »Generalklausel« für eine aktive Interessenvertretung der Beschäftigten durch den Personalrat in § 68 BPersVG wird ergänzt durch Beteiligungsrechte des Personalrates in personellen, sozialen und organisatorischen

Angelegenheiten. Dabei reichen diese Angelegenheiten von Fragen der Personalplanung (Anhörungsrecht nach § 78 Abs. 3 BPersVG), über Fragen der Auflösung, Einschränkung, Verlegung oder Zusammenlegung von Dienststellen oder wesentlichen Teilen von ihnen (Mitwirkungsrecht nach § 78 Abs. 1 Nr. 2 BPersVG) bis hin zu der Festlegung des Beginns und Endes der täglichen Arbeitszeit und der Pausen sowie der Verteilung der Arbeitszeit auf die einzelnen Wochentage (Mitbestimmungstatbestand nach § 75 Abs. 3 Nr. 1 BPersVG).

Diese Beteiligungsrechte sind bezüglich der Inhalte als auch der Einflussnahme des Personalrates unterschiedlich ausgestaltet und abgestuft. So werden im Bereich des Personalvertretungsrechtes – ohne die Informationsrechte mit einzubeziehen – vier Formen der Beteiligung unterschieden:
- Anhörungsrecht,
- Mitwirkungsrecht,
- eingeschränktes Mitbestimmungsrecht,
- uneingeschränktes Mitbestimmungsrecht.

Anhörungsrecht

Anhörungsrechte des Personalrates werden in § 78 Abs. 3 bis 5 sowie in § 79 Abs. 3 BPersVG definiert. Dabei ist die Anhörung des Personalrates zwingend vorgeschrieben, anderenfalls ist der auf der Maßnahme beruhende Verwaltungsakt anfechtbar. Anhörung heißt in diesen Fällen aber nicht Mitbestimmung. So ist bei diesen Anhörungsrechten die Dienststelle nach Ausübung des Anhörungsrechtes in ihrer Entscheidung frei, soweit sie auch verwaltungsintern dazu befugt ist.

Bei der außerordentlichen Kündigung (§ 79 Abs. 3 BPersVG) führt die Verletzung des Anhörungsrechtes dazu, dass die Maßnahme selbst unwirksam ist bzw. bei der Entlassung von Beamten lediglich zur Anfechtbarkeit des Entlassungsaktes.

Nach § 78 Abs. 3 bis 5 ist ein Anhörungsrecht des Personalrates in folgenden Fragen gegeben:
- Stellenanforderungen zum Haushaltsvoranschlag,
- Personalplanung,
- Neu-, Um- und Erweiterungsbauten von Diensträumen,
- grundlegende Änderungen von Arbeitsverfahren und Arbeitsabläufen.

Neben diesen Anhörungsrechten können dabei im Einzelfall weiter gehende Beteiligungsrechte stehen.

Mitwirkungsrechte

Ebenfalls in § 78 BPersVG sind die Angelegenheiten geregelt, die der Mitwirkung des Personalrates unterliegen. Dabei besteht für den Personalrat in diesen Angelegenheiten jedoch kein Initiativrecht. Das Verfahren bei der Mitwirkung selbst ist in § 72 BPersVG geregelt. Es ist grundsätzlich als dreistufiges Verfahren angelegt. Die endgültige Entscheidung fällt die oberste Dienstbehörde nach Verhandlungen mit dem bei ihr bestehenden Hauptpersonalrat. Die Einschaltung einer Einigungsstelle ist nicht vorgesehen.

Nach § 78 Abs. 1 BPersVG bestehen Mitwirkungsrechte bei der
- Vorbereitung von Verwaltungsanordnungen einer Dienststelle für die innerdienstlichen, sozialen und persönlichen Angelegenheiten der Beschäftigten des Geschäftsbereiches;
- Auflösung, Einschränkung, Verlegung oder Zusammenlegung von Dienststellen oder wesentlichen Teilen von ihnen;
- Einleitung eines förmlichen Disziplinarverfahrens gegen einen Beamten;
- Entlassung von Beamten auf Probe oder auf Widerruf, wenn sie die Entlassung nicht selbst beantragt haben;
- vorzeitigen Versetzung in den Ruhestand.

In § 79 Abs. 1 BPersVG (siehe: Mitbestimmung in personellen Angelegenheiten) ist für die ordentliche Kündigung ein besonderer Mitwirkungstatbestand vom Gesetzgeber geschaffen worden, der ebenso wie das nach § 78 Abs. 1 BPersVG normierte Mitwirkungsrecht im Nichteinigungsfalle bis zur obersten Dienstbehörde geführt werden kann. Gegenüber den Mitwirkungstatbeständen in § 78 Abs. 1 BPersVG hat dieses Mitwirkungsrecht jedoch eine Art aufschiebende Wirkung. Die Ausübung des Mitwirkungsrechtes nach § 79 BPersVG verschafft dem gegen die Kündigung klagenden Beschäftigten einen Weiterbeschäftigungsanspruch.

Mitbestimmungsrechte

Das BPersVG unterscheidet bei der Mitbestimmung vier Sachbereiche. Diese lassen sich wie folgt umschreiben:

Mitbestimmung in sozialen und innerdienstlichen Angelegenheiten
Diese Tatbestände werden geregelt in § 75 Abs. 2 (soziale Angelegenheiten) sowie in § 75 Abs. 3 Nrn. 1 bis 16 mit Ausnahme der Nr. 10 sowie in § 76 Abs. 2 Nr. 10 BPersVG (Innerdienstliche Angelegenheiten).

Mitbestimmung in organisatorischen Angelegenheiten
Diese Tatbestände werden geregelt in den §§ 75 Abs. 3 Nr. 17; 76 Abs. 2 außer Nr. 4 und 10; 78 Abs. 1 Nr. 2; 78 Abs. 3, 4 und 5 BPersVG.

Mitbestimmung in personellen Angelegenheiten
Diese Tatbestände werden geregelt in den §§ 75 Abs. 1 und Abs. 3 Nr. 10; 76 Abs. 1 und Abs. 2 Nr. 4; 78 Abs. 1 Nr. 3, 4 und 5; 79 BPersVG, wobei die §§ 78 und 79 BPersVG nur als Mitwirkungstatbestände ausgestaltet sind. Durch den Gesetzgeber ist eine Unterteilung der Mitbestimmungsrechte in eingeschränkte und uneingeschränkte Mitbestimmungsrechte in Hinblick auf das unterschiedliche Mitbestimmungsverfahren vorgenommen worden. Dieses ergibt sich aus § 69 Abs. 4 BPersVG. So ist nach dieser Vorschrift in den Fällen des § 75 die Einigungsstelle zur abschließenden Entscheidung befugt, während sie in den Fällen des § 76 nur eine Empfehlung an die oberste Dienstbehörde abgeben kann, die jedoch an diese Entscheidung nicht gebunden ist.

Eine weitere Differenzierung ist durch die Entscheidung des Bundesverfassungsgerichtes (BVerfG) v. 24.5.1995 – 2 BvF 1/92 – erfolgt (abgedruckt in »Der Personalrat« 1995, 483 ff.). Nach dieser Entscheidung, die zum Mitbestimmungsgesetz Schleswig-Holstein ergangen ist, soll im Personalvertretungsrecht grundsätzlich nur ein abgesenktes, sehr ausdifferenziertes Mitbestimmungsniveau verfassungsrechtlich unbedenklich sein (vgl. zu den Einzelheiten: Altvater u.a., BPersVG, Kommentar für die Praxis, 6. Aufl., § 104 Rn. 3, 28 ff.).

Bedeutung für die JAV-Arbeit

Da die JAV nach den Vorschriften des BPersVG sowie der LPersVG kein selbstständiges Organ ist, bestehen die der JAV im Gesetz eingeräumten Rechte nur gegenüber dem Personalrat, nicht jedoch gegenüber dem Dienststellenleiter. Die Aufgabenwahrnehmung, aber auch die Arbeit der JAV richtet sich somit an der Interessenvertretung des Personalrates aus. Ganz entscheidend hängt letztlich der Erfolg der Arbeit davon ab, wie sich die Zusammenarbeit zwischen JAV und Personalrat gestaltet. Je besser das Verhältnis ist, umso besser kann auch die JAV ihre Aufgaben wahrnehmen und gestalten. Dabei hat die Personalvertretung nach § 68 Abs. 1 Nr. 7 BPersVG als allgemeine Aufgabe die enge Zusammenarbeit mit der JAV zur Förderung der von ihr Vertretenen zugewiesen bekommen. Somit geht auch der Gesetzgeber von einer engen und konstruktiven Zusammenarbeit aus.

Die Zusammenarbeit zwischen Personalrat und JAV gestaltet sich dabei wie folgt:

Nach § 40 Abs. 1 BPersVG kann ein Vertreter der JAV an allen Sitzungen des Personalrates beratend teilnehmen. Soweit Angelegenheiten behandelt werden, die besonders die von der JAV vertretenen Beschäftigten betreffen, kann die gesamte JAV beratend teilnehmen. In den Fällen, die überwiegend die von der JAV vertretenen Beschäftigten betreffen, haben die JAV-Vertreter bei Beschlüssen des Personalrates Stimmrecht (§ 40 Abs. 1 BPersVG).

Die JAV hat in Angelegenheiten, die besonders die von ihr vertretenen Beschäftigten betreffen, das Recht, vom Personalratsvorsitzenden die Anberaumung einer Personalratssitzung zu verlangen. Dabei ist der Gegenstand, dessen Beratung beantragt wird, gem. § 34 Abs. 3 BPersVG auf die Tagesordnung zu setzen.

Nach § 39 BPersVG kann die JAV beantragen, einen Beschluss des Personalrates für die Dauer von sechs Arbeitstagen vom Zeitpunkt der Beschlussfassung an auszusetzen, wenn sie der Meinung ist, dass der Beschluss des Personalrates eine erhebliche Beeinträchtigung wichtiger Interessen der durch sie vertretenen Beschäftigten darstellt. Innerhalb dieser sechs Arbeitstage soll die Gelegenheit zur Klärung von Missverständnissen und zu ausgiebigen Diskussionen gegeben sein. Dabei hat die JAV die Möglichkeit, ihre Argumente gegenüber dem Personalrat ausführlich darzulegen und zu begründen. Wichtig ist dabei, dass mithilfe der Gewerkschaft versucht werden sollte, eine Einigung herbeizuführen (§ 39 Abs. 1 BPersVG).

Kommt es zu keiner Einigung zwischen dem Personalrat und der JAV, kann der Personalrat nach Ablauf der Frist über die Angelegenheit neu beschließen. Wird der erste Beschluss bestätigt, wird er wirksam. Ein Antrag auf Aussetzung kann in diesem Fall durch die JAV nicht wiederholt werden. Dieses gilt auch dann, wenn der Beschluss nur unerheblich von dem ersten Beschluss abweicht. Fasst jedoch der Personalrat einen anderen Beschluss, so ist ein erneuter Aussetzungsantrag möglich.

Bevor die JAV von der Möglichkeit der Aussetzung eines Beschlusses des Personalrates Gebrauch macht, sollte dieses vorher eingehend geprüft werden und insbesondere auch überlegt werden, welche Auswirkungen dieses auf das Verhältnis zum Personalrat hat. Es ist im Einzelfall abzuwägen, ob von der Aussetzungsmöglichkeit Gebrauch gemacht werden sollte oder nicht.

Eine weitere Regelung über die Zusammenarbeit zwischen Personalrat und JAV findet sich in § 61 Abs. 4 BPersVG, wonach alle Mitglieder der JAV das Recht haben, an den Besprechungen zwischen Dienststellenleiter und Personalrat nach § 66 Abs. 1 BPersVG (sogenannte Monatsgespräche) teilzunehmen, wenn Angelegenheiten behandelt werden, die die besonders von der JAV vertretenen Beschäftigten betreffen. Hier trifft den Personalrat die Pflicht, die JAV zur Besprechung auch einzuladen. Da solche Angelegenheiten in aller Regel Gegenstand jedes Monatsgespräches sind, bietet es sich an, dass von Seiten des Personalrates die gesamte JAV grundsätzlich zu jedem Monatsgespräch von Anfang an hinzugezogen wird.

Die Zusammenarbeit zwischen Personalrat und JAV wird darüber hinaus auch durch das allgemeine Antragsrecht nach § 61 Abs. 1 Nr. 1 BPersVG bestimmt. Nach erfolgter Beschlussfassung kann die JAV bei Maßnahmen, die den von ihr vertretenen Beschäftigten dienen, gegenüber dem Personalrat initiativ werden. Zu solchen Maßnahmen gehören insbesondere:

- Berufsausbildungsmaßnahmen,
- Gestaltung der Ausbildungsanweisungen,
- Nutzung der Ausbildungskapazitäten,
- Festlegung der Zahl der Ausbilder,
- Festlegung der täglichen Arbeitszeit,
- Aufstellung von Urlaubsgrundsätzen,
- Weiterbeschäftigung nach beendeter Ausbildung.

Personalvertretungsrecht

Begriff

Die Grundrechte der Beschäftigten des öffentlichen Dienstes durch einen kollektiven Mindestschutz zu wahren und zu fördern, wird im Bereich des öffentlichen Dienstes durch das Bundespersonalvertretungsgesetz (BPersVG) sowie die 16 Landespersonalvertretungsgesetze (LPersVG) gewährleistet. Das BPersVG ist dabei die Grundlage eines insgesamt sehr zersplitterten Personalvertretungsrechtes, während die betriebliche Mitbestimmung in den Betrieben des privaten Rechtes einheitlich durch das →**Betriebsverfassungsgesetz** (BetrVG) geregelt wird.

Hinsichtlich ihres sachlichen Anwendungsbereiches gelten das BPersVG bzw. die Länderpersonalvertretungsgesetze in den Verwaltungen und Betrieben des Bundes, der Länder und der Körperschaften, der Anstalten und Stiftungen des öffentlichen Rechtes sowie bei den Gerichten des Bundes und der Länder. Von diesen Gesetzen werden hinsichtlich des personellen Geltungsbereiches grundsätzlich nur die Arbeitnehmer (Angestellte, Arbeiter) und Beamten einbezogen.

Die Interessenvertretungen in weiteren Bereichen des öffentlichen Dienstes werden wie folgt geregelt:
- Richtervertretungen sind für die Richterinnen und Richter im Deutschen Richtergesetz bzw. den Länderrichtergesetzen geregelt.
- Die Berufssoldaten und Soldaten auf Zeit können ihre Interessenvertretungen auf der Grundlage des Soldatenbeteiligungsgesetzes (Wahl von Vertrauenspersonen) regeln. Zum Teil wählen sie aber auch gemeinsam mit den Zivilbeschäftigten gemeinsame Personalräte.
- Die Grundwehrdienstpflichtigen und Wehrübenden können sich auf der Grundlage des Soldatenbeteiligungsgesetzes durch Vertrauenspersonen vertreten lassen, die jedoch nur geringe Beteiligungsrechte haben.
- Die Beschäftigten in den Religionsgemeinschaften mit ihren privat- oder öffentlich-rechtlich organisierten karitativen und erzieherischen Einrichtungen (z. B. Caritas, Diakonie) fallen unter keine staatlich geregelte Interessenvertretung. Vielmehr bleibt es den Religionsgemeinschaften selbst überlassen, in welcher Form und mit welchem Inhalt sie eine Interessen-

vertretung in ihrem Bereich zulassen bzw. schaffen. So ist die Bildung von Mitarbeitervertretungen im Bereich der evangelischen und katholischen Kirche durch autonome kirchengesetzliche Regelungen erlassen worden. Diese Regelungen lassen in der Regel jedoch keine effektive Interessenvertretung zu, da sie den Mitarbeitervertretungen nur schwache Informations- und Konsultationsrechte geben.

Als das Personalvertretungsgesetz mit dem größten Geltungsbereich regelt das BPersVG zum einen in den §§ 1–93 die Personalvertretung der Beschäftigten im Bundesdienst. In einem weiteren Teil sind Rahmenvorschriften in den §§ 94–106 für die Personalvertretungen der Beschäftigten in den Ländern enthalten. Die vom Bundesgesetzgeber vorgegebenen Rahmenvorschriften hatten früher die Landesgesetzgeber durch Erlass eigener Gesetze auszufüllen. Im Zuge der Föderalismusreform im Jahre 2006 (Veränderung der Verteilung der Gesetzgebungskompetenzen zwischen Bund und Ländern) ist das Recht des Bundes, in bestimmten Fällen Rahmenvorschriften zu erlassen, weggefallen. Diese »Rahmenvorschriften« im BPersVG gelten jetzt als Bundesrecht weiter, können aber durch Landesrecht ersetzt werden. Hinzu kommen die Bestimmungen der §§ 107–109, die auch weiterhin unmittelbar für alle Länder gelten.

In den Bundesländern existieren jeweils eigenständige Landespersonalvertretungsgesetze, die einen kollektiven Mindestschutz für die Arbeitnehmerinnen und Arbeitnehmer des öffentlichen Dienstes gewährleisten sollen. Auch wenn für alle LPersVG festzuhalten ist, dass sie grundsätzlich die Einrichtung von Personalräten vorsehen, so weichen sie doch in den inhaltlichen Fragen – auch gegenüber dem BPersVG – erheblich voneinander ab. Diese Abweichungen betreffen vorrangig die Befugnisse der Personalräte als auch die organisatorischen Regelungen, die sich mit den Fragen der Wirksamkeit der Personalratsarbeit beschäftigen.

Beteiligungsrechte nach dem BPersVG

Da die Länderpersonalvertretungsgesetze hinsichtlich der Beteiligung der Personalvertretungen zum Teil sehr stark voneinander abweichen, ist es zweckmäßig, hier lediglich die Beteiligungsrechte des Personalrates nach dem Bundespersonalvertretungsgesetz darzustellen.

Die Verwirklichung der Grundrechte der Beschäftigten im öffentlichen Dienst (Arbeitnehmer sowie Beamte) erfolgt durch die Einbeziehung der Personalvertretung in personellen, sozialen und organisatorischen Angelegenheiten. Dabei sind die Beteiligungsrechte (→ **Personalrat**) der Personalräte in den §§ 66–82 BPersVG geregelt. Aber auch in anderen Gesetzen

und Verordnungen werden Aufgaben des Personalrates formuliert wie z. B. im:
- Arbeitsschutzgesetz (ArbSchG),
- Sozialgesetzbuch IX (SGB IX) – Rehabilitation und Teilhabe behinderter Menschen,
- Kündigungsschutzgesetz (KSchG).

Wie stark jeweils die Beteiligungsrechte ausgestaltet sind, richtet sich nach den Inhalten sowie nach den Durchsetzungsmöglichkeiten des Personalrates gegenüber der Dienststelle. Danach werden die Beteiligungsrechte untergliedert in:
- Anhörungsrechte,
- Mitwirkungsrechte,
- eingeschränkte Mitbestimmungsrechte,
- uneingeschränkte Mitbestimmungsrechte.

Mit diesen unterschiedlich ausgeformten Beteiligungsrechten verfolgt der Gesetzgeber das Ziel, einerseits eine den demokratischen Erfordernissen genügende Beteiligung der Beschäftigten des öffentlichen Dienstes an sie berührenden Entscheidungen zu ermöglichen und auch zu gewährleisten. Zum anderen soll ein möglichst ungestörtes Funktionieren des staatlichen Handelns sichergestellt werden. Letzteres Ziel steht dabei für den Gesetzgeber leider oft im Vordergrund. Dieses führt zu ganz beträchtlichen Mängeln und Lücken bei einer effektiven Interessenvertretung durch den Personalrat. Dazu kommt noch eine oftmals sehr einschränkende Rechtsprechung der Verwaltungsgerichte, die die gesetzlichen Regelungen häufig einengend auslegen. Diesem Ganzen hat das Bundesverfassungsgericht mit seinem Beschluss v. 24.5.1995 – 2 BvF I/92 – (Der Personalrat 1995, 483 ff.) die Krone aufgesetzt. Diese Entscheidung zum Mitbestimmungsgesetz Schleswig-Holstein hat ganz erhebliche Auswirkungen auch auf eine effektive Interessenverteilung. Hiernach soll dem Personalrat grundsätzlich nur ein abgesenktes Mitbestimmungsniveau zustehen (vgl. im Einzelnen hierzu: Altvater u. a., BPersVG, Kommentar für die Praxis, 6. Auflage, § 104, Rn. 3, 28 ff.). Einige Länder haben unter Berufung auf diese Entscheidung ihre LPVG zum Teil mit massiven Verschlechterungen des Mitbestimmungsniveaus novelliert.

Bedeutung für die JAV

Ebenso wie für den Bereich des BetrVG ist auch im Bereich des BPersVG sowie der LPersVGen die Errichtung sowie die Aufgabenstellung der Jugend- und Auszubildendenvertretungen (JAV) geregelt (§§ 57 bis 64 BPersVG). In vielen Bereichen sind dabei die Regelungen im BPersVG mit denen des BetrVG identisch.

Wie im Bereich des BetrVG ist auch im Personalvertretungsrecht der Personalrat die Interessenvertretung aller Beschäftigten des öffentlichen Dienstes. Die JAV ist kein selbstständiges personalvertretungsrechtliches Organ, sondern sie wird im Zusammenwirken mit dem Personalrat tätig. Daraus folgt die Verpflichtung für den Personalrat, im Rahmen der Aufgaben der JAV mit ihr gemeinsam und auch für sie zu handeln. Dieses gilt insbesondere dem Dienststellenleiter gegenüber.

In § 61 Abs. 1 BPersVG sind die Aufgaben und Befugnisse der JAV geregelt. Als allgemeine Aufgaben hat die JAV für die jugendlichen Beschäftigten bzw. für die sich in einer beruflichen Ausbildung befindlichen und das 25. Lebensjahr noch nicht vollendeten Beschäftigten zugewiesen bekommen:

1. beim Personalrat Maßnahmen zu beantragen, die diesen Beschäftigten dienen, insbesondere in Fragen der Berufsbildung;
2. darüber zu wachen, dass die zugunsten dieser Beschäftigten geltenden Gesetze, Verordnungen und Unfallverhütungsvorschriften, Tarifverträge, Dienstvereinbarungen und Verwaltungsanordnungen durchgeführt werden;
3. Anregungen und Beschwerden dieser Beschäftigten, insbesondere in Fragen der Berufsbildung, entgegenzunehmen und, falls sie berechtigt erscheinen, beim Personalrat auf eine Erledigung hinzuwirken. Dabei hat die JAV diese Beschäftigten über den Stand und das Ergebnis der Verhandlungen zu informieren.

Der Personalrat hat die JAV für die Durchführung ihrer Aufgaben rechtzeitig und umfassend zu unterrichten. Dieser Unterrichtungsanspruch der JAV nach § 61 Abs. 3 BPersVG richtet sich nicht unmittelbar gegen den Dienststellenleiter, sondern nur gegen den Personalrat. Dabei ist die umfassende Unterrichtungspflicht des Personalrates nicht von einem entsprechenden Antrag der JAV abhängig. Wichtig ist, dass die Unterrichtungspflicht so ausfällt, dass es der JAV ermöglicht wird, ihre Aufgaben zu erfüllen. Demzufolge kann die Unterrichtung mündlich oder schriftlich erfolgen. Sie ist aber rechtzeitig und umfassend durch den Personalrat vorzunehmen. In diesem Zusammenhang ist der Personalrat ebenfalls verpflichtet, der JAV die zur Durchführung ihrer Aufgaben erforderlichen Unterlagen zur Verfügung zu stellen. Notfalls muss sich der Personalrat diese Unterlagen aber auch evtl. notwendige Auskünfte von der Dienststelle beschaffen.

Pflichten des Ausbildenden

Grundlagen

Wer einen anderen zur Berufsausbildung einstellt – der Ausbildende –, hat mit dem Auszubildenden einen **Berufsausbildungsvertrag** zu schließen.
Die Berufsausbildung hat nach § 1 Abs. 2 BBiG eine breit angelegte **berufliche Grundbildung** und die für die Ausübung einer qualifizierten beruflichen Tätigkeit notwendigen fachlichen Fertigkeiten und Kenntnisse in einem geordneten Ausbildungsgang zu vermitteln. Sie hat ferner den Erwerb der erforderlichen Berufserfahrung zu ermöglichen. Außerdem dient die Berufsausbildungsvorbereitung dem Ziel, durch die Vermittlung von Grundlagen für den Erwerb beruflicher Handlungsfähigkeit, an eine Berufsausbildung in einem anerkannten Ausbildungsberuf heranzuführen, wie § 1 Abs. 2 Berufsbildungsgesetz bestimmt. Das Ausbildungsziel ergibt sich aus den **Ausbildungsordnungen** und den darin genannten **Prüfungsanforderungen**.
Der Ausbildende muss also die dort aufgeführten Fertigkeiten und Kenntnisse vermitteln. Dabei ist die Berufsausbildung in einer durch ihren Zweck gebotenen Form planmäßig, zeitlich und sachlich gegliedert so durchzuführen, dass das Ausbildungsziel in der vorgesehenen Ausbildungszeit erreicht werden kann, wie § 14 Abs. 1 BBiG bestimmt. Der Ausbildende kann selbst ausbilden oder einen Ausbilder ausdrücklich damit beauftragen. Er hat dem Auszubildenden **kostenlos die Ausbildungsmittel,** insbesondere Werkzeuge und Werkstoffe, zur Verfügung zu stellen, die zur Berufsausbildung und zum Ablegen von Zwischen- und Abschlussprüfungen erforderlich sind. Er hat ferner den Auszubildenden zum **Besuch der Berufsschule** sowie zum Führen von **Berichtsheften** anzuhalten, soweit solche im Rahmen der Berufsausbildung verlangt werden, und er muss diese durchsehen. Er darf im Übrigen dem Auszubildenden nur solche Aufgaben übertragen, die dem Ausbildungszweck dienen und die den körperlichen Kräften des Auszubildenden angemessen sind.
Weitere Pflicht des Ausbildenden ist es, dem Auszubildenden bei Beendigung des Berufsausbildungsverhältnisses ein **Zeugnis** auszustellen. Dieses muss Angaben enthalten über Art, Dauer und Ziele der Berufsausbildung sowie über die erworbenen Fertigkeiten und Kenntnisse des Auszubildenden.

Auf Verlangen des Auszubildenden sind auch Angaben über Führung, Leistung und besondere fachliche Fähigkeiten aufzunehmen.

Schließlich hat der Ausbildende dem Auszubildenden eine angemessene **Vergütung** zu gewähren, die nach dem Lebensalter des Auszubildenden so zu bemessen ist, dass sie mit fortschreitender Berufsausbildung mindestens jährlich ansteigt.

Soweit vom Auszubildenden **Überstunden** erbracht werden, bestimmt § 17 Abs. 3 BBiG, dass eine über die vereinbarte regelmäßige tägliche Ausbildungszeit hinausgehende Beschäftigung besonders zu vergüten ist.

Bedeutung für den Betriebsrat/die JAV

Zu den wesentlichen Aufgaben der JAV gehört es, auf die Einhaltung der Pflichten des Ausbildenden zu achten (§ 70 BetrVG). Der Betriebsrat hat im Bereich der beruflichen Bildung umfangreiche Informations- Beratungs- und Mitbestimmungsrechte (§§ 96 bis 98 BetrVG).

Pflichten des Auszubildenden

Grundlagen

Der Auszubildende hat sich zu bemühen, die **Fertigkeiten und Kenntnisse** zu erwerben, die erforderlich sind, um das **Ausbildungsziel** zu erreichen, wie § 13 BBiG bestimmt. Er ist insbesondere verpflichtet,
1. die ihm im Rahmen seiner Berufsausbildung aufgetragenen Verrichtungen sorgfältig auszuführen,
2. an Ausbildungsmaßnahmen teilzunehmen, für die er nach § 15 BBiG freigestellt wird, nämlich am Berufsschulunterricht und an Prüfungen,
3. den Weisungen zu folgen, die ihm im Rahmen der Berufsausbildung vom Ausbildenden, vom Ausbilder oder von anderen weisungsberechtigten Personen erteilt werden,
4. die für die Ausbildungsstätte geltende Ordnung zu beachten,
5. Werkzeuge, Maschinen und sonstige Einrichtungen pfleglich zu behandeln,
6. über Betriebs- und Geschäftsgeheimnisse Stillschweigen zu wahren.

Praktikum

Grundlagen

Ein Praktikum ist stets Teil einer Ausbildung, egal ob es ein Schüler, Student oder arbeitsloser Jugendlicher absolviert. Der Praktikant soll dabei Einblick erhalten in bestimmte Berufsbilder und Branchen sowie betriebliche Abläufe und Strukturen. Diese Kenntnisse können sowohl der Orientierung bei der Berufswahl als auch der Vorbereitung auf eine bestimmte Tätigkeit und/ oder der Verbesserung der Chancen auf einen späteren Job dienen. Wichtig und einschlägige Meinung ist: Ein Praktikum ist nicht dazu da, um regelmäßig anfallende Arbeiten im Betrieb erledigen zu lassen, sondern um dem Praktikanten praxisbezogene Kenntnisse zur Vorbereitung auf den Beruf zu vermitteln.

Wie so oft im Arbeitsrecht fehlt es dann aber leider an der einen allgemeingültigen Rechtsgrundlage für Praktikanten. Dies hat zweierlei Gründe: Zum einen kommt es ganz genau darauf an, wer aus welchem Grund ein Praktikum absolviert. Ausschlaggebend ist, ob sich der Praktikant in einem Lern- oder Arbeitsverhältnis befindet. Zum anderen können sich widersprechende Rechtsauffassungen für Verwirrung sorgen.

Um die jeweiligen Rechtsgrundlagen bestimmen zu können, muss deshalb zwischen den verschiedenen Gruppen von Praktikanten unterschieden werden.

Praktikanten, die ein vorgeschriebenes Pflichtpraktikum als Teil ihrer Ausbildung absolvieren

Zu dieser Gruppe von Praktikanten zählen beispielsweise Schüler an allgemeinbildenden Schulen (meist im 9. Schuljahr) oder auch Studierende, die nach Studienordnung ein Pflichtpraktikum während ihres Studiums (nicht davor und nicht danach!) absolvieren müssen. Nach herrschender Rechtsauffassung finden weder das Betriebsverfassungsgesetz bzw. die Personalvertretungsgesetze von Bund und Ländern noch das Berufsbildungsgesetz Anwendung auf diese Praktikantengruppe, weil diese Praktikanten sich weniger in einem Arbeitsverhältnis als vielmehr in einem Lernverhältnis zum

Arbeitgeber befinden. Dadurch entfallen einerseits einige Beteiligungsrechte von JAV und Betriebsrat (beispielsweise bei personellen Einzelmaßnahmen). Andererseits haben diese Praktikanten keinen individualrechtlichen Anspruch beispielsweise auf eine Vergütung, Urlaub oder Lohnfortzahlung im Krankheitsfall.

Was den Geltungsbereich und damit die Anwendbarkeit des BetrVG angeht, gibt es allerdings streitende Rechtsauffassungen. Denn §5 BetrVG zählt explizit auch die zu Berufsausbildung Beschäftigten zu den Arbeitnehmern im Sinne des Gesetzes, wozu eine kleinere Gruppe von Rechtsexperten eben auch die hier bezeichnete Gruppe von Praktikanten zählt. Wer dieser Rechtsauffassung folgt (was eine Minderheit ist), wird auch die Beteiligung der JAV und des Betriebsrats bei personellen Einzelmaßnahmen wie der Einstellung einfordern und diese Praktikanten z.B. auch bei der Bestimmung der Belegschaftsgröße bei den Wahlen zur JAV oder dem Betriebsrat berücksichtigen.

Egal welcher Auffassung man hier folgt: In jedem Fall ist diese Gruppe von Praktikanten wie andere Beschäftigte auch durch den Betriebsrat und die JAV zu betreuen. Andere Vorschriften beispielsweise zum Gesundheitsschutz oder das Jugendarbeitsschutzgesetz sind in jedem Falle zu beachten. Aber auch bei Fragen zur Qualität des Praktikums können sich JAV und Betriebsrat aufgrund ihrer besonderen Kompetenz einmischen.

Praktikanten, die ein freiwilliges Praktikum oder ein Pflichtpraktikum vor oder nach dem Studium absolvieren

Diese Gruppe von Praktikanten wird arbeitsrechtlich als in einem Arbeitsverhältnis stehend behandelt. Sowohl individualrechtlich als auch kollektivrechtlich ist sie damit in vielerlei Hinsicht besser gestellt. Nach §26 BBiG finden zahlreiche Vorschriften des BBiG auch für Personen Anwendung, die eingestellt werden um berufliche Fertigkeiten, Kenntnisse, Fähigkeiten oder berufliche Erfahrungen zu erwerben. Konkret bedeutet dies, dass die Regelungen des BBiG wie der Anspruch auf Vergütung oder das Recht auf Ausstellung eines schriftlichen Zeugnisses genau so wie bei Auszubildenden auch anzuwenden sind. Diese Praktikantengruppe zählt ebenfalls zu den Arbeitnehmern im Sinne des BetrVG, so dass sowohl der Betriebsrat als auch die JAV mit all ihren Rechten zuständig sind. Sie können beispielsweise darauf hinwirken, vergleichbar zu Ausbildungsplänen hier Praktikumspläne zu erstellen, die Ablauf und Inhalte des Praktikums festlegen. Sogar Betriebsvereinbarungen, die Vergütung, Arbeitszeit und sonstige Arbeitsbedingungen festlegen, können verhandelt und geschlossen werden. Dies gilt allerdings nur dann, wenn dies nicht durch Tarifvertrag geregelt ist, was so gut wie nie der Fall ist. Bis auf folgende Ausnahme:

Praktikanten, die in den Geltungsbereich des Tarifvertrags über die Regelung der Arbeitsbedingungen der Praktikantinnen/Praktikanten im öffentlichen Dienst fallen

Unter den Geltungsbereich des von ver.di geschlossenen Tarifvertrags fallen Sozialarbeiter und -pädagogen, Heilpädagogen, pharmazeutisch-technische Assistenten, Erzieherinnen, Kinderpflegerinnen, Masseure, medizinische Bademeister sowie Rettungsassistenten. Der Tarifvertrag legt beispielsweise Entgelte, Arbeitszeiten und sonstige Arbeitsbedingungen fest. Hier kommt der Tarifvorbehalt des § 77 Abs. 3 BetrVG zur Anwendung, wonach Arbeitsentgelte und sonstige Arbeitsbedingungen, die durch TV geregelt sind oder üblicherweise geregelt werden, nicht Gegenstand von Betriebsvereinbarungen sein dürfen.

Bedeutung für den Betriebsrat/die JAV

Praktika können für alle Beteiligten ein Vorteil sein: Dem jungen Menschen dienen sie zur Orientierung und helfen dabei, Interessen und Fähigkeiten zu entdecken oder möglicherweise Fehlentscheidungen im Hinblick auf die Berufswahl mit unangenehmen Konsequenzen zu vermeiden. Dem Unternehmen geben sie die Möglichkeit, sich als attraktiver Arbeitgeber darzustellen und auszuloten, ob der Praktikant für eine spätere Einstellung in Frage kommt. Soweit die eine Seite der Medaille.

Die andere sieht wie immer sehr viel negativer aus. Denn immer mehr junge und bereits ausgebildete Menschen hangeln sich von einem sogenannten »Praktikum« zum nächsten, oft schlecht und nicht selten gar nicht bezahlt. Auf der Suche nach einem Ausbildungsplatz oder einer Stelle nach dem Studium hoffen sie, mit einem Praktikum den Berufseinstieg schneller oder besser zu schaffen. Viele Unternehmen wissen die hohe Arbeitslosigkeit zu nutzen, indem sie die oftmals bereits gut ausgebildeten und hoch motivierten »Praktikanten« einstellen, wie andere Beschäftigte voll mitarbeiten lassen und damit ausbeuten. Dadurch entstehen nicht nur Verdrängungseffekte gegenüber der Stammbelegschaft im Betrieb. Auch im Wettbewerb stehenden Unternehmen gegenüber wird ein Prozess des Lohndumpings in Gang gesetzt.

Deshalb sollten JAV und Betriebsrat stets ein Auge darauf haben, wie viele Praktikanten für welche Dauer im Betrieb eingesetzt werden und unter welchen Bedingungen sie beschäftigt werden. Nach §80 BetrVG ist der Arbeitgeber verpflichtet, die entsprechenden Informationen zur Verfügung zu stellen. Haben JAV und Betriebsrat Bedenken, weil sich durch den Einsatz von Praktikanten Nachteile für die Belegschaft ergeben könnten, können sie die Einstellung von Praktikanten nach §99 BetrVG verweigern. Dabei geht es nicht darum, Praktikanten zu verhindern, sondern lediglich ein ausgewogenes Verhältnis zwischen Belegschaft und Praktikanten zu gewährleisten – auch um die Qualität und Betreuung des Praktikums sicherstellen zu können. Darauf kann der Betriebsrat unter Beteiligung der JAV bereits bei der Personalplanung im Rahmen der §§ 90 und 92 BetrVG hinwirken.

Bedeutung für die Praktikanten

Jung, gut ausgebildet, arbeitslos. So stellt sich die Situation insbesondere für viele Akademiker nach Abschluss ihres Studiums dar. In der Hoffnung auf einen festen Arbeitsplatz und um nicht tatenlos zu bleiben, sind sie bereit, oftmals über Monate hinweg ihre Arbeitsleistung unter dem Decknamen Praktikum bereitzustellen.

So manches mal treffen hier verschiedene Kulturen und Sichtweisen aufeinander, wenn der Betriebsrat oder die JAV auf die Praktikanten zugehen. Diese sehen oftmals keinen anderen Ausweg aus ihrer Situation oder empfinden Regelungen als starr und bürokratisch. Deshalb ist es gut, sich auf die Gespräche und möglichen Argumente vorzubereiten, um die eigene Sichtweise gut rüberbringen zu können.

Die DGB-Jugend hat sich mit Informationsmaterial, Studien, Aktionen und intensiver Öffentlichkeitsarbeit der Praktikanten angenommen. Gegenüber der Politik tritt sie ein für die zeitliche Befristung von Praktika und eine angemessene Bezahlung. Mehr Information hierüber finden sich unter *www.dgb-jugend.de/themen/generation_praktikum*.

Probezeit in der Berufsausbildung

Die Berufsausbildung beginnt mit dem **Abschluss eines Berufsausbildungsvertrages**, der spätestens vor Beginn der Berufsausbildung schriftlich niederzulegen ist und alle wesentlichen Angaben enthalten muss, u.a. die Dauer der Probezeit.

Eine solche **Probezeit** ist nach § 20 BBiG **zwingend** vorgesehen. Sie muss mindestens einen Monat und darf höchstens vier Monate betragen. Sie dient, wie der Name sagt, zur gegenseitigen Erprobung, also aus Sicht des Auszubildenden insbesondere dazu, die Umstände, unter denen der gewählte Beruf später zu verrichten ist, kennen zu lernen. Während der Probezeit kann das Berufsausbildungsverhältnis jederzeit **ohne Einhaltung einer Kündigungsfrist** gekündigt werden, also sowohl vom Ausbildenden wie auch vom Auszubildenden. Die Kündigung muss schriftlich erfolgen, wie § 22 Abs. 3 BBiG bestimmt. Vereinbarungen, die zuungunsten des Auszubildenden von diesen Regelungen abweichen, sind nach § 25 BBiG nichtig.

Bedeutung für den Betriebsrat/die JAV

Die Probezeit wird im Ausbildungsvertrag festgelegt. Der Betriebsrat sollte darauf hinwirken, dass sie nicht länger als drei Monate beträgt, außer der Auszubildenden wünscht dies explizit.

Prozessorientierte Ausbildung

Grundlagen

Veränderungen in der Arbeitswelt durch neue Formen der Arbeitsorganisation bringen andere Anforderungen gegenüber ausgebildeten Fachkräften mit sich.
In den vergangenen Jahren waren diese Veränderungen vor allem durch Arbeit in teilautonomen Gruppen gekennzeichnet. Facharbeiter müssen in der Lage sein, Gruppengespräche zu führen, Verantwortung für Entwicklungsprozesse zu übernehmen und die Qualität selbst abzusichern. Entsprechend muss sich auch die Berufsausbildung solchen veränderten Anforderungen anpassen, sie muss aber auch selbst Impulse für eine Weiterentwicklung liefern. So hat in vielen Ausbildungsbetrieben in den 1990er Jahren eine Entwicklung begonnen, in der der dezentrale Lernort »Betrieb« gegenüber dem zentralen Lernort »Ausbildungswerkstatt« an Bedeutung gewonnen hat. Beispielhaft ist hierfür der Modellversuch »DELTA« (dezentrales Lernen in Teamarbeit), der mit Unterstützung des Bundesinstituts für Berufsbildung (BIBB) bei Mercedes Benz durchgeführt wurde. Er ist unter dem Begriff »Lerninselausbildung« bundesweit bekannt geworden und hat viele Nachahmer gefunden.
Die Lerninseln werden produktionsnah eingerichtet. Die Auszubildenden sollen an die betrieblichen Ablaufstrukturen herangeführt werden. Hierbei werden Elemente, wie z.B. Betriebsorganisation, Qualitätssicherung, Planung und Steuerung, im direkten Produktionsprozess unter Berücksichtigung von methodischen und didaktischen Gesichtspunkten integriert vermittelt. Die Lerninseln sind im tatsächlichen Produktionsprozess integriert. Auszubildende sind dabei wertschöpferisch (produktiv) tätig.
Die Zunahme der Ausbildung an dezentralen Lernorten macht jedoch den zentralen Lernort Ausbildungswerkstatt in der betrieblichen Berufsausbildung keineswegs überflüssig. Die Vermittlung berufsfeldbreiter Grundbildung, die Ermöglichung ungestörter Lern- und Übungsphasen sowie ein gezielter Methoden- und Medieneinsatz unter pädagogischen Gesichtspunkten in der Ausbildungswerkstatt ist auch weiterhin notwendig.
Verschiedene Ergebnisse von Modellversuchen »Lernen am Arbeitsplatz« bzw. »Lerninselausbildung« können beim Bundesinstitut für Berufsbildung angefordert werden.

Anschrift: Bundesinstitut für Berufsbildung, Robert-Schuman-Platz 3, 53175 Bonn, Telefon 02 28/1 07–0, Fax 02 28/1 07–29 77, Internet: *www.bibb.de*

Die prozessorientierte Ausbildung stellt besondere Anforderungen an die Qualifikation von Fachausbildern. Sie müssen:
- die Kommunikation und Kooperation zwischen Produktions- und Bildungsabteilung sicherstellen,
- vorbeugend auf Spannungen und Konflikte wirken,
- Experten für die Bereichs- und Personalstruktur sein,
- bei Störung als Moderatoren zur Verfügung stehen sowie
- in geeigneter Weise auf die Einhaltung des Arbeitsschutzes und der Unfallverhütungsvorschriften hinwirken.

Um die Fachausbilder auf diese Herausforderungen vorzubereiten, sind Fortbildungs- bzw. Personalentwicklungsmaßnahmen hilfreich.

Bedeutung für den Betriebsrat/die JAV

Nach § 97 Abs. 1 BetrVG hat der Betriebsrat ein Beratungsrecht, wenn betriebliche Einrichtungen der Berufsausbildung errichtet und ausgestattet werden bzw. bei bestehenden Ausbildungseinrichtungen Änderungen vorgenommen werden sollen. Da von den Maßnahmen überwiegend die Wahlberechtigten zur JAV betroffen sind, hat der Betriebsrat die JAV an dem Beratungsprozess zu beteiligen.

Nach § 98 Abs. 1 BetrVG hat der Betriebsrat ein Mitbestimmungsrecht bei der Durchführung von Maßnahmen der betrieblichen Berufsausbildung. Dies bezieht sich auf deren inhaltliche und zeitliche Ausgestaltung, wobei hierfür weitgehend gesetzliche Regelungen bestehen (das BBiG und die nach § 25 BBiG und § 25 HandwO erlassenen Ausbildungsordnungen). Im Rahmen dieser Vorgaben für die Berufsausbildung erstreckt sich die Mitbestimmung.

Da in der Berufsausbildung überwiegend die Wahlberechtigten zur JAV betroffen sind, hat die gesamte JAV ein Teilnahme-, Stimm- und Antragsrecht an Betriebsratssitzungen, entsprechend den §§ 67 und 70 Abs. 1 Nrn. 1, 3 BetrVG. Finden Besprechungen mit dem Arbeitgeber über solche Angelegenheiten statt, ist die JAV nach § 68 BetrVG hinzuzuziehen.

Eine wichtige Aufgabe des Betriebsrats und der JAV ist es, darauf zu achten, dass die Vermittlung von Qualifikationen gewährleistet ist. Die Wertschöpfung durch produktive Tätigkeit darf nicht einer qualifizierten Ausbildung übergeordnet werden. (→ **Ausbildungsfremde Tätigkeiten**).

Bedeutung für die Auszubildenden

Für die Auszubildenden ist die Ausbildung unter realen Produktionsbedingungen oftmals wesentlich interessanter als in abgeschotteten Ausbildungswerksstätten. Die Bedingungen des realen Produktionsbezuges, im Team eine Aufgabe selbstständig zu planen, durchzuführen und zu kontrollieren, wirken meist motivierend für die Auszubildenden. Sie müssen jedoch selbst mit darauf achten, dass die Vermittlung der im Ausbildungsplan vorgegebenen Fertigkeiten und Kenntnisse stattfindet.

Prüfung

Grundlagen

In den **anerkannten Ausbildungsberufen** werden **Abschlussprüfungen** durchgeführt. Der Auszubildende kann die Abschlussprüfung zweimal wiederholen. Die Abschlussprüfung ist für den Auszubildenden gebührenfrei und dem Prüfling ist ein Zeugnis auszustellen.

Durch die Abschlussprüfung ist festzustellen, ob der Prüfling die erforderlichen Fertigkeiten beherrscht, die notwendigen praktischen und theoretischen Kenntnisse besitzt und mit dem ihm im Berufsschulunterricht vermittelten, für die Berufsausbildung wesentlichen Lehrstoff vertraut ist. Dabei ist die Ausbildungsordnung zugrunde zu legen.

Für die Abnahme der Abschlussprüfungen errichtet die zuständige Stelle Prüfungsausschüsse. Dies sind die **Prüfungsausschüsse** der zuständigen Kammern nach §§ 39 ff. BBiG bzw. §§ 31 ff. der Handwerksordnung. Im Handwerk werden die Gesellenprüfungen vor den Prüfungsausschüssen der Handwerkskammern oder der Handwerksinnungen durchgeführt.

Der Prüfungsausschuss besteht nach § 40 BBiG aus mindestens drei Mitgliedern, die für die Prüfungsgebiete sachkundig und für die Mitwirkung im Prüfungswesen geeignet sind. Außerdem müssen dem Prüfungsausschuss als Mitglieder **Beauftragte der Arbeitgeber und der Arbeitnehmer** in gleicher Zahl sowie mindestens ein **Lehrer einer berufsbildenden Schule** angehören.

Zur Abschlussprüfung wird nach § 43 BBiG zugelassen, wer die Ausbildungszeit zurückgelegt hat oder wessen Ausbildungszeit nicht später als zwei Monate nach dem Prüfungstermin endet. Außerdem müssen die vorgeschriebenen **Zwischenprüfungen** durchgeführt und die vorgeschriebenen **Berichtshefte** geführt worden sein, die sog. schriftlichen Ausbildungsnachweise.

In besonderen Fällen kann nach § 45 BBiG der Auszubildende nach Anhörung des Ausbildenden und der Berufsschule vor Ablauf seiner Ausbildungszeit zur Abschlussprüfung zugelassen werden, wenn seine Leistungen dies rechtfertigen.

Ferner ist zur Abschlussprüfung auch derjenige zuzulassen, der in einer berufsbildenden Schule oder einer sonstigen Einrichtung ausgebildet worden ist, wenn diese Ausbildung der Berufsausbildung in einem anerkannten Ausbildungsberuf entspricht.

Nach § 44 BBiG gilt, dass, wenn die Abschlussprüfung in zwei zeitlich auseinander fallenden Teilen durchgeführt wird (sogenannte »gestreckte Abschlussprüfung«), über die Zulassung jeweils gesondert zu entscheiden ist. Für beide Teile müssen die oben genannten Voraussetzungen erfüllt sein – Erfüllung der Ausbildungszeit, Vorlage der schriftlichen Ausbildungsnachweise. Darüber hinaus ist Zulassungsvoraussetzung für den zweiten Teil der Abschlussprüfung, dass man am ersten Teil der Abschlussprüfung teilgenommen hat, es sei denn, dass der Auszubildende aus Gründen, die er nicht zu vertreten hat, am ersten Teil der Abschlussprüfung nicht teilnehmen konnte. In diesem Fall ist der erste Teil der Abschlussprüfung zusammen mit dem zweiten Teil abzulegen.

Bei der »gestreckten Abschlussprüfung« wird die bisherige Zwischenprüfung somit zum Teil 1 der Abschlussprüfung, die Ergebnisse der Prüfungsleistung in diesem Prüfungsteil werden in das Gesamtergebnis der Prüfung einbezogen. Damit erhält die Prüfung etwa in der Mitte der Ausbildungszeit eine neue Funktion. Die bisherige Zwischenprüfung hatte das Ziel, den Ausbildungsstand zu ermitteln, um den Ausbildern und Berufsschullehrern die Möglichkeit zu geben, korrigierend, ergänzend und fördernd auf die weitere Berufsausbildung einwirken zu können. Teil 1 der gestreckten Abschlussprüfung stellt darüber hinaus bereits fest, inwieweit die Prüflinge in der Lage sind, Facharbeiter- oder Gesellentätigkeiten auszuführen. Dabei wird nicht deren gesamte Qualifikation Prüfungsgegenstand, sondern nur diejenigen Qualifikationen, die bis zum Zeitpunkt dieses Teils der Prüfung nach Ausbildungsrahmenplan und schulischem Lehrplan vermittelt wurden.

Schließlich ist nach § 45 Abs. 2 BBiG zur Abschlussprüfung auch zugelassen, wer nachweist, dass er mindestens das $1^{1}/_{2}$fache der Zeit, die als Ausbildungszeit vorgeschrieben ist, in dem Beruf tätig gewesen ist, in dem die Prüfung abgelegt werden soll.

Für Soldaten und Soldatinnen auf Zeit und ehemalige Soldaten und Soldatinnen kann die Zulassung zur Abschlussprüfung erfolgen, wenn das Bundesministerium der Verteidigung oder die von ihm bestimmte Stelle bescheinigt, dass der Bewerber oder die Bewerberin berufliche Fertigkeiten, Kenntnisse und Fähigkeiten erworben hat, welche die Zulassung zur Prüfung rechtfertigen.

Im Übrigen wird die Prüfung nach Prüfungsordnungen durchgeführt, in der die Zulassung die Gliederung, die Berwertungsmaßstäbe, die Erteilung der Prüfungszeugnisse, die Folgen von Verstößen gegen die Prüfungsordnung und die Wiederholungsprüfung geregelt sind. Der Hauptausschuss des Bundesinstituts für Berufsbildung erlässt nach § 47 BBiG für die Prüfungsordnung Richtlinien (www.bibb.de/de/20273.htm).

Bedeutung für den Betriebsrat/die JAV

Die Prüfungsergebnisse sind auch ein Indikator für die Qualität der Berufsausbildung. deshalb sollten Betriebsrat und JAV die Prüfungsergebnisse genauer betrachten und ggf. die betriebliche Ausbildung überprüfen.

Bei Ausbildungsberufen, bei denen betriebliche Aufträge, Projekte oder ähnliches als Prüfungsleistung vorgesehen sind, muss der Betriebsrat darauf achten, dass die Auszubildenden die entsprechenden Möglichkeiten während der Ausbildung erhalten.

Rauchen am Arbeitsplatz/ Alkoholverbot

Rauchen am Arbeitsplatz

Gesetzliche Rauchverbote gibt es zum Beispiel in bestimmten Betriebsräumen zur Verhütung von Brandgefahr.

Allgemein ist der **Nichtraucherschutz** nach § 5 ArbStättV zu beachten. Danach hat der Arbeitgeber die erforderlichen Maßnahmen zu treffen, damit die nichtrauchenden Beschäftigten in Arbeitsstätten wirksam vor den Gesundheitsgefahren durch Tabakrauch geschützt sind. Umgekehrt ist der Raucher durch das **Recht auf die freie Entfaltung seiner Persönlichkeit** geschützt. Wenn gesetzliche Rauchverbote oder aber der Nichtraucherschutz dies nicht ausschließen, ist auch ihm die Gelegenheit zu geben, in angemessenen Arbeits- und Pausenräumen zu rauchen, wenn die räumlichen Verhältnisse des Betriebes es zu lassen. Als vorrangig wird aber heute schon der Nichtraucherschutz betrachtet, der weiter im Vordringen ist. Ob künftig noch anerkannt wird, dass das Rauchen unter dem Schutz des Rechtes auf freie Entfaltung der Persönlichkeit steht, bleibt abzuwarten.

Die sich derzeit noch in einem Spannungsverhältnis gegenüberstehenden Rechte der Nichtraucher und der Raucher bedürfen konkreter betrieblicher Regelungen: Gilt unabhängig von gesetzlichen Verboten ein allgemeines Rauchverbot? Ist es für Raucher zumutbar, das Rauchen lediglich auf den Außenflächen, Innenhöfen usw. (auch diese gehören zum Betrieb und zur Arbeitsstätte) zu gestatten? Darf in den Räumen mit Publikumsverkehr allgemein geraucht werden? Welche Regelung gilt für Gänge und Pausenräume? Wenn Raucher ihren Arbeitsplatz verlassen müssen, werden diese »Raucherpausen« dann bezahlt? Haben auch die Nichtraucher dann entsprechenden Anspruch auf solche bezahlten Nichtarbeitszeiten?

Hier sind Regelungen zu treffen. Dies kann der Arbeitgeber nicht allein. Der Betriebsrat hat ein **gleichberechtigtes Mitbestimmungsrecht** in Bezug auf die Ordnung des Betriebes (§ 87 Abs. 1 Nr. 1 BetrVG).

Bei Verstoß gegen ein wirksam angeordnetes Rauchverbot kommt je nach den Umständen des Einzelfalls jedenfalls nach vorheriger Abmahnung eine Kündigung des Arbeitsverhältnisses in Betracht.

Alkoholverbot

Auch hier bleibt für Arbeitgeber und Betriebsrat nichts zu regeln, wenn ein allgemeines Alkoholverbot für bestimmte Berufsgruppen gilt, etwa für Kraftfahrer.

Ist dies nicht der Fall, so bedarf es einer Regelung, ob ein angemessener und sozial üblicher Alkoholgenuss erlaubt oder verboten ist (1 Flasche Bier zum Essen, das Anstoßen mit Sekt bei der Gratulation zum Geburtstag). Auch diese Regelungen kann der Arbeitgeber nicht alleine treffen, sie sind vielmehr mitbestimmungspflichtig nach § 87 Abs. 1 Nr. 1 BetrVG.

Ruhepausen

Begriff

Das Jugendarbeitsschutzgesetz bestimmt zunächst in § 4 Abs. 1, dass die tägliche Arbeitszeit die Zeit vom Beginn bis zum Ende der täglichen Beschäftigung ohne die Ruhepausen ist. Die **Schichtzeit** ist nach § 4 Abs. 2 JArbSchG die tägliche Arbeitszeit unter Hinzurechnung der Ruhepausen.

Im Übrigen heißt es in § 11 JArbSchG, dass Jugendlichen im Voraus feststehende Ruhepausen von angemessener Dauer gewährt werden müssen. Was angemessene Dauer ist, legt das Gesetz selbst fest, nämlich
1. 30 Minuten bei einer Arbeitszeit von mehr als $4^{1}/_{2}$ bis zu sechs Stunden,
2. 60 Minuten bei einer Arbeitszeit von mehr als sechs Stunden.

Ferner heißt es, dass als Ruhepause nur eine **Arbeitsunterbrechung von mindestens 15 Minuten** gilt. Dies bedeutet in Verbindung mit § 4 JArbSchG, dass Arbeitsunterbrechungen, die unter 15 Minuten liegen, keine Ruhepausen sind, sondern zur Arbeitszeit zählen.

Die Unterbrechung der Arbeit durch Pausen während der Arbeitszeit ist nicht nur für die Einnahme der Mahlzeiten, sondern auch für die Erholung von der Arbeit bedeutsam. Während der Ruhepausen muss der Jugendliche nach freier, eigener Entscheidung Gelegenheit haben, zu essen und sich zu entspannen, sich, wenn möglich, an einem selbst gewählten Ort aufhalten zu können.

Damit die Ruhepausen ihren **Erholungszweck** erfüllen, bestimmt das Gesetz, dass sie nach Lage und Dauer **im Voraus feststehen** und in angemessener zeitlicher Lage innerhalb der Arbeitszeit gewährt werden, nämlich frühestens eine Stunde nach Beginn und spätestens eine Stunde vor Ende der Arbeitszeit.

Der Aufenthalt in Arbeitsräumen während der Ruhepausen darf den Jugendlichen nur gestattet werden, wenn die Arbeit in diesen Räumen während dieser Zeit eingestellt ist und auch sonst die notwendige Erholung nicht beeinträchtigt wird.

Hinweis:
Für die Ruhepausen und Ruhezeiten von erwachsenen Auszubildenden, die das 18. Lebensjahr bereits vollendet haben, gelten grundsätzlich die Bestimmungen des Arbeitszeitgesetzes (ArbZG). Sie gelten als Mindestbestimmungen. Darüber hinaus können bessere und weitergehende Regelungen in Tarifverträgen, Betriebsvereinbarungen bzw. in einem Ausbildungsvertrag geregelt sein.

Bedeutung für den Betriebsrat/die JAV

Das Betriebsverfassungsgesetz räumt in § 87 Abs. 1 Nr. 2 BetrVG – entsprechendes gilt für Personalräte nach § 75 Abs. 3 Nr. 1 BPersVG – dem Betriebs- bzw. Personalrat ein **zwingendes Mitbestimmungsrecht** über **Dauer und Lage der Ruhepausen** ein. Letztere müssen also mit Zustimmung des Betriebs-/Personalrats unter Einbeziehung der JAV festgelegt werden.

Verstöße des Arbeitgebers gegen die Bestimmungen des § 11 JArbSchG können als Straftat oder Ordnungswidrigkeit nach §§ 58, 59 JArbSchG geahndet werden.

Was die räumliche Beschaffenheit und Ausstattung der Pausenräume anbetrifft, regeln dies § 29 der Arbeitsstättenverordnung sowie die EG-Arbeitsstättenrichtlinie.

Samstagsarbeit/Sonntagsarbeit/ Feiertagsarbeit

Grundlagen

Für die Beschäftigung Jugendlicher gilt nach § 15 JArbSchG die **5-Tage-Woche**. Die beiden wöchentlichen Ruhetage sollen nach Möglichkeit aufeinander folgen.

Diese Bestimmung wird durch die Bestimmungen des § 16 JArbSchG über die **Samstagsruhe**, des § 17 JArbSchG über die **Sonntagsruhe** und durch die Bestimmung des § 18 JArbSchG über die **Feiertagsruhe** ergänzt. Vorstellung des Gesetzgebers ist es, dass dem Jugendlichen grundsätzlich ein freies Wochenende ermöglicht wird.

Dies soll dadurch erreicht werden, dass Jugendliche grundsätzlich an Samstagen bzw. an Sonntagen oder an Feiertagen nicht beschäftigt werden dürfen.

Diese Grundsätze sind jedoch in vielfältiger Hinsicht durchbrochen. Ein **absolutes Beschäftigungsverbot** besteht nach § 18 JArbSchG nur am ersten Weihnachtsfeiertag, an Neujahr, am ersten Osterfeiertag und am 1. Mai. An Heiligabend und an Silvester darf eine Beschäftigung nach 14.00 Uhr nicht mehr erfolgen.

Das grundsätzliche Gebot der Samstagsruhe wird durch **zahlreiche Ausnahmen** durchlöchert. Nach § 16 Abs. 2 JArbSchG ist die Beschäftigung Jugendlicher an Samstagen zulässig:
1. in Krankenanstalten sowie in Alten-, Pflege- und Kinderheimen,
2. in offenen Verkaufsstellen, in Betrieben mit offenen Verkaufsstellen, in Bäckereien und Konditoreien, im Friseurhandwerk und im Marktverkehr,
3. im Verkehrswesen,
4. in der Landwirtschaft und Tierhaltung,
5. im Familienhaushalt,
6. im Gaststätten- und Schaustellergewerbe,
7. bei Musik-, Theater- und anderen Aufführungen,
8. bei außerbetrieblichen Ausbildungsmaßnahmen,
9. beim Sport,
10. im ärztlichen Notdienst,
11. in Reparaturwerkstätten für Kraftfahrzeuge.

Allerdings sollen mindestens zwei Samstage im Monat beschäftigungsfrei bleiben, wobei dies lediglich eine Sollvorschrift ist, von der in begründeten Fällen abgewichen werden kann.

Werden Jugendliche am Samstag beschäftigt, ist ihnen die 5-Tage-Woche durch Freistellung an einem anderen berufsschulfreien Arbeitstag derselben Woche sicherzustellen.

Ähnlich breit gefächert sind die **Ausnahmen vom Gebot der Sonntagsruhe**. Auch hier soll jeder zweite Sonntag beschäftigungsfrei bleiben, mindestens zwei Sonntage im Monat müssen beschäftigungsfrei bleiben. Die 5-Tage-Woche ist durch Freistellung an einem anderen berufsschulfreien Arbeitstag derselben Woche sicherzustellen.

Eine ähnliche Regelung wie bei der Sonntagsruhe gilt nach § 18 JArbSchG auch für die **Feiertagsruhe**.

> **Hinweis:**
> Für Arbeitszeit von erwachsenen Auszubildenden, die das 18. Lebensjahr bereits vollendet haben, gelten grundsätzlich die Bestimmungen des Arbeitszeitgesetzes (ArbZG). Darüber hinaus können bessere und weitergehende Regelungen in Tarifverträgen, Betriebsvereinbarungen bzw. in einem Ausbildungsvertrag geregelt sein.

Schichtarbeit

Begriff

Schichtarbeit liegt vor, wenn Arbeitnehmer sich wechselseitig zeitlich mit der Arbeit abwechseln und entweder in zwei Schichten oder vollkontinuierlich, rund um die Uhr, gearbeitet wird, wobei bei bestimmten Tätigkeiten praktisch ohne Unterbrechung gearbeitet wird (Hochofen).

Für Jugendliche ist die Beteiligung an Schichtarbeit wegen der Bestimmung des § 14 JArbSchG über die **Nachtruhe** praktisch nicht möglich. Allerdings erlaubt Abs. 5 dieser Bestimmung, dass nach vorheriger Anzeige an die Aufsichtsbehörde in Betrieben, in denen die übliche Arbeitszeit aus verkehrstechnischen Gründen nach 20.00 Uhr endet, Jugendliche bis 21.00 Uhr beschäftigt werden dürfen, soweit sie hierdurch unnötige Wartezeiten vermeiden können.

Gleiches gilt in mehrschichtigen Betrieben. Hier dürfen Jugendliche jedenfalls über 16 Jahre ab 5.30 Uhr oder bis 23.30 Uhr beschäftigt werden, soweit sie hierdurch unnötige Wartezeiten vermeiden können.

Bedeutung für den Betriebsrat/die JAV

Nach § 87 Abs. 1 Nr. 2 BetrVG unterliegt die Festlegung von Beginn und Ende der täglichen Arbeitszeit einschließlich der Pausen sowie die Verteilung der Arbeitszeit auf die einzelnen Wochentage dem zwingenden Mitbestimmungsrecht des Betriebsrats. Das Mitbestimmungsrecht schließt damit auch die Einführung, Änderung und den Abbau von variabler Arbeitszeit, von Nachtarbeit und von Schichtarbeit in jeder Form mit ein.

Schülervertretung

Grundlagen

Die Schülervertretung (SV) – früher Schülermitverwaltung/-mitverantwortung (SMV) – ist das Mitbestimmungsorgan der Schülerschaft, das vor allem Ordnungs- und Organisationsfunktionen wahrnimmt, die Interessen der Schüler vertritt, aber auch selbst gewählte Aufgaben bearbeitet. Mit der SV soll den Schülern Gelegenheit gegeben werden, an der innerschulischen Willensbildung teilzunehmen. Dazu werden Klassen-, Jahrgangs- und Schulsprecher gewählt.

Schule und Bildung sind in Deutschland Ländersache. Daher werden die Schulgesetze und -verordnungen von den Länderparlamenten und Länderministerien erlassen. Somit gibt es in Deutschland 16 verschiedene Bildungssysteme und natürlich auch 16 verschiedene Gesetze und Verordnungen für die Schülervertretung (SV). Trotzdem lassen sich einige Gemeinsamkeiten in allen Bundesländern feststellen.

Bedeutung für die Schüler

Bei der SV von Mitbestimmung zu reden, ist vielleicht ein wenig übertrieben. Die Schüler haben nach den Schülermitwirkungsgesetzen die Möglichkeit, sich z. B. in den Schulkonferenzen Gehör zu verschaffen und die Interessen der Schülerschaft deutlich zu machen. Die Schulkonferenzen setzen sich zusammen aus Lehrern, Eltern und Schülern (bei Berufsschulen kommen noch Vertreter der Arbeitgeber und Arbeitnehmer hinzu). Die Schülerstimmen allein reichen nicht für eine Stimmenmehrheit.

Dass Schüler sich um ihre Zukunftsperspektiven sorgen, ist bei der angespannten Ausbildungssituation kein Wunder. Es ist eigentlich dann nur noch ein kleiner Schritt, zu versuchen, für seine eigenen Interessen aktiv zu werden. Möglichkeiten dazu bieten die Gewerkschaften.

Bedeutung für die JAV

In Berufsschulen werden ebenfalls Schülervertretungen gewählt. Mit ihnen sollten die JAVen Kontakt aufnehmen, und sich über das Zusammenspiel zwischen Betrieb und Berufsschule austauschen. Aktive JAV-Mitglieder, die sich in der Ausbildung befinden und somit die Berufsschule besuchen, können sich in die SV wählen lassen.

Literaturhinweis

DGB-Jugend, Broschüre: Tipps und Tricks für die SchülerInnenvertretung (download unter: www.dgb-jugend.de)

Schutzvorschriften/ Schutz der JAV-Mitglieder

Grundlagen

JAV-Mitglieder, die eine **engagierte Interessenvertretung** betreiben, haben oftmals schnell Konflikte mit dem Arbeitgeber. Damit Mitglieder der JAV dennoch konsequent und engagiert die Interessen der Wahlberechtigten vertreten können, gibt es im Betriebsverfassungsgesetz einige Schutzvorschriften. In § 78 BetrVG »Schutzbestimmungen« ist geregelt, dass Mitglieder der JAV bei der Erfüllung ihrer Aufgaben **nicht behindert werden** dürfen. Sie dürfen aufgrund ihrer Tätigkeit nicht benachteiligt und müssen vergleichbar wie andere Arbeitnehmer bezahlt werden. Ebenso muss eine vergleichbare berufliche Entwicklung ermöglicht werden.

Einen besonderen Kündigungsschutz haben Mitglieder der JAV durch den § 15 Kündigungsschutzgesetz, der eine ordentliche Kündigung untersagt. Der Arbeitgeber hat nur die Möglichkeit einer fristlosen Kündigung. Aber auch in diesem Fall kann dem Mitglied einer JAV nur dann gekündigt werden, wenn der Betriebsrat nach § 103 BetrVG der fristlosen Kündigung zustimmt. Stimmt der Betriebsrat nicht zu, so muss der Arbeitgeber versuchen, die fehlende Zustimmung vom Arbeitsgericht ersetzen zu lassen.

Mitglieder der JAV, die sich in einer Ausbildung befinden, haben einen befristeten Ausbildungsvertrag. Um eine Benachteiligung zu verhindern, ist im § 78a BetrVG geregelt, dass Mitglieder der JAV nach Beendigung ihrer Ausbildung **in ein Arbeitsverhältnis übernommen** werden müssen.

Der Anspruch auf den Schutz der §§ 78 und 78a BetrVG erstreckt sich auch auf **Ersatzmitglieder** zur JAV, wenn sie ersatzweise, ggf. auch nur vorübergehend, als Mitglied der JAV tätig geworden sind. So kommt es beispielsweise vor, dass Mitglieder der JAV bei JAV-Sitzungen oder Betriebsratssitzungen terminlich verhindert sind. In diesem Fall wird das Ersatzmitglied vorübergehend tätig. Wichtig ist, dass dies in den entsprechenden Protokollen der Sitzungen vermerkt ist. Damit kann beim Übernahmeanspruch nach § 78a BetrVG das Tätigwerden von Ersatzmitgliedern dokumentiert werden.

Die Schutzvorschriften gelten auch für ehemalige Mitglieder der JAV und Ersatzmitglieder, die in der JAV tätig geworden sind, für die Dauer eines Jahres nach Beendigung der Amtszeit.

Bedeutung für den Betriebsrat/die JAV

Wenn der Arbeitgeber ein Mitglied der JAV bei Beendigung der Ausbildung nicht in ein Arbeitsverhältnis übernehmen möchte, so muss er dieses mindestens drei Monate vor Beendigung des Ausbildungsverhältnisses mitteilen.

Ein Mitglied der JAV muss, unabhängig von einer Information durch den Arbeitgeber, bezüglich der Übernahme in ein Arbeitsverhältnis, selbst einen **schriftlichen Antrag auf unbefristete Übernahme** nach der Ausbildung stellen. Dieser schriftliche Übernahmeantrag eines Mitgliedes der JAV muss innerhalb der letzten drei Monate vor Beendigung des Berufsausbildungsverhältnisses erfolgen. Will der Arbeitgeber nach Beantragung der Übernahme in ein Arbeitsverhältnis durch ein Mitglied des JAV dieses nicht übernehmen, muss er beim Arbeitsgericht beantragen, dass eine Übernahme unzumutbar für ihn ist.

Der Übernahmeantrag des JAV-Mitgliedes ist immer auf ein **unbefristetes Vollzeitarbeitsverhältnis** im erlernten Beruf unter Berufung auf seine Mitgliedschaft in der JAV, in Bezug auf § 78a BetrVG zu stellen. Dies gilt selbst, wenn alle anderen Auszubildenden nicht oder nur in ein Teilzeitarbeitsverhältnis oder ein befristetes Arbeitsverhältnis übernommen werden. Nur so ist sichergestellt, dass sich der Übernahmeantrag im Rahmen des § 78a BetrVG bewegt (Musterschreiben 1).

Wenn der Arbeitgeber lediglich einen Teilzeitarbeitsplatz oder eine befristete Übernahme anbietet, besteht die Möglichkeit diesen »unter Vorbehalt« anzunehmen und deutlich zu machen, die Erfüllung des Anspruchs nach § 78a BetrVG vom Arbeitsgericht überprüfen zu lassen. Damit kann ggf. Zeit gewonnen werden, um das Vorhandensein eines Vollzeitarbeitsplatzes nachzuweisen (Musterschreiben 2 und 3).

Mitglieder der JAV, die ihre Ausbildung beenden, können frühestens drei Monate vor dem ersten Prüfungstag ihre Übernahme in das Arbeitsverhältnis nach § 78a BetrVG beantragen.

Wichtig ist, sich den **Eingang des Übernahmeantrages quittieren** zu lassen. Auf dem Postweg besteht hier die Möglichkeit, den Antrag per Einschreiben mit Rückschein zustellen zu lassen. Wird er selbst bei der Personalabteilung abgegeben, kann eine entsprechende Quittierung auf einer Kopie erfolgen.

Wichtig ist auch, dass der schriftliche **Antrag vor dem letzten Prüfungstag gestellt** werden muss. Ansonsten verliert das Mitglied der JAV den Anspruch auf eine unbefristete Übernahme nach § 78a BetrVG (BAG v. 31. 10. 1985 – 6 AZR 557/84).

Will der Arbeitgeber ein Mitglied der JAV, welches fristgerecht seine Übernahme nach § 78a BetrVG beantragt hat, nach Beendigung der Ausbildung nicht in ein Arbeitsverhältnis übernehmen, so muss er, unabhängig davon, ob er dies bereits fristgerecht mitgeteilt hat, nach § 78a BetrVG beim Arbeitsgericht feststellen lassen, dass ein Arbeitsverhältnis nicht begründet ist bzw. die Auflösung eines Arbeitsverhältnisses beantragen. In einem solchen Fall ist es wichtig, nachzuweisen, ob andere Auszubildende nach Beendigung ihrer Ausbildung übernommen wurden bzw. werden und ob freie Arbeitsplätze vorhanden sind. In jedem Fall ist es sinnvoll, die zuständige Gewerkschaft zu informieren und gegebenenfalls Rechtsschutz zu beantragen.

Nach der jüngeren Rechtsprechung des BAG soll der Weiterbeschäftigungsanspruch an den Ausbildungsbetrieb gebunden sein und damit nicht gegeben sein, wenn ein Arbeitsplatz lediglich in einem anderen Betrieb desselben Unternehmens vorhanden ist (BAG v. 5. 12. 2007 – 7 ABR 65/06).

Der Arbeitsplatz muss frei sein; das JAV-Mitglied hat keinen Anspruch darauf, dass ein Arbeitsplatz eingerichtet oder frei gekündigt wird.

Das JAV-Mitglied ist **im Ausbildungsberuf weiter zu beschäftigen**. Es kann nicht auf eine ausbildungsfremde, geringerwertige Tätigkeit verwiesen werden. Dies kommt nur in Betracht, wenn eine gleichwertige Beschäftigung nicht möglich ist. Umgekehrt kann der Übernahmeantrag nicht mit der Begründung abgelehnt werden, es sei keine der Ausbildung entsprechende Beschäftigung möglich, wenn der Auszubildende sich bereits in dem Weiterbeschäftigungsverlangen mit geänderten Arbeitsbedingungen einverstanden erklärt hat.

Musterschreiben 1:

Übernahme in unbefristetes Arbeitsverhältnis

Absender _____ Ort/Datum _____

An die Geschäftsleitung
– Personalabteilung –

Antrag auf Übernahme in ein unbefristetes Arbeitsverhältnis gemäß § 78a BetrVG

Sehr geehrte Damen und Herren,
hiermit beantrage ich gemäß § 78a Abs. 2 BetrVG in meiner Eigenschaft als Jugend- und Auszubildendenvertreter/in die Übernahme in ein unbefristetes Arbeitsverhältnis im erlernten Beruf im Anschluss an meine Ausbildung.
Sollte eine entsprechende Beschäftigung nicht möglich sein, so wäre ich hilfsweise auch bereit, zu anderen als den sich aus § 78a BetrVG ergebenden Arbeitsbedingungen in ein Arbeitsverhältnis übernommen zu werden.
Mit freundlichen Grüßen

Name

Musterschreiben 2:

Übernahme unter Vorbehalt in ein unbefristetes Teilzeitarbeitsverhältnis

Absender _____ Ort/Datum _____

An die Geschäftsleitung
– Personalabteilung –

Sehr geehrte Damen und Herren,
sie haben mir lediglich eine Übernahme nach Ausbildungsende in ein Teilzeitarbeitsverhältnis angeboten. Als Mitglied der JAV habe ich jedoch gem. § 78a BetrVG einen Anspruch auf unbefristete Übernahme in ein Vollzeitarbeitsverhältnis.

Ich nehme daher ihr Angebot an und behalte mir vor, die Ausgestaltung des Vertrages als Teilzeitarbeitsverhältnis beim Arbeitsgericht auf seine Rechtmäßigkeit hin überprüfen zu lassen.

Mit freundlichen Grüßen

Name

Musterschreiben 3:

Übernahme unter Vorbehalt in ein befristetes Arbeitsverhältnis

Absender _____ Ort/Datum _____

An die Geschäftsleitung
– Personalabteilung –

Sehr geehrte Damen und Herren,
sie haben mir lediglich eine auf zwölf Monate befristete Übernahme nach Ausbildungsende angeboten. Als Mitglied der JAV habe ich jedoch gem. § 78a BetrVG einen Anspruch auf unbefristete Übernahme in ein Vollzeitarbeitsverhältnis.

Ich nehme daher ihr Angebot an und behalte mir vor, die Ausgestaltung des Vertrages als Teilzeitarbeitsverhältnis beim Arbeitsgericht auf seine Rechtmäßigkeit hin überprüfen zu lassen.

Mit freundlichen Grüße

Name

Schwerbehinderte Menschen

Grundlagen

Das Neunte Sozialgesetzbuch (SGB IX) ist seit dem 1.7.2001 in Kraft. Es regelt die Rehabilitation und Teilhabe behinderter Menschen und hat zum Ziel, die Selbstbestimmung behinderter Menschen, ihre Teilhabe am gesellschaftlichen Leben und insbesondere ihre Integration im Arbeitsleben zu fördern. Das Schwerbehindertenrecht ist in den 2. Teil des SGB IX eingegliedert.

Als schwerbehinderte Menschen werden all diejenigen Personen bezeichnet, die einen Grad der Behinderung von wenigstens 50 aufweisen und ihren Wohnsitz, ihren gewöhnlichen Aufenthalt oder ihre Beschäftigung auf einem Arbeitsplatz im Geltungsbereich des SGB IX haben (§ 2 Abs. 2 SGB IX). Dabei wird als Behinderung angesehen, wenn die körperliche Funktion, geistige Fähigkeit oder seelische Gesundheit mit hoher Wahrscheinlichkeit länger als sechs Monate von dem für das Lebensalter typischen Zustand abweicht und daher die Teilhabe am Leben in der Gesellschaft beeinträchtigt wird (§ 2 Abs. 1 SGB IX).

Mit einem schwerbehinderten Menschen ist derjenige gleichgestellt, dessen Grad der Behinderung zwischen 30 und 50 liegt, und der aufgrund eines Antrages durch die Bundesagentur für Arbeit mit einem schwerbehinderten Menschen gleichgestellt worden ist (§ 2 Abs. 3 SGB IX). Die Gleichstellung wird im Falle der Anerkennung mit dem Tag des Eingangs des Antrages wirksam (§ 68 Abs. 2 SGB IX).

Das SGB IX regelt im Einzelnen die Sicherung der Eingliederung schwerbehinderter Menschen in Arbeit, Beruf und Gesellschaft (arbeitsrechtlicher Schwerbehindertenschutz sowie Rehabilitation). In diesem Gesetz ist der geschützte Personenkreis (schwerbehinderte Menschen, von Behinderung bedrohte bzw. gleichgestellte Menschen) bestimmt. Im SGB IX sind darüber hinaus auch Bereiche wie Kündigungsschutz, Pflichten der Arbeitgeber und die Schwerbehindertenvertretung geregelt.

Das SGB IX hat die Aufgabe, die Eingliederung dieses schutzbedürftigen Personenkreises zu fördern und die Lage und die zukünftigen Chancen behinderter Menschen in der Arbeitswelt nachhaltig zu verbessern. Schwerbehinderte Menschen unterliegen erheblichen Eingliederungsbarrieren, die ihre Integration erschweren. Ihre Chancen auf dem Arbeitsmarkt sind erheblich reduziert.

Schwerbehinderte Beschäftigte dürfen gem. § 81 Abs. 2 SGB IX durch Arbeitgeber wegen ihrer Behinderung nicht benachteiligt werden. Dabei wird auf die Regelungen im **Allgemeinen Gleichbehandlungsgesetz (AGG)** verwiesen. Das AGG regelt umfassend den Schutz vor Benachteiligungen wegen einer Behinderung, nicht nur im Falle einer Schwerbehinderung. Benachteiligungsverbote bestehen dabei insbesondere für folgende Bereiche:

- Zugang zur Berufsbildung, einschließlich der Berufsausbildung, der beruflichen Weiterbildung, der Umschulung sowie der praktischen Berufserfahrung,
- Zugang zu einem Arbeitsverhältnis, einschließlich der Auswahlkriterien und Einstellungsbedingungen sowie für den beruflichen Aufstieg,
- bei den Arbeitsbedingungen, einschließlich Entgelt sowie den Entlassungsbedingungen.

Weder der Arbeitgeber, Vorgesetzte noch Arbeitnehmer oder Dritte dürfen behinderte Arbeitnehmer wegen ihrer Behinderung (§ 3 AGG):

- unmittelbar oder mittelbar benachteiligen,
- belästigen oder
- eine Benachteiligung anweisen.

Um eine Benachteiligung von Anfang an zu unterbinden, ist der Arbeitgeber verpflichtet, die erforderlichen Maßnahmen zum Schutz vor Benachteiligungen zu treffen, wobei dieser Schutz auch und gerade vorbeugende Maßnahmen umfasst (§ 12 Abs. 1 AGG).

- Bei einem Verstoß gegen das AGG kann sich der betreffende Arbeitnehmer bei der zuständigen Stelle im Betrieb (§ 13 AG) oder beim Betriebsrat beschweren.

Weitere Rechte der betroffenen Arbeitnehmer können sein:

- Leistungsverweigerungsrecht (§ 14 AGG),
- Entschädigung und Schadensersatz (§ 15 AGG).

Bedeutung für den Betriebsrat/die JAV/ die Schwerbehindertenvertretung

Neben der SchwbVertr. hat auch der Betriebsrat die Interessen der schwerbehinderten Arbeitnehmer zu vertreten. Ebenso fällt der Schutz vor Benachteiligungen nach dem AGG (s. o.) in den Verantwortungsbereich der Interessenvertretungen (§ 17 Abs. 1 AGG). Sowohl in § 80 Abs. 1 Nr. 4 BetrVG als auch in § 93 SGB IX wird die besondere Verpflichtung des Betriebsrats hervorgehoben, die Eingliederung schwerbehinderter Menschen zu fördern und auf eine integrative Personal- und Arbeitspolitik im Betrieb hinzuwirken. Dabei hat der Betriebsrat insbesondere auf den Abschluss einer Integrationsvereinbarung und auf die Erfüllung der Beschäftigungspflicht des Arbeitgebers nach dem SGB IX zu achten und darauf zu drängen, dass das Unternehmen sich durch die Zahlung einer Ausgleichsabgabe dieser Pflicht nicht entzieht. Dies kann u. a. dadurch erfolgen, dass frei werdende Arbeitsplätze durch begleitende Hilfen im Arbeits- und Berufsleben so gestaltet werden, dass auf ihnen schwerbehinderte Menschen beschäftigt werden können.

Weiterhin muss der Betriebsrat darauf hinwirken, dass auch schwerbehinderte Menschen grundsätzlich beschäftigt werden. So könnte der Betriebsrat der Einstellung eines nicht schwerbehinderten Arbeitnehmers gem. § 99 BetrVG widersprechen, wenn der Arbeitgeber vor der Einstellung nicht gem. § 81 Abs. 1 SGB IX geprüft hat, ob eine Besetzung des freien Arbeitsplatzes mit einem schwerbehinderten Arbeitnehmer vorgenommen werden könnte. Insoweit liegt ein Verstoß gegen eine gesetzliche Vorschrift, nämlich das SGB IX, vor (§ 99 Abs. 2 Nr. 1 BetrVG).

Die bisherigen Verfahrensregelungen zur betrieblichen Prävention sind nunmehr zu einem umfassenden betrieblichen Eingliederungsmanagement erweitert worden (§ 84 Abs. 2 SGB IX). Damit haben der Betriebsrat und die SchwbVertr. endlich ein Handlungsinstrument in der Hand, um im Sinne von »Rehabilitation statt Entlassung« präventiv tätig zu werden. Dieses Eingliederungsmanagement gilt für alle Beschäftigten, die länger als sechs Wochen oder wiederholt innerhalb eines Jahres arbeitsunfähig erkrankt sind. Der Arbeitgeber ist verpflichtet, mit dem Betriebsrat und der Schwerbehindertenvertretung abzuklären, wie die Arbeitsunfähigkeit überwunden werden kann, mit welchen Leistungen oder Hilfen einer erneuten Arbeitsunfähigkeit vorgebeugt sowie der Arbeitsplatz erhalten werden kann (→ **Schwerbehindertenvertretung**).

Sowohl die SchwbVertr., der Betriebsrat als auch die JAV haben darauf zu achten, dass jugendliche Arbeitnehmer und Auszubildende bei Vorliegen einer möglichen Schwerbehinderung über ihre Rechte nach dem SGB IX aufgeklärt werden. Wichtig ist in diesen Fällen, dass von den Betroffenen ein Antrag auf Feststellung der Schwerbehinderung beim Versorgungsamt gestellt wird.

Bedeutung für die Beschäftigten

Schwerbehinderte Arbeitnehmer haben mit erheblichen Problemen in der Gesellschaft und der Arbeitswelt zu tun. Das SGB IX gibt gegenüber dem Schwerbehindertengesetz erweiterte Rechte zur Sicherung der Eingliederung und Integration in Arbeit, Beruf und Gesellschaft; diese Rechte sollten auf alle Fälle in Anspruch genommen werden. Neben der Möglichkeit, begleitende Hilfen im Arbeits- und Berufsleben in Anspruch zu nehmen, gibt das SGB IX einen Anspruch auf einen bezahlten zusätzlichen Urlaub von fünf Arbeitstagen im Urlaubsjahr (§ 125 SGB IX) sowie die Möglichkeit, dass schwerbehinderte Menschen auf ihr Verlangen von Mehrarbeit freizustellen sind (§ 124 SGB IX).

Des Weiteren bedarf die Kündigung eines schwerbehinderten Menschen, dessen Arbeitsverhältnis länger als sechs Monate besteht, durch den Arbeitgeber der vorherigen Zustimmung des Integrationsamtes (§ 85 SGB IX). Das Integrationsamt soll dabei die Entscheidung binnen Monatsfrist seit Eingang des Antrages treffen. Unter bestimmten Bedingungen hat das Integrationsamt die Zustimmung zu erteilen (z. B. bei betriebsbedingten Kündigungen in Fällen der Einstellung oder Auflösung von Betrieben oder Dienststellen sowie im Insolvenzverfahren; siehe im Einzelnen § 89 SGB IX). In diesen Fällen gilt die Zustimmung des Integrationsamtes als erteilt, wenn es keine Entscheidung binnen Monatsfrist seit Antragseingang getroffen hat (§ 88 Abs. 5 SGB IX). Vom Arbeitgeber ist eine Kündigungsfrist von mindestens vier Wochen einzuhalten (§ 86 SGB IX). Erleichtert ist demgegenüber unter bestimmten Voraussetzungen die Kündigung von älteren schwerbehinderten Menschen ab 58 Jahren (§ 90 Abs. 1 SGB IX). Zu weiteren Ausnahmen s. AiB 04, 604.

Ohne die Zustimmung des Integrationsamtes ist eine Kündigung grundsätzlich unwirksam. Wenn der Arbeitgeber von der Schwerbehinderteneigenschaft jedoch nichts wusste, reicht es aus, wenn der Arbeitnehmer den Arbeitgeber binnen Monatsfrist nach Zugang der Kündigung von dem Antrag auf Anerkennung als schwerbehinderter Mensch in Kenntnis setzt (so ständige BAG-Rechtsprechung).

Auf Grund der generellen Gleichstellungsregelungen in den §§ 2 Abs. 3, 68 Abs. 3 SGB IX trifft diese Regelung in § 90 Abs. 2a SGB IX ebenfalls die mit einem Schwerbehinderten gleichgestellte Person. Auf Gleichgestellte findet das SGB IX Anwendung. Ausgeschlossen (s. § 68 Abs. 3 SGB IX) sind jedoch der Anspruch auf Zusatzurlaub (§ 125 SGB IX) sowie die unentgeltliche Beförderung Schwerbehinderter im öffentlichen Personenverkehr (§§ 145 ff. SGB IX).

Ein Betroffener sollte deshalb schnellstens vor Zugang der Kündigung einen vollständigen Antrag auf Anerkennung der Schwerbehinderteneigenschaft und gleichzeitig auf Gleichstellung stellen. Nach Auffassung des BAG (NZA 08, 407) muss der Antrag aber mindestens 3 Wochen vor der Kündigung gestellt worden sein. Hier kommt dem Betriebsrat bzw. der Schwerbehindertenvertretung eine wichtige Rolle zu, die in ihrer Stellungnahme auch auf diese Anträge hinweisen müssen.

Der besondere Kündigungsschutz für Schwerbehinderte setzt, wie der allgemeine Kündigungsschutz auch, erst nach einer Beschäftigung von sechs Monaten ein (§ 90 Abs. 1 Nr. 1 SGB IX).

Ebenso schützt das SGB IX i. V. m. AGG behinderte Arbeitnehmer vor Benachteiligungen durch den Arbeitgeber, Vorgesetzte und Arbeitnehmer sowie Dritte (s. o.).

Schwerbehindertenvertretung

Grundlagen

In Betrieben und Dienststellen, in denen wenigstens fünf schwerbehinderte Menschen nicht nur vorübergehend beschäftigt sind, kann eine Schwerbehindertenvertretung gewählt werden. Die SchwebVertr. besteht aus einer Vertrauensperson und wenigstens einem stellvertretenden Mitglied (§ 94 Abs. 1 SGB IX). Die SchwbVertr. kann in Betrieben ab 100 schwerbehinderten Menschen die erste Stellvertretung dauerhaft zur Erledigung von Interessenvertretungsaufgaben, ab 200 schwerbehinderten Beschäftigten ebenfalls die zweite Stellvertretung heranziehen (§ 95 Abs. 1 SGB IX). Die SchwbVertr. wird in geheimer und unmittelbarer Wahl gewählt und muss nicht notwendigerweise schwerbehindert sein.

Wahlberechtigt sind dabei alle in dem Betrieb oder der Dienststelle beschäftigten schwerbehinderten Menschen. Wählbar sind alle in dem Betrieb oder der Dienststelle beschäftigten Arbeitnehmer, die am Wahltag das 18. Lebensjahr vollendet haben und dem Betrieb oder der Dienststelle mindestens seit sechs Monaten angehören (§ 94 Abs. 3 SGB IX). Die sechsmonatige Zugehörigkeit entfällt dann, wenn der Betrieb oder die Dienststelle erst weniger als ein Jahr besteht.

Die regelmäßigen Wahlen finden alle vier Jahre in der Zeit vom 1. Oktober bis 30. November statt. Der vierjährige Turnus wird ausgehend von dem Jahr 1986 berechnet, sodass die nächsten Wahlen im Jahre 2010, 2014 usw. stattfinden.

Ist für mehrere Betriebe ein Gesamtbetriebsrat oder für den Geschäftsbereich mehrerer Dienststellen ein Gesamtpersonalrat errichtet, so wählen die SchwbVertr. der einzelnen Betriebe oder Dienststellen eine Gesamtschwerbehindertenvertretung (§ 97 Abs. 1 SGB IX). Diese besteht aus einer Gesamtvertrauensperson sowie mindestens einem stellvertretenden Mitglied.

Die Gesamtschwerbehindertenvertretung vertritt dabei die Interessen der schwerbehinderten Menschen in Angelegenheiten, die das Gesamtunternehmen oder mehrere Betriebe oder Dienststellen des Arbeitgebers betreffen und von den SchwbVertr. der einzelnen Betriebe oder Dienststellen nicht geregelt werden können. Die Gesamtschwerbehindertenvertretung vertritt darüber hinaus die Interessen der schwerbehinderten Menschen, die in einem Betrieb oder einer Dienststelle tätig sind, für die eine Schwerbehindertenvertretung nicht gewählt werden kann oder worden ist (§ 97 Abs. 6 SGB IX).

Wenn für mehrere Unternehmen ein Konzernbetriebsrat gebildet worden ist, wird eine Konzernschwerbehindertenvertretung durch die Gesamtschwerbehindertenvertretungen gewählt (§ 97 Abs. 2 SGB IX). Diese besteht aus einer Konzernvertrauensperson sowie mindestens einem stellvertretenden Mitglied. Der Aufgabenbereich ist mit dem der Gesamtschwerbehindertenvertretung identisch (s. oben) – nur konzernbezogen.

Die Bestimmungen über die SchwbVertr., die Gesamtschwerbehindertenvertretung und Konzernschwerbehindertenvertretung sowie die Bezirks- und Hauptschwerbehindertenvertretung sind in Teil 2 Kapitel 5 des SGB IX geregelt (§§ 93 ff. SGB IX).

Bedeutung für die schwerbehinderten Menschen

Im Mittelpunkt der Arbeit der SchwebVertr. stehen die Förderung der Eingliederung schwerbehinderter Menschen in den Betrieb oder die Dienststelle, die Vertretung der Interessen der schwerbehinderten Menschen im Betrieb oder der Dienststelle sowie die beratende und unterstützende Tätigkeit für den einzelnen schwerbehinderten Menschen. Dabei erfordert der gesetzliche Vorrang präventiver Maßnahmen (§§ 84; 95 Abs. 1 SGB IX) ein betriebliches Eingliederungs- und Gesundheitsmanagement.

Die SchwbVertr. hat vor allem:
- darüber zu wachen, dass die zugunsten der schwerbehinderten Menschen geltenden Gesetze, Verordnungen, Tarifverträge, Betriebs- oder Dienstvereinbarungen und Verwaltungsanordnungen durchgeführt werden,
- Maßnahmen, die den schwerbehinderten Menschen dienen, bei den zuständigen Stellen zu beantragen,
- Anregungen und Beschwerden von schwerbehinderten Menschen entgegenzunehmen und, falls sie berechtigt erscheinen, durch Verhandlung mit dem Arbeitgeber auf eine Erledigung hinzuwirken. Dabei hat sie die schwerbehinderten Menschen über den Stand und das Ergebnis der Verhandlungen zu unterrichten.

Die SchwbVertr. hat keine Mitbestimmungsrechte nach dem Betriebsverfassungsgesetz, da sie kein Organ des Betriebsrats ist. Sie hat vielmehr ihr eigenes Amt und eine eigene Verantwortung, deren Rechtsgrundlagen sich aus dem SGB IX ergeben. Der Arbeitgeber ist hiernach verpflichtet, nicht nur den Betriebsrat nach dem Betriebsverfassungsgesetz, sondern auch die SchwbVertr. nach dem Schwerbehindertengesetz in allen Angelegenheiten, die Einzelne oder Gruppen von schwerbehinderten Menschen betreffen, rechtzeitig und umfassend zu informieren bzw. vor einer Entscheidung zu hören (§ 95 Abs. 2 SGB IX).

Insbesondere ist der Arbeitgeber zum Abschluss einer Integrationsvereinbarung mit der SchwbVertr. und dem Betriebsrat bzw. dem Personalrat verpflichtet. Die SchwebVertr. kann dabei nur ein Antragsrecht auf Verhandlung geltend machen. In dieser Vereinbarung sollen Regelungen zur Eingliederung, insbesondere zur Personalplanung und zur Gestaltung und Durchführung der Arbeitsbedingungen für schwerbehinderte Menschen enthalten sein (§ 83 SGB IX).

Eine Integrationsvereinbarung sollte – wie es § 83 Abs. 2a SGB IX vorsieht – auch eine Regelung zur Ausbildung behinderter Jugendlicher enthalten. Damit setzen Arbeitgeber nicht nur ihre berufliche Ausbildungspflicht nach § 72 Abs. 2 SGB IX um, sondern sie tragen auch zur Umsetzung der Behindertenrechtskonvention bei – in Deutschland seit 26.3.2009 Gesetz. Die Behindertenrechtskonvention fordert einen offenen, integrativen und für Menschen mit Behinderung zugänglichen Arbeitsmarkt. Zurzeit sind nur 0,9 Prozent aller Auszubildenden behindert und in einer (dualen) betrieblichen oder berufsfachschulischen Ausbildung, der Mädchenanteil ist noch geringer. Damit behinderte Jugendliche mit qualifizierten Schulabschlüssen bessere Berufseinstiegschancen auf dem Ausbildungs- und Arbeitsmarkt erhalten, muss Inklusion im allgemeinen Schulsystem zur Regel werden (Art. 24 Behindertenrechtskonvention) und bei der Ausbildung fortgesetzt werden. JAV und SBV können gemeinsam einiges dafür tun, vor allem bei der Unterstützung und **Ermutigung von behinderten Jugendlichen**, die einen Ausbildungsplatz suchen. Die JAV könnte Aktivitäten initiieren und begleiten mit dem Ziel, Jugendliche mit Behinderung...

- in Stellenausschreibungen zu einer Bewerbung zu motivieren, z.B. durch den Hinweis: »Wir freuen uns auch über Bewerbungen von Menschen mit Behinderungen.«
- auf Ausbildungsmessen über die Ausbildungsmöglichkeiten informieren, z.B. durch einen eigenen Stand, möglichst in Begleitung von behinderten Auszubildenden des Betriebs
- durch das Angebot von Kurzpraktika an die Arbeitswelt heranführen, z.B. über eine Partnerschaft mit einer Förderschule.

Darüber hinaus kann auch die Beteiligung der JAV **an innerbetrieblichen Maßnahmen** zu einer Verbesserung der Ausbildungschancen von Jugendlichen mit Behinderung beitragen. Neben der erwähnten Möglichkeit von

Integrationsvereinbarungen können auch in Betriebsvereinbarungen Zielvorgaben z.B. über die Anzahl von Auszubildenden mit Behinderung festgelegt werden. Ein effektives Instrument kann auch eine innerbetriebliche Arbeitsgruppe darstellen, die Strategien zur Rekrutierung und Ausbildung von Jugendlichen mit Behinderung entwickelt und umsetzt. An einem solchen Steuerkreis sollten neben der JAV auch Mitglieder der Personalabteilung, der Schwerbehindertenvertretung und des Betriebsrats beteiligt sein.

Weiterhin steht der SchwebVertr. sowie dem Betriebsrat ein umfassendes betriebliches Eingliederungsmanagement zur Verfügung (§ 84 SGB IX). Damit existiert seit kurzem ein Handlungsinstrument, um im Sinne von »Prävention vor Rehabilitation« sowie »Rehabilitation statt Entlassung« tätig zu werden. Dabei gilt diese Präventionsmöglichkeit für alle Beschäftigte, die länger als sechs Wochen oder wiederholt innerhalb eines Jahres arbeitsunfähig erkrankt sind. Der Arbeitgeber ist dabei verpflichtet, mit dem Betriebsrat und der SchwbVertr. abzuklären, wie die Arbeitsunfähigkeit überwunden werden kann, mit welchen Leistungen oder Hilfen einer erneuten Arbeitsunfähigkeit vorgebeugt, sowie der Arbeitsplatz erhalten werden kann. Die SchwbVertr. bzw. der Betriebsrat haben ein Initiativrecht auf Klärung betrieblicher Präventionsmaßnahmen und auf Regelung eines betrieblichen Eingliederungsmanagements sowie einem Überwachungsauftrag in Hinblick auf das gesamte Verfahren.

Das neue Aufgaben- und Handlungsfeld der Prävention setzt insbesondere eine enge Kooperation von Betriebsrat bzw. Personalrat, SchwbVertr. und JAV voraus, um ein für alle Beschäftigten nutzbringendes, strukturiertes Verfahren zur Wiedereingliederung zu entwickeln und umzusetzen. Die Regelungen können in die Integrationsvereinbarung aufgenommen (§ 83 Abs. 2 a Nr. 5 SGB IX) oder als gesonderte Vereinbarung festgehalten werden.

Für die Integrationsvereinbarung ist keine spezielle Rechtsform vorgeschrieben. Angesichts der vorhandenen gesetzlichen Regelungsschwächen könnte es zweckmäßig sein, die Integrationsvereinbarung und eine ggf. gesonderte Vereinbarung zum betrieblichen Eingliederungsmanagement in Form einer Betriebs- bzw. Dienstvereinbarung abzuschließen. In § 87 Abs. 1 Nrn. 1–7 BetrVG sind die mitbestimmungspflichtigen Themen genannt, die auch Inhalt der Integrationsvereinbarung sein sollen. Dementsprechend sind diese Regelungen und Maßnahmen in einer Integrationsvereinbarung nur mit Zustimmung des Betriebs- bzw. Personalrates wirksam. Für die betriebliche Interessenvertretung gilt es über den Einzelfall hinaus mit den neuen Instrumenten der Integrationsvereinbarung und dem betrieblichen Eingliederungsmanagement eine integrative Personal- und Beschäftigungspolitik zu gestalten und zu steuern.

Eine Voraussetzung zur Bewältigung des neuen Handlungsbereiches ist eine entsprechende (Weiter-)qualifizierung der Interessenvertretung, die vor allem auf die SchwbVertr. und auf die Schnittstellen zum Betriebsrat bzw. Personalrat und der JAV hin ausgerichtet sein sollte. Mit dem Projekt »Teilhabe behinderter Menschen und betriebliche Praxis« wird dieser Notwendigkeit entsprochen. Das Gemeinschaftsprojekt von IG Metall, ver.di und dem ISO-Institut hat die Aufgabe, Weiterbildungskonzepte und Materialien für betriebliche Interessenvertretungen mit Blick auf die Anforderungen aus dem SGB IX neu zu erarbeiten (*www.teilhabepraxis.de*).

Die SchwbVertr. ist berechtigt, an allen Sitzungen des Betriebsrats bzw. Personalrates und seiner Ausschüsse beratend teilzunehmen (§ 95 Abs. 4 SGB IX). Das Teilnahmerecht erstreckt sich auch auf die Sitzung des Wirtschaftsausschusses, den Arbeitsschutzausschuss, Besprechungen mit dem Arbeitgeber bzw. Dienststellenleiter (sog. Monatsgespräche; § 95 Abs. 5 SGB IX) und Sitzungen gemeinsamer Ausschüsse.

Dabei nimmt die SchwbVertr. beratend an den Betriebsrats- bzw. Personalratssitzungen teil. Dieses Beratungsrecht ist dabei umfassend und nicht nur auf Fragen der schwerbehinderten Menschen beschränkt. Ihr steht jedoch kein Stimmrecht zu, sondern die SchwbVertr. kann lediglich mit beratender Stimme an den Sitzungen des Betriebsrats bzw. Personalrates teilnehmen. Allerdings hat sie das Recht, die Aussetzung eines Betriebsrats- bzw. Personalratsbeschlusses zu verlangen, wenn wichtige Interessen der schwerbehinderten Arbeitnehmer durch die Beschlussfassung erheblich beeinträchtigt werden. Ein Aussetzungsantrag kann durch die SchwbVertr. auch dann gestellt werden, wenn sie bei Maßnahmen gegenüber schwerbehinderten Menschen nicht rechtzeitig und umfassend vorher vom Arbeitgeber unterrichtet bzw. angehört wurde (§ 95 Abs. 4 SGB IX).

In diesen beiden zuvor genannten Fällen ist der Beschluss des Betriebsrats bzw. des Personalrates auf die Dauer von einer Woche vom Zeitpunkt der Beschlussfassung an auszusetzen. Diese Zeit soll dazu dienen, eine Verständigung herbeizuführen, gegebenenfalls mit Hilfe der im Betrieb bzw. der Dienststelle vertretenen Gewerkschaften. Nach Ablauf dieser Frist ist über die Angelegenheit im Betriebsrat bzw. Personalrat neu zu beschließen. Dabei kann ein Antrag auf Aussetzung nicht wiederholt werden, wenn der erste Beschluss nur bestätigt wird.

Literaturhinweis

Kamm/Feldes, Wahlhilfepaket zur Wahl der Schwerbehindertenvertretung (Handlungsanleitung, Wahlkalender und CD-ROM), 5. Auflage 2010
Schmidt/Ritz/Feldes, Die Praxis der Schwerbehindertenvertretung von A bis Z, Das Handwörterbuch für behinderte Menschen und ihre Interessenvertretung, 5. Auflage 2010
Feldes u. a., Schwerbehindertenrecht, Basiskommentar, 10. Auflage 2009
Schwerbehindertenrecht digital, CD-ROM Version 2.0, 2010 (auch als **online-Angebot** erhältlich unter **www.bund-online.com**)

Sexuelle Belästigung

Arbeitnehmer und Arbeitnehmerinnen genießen am Arbeitsplatz einen gesetzlichen Schutz vor sexueller Belästigung. Dieser Schutz ist Teil des am 14. August 2006 in Kraft getretenen **Allgemeinen Gleichbehandlungsgesetzes**, war aber auch bereits zuvor gesetzlich geregelt.

Nach § 3 Nr. 4 AGG liegt eine **sexuelle Belästigung** vor, wenn ein unerwünschtes, sexuell bestimmtes Verhalten, wozu auch unerwünschte sexuelle Handlungen und Aufforderungen zu diesen, sexuell bestimmte körperliche Berührungen, Bemerkungen sexuellen Inhalts sowie unerwünschtes Zeigen und sichtbares Anbringen von pornografischen Darstellungen gehören, bezweckt oder bewirkt, dass die Würde der betreffenden Person verletzt wird.

Nach der Rechtsprechung zum vorher geltenden Beschäftigtenschutzgesetz liegt eine sexuelle Belästigung nicht erst dann vor, wenn etwa eine weibliche Mitarbeiterin an der Brust berührt wird. Es reicht bereits aus, dass eine Arbeitnehmerin gezielt unnötig und wiederholt angefasst bzw. berührt oder mit dem Körper an sie herangedrängelt wird (LAG Schleswig-Holstein v. 27.9.2006 – 3 Sa 163/06).

Ob die Handlung »harmlos« ist oder bereits eine Belästigung, bestimmt sich nicht aus der Sicht des Täters, sondern aus der des Opfers. Die Handlung muss **»unerwünscht«** sein, wobei dies allerdings **für den Handelnden erkennbar** sein muss (BAG v. 25.3.2004 NZA 2004, 1214).

Wer Opfer einer solchen Belästigung wird, kann sich nach § 13 AGG »bei den zuständigen Stellen des Betriebes« beschweren. Dies kann also eine ausdrücklich nach dem AGG eingerichtete **Beschwerdestelle** sein, vor allem aber kann sich der Arbeitnehmer beim Betriebsrat nach §§ 84, 85 BetrVG beschweren, dies bleibt ihm auch bei Einrichtung einer besonderen Beschwerdestelle unbenommen (§ 13 Abs. 2 AGG). Im Extremfall hat der betroffene Arbeitnehmer ein sogenanntes **Leistungsverweigerungsrecht** nach § 14 AGG. Das heißt, er kann seine Arbeit einstellen, ohne den Anspruch auf Entgelt einzubüßen. Dies setzt zunächst voraus, dass der Arbeitgeber keine oder offensichtlich ungeeignete Maßnahmen zur Unterbindung der sexuellen Belästigung getroffen hat. »Offensichtlich ungeeignet« sind nicht nur solche Maßnahmen, die von vornherein als abwegig erscheinen. Auch anfänglich Erfolg versprechende Maßnahmen können sich als ungeeignet herausstellen, wenn offenkundig wird, dass die Belästigung andauert.

Die Belästigung muss zu dem Zeitpunkt, zu dem der Arbeitnehmer das Leistungsverweigerungsrecht ausüben will, noch andauern. Das Selbsthilferecht besteht bei Belästigungen, die in der Vergangenheit abgeschlossen sind nicht mehr. Des Weiteren muss die Tätigkeitseinstellung erforderlich sein, um den betroffenen Arbeitnehmer vor der sexuellen Belästigung zu schützen.

Weiterhin hat der betroffene Arbeitnehmer einen **Schadenersatzanspruch** gegen den Arbeitgeber nach § 15 AGG, dieser beinhaltet auch einen **Schmerzensgeldanspruch** (§ 15 Abs. 2 AGG). Der Arbeitgeber haftet allerdings nur dann, wenn ihm ein Verschulden anzulasten ist, wobei der Arbeitgeber beweisen muss, dass ihn kein Verschulden trifft (§ 15 Abs. 1 Satz 2 AGG).

Arbeitgeber und Betriebsrat können eine **Betriebsvereinbarung** zum Thema Sexuelle Belästigung abschließen, es besteht ein Mitbestimmungsrecht nach § 87 Abs. 1 Nr. 1 BetrVG.

Sitzungen der Jugend- und Auszubildendenvertretung

Grundlagen

In § 65 Abs. 2 BetrVG ist geregelt, dass die JAV nach Verständigung des Betriebsrats Sitzungen abhalten kann. Die Mitglieder der JAV sind nach § 37 Abs. 2 BetrVG unter Fortzahlung der Vergütung von der Arbeit zu befreien, damit sie an einer Sitzung der JAV teilnehmen können.

Die JAV kann in einer Geschäftsordnung regelmäßige Sitzungen vereinbaren. Der Vorsitzende der JAV lädt nach Verständigung des Betriebsrats zu den JAV-Sitzungen ein. Bei der Festlegung des Termins hat die JAV auf betriebliche Notwendigkeiten Rücksicht zu nehmen. Die Sitzungen finden in der Regel während der Arbeitszeit statt. Neben dem Betriebsrat ist auch der Arbeitgeber über den Zeitpunkt der JAV-Sitzung zu informieren. Der Betriebsrat und die zuständige Gewerkschaft sind zu den JAV-Sitzungen einzuladen.

Die Dauer einer Sitzung hängt vom Beratungsbedarf ab. Es müssen jedoch wie beim Zeitpunkt und der Häufigkeit die betrieblichen Notwendigkeiten berücksichtigt werden. In eiligen Fällen (z. B. Kündigung einer/eines Auszubildenden) kann ein Viertel der JAV-Mitglieder oder der/die Arbeitgeber/in eine außerordentliche Sitzung beantragen (§ 29 Abs. 3 BetrVG). Das betreffende Thema muss durch den Vorsitzenden auf die Tagesordnung gesetzt werden.

Die JAV ist beschlussfähig, wenn mehr als die Hälfte ihrer Mitglieder anwesend ist. Beschlüsse der JAV werden in der Regel mit der Mehrheit der Stimmen der anwesenden Mitglieder gefasst (Ausnahmen: ein Antrag auf Aussetzung eines Beschlusses des Betriebsrats, vgl. § 66 BetrVG; die Verabschiedung einer Geschäftsordnung gem. § 36 BetrVG; der Rücktritt der JAV, vgl. § 64 Abs. 1 i. V. m. § 13 Abs. 2 Nr. 3 BetrVG; die Beauftragung der GJAV, eine Angelegenheit für sie mit dem GBR zu behandeln, vgl. § 73 Abs. 2 i. V. m. § 50 Abs. 2 BetrVG). Ein Stimmrecht in JAV-Sitzungen haben ausschließlich JAV-Mitglieder.

Von jeder Sitzung der JAV ist ein Protokoll anzufertigen, das mindestens den Wortlaut der Beschlüsse und die Abstimmungsergebnisse enthält. Die Niederschrift ist vom Protokollanten und dem/der Vorsitzenden zu unterzeichnen. Dem Protokoll ist eine Anwesenheitsliste beizufügen, in die sich jedes teilnehmende JAV-Mitglied einzutragen hat.

Protokoll der JAV-Sitzung am 25.1.2010

Teilnehmer/innen:	Marcel Mustermann, JAV
	Martina Musterfrau, JAV
	Silvio da Muster, JAV
	Franz Bergmann, Betriebsrat
	Beate Vogel, IG Metall (zeitweise)
Tagesordnung:	1. Protokoll der letzten Sitzung
	2. Ausbildungsfremde Tätigkeiten
	3. Entwurf Betriebsvereinbarung zum Beurteilungssystem
	4. Vorbereitung der Jugend- und Auszubildendenversammlung
	5. Verschiedenes

Es muss nicht alles mitgeschrieben werden. Damit die Protokolle auch genutzt werden können, sollte Folgendes festgehalten werden:
- Worüber wurde geredet?
- Welche unterschiedlichen Positionen gab es?
- Welches Ergebnis hat die Diskussion ergeben; welcher Beschluss wurde gefasst (Abstimmungsergebnis)?
- Was wurde zum weiteren Vorgehen verabredet?

Unterschrift Schriftführer und JAV-Vorsitzender

SPRECHSTUNDEN

Grundlagen

Jugend- und Auszubildendenvertretungen, die in der Regel mehr als 50 Beschäftigte vertreten, können eigene Sprechstunden einrichten (§ 69 BetrVG). In kleineren Betrieben kann ein JAV-Mitglied an der Sprechstunde des Betriebsrats teilnehmen, um die Jugendlichen und Auszubildenden zu beraten.

Die Entscheidung für eine eigene Sprechstunde trifft die JAV durch einfachen Mehrheitsbeschluss. Sowohl der BR, als auch die Arbeitgeber sind an diesen Beschluss gebunden.

In einer Beratung zwischen BR und Arbeitgeber wird der Ort und Zeitpunkt der Sprechstunde festgelegt. An dieser nimmt die JAV mit eigenem Stimmrecht teil (§§ 67 Abs. 2, 68 BetrVG).

Die dort getroffenen Vereinbarungen sind wiederum für die JAV verbindlich. Die Durchführung der Sprechstunde gehört zu den Amtspflichten der JAV, sobald sie eingeführt ist.

Für eine möglichst sachkundige Beratung kann auch ein BR-Mitglied an der JAV-Sprechstunde teilnehmen. Die anfallenden Kosten für die Sprechstunde (Räume, sachliche Mittel) hat der/die Arbeitgeber/in zu tragen (§ 65 Abs. 1 i.V.m. § 40 BetrVG).

Bedeutung für die Jugendlichen und Auszubildenden

Jugendliche und Auszubildende, die die Sprechstunde aufsuchen möchten, müssen sich bei ihren Vorgesetzten ab- und wieder anmelden. Darüber hinaus sind alle von der JAV vertretenen Beschäftigten berechtigt, sich während ihrer Arbeits- oder Ausbildungszeit an die JAV zu wenden und die Sprechstunden aufzusuchen.

Strafvorschriften

Grundlagen

In § 58 JArbSchG sind **Bußgeld und Strafvorschriften** geregelt, mit denen der Gesetzgeber die Einhaltung der Bestimmungen des Jugendarbeitsschutzgesetzes durch den Arbeitgeber erzwingen, jedenfalls Verstöße gegen dessen Normen nachdrücklich ahnden will. So hat der Gesetzgeber mit der letzten Änderung des Jugendarbeitsschutzgesetzes den Bußgeldrahmen von früher 20000,00 DM auf 30000,00 DM (jetzt 15000,00 EUR) angehoben.

Im nachstehend wiedergegebenen Katalog werden Verstöße gegen Bestimmungen des Jugendarbeitsschutzgesetzes als **Ordnungswidrigkeit** behandelt, wenn der Arbeitgeber den Verstoß vorsätzlich oder fahrlässig begangen hat. Nach § 58 Abs. 5 wird darüber hinaus eine **vorsätzliche Begehung einzelner Tatbestände** als **Straftat** geahndet, wenn durch den Verstoß ein Kind oder Jugendlicher in seiner **Gesundheit oder Arbeitskraft** gefährdet wird. Ebenfalls zur Straftat kann der Verstoß gegen einzelne Bestimmungen des Jugendarbeitsschutzgesetzes werden, wenn die Tat **beharrlich wiederholt** wird.

§ 58 JArbSchG lautet:

(1) Ordnungswidrig handelt, wer als Arbeitgeber vorsätzlich oder fahrlässig
1. entgegen § 5 Abs. 1, auch in Verbindung mit § 2 Abs. 3, ein Kind oder einen Jugendlichen, der der Vollzeitschulpflicht unterliegt, beschäftigt,
2. entgegen § 5 Abs. 3 Satz 1 oder Satz 3, jeweils auch in Verbindung mit § 2 Abs. 3, ein Kind über 13 Jahre oder einen Jugendlichen, der der Vollzeitschulpflicht unterliegt, in anderer als der zugelassenen Weise beschäftigt,
3. aufgehoben
4. entgegen § 7 Satz 1 Nr. 2, auch in Verbindung mit einer Rechtsverordnung nach § 26 Nr. 1, ein Kind, das der Vollzeitschulpflicht nicht mehr unterliegt, in anderer als der zugelassenen Weise beschäftigt,
5. entgegen § 8 einen Jugendlichen über die zulässige Dauer der Arbeitszeit hinaus beschäftigt,
6. entgegen § 9 Abs. 1 oder 4 in Verbindung mit Absatz 1 eine dort bezeichnete Person an Berufsschultagen oder in Berufsschulwochen nicht freistellt,
7. entgegen § 10 Abs. 1 einen Jugendlichen für die Teilnahme an Prüfungen oder Ausbildungsmaßnahmen oder an dem Arbeitstag, der der schriftlichen Abschlußprüfung unmittelbar vorangeht, nicht freistellt,
8. entgegen § 11 Abs. 1 und 2 Ruhepausen nicht, nicht mit der vorgeschriebenen Mindestdauer oder nicht in der vorgeschriebenen zeitlichen Lage gewährt,

9. entgegen § 12 einen Jugendlichen über die zulässige Schichtzeit hinaus beschäftigt,
10. entgegen § 13 die Mindestfreizeit nicht gewährt,
11. entgegen § 14 Abs. 1 einen Jugendlichen außerhalb der Zeit von 6 bis 20 Uhr oder entgegen § 14 Abs. 7 Satz 3 vor Ablauf der Mindestfreizeit beschäftigt,
12. entgegen § 15 einen Jugendlichen an mehr als fünf Tagen in der Woche beschäftigt,
13. entgegen § 16 Abs. 1 einen Jugendlichen an Samstagen beschäftigt oder entgegen § 16 Abs. 3 Satz 1 den Jugendlichen nicht freistellt,
14. entgegen § 17 Abs. 1 einen Jugendlichen an Sonntagen beschäftigt oder entgegen § 17 Abs. 2 Satz 2 Halbsatz 2 oder Abs. 3 Satz 1 den Jugendlichen nicht freistellt,
15. entgegen § 18 Abs. 1 einen Jugendlichen am 24. oder 31. Dezember nach 14 Uhr oder an gesetzlichen Feiertagen beschäftigt oder entgegen § 18 Abs. 3 nicht freistellt,
16. entgegen § 19 Abs. 1, auch in Verbindung mit Abs. 2 Satz 1 oder 2, oder entgegen § 19 Abs. 3 Satz 2 oder Abs. 4 Satz 2 Urlaub nicht oder nicht mit der vorgeschriebenen Dauer gewährt,
17. entgegen § 21 Abs. 2 die geleistete Mehrarbeit durch Verkürzung der Arbeitszeit nicht ausgleicht,
18. entgegen § 22 Abs. 1, auch in Verbindung mit einer Rechtsvorschrift nach § 26 Nr. 1, einen Jugendlichen mit den dort genannten Arbeiten beschäftigt,
19. entgegen § 23 Abs. 1, auch in Verbindung mit einer Rechtsverordnung nach § 26 Nr. 1, einen Jugendlichen mit Arbeiten mit Lohnanreiz, in einer Arbeitsgruppe mit Erwachsenen, deren Entgelt vom Ergebnis ihrer Arbeit abhängt, oder mit tempoabhängigen Arbeiten beschäftigt,
20. entgegen § 24 Abs. 1, auch in Verbindung mit einer Rechtsverordnung nach § 26 Nr. 1, einen Jugendlichen mit Arbeiten unter Tage beschäftigt,
21. entgegen § 31 Abs. 2 Satz 2 einem Jugendlichen für seine Altersstufe nicht zulässige Getränke oder Tabakwaren gibt,
22. entgegen § 32 Abs. 1 einen Jugendlichen ohne ärztliche Bescheinigung über die Erstuntersuchung beschäftigt,
23. entgegen § 33 Abs. 3 einen Jugendlichen ohne ärztliche Bescheinigung über die erste Nachuntersuchung weiterbeschäftigt,
24. entgegen § 36 einen Jugendlichen ohne Vorlage der erforderlichen ärztlichen Bescheinigungen beschäftigt,
25. entgegen § 40 Abs. 1 einen Jugendlichen mit Arbeiten beschäftigt, durch deren Ausführung der Arzt nach der von ihm erteilten Bescheinigung die Gesundheit und die Entwicklung des Jugendlichen für gefährdet hält,
26. einer Rechtsverordnung nach
    a) § 26 Nr. 2 oder
    b) § 28 Abs. 2
    zuwiderhandelt, soweit sie für einen bestimmten Tatbestand auf diese Bußgeldvorschrift verweist,
27. einer vollziehbaren Anordnung der Aufsichtsbehörde nach § 6 Abs. 3, § 27 Abs. 1 Satz 2 oder Abs. 2, § 28 Abs. 3 oder § 30 Abs. 2 zuwiderhandelt,
28. einer vollziehbaren Auflage der Aufsichtsbehörde nach § 6 Abs. 1, § 14 Abs. 7, § 27 Abs. 3 oder § 40 Abs. 2, jeweils in Verbindung mit § 54 Abs. 1 zuwiderhandelt,
29. einer vollziehbaren Anordnung oder Auflage der Aufsichtsbehörde auf Grund einer Rechtsverordnung nach § 26 Nr. 2 oder § 28 Abs. 2 zuwiderhandelt, soweit die Rechtsverordnung für einen bestimmten Tatbestand auf die Bußgeldvorschrift verweist.

(2) Ordnungswidrig handelt, wer vorsätzlich oder fahrlässig entgegen § 25 Abs. 1 Satz 1 oder Abs. 2 Satz 1 einen Jugendlichen beschäftigt, beaufsichtigt, anweist oder ausbildet, obwohl ihm dies verboten ist, oder einen anderen, dem dies verboten ist, mit der Beaufsichtigung, Anweisung oder Ausbildung eines Jugendlichen beauftragt.

(3) Absatz 1 Nr. 4, 6 bis 29 und Absatz 2 gelten auch für die Beschäftigung von Kindern (§ 2 Abs. 1) oder Jugendlichen, die der Vollzeitschulpflicht unterliegen (§ 2 Abs. 3), nach § 5 Abs. 2. Absatz 1 Nr. 6 bis 29 und Absatz 2 gelten auch für die Beschäftigung von Kindern, die der Vollzeitschulpflicht nicht mehr unterliegen, nach § 7.

(4) Die Ordnungswidrigkeit kann mit einer Geldbuße bis zu fünfzehntausend Euro geahndet werden.

(5) Wer vorsätzlich eine in Absatz 1, 2 oder 3 bezeichnete Handlung begeht und dadurch ein Kind, einen Jugendlichen oder im Falle des Absatzes 1 Nr. 6 eine Person, die noch nicht 21 Jahre alt ist, in ihrer Gesundheit oder Arbeitskraft gefährdet, wird mit Freiheitsstrafe bis zu einem Jahr oder mit Geldstrafe bestraft. Ebenso wird bestraft, wer eine in Absatz 1, 2 oder 3 bezeichnete Handlung beharrlich wiederholt.

(6) Wer in den Fällen des Absatzes 5 Satz 1 die Gefahr fahrlässig verursacht, wird mit Freiheitsstrafe bis zu sechs Monaten oder mit Geldstrafe bis zu einhundertachtzig Tagessätzen bestraft.

Bußgeldvorschriften finden sich außerdem in § 102 BBiG (vgl. nachstehend)

(1) Ordnungswidrig handelt, wer
1. entgegen § 11 Abs. 1 Satz 1, auch in Verbindung mit Abs. 4, den wesentlichen Inhalt des Vertrages oder eine wesentliche Änderung nicht, nicht richtig, nicht vollständig, nicht in der vorgeschriebenen Weise oder nicht rechtzeitig niederlegt,
2. entgegen § 11 Abs. 3, auch in Verbindung mit Abs. 4, eine Ausfertigung der Niederschrift nicht oder nicht rechtzeitig aushändigt,
3. entgegen § 14 Abs. 2 Auszubildenden eine Verrichtung überträgt, die dem Ausbildungszweck nicht dient,
4. entgegen § 15 Satz 1, auch in Verbindung mit Satz 2, Auszubildende nicht freistellt,
5. entgegen § 28 Abs. 1 oder 2 Auszubildende einstellt oder ausbildet,
6. einer vollziehbaren Anordnung nach § 33 Abs. 1 oder 2 zuwiderhandelt,
7. entgegen § 36 Abs. 1 Satz 1 oder 2, jeweils auch in Verbindung mit Satz 3, die Eintragung in das dort genannte Verzeichnis nicht oder nicht rechtzeitig beantragt oder eine Ausfertigung der Vertragsniederschrift nicht beifügt oder
8. entgegen § 76 Abs. 2 eine Auskunft nicht, nicht richtig, nicht vollständig oder nicht rechtzeitig erteilt, eine Unterlage nicht, nicht richtig, nicht vollständig oder nicht rechtzeitig vorlegt oder eine Besichtigung nicht oder nicht rechtzeitig gestattet.

(2) Die Ordnungswidrigkeit kann in den Fällen des Absatzes 1 Nr. 3 bis 6 mit einer Geldbuße bis zu fünftausend Euro, in den übrigen Fällen mit einer Geldbuße bis zu tausend Euro geahndet werden.

Streikrecht für Auszubildende

Was bedeutet das?

Die Teilnahme von Auszubildenden an Streiks bedeutet die Ausübung eines Grundrechtes nach Artikel 9 Abs. 3 GG »Koalitionsfreiheit«, das nicht eingeschränkt werden darf. Auszubildende unterliegen durch ihr Berufsausbildungsverhältnis zwar einem besonderen Status, gelten aber als Arbeitnehmer im Sinne des § 5 Abs. 1 BetrVG. Das Streikrecht Auszubildender wird durch das BBiG nicht ausgeschlossen. Das Streikrecht muss zu den Rechtsgrundsätzen nach § 10 Abs. 2 BBiG gerechnet werden.

In Tarifverträgen werden auch die Ausbildungsbedingungen geregelt. Zur Verbesserung der tariflichen Regelungen können also auch Auszubildende streiken. Die Streikbeteiligung von Auszubildenden gefährdet nicht den Ausbildungszweck. Sie kann im Gegenteil dazu dienen, Auszubildende an die Realität des Arbeitslebens heranzuführen.

Die Teilnahme von Auszubildenden an Warnstreiks bzw. Arbeitskämpfen berechtigt den Arbeitgeber nicht zu einer Disziplinierungsmaßnahme, wie z.B. einer Rüge oder Abmahnung oder einer Eintragung in die Personalakte, einer Abmahnung mit Kündigungsandrohung oder gar einer fristlosen Kündigung. In abgeschlossenen Tarifverträgen, denen Arbeitskampfmaßnahmen vorausgegangen sind, wird in der Regel eine Maßregelungsklausel vereinbart, die sicherstellt, dass alle, die sich an Streikmaßnahmen beteiligt haben, vor jeglicher Disziplinierung geschützt sind. Dies gilt auch für die Auszubildenden.

Bedeutung für den Betriebsrat/die JAV

Ziel eines Streiks ist es, auf die Arbeitgeber und ihre Verbände wirtschaftlichen Druck auszuüben, um eine Forderung der Arbeitnehmer durchzusetzen. Im industriellen Bereich wird durch einen alleinigen Streik von Auszubildenden kein solcher wirtschaftlicher Druck hergestellt. Ob durch die Einbeziehung von Auszubildenden in Streikmaßnahmen der Druck verstärkt werden kann, muss fallweise eingeschätzt werden. Auszubildende könnten beispielsweise in Streikkonzepten eine besondere Rolle in Form punktueller öffentlichkeitswirksamer Aktionen einnehmen.

Über die Einbeziehung Auszubildender in Streikmaßnahmen entscheidet die jeweilige Gewerkschaft nach organisationspolitischen Gegebenheiten; das heißt, **nur die jeweilige Gewerkschaft kann die Auszubildenden zum Streik aufrufen.** Beim Streikaufruf sollte berücksichtigt werden, ob beispielsweise die Beteiligung von Auszubildenden im dritten und vierten Ausbildungsjahr während der Prüfungsvorbereitung das Erreichen des Ausbildungszieles gefährdet.

Bei einem länger anhaltenden Streik stellt sich die prinzipielle Frage, ob schwerwiegende Folgen für das Absolvieren des Ausbildungsprogrammes bestehen, die dazu führen könnten, dass der Ausbildungsabschluss gefährdet wird. In diesem Fall muss bei genauerer Abwägung der Interessen entschieden werden. Daraus kann jedoch nicht abgeleitet werden, dass den Auszubildenden grundsätzlich das Streikrecht versagt wird.

Unabhängig von einer möglichen Einbeziehung Auszubildender in den Streik sollten sie **in jedem Fall** bei der Urabstimmung, aber auch bei Warnstreiks einbezogen werden.

Werden Auszubildende bewusst nicht in den Arbeitskampf einbezogen, ist eine ordnungsgemäße Durchführung der Ausbildung sicherzustellen. Entsprechende Regelungen für das Ausbildungspersonal müssen organisiert werden.

Keine Streikbrecherarbeiten durch Auszubildende!

Grundsätzlich ist zu verhindern, dass Auszubildende zu Streikbrecherarbeiten herangezogen werden, wie beispielsweise das Verpacken von fertig gestellten Produktionsteilen, die auf Lager sind.

Checkliste:

Einbeziehung Auszubildender in den Arbeitskampf:

- Welche Betriebe mit Ausbildung sind Bestandteil des Streikkonzeptes und wie stellt sich die Ausbildung in Umfang und Struktur dar?
- Wie sind der Organisationsgrad und das Engagement bei den Auszubildenden zu beurteilen? Gegebenenfalls ist hier eine differenzierte Betrachtung nach gewerblichen und kaufmännischen Auszubildenden notwendig.
- Wie können die Auszubildenden in den aktiven Arbeitskampf (beispielsweise als Streikposten) einbezogen werden?
- Fallen Prüfungen und damit insbesondere die Prüfungsvorbereitungen in den Arbeitskampfzeitraum, ist zu berücksichtigen, dass eine sinnvolle Prüfungsvorbereitung organisiert werden kann.
- Bei einem länger andauernden Streik sollten Möglichkeiten geprüft werden, alternative Ausbildungsmaßnahmen durchzuführen. Beispielsweise kann ein alternativer Werksunterricht mit gewerkschaftlich organisierten Ausbildern oder Lehrern organisiert werden.
- Auch der Berufsschulunterricht muss berücksichtigt werden. Die Berufsschule sollte nach Möglichkeit nicht bestreikt werden. Die am Streik beteiligten Auszubildenden sollten aufgefordert werden, die Berufsschule im eigenen Interesse zu besuchen. Denkbar ist aber auch eine Kooperation mit Berufsschullehrern, die ihren Unterricht bewusst vor Ort durchführen.
- Bei rechtlichen Problemen, z.B. Disziplinierungsversuchen durch den Arbeitgeber, ist umgehend die jeweilige Streikleitung zu informieren.

Streitigkeiten zwischen Auszubildenden und Ausbilder

Nach § 111 Abs. 2 ArbGG können zur **Beilegung von Streitigkeiten** zwischen Ausbilder und Auszubildenden aus einem bestehenden **Berufsausbildungsverhältnis** im Bereich des Handwerks die Handwerksinnungen, im Übrigen die zuständigen Stellen im Sinne des Berufsbildungsgesetzes Ausschüsse bilden, denen Arbeitgeber und Arbeitnehmer in gleicher Zahl angehören müssen.

Dort werden die Parteien mündlich gehört und die Streitigkeiten erörtert. Der Ausschuss fällt dann einen **Schlichtungsspruch**.

Wird der Schlichtungsspruch nicht innerhalb einer Woche von beiden Parteien anerkannt, so kann innerhalb von zwei Wochen, nachdem der Spruch ergangen ist, Klage beim zuständigen → **Arbeitsgericht** erhoben werden. Eine Verhandlung vor dem Ausschuss ist Voraussetzung für eine Klage vor dem Arbeitsgericht.

Wird vor dem Ausschuss ein **Vergleich** abgeschlossen oder fällt der Ausschuss einen Spruch, der von beiden Seiten anerkannt worden ist, kann unmittelbar aus dem Spruch oder aus dem Vergleich die Zwangsvollstreckung betrieben werden.

Das Verfahren vor der Schlichtungsstelle ersetzt das Güteverfahren vor den Arbeitsgerichten.

Stufenausbildung/ Anrechnungsmodell

Grundlagen

§ 5 Abs. 2 Satz 1 BBiG regelt, dass die →**Ausbildungsordnung** eines Ausbildungsberufes in mehreren Stufen, also sachlich und zeitlich gegliedert sein **kann**. Nach den einzelnen Stufen soll ein Ausbildungsabschluss vorgesehen werden, der sowohl zu einer qualifizierten Berufstätigkeit befähigt, als auch die Fortsetzung der Ausbildung in weiteren Stufen ermöglicht.

An § 5 Abs. 2 BBiG wurde vom Gesetzgeber ein Satz angefügt, wonach in allen Ordnungsverfahren neuer Berufe, stets geprüft werden muss, ob Regelungen im Hinblick auf eine Stufenausbildung sinnvoll und möglich sind. Diese Regelung ist gegen den Willen der Gewerkschaften getroffen worden. Das Gesetz sieht aber ebenfalls vor, dass die Dauer der Ausbildung im Falle einer Stufenausbildung erst mit Ablauf der letzten Stufe endet (§ 21 Abs. 1 BBiG). Damit besteht lediglich für den Auszubildenden – und nicht für den Arbeitgeber – die Möglichkeit, nach einzelnen Stufen aus der Ausbildung auszuscheiden (**Ausstiegsmodell**).

Leider sieht das Gesetz eine weitere Option der Stufenausbildung vor: Das sogenannte **Anrechnungsmodell**. § 5 Abs. 2 Satz 4 regelt, dass auf die durch die Ausbildungsordnung geregelte Berufsausbildung eine andere, einschlägige Berufsausbildung unter Berücksichtigung der hierbei erworbenen beruflichen Fertigkeiten, Kenntnisse und Fähigkeiten angerechnet werden kann. Da es sich hierbei um separate Berufsabschlüsse handelt, können die Ausbildungsverträge einzeln und gesondert, alternativ aber auch von vornherein für den länger auszubildenden Beruf abgeschlossen werden.

Die Arbeitgeber nutzen das Anrechnungsmodell und fordern bei fast jedem Ordnungsverfahren einen zweijährigen Ausbildungsberuf, mit Anrechnung auf einen dreijährigen Ausbildungsberuf. Zweijährige Ausbildungsberufe werden von den Gewerkschaften abgelehnt (→ **Einfachberufe**). Die echte Stufenausbildung, nur mit einer Ausstiegsoption für die Auszubildenden, wurde bisher noch in keinem Ordnungsverfahren nach der Novellierung des Berufsbildungsgesetzes wirksam.

Bedeutung für die Interessenvertretung

Die betriebliche Interessenvertretung (Betriebsrat/Personalrat/JAV) sollte möglichst darauf achten, dass – wenn in Stufen ausgebildet wird – die Auszubildenden nicht von ihrem Arbeitgeber dazu gedrängt werden, ihre Ausbildung »freiwillig« nach einer Zwischenstufe zu beenden (Ausstiegsmodell). Beim Anrechnungsmodell sollte mit den Auszubildenden ein Ausbildungsvertrag über die Dauer des längeren Ausbildungsberufes abgeschlossen werden.

Bedeutung für die Beschäftigten

Das Anrechnungsmodell birgt für die Auszubildenden die Gefahr, nach der ersten Stufe (abgeschlossene Berufsausbildung in einem Kurzausbildungsberuf) bereits wieder »auf der Straße« zu stehen. Gering Qualifizierte haben in der Wissens- und Informationsgesellschaft klar die schlechteren beruflichen Entwicklungsmöglichkeiten. Der Durchstieg zum dritten Ausbildungsjahr ist abhängig vom Arbeitgeber. Kann die Ausbildung im Betrieb nicht fortgesetzt werden, wird es schwer einen Betrieb zu finden, in dem man weiterlernen kann. Eine zweijährige Ausbildung kann schnell zur beruflichen Sackgasse werden.

Tarifautonomie/Koalitionsfreiheit

Was ist das?

Unter den Begriff der **Tarifautonomie** versteht man den in Art. 9 Abs. 3 GG gewährleisteten **Freiraum der Gewerkschaften** und **Arbeitgeberverbände**. Er ermöglicht es ihnen, die Regelungen des Arbeits- und Wirtschaftslebens selbstständig zu ordnen. Über die Arbeits- und Wirtschaftsbedingungen sollen die Beteiligten selbst und eigenverantwortlich grundsätzlich frei von staatlicher Einflussnahme bestimmen. Diese eigenverantwortliche Regelung der Arbeitsbedingungen erfolgt im Rahmen der Tarifautonomie durch die **Vereinbarung von Tarifverträgen** zwischen Gewerkschaften und Arbeitgeberverbänden. Dabei handeln die Tarifvertragsparteien eigenverantwortlich und **ohne staatliche Einflussnahme**.

Art. 9 Abs. 3 GG bestimmt insoweit

»*das Recht, zur Wahrung und Förderung der Arbeits- und Wirtschaftsbedingungen Vereinigungen zu bilden, ist für jedermann und für alle Berufe gewährleistet. Abreden, die dieses Recht einschränken oder zu behindern suchen, sind nichtig, hierauf gerichtete Maßnahmen sind* rechtswidrig.«

In diesem »Doppelgrundrecht« wird sowohl die **individuelle Koalitionsfreiheit** als auch der **Bestand und die Betätigung der Koalition,** also der **Gewerkschaften** bzw. der **Arbeitgeberverbände** garantiert. Art. 9 Abs. 3 GG beinhaltet ein **Grundrecht** auf Solidarisierung einschließlich des Rechts zur Arbeitsniederlegung, des → **Streikrechts**.

Tarifvertrag

Grundlagen

Der Gebrauch und die Ausführung der Koalitionsfreiheit erfolgen im Rahmen der Tarifautonomie durch den **Abschluss von Tarifverträgen**. Hierzu hat der Gesetzgeber mit dem **Tarifvertragsgesetz** einen Rahmen gegeben. Der Tarifvertrag ist ein Vertrag zwischen Gewerkschaften und Arbeitgeberverbänden, dem sogenannten »Verbandstarifvertrag« (auch: Flächentarifvertrag) oder zwischen Gewerkschaften und einzelnen Arbeitgebern, den sogenannten »Firmentarifvertrag« (auch: Haustarifvertrag), in welchem in einem sogenannten **schuldrechtlichen Teil** die **Rechte und Pflichten der Tarifvertragsparteien** geregelt sind und im **normativen Teil** Rechtsnormen insbesondere über den Abschluss, den Inhalt und die Beendigung der Arbeitsverhältnisse aufgestellt werden.

Die Rechtsnormen der Tarifverträge gelten nach § 4 Abs. 1 TVG unmittelbar und zwingend, d.h. ohne ausdrückliche Aufnahme in den Arbeitsvertrag und zwingend in der Weise, dass von ihm nur zugunsten des Arbeitnehmers abgewichen werden darf, wenn die Tarifparteien nicht ausdrücklich durch Öffnungsklauseln abweichende Vereinbarungen zugelassen haben.

Die Bedeutung der Tarifverträge wird deutlich, wenn man sich vor Augen hält, dass nach Untersuchungen der Hans-Böckler-Stiftung für 62 % aller Beschäftigten ein Tarifvertrag direkt oder durch Bezugnahme gilt (53 % Branchentarifverträge, 9 % Firmentarifverträge) und weitere 19 % sich an einem Tarifvertrag orientieren.

Zum unverzichtbaren Bestandteil der Tarifautonomie gehört das →**Streikrecht**

Teilzeitarbeit nach Beendigung der Ausbildung

Grundlagen

Gemäß § 2 Abs. 1 Teilzeit- und Befristungsgesetz (TzBfG) liegt Teilzeitarbeit vor, wenn die regelmäßige Wochenarbeitszeit kürzer ist als die regelmäßige Wochenarbeitszeit vergleichbarer vollzeitbeschäftigter Arbeitnehmer des Betriebes.
Im TzBfG ist der Schutz für Teilzeitbeschäftigte geregelt. Zu nennen ist vor allem das Diskriminierungsverbot nach § 4 Abs. 1 TzBfG. Danach darf der Arbeitgeber einen teilzeitbeschäftigten Arbeitnehmer nicht aufgrund der Teilzeitarbeit gegenüber vollzeitbeschäftigten Arbeitnehmern unterschiedlich behandeln, es sei denn, sachliche Gründe rechtfertigen dies.
Neben den gesetzlichen Bestimmungen gibt es eine Anzahl von tariflichen Regelungen, beispielsweise in Manteltarifverträgen oder auch in Tarifverträgen zur Förderung der Teilzeitarbeit.
Teilzeitbeschäftigte haben anteilig Anspruch auf Urlaub, Urlaubsgeld, Weihnachtsgeld oder andere tariflich vereinbarte Vergütungen.

Bedeutung für den Betriebsrat/die JAV

Sollte der Arbeitgeber beabsichtigen, die auslernenden Auszubildenden nur in Teilzeit zu übernehmen, handelt es sich faktisch für die Betroffenen um eine erzwungene individuelle Arbeitszeitverkürzung ohne Lohnausgleich. Der Betriebsrat und die JAV sollten deshalb frühzeitig vor dem Auslerntermin prüfen, wie sich die wirtschaftliche Situation und Beschäftigungslage im Betrieb darstellten (Personalplanungsdaten, Überstundenentwicklung, Rationalisierungsmaßnahmen). Auf dieser Grundlage sollten Überlegungen angestellt werden, wie die Forderung nach einer Übernahme in einen unbefristeten Vollzeitarbeitsverhältnis ermöglicht wird. Sollte es dennoch nur zu einer Übernahme in Teilzeit kommen, sind folgende Eckpunkte zu berücksichtigen:

- Sicherstellung einer Mindestbeschäftigung und Einkommenszusage (Untergrenze der Arbeitszeit bei beispielsweise $^2/_3$ der Vollzeitarbeitsverhältnisse);
- Begrenzung von nicht freiwilliger Teilzeit auf einen festgelegten, möglichst kurzen Zeitraum und verbindliche Zusage der Umwandelung in ein Vollzeitarbeitsverhältnis;
- Sicherstellung einer möglichst 12-monatigen Vollzeitbeschäftigung vor eventueller Kündigung (Berechnung Arbeitslosengeld bezieht sich auf letzten 12 Monate);
- Verhinderung weiterer Einkommensminderungen während der Teilzeit (bei eventueller Kurzarbeit etc.);
- Bezugnahme der Dauer der nicht freiwilligen Teilzeit auf Kalendermonate (Unterbrechung des Beschäftigungsverhältnisses durch Wehr- bzw. Zivildienst, Mutterschutz u.Ä. führen nicht zu einer Verlängerung der Teilzeit);
- Berücksichtigung sozialer Härtfallregelungen.

Bedeutung für die Auszubildenden

Bei der Entscheidung für eine Teilzeitbeschäftigung sollte beachtet werden, dass die reduzierte Arbeitszeit weit reichende Konsequenzen mit sich bringt. So bedeutet Teilzeitarbeit beispielsweise:
- bei Arbeitslosigkeit auch nur Teilarbeitslosengeld,
- entsprechend weniger Rentenansprüche,
- ein geringeres Einkommen
- schlechtere Berufsperspektiven,
- ein erhöhtes Arbeitsplatzrisiko.

Literaturhinweis

Buschmann/Dieball/Stevens-Bartol, Das Recht der Teilzeitarbeit, Kommentar für die Praxis, 2. Auflage 2001

Telefongespräche, E-Mail, Internet – private Nutzung

Wenn früher praktisch an allen Büro-Arbeitsplätzen ein Telefon zur Verfügung stand, so sind heute im Zeitalter der modernen Kommunikation der PC mit Internetanschluss und E-Mail-Korrespondenz hinzugekommen.

Früher mussten sich die Gerichte häufig mit der Frage befassen, ob der Arbeitgeber die private **Nutzung des Telefons** verbieten konnte und welche Rechtsfolgen sich daraus ergeben, wenn ein Arbeitgeber gegen ein ausdrückliches Verbot verstoßen hatte. Die Rechtsprechung war »streng«: Nach wiederholter Abmahnung konnten private unerlaubte Telefongespräche eine Kündigung nach sich ziehen. Lediglich Ortsgespräche zur Erledigung von Besorgungen sollten zulässig sein. Jedenfalls konnte der Arbeitgeber die private Nutzung des Telefons untersagen.

Diese Grundsätze kann man heute auch auf die **Nutzung des Internets** und die **Versendung von E-Mails** am Arbeitsplatz anwenden. Der Arbeitgeber kann die private Nutzung untersagen. Arbeitnehmer haben sich dann daran zu halten, denn die EDV-Ausstattung steht wie die gesamte Büroeinrichtung im Eigentum des Arbeitgebers. Entscheidend ist, dass ein entsprechendes ausdrückliches Verbot ergangen ist. Im Regelfall wird aber vor der Anwendung arbeitsrechtlicher Sanktionen zwingend eine nachdrückliche Abmahnung mit dem Hinweis auf die Rechtsfolgen bei einem weiteren Verstoß notwendig sein, um z.B. eine Kündigung aussprechen zu können.

Wichtig: Ergeht kein vollständiges Verbot, sondern eine irgendwie differenzierte Regelung (Nutzung nur in bestimmten Zeiten, in bestimmten Umfang, bestimmter Seiten) besteht ein erzwingbares Mitbestimmungsrecht des Betriebsrats nach § 87 Abs. 1 Nr. 1 BetrVG.

Literaturhinweis

Däubler, Internet und Arbeitsrecht, 2. Auflage 2002

Übernahme in ein unbefristetes Arbeitsverhältnis

Ausbildungsverträge sind nach §§ 10 und 21 BBiG immer zeitlich befristete Verträge. Insbesondere bei rückläufiger Konjunktur führt dies dazu, dass auslernende Auszubildende vom Arbeitgeber nicht in ein unbefristetes Arbeitsverhältnis übernommen werden. Die Arbeitgeber stellen sich sehr oft auf den Standpunkt, mit dem Bestehen der Abschlussprüfung seien alle Pflichten aus dem Ausbildungsvertrag erfüllt. Mit dem Hinweis, dass die Nicht-Übernahme keine Kündigung ist, werden sämtliche Schutzrechte, insbesondere das Kündigungsschutzgesetz, die Anhörungspflicht der Betriebsräte gemäß § 102 BetrVG, die Verpflichtung zum Interessenausgleich und Sozialplan usw. umgangen.

In einigen Wirtschaftsbereichen bestehen tarifliche Regelungen zur Übernahme von Auszubildenden. Überwiegend handelt es sich bei diesen tariflichen Regelungen um eine oftmals auf 6 bzw. 12 Monate befristete Übernahme nach der Ausbildung.

Bedeutung für den Betriebsrat/die JAV

Betriebsrat und JAV sollten rechtzeitig vor dem Auslerntermin prüfen, wie sich die wirtschaftliche Situation und die Beschäftigungslage im Betrieb darstellen (Personalplanungsdaten, Überstundenentwicklung, Rationalisierungsmaßnahmen etc.). Die Forderung nach einem unbefristeten Arbeitsvertrag für alle Auslernenden und damit die Sicherung des Normalarbeitsverhältnisses darf nicht von vornherein aufgegeben werden.

Der Betriebsrat hat in Angelegenheiten der Personalplanung erzwingbare Beratungs- und Vorschlagsrechte, die im Wesentlichen aus den §§ 92 und 92a BetrVG resultieren. Die Übernahme muss dabei zum integralen Bestandteil einer Gesamtstrategie zur Sicherung von Beschäftigung, Qualifikation und Einkommen für alle Arbeitnehmer im Betrieb und in der Region werden.

Grundlage einer wirksamen Mitbestimmung der betrieblichen Interessenvertretung ist die Kenntnis des betrieblichen Personalplanungssystems und seiner Bestandteile, mit dem Ziel:

- Informationen für die Argumentation in der betrieblichen Auseinandersetzung zu gewinnen und
- den Rechtfertigungsdruck auf die Unternehmensleitung für beabsichtigte Maßnahmen zu erhöhen.

Personalplanungssysteme können beispielsweise wie folgt gegliedert sein:
- Die **Personalbedarfsplanung** steht im Zentrum der Personalplanung und ermittelt den geplanten Personalbedarf, der dann mit dem Personalbestand abgeglichen wird. Bei der Personalbedarfsplanung sind vor allem auch Ausfallzeiten zu berücksichtigen, wie beispielsweise Urlaubszeiten, Krankheitszeiten, Freistellungszeiten, Qualifikationszeiten, Einarbeitungszeiten und vieles mehr. Wird die Quote für solche Ausfallzeiten vom Arbeitgeber zu niedrig angesetzt, führt dieses unweigerlich zu Leistungsverdichtung. Deshalb ist es für die Interessenvertretung wichtig, auf diese Planung Einfluss zu nehmen.
- Die **Personalentwicklungsplanung** ermittelt die notwendigen Qualifikationen der Beschäftigten und legt Qualifikationsmaßnahmen zur Bedarfsdeckung fest.
- Die **Personaleinsatzplanung** ordnet Arbeitskräften entsprechende Arbeitsplätze zu. Das gilt sowohl für kurz- und mittelfristigen Arbeitskräfteeinsatz als auch für mittel- und langfristige Anpassung des Arbeitskräftepotenzials an entsprechende Arbeitsplätze.

Hilfreich für die Durchsetzung der Übernahmeforderung kann aber auch das Mitbestimmungsrecht des Betriebsrates bei der Durchführung von Mehrarbeit sein. Nach § 87 Abs. 1 Ziffer 3 BetrVG hat der Betriebsrat ein Mitbestimmungsrecht bei Mehrarbeit.

Mehrarbeit ist nicht unvermeidbar. Durch eine ausreichende Personalreserve, bessere Materialbevorratung sowie verbesserte Planungsabläufe können viele der scheinbar notwendigen Überstunden reduziert werden.

Bei Bestehen eines Beschäftigungssicherungstarifvertrages oder ähnlicher Regelungen wäre zu prüfen, ob durch die Verkürzung der Arbeitszeit auf beispielsweise bis zu 30 Stunden pro Woche für Teile der bzw. die gesamte Belegschaft eine Übernahme der Auslernenden gesichert werden kann.

Dort, wo es bisher keine Beschäftigungssicherungstarifverträge o. Ä. gibt, könnte versucht werden, eine Betriebsvereinbarung zur Übernahme zu vereinbaren.

Was bedeutet das für die Auszubildenden?

Mit dem Hinweis, eine abgeschlossene Berufsausbildung mache es für Jugendliche doch viel leichter, einen neuen Arbeitsplatz zu finden, versuchen viele Unternehmen, die Nicht-Übernahme als unproblematisch darzustellen. Umfragen bestätigen, dass es mit einer abgeschlossenen Ausbildung tatsächlich einfacher ist, einen Arbeitsplatz zu finden als ohne Ausbildung. Dennoch bedeutet Nicht-Übernahme erst einmal für die Betroffenen, dass sie keine Chance haben, Berufserfahrung zu sammeln. Arbeitslosigkeit unmittelbar nach der Ausbildung mindert auch erheblich das Arbeitslosengeld. Berufsfremde Beschäftigung und Arbeitslosigkeit entwerten die mit der Ausbildung erworbenen Qualifikationen in immer kürzerer Zeit. Die Abwanderung ausgebildeter Fachkräfte vermindert die Chance strukturpolitischer Entwicklungen in den Regionen. Die Nicht-Übernahme und Entlassung in die Arbeitslosigkeit vermindern die Attraktivität der Firmen, mitunter auch ganzer Berufsgruppen oder Branchen. Immer weniger Schulabgänger interessieren sich für eine berufliche Ausbildung. Die Nicht-Übernahme verstärkt diesen bereits vorhandenen Trend.

Übernahmebetriebsvereinbarung

§ 1 Präambel und Zielsetzung

Zwischen Geschäftsleitung und Betriebsrat besteht Einvernehmen, dass für alle in der Firma ... ausgebildeten Azubis im Anschluss an ihre Ausbildung eine Weiterbeschäftigung entsprechend ihrer Qualifikation anzustreben ist. Zielsetzung dieser Betriebsvereinbarung ist es, den mittel- bis langfristigen Qualifikationsbedarf der Firma ... durch betriebliche Ausbildung und Weiterbeschäftigung zu decken sowie allen auslernenden Jugendlichen die Möglichkeit zur Erlangung von Berufspraxis zu eröffnen.

§ 2

Die Geschäftsleitung verpflichtet sich, dem Betriebsrat sowie der JAV rechtzeitig vor stattfindenden Abschlussprüfungen (mindestens 4 Monate vor dem Tag der voraussichtlichen letzten Prüfungsleistung) alle erforderlichen Informationen und Unterlagen, die für eine Weiterbeschäftigung relevant sind, zur Verfügung zu stellen. Hierzu zählen insbesondere:
- Anzahl und Berufe der Auslernenden
- Personalplanungsunterlagen (gemäß § 92 BetrVG), insbesondere Informationen zur Personalbedarfsplanung (Absatz/Produktionsplanung), Personalentwicklungsplanung (Qualifikationsstruktur, etc.) sowie Personaleinsatzplanung
- Unterlagen zu Überstunden, Kurzarbeit, Fehlzeiten (Krankheit, Qualifizierung, Urlaubsüberhänge etc.)
- Planungen für die anstehende Weiterbeschäftigung (welche bzw. wie viele Auslerner, in welchen Abteilungen bzw. Tätigkeiten etc.)

§ 3

Die Geschäftsleitung verpflichtet sich, unverzüglich nach der Information des Betriebsrates und der JAV die konkrete Übernahme zu beraten. Liegen Tatsachen vor, aufgrund derer dem Arbeitgeber die unbefristete Weiterbeschäftigung aller Auslerner nicht zugemutet werden kann, so ist der Betriebsrat/die JAV darüber zu informieren, welche Ausgebildeten nicht übernommen werden sollen. Die gegebenenfalls erforderliche Auswahl unterliegt der Mitbestimmung des Betriebsrates gemäß § 99 BetrVG.

§ 4

Soll ein Ausgebildeter/eine Ausgebildete nicht übernommen werden, so muss ihm/ihr dieses in jedem Fall spätestens 3 Monate vor Beendigung der Berufsausbildung schriftlich mitgeteilt werden. Anderenfalls wird unabhängig von § 3 ein unbefristetes Arbeitsverhältnis begründet.

§ 5

Ist eine unbefristete Übernahme nach eingehender Prüfung aller relevanten Tatsachen nicht möglich, jedoch eine befristete Übernahme für den Arbeitgeber zumutbar, so beträgt diese mindestens 12 Monate.

§ 6

Finden während des Zeitraums der Übernahmeberatungen Verhandlungen über einen Interessenausgleich und Sozialplan statt, so ist die Übernahmeproblematik hierin zu integrieren. Auslerner, die nicht übernommen werden sollen, erhalten hierbei den gleichen Status wie die anderen Beschäftigten des Betriebes.

§ 7

Ändert sich im Zeitraum von 12 Monaten nach einer Nichtübernahme die personalpolitische Situation des Betriebes, so erhalten bei eventuellen Neueinstellungen die Nichtübernommenen Vorrang. Rechte, die aus Betriebszugehörigkeitszeiten während der Ausbildung erworben wurden, bleiben erhalten.

§ 8

In-Kraft-Treten/Kündigungsfrist

Umlagefinanzierung

Was heißt das?

Unter Umlagefinanzierung ist ein gesetzlicher bundesweiter Lastenausgleich zwischen ausbildenden und nichtausbildenden Betrieben und Verwaltungen zu verstehen (→ **Duales Ausbildungssystem**).

Nicht zufällig spielt die Frage der Kosten bei den Ursachen für die rückläufige Ausbildungsbereitschaft eine wesentliche Rolle. Diese Kosten sind ungleich verteilt. Knapp ein Viertel der Unternehmen trägt die Ausbildungslast für die übrigen mehr als drei Viertel der Betriebe und Verwaltungen. Dass mehr als 75 % der Unternehmen ihren qualifizierten Fachkräftenachwuchs zum Nulltarif rekrutieren, widerspricht nicht nur der sozialen, sondern jeder Form von Marktwirtschaft, deren Güter und Dienstleistungen zu entsprechenden Preisen gehandelt werden. Gleichzeitig ist die gewaltige »Umlagefinanzierung« über Mittel aus Beitrags- und Steuereinnahmen unverantwortlich, schränkt sie doch die originären Aufgaben der öffentlichen Hand immer weiter ein.

Die Gewerkschaften sprechen sich für einen gesetzlich geregelten Lastenausgleich aus, der die Verantwortung verbindlich dorthin verweist, wo sie hingehört: In die Wirtschaft selbst. Freiwillige Lösungen wären aus ordnungspolitischen Überlegungen natürlich vorzuziehen. Aber diesen Weg will die Wirtschaft nicht gehen, ein unverbindlicher Ausbildungspakt ist zumindest nachweislich nicht die Lösung. Deshalb brauchen wir ein Lastenausgleichsverfahren zwischen ausbildenden und nicht ausbildenden Betrieben, der alle Unternehmen und Verwaltungen, die von qualifiziertem Fachpersonal profitieren, an den Kosten dieser Qualifizierung gleichmäßig beteiligt. Der DGB hat dazu ein Umlageverfahren zwischen allen Betrieben und Verwaltungen vorgeschlagen, das wieder mehr Betriebe veranlassen soll, ihren Nachwuchs über eigene Ausbildungsleistung zu rekrutieren, und anderen ermöglichen soll, über den Eigenbedarf hinaus Lehrstellen anzubieten. Damit soll ein ausreichendes und auswahlfähiges Ausbildungsplatzangebot sichergestellt werden.

Leider zeichnen sich keine politischen Mehrheiten für eine gesetzliche Umlagefinanzierung ab. Zwar legten im März 2004 die Bundestagsfraktionen von SPD und Bündnis 90/Die Grünen den Gesetzentwurf eines Berufsausbildungssicherungsgesetzes (BerASichG) vor, es wurde auch tatsächlich im April 2004 mit rot-grüner Mehrheit im Bundestag beschlossen, aber in Kraft gesetzt wurde es indes bis heute nicht! Stattdessen appellierten die Beteiligten (Bundesregierung und Arbeitgeber) des sogenannten **»Nationalen Paktes für Ausbildung und Fachkräftenachwuchs in Deutschland«** mit Erfolg im Juni 2004 an den Vermittlungsausschuss von Bundestag und Bundesrat, das Gesetzgebungsverfahren zu einem Berufsausbildungssicherungsgesetz ruhen zu lassen. Der »Ausbildungspakt« wurde zunächst für die Dauer von drei Jahren geschlossen, inzwischen wird er fortgesetzt. Er beinhaltet neben Ausbildungsappellen keine verlässlichen Zusagen der Arbeitgeberseite und hat bislang – aus Sicht der Gewerkschaften; Bundesregierung und Arbeitgeber sehen dies anders – nicht zu einem ausreichenden Angebot an qualifizierten Ausbildungsplätzen geführt. Nach wie vor sind sehr viele junge Menschen als sogenannte Altbewerberinnen und -bewerber auf der Suche nach einem Ausbildungsplatz. Sie stellen inzwischen mehr als die Hälfte aller registrierten Bewerberinnen und Bewerber.

Damit wird deutlich, der Ausbildungspakt hat das Problem bisher nicht gelöst. **So einfach könnte dagegen eine Umlagefinanzierung funktionieren!**

1. Abgabe als Umlage der tatsächlichen Ausbildungskosten
Alle Betriebe und Verwaltungen würden zu einer Berufsausbildungsabgabe verpflichtet in Höhe eines an den tatsächlichen Gesamt-Ausbildungskosten eines Jahres orientierten Hebesatzes. Als Bezugsgröße für diesen Hebesatz wären verschiedene Alternativen denkbar, über die letztlich politisch pragmatisch entschieden werden müsste.

2. Das Finanzaufkommen nachfrageorientiert ermitteln
Da das Bundesverfassungsgericht die Nachfrageorientierung als Kriterium eines ausreichenden Angebots festgeschrieben hat, müsste sich der Hebesatz an den Ausbildungskosten ausrichten, die durch die aktuelle Zahl der Bewerber induziert werden.

3. Vorabzug der eigenen Ausbildungsaufwendungen zulassen
Von dem nach Punkt 1 und 2 ermittelten Betrag sollte das Unternehmen seine bereits erbrachten Ausbildungsaufwendungen vorweg abziehen können, sodass nur noch die Differenz zum ermittelten Abgabebetrag de facto abzuführen wäre. Um den Nachweis der Eigenaufwendungen für Ausbildung zu erleichtern und den Prüfaufwand zu minimieren, sollte mit Pauschalbeträgen gerechnet werden, die aus den durchschnittlichen Nettokosten aller Betriebe abgeleitet sind.

4. Zahlungsempfänger ist die Bundesagentur für Arbeit
Die Ausbildungsabgabe könnte mit den Sozialabgaben auf dem üblichen Wege über die Krankenkassen an die Bundesagentur für Arbeit abgeführt werden. Ausbildung würde so leichter mit einer regionalen Arbeitsmarktpolitik verknüpft werden können.

5. Abgabe auf regionale Strukturförderung ausrichten
Mit den abgeführten Beiträgen müsste bei der Bundesagentur für Arbeit gesonderte Fonds zur Förderung der Aufgaben der beruflichen Erstausbildung eingerichtet werden, aus dem zusätzliche Ausbildungsplätze in folgender Prioritätenfolge zu finanzieren wären:
1. betriebliche Ausbildungsplätze,
2. Plätze in Ausbildungsverbünden und
3. außerbetriebliche Ausbildungsplätze

6. Die Selbstverwaltung der Arbeitsagenturen sichert Beteiligung
Die Fondsmittel müssten durch die Verwaltungsausschüsse der regionalen Arbeitsagenturen verteilt werden. Eine Aufblähung der Bürokratie wäre auf diese Weise erfolgreich zu vermeiden.

7. Ausnahmen und besondere Vergünstigungen
Tarifvertragliche Vereinbarungen zur Finanzierung der Ausbildung in einer Branche sowie Ausgaben für betriebliche Maßnahmen sollten Vorrang haben und müssten mit zu zahlenden Beiträgen verrechnet werden. Das Gesetz sollte in diesem Sinne einen Mindeststandard setzen, über den einzelne Branchen hinausgehen können. Kammerumlagen wären ebenfalls in Vorabzug zu bringen.

Es wäre denkbar, Klein- oder Kleinstbetriebe (beispielsweise bis fünf Beschäftigte) von der Regelung zu befreien. Zu prüfen wäre auch, ob Unternehmensneugründungen mit bis zu fünf Beschäftigten für einen bestimmten Zeitraum von Zahlungen in die regionalen Ausbildungsfonds ausgenommen werden sollten.

Umweltschutz in der Berufsausbildung

Grundlagen

In Ausbildungsberufen ist Umweltschutz fester Bestandteil des Ausbildungsrahmenplanes.

Beispiel:
Ausbildungsrahmenplan für die Berufsausbildung in den industriellen Metallberufen

4	Umweltschutz (§ 10 Abs. 1 Nr. 4)	Zur Vermeidung betriebsbedingter Umweltbelastungen im beruflichen Einwirkungsbereich beitragen, insbesondere a) mögliche Umweltbelastungen durch den Ausbildungsbetrieb und seinen Beitrag zum Umweltschutz an Beispielen erklären, b) für den Ausbildungsbetrieb geltende Regelungen des Umweltschutzes anwenden, c) Möglichkeiten der wirtschaftlichen und umweltschonenden Energie- und Materialverwendung nutzen sowie d) Abfälle vermeiden; Stoffe und Materialien einer umweltschonenden Entsorgung zuführen

Die Bedeutung des Umweltschutzes unterstreicht auch § 22 JArbSchG, in dem eine Reihe von Vorgaben zum Themenkomplex »gefährliche Arbeiten« gemacht werden.

Auch die JAV und der Betriebsrat können auf Grundlage des BetrVG aktiv werden. So können sie eine Betriebsvereinbarung zum Thema »Umweltschutz in der Ausbildung« anregen und durchsetzen. Hierzu bilden die §§ 70 (Aufgaben der JAV) und 80 (Allgemeine Aufgaben des Betriebsrats), 81 (Unterrichtungs- und Erörterungspflicht des Arbeitgebers), 87 (Mitbestimmungsrechte), 89 (Arbeits- und betrieblicher Umweltschutz), 90 (Unterrichtungs- und Beratungsrechte), 91 (Mitbestimmungsrecht), 96 (Förderung der Berufsbildung), 97 (Einrichtungen und Maßnahmen der Berufsbildung), 98 (Durchführung betrieblicher Bildungsmaßnahmen) des BetrVG die Grundlage.

Darüber hinaus existiert eine Fülle von weiteren Gesetzen und Verordnungen, wie das Bundes-Emissionsschutzgesetz, das Wasserhaushaltsgesetz, das Abfallgesetz, das Chemikaliengesetz oder die Gefahrenstoffverordnung.

Was bedeutet das für die Berufsausbildung?

Umweltschutz muss zumindest in dem Rahmen, wie ihn der Ausbildungsrahmenplan für den jeweiligen Beruf vorsieht, Inhalt der Ausbildung sein. Darüber hinaus ist es natürlich sinnvoll, Umweltschutz in der Berufsausbildung auch auf Berufe zu erstrecken, in denen dieses Thema noch nicht explizit vorgesehen ist.

Berufliche Umweltbildung muss eine umfassende ökologische Fach- und Handlungskompetenz anstreben und als Beitrag zur umweltgerechten Gestaltung des beruflichen Ausbildungs- und Arbeitsalltages angelegt sein.

Eckpunkte einer ökologischen zukunftsorientierten Ausbildung

Allgemeines Wissen:
- Grundbegriffe und Zusammenhänge des Ökosystems kennen;
- Kenntnisse über Umweltzerstörung;
- Vorstellungskraft zur Naturzerstörung und zu Naturschönheiten entwickeln;
- wichtige Umweltgesetze und Verordnungen kennen.

Aufarbeitung der eigenen Situation und des Umfeldes:
- Schädliche und gesundheitsgefährdende Belastungen durch Produktionsverfahren und Produkte analysieren;
- komplexe Beziehungen zwischen Naturkreislauf und Umweltzerstörung greifbar machen;
- Konsequenzen im Hinblick auf die Vorsorge und das Verursacherprinzip darstellen;
- Erstellung betrieblicher Öko-Bilanzen, Öko-Audit (gegebenenfalls für die Ausbildungswerkstatt);
- Interessengegensätze benennen und Konfliktfähigkeit entwickeln;
- Zusammenarbeit mit Öko-Instituten, Umweltverbänden, Umweltbeauftragten und deren Einbeziehung in die Aktivitäten.

Praktische Umsetzung:
- Nutzung und Förderung des betrieblichen Vorschlags- und Verbesserungswesens;
- Bewusstsein und Verhalten für ein sinnvolles und lebenswertes Leben fördern;
- betriebsinterne und externe Erkundungen;
- Nutzung rechtlicher Einflussmöglichkeiten, wie das Betriebsverfassungsgesetz, das Jugendarbeitsschutzgesetz, Ausbildungsordnung;
- Entwicklung von umweltverträglichen Alternativen, wie Ersatzstoffe, Energieeinsparung, getrennte Müllsammlung bzw. -recycling, Nutzung alternativer Energien usw.

Wichtig sind auch die Vermittlungsmethoden beim Thema Umweltschutz in der Ausbildung. Die wohl langweiligste Form ist dabei die der Unterweisungen. Damit Umweltschutz auch Spaß macht, hier einige Anregungen, wie Umweltschutz in der Ausbildung thematisiert werden kann.

Beispiele für Umweltschutz in der Berufsausbildung
- Umweltlernen mit der Projektmethode verknüpfen. Statt für die Schrottkiste zu arbeiten, könnte beispielsweise eine Biogas-Anlage, ein Windgenerator o. ä. entwickelt werden.
- Projektausbildung im Team, gegebenenfalls in Zusammenarbeit mit gewerblich-technischen und kaufmännischen Auszubildenden. Kaufmännische Auszubildende könnten zum Beispiel im Rahmen eines Lernbüros bei Behörden die notwendigen Emissionswerte erkunden oder für ökologisch verträgliche Materialbeschaffung sorgen.
- Die Durchführung von Projekttagen oder -wochen ist denkbar, um in Arbeitsgruppen ein Umweltprojekt zu realisieren.
- Im Rahmen einer Umweltrallye könnte das Betriebsgelände ökologisch untersucht werden.
- Über einen Ideenwettbewerb könnten Auszubildende motiviert werden, ökologische Vorschläge für eine Umgestaltung der Ausbildungswerkstatt zu machen.

Bedeutung für den Betriebsrat/die JAV

Auf Grundlage des § 70 Abs. 1 Nr. 2 BetrVG hat die JAV darüber zu wachen, dass die gültigen Umweltschutzvorschriften eingehalten werden. Hierzu gehört es auch, darauf zu achten, dass Umweltschutz entsprechend dem Ausbildungsrahmenplan in der Ausbildung stattfindet.

Die JAV kann auf Grundlage des § 70 BetrVG Vorschläge zum Thema »Umweltschutz in der Berufsausbildung« entwickeln. Dies kann gemeinsam mit allen Auszubildenden geschehen. Die Vorschläge können gemeinsam von Betriebsrat und JAV mit dem Arbeitgeber beraten werden. Dabei kann es sich um eine Betriebsvereinbarung, wie Umweltschutz in der Ausbildung umgesetzt wird, handeln, aber auch um konkrete Maßnahmen, wie getrennte Müllsammlung, das Aufstellen von Getränkeautomaten mit Pfandflaschen, das Abschaffen von Plastikbechern usw., handeln. Die Verhandlung mit dem Arbeitgeber findet auf Grundlage der §§ 96 bis 98 BetrVG statt.

Sollte es einen betrieblichen Umweltschutzausschuss geben, so ist die JAV hinzuzuziehen. In jedem Fall muss sie beteiligt werden, wenn es um Umweltschutzmaßnahmen geht, die die Wahlberechtigten zur JAV betreffen.

Unternehmensmitbestimmung

Begriff

Angesichts der Abhängigkeit der Arbeitnehmer und der Macht der Unternehmer mit ihren sozialen und politischen Folgen ist die Forderung nach Mitbestimmung unverzichtbarer Teil der Gewerkschaftsbewegung in ihrem Bemühen um sozialen Fortschritt und politische Freiheit. Dabei steht fest, dass Demokratie unteilbar ist. Die formale Freiheit und Gleichheit im politischen Raum und fortbestehende Abhängigkeit im wirtschaftlichen Bereich ergeben keine Demokratie.

Nicht zuletzt aufgrund der Erfahrungen in der Zeit des Faschismus forderten die Gewerkschaften, aber auch die Parteien bis hin zur CDU in ihrem Aalener Programm, die notwendige Einheit politischer und wirtschaftlicher Mitbestimmung. In den ersten Jahren nach 1945 traten die Unternehmer die Flucht nach vorne an und boten von sich aus an, Arbeitnehmer und Gewerkschaften in den Aufsichtsräten der Unternehmen zu beteiligen. Die Unternehmensmitbestimmung in der Eisen- und Stahlindustrie geriet jedoch kurze Zeit später wieder in Gefahr, da die damalige Bundesregierung den vertraglich geschaffenen Zustand nicht anerkennen wollte. In Anbetracht einer sehr breiten Kampfbereitschaft in der Eisen- und Stahlindustrie sowie im Bergbau kam es dann jedoch am 10. April 1951 zur Verabschiedung des Montan-Mitbestimmungsgesetzes durch den Deutschen Bundestag.

In den anderen Wirtschaftsbereichen aber wurden aufgrund des sich wieder verändernden Machtverhältnisses – der Wiederherstellung der alten Macht- und Besitzverhältnisse – die sehr weitgehenden Mitbestimmungsrechte in wirtschaftlichen Fragen massiv durch das BetrVG 1952 zurückgeführt bzw. zum Teil sogar aufgehoben.

Seit dem Jahre 2004 haben Unternehmerverbände, ihnen nahe stehende Professoren sowie die CDU/CSU und FDP die Unternehmensmitbestimmung wieder in Frage gestellt. Ihr Ziel ist es, die Zahl der Arbeitnehmervertreter im Aufsichtsrat zu reduzieren und die Gewerkschaftsvertreter aus den Aufsichtsräten zu entfernen. Dies gilt es zu verhindern. Stattdessen ist die Unternehmensmitbestimmung auszubauen. Dieses gilt z. B. für die Besetzung mit einem Arbeitnehmervertreter aus dem Ausland.

Heute existieren sechs gesetzliche Systeme einer Beteiligung von Vertretern der Arbeitnehmer und ihrer Gewerkschaften in den Organen von Unternehmen und Konzernen. Diese Beteiligung wird als Unternehmensmitbestimmung bezeichnet, im Gegensatz zur betrieblichen Mitbestimmung durch die Betriebsräte.

Es handelt sich dabei um folgende Gesetze:
- Gesetz über die Mitbestimmung der Arbeitnehmer in den Aufsichtsräten und Vorständen der Unternehmen des Bergbaus und der Eisen und Stahl erzeugenden Industrie v. 21. Mai 1951 (Montan-Mitbestimmungsgesetz),
- Gesetz zur Ergänzung des Gesetzes über die Mitbestimmung der Arbeitnehmer in den Aufsichtsräten und Vorständen der Unternehmen des Bergbaus und der Eisen- und Stahlerzeugenden Industrie v. 7. August 1956 (Montan-Mitbestimmungs-Ergänzungsgesetz),
- Gesetz über die Mitbestimmung der Arbeitnehmer v. 4. Mai 1976 (Mitbestimmungsgesetz 1976),
- Gesetz über die Drittelbeteiligung der Arbeitnehmer im Aufsichtsrat (Drittelbeteiligungsgesetz 2004), in dieses Gesetz wurden die §§ 76ff. Betriebsverfassungsgesetz von 1952 (BetrVG 1952) zum 1. Juli 2004 überführt.
- SE-Ausführungsgesetz (SEAG) und SE-Beteiligungsgesetz (SEBG) v. 22. Dezember 2004, mit dem die Europäische Aktiengesellschaft (SE = »Societas Europaea«) gemäß der Verordnung und der Richtlinie der Europäischen Union in deutsches Recht überführt worden ist.
- Gesetz zur Umsetzung der Regelung über die Mitbestimmung der Arbeitnehmer bei einer grenzüberschreitenden Verschmelzung von Kapitalgesellschaften aus verschiedenen Mitgliedstaaten (MgVG), mit dem die 10. EU-Richtlinie in deutsches Recht umgesetzt wurde.

Die Unternehmensmitbestimmung findet dabei im Aufsichtsrat des Unternehmens, bei der Europäischen Aktiengesellschaft alternativ auch im Board, statt. Die Anzahl der Arbeitnehmer im Aufsichtsrat wird, ebenso wie das Verfahren zur Erlangung eines Aufsichtsratsmandats, in den Mitbestimmungsgesetzen im Einzelnen und unterschiedlich geregelt.

Ziel dieser Gesetze ist es, eine Teilhabe an wichtigen unternehmerischen Planungen und Entscheidungen zu sichern. Dabei sollen im Vordergrund die Teilnahme an der Auswahl und der laufenden Kontrolle der Unternehmensleitung (Vorstand, Geschäftsführung) sowie die Mitgestaltung der Unternehmenspolitik in ihren Grundzügen stehen.

Aufgabenstellung

Die wesentlichen Aufgaben des mitbestimmenden Aufsichtsrates stellen sich wie folgt dar:
- Bestellung und Abberufung der Vorstandsmitglieder der AG sowie der Geschäftsführer der GmbH;
Festsetzung und Kontrolle der Gesamtbezüge der einzelnen Vorstandsmitglieder der AG bzw. der einzelnen Geschäftsführer der GmbH;
- laufende Überwachung und Kontrolle der Geschäftsführung des Vorstandes der AG sowie der Geschäftsführung der GmbH;
- die Zustimmung zu bestimmten Geschäften des Vorstandes der AG sowie der Geschäftsführung der GmbH, die durch den Aufsichtsrat, die Satzung der AG bzw. dem Gesellschaftervertrag der GmbH festgelegt werden kann;
- Erteilung des Prüfungsauftrages an den Abschlussprüfer für den Jahres- und – gegebenenfalls – den Konzernabschluss;
- Feststellung des Jahresabschlusses bei der AG.

Von der Unternehmensmitbestimmung werden alle sogenannten Kapitalgesellschaften erfasst. Neben der Aktiengesellschaft sowie der GmbH sind dieses die Kommanditgesellschaft auf Aktien, der Versicherungsverein auf Gegenseitigkeit, die Gesellschaft mit beschränkter Haftung sowie die Erwerbs- und Wirtschaftsgenossenschaft. Daneben erfasst das Mitbestimmungsgesetz 1976 unter bestimmten Voraussetzungen auch die kapitalistisch strukturierte Kommanditgesellschaft. Damit ist die GmbH & Co. KG gemeint. Nicht erfasst sind die sogenannten Personengesellschaften wie die Einzelfirma, die offene Handelsgesellschaft (OHG) bzw. die Kommanditgesellschaft (KG). Weiterhin unterliegen der Unternehmensmitbestimmung nicht die Unternehmen der öffentlichen Hand, die nicht privatrechtlich, sondern öffentlichrechtlich organisiert sind. In diesem Bereich gibt es jedoch häufig sondergesetzliche Regelungen sowie Vereinbarungen über Arbeitnehmervertreter im Verwaltungsrat.

Arbeitnehmervertreter im Aufsichtsrat unterscheiden sich bezüglich ihrer Aufgabenstellung grundsätzlich von den übrigen Aufsichtsratsmitgliedern der Kapitalseite: Als Vertreter der Arbeitnehmer im Aufsichtsrat haben sie insoweit interessenpolitische Aufgaben für die Belegschaft wahrzunehmen.

Die Unternehmensmitbestimmung darf nicht darüber hinwegtäuschen, dass auch das Vorhandensein von Arbeitnehmervertretern im Aufsichtsrat nicht zu einer Gleichberechtigung zwischen Arbeitnehmer- und Arbeitgeberseite führt. Das Letztentscheidungsrecht haben im Konfliktfall noch immer die Aktionäre bzw. Gesellschafter, die die fehlende Zustimmung des Aufsichtsrates ersetzen können. Für einen derartigen Beschluss ist eine Dreiviertelmehrheit der abgegebenen Stimmen in der Hauptversammlung (AG) bzw. Gesellschafterversammlung (GmbH) erforderlich (§ 111 Abs. 4 Aktiengesetz).

Bedeutung für die JAV

Trotz alledem ist die Wirksamkeit der Unternehmensmitbestimmung nicht zu unterschätzen. So können auch Arbeitnehmervertreter im Aufsichtsrat mit entsprechender Unterstützung der Belegschaften ihren Forderungen Nachdruck verleihen.

Weiterhin ist der Aufsichtsrat eine wichtige Informationsquelle, insbesondere für strategische Entscheidungen. Dabei darf jedoch nicht verkannt werden, dass die Mitglieder des Aufsichtsrates – dieses betrifft auch die Arbeitnehmervertreter – einer Verschwiegenheitspflicht nach den §§ 116, 93 AktG, § 25 Abs. 1 MitbG sowie § 1 Abs. 1 Nr. 3 DrittelbG unterliegen. Danach sind vertrauliche Angaben, Berichte und Beratungen sowie Betriebs- und Geschäftsgeheimnisse des Unternehmens, die Aufsichtsratsmitgliedern durch ihre Tätigkeit im Aufsichtsrat bekannt geworden sind, geheim zu halten. Das ist nur dann gegeben, wenn die Angaben im Zusammenhang mit Unternehmensaktivitäten stehen und die den Angaben zugrunde liegenden Tatsachen relativ unbekannt sind. Letzteres ist schon dann zu verneinen, wenn die Presse oder die Arbeitnehmerschaft auch nur einen Teil dessen kennt. Diese Geheimhaltungspflicht ist dann problematisch, wenn sogar Abstimmungsergebnisse und das Abstimmungsverhalten einzelner Aufsichtsratsmitglieder der Verschwiegenheitspflicht unterliegen sollen. Keine Probleme gibt es demgegenüber wohl dann mit der Geheimhaltungspflicht, wenn ein Aufsichtsratsmitglied sein eigenes Abstimmungsverhalten offen legt.

Diese Verschwiegenheitspflicht der Aufsichtsratsmitglieder gilt nach der Rechtsprechung auch gegenüber dem Betriebsrat bzw. der JAV, selbst wenn ein Arbeitnehmervertreter im Aufsichtsrat gleichzeitig Betriebsratsmitglied ist.

Urlaub

Grundlagen

Der Länge des Urlaubs, die Fragen, wann und unter welchen Voraussetzungen er genommen werden kann, welches Entgelt der Arbeitnehmer während des Urlaubs erhält, und wann unter welchen Voraussetzungen er genommen werden kann, ist im BUrlG geregelt, für **Jugendliche** gilt die Bestimmung des § 19 JArbSchG.

Diese gesetzlichen Regelungen schreiben Mindeststandards fest. Wo ein Tarifvertrag gilt, ist der Urlaubsanspruch regelmäßig höher, es wird häufig ein zusätzliches Urlaubsgeld gewährt. Die Grundsätze der Urlaubsgewährung können außerdem in einer Betriebsvereinbarung geregelt werden. Auch eine arbeitsvertragliche Regelungen oder eine betriebliche Übung führen zu einer Verbesserung gegenüber der gesetzlichen Basis.

Der Arbeitgeber hat Jugendlichen nach § 19 JArbSchG für jedes Kalenderjahr einen bezahlten Erholungsurlaub zu gewähren. Dort ist auch die Dauer des Urlaubs geregelt, die vom jeweiligen **Lebensalter zu Beginn des Kalenderjahres** abhängig ist.

Der Urlaub beträgt jährlich
1. mindestens 30 Werktage, wenn der Jugendliche zu Beginn des Kalenderjahres noch nicht 16 Jahre alt ist,
2. mindestens 27 Werktage, wenn der Jugendliche zu Beginn des Kalenderjahres noch nicht 17 Jahre alt ist,
3. mindestens 25 Werktage, wenn der Jugendliche zu Beginn des Kalenderjahres noch nicht 18 Jahre alt ist.

Jugendliche, die im Bergbau unter Tage beschäftigt werden, erhalten in jeder Altersgruppe einen **zusätzlichen Urlaub** von 3 Werktagen.

Es kommt also auf das Alter zu Beginn des Kalenderjahres an und nicht darauf, wie alt der Jugendliche ist, wenn er den Urlaub nimmt. Ein Jugendlicher, der am 2. Januar 16 Jahre alt wird, hat in diesem Jahr einen Urlaub von 30 Werktagen, weil er am 1. Januar, also zu Beginn des Kalenderjahres noch 15 Jahre alt war. Ebenfalls unerheblich ist, ob zu diesem Zeitpunkt das Ausbildungsverhältnis schon begonnen hatte.

Als **Werktage** gelten unabhängig davon, an welchen und wie viel Tagen in der Woche gearbeitet wird; alle Kalendertage, die nicht Sonn- oder gesetzliche Feiertage sind, also auch der Samstag, zählen als anrechenbarer Urlaubstag.

Nach § 19 Abs. 3 JArbSchG soll der Urlaub **Berufsschülern** in der Zeit der Berufsschulferien gegeben werden. Geschieht das nicht, ist für jeden Berufsschultag, an dem die Berufsschule während des Urlaubs besucht wird, ein weiterer Urlaubstag zu gewähren.

Der gesetzliche Mindesturlaubsanspruch für Jugendliche nach § 19 JArbSchG gilt auch für **jugendliche Heimarbeiter**, wie § 19 Abs. 4 JArbSchG bestimmt. Dort ist auch für diesen Personenkreis die Höhe des Urlaubsentgelts festgelegt.

Für Arbeitnehmer die keine Jugendlichen sind, gilt nach § 4 BUrlG ein Mindestanspruch von 24 Werktagen. Für sie gelten auch die übrigen Regelungen des BUrlG,

die wesentlichen **Bestimmungen** auch für Jugendliche (§ 19 Abs. 4 JArbSchG). Dies bedeutet im Einzelnen Folgendes:

Der volle Urlaubsanspruch wird erstmalig nach sechsmonatigem Bestehen des Arbeitsverhältnisses erworben.

Anspruch auf **ein Zwölftel des Jahresurlaubs** für jeden **vollen Monat** des Bestehens des Arbeits- oder Ausbildungsverhältnisses hat der Jugendliche für Zeiten eines Kalenderjahres, für die er wegen Nichterfüllung der Wartezeit in diesem Kalenderjahr keinen vollen Urlaubsanspruch erwirbt bzw. wenn er vor erfüllter Wartezeit aus dem Arbeits- oder Ausbildungsverhältnis ausscheidet bzw. wenn er nach erfüllter Wartezeit in der ersten Hälfte eines Kalenderjahres aus dem Arbeits- oder Ausbildungsverhältnis ausscheidet.

Der Lohnspruch während des Urlaubs richtet sich nach dem Durchschnittsverdienst der letzten dreizehn Wochen (Referenzprinzip), wobei Überstundenzuschläge nicht mitzurechnen sind. Anders als etwa bei Krankheit (§ 4 EFZG) oder der Wahrnehmung betriebsverfassungsrechtlicher Aufgaben (§ 37 Abs. 2 BetrVG) ist nicht das Arbeitsentgelt zu zahlen, dass in der ausgefallenen Arbeitszeit zu zahlen gewesen wäre (Lohnausfallprinzip).

Wie für erwachsene Arbeitnehmer sind auch bei Jugendlichen bei der **zeitlichen Festlegung** des Urlaubs die **Urlaubswünsche des Jugendlichen** zu berücksichtigen, es sei denn, dass ihrer Berücksichtigung dringende betriebliche Belange oder die Urlaubswünsche anderer Arbeitnehmer oder Jugendlicher, die unter sozialen Gesichtspunkten den Vorrang verdienen, entgegenstehen.

Der Urlaub ist, wenn möglich, zusammenhängend zu gewähren und zu nehmen und er muss **im laufenden Kalenderjahr** gewährt und genommen werden. Eine **Übertragung des Urlaubs** auf das nächste Kalenderjahr ist nur statthaft, wenn dringende betriebliche oder in der Person des Arbeitnehmers oder Jugendlichen liegende Gründe dies rechtfertigen. In diesem Fall muss der Urlaub in den ersten drei Monaten des folgenden Kalenderjahres gewährt und genommen werden.

Während des Urlaubs darf keine dem Urlaubszweck widersprechende **Erwerbstätigkeit** geleistet werden.

Bei **Erkrankungen während des Urlaubs** werden die durch ärztliches Zeugnis nachgewiesenen Tage der Arbeitsunfähigkeit auf den Jahresurlaub nicht angerechnet.

Bei **Langzeitkranken** ging man im deutschen Arbeitsrecht bisher davon aus, dass sie ihren Urlaubsanspruch spätestens mit dem 31.03. des Folgejahres verlieren. Nach der Entscheidung des EuGH vom 20.01.2010 ist jedoch ein solcher entschädigungsloser Verzicht von Urlaub mit Europäischen Recht nicht vereinbar.

Bedeutung für den Betriebsrat/die JAV

In Betriebsratsbetrieben gilt das Betriebsverfassungsgesetz. Nach § 87 Abs. 1 Nr. 5 BetrVG zählt zum **erzwingbaren Mitbestimmungsrecht** die Aufstellung **allgemeiner Urlaubsgrundsätze** und des Urlaubsplans sowie die Festsetzung der zeitlichen Lage des Urlaubs für einzelne Arbeitnehmer, wenn zwischen dem Arbeitgeber und den beteiligten Arbeitnehmern kein Einverständnis erzielt wird.

Jugendliche sollten also darauf achten, dass sie in ihrer Urlaubsplanung nicht beeinträchtigt werden. Im Zweifel haben betriebliche Belange zurückzustehen, zumal durch das Gebot, den Urlaub während der **Berufsschulferien** zu nehmen, die zeitliche Dispositionsfreiheit der Jugendlichen ohnehin erheblich eingeschränkt ist. Die JAV soll also darauf achten, dass der Betriebsrat bei der Vereinbarung allgemeiner Urlaubsgrundsätze mit dem Arbeitgeber, die besondere Situation der Jugendlichen angemessen in der Vereinbarung berücksichtigt.

Verbesserungsvorschlag

Begriff

Grundsätzlich steht das **Recht am Arbeitsergebnis** dem Arbeitgeber zu, der daran Eigentum erwirbt und dafür zur Lohnzahlung verpflichtet ist.

Davon gibt es neben patent- oder gebrauchsmusterfähigen → **Arbeitnehmererfindungen** zwei Ausnahmen:

Einerseits dann, wenn es sich beim Arbeitsergebnis um einen **technischen Verbesserungsvorschlag** handelt, der zwar nicht patent- oder gebrauchsmusterfähig ist, dem Arbeitgeber aber eine ähnliche Vorzugsstellung gewährt wie ein **Patent- oder Gebrauchsmusterrecht**. Hier besteht ein Vergütungsanspruch des Arbeitnehmers, wenn der Arbeitgeber den Vorschlag verwertet.

Eine weitere Ausnahme vom Grundsatz, dass mit dem Lohn die Arbeitsergebnisse abgegolten sind, ergibt sich dann, wenn der Arbeitnehmer einen **Verbesserungsvorschlag** gemacht hat, der auch vom Arbeitgeber verwertet wird.

Das Bundesarbeitsgericht hat entschieden, dass eine **Sonderleistung eines Arbeitnehmers** dann besonders zu vergüten ist, wenn sie dem Arbeitgeber einen nicht unerheblichen Vorteil bringt. Dies setzt voraus, dass der Arbeitgeber den Verbesserungsvorschlag auch umsetzt und daraus einen finanziellen Nutzen zieht.

Bedeutung für den Betriebsrat/die JAV

Auch **Auszubildende** können → **Arbeitnehmererfindungen** und auch **Verbesserungsvorschläge** machen. Sie haben daher, wenn der Arbeitgeber den Verbesserungsvorschlag umsetzt und er einen Nutzen daraus zieht und wenn es sich um eine Sonderleistung handelt, der Verbesserungsvorschlag sich also nicht unmittelbar auf die geschuldete Arbeitsleistung des Arbeitnehmers oder Auszubildenden bezieht, einen angemessenen **Vergütungsanspruch**.

In der Praxis, insbesondere von Großbetrieben, ist ein gut ausgebautes **Verbesserungsvorschlagswesen** selbstverständlich. Geregelt wird dies üblicherweise in **Betriebsvereinbarungen über das Verbesserungsvorschlagswesen**. Dort sind die Kriterien festgelegt, wann ein Verbesserungsvorschlag vorliegt, wie er betrieblich zu behandeln ist und wie die Vergütung, insbesondere bei Umsetzung des Verbesserungsvorschlags, zu bemessen ist.

Der Betriebsrat hat nach § 87 Abs. 1 Nr. 12 BetrVG ein Mitbestimmungsrecht bei der Aufstellung von **Grundsätzen über das betriebliche Verbesserungsvorschlagswesen**.

Musterbetriebsvereinbarung

Betriebliches Vorschlagswesen

Gemäß § 87 Abs. 1 Ziffer 12 BetrVG wird folgende Betriebsvereinbarung zwischen der Firma ... und dem Betriebsrat – besteht ein Gesamtbetriebsrat, durch diesen – für die Bewertung von Verbesserungsvorschlägen geschlossen:

§ 1 Geltungsbereich

Die Vereinbarung gilt für alle Arbeitnehmer im Sinne des § 5 Abs. 1 BetrVG.

§ 2 Verbesserungsvorschlag

(1) Jede Idee und Anregung, die dazu beiträgt, einen betrieblichen Zustand zu verbessern, gilt als Verbesserungsvorschlag im Sinne dieser Vereinbarung, es sei denn, sie ist patent- und gebrauchsmusterfähig oder ein qualifizierter technischer Verbesserungsvorschlag nach § 20 Abs. 1 ArbNErfG (vgl. aber § 14 Abs. 2).

(2) Ein Verbesserungsvorschlag kann beispielsweise beinhalten:
1. Verbesserung der Arbeitssicherheit, des Gesundheitsschutzes und Erhöhung der Betriebssicherheit,
2. Zweckmäßigkeit von Arbeitsverfahren und Arbeitsplatzgestaltung,
3. Einsatz und bessere Ausnutzung maschineller und anderer technischer Hilfsmittel aller Art,
4. Verbesserung der Qualität, Reduzierung von Ausschuss und Fehlern,
5. Einsparung von Material oder Betriebsmittelkosten oder sonst notwendiger Aufwendungen,
6. Verbesserung der Sozialeinrichtungen oder der Organisation der Sozialeinrichtungen,
7. Verbesserung des Umweltschutzes.

§ 3 Einreichen von Verbesserungsvorschlägen

(1) Verbesserungsvorschläge können schriftlich oder mündlich von einzelnen oder als Gruppenvorschlag von mehreren Belegschaftsmitgliedern gemeinsam eingebracht oder vorgebracht werden. Werden sie mündlich vorgebracht, hat die Geschäftsstelle den Vorschlag schriftlich zu formulieren oder bei der Formulierung zu helfen und von dem oder den Einreichern unterschreiben zu lassen. Soweit Vordrucke vorhanden sind, sollen diese genutzt werden.

(2) Der Eingang eines Vorschlages ist dem Einsender unverzüglich schriftlich zu bestätigen. Gleichzeitig ist ihm die Nummer, unter der sein Vorschlag registriert ist, von der Geschäftsstelle mitzuteilen.

§ 4 Organe des betrieblichen Vorschlagswesens

Die Organe des betrieblichen Vorschlagswesens sind: die Geschäftsstelle, § 5; der Bewertungsausschuss, § 6; und der Berufungsausschuss, § 7.

§ 5 Geschäftsstelle

(1) Der Arbeitgeber hat eine Geschäftsstelle zu bilden. Die Geschäftsstelle besteht aus dem Leiter und je nach den betrieblichen Notwendigkeiten aus der erforderlichen Zahl von Sachbearbeitern bzw. einem Beauftragten für das Vorschlagswesen.

(2) Die Geschäftsstelle hat folgende Aufgaben:
1. die Vorschläge zu registrieren und zu bestätigen (§ 3 Abs. 2),
2. den Vorschlagenden bei der Abfassung und Formulierung ihrer Vorschläge behilflich zu sein,
3. die Schutzfähigkeit der Verbesserungsvorschläge, gegebenenfalls in Verbindung mit einer Patentabteilung, zu überprüfen (vgl. § 16 Abs. 2 bis 4),
4. evtl. nötige Stellungnahmen der zuständigen Betriebs- und Abteilungsleiter einzuholen,
5. die Sitzungen des Bewertungsausschusses und Berufungsausschusses vorzubereiten,
6. abschließende Erledigungen aufgrund der Entscheidung der Ausschüsse,
7. Intensivierung und Förderung von Maßnahmen für das betriebliche Vorschlagswesen.

(3) In kleineren Betrieben werden die Aufgaben der Geschäftsstelle durch den Beauftragten für das betriebliche Vorschlagswesen wahrgenommen.

§ 6 Der Bewertungsausschuss

(1) **Zusammensetzungen**
1. Es wird ein Bewertungsausschuss gebildet, der sich paritätisch zusammensetzt. Der Arbeitgeber benennt seine Vertreter. Der Betriebsrat benennt die Vertreter der Arbeitnehmer.
2. Je ein Arbeitgeber- und ein Arbeitnehmervertreter wechseln sich jährlich im Vorsitz ab.

(2) **Geschäftsführung**
1. Die Geschäftsführung des Ausschusses obliegt der Geschäftsstelle.
2. Der Leiter der Geschäftsstelle nimmt an den Sitzungen beratend teil, soweit er nicht als Vertreter der Geschäftsstelle zu den stimmberechtigten Mitgliedern gehört.
3. Der Ausschuss tritt monatlich einmal oder nach Bedarf zusammen.
4. Er ist beschlussfähig, wenn mindestens je die Hälfte der Arbeitgeber- und Arbeitnehmermitglieder anwesend sind. Beide Seiten können Ersatzvertreter bestimmen.
5. Beschlüsse werden mit einfacher Stimmenmehrheit gefasst. Bei Stimmengleichheit entscheidet die Stimme des jeweiligen Vorsitzenden.
6. Der Bewertungsausschuss kann Gutachten anfordern und Sachverständige beratend hinzuziehen.
7. Die Sitzungen sind nicht öffentlich, die Beratungen sind vertraulich zu behandeln. Das gilt nicht gegenüber Arbeitgeber und Betriebsrat. Über jede Sitzung ist ein Protokoll anzufertigen und von allen Mitgliedern zu unterschreiben.
8. Hat der Bewertungsausschuss über einen Verbesserungsvorschlag eines seiner Mitglieder oder von Familienangehörigen zu entscheiden, so darf dieses Mitglied an der Beratung und Entscheidung über seinen Vorschlag nicht teilnehmen. Für diesen Fall hat die jeweilige Gruppe einen Vertreter zu bestimmen.

(3) **Aufgaben des Bewertungsausschusses**
Der Bewertungsausschuss hat die Aufgaben:
1. über die Zugehörigkeit des Einsenders zum Geltungsbereich nach § 1 dieser Vereinbarung zu entscheiden,
2. zu entscheiden, ob ein Verbesserungsvorschlag im Sinne von § 2 vorliegt,
3. die Vergütung anhand der Vergütungsrichtlinien festzusetzen,
4. dem Einsender über das Ergebnis der Prüfung und Bewertung einen schriftlichen Bescheid zu erteilen,
5. die Überprüfung nach § 12 vorzunehmen.

§ 7 Der Berufungsausschuss

(1) Es kann ein Berufungsausschuss gebildet werden, der über die Einsprüche nach § 9 Abs. 2 entscheidet.

(2) Für seine Einrichtung, Zusammensetzung und Geschäftsführung gelten die gleichen Prinzipien wie für den Bewertungsausschuss.

(3) Die Mitglieder des Bewertungsausschusses können nicht Mitglieder des Berufungsausschusses sein.

§ 8 Behandlung der Verbesserungsvorschläge

(1) Verbesserungsvorschläge sind der Geschäftsstelle zuzuleiten. Sie kann Annahmestellen einrichten. Andere Stellen des Betriebes bzw. des Unternehmens, denen Vorschläge bekannt werden, haben diese unverzüglich in verschlossenem Umschlag an die Geschäftsstelle weiterzuleiten.

(2) Um eine möglichst gerechte Beurteilung herbeizuführen, ist es notwendig, jeden eingereichten Vorschlag anonym zu behandeln. Deshalb hat die Geschäftsstelle jeden Vorschlag sofort mit einer Registriernummer zu versehen. Die weitere Behandlung des Vorschlages darf nur unter der Registriernummer erfolgen, der Name des Vorschlagenden darf nicht in Erscheinung treten.

(3) Die Unterlagen, aus denen sich ergibt, welche Namen der jeweiligen Registriernummer zugeordnet sind, sind unter Verschluss zu halten.

(4) Für die Priorität eines Vorschlages ist das Eingangsdatum maßgebend. In Zweifelsfällen wird eine Klärung in einer Besprechung mit allen Beteiligten versucht.

§ 9 Bewertungsbescheid und Einsprüche

(1) Über das Ergebnis der Prüfung und Bewertung erhält der Einsender einen schriftlichen Bescheid des Bewertungsausschusses, wenn die Prüfung länger als zwei Monate dauert, einen Zwischenbescheid.

(2) Gegen Entscheidungen des Bewertungsausschusses steht sowohl dem Einsender als auch dem Arbeitgeber das Recht des Einspruches zu. Er ist binnen einer Frist von einem Monat nach Zustellung des Bescheides bei der Geschäftsstelle einzulegen. Der Bewertungsausschuss überprüft in diesem Fall nochmals seine Entscheidung.

(3) Ändert der Bewertungsausschuss seine Entscheidung nicht ab oder ist der Widersprechende auch mit der neuen Entscheidung nicht einverstanden, dann ist der Vorschlag dem Berufungsausschuss vorzulegen.

(4) Gegen die Entscheidung des Berufungsausschusses steht der Rechtsweg zum Arbeitsgericht innerhalb von drei Monaten nach Zustellung der Entscheidung des Berufungsausschusses offen. Entsprechendes gilt, wenn kein Berufungsausschuss besteht.

§ 10 Vergütung (Prämie)

Alle Verbesserungsvorschläge werden nach folgenden Kategorien vergütet:
1. Vorschläge, deren Nichtverwertung der Arbeitgeber zu vertreten hat, sind so zu vergüten, als ob sie ausgeführt würden.
2. Vorschläge, die nicht ausgeführt werden können oder keinen Nutzen bringen, bei denen jedoch ein persönliches Bemühen des Einsenders anzuerkennen ist, sind mit einem Anerkennungsschreiben und einer Geld- oder Sachprämie in angemessener Höhe zu vergüten.
3. Ist der Kostenvorteil, der durch den Verbesserungsvorschlag entsteht, nicht genau zu bestimmen, wird die Prämie durch den Bewertungsausschuss unter Berücksichtigung des Bewertungsschemas 2 festgesetzt.
4. Die Vergütung für Vorschläge, deren Kostenvorteil nicht erfassbar ist, ist ebenso wie die für Vorschläge, bei denen der Kostenvorteil errechenbar ist, nach oben hin nicht begrenzt.
5. Für Vorschläge, die zu errechenbaren Ersparnissen führen, wird während der Nutzungsdauer eine jährliche oder eine einmalige Vergütung gezahlt.
6. Die Festsetzung der Vergütung erfolgt nach Ablauf einer zwölfmonatigen Nutzungsdauer. Vorher sind angemessene Abschlagszahlungen zu leisten. Abschlagszahlungen sind auch zu leisten, wenn der Nutzen des Vorschlags nicht errechenbar ist.

§ 11 Prämienberechnung

(1) Als Grundlage zur Prämienberechnung dienen – entsprechend dem Bewertungsschema 1 – alle rechnerisch erfassbaren Ersparnisse, die sich während einer zwölfmonatigen Nutzungszeit ergeben, wenn man den Betriebszustand ohne die vorgeschlagene Verbesserung mit dem Betriebszustand nach Durchführung der Verbesserung unter sonst gleichen Bedingungen vergleicht.

(2) Von diesem Betrag erhält der Vorschlagende jährlich x % (5–30 %, bei einmaliger Vergütung 30–60 %).

(3) Gemeinkosten werden dabei nicht berücksichtigt; Investitionen nur in Höhe der steuerlichen Abschreibung.

(4) Eine Begrenzung in der Höhe der Vergütung oder eine Degression ist ausgeschlossen.

(5) In geeigneten Fällen kann auch eine Umsatzerhöhung der Prämienberechnung zugrunde gelegt werden.

§ 12 Nachbewertung

Ist eine einmalige Vergütung bezahlt worden, hat der Vorschlagende das Recht, bei wesentlich geänderten Umständen eine Neuberechnung zu verlangen. Die Neuberechnung kann auch in der Weise erfolgen, dass an die Stelle der einmaligen Vergütung eine laufende Vergütung tritt. In diesem Fall ist die bereits erfolgte Zahlung entsprechend zu berücksichtigen.

§ 13 Zusatzprämie, Förderungsmaßnahmen

(1) Eine Zusatzprämie in Höhe von 10–20 % der ermittelten Vergütung erhalten die Beschäftigten, die aufgrund ihrer Ausbildung und Stellung im Unternehmen wenig oder keinen Einfluss haben (Auszubildende, Hilfs- und angelernte Arbeiter).

(2) Einreicher, die sich durch mehrere gute Verbesserungsvorschläge ausgezeichnet haben, werden bei Förderungsmaßnahmen bevorzugt berücksichtigt.

§ 14 Rechte und Schutz des Einsenders

(1) Grundsatz des betrieblichen Vorschlagswesens muss es sein, Ideen und Gedankengut des Einreichers zu schützen.

(2) Vorschläge, bei denen zu erwarten ist, dass sie Arbeitnehmererfindungen oder qualifizierte technische Verbesserungsvorschläge im Sinne des § 20 Abs. 1 ArbNErfG sind, müssen der zuständigen Patentabteilung zugeleitet werden. Über das Ergebnis der Beurteilung ist der Einsender zu unterrichten. Falls der Vorschlag patent- oder gebrauchsmusterfähig ist, muss der Einsender rechtzeitig informiert werden. In diesem Fall regeln sich die Rechtsbeziehungen nach den Bestimmungen des Gesetzes über Arbeitnehmererfindungen vom 25.7.1959.

(3) Das Datum der Übergabe des Verbesserungsvorschlages an die Patentabteilung gilt (damit) als Meldedatum einer Diensterfindung nach § 5 des Arbeitnehmererfindergesetzes.

(4) Vorschläge, für die Schutzrechte beantragt, aber nicht gewährt werden, müssen erneut als Vorschläge im Sinne dieser Vereinbarung behandelt werden.

(5) Nach der Installierung von Anlagen und Aufnahme der Produktion sind Sperrfristen für die Einreichung von Verbesserungsvorschlägen ausgeschlossen.

(6) Einsender von Vorschlägen, die während der Bearbeitungszeit ihres Vorschlages – aus welchen Gründen auch immer – aus dem Unternehmen ausscheiden, behalten alle Rechte, die sich aus dieser Vereinbarung ergeben.

(7) Der Vergütungsanspruch geht im Falle des Ablebens auf die gesetzlichen Erben des Einsenders über.

§ 15 Kündigung

Diese Betriebsvereinbarung kann mit einer Frist von drei Monaten jeweils zum Jahresende gekündigt werden.

Bewertungsbogen

Schema 1 – Ersparnis errechenbar

Kostenart	Kosten vor Einführung €	Kosten nach Einführung €	Differenz = Ersparnis €
Personalkosten			
Materialkosten			
Energiekosten			
Erhöhung der Anlagenausnutzung			
Wartungskosten			
Betriebsstoffe			
Geräte und Werkzeuge			
Sonstige Kosten			
Summe			

Grundprämie = Jahresersparnis · x % (5–60 %)

Grundprämie · Korrekturfaktoren = auszuzahlende Prämie = Euro

Schema 2 – Ersparnis nicht errechenbar

Anwendungsbereich	Wert für den Betrieb			
	gering 5–15	mittel 16–30	hoch 31–50	sehr hoch 51–100
Arbeitssicherheit				
Gesundheits- und Umweltschutz				
Arbeitserleichterung				
Qualitätsverbesserung				
Leistungssteigerung				
Wertsummen				
Gesamtpunktzahl				

Gesamtpunktzahl · Geldfaktor = Grundprämie · 20,- € = €

Grundprämie · Korrekturfaktoren = auszuzahlende Prämie

Korrekturfaktoren

			Faktor	
F 1 Aufgaben und Verantwortungsbereich	Der Vorschlag fällt: in oben genannte Bereiche des Einsenders	nicht:	1,0	
		teilweise:	0,75	
		überwiegend:	0,50	
		ganz:	0,25	
F 2 Fachgebiet	Der Vorschlag betrifft:	das eigene Fachgebiet des Vorschlagenden	1,0	
		das erweiterte oder ein verwandtes Fachgebiet	1,25	
		ein fremdes Fachgebiet	1,5	
F 3 Anstoß zum Vorschlag	Der Anstoß zum Vorschlag erfolgte:	ohne Auftrag aus eigener Überlegung	1,0	
		nach Auftrag ohne Angabe der Lösungsmöglichkeit	0,75	
		nach Auftrag mit grob umrissener Lösungsmöglichkeit	0,5	

Verbundausbildung

Grundlagen

Verbundausbildung bedeutet, dass sich mehrere Unternehmen und/oder Verwaltungen zu einer Organisationsgemeinschaft zusammenschließen, mit dem Ziel die Berufsausbildung gemeinsam zu organisieren. § 10 Abs. 5 BBiG sieht ausdrücklich vor, dass zur Erfüllung der vertraglichen Verpflichtungen der Auszubildenden, mehrere natürliche oder juristische Personen in einem Ausbildungsverbund zusammenwirken können. Die Verantwortlichkeit für die einzelnen Ausbildungsabschnitte sowie für die Ausbildungszeit insgesamt muss allerdings sichergestellt sein.

Im Ausbildungsvertrag muss klar geregelt sein, wer für die Ausbildung verantwortlicher Vertragspartner ist. Der Vertragspartner ist somit Ausbilder und verantwortlich für die Rechte und Pflichten die aus dem Ausbildungsvertrag erwachsen, unabhängig bei welchem Verbundpartner gerade die Ausbildung stattfindet. Jedes Mitglied des Ausbildungsverbunds kann als Vertragspartner und somit Ausbildender auftreten. Soll der Ausbildungsverbund selbst Vertragspartner sein, muss es sich um eine selbstständige juristische Person handeln, also beispielsweise eine GmbH oder Verein.

Bedeutung für den Betriebsrat/die JAV

Nach § 97 Abs. 1 BetrVG hat der Betriebsrat ein Beratungsrecht bei der Einführung von Berufsausbildung sowie bei der Teilnahme an außerbetrieblichen Berufsbildungsmaßnahmen. Bei der Durchführung von Maßnahmen zur beruflichen Bildung hat der Betriebsrat nach § 98 BetrVG ein Mitbestimmungsrecht. Ebenso auch nach § 99 BetrVG bei personellen Einzelmaßnahmen, darunter fällt auch die Einstellung von Auszubildenden.

Der Betriebsrat sollte darauf achten, wer den Ausbildungsvertrag abschließt und somit Vertragspartner des Auszubildenden ist. Daraus leitet sich ab, wer für die Durchführung der Ausbildung, für das Ausbildungspersonal oder die Qualitätssicherung der Berufsausbildung verantwortlich ist.

Aus dem Vertragsverhältnis ergibt sich auch, in welchem Betrieb der Auszubildende Arbeitnehmer im Sinne des § 5 Abs. 1 BetrVG ist und somit wahlberechtigt zum Betriebsrat/zur JAV ist. Wichtig ist auch zu beachten, welche Tarifverträge zur Anwendung kommen. Auch hier ist entscheidend, wer Vertragspartner ist.

Weitere Ausführungen finden sich auch im Abschnitt »**Außerbetriebliche und überbetriebliche Ausbildung**«.

Verkürzung der Ausbildung

Grundlagen

Auszubildende und Ausbildende können nur gemeinsam gegenüber der zuständigen Stelle (z.B. IHK oder Handwerkskammer) beantragen, die Ausbildungszeit zu verkürzen. Das BBiG sieht als Voraussetzung hierfür im § 8 Abs. 1 lediglich vor, dass zu erwarten sein muss, dass das Ausbildungsziel in der gekürzten Zeit zu erreichen ist. Eine Verkürzung kann sich auf die Ausbildungsdauer insgesamt sowie auch ausdrücklich auf die tägliche oder wöchentliche Ausbildungszeit beziehen. Es ist also auch möglich, eine Teilzeitberufsausbildung zu vereinbaren. Ein Antrag auf Verkürzung der Ausbildungszeit kann zu jeder Zeit gestellt werden.

Eine kürzere Ausbildungszeit kann durch eine Anrechnung einer beruflichen Vorbildung nach § 7 BBiG oder durch im Einzelfall vorliegende Gründe beantragt werden. Solche Gründe können in der schulische Vorbildung liegen (z.B. Abitur) oder in einer sehr guten Zwischenprüfung bzw. Berufsschulnoten.

Ein Antrag auf Teilzeitberufsausbildung muss gemeinsam vom Ausbildenden und Auszubildenden gestellt werden. Neben der Anforderung, dass das Ausbildungsziel in der verkürzten Zeit erreicht werden kann, muss ein berechtigtes Interesse an der Verkürzung vorliegen. Laut Gesetzgebungsbegründung liegt ein solches berechtigtes Interesse beispielsweise vor, wenn ein eigenes Kind oder eine pflegebedürftige Person zu betreuen ist (BT-Drs. 15/4752). Einen Rechtsanspruch auf Teilzeitberufsausbildung sieht das BBiG jedoch nicht vor.

Bedeutung für den Betriebsrat/die JAV

Sollte der Arbeitgeber generell nur noch verkürzt ausbilden, so hat der Betriebsrat ein Mitbestimmungsrecht nach § 98 Abs. 1 BetrVG. Bei einer Verkürzung im Einzelfall besteht kein Mitbestimmungsrecht.

Bedeutung für den Auszubildenden

Eine Verkürzung ist nur möglich, wenn der Arbeitgeber ebenso dazu bereit ist. In jedem Fall sollte eine Verkürzung genau überlegt sein. Schließlich muss die berufliche Handlungskompetenz im gewählten Ausbildungsberuf in einer kürzeren Zeit nachgewiesen werden. Gute Schulabschlüsse aus dem allgemeinbildenden Schulbereich bedeuten nicht automatisch, dass eine berufliche Handlungskompetenz vorhanden ist. Entschließt man sich zu einer Verkürzung der Ausbildungszeit, so sollten rechtzeitig Unterlagen gesammelt werden, die darauf hindeuten, dass das Ausbildungsziel in der kürzeren Zeit erreicht werden kann, z.B. Prüfungsergebnisse, Beurteilungen und Berufsschulzeugnisse.

Unter dem Suchwort »Teilzeitberufsausbildung« finden sich Beispiele im Good Practice Center des Bundesinstituts für Berufsbildung: www.good-practice.de/

Volljährigkeit, Berufsausbildungsverhältnis und Berufsschulunterricht

Das am 1.3.1997 in Kraft getretene zweite Gesetz zur Änderung des Jugendarbeitsschutzgesetzes hat für volljährige Auszubildende die bisherigen Freistellungsregelungen im Jugendarbeitsschutzgesetz teilweise aufgehoben. Nur vor einem vor 9.00 Uhr beginnenden Unterricht dürfen auch erwachsene berufsschulpflichtige Auszubildende nicht im Betrieb beschäftigt werden. Nach dem Berufsschulunterricht ist dies jedoch grundsätzlich möglich.

Für volljährige Auszubildende gilt bezüglich der Freistellung allein § 15 BBiG i.V.m. § 19 BBiG.

Nach § 15 BBiG hat der Ausbildende den Auszubildenden für die Teilnahme am Berufsschulunterricht und an Prüfungen freizustellen. Es kommt also allein auf die Teilnahme am Berufsschulunterricht an und nicht auf die Berufsschulpflicht, die nach den Schulgesetzen der Länder geregelt ist. Der Umfang der Freistellung umfasst neben der Unterrichts- bzw. Prüfungszeit auch den Zeitraum für Wegstrecken und Pausen, aber auch für eventuellen Unterrichtsausfall. Die Freistellungspflicht erstreckt sich auch auf nicht mehr berufsschulpflichtige Auszubildende, wenn sie sich gegenüber dem Ausbildenden zum Berufsschulbesuch verpflichtet haben.

Nach § 19 BBiG ist dem Auszubildenden die Vergütung auch für die Zeit der vorstehend beschriebenen Freistellung zum Zwecke der Teilnahme am Berufsschulunterricht bzw. an Prüfungen fortzuzahlen.

Im Ergebnis bedeutet dies, dass die Zeit der Freistellung in vollem Umfang auf die normale Arbeits- bzw. Ausbildungszeit anzurechnen ist und nicht, wie es gelegentlich von IHKs und Arbeitgebern vertreten wird, auf irgendeine gesetzliche Höchstarbeitszeit, etwa nach dem Arbeitszeitgesetz. Dies würde dazu führen, dass Auszubildende zur Ableistung von bezahlten Überstunden gezwungen würden, denn einerseits müsste die bezahlte Freistellung für den Berufsschulunterricht erfolgen und andererseits müsste die volle bezahlte Ausbildungszeit im Betrieb verbracht werden, jedenfalls wenn man davon ausgeht, dass die gesetzliche Höchstarbeitszeit nach dem Arbeitszeitgesetz von 48 Stunden in der Woche durch die Ausbildungszeit zuzüglich der Berufsschulzeit nicht überschritten würde.

Im Übrigen regelt § 19 BBiG nicht nur die Vergütungsfortzahlung für die Zeit der Freistellung zum Berufsschulunterricht, sondern auch die bezahlte

Freistellung, wenn der Auszubildende infolge einer unverschuldeten Krankheit oder, wenn er aus sonstigen Gründen durch einen in seiner Person liegenden Grund unverschuldet verhindert ist, seine Pflichten aus dem Berufsausbildungsverhältnis zu erfüllen. Im ersten Fall findet das Entgeltfortzahlungsgesetz Anwendung, welches grundsätzlich ebenfalls die Lohnfortzahlung vorsieht.

Wahl der JAV

Rechtliche Grundlagen

Die Voraussetzungen für die Wahl einer JAV sind in § 60 BetrVG geregelt. Voraussetzung für die Wahl einer JAV ist zunächst, dass ein Betrieb (→ **Betriebsbegriff**) vorliegt.
Weitere Voraussetzung ist, dass in diesem Betrieb »in der Regel« mindestens 5 Arbeitnehmer beschäftigt sind,
- die noch nicht das 18. Lebensjahr vollendet haben (jugendliche Arbeitnehmer) oder
- die zu ihrer Berufsausbildung beschäftigt sind und das 25. Lebensjahr noch nicht vollendet haben.

Für die Definition des Auszubildenden bzw. des zur Berufsausbildung Beschäftigten gelten für die JAV die gleichen Kriterien wie für die Betriebsratswahl. Dabei kommt es nicht darauf an, ob diese Personen durch ihre Beschäftigung den Betriebszweck des Ausbildungsbetriebes unterstützen oder für diese betrieblichen Zwecke ausgebildet werden.
Zu diesem Personenkreis zählt jeder,
- der aufgrund eines Berufsausbildungsvertrages nach § 3 Berufsbildungsgesetz beschäftigt ist,
- der im Regelfall kraft Vertrags berufliche Kenntnisse und Fähigkeiten vermittelt bekommt.

Es ist ein weiter Begriff der Berufsausbildung zugrunde zu legen, sodass darunter Anlernlinge, Praktikanten (siehe Stichwort Praktikanten), Volontäre, Umschüler, Krankenpflegeschüler, Teilnehmer an berufsvorbereitenden Maßnahmen für jugendliche Arbeitslose und andere fallen. Nicht darunter fallen jedoch Helfer im freiwilligen sozialen Jahr sowie Auszubildende, die die Ausbildung in so genannten reinen Ausbildungsbetrieben vornehmen (Bildungswerke, Berufsförderungswerke u. a.). Solche Auszubildende sind in diesen reinen Ausbildungsbetrieben nach Meinung des BAG nicht wahlberechtigt, da sie nicht zur Belegschaft des Ausbildungsbetriebes gehören (→ **außerbetriebliche Ausbildung**).

Alle jugendlichen Arbeitnehmerinnen und Arbeitnehmer sowie die zu ihrer Berufsausbildung Beschäftigten, sofern sie das 25. Lebensjahr noch nicht vollendet haben, sind gemäß § 61 Abs. 1 BetrVG wahlberechtigt zur JAV (aktives Wahlrecht). Maßgebend ist dabei das Alter am Wahltage. Auszubildende, die das 18. Lebensjahr vollendet haben und noch nicht älter als 24 Jahre sind, sind berechtigt, sowohl an der JAV-Wahl als auch an der Betriebsratswahl teilzunehmen. Sie besitzen ein so genanntes Doppelwahlrecht.

Weitere Voraussetzung für ein aktives Wahlrecht ist, dass am Tag der Wahl der JAV das Ausbildungs- bzw. Arbeitsverhältnis besteht und die Eintragung in die Wählerliste erfolgt ist (§ 38 i.V.m. § 2 Abs. 3 WO).

Einem größeren Personenkreis wird demgegenüber die Wählbarkeit (passives Wahlrecht) zugestanden. Nach § 61 Abs. 2 BetrVG sind neben den Personengruppen, die das aktive Wahlrecht haben, auch diejenigen Arbeitnehmer wählbar, die das 25. Lebensjahr noch nicht vollendet haben, gleichwohl aber nicht mehr zu ihrer Berufsausbildung beschäftigt sind. Wählbar sind somit alle Arbeitnehmer bis zum Ende ihres 24. Lebensjahres, ohne dass es darauf ankommt, dass sie noch in der Berufsausbildung stehen.

Maßgebender Zeitpunkt für die Altersberechnung ist jedoch beim passiven Wahlrecht der Tag des Beginns der Amtszeit und nicht der Tag der Wahl. Voraussetzung für das passive Wahlrecht ist darüber hinaus die Eintragung in der Wählerliste, bis auf den zuvor genannten Personenkreis der Nichtwahlberechtigten.

Eine Mitgliedschaft sowohl in der JAV als auch im Betriebsrat (Doppelmitgliedschaft) ist nach § 61 Abs. 2 Satz 2 BetrVG ausgeschlossen. Auch wenn diese Vorschrift nicht für Ersatzmitglieder gilt, verlieren jedoch in den Betriebsrat auf Dauer nachgerückte Ersatzmitglieder ihr Amt in der JAV automatisch.

Für die Wahlberechtigung zur JAV ist nicht Voraussetzung, dass der Wahlbewerber mindestens 6 Monate dem Betrieb angehört.

Bei der Durchführung der Wahl wird zwischen dem vereinfachten und dem normalen Wahlverfahren unterschieden. Das vereinfachte Wahlverfahren ist in Betrieben mit in der Regel 5 bis 50 wahlberechtigten Arbeitnehmern nach § 60 Abs. 1 anzuwenden. In Betrieben mit in der Regel mehr als 50 Wahlberechtigten wird die Wahl im normalen Wahlverfahren durchgeführt.

Ausnahme: Der Wahlvorstand kann mit dem Arbeitgeber das vereinfachte Wahlverfahren vereinbaren, wenn in einem Betrieb 51 bis 100 jugendliche Arbeitnehmer und Auszubildende beschäftigt sind.

Bestellung und Aufgaben des Wahlvorstandes

Grundsätzliche Voraussetzung für die Durchführung einer Wahl der JAV ist die Bildung eines Wahlvorstandes. Dessen Bestellung ist Aufgabe des Betriebsrats und nicht etwa noch einer im Amt befindlichen JAV. Die Bestellung des Wahlvorstandes hat im normalen Wahlverfahren spätestens 8 Wochen (vereinfachtes Wahlverfahren: 4 Wochen) vor Amtsende einer bereits bestehenden JAV durch den Betriebsrat zu erfolgen. Dabei bestellt der Betriebsrat den Vorsitzenden, wobei der Wahlvorstand immer aus einer ungeraden Personenzahl zusammengesetzt werden muss.

Wenn die Voraussetzungen für die Wahl einer JAV sich erst im Laufe der Zeit ergeben, muss der Betriebsrat dann unverzüglich den Wahlvorstand bestellen.

Eine Bestellung des Wahlvorstandes durch den Gesamt- bzw. Konzernbetriebsrat oder das Arbeitsgericht ist in folgenden Fällen möglich (§ 63 Abs. 3 i.V.m. § 16 Abs. 2 und 3 BetrVG):

- In einem Betrieb ohne JAV ist der Betriebsrat untätig geblieben und hat den Wahlvorstand nicht bestellt, obgleich die Voraussetzungen zur Wahl einer JAV gegeben sind.
- Der Betriebsrat hat in einem Betrieb, in dem das normale Wahlverfahren anzuwenden ist, den Wahlvorstand bis spätestens 6 Wochen vor Ablauf der Amtszeit der bisherigen JAV nicht bestellt.
- Der Betriebsrat hat in einem Betrieb, in dem das vereinfachte Wahlverfahren anzuwenden ist, den Wahlvorstand bis spätestens 3 Wochen vor Ablauf der Amtszeit der bisherigen JAV nicht bestellt.

Die Bestellung des Wahlvorstandes durch das Arbeitsgericht kann beantragt werden

- durch mindestens 3 zum Betriebsrat des Betriebs Wahlberechtigte,
- durch 3 jugendliche Arbeitnehmerinnen bzw. Arbeitnehmer des Betriebes,
- durch die im Betrieb vertretene Gewerkschaft.

Streit besteht dahingehend, ob im Betrieb ohne Betriebsrat eine JAV gewählt werden kann. Der Meinung, die dieses ablehnt, kann nicht gefolgt werden. Diese Auffassung verkennt die Aufgabe und den Schutzzweck der JAV. Vielmehr ist davon auszugehen, dass eine JAV auch in solchen Betrieben gewählt werden kann, die keinen Betriebsrat haben. Da das Gesetz eine Wahl des Wahlvorstandes durch die JAV bzw. durch eine Versammlung der Jugendlichen und Auszubildenden nicht vorsieht, muss die Bestellung des Wahlvorstandes erfolgen durch

- den Gesamtbetriebsrat oder, falls ein solcher nicht besteht, durch den Konzernbetriebsrat (§ 63 Abs. 3 i.V.m. § 16 Abs. 3),
- das Arbeitsgericht (§ 63 Abs. 3 i.V.m. § 16 Abs. 2).

Dem Wahlvorstand muss mindestens ein Mitglied angehören, das ein passives Wahlrecht zum Betriebsrat hat (§ 38 WO). Voraussetzung ist somit, dass mindestens ein Mitglied des Wahlvorstandes eine Betriebszugehörigkeit von mindestens 6 Monaten aufweist und mindestens 18 Jahre alt ist. Des Weiteren sollen in Betrieben mit weiblichen und männlichen Arbeitnehmern dem Wahlvorstand Frauen und Männer angehören.

Soweit das Arbeitsgericht den Wahlvorstand auf Antrag einsetzt, können keine betriebsfremden Personen zu Mitgliedern des Wahlvorstandes bestellt werden. Dies gilt insbesondere für Gewerkschaftssekretäre. Der Wahlvorstand hat die Aufgabe, unverzüglich die Wahlen einzuleiten, durchzuführen und das Wahlergebnis festzustellen. Die Tätigkeit des Wahlvorstandes wird im Wesentlichen in den §§ 38 bis 40 i.V.m. den §§ 1 bis 5 WO festgelegt. Die wichtigsten Aufgaben des Wahlvorstandes sind:
- Aufstellung der Wählerliste und Bestimmung des anzuwendenden Wahlverfahrens,
- Bestimmung der Zahl der zu wählenden Jugend- und Auszubildendenvertreter sowie der auf das Geschlecht in der Minderheit entfallenden Mindestsitze,
- Erlass des Wahlausschreibens,
- Behandlung der Einsprüche gegen die Richtigkeit der Wählerliste,
- Feststellung des Wahlergebnisses,
- Einberufung der konstituierenden Sitzung der JAV.

Der Wahlvorstand hat mit einfacher Stimmenmehrheit seine Beschlüsse zu fassen. Die Sitzungen sind in einer Niederschrift zu protokollieren, wobei ein sogenanntes Beschlussprotokoll genügt, das lediglich die in der Sitzung gefassten Beschlüsse wiedergibt.

Die Amtszeit des Wahlvorstandes endet,
- wenn trotz Setzen einer Nachfrist keine Wahlvorschläge zur Wahl der JAV eingegangen sind;
- wenn feststeht, dass die erforderliche Mindestzahl von 5 wahlberechtigten Arbeitnehmern gem. § 60 Abs. 1 BetrVG nicht mehr vorhanden ist;
- mit der Konstituierung der aus der Wahl hervorgegangenen JAV.

Wählerliste, Wahlausschreiben und Wahlvorschläge

Vor der Einleitung der Wahl hat der Wahlvorstand eine Wählerliste aufzustellen, da die Eintragung in die Wählerliste Voraussetzung für die Ausübung des aktiven Wahlrechts ist. In die Wählerliste sind alle jugendlichen Arbeitnehmer nach § 60 Abs. 1 BetrVG getrennt nach Frauen und Männern einzutragen.

Wegen der Besonderheiten beim passiven Wahlrecht hat im Wahlausschreiben zur Wahl der JAV der Wahlvorstand darauf hinzuweisen, dass auch bestimmte Arbeitnehmer wählbar sind, die nicht in der Wählerliste aufgeführt sind. Des Weiteren ist in dem Wahlausschreiben auf die Besonderheiten des Unterschriftenquorums der Wahlvorschläge zur JAV hinzuweisen.

Alle diese Anforderungen an das Wahlausschreiben lassen sich durch den Wahlvorstand dann ohne große Schwierigkeiten berücksichtigen, wenn der Wahlvorstand eine Formularsammlung für die Wahl der JAV im normalen bzw. vereinfachten Wahlverfahren benutzt (→ **Literatur**).

Die Wahlvorschläge müssen von mindestens $1/_{20}$ der wahlberechtigten Arbeitnehmerinnen bzw. Arbeitnehmer unterzeichnet sein, mindestens aber von drei Vorschlagsberechtigten. Bei weniger als 21 wahlberechtigten Arbeitnehmerinnen bzw. Arbeitnehmern muss der Wahlvorschlag lediglich von mindestens 2 Wahlvorschlagsberechtigten unterzeichnet sein. Wahlvorschlagsberechtigt sind dabei die aktiv Wahlberechtigten.

Sofern die JAV nur aus einem Mitglied besteht, müssen bei der Wahl die Wahlvorschläge deutlich gekennzeichnet werden, ob sie für das einzige Mitglied oder das Ersatzmitglied, das in einem getrennten Wahlvorgang ermittelt wird, erfolgen.

Größe und Zusammensetzung der JAV

Aus § 62 BetrVG ergibt sich die Größe der JAV. Dabei schreibt das Gesetz eine ungerade Zahl der JAV-Vertreter vor. Maßgebender Zeitpunkt für die Ermittlung der Größe der JAV ist der Tag des Erlasses des Wahlausschreibens, da sich die Größe der zu wählenden JAV nach der Zahl der wahlberechtigten Arbeitnehmer richtet. Der Wahlvorstand hat dabei nach pflichtgemäßem Ermessen die Größe festzulegen. In § 62 BetrVG ist davon die Rede, dass die »in der Regel« Beschäftigten zugrunde zu legen sind. Der Wahlvorstand hat sich dabei an der Zahl der Beschäftigten zu orientieren, die nach seiner Auffassung unter normalen Umständen regelmäßig im Betrieb beschäftigt werden.

Nach Möglichkeit sollen bei der Zusammensetzung der JAV die verschiedenen Beschäftigungsarten und Ausbildungsberufe, für die der Betrieb ausbildet, berücksichtigt werden (§ 62 Abs. 2 BetrVG). Besteht die JAV aus drei oder mehr Mitgliedern, muss nach der Reform des BetrVG das Geschlecht, das unter den jugendlichen Arbeitnehmerinnen und Arbeitnehmern in der Minderheit ist, mindestens seinem zahlenmäßigen Verhältnis entsprechend in der JAV vertreten sein (§ 62 Abs. 3 BetrVG). Die Anzahl der Mindestsitze für das Geschlecht in der Minderheit wird nach dem d'Hondtschen Höchstzahlensystem ermittelt und ist im Wahlausschreiben bekannt zu geben. Der maßgebende Zeitpunkt für die Ermittlung der Anzahl der weiblichen und männlichen Arbeitnehmer ist der Tag des Erlasses und Aushangs des Wahlausschreibens.

Durchführung der Wahl

Die Wahl der JAV erfolgt in geheimer und unmittelbarer Wahl. Für die Durchführung der Wahl ist zwischen dem normalen und dem vereinfachten Wahlverfahren zu unterscheiden.

Vereinfachtes Wahlverfahren
Die Wahl der JAV erfolgt im vereinfachten Wahlverfahren auf einer Wahlversammlung auf Grundlage der bis eine Woche zuvor eingereichten gültigen Wahlvorschläge. Ort, Tag und Zeitpunkt der Wahlversammlung sind zuvor im Wahlausschreiben bekannt zu geben.

Im vereinfachten Wahlverfahren erfolgt die Wahl der JAV immer als Personenwahl (Mehrheitswahl).

Bei der Wahl der aus einer Person bestehenden JAV haben die Wahlberechtigten zwei Stimmen. Die Wahl der aus einer Person bestehenden JAV als auch des Ersatzmitglieds ist in getrennten Wahlgängen durchzuführen.

Normales Wahlverfahren
Im normalen Wahlverfahren ist nach den Grundsätzen der Listenwahl (Verhältniswahl) aufgrund von Wahlvorschlägen nach dem d'Hondtschen Höchstzahlensystem zu wählen, sofern mehr als ein Wahlvorschlag eingereicht wird. Wird demgegenüber nur ein Wahlvorschlag eingereicht, findet die Personenwahl (Mehrheitswahl) Anwendung.

Bei der Verhältniswahl hat der Wahlberechtigte nur eine Stimme, die für eine bestimmte Liste abgegeben werden kann. Maßgebend ist aber allein, wie viele Stimmen auf die einzelnen Vorschlagslisten entfallen.

Bei der Mehrheitswahl kann der Wahlberechtigte auf dem Stimmzettel so viele Kandidaten anzukreuzen, wie Mitglieder der JAV zu wählen sind. Dabei ist zu beachten, dass zwar weniger, aber nicht mehr Kandidaten angekreuzt werden dürfen, als Mitglieder für die JAV zu wählen sind. Wenn mehr Kandidaten angekreuzt werden, führt dieses zu einer ungültigen Stimmabgabe.

Zeitpunkt der Wahlen

Die regelmäßigen Wahlen der JAV finden alle zwei Jahre in der Zeit vom 1. Oktober bis 30. November statt. Da die ersten Wahlen 1972 stattfanden, werden die nächsten 2008, 2010 usw. durchgeführt.

Außerhalb dieses Zeitraumes findet eine Neuwahl nur dann statt, wenn trotz erfolgtem Eintritt aller Ersatzmitglieder die Zahl der JAV-Mitglieder unter die gesetzlich erforderliche Mitgliederzahl gesunken ist.

Für den Fall, dass die Zahl der jugendlichen Arbeitnehmer oder der zu ihrer Berufsausbildung Beschäftigten unter 25 Jahren unter die Grenze der für das Bestehen einer JAV erforderlichen Mindestzahl sinkt, endet das Amt der JAV automatisch. Voraussetzung ist aber hierfür, dass das Absinken der Zahl nicht nur vorübergehender Natur ist.

Wahl- und Kündigungsschutz

Hinsichtlich des Wahlschutzes gelten die Regelungen zur Betriebsratswahl (§ 63 Abs. 2 BetrVG i.V.m. § 20 BetrVG). Die Verbote der Behinderung und der unzulässigen Beeinträchtigung der JAV-Wahl richten sich grundsätzlich gegen jedermann. Praktische Bedeutung haben sie allerdings in erster Linie zur Abwehr arbeitgeberseitiger Beeinträchtigungen der JAV-Wahlen.

Darüber hinaus besteht für Wahlvorstandsmitglieder und Wahlbewerber der besondere Kündigungsschutz nach § 103 BetrVG (Schutz vor einer fristlosen Kündigung) und der nachwirkende Kündigungsschutz nach § 15 Abs. 3 Satz 2 KSchG (Schutz vor einer fristgemäßen Kündigung). Für Wahlvorstandsmitglieder beginnt der Schutz nach § 103 BetrVG vom Zeitpunkt ihrer Bestellung an. Für Wahlbewerber beginnt dieser Schutz mit dem Zeitpunkt der Aufstellung des Wahlvorschlags. Der Schutz nach § 103 endet grundsätzlich mit der Bekanntgabe des Wahlergebnisses für diese beiden Personengruppen, wobei für gewählte Wahlbewerber der Schutz nach § 103 BetrVG weiter gilt, da sie ja nunmehr JAV-Mitglieder sind.

Der nachwirkende Kündigungsschutz beginnt für ehemalige Wahlvorstandsmitglieder und nicht gewählte Wahlbewerber mit der Bekanntgabe des Wahlergebnisses und dauert 6 Monate. Innerhalb dieser Frist sind fristgemäße Kündigungen unzulässig.

Wurde die Bestellung des Wahlvorstandes beim Arbeitsgericht beantragt, ist eine fristgemäße Kündigung der Antrag stellenden Arbeitnehmerinnen und Arbeitnehmer nach § 15 Abs. 3 a KSchG vom Zeitpunkt der Antragstellung an bis zur Bekanntgabe des Wahlergebnisses unzulässig.

Wahlkosten

Die Kosten der Wahl trägt der Arbeitgeber. Dies betrifft die Fortzahlung des Arbeitsentgelts sowohl während der Ausübung des Wahlrechts als auch während der Betätigung im Wahlvorstand. Des weiteren hat der Arbeitgeber die Kosten für Schulungsveranstaltungen zu tragen, an denen der Wahlvorstand aufgrund der komplizierten gesetzlichen Regelungen zur Durchführung der JAV-Wahl unbedingt teilnehmen sollte. Gleiches gilt für Literatur, über die der Wahlvorstand verfügen sollte, um seine Aufgaben sachgerecht erfüllen zu können.

Wehrpflicht

Grundlagen

Nach Art. 12 a Abs. 1 GG können Männer vom vollendeten 18. Lebensjahr an zum Dienst in den Streitkräften verpflichtet werden. Auf diesem Artikel des GG beruht die allgemeine Wehrpflicht, deren genaue Ausgestaltung das Wehrpflichtgesetz (WPflG) regelt. Die Dauer der Wehrpflicht wurde zum 01.07.2010 auf sechs Monate reduziert.

Jeder Mann mit deutscher Staatsbürgerschaft, der das 18. Lebensjahr vollendet hat, unterliegt der allgemeinen Wehrpflicht. Nach der »**Erfassung**« durch das Einwohnermeldeamt – diese erfolgt in der Regel kurz nach dem 17. Geburtstag (§ 15 WPflG) – unterliegt man bis zur Vollendung des 32. Lebensjahres, bei Unteroffizieren bis zur Vollendung des 45. und bei Offizieren bis zur Vollendung des 60. Lebensjahres der **Wehrüberwachung** (§ 24 WPflG). Während der Wehrüberwachung haben Wehrpflichtige z. B. gesundheitliche Änderungen oder auch die Absicht, den Wohnsitz für länger als acht Wochen zu verlassen, zu melden. Nach der Erfassung folgen die **Musterung** und die **Eignungs- und Verwendungsprüfung**, die über die spätere Verwendung als Soldat entscheiden. Wer diesen Terminen unentschuldigt fernbleibt, wird erneut geladen. Wer wiederholt nicht erscheint, kann polizeilich vorgeführt werden. Bei der Musterung sind alle Zurückstellungsgründe, die bis dahin schon vorliegen, auch anzuzeigen. Wer noch in der Schule oder bereits in der beruflichen Ausbildung ist, sollte die entsprechenden Bescheinigungen zur Musterung gleich mitnehmen.

Eine **Einberufung** erfolgt erst, wenn man als tauglich eingestuft wurde und kein Zurückstellungsgrund mehr vorliegt. Zurückstellungen erfolgen für Ausbildungen, die zu einem schulischen Abschluss (Hauptschul- oder Realschulabschluss, Fachabitur oder Abitur) führen, für berufliche Ausbildungen (hier schon ab rechtsverbindlicher Zusage der Ausbildung), für Duale Studiengänge (ab Ausbildungsbeginn) und für ein Studium (ab Beginn des dritten Semesters).

Befreiungen vom Wehrdienst regelt § 11 WPflG. Danach sind Wehrpflichtige vom Wehr- und Zivildienst freizustellen,

- die verheiratet oder eingetragene Lebenspartner sind,
- die Väter sind und die elterliche Sorge allein oder gemeinsam mit der Mutter des Kindes ausüben,
- die zwei Geschwister (auch Schwestern!) haben, die Wehrdienst (maximal zwei Jahre), Zivildienst, Katastrophenschutzdienst oder ein Freiwilliges Jahr geleistet haben,
- deren Vater, Mutter, Schwester oder Bruder während oder aus Anlass des Dienstes in der Bundeswehr bzw. im Zivildienst tödlich verunglückt sind.

Neben den gesetzlichen Zurückstellungen gibt es sog. »administrative« Dienstausnahmen. Dies sind durch einen internen Erlass geregelte Frei- oder Zurückstellungen. Hier einige Beispiele:
- JAV-/Betriebsrats- oder Personalratsmitglieder sowie entsprechende Wahlkandidaten (für die Dauer der ersten angezeigten Amts-/Wahlperiode),
- Teilnehmer am Wettbewerb »Jugend forscht« (nur für einen Einberufungstermin),
- Ausbildung zum Flugzeugführer der Deutschen Lufthansa.

Administrative Wehrdienstausnahmen haben keine gesetzliche Grundlage und sind – auch wenn sie in vielen Fällen sinnvoll erscheinen – eigentlich rechtswidrig. Einklagen kann man sie deshalb nicht und man ist auf das Wohlwollen der Behörde angewiesen.

Mit einem rechtzeitigen Antrag (siehe Anlage »Musterbrief«) kann man übrigens auch einen Einberufungstermin hinter den Abschluss eines befristeten Arbeitsvertrags, der zeitlich unmittelbar auf eine Berufsausbildung folgt, legen lassen. Steht allerdings der Einberufungstermin einmal, wird eine Verschiebung schwierig. Die allgemeine Sorge um den Arbeitsplatz wird nicht als Zurückstellungsgrund anerkannt. Das **Arbeitsplatzschutzgesetz** legt eindeutig fest, dass aus Gründen des Wehr- oder Zivildienstes niemand seinen Arbeitsplatz verlieren darf.

Wer **»nicht wehrdienstfähig«** gemustert wird, das sind inzwischen 45 % der Gemusterten, kann nicht einberufen werden – weder zum Wehr- noch zum Zivildienst. Wer als **»vorübergehend wehrdienstunfähig«** eingestuft wird, wird nach Ablauf der vorübergehenden gesundheitlichen Einschränkung erneut gemustert. Zurückstellungen und die vorübergehende Wehrdienstunfähigkeit können Einfluss auf das Einberufungsalter haben. Dauern diese über den 23. Geburtstag – derzeit ist dies die reguläre Altersgrenze – hinaus an, kann bis zur Vollendung des 25. Lebensjahres einberufen werden. Bis 30 können diejenigen einberufen werden, die vor 23 eine Verpflichtung als Helfer im Zivil- und Katastrophenschutz eingegangen sind und diese nicht voll erfüllt haben.

Wer zum Grundwehrdienst **einberufen** worden ist, macht sich strafbar, wenn er den Dienst nicht antritt. Nach dem Dienstantritt erfolgt nochmals eine ärztliche Untersuchung. Auch dabei kann man noch als »nicht wehrdienstfähig« eingestuft werden.

Auch nach der Einberufung zum Wehrdienst, nach dem Dienstantritt bei der Bundeswehr – ja sogar noch nach Beendigung des Wehrdienstes – ist es noch möglich, den Kriegsdienst mit der Waffe aus Gewissensgründen zu verweigern (→ **Zivildienst**).

Bedeutung für den Betriebsrat/die JAV

Jugend- und Auszubildendenvertreter (JAV) werden während ihrer Kandidatur und Amtszeit nicht einberufen. Sie müssen dazu einen entsprechenden Antrag auf Nichtheranziehung an das zuständige Kreiswehrersatzamt richten.

Diese Regelung gilt für Jugend- und Auszubildendenvertreter, Betriebs- und Personalratsmitglieder sowie für entsprechende Mitarbeitervertreter der Kirchen. Die Regelung gilt auch für die Wahlkandidaten. Diese »Nichtheranziehungsregelung« gilt für die Dauer der Amtsperiode. Bereits ergangene Einberufungsbescheide werden zurückgenommen. Diese Regelung gilt nur für die Amtszeit, für die der Wehrpflichtige erstmals seine Wahl oder Kandidatur angezeigt hat. Nach Ablauf dieser Amtszeit steht eine erneute Wahl einer Einberufung nicht mehr entgegen. Ausgenommen von dieser Regelung sind Wehrpflichtige, die die für ihre Einberufung maßgebliche Heranziehungsgrenze überschreiten würden.

Was ist zu tun?
1. Mitteilung an das Kreiswehrersatzamt, dass du als JAV kandidierst, bzw. gewählt wurdest und deshalb zurückgestellt werden möchtest.
2. Bescheinigung der zuständigen Arbeitnehmervertretung beilegen, in der deine Angaben bestätigt werden.
3. Es ist ein Antrag auf »Nichtheranziehung« an das Kreiswehrersatzamt notwendig! Die Nichtheranziehung ist nur für eine Wahlperiode möglich. Es muss aber nicht die erste Wahlperiode sein.

Eine individuelle Beratung bei der DGB-Jugend oder der zuständigen Gewerkschaft ist in jedem Falle empfehlenswert.

Literaturhinweise

DGB-Jugend, Broschüre: »Soldaten und Kriegsdienstverweigerer«, 1. 2. 2008
Weitere Infos unter: *www.zentralstelle-kdv.de* (Kooperationspartner der DGB-Jugend)

Musterbrief bei befristeten Arbeitsverträgen

Name: _____ Datum: _____
Vorname: _____
Straße: _____
PLZ: _____
PK: _____

An das Kreiswehrersatzamt
_____
_____

Meine Einberufung zur Bundeswehr zum _____

Sehr geehrte Damen und Herren,
aufgrund tarifvertraglicher Vereinbarung bzw. einer Betriebsvereinbarung habe ich seit dem …… / werde ich ab dem* …… ein bis zum …… befristetes Arbeitsverhältnis an/ge/treten.*
Dieses befristete Arbeitsverhältnis dient dazu, dass ich mir eine zusätzliche Qualifikation in Form von praktischer Erfahrung aneigne und trägt damit maßgeblich dazu bei, meine Chancen auf dem Arbeitsmarkt zu erhöhen. Eine Heranziehung zur Bundeswehr in der Zeit meines befristeten Arbeitsverhältnisses würde für mich eine wesentliche Benachteiligung bedeuten.
Ich berufe mich auf eine Empfehlung an die Kreiswehrersatzämter, den »Einberufungsspielraum« möglichst im Sinne derart Betroffener auszugestalten. Mir ist bekannt, dass ich keinen Rechtsanspruch auf spätere Einberufung habe. Dies ist deshalb auch kein Antrag auf Zurückstellung, sondern die Bitte, den o.a. Spielraum auch in meinem Falle zu nutzen und mich frühestens zum … zur Bundeswehr heranzuziehen.

Mit Dank im Voraus verbleibe ich
mit freundlichen Grüßen

* Nichtzutreffendes bitte streichen

Kopieren, ausfüllen und an das zuständige Kreiswehrersatzamt schicken.

Weiterbildung

Grundlagen

Der Weiterbildungsbegriff ist weit gefasst. Zu nennen sind beispielsweise die betriebliche Weiterbildung, die politische Weiterbildung, die im Allgemeinwissen angesiedelte Weiterbildung oder musische Weiterbildung. Für die berufliche Entwicklung steht die betriebliche Weiterbildung im Vordergrund, bei der man zwischen Anpassungs-, Erhaltungs- und Aufstiegsweiterbildung unterscheiden kann. Die Anpassungsweiterbildung dient dazu, den Beschäftigten auf eine neue oder veränderte Aufgabenstellung in einem Tätigkeitsfeld vorzubereiten. Die Erhaltungsweiterbildung dient dazu, die ständige Fortentwicklung des fachlichen, methodischen und sozialen Wissens im Aufgabengebiet zu gewährleisten. Die Aufstiegsweiterbildung dient dem beruflichen Aufstieg, oftmals verbunden mit höherwertigen Aufgaben.

Weiterhin kann man die betriebliche Weiterbildung danach unterscheiden, ob sie vom Arbeitgeber veranlasst ist oder auf Bestreben des Beschäftigten stattfindet.

Bedeutung für den Betriebsrat/die JAV

Um der zunehmenden Bedeutung der Weiterbildung gerecht zu werden, ist es wichtig, das Betriebsrat und JAV diese als Handlungsfeld begreifen. Das BetrVG sieht konkrete Einflussmöglichkeiten für die betriebliche Interessenvertretung vor. Der Betriebsrat kann insbesondere die Qualifizierung von Arbeitnehmern zur Sicherung und Förderung von Beschäftigung einsetzen.

Nach § 96 Abs. 1 BetrVG (Förderung der Berufsbildung) sollen Arbeitgeber und Betriebsrat die Berufsausbildung der Arbeitnehmer fördern. Auf Verlangen des Betriebsrats hat der Arbeitgeber den Berufsbildungsbedarf zu ermitteln und mit ihm Fragen der Berufsausbildung zu beraten. Der Betriebsrat kann hierzu eigene Vorstellungen entwickeln und vorschlagen. Der Berufsbildungsbedarf ergibt sich entsprechend der Gesetzesbegründung (BT-Drs. 14/5741) aus der Durchführung einer Ist-Analyse, der Erstellung eines Soll-Konzeptes und der Ermittlung der betrieblichen Berufsbildungsinteressen der Arbeitnehmer (vgl. DKK-Buschmann, § 96 Rn. 20c). Der Abs. 2 verpflichtet Arbeitgeber und Betriebsrat dazu, darauf zu achten, dass den Arbeitnehmern die Teilnahme an betrieblichen oder außerbetrieblichen Berufsbildungsmaßnahmen ermöglicht wird.

Nach § 97 BetrVG (Einrichtungen und Maßnahmen der Berufsausbildung) Abs. 1 hat der Arbeitgeber mit dem Betriebsrat über die Errichtung und Ausstattung betrieblicher Einrichtungen zur Berufsausbildung, die Einführung betrieblicher Berufsbildungsmaßnahmen und die Teilnahme an außerbetrieblichen Berufsbildungsmaßnahmen zu beraten. Der Abs. 2 räumt dem Betriebsrat ein erzwingbares Mitbestimmungsrecht ein, wenn der Arbeitgeber Maßnahmen plant oder bereits durchgeführt hat, die dazu führen, dass die beruflichen Kenntnisse und Fähigkeiten zur Erfüllung der Aufgaben des Arbeitnehmers nicht mehr ausreichen. Der Betriebsrat kann insofern auch initiativ tätig werden und somit entsprechende Maßnahmen einfordern.

Nach § 98 BetrVG (Durchführung betrieblicher Bildungsmaßnahmen) hat der Betriebsrat ein Mitbestimmungsrecht, welches sich im Wesentlichen auf die Teilnehmerauswahl und das Bildungspersonal bezieht.

Der § 90 BetrVG sieht vor, dass der Arbeitgeber den Betriebsrat bezüglich der Gestaltung der Arbeitsplätze, des Arbeitsablaufs und der Arbeitsumgebung unterrichtet sowie vorgesehene Maßnahmen und ihre Auswirkungen auf die Arbeitnehmer mit dem Betriebsrat berät. Insbesondere geht es dabei um Anforderungen, die sich aus Veränderungen für die Arbeitnehmer ergeben. Der Betriebsrat soll so rechtzeitig in Beratungen einbezogen werden, dass seine Vorschläge und Bedenken eingebracht und bei der Planung berücksichtigt werden können.

Nach § 92 BetrVG muss der Betriebsrat über die Personalplanung unterrichtet werden, insbesondere über den gegenwärtigen Bedarf und sich daraus ergebenen personellen Maßnahmen, beispielsweise notwendige Berufsbildungsmaßnahmen. Der Betriebsrat kann Vorschläge für die Einführung einer Personalplanung und deren Durchführung machen.

Der § 92a BetrVG befasst sich mit der Beschäftigungssicherung. Der Betriebsrat kann dem Arbeitgeber Vorschläge zur Sicherung und Förderung von Beschäftigung machen. Solche Vorschläge können ausdrücklich auch die Qualifizierung von Arbeitnehmern betreffen. Der Arbeitgeber ist verpflichtet, die Vorschläge mit dem Betriebsrat zu beraten.

Mögliche Vorgehensweise des Betriebsrats:
1. Entwicklung von Aufgaben und Zielen orientiert am Bedarf der Betriebe und den Bedürfnissen der Beschäftigten (§§ 96 Abs. 1 und 97 Abs. 2 BetrVG),

2. Formulierung von Eckpunkten für eine betriebliche Weiterbildung aus Sicht der Arbeitnehmer (Grob- und Feinplanung),
3. Verhandlung der Eckpunkte mit dem Arbeitgeber und Auseinandersetzung mit seinen Vorstellungen/Vorschlägen,
4. Installierung eines Verfahrens zur kontinuierlichen Beratung über Weiterbildung im Betrieb/Vereinbarung über Prozessrahmen,
5. Durchführung/Umsetzung der vereinbarten Maßnahmen (§§ 92 Abs. 2 und 98 BetrVG),
6. Auswertung der Erfahrungen und Ergebnisse der durchgeführten Maßnahmen und Erstellung neuer Kompetenzprofile,
7. Abschluss einer Betriebsvereinbarung zur betrieblichen Berufsbildung/ Weiterbildung.

Bedeutung für die Jugendlichen und Auszubildenden

Um dauerhaft die Beschäftigungsfähigkeit in der Wissens- und Informationsgesellschaft zu sichern, ist ein lebenslanges bzw. lebensbegleitendes Lernen eine wichtige Vorraussetzung. Die Möglichkeit der Teilhabe an Weiterbildung entwickelt sich zunehmend zu einer neuen sozialen Frage. Aus- und Weiterbildung bestimmen die persönlichen Entwicklungs- und Entfaltungsmöglichkeiten und leistet einen wichtigen Beitrag zur Wettbewerbsfähigkeit von Unternehmen. Vor diesem Hintergrund wird Weiterbildung immer stärker als ein selbstverständlicher Bestandteil der beruflichen Entwicklung begriffen. Der Umfang an Weiterbildungsmaßnahmen und deren Anbietern stieg in den zurückliegenden Jahren rasant an.

Die Zugangsmöglichkeiten für Beschäftigte zu Weiterbildungsmaßnahmen sind unterschiedlich und abhängig von Faktoren wie Alter, Geschlecht, Nationalität, Qualifikationsniveau oder Betriebsgröße. Für un- und angelernte Arbeitnehmer/innen ist eine vom Betrieb veranlasste Weiterbildung eher selten. Dieser Personenkreis ist von Weiterbildung überwiegend ausgeschlossen und hat selbst wenig Erfahrung und somit Bereitschaft, sich weiterzubilden.

Für betriebliche Weiterbildung ist der Betriebsrat mit seinen oben beschriebenen Mitbestimmungs- und Gestaltungsmöglichkeiten ein wichtiger Ansprechpartner. Um sich weiter zu bilden, besteht in vielen Bundesländern die Möglichkeit Bildungsurlaub in Anspruch zu nehmen (→ **Bildungsurlaub**).

Es gibt eine Vielzahl von Betriebsvereinbarungen und tariflichen Regelungen, die den Weiterbildungsbereich betreffen. Ein wichtiger Tarifvertrag ist der Qualifizierungstarifvertrag für die Metall- und Elektroindustrie in Baden-Württemberg. Darin ist vereinbart, dass die Arbeitnehmer einen Anspruch auf ein regelmäßiges Qualifizierungsgespräch haben, in dem der Qualifizierungsbedarf und die Qualifizierungsmaßnahmen besprochen werden. Der Arbeitnehmer kann dabei Qualifizierungsvorschläge machen. Bei Qualifizierungsmaßnahmen wird zwischen betrieblicher und persönlicher Weiterbildung unterschieden. Die betriebliche Weiterbildung findet während der Arbeitszeit statt und die Kosten werden vom Arbeitgeber übernommen. Bei der persönlichen Weiterbildung ist der Freistellungsanspruch geregelt, wobei die Kosten vom Arbeitnehmer getragen werden.

Auf der Anbieterseite von Weiterbildungsmaßnahmen gibt es eine riesige Vielfalt. So gibt es ca. 10 000 Weiterbildungsträger mit rund 400 000 Angeboten. Hier den Überblick zu behalten ist kaum möglich. Eine Hilfe bei der Auswahl der richtigen Bildungsträger und -maßnahmen bietet die vom Bundesinstitut für Berufsbildung herausgegebene »Checkliste Qualität beruflicher Weiterbildung« (*www.bibb.de/checkliste.htm* oder ist kostenlos zu beziehen beim: Bundesinstitut für Berufsbildung, 1.2/VÖ, Friedrich-Ebert-Allee 38, 53113 Bonn, Fax: 02 28/1 07–29 67, E-Mail: checkliste@bibb.de).

Eckpunkte für eine Betriebsvereinbarung zur betrieblichen Weiterbildung

(Zusammengestellt von Kollegen der IG Metall Vst. Mittelhessen)

Der folgende Vorschlag einer Betriebsvereinbarung zur Förderung der betrieblichen Weiterbildung umschreibt einen Rahmen, auf dessen Basis in den Betrieben Konkretisierungen und Anpassungen vorgenommen werden sollen. Der Vorschlag enthält zwar konkrete Vorschläge für Verfahren, ersetzt detaillierte betriebliche Verfahrensregelungen allerdings nicht.
Im Wesentlichen werden Regelungstatbestände angesprochen, die • eine grundsätzliche Verständigung über betriebliche Initiativen und ihre Zielsetzungen unterstützen, • konzeptionelle Grundlagen wie z.B.: eine prozessorientierte Anlage, systematische Bedarfsermittlung, betriebliche Organisation und Mitwirkung des Betriebsrats klären, • Ansprüche an Maßnahmen und die Durchführung von Maßnahmen festlegen – dies insbesondere zur Erhöhung der Akzeptanz und zur Einbindung von Weiterbildung in die betriebliche Organisation.
Dieser Vorschlag grenzt sich inhaltlich ab, von z.B. Unterweisungen bei Neueinstellungen oder den entsprechenden Pflichtenbeschreibungen des Betriebes oder betrieblichen Führungskräften gemäß der §§ 81 und 82 BetrVG.
Die einzelnen und nachfolgend detailliert behandelten Regelungsbedarfe sind: • Präambel, Zielsetzungen, • Grundsätze, Bildungskonzept, • Bildungsausschuss, Bedarfsermittlung,

- Ansprüche, Anmeldemodalitäten, Auswahl der Teilnehmer/innen,
- Teilnahmerecht des Betriebsrats,
- Einfluss auf durchführende Verantwortliche,
- Kosten, Zertifizierung/Dokumentation,
- Regelungen zur Weiterbeschäftigung/Kostenrückerstattung,
- Transparenz/Information der Beschäftigten,
- sonstige Regelungen.

Präambel

Für die (Name des Unternehmens) ist es von entscheidender Bedeutung, wie die Mitarbeiter darauf vorbereitet werden, die Probleme der Zukunft zu lösen. Kenntnisse, Fertigkeiten und Fähigkeiten jedes Einzelnen sind dabei ein bestimmender Faktor. Unternehmensleitung und (Gesamt-)Betriebsrat haben in eingehenden Gesprächen Einvernehmen darüber erzielt, dass es in Zukunft verstärkter Anstrengungen bedarf, um die Beschäftigten der betrieblichen Bereiche auf die erhöhten Anforderungen vorzubereiten, die sich aus technologischen und arbeitsorganisatorischen Veränderungen ergeben werden. Vor diesem Hintergrund kommt der Weiterbildung von Beschäftigten – als Maßnahmen der Qualifizierung und Personalentwicklung – zunehmende Bedeutung zu.

Zielsetzung

Diese Betriebsvereinbarung wird mit der Zielsetzung abgeschlossen, eine **den wirtschaftlichen und technischen Belangen des Betriebes und den beruflichen Interessen der Mitarbeiter gleichermaßen entsprechende betriebliche Weiterbildung** zu gewährleisten.

Qualifizierungs- und Personalentwicklungsmaßnahmen werden für alle Beschäftigten durchgeführt. Sie sollen
- der Sicherung der Arbeitsplätze dienen,
- helfen, dass sich alle Beteiligten rechtzeitig und umfassend aufs neue und/oder geänderte Arbeitsverfahren oder Arbeitsorganisationen einstellen können,
- die Sicherung und Entwicklung beruflicher Perspektiven für die Beschäftigten unterstützen, deren bisherige Tätigkeit z.B. aufgrund des Strukturwandels, der Reorganisation oder der Rationalisierung wesentliche Änderungen erfährt oder sogar ganz entfällt,
- den Aufbau und kontinuierlichen Ausbau des Qualifizierungsbestandes des Unternehmens fördern und damit der Weiterentwicklung des Unternehmens und der Beschäftigten dienen,
- die Weiterentwicklung der Qualifikation und des Leistungspotentials der Beschäftigten als Grundlage des beruflichen Aufstiegs und zum Einstieg in neue Tätigkeitsfelder beinhalten.
- Fachliche, methodische und soziale Kompetenzen der Beschäftigten fördern und ausbauen; auch sollten ökologische und ökonomische Kompetenzen vermittelt und/oder erhöht werden.

Grundsätze der Durchführung

Bei der Gestaltung einzelner Weiterbildungsmaßnahmen sind **Lernformen** zu finden und zu erproben, die die persönlichen Fähigkeiten und Erfahrungen der Teilnehmer nutzen und einbeziehen und ihre Lernmotivation anregen und fördern.

Wo immer dies möglich ist, sollten **arbeitsplatznahe Lernformen** entwickelt werden, um eine unmittelbare Verknüpfung mit den betreffenden betrieblichen Tätigkeiten zu erreichen.

Vor technischen und organisatorischen Änderungen und vor dem Einsatz von Geräten und Maschinen sind die betroffenen Beschäftigten rechtzeitig und umfassend über die Arbeitsmethoden und über ihre Aufgaben zu unterrichten und zu qualifizieren. Ihnen liegt der Leitgedanke zugrunde, den Mitarbeitern einen Überblick und die Einsicht in den Aufbau und die Funktionsprinzipien des Produkts, der Betriebsmittel, der verwendeten technologischen Verfahren und der Arbeits- und Betriebsorganisation zu vermitteln.

Wesentlicher Anreiz der Teilnahme ist die Möglichkeit der Anwendung der erworbenen Kenntnisse und Fertigkeiten in der betrieblichen Tätigkeit. Innerhalb dieses Rahmens setzt das Angebot an Weiterbildungsmaßnahmen in erster Linie auf die **Eigenmotivation der Beschäftigten** und die Freiwilligkeit der Teilnahme.

Von den Betriebsparteien wird im Einzelfall festgelegt, welche Konsequenzen erfolgreich abgeschlossene Weiterbildungen für die Entgeltung haben.

Bildungskonzept – Planung

Arbeitgeber und Betriebsrat **arbeiten in einem ständigen Prozess** zusammen und beraten mit dem Ziel des Einvernehmens über grundsätzliche Fragen, Ziele und Instrumente der Qualifizierung und Personalentwicklung
- Bedarfsermittlung, Konzeption, Durchführung und Steuerung der Maßnahmen
- zwingenden Personalentwicklungs- und Qualifizierungsbedarf als Voraussetzung zur Ausübung bestimmter Funktionen
- Bewertung der im laufenden Jahr durchgeführten Maßnahmen
- Qualifizierungs- und Entwicklungsplanung für das Folgejahr

Arbeitgeber und Betriebsrat bilden zu diesem Zweck einen paritätisch besetzten Bildungsausschuss für die betriebliche Weiterbildung.

Bildungsausschuss

Im Betrieb/Unternehmen ist ein **paritätisch besetzter Bildungsausschuss** einzurichten. Dieser Ausschuss besteht aus mindestens 3 Vertretern der Unternehmensleitung und der Arbeitnehmer. Die Vertreter der Arbeitnehmer werden vom Betriebsrat benannt.

Um die Ziele dieser Vereinbarung zu erreichen, erstellt der Bildungsausschuss eine **jährlich fortzuschreibende Bildungsplanung** und schlägt – auf der Basis einer systematischen Bedarfsermittlung (siehe nächster Abschnitt) die durchzuführenden Weiterbildungsmaßnahmen vor, die zwischen Betriebsrat und Unternehmensleitung zu vereinbaren sind.

Dem Bildungsausschuss sind von der Unternehmensleitung rechtzeitig und umfassend alle zur Bildungsplanung notwendigen Unterlagen und Informationen zur Verfügung zu stellen. Hierzu gehören insbesondere alle Daten der Investitions- und Personalplanung.

Bei der Aufstellung des Bildungsplanes hat der Bildungsausschuss insbesondere darauf zu achten, dass allen Beschäftigten der Zugang zu Bildungsmaßnahmen geöffnet wird. Geringer qualifizierte oder durch Umstellung des Betriebes oder Investitionsentscheidungen besonders gefährdete Gruppen sind bevorzugt zu fördern.

Die **Aufgaben des Bildungsausschusses** bei der Durchführung der Bildungsmaßnahmen erstrecken sich insbesondere auf:
- Die Festlegung der konkreten Ziele (Jahresziele) der Qualifizierung und Personalentwicklung.
- Die Weiterbildungsmaßnahmen, die das Unternehmen durchführt.

- Die Festlegung der Grundsätze und der Verfahren zur Teilnahme an Maßnahmen der betrieblichen Bildung und Personalentwicklung.
- Die Festlegung der Methoden und des Ablaufs der Weiterbildung sowie Art, Zahl und Zeitpunkt begleitender Erfolgskontrollen.
- Die Auswahl und Ausstattung der Unterrichtsräume und sonstiger betrieblicher Einrichtung der Weiterbildung.
- Die Ausstattung der Teilnehmer mit Ausbildungsmitteln.
- Bewertungsverfahren und -kriterien für durchgeführte Maßnahmen.

Weitere noch zu vereinbarende Personalentwicklungsmaßnahmen wie z. B. Potenzialbeurteilung, Projektaufgaben, Jobrotation, Coaching, individuelle Entwicklungsplanung, Mitarbeitergespräche, Beurteilungen, Trainees, Auswahlverfahren etc.

Es bietet sich an, auch die Erstellung des Angebots an beruflicher Erstausbildung, gegliedert nach Zahl und Berufsbild der Ausbildungsplätze sowie die Festlegung des einzelnen Ausbildungsplatzes und die dort zu vermittelnden Lernziele im Rahmen des betrieblichen Durchlaufplanes, von diesem Ausschuss erledigen zu lassen.

Der Bildungsausschuss überwacht die Durchführung der Maßnahmen und erstellt zum Abschluss des jeweiligen Kalenderjahres einen **Bildungsbericht**. Berichtszeitraum ist die Zeit vom 1. 1. des vorangegangenen bis zum 31. 12. des abgelaufenen Kalenderjahres. Der Bildungsbericht umfasst alle aufgrund dieser Betriebsvereinbarung durchgeführten Bildungsmaßnahmen. Er enthält insbesondere Angaben über Art, Anzahl, Dauer, Personal und Kosten der Bildungsmaßnahmen sowie Angaben über Teilnehmer und ihre Verteilung auf die einzelnen Beschäftigungsgruppen.

Die Weiterbildungsmaßnahmen werden in Form einer Befragung der Teilnehmerinnen und Teilnehmer ausgewertet. Die Ergebnisse werden dem Bildungsausschuss vorgelegt und mögliche Verbesserungen der Maßnahmen dort besprochen.

Die Rechte des Betriebsrats gemäß BetrVG bleiben unberührt. Der Betriebsrat kann grundsätzlich Vorschläge unterbreiten und Initiativen ergreifen.

Kommt der Bildungsausschuss zu keiner von beiden Seiten getragenen Entscheidung, so trifft diese die Unternehmensleitung zusammen mit dem Betriebsrat. Kommt es zwischen Unternehmensleitung und Betriebsrat zu keiner Einigung, so ersetzt der Spruch der Einigungsstelle die Einigung zwischen Unternehmen und Betriebsrat gemäß § 76 BetrVG. Der Spruch der Einigungsstelle ist entsprechend § 76 Abs. 6 S. 2 BetrVG verbindlich.

Bedarfsermittlung

Unternehmensleitung und Betriebsrat stimmen darin überein, dass die auf systematischer Bedarfserhebung basierende Weiterbildung ein Grundpfeiler für den Unternehmenserfolg und den Erfolg der Mitarbeiter gleichermaßen ist. Deshalb wird der Ermittlung des Weiterbildungsbedarfs ein besonders hoher Stellenwert beigemessen. Die Ermittlung des Weiterbildungsbedarfs erfolgt zielgruppenspezifisch.

Der Bedarf wird mindestens einmal jährlich im Wesentlichen durch Gespräche der Beschäftigten mit ihren Vorgesetzten ermittelt. Die Gesprächsform ist den betrieblichen Bereichen üblichen Kommunikationsformen zu entsprechen (z.B. können dies sein: Mitarbeitergespräche, persönliche Qualifizierungsgespräche, Gruppengespräche). Dabei sind außer den betrieblichen Belangen auch die Weiterbildungsinteressen der Beschäftigten zu berücksichtigen. Der Betriebsrat kann sich dazu bei den Beschäftigten informieren und im Betrieb sachkundig machen.

Auf der Grundlage der Ergebnisse der Ermittlung des Weiterbildungsbedarfs erfolgen Beratungsgespräche in dem paritätisch besetzten Bildungsausschuss. Der Betriebsrat kann die Interessen der Beschäftigten in die Beratungen des Bildungsausschusses einbringen. **Mindestens einmal jährlich wird der zu deckende betriebliche Qualifizierungsbedarf für die Bildungsplanung festgelegt.**

Ansprüche auf Weiterbildung

Alle Beschäftigten im Geltungsbereich dieser Vereinbarung haben zur Sicherung und zur Förderung der beruflichen Weiterbildung einen Anspruch auf die Teilnahme an Weiterbildungsmaßnahmen im Rahmen der Bestimmungen dieser Vereinbarung.

Grundsätze der **Gleichbehandlung** unterschiedlicher Personengruppen sind zu berücksichtigen. Die besondere Förderung von Frauen sowie der Beschäftigten, die beruflich geringer qualifiziert sind, wird verfolgt. Im Weiterbildungsprogramm sind entsprechende Maßnahmen auszuweisen.

Um den Beschäftigten Rechnung zu tragen, deren Beschäftigungsverhältnis durch Elternzeiten oder andere längere Ausfallzeiten unterbrochen werden, können
- für diese Beschäftigten Weiterbildungsmaßnahmen während der Abwesenheit angeboten werden;
- bei Wiederaufnahme der Beschäftigung besondere Weiterbildungsmaßnahmen vereinbart werden;
- in geeigneten Fällen Vertretungen angeboten werden.

Anmeldemodalitäten/Auswahl der Teilnehmer

Auf der Grundlage der Bildungsplanung und des verabschiedeten Weiterbildungsprogramms können Beschäftigte zur Teilnahme vorgeschlagen werden:
- durch ihre jeweils zuständigen Führungskräfte/betriebliche Vorgesetzte,
- durch sich selbst,
- durch den Betriebsrat.

Über die Teilnahme entscheidet die zuständige betriebliche Stelle aufgrund der festgelegten Zielgruppe für die jeweilige Maßnahme.

Meldet sich ein/e Beschäftigte/r zu einer Weiterbildungsmaßnahme an und wird diese vom Vorgesetzten abgelehnt, wird diese/r Beschäftigte beim nächsten Termin bevorzugt berücksichtigt. Die Ablehnung der Teilnahme muss begründet werden.

Beschäftigten, die sich nicht wie vorgesehen an einer Weiterbildungsmaßnahme beteiligen, sowie bei einem Abbruch der Weiterbildung, dürfen keine Nachteile entstehen.

Die Rechte des Betriebsrats gemäß BetrVG bleiben unberührt.

Teilnahmerecht des Betriebsrats

Der Betriebsrat, die Jugendvertretung und die Schwerbehindertenvertretung haben das Recht, an allen Aus- und Weiterbildungsmaßnahmen teilzunehmen.
Ihre sonstigen Ansprüche auf Schulungsmaßnahmen gemäß BetrVG bleiben davon unberührt.

Einfluss auf Personalentwicklungsverantwortliche

Dem Betriebsrat sind zur Wahrnehmung seiner Aufgaben gemäß § 98 Abs. 2 BetrVG rechtzeitig die Personen bekannt zu geben, die mit der Durchführung der betrieblichen Bildungsmaßnahmen beauftragt werden sollen.

Alle internen Personen, die mit der Durchführung der betrieblichen Bildungsmaßnahmen beauftragt sind, haben jährlich einen Anspruch auf bezahlte Freistellung von der Arbeit zur Teilnahme an Weiterbildungsmaßnahmen, die der Ausbilderqualifizierung dienen. Für diesen Personenkreis ist vom Bildungsausschuss ein besonderes Fortbildungsprogramm aufzustellen.

Kosten

Der Arbeitgeber trägt die erforderlichen Kosten der Weiterbildungsmaßnahme sowie die notwendigen Reisekosten im Rahmen der jeweils geltenden steuerrechtlichen Vorschriften.

Die Zeit der Weiterbildungsmaßnahme sowie die innerhalb der vereinbarten individuellen regelmäßigen wöchentlichen Arbeitszeit liegende Reisezeit gelten als Arbeitszeit. Soweit die Weiterbildung außerhalb der vereinbarten täglichen oder wöchentlichen regelmäßigen Arbeitszeit stattfindet, finden die manteltariflichen Bestimmungen Anwendung.

Externe Qualifizierungsmaßnahmen, an denen die Teilnahme in überwiegendem Maße persönlich motiviert ist und deren Nutzung und Verwertung für das Unternehmen nicht unmittelbar ersichtlich ist, können auf Antrag durch Freistellung, teilweise Kostenbeteiligung des Unternehmens etc. gefördert und unterstützt werden.

Zertifizierung

Inhalt und Gestaltung einer beschäftigungsbezogenen Weiterbildungsmaßnahme bzw. einer Maßnahmenfolge – sowohl interne als auch externe Maßnahmen – orientieren sich in der Regel an den Ausbildungsinhalten anerkannter Ausbildungsberufe. Es erfolgt eine entsprechende Zertifizierung der jeweiligen Weiterbildungsmaßnahme. Geschieht dies nicht durch den Träger der Weiterbildungsmaßnahme, so übernimmt (Name des Unternehmens) diese Zertifizierung.

Weiterbeschäftigung/Kostenrückerstattung

Aus der Teilnahme an Fort- und Weiterbildungsmaßnahmen darf den Arbeitnehmerinnen keine Verpflichtung zur Aufrechterhaltung des Arbeitsverhältnisses oder eine entsprechende Kostenrückerstattung bei frühzeitiger Beendigung des Arbeitsverhältnisses entstehen.

Transparenz

Um allen Beschäftigten die Möglichkeit zu eröffnen, an den Weiterbildungsmaßnahmen, soweit sie ihrer Bestimmung nach nicht auf bestimmte betriebliche Funktionen oder Beschäftigte begrenzt sind, teilzunehmen, sind die Maßnahmen in geeigneter und betriebsüblicher Weise zu veröffentlichen.

Um die Programme für die Beschäftigten möglichst transparent zu machen, ihnen eine Orientierung zu ermöglichen und ihre Motivation zur Nutzung des erweiterten Lernangebots zu fördern, sollen Möglichkeiten einer Verbesserung der Information der Mitarbeiter über die Weiterbildungsprogramme in ausgewählten Bereichen erprobt werden.

Sonstiges

Während der Qualifizierungsmaßnahmen ist eine ausreichende Personalbesetzung sicherzustellen. Die Vorgesetzten haben Weiterbildungsmaßnahmen rechtzeitig einzuplanen und für notwendigen Ersatz zu sorgen.

Im Rahmen von Fortbildungs- und Umschulungsmaßnahmen dürfen keine Leistungsbeurteilungen erstellt, sondern allenfalls Lernzielkontrollen durchgeführt werden. In die Personalakte werden nur nicht wertende Teilnahmebescheinigungen aufgenommen.

ZEUGNIS

Grundlagen

Der Ausbildende hat dem Auszubildenden bei Beendigung des Berufsausbildungsverhältnisses ein Zeugnis auszustellen, wie § 16 BBiG bestimmt. Hat der Ausbildende die Berufsausbildung nicht selbst durchgeführt, so soll auch der Ausbilder das Zeugnis unterschreiben.

Das Zeugnis muss Angaben enthalten über **Art, Dauer und Ziel der Berufsausbildung** sowie über die erworbenen **Fertigkeiten und Kenntnisse** des Auszubildenden. Auf Verlangen des Auszubildenden sind auch Angaben über Führung, Leistung und besondere fachliche Fähigkeiten aufzunehmen.

Das Berufsausbildungsverhältnis endet mit dem Ablauf der Ausbildungszeit bzw. mit Bestehen der Abschlussprüfung, wenn der Auszubildende vor Ablauf der Ausbildungszeit die Abschlussprüfung besteht. In den anerkannten Ausbildungsberufen sind nach § 37 BBiG Abschlussprüfungen durchzuführen, wobei dem Prüfling über die Abschlussprüfung ein Zeugnis auszustellen ist.

Im Übrigen haben natürlich ganz allgemein Arbeitnehmer bei Beendigung des Arbeitverhältnisses nach § 630 BGB einen Anspruch auf Erteilung eines schriftlichen Zeugnisses entweder als einfaches Zeugnis über Art und Dauer der Tätigkeit oder auf Verlangen des Arbeitnehmers auf ein qualifiziertes Zeugnis, welches sich auch auf die **Leistung und das Verhalten** im Arbeitsverhältnis erstreckt. Hier hat sich seit Jahrzehnten ein sogenannter Zeugniscode entwickelt, da einerseits nämlich ein Zeugnis wohlwollend abgefasst sein soll und den Beurteilten nicht in seiner weiteren Entwicklung behindern soll, andererseits aber auch richtig sein und der Wahrheit entsprechen muss. Dem ungetreuen Kassierer beispielsweise, der vielleicht fristlos wegen Unterschlagung entlassen wurde, darf der Arbeitgeber in einem Zeugnis nicht irreführend besondere Ehrlichkeit bescheinigen.

Gewisse Anhaltspunkte über häufig in Zeugnissen verwendete Formulierungen und was damit gemeint ist, gibt nachstehende Übersicht über den **Zeugniscode**.

Übersicht:

Zeugniscode

Das steht im Zeugnis	**und das ist gemeint**
Er (sie) hat die ihm (ihr) übertragenen Arbeiten stets zu unserer vollsten Zufriedenheit erledigt	sehr gute Leistungen
Er hat die ihm übertragenen Arbeiten stets zu unserer vollen Zufriedenheit erledigt	gute Leistungen
Er hat die ihm übertragenen Arbeiten zu unserer Zufriedenheit erledigt	ausreichende Leistungen
Er hat die ihm übertragenen Arbeiten im Großen und Ganzen zu unserer Zufriedenheit erledigt	mangelhafte Leistungen
Er hat sich bemüht, die ihm übertragenen Arbeiten zu unserer Zufriedenheit zu erledigen	unzureichende Leistungen
Er hat alle Arbeiten ordnungsgemäß erledigt	Er ist ein Bürokrat, der keine Initiative entwickelt
Mit seinen Vorgesetzten ist er gut zurechtgekommen	Er ist ein Mitläufer, der sich gut anpasst
Er war sehr tüchtig und wusste sich gut zu verkaufen	Er ist ein unangenehmer Mitarbeiter
Wegen seiner Pünktlichkeit war er stets ein gutes Vorbild	Er war in jeder Hinsicht eine Niete
Wir haben uns im gegenseitigen Einvernehmen getrennt	Wir haben ihm gekündigt
Er bemühte sich, den Anforderungen gerecht zu werden	Er hat versagt
Er hat sich im Rahmen seiner Fähigkeiten eingesetzt	Er hat getan, was er konnte, aber das war nicht viel
Alle Arbeiten erledigte er mit großem Fleiß und Interesse	Er war eifrig, aber nicht besonders tüchtig
Er zeigte für seine Arbeit Verständnis	Er war faul und hat fast nichts geleistet
Wir lernten sie als umgängliche Kollegin kennen	Viele Mitarbeiter sahen sie lieber von hinten als von vorn
Sie ist eine zuverlässige (gewissenhafte) Mitarbeiterin	Sie ist zur Stelle, wenn man sie braucht, allerdings ist sie nicht immer brauchbar
Durch seine Geselligkeit trug er zur Verbesserung des Betriebsklimas bei	Er neigt zu übertriebenem Alkoholgenuss

Zivildienst

Grundlagen

Das Grundgesetz garantiert Glaubens- und Gewissensfreiheit. Dies beinhaltet auch das Recht auf Kriegsdienstverweigerung. Der Grundgesetzartikel 4 Abs. 3 besagt:

»Niemand darf gegen sein Gewissen zum Kriegsdienst mit der Waffe gezwungen werden. Das Nähere regelt ein Bundesgesetz.«

Dieses Gesetz ist das Kriegsdienstverweigerungsgesetz (KDVG). Wer als Kriegsdienstverweigerer anerkannt ist, leistet statt des Grundwehrdienstes einen Ersatzdienst ab, üblicherweise den Zivildienst. Eine freie Wahl zwischen Wehr- und Zivildienst besteht nicht. Der Zivildienst wurde entsprechend des Wehrdienstes zum 01.07.2010 auf sechs Monate verkürzt.

Den **KDV-Antrag** kann frühestens gestellt werden, sobald das Alter von $17^1/_2$ Jahren erreicht ist. Der KDV-Antrag kann auch noch während oder nach Beendigung des Wehrdienstes gestellt werden. Der Antrag muss beim Kreiswehrersatzamt eingereicht werden.

Aufgrund der verringerten Zahl der einberufenen Wehrpflichtigen steigt die Chance, überhaupt nicht einberufen zu werden, auf nahezu 50:50. Da auf der anderen Seite nahezu **jeder** (90%) der Kriegsdienstverweigerer zum Zivildienst herangezogen wird, empfehlen viele KDV-Beratungsstellen, mit dem KDV-Antrag so lange zu warten, bis der Einberufungsbescheid eingetroffen ist. Dann allerdings sollte sofort gehandelt und der KDV-Antrag unverzüglich beim Kreiswehrersatzamt abgegeben werden. Nähere Informationen zum Anerkennungsverfahren und dem richtigen Zeitpunkt für die KDV-Antragstellung gibt es bei den KDV-Beratungsstellen (z.B. unter www.Zentralstelle-KDV.de).

Literaturhinweis

Zum Verweigerungsverfahren sei hier auf die folgenden Broschüren verwiesen:
- Wehrpflicht, Kriegsdienstverweigerung und Zivildienst, Zentralstelle KDV, Bremen, 3/2009.

Der Grundgesetzartikel 12 a besagt:

»Wer aus Gewissensgründen den Kriegsdienst mit der Waffe verweigert, kann zu einem Ersatzdienst verpflichtet werden. Die Dauer des Ersatzdienstes darf die Dauer des Wehrdienstes nicht übersteigen. Das Nähere regelt ein Gesetz ...« (Die tatsächliche Gleichstellung der Wehrdienst- und der Zivildienstzeit konnte mit der Gesetzesänderung im Oktober 2004 endlich erreicht werden!)

Die →**Wehrpflicht** wird durch den Wehrdienst oder durch den Zivildienst erfüllt (§ 3 WPflG).

Für die Durchführung des Zivildienstes bildet das Zivildienstgesetz (ZDG) die rechtliche Grundlage. Die Bestimmungen zur »Zurückstellung« etc. verlaufen parallel zu den Vorschriften des WPflG.

Zivildienstleistende können sich ihre Zivildienststelle selbst aussuchen – einen Rechtsanspruch darauf gibt es allerdings nicht. Adressen von Zivildienststellen sind über die Verwaltungsstellen der Wohlfahrtsverbände und über das Bundesamt für Zivildienst (www.zivildienst.de) zu beziehen.

Stichwortverzeichnis

Abmahnung 15
- ausländerfeindliches Verhalten 16
- Personalakten 15
- Rechtsmittel gegen Abmahnung 17
- Warnfunktion 17
Abschlussprüfungen 72
Akkordarbeit 19
- Formen der Akkordarbeit 20
- Geldfaktor 20
- Gesundheitsgefährdung 21
- Zeitakkord 20
Akkordarbeit/Akkordlohn
- Zeitakkord 20
Akkordlohn 19
Allgemeiner Gleichheitsgrundsatz 295
Änderungskündigung 22
- Drei-Wochen-Frist 24
- Kündigungsschutzklage 23
- Mitbestimmungsrechte des Betriebsrats 24
Angemessene Vergütung 144
Anrechnung Berufsschulzeit 320, 334
Anrechnung der Berufsschulzeit 174, 246
Anrechnungsmodell 440
Arbeitgeber 29
- juristische Personen 29
- natürliche Personen 29
- Organ der Betriebsverfassung 30
- sozialer Gegenspieler 30
- Vertragspartei 30
Arbeitgeberwechsel 211
Arbeitnehmer 29
Arbeitnehmer im Sinne des § 5 BetrVG 141
Arbeitnehmerbegriff 32
- arbeitnehmerähnliche Personen 33
- Definition 32
- zur Berufsausbildung Beschäftigte 33
Arbeitnehmererfindung 34
- Arbeitnehmererfindungsgesetz 34
- Diensterfindungen 34
- freie Erfindungen 36
- Patent anmelden 35

- Richtlinien für die Vergütung 35
- unbeschränkte Inanspruchnahme 34
- Verbesserungsvorschlagswesen (s. dort) 36
Arbeitnehmerhaftung 37
Arbeitnehmerschutzrecht 219
Arbeitsgericht 40
- Berufsrichter 40
- ehrenamtlicher Richter 40
- Streitigkeiten zwischen Auszubildenden und Ausbilder 40
Arbeitskampf 436
Arbeitskleidung 42
- Schutzbekleidung 42
Arbeitsordnung 44
- Beispiel 45
- Direktionsrecht 44
- Mitbestimmungsrecht 44
- Regelungsbereiche 44
Arbeitsprozessorientiertes Lernen 315
Arbeitsstättenverordnung 47
Arbeitsunfähigkeit 49
Arbeitsunfähigkeitsbescheinigung 50
- Erkrankungen im Ausland 50
- Stellungnahme des Medizinischen Dienstes 50
Arbeitsverhinderung 52
- Arbeitsverhinderung aus persönlichen Gründen 52
- Beispiel 53
- Bezahlte Freistellung von der Arbeit 53
- Krankheit 52
- Rechtsgrundlage 52
Arbeitsvertrag 31
Arbeitszeit 25, 54
Arbeitszeitgesetz 56
- öffentlich-rechtliches Schutzgesetz 56
- Sonn- und Feiertagsruhe 56
- Überstunden 56
Arztbesuch 58
- Gleitzeitregelung 58

Aufsichtsbehörde nach dem Jugendarbeitsschutzgesetz 59
- Bergamt 59
- Gewerbeaufsichtsämter 59
Ausbilder 61, 174
- Jugendarbeitsschutzgesetz 61
Ausbilder/Ausbildereignungsverordnung 320
Ausbildereignungsverordnung 61
Ausbildungsbedingungen 196
Ausbildungsbegleitenden Hilfen 64
Ausbildungsberufe 65
- Ausbildungsordnung 65
- Verzeichnis der Berufsausbildungsverhältnisse 65
Ausbildungsfremde Tätigkeit 68, 92
Ausbildungskosten, Rückzahlung von 70
- Berufsfortbildungsverträge 70
- Bindung des Arbeitnehmers 70
- Rückzahlungsklauseln 70
Ausbildungsmittel 72
Ausbildungsordnung 74, 174, 440
Ausbildungspakt 247
Ausbildungsplan 93
Ausbildungsplatzsituation 97, 98, 267
Ausbildungsrahmenplan 68, 224
Ausbildungsreport 98
Ausbildungsvergütung 99
Ausbildungsverordnung
- Verordnungstext 75
Ausbildungsvertrag 25, 96, 447
Ausbildungsvertragsmuster 113
- Inhalt des Vertrages 113
- Nachweisrichtlinie 113
Ausbildungswerkstatt 398
Ausbildungszeit 54
- Mitbestimmungsrecht 55
- Ruhepausen 54
- Schichtzeit 54
- Teilnahme am Berufsschulunterricht 54
Ausbildungszweck 68
Ausländerfeindliches/rassistisches Verhalten 129
Ausländische Arbeitnehmer/Migranten 129
- Ausbildungspersonal 132
- Beschwerdeverfahren 131
- betriebliche Berufsbildung 131
- betriebliche Bildungsmaßnahmen 131
- Betriebsvereinbarung 134

- Gleichbehandlung 129
- Handlungsmöglichkeiten 130
- Integration 129
- Maßnahmen beim Betriebsrat beantragen 132
- Maßnahmen zur Bekämpfung von Rassismus und Fremdenfeindlichkeit 130
- personelle Maßnahmen 130
- Überwachungsrecht 131
- Ungleichbehandlung unterbleibt 131
Ausschüsse für Berufsbildung 138
- Aufgaben 138
Außerbetriebliche Ausbildung 141
- Interessenvertretung 141
Außerbetriebliche Berufsbildungsmaßnahmen 491
Außerbetriebliche und überbetriebliche Ausbildung 141
Aussetzen von Beschlüssen des Betriebsrats 146
Ausstiegsmodell 440
Auswahlrichtlinie 148
Auswahlverfahren 148
Auswahlverfahren/Auswahlrichtlinien/Einstellungstests 148

BDSG 375
- Arbeitnehmerrechte 375
Beendigung des Ausbildungsverhältnisses 152
- Ablauf der Ausbildungszeit 152
- Abschlussprüfung 152
- Kündigung 152
Befreiungen 486
Befristeter Arbeitsvertrag 154
- arbeitsrechtlicher Gleichbehandlungsgrundsatz 157
- aus sachlichem Grund 154
- Auszubildenden übernommen 157
- Befristung unwirksam 155
- Befristungsregelung 155
- besonderer Kündigungsschutz 158
- Fallgruppen 154
- Handlungsmöglichkeiten für den Betriebsrat 160
- Informationsansprüche des Beschäftigten 163
- kalendermäßig befristet 155
- Kettenarbeitsverträge 156
- Klage 163

Stichwortverzeichnis

- Klagefrist 155
- negative Auswirkungen 159
- ohne Sachgrund 156
- ordentliche Kündigung 158
- Schriftform 155
- ungeschütztes Arbeitsverhältnis 159
- Zeitbefristung 158
- Zweckbefristung 155

Benachteiligte Jugendliche 250
Benachteiligtenförderung 249
Berichtsheft
- Ausbildungsnachweis 164
- Muster 165
- Zulassungsvoraussetzung 164

Berichtshefte 72, 164, 167, 168
Berufsausbildungsverhältnis 170
- berufliche Fortbildung 170
- berufliche Umschulung 170
- Berufsbildung 170

Berufsausbildungsvertrages 93
Berufsbildung 172, 174, 176, 246
- Berufsbildungsgesetz 172
- Jugendarbeitsschutzgesetz 172

Berufsbildungsbedarf 490
Berufsbildungsgesetz (BBiG) 174, 246
Berufsgenossenschaften 177
Berufsgrundbildungsjahr 179
- Anrechnungs-Verordnung 179
- Verordnungstext 181

Berufsschule 25, 64, 174, 187, 189
Berufsschulpflicht 174, 189, 246
Beschäftigtenschutzgesetz
- Mitbestimmungsrecht 298
- sexuelle Belästigung 298

Beschäftigungssicherung 491
Beschäftigungssicherungstarifvertrag 448
Beschäftigungsverbote und -beschränkungen
- Akkordarbeiten 190
- betriebsärztliche Betreuung 190
- gefährliche Arbeit 190

Beschwerderecht 192
- Beeinträchtigung 192
- Einigungsstelle 193
- individuelles Beschwerdeverfahren 192
- keine Nachteile 193
- Klageverfahren 192
- kollektives Beschwerdeverfahren 193
- Rechtsanspruch 193
- Repressalien 194
- Wahlrecht 192

Betriebliche Berufsbildungsmaßnahmen 491
Betriebliche Sozialleistung 195
Betriebliche Weiterbildung 490
Betrieblicher Ausbildungsplan 93
Betriebsbegehung 95, 196
Betriebsbegriff 198
- Beschlussverfahren 200
- Betriebsteile 198
- Definition 198
- gemeinsamer Betrieb mehrerer Unternehmen 199
- Kleinstbetrieb 199
- Leitungsapparat 199

Betriebsbuße 201
Betriebspraktikum 202
Betriebsrat 130, 206, 311
- Aufgabenstellung 207
- Gestaltungsfunktion 207
- Interessengegensatz 206
- mit JAV zusammenarbeiten 311
- Mitwirkungs- und Mitbestimmungsrecht 208
- Schutzfunktion 207
- vertrauensvolle Zusammenarbeit 206
- Vertretungsorgane 206

Betriebsratssitzung
- Antragsrecht 95
- Stimmrecht 95

Betriebsrundgänge 197
Betriebsübergang 211
Betriebsvereinbarung 162, 213, 224
- Ausschlussfristen 214
- Bedeutung 218
- beenden 214
- befristeter Arbeitsvertrag 162
- Form 213
- formlos 216
- freiwillige Betriebsvereinbarungen 162, 213
- Grundsatz 213
- Günstigkeitsprinzip 214
- im Betrieb an geeigneter Stelle ausgelegt 214
- kollektiv gestalten 217
- Kräfteverhältnis widerspiegeln 217
- Nachwirkung 215
- Rechte und Pflichten 218
- Rechtswirkung 213
- Regelungsabrede 215
- Schriftform 214

- unmittelbar und zwingend 214
- unterschrieben 214
- verzichten 218
- Vorrang gesetzlicher oder tariflicher Regelungen 213
- Wirkung 216
- zwingende Betriebsvereinbarung 213

Betriebsvereinbarung Migranten 134
Betriebsverfassungsgesetz 219
Betriebsversammlung 220, 323
- Abteilungsversammlung 220
- Arbeitgeber berichten 222
- Arbeitgeber Teilnahmerecht 221
- Arbeitsentgelt 221
- außerbetriebliche Personen 223
- Dauer 223
- Einberufung 220
- Finladungsfrist 222
- Gewerkschaft 222
- Hausrecht 222
- Inhalte 222
- JAV 223
- leitende Angestellte 222
- Teilnahme 221
- Teilversammlung 220
- weitere 221
- Zeitpunkt 222

Beurteilungsgrundsatz 224
Beurteilungssystem 224
Bildungsurlaubsgesetz 232
Bildungsurlaubsmaßnahme 232
Blockunterricht 236
Bundesurlaubsgesetz 461
- Berufsschüler 462
- Erkrankung 463
- Erwerbstätigkeit 463
- Mitbestimmungsrecht 463
- Übertragung des Urlaubs 463
- Urlaubswünsche des Jugendlichen 462

Bußgeldvorschrift/Strafvorschrift 238

Datenschutz 239
- informationelle Selbstbestimmung 239
- Mitbestimmungsrechte 239
- Recht auf Berichtigung 240
- Überwachungseinrichtungen 239

Deutscher Qualifikationsrahmen (DQR) 241
- Fachkompetenz 241
- Personale Kompetenz 241

Drogentest 243
Duales Ausbildungssystem 174, 246, 451
duales System 173, 187

Einberufung 486
Einigungsstelle 252
- Anrufung 253
- Beisitzer 253
- Beschlüsse 252
- Betriebsratsbeschluss 253
- Friedenspflicht 252
- JAV-Vertreter 254
- Mitglieder 253
- Spruch 255
- ständige Einrichtung 253
- Ultima-ratio-Prinzip 254
- Vorsitzender 253
- Zuständigkeit 252

Einstellung 148
Einstellung von Auszubildenden 243
Einstellungstest 148
Einstellungsuntersuchung 243
Einstellungsverfahren 148
Entgeltfortzahlungsgesetz 49
Ersatzkandidat 413

Fachkräfte für Arbeitssicherheit 232
Fahrtkosten 264
- Besuch der Berufsschule 264
- Montage 264
- Teilnahme an Prüfungen 264

Familienbetrieb, -haushalt 266
- Beschäftigungsverbot 266
- landwirtschaftliche Familienbetriebe 266
- Personensorgeberechtigte 266

Ferienjobs 267
Förderkonzept 251
Fördern statt Auslesen 225
Freistellung 25, 196, 232, 268
Fristlose Kündigung 271, 413
- Probezeit 272
- wichtiger Grund 271

Gefährliche Arbeiten 274, 320
Gemeinschaftsbetrieb 200
Gesamtbetriebsrat 276
Gesamtjugend- und Auszubildendenvertretung 276
Geschäftsordnung 280, 430

- Gesamtjugend- und Auszubildenden-
  vertretung 280
- JAV 280
Gesundheitliche Betreuung Jugendlicher 285
- Entgeltausfall 286
- Erstuntersuchung 285
- Nachuntersuchung 285
Gewerbeaufsicht 287
Gewerkschaft 288
- Beauftragter 290
- Betätigungsmöglichkeit 289
- Betätigungsrecht 291
- Betriebsrat 289
- gewerkschaftlicher Vertrauenskörper
  289
- im Betriebsverfassungsgesetz 288
- JAV 289
- Koalitionsbegriff 288
- Öffnungsklauseln 289
- Rechte 289
- Stellung im Betriebsverfassungsgesetz
  289
- Tarifautonomie 289
- Tarifvorrang 289
- Vertrauensleute 291
- Voraussetzung 288
- Zugangsrecht 290
GJAV 276
Gleichberechtigung 295
- Benachteiligung 296
- Berichtspflicht des Arbeitgebers 297
- Betriebsvereinbarung 299
- Durchsetzung 297
- Gestaltungsfreiheit eines Arbeitgebers
  296
- Gleichberechtigungsgebot 295
- Personalplanung 298
Gleitende Arbeitszeit 301
- Gleitzeitvereinbarungen 301
- Kernarbeitszeit 301
- Zeitguthaben 301

Handwerksinnung 303
Handwerkskammer 303
- Berufsausbildung 303
- Handwerksrolle 303
- Regelung 303
Hausrecht 324
Heimarbeiter 305
- Urlaubsansprüche 305

Industrie- und Handelskammer (IHK) 307
Initiativrechte/Beteiligungsrechte/Gestal-
  tungsrechte 308
IT-Ausbildungsberufe 314
IT-Spezialisten 315
IT-Weiterbildungsangeboten 314
IT-Weiterbildungssystem 315

JAV 132, 208, 308, 329
- allgemeine Aufgaben 308
- Anregungsrecht 310
- Beschluss 312
- Beschwerderecht 310
- Betriebsbegehungen 309
- Betriebsrat 310
- erforderliche Unterlagen 313
- Fragebogenaktion 309
- Informationen 312
- Initiativrecht 309
- rechtzeitige Unterrichtung 312
- Stichproben 308
- Stimmrecht für die JAV 312
- Teilnahmerecht 312
- Überwachungsrecht 308
- Unterlagen 312
- Unterrichtung durch den Betriebsrat 312
- Ziel der JAV-Arbeit 311
- Zusammenarbeit mit dem Betriebsrat 311
JAV und Betriebsrat 208
- beim Betriebsrat beantragen 209
- Beispiel für einen Aussetzungsantrag 147,
  210
- Beschluss des Betriebsrats aussetzen 209
- Besprechungen mit dem Arbeitgeber 209
- Betriebsratssitzungen 209
- Teilnahmerecht 209
JAV und Personalrat 382
- Antragsrecht 384
- Beschluss aussetzen 383
- Monatsgespräche teilnehmen 383
- Sitzungen teilnehmen 383
JAV und Personalvertretungsrecht
- Aufgaben 388
- unterrichten 388
- Unterrichtungsanspruch 388
JAV-Sitzungen 430
Jugend- und Auszubildendenversammlung
  323
Jugend- und Auszubildendenvertretung 329
- Arbeitsmöglichkeiten 330

- Aufgabenbereiche 329
- Übernahme 330
- Zusammenarbeit von JAV und Betriebsrat 331

Jugendarbeitsschutzausschüsse 320
Jugendarbeitsschutzgesetz 25, 320, 333

Kinderarbeit 320, 333
Kinderarbeitsschutzverordnung 335
- Beschäftigungsverbot 336
- zulässige Beschäftigungen 336

Koalitionsfreiheit 436
Konsensprinzip 75
Konzern-Jugend- und Auszubildendenvertretung 337
- Anzahl der Mitglieder 338
- Ausschüsse 339
- Sitzungen 339

Kriegsdienstverweigerung 501
- KDV-Antrag 501

Kündigung 148, 340
- Änderungskündigung 341
- Form der Kündigung 340
- fristlose Kündigung 341
- Kündigungsfrist 341
- Kündigungsschutzklage 341
- ordentliche Kündigung 340

Kündigung des Ausbildungsverhältnisses 343
- Kündigungsfrist 343
- Probezeit 343

Kündigungsfrist 344
- Probezeit 344

Kündigungsschutz 346, 413
- Kündigungsfrist 346

Kündigungsschutzgesetz 413
Kündigungsschutzprozess 348
- Auflösung des Arbeitsverhältnisses 349
- Dreiwochenfrist 349
- nachträgliche Klagezulassung 349
- Zahlung einer Abfindung 349

Lebensbegleitendes Lernen 492
Leistungsverweigerungsrecht 69
Lerninselausbildung 398
Literatur 352
- Ausstattung 352
- Fachzeitschriften 352
- Gesetzestexte 352
- Kommentare 352
- Periodika 352

Maßregelungsklausel 436
Migranten 129
Mindestalter für Beschäftigung 354
- Aufsichtsbehörde 354
- Betriebspraktikum 354
- Schulferien 354

Mitbestimmung
- Ausschreibung von Ausbildungs- und Arbeitsplätzen von Ausbildern 358
- Auswahlrichtlinien 359
- bei Kündigungen 361
- Betriebsänderungen 361
- Beurteilungsgrundsätze 359
- Durchführung betrieblicher Bildungsmaßnahmen 360
- Einrichtungen und Maßnahmen der Berufsbildung 360
- Förderung der Berufsbildung 359
- Mitbestimmung bei personellen Einzelmaßnahmen 361
- Personalfragebogen 359

Mitbestimmungsrecht 25, 26, 95, 148, 217, 219, 252, 356
- Beschäftigungssicherung 358
- betriebliche Bildungsmaßnahme 217
- Beurteilungsfragen 217
- Gestaltung der Ausbildung 217
- Initiativrecht 357
- JAV 356
- Personalplanung 357
- soziale Angelegenheiten 357

Modulausbildung 366
Musterung 486
Mutterschutz 368
- Beschäftigungsverbot 368

Nachtarbeit/Nachtruhe 370
- Ausnahmen 370
- Berufsschulunterricht 370
- mehrschichtige Betriebe 370

Nachweisgesetz 31, 372
Niederschrift 430

Operative Professionals 316

Personalakte 374
- Abmahnung 376
- Anfertigung von Notizen 376
- Betriebsrat 377
- Bundesdatenschutzgesetz 374

- Einsicht 375
- elektronische Datenbanken 374
- Entfernung von unrichtigen Angaben 376
- Erklärungen zum Inhalt 376
- Hinzuziehung 377
- Inhalt 374
- Mitbestimmung des Betriebsrats 377
- Regelungen des Einsichtnahmerechts 377

Personalplanung 491
Personalplanungssystem 448
- Personalbedarfsplanung 448
- Personaleinsatzplanung 448
- Personalentwicklungsplanung 448

Personalrat 378
- Anhörungsrecht 380
- Aufgabenstellung 379
- Beteiligungsrecht 379
- Einigungsstelle 381
- gleichberechtigte Partner 378
- Informationsrecht 379
- Initiative 379
- JAV 382
- Mitbestimmungsrecht 381
- Mitwirkungsrecht 381
- vertrauensvolle Zusammenarbeit 378

Personalvertretungsrecht 385
- Beteiligungsrechte 386
- JAV 388
- sachlicher Anwendungsbereich 385

Pflichten des Ausbildenden 390
- Berichtshefte 390
- Besuch der Berufsschule 390
- Prüfungsanforderungen 390
- Vergütung 391
- Zeugnis 390

Pflichten des Auszubildenden 392
- Ausbildungsziel 392

Politische Weiterbildung 490
Probezeit in der Berufsausbildung 397
- Kündigungsfrist 397

Programm gegen Jugendarbeitslosigkeit 97, 98, 267

Prüfung(en) 72, 401
- Abschlussprüfung 401
- Berichtsheft 401
- Prüfungsausschuss 401
- Zwischenprüfung 401

Qualifizierte Ausbildungsberufe 250
Qualifizierungstarifvertrag 493
Qualität der Ausbildung 224

Rauchen am Arbeitsplatz/Alkoholverbot 404
Regelungsabrede 215
Ruhepause 406
- Dauer 406
- Erholungszweck 406
- Mitbestimmungsrecht 407

Samstagsarbeit/Sonntagsarbeit/Feiertagsarbeit 408
- Ausnahmen 408

Samstagsarbeit/Sonntagsarbeit/Feiertagsarbeit 408
- Beschäftigungsverbot 408

Schichtarbeit 410
Schülervertretung 188, 411
Schutzbestimmung 268, 413
Schutzvorschrift 413
Schwerbehinderte Menschen 417
- begleitende Hilfen 420
- Beschäftigungspflicht des Arbeitgebers 419
- betriebliches Eingliederungsmanagement 419
- Definition 417
- Eingliederung 417
- Gleichgestellte 420
- Gleichstellung 417
- Integrationsamt 420
- Integrationsvereinbarung 419
- Jugendliche 419
- Kündigung 420
- Verpflichtung des Betriebsrats 419

Schwerbehindertenvertrauensleute 232
Schwerbehindertenvertretung 422
- Anhörungsrecht 424
- Aufgaben 423
- Aussetzung eines Betriebsrats- bzw. Personalratsbeschlusses 426
- betriebliches Eingliederungsmanagement 425
- Informationsrecht 424
- Initiativrecht 425
- Integrationsvereinbarung 424, 425
- Monatsgespräche 426
- Stellvertretung 422
- Teilnahmerecht 426

Stichwortverzeichnis

- Überwachungsauftrag 425
- wahlberechtigt 422
- Wahlen 422
Sitzungen 430
Stimmrecht 430
Strafvorschriften 433
- Ordnungswidrigkeit 433
Strategische Professionals 317
Streik 436
Streikrecht Auszubildender 436
Streitigkeiten zwischen Auszubildenden und Ausbilder 439
- Ausschüsse 439
- Schlichtungsspruch 439
Stufenausbildung 440
SV-Tipps 412

Tarifautonomie/Koalitionsfreiheit 442
- Streikrecht 442
- Tarifvertrag 442
Tarifliche Ausbildungsvergütung 145
Tarifvertrag 143, 443
- Firmentarifvertrag 443
- normativer Teil 443
- schuldrechtlicher Teil 443
- Verbandstarifvertrag 443
- Vergütung 143
Teilnahmerecht an Betriebsratssitzungen 95
Teilzeit- und Befristungsgesetz 444
Teilzeitarbeit 444
Telefongespräche, E-Mail, Internet – private Nutzung 446

Überbetriebliche Ausbildung 142
Übernahme 243
Übernahme in Teilzeit 444
Übernahme von Auszubildenden 447
Übernahmeanspruch nach § 78a BetrVG 413
Übernahmebetriebsvereinbarung 449
Umgruppierung 148
Umlagefinanzierung 174, 247, 451
Umweltschutz 454
Umweltschutz in der Ausbildung 454
Umweltschutzvorschriften 456
Unternehmen 198

Unternehmensmitbestimmung 457
- Aufgabenstellung 459
- Gesetze 458
- JAV 460
Urabstimmung 437
Urlaub → s. Bundesurlaubsgesetz

Verbesserungsvorschlag 464
- Arbeitnehmererfindungen 464
- Musterbetriebsvereinbarung 465
- Sonderleistung eines Arbeitnehmers 464
- Vergütungsanspruch 464
Verbundausbildung 247, 472
Verkürzung der Ausbildung 474
Versetzung 148
Versetzungspläne 96
Volljährigkeit und Berufsschulunterricht 476

Wahl der JAV 478
- aktives Wahlrecht 479, 481
- d'Hondtsches Höchstzahlensystem 482
- Durchführung der Wahl 483
- Größe der JAV 482
- JAV-Wahlen 200
- normales Wahlverfahren 479, 483
- passives Wahlrecht 479, 482
- vereinfachtes Wahlverfahren 479, 480, 483
- Voraussetzung 478, 479
- Wahlausschreiben 481, 482
- Wählerliste 481
- Wahlvorschlag 481
- Wahlvorstand 479, 481, 482
Wahlrecht zur JAV 142
Warnstreik 436
Wehrpflicht 486, 502
Weiterbildung 490
- Anpassungsweiterbildung 490
- Aufstiegsweiterbildung 490
- Erhaltungsweiterbildung 490

Zeugnis 499
- Zeugniscode 499
Zivildienst 488, 501
Zweijährige Einfachberufe 249

Kompetenz verbindet

Thomas Lakies / Michael Schoden

Jugendarbeitsschutzgesetz

Basiskommentar
6., überarbeitete und aktualisierte Auflage
2010. 394 Seiten, kartoniert
€ 29,90
ISBN 978-3-7663-3934-8

Das Gesetz zum Schutze der arbeitenden Jugend, das Jugendarbeitsschutzgesetz, will junge Menschen, die sich in Ausbildung befinden oder erwerbstätig sind, besonders schützen. Kinder und Jugendliche sollen vor Überforderung und gesundheitlichen Gefahren bewahrt werden.

Der vorliegende Kommentar stellt das Jugendarbeitsschutzrecht anschaulich, kompakt und abgestellt auf die Bedürfnisse der Praxis dar. Er ist eine wichtige Ergänzung zum Basiskommentar zum Berufsbildungsgesetz (BBiG), weil sich ein Großteil der erwerbstätigen Jugendlichen in Ausbildungsverhältnissen befindet.

In der 6. Auflage wurde der Kommentar von Thomas Lakies komplett durchgesehen, aktualisiert und in wesentlichen Teilen neu geschrieben. Die Einleitung wurde umfassend erweitert, um weitere rechtliche Vorgaben, die für Minderjährige (Kinder und Jugendliche) wichtig sind, mit einzubeziehen und darzustellen.

Zu beziehen über den gut sortierten Fachbuchhandel oder
direkt beim Verlag unter E-Mail: kontakt@bund-verlag.de

Bund-Verlag

Kompetenz verbindet

Wolfgang Däubler

Arbeitsrecht

Ratgeber für Beruf, Praxis und Studium
8., überarbeitete Auflage
2010. 520 Seiten, kartoniert
€ 19,90
ISBN 978-3-7663-3991-1

Arbeitsrecht geht (fast) jeden an. Und dennoch: Für viele ist es ein Buch mit sieben Siegeln. Der bewährte Ratgeber von Wolfgang Däubler bietet hier Abhilfe. Juristische Vorkenntnisse sind nicht erforderlich.

Das Buch ist übersichtlich gegliedert und stellt – ergänzt durch zahlreiche Beispiele – die wichtigsten Inhalte des Arbeitsrechts dar. Wegen der klaren, verständlichen Sprache ist der Ratgeber für den Beruf, für die Arbeit als Betriebs- oder Personalrat und für das Studium gleichermaßen eine optimale Hilfe. Die achte Auflage gibt Gesetzgebung und Rechtsprechung auf dem Stand von Januar 2010 wieder. Schwerpunkte der Neuauflage:
- Die gesetzlichen Veränderungen im Arbeitnehmerdatenschutz
- Neueste Urteile zum Allgemeinen Gleichbehandlungsgesetz (AGG)
- Kurzarbeit, Voraussetzungen und Gestaltungsmöglichkeiten
- Wird es einen Mindestlohn geben?

Das ausführliche Stichwortverzeichnis erlaubt den gezielten Zugriff auf die Ratgeberinhalte.

Zu beziehen über den gut sortierten Fachbuchhandel oder
direkt beim Verlag unter E-Mail: abodienste@bund-verlag.de

Bund-Verlag